Le Musée du Québec
500 oeuvres choisies

Le Musée du Québec
500 oeuvres choisies

Québec ⬛

Cette publication a été réalisée conjointement
par la Direction des communications
du ministère des Affaires culturelles
et la Direction générale
de publications gouvernementales
du ministère des Communications
à l'occasion de l'exposition
« Le Musée du Québec, 1933-1983.
Cinquante années d'acquisitions »,
du 2 novembre 1983 au 4 mars 1984.

Design : Couthuran

Photographies : Musée du Québec, par Patrick Altman,
Guy Couture, Jean-Guy Kirouac;
Galerie nationale du Canada, Ottawa, nᵒ 285;
Richard Robitaille, nᵒ 268.

Typographie : Compélec inc.

Photogravure : Lithochrome inc.

Impression : Laflamme et Charrier, Lithographe inc.

ISBN 2-551-05973-9
Dépôt légal — 4ᵉ trimestre 1983
Bibliothèque nationale du Québec
Bibliothèque nationale du Canada
© Gouvernement du Québec, 1983

Le Musée du Québec
exprime sa gratitude envers toutes celles et ceux
qui ont collaboré à la réalisation de cette publication :

les rédactrices et les rédacteurs,
Gisèle Deschênes (nos 1 à 18); David Karel (nos 19 à 43);
Claude Thibault avec la collaboration de Luc Noppen
et Michel Doyon (nos 44 à 140),
sauf les notices 87, 91, 94, 99, 100, 101, par Achille Murphy;
Jacques Robert (nos 141 à 221);
Michel Martin (nos 222 à 285),
sauf les notices 250, 252, 253, par Suzanne Lemire;
Guy Paradis (nos 286 à 353, 355, 356, 358),
sauf les notices 314, 317, 318,
320 à 326 et 332 à 337, par Achille Murphy;
Suzanne Lemire (nos 357, 359, 361);
Michel Martin (nos 354, 362 à 367);
Michel Doyon (nos 368 à 406);
René Villeneuve (nos 103, 407 à 487);
Suzanne Lemire (nos 488 à 517);

toutes les personnes
qui nous ont fourni des renseignements précis
sur les oeuvres de la collection, et particulièrement :
Charles C. Hill et Ross Allan Fox, conservateur de l'art canadien
et conservateur adjoint de l'art canadien ancien
à la Galerie nationale du Canada, à Ottawa;
Stanley Triggs, conservateur des Archives photographiques Notman,
au Musée McCord, à Montréal;
Laurier Lacroix, professeur d'histoire de l'art
à l'université Sir George Williams, à Montréal
et René Chartrand, conservateur en chef à la division de l'Interprétation,
Lieux et Parcs Historiques Nationaux, Parcs Canada, à Ottawa;

et monsieur Rodrigue Lavoie
qui a révisé le texte du manuscrit;
le personnel du Musée du Québec;
la Direction des communications
du ministère des Affaires culturelles;
la Direction générale des publications gouvernementales
du ministère des Communications;
la maison de graphistes-conseils Couthuran.

Avant-propos

Le Musée du Québec fête cette année son 50ᵉ anniversaire. Le long cheminement effectué au cours de ces années lui confère aujourd'hui le statut d'institution majeure. Ceux et celles qui l'ont vu naître, grandir, progresser à travers diverses époques, peuvent témoigner de son histoire et de son évolution. Les uns ont guidé ses pas encore chancelants, les autres l'ont soutenu au cours d'années difficiles, l'ont dirigé pendant les années fastes et enfin l'ont fait connaître et aimer de la population.

Cet événement me permet de féliciter et de remercier les fondateurs de cette institution, ainsi que leurs dignes successeurs. Les résultats acquis démontrent combien leur dévouement a été fécond. Combien ont répandu de lumière les visites et les conférences organisées par leurs soins. Combien a suscité d'émerveillement la riche collection choisie avec compétence et discernement. Non seulement les Québécois et les Québécoises, mais un grand nombre de visiteurs, ont pu admirer, voire s'imprégner de la beauté des oeuvres d'art présentées. Par leur excellente initiative, ils ont été de vrais éducateurs populaires, et à ce titre ils ont droit à la profonde gratitude de tous les Québécois, ainsi qu'à celle de l'État du Québec qui sera toujours d'autant plus grand et d'autant plus fort que ses citoyens seront plus réceptifs au témoignage culturel de l'art visuel.

Les institutions muséologiques ont un rôle important à jouer dans notre société et je suis persuadé que l'orientation nouvelle que le Gouvernement s'apprête à donner à ce musée saura stimuler l'intérêt des amis du musée et éveiller celui de la population tout entière.

Je souhaite une longue existence et une prospérité toujours croissante
au Musée du Québec pour le plus grand bien de la collectivité
québécoise qui aspire à une société nouvelle faite de beauté, d'harmonie et de richesse culturelle.

Clément Richard
Ministre des Affaires culturelles

Présentation

Le Musée du Québec arrive à cinquante ans. Pour une institution plus encore que pour une personne, on peut affirmer sans paradoxe que c'est encore la jeunesse mais l'événement vaut tout de même d'être célébré. La plus belle fête pour un musée, la plus significative, la mieux appropriée à sa fonction, c'est naturellement une exposition, et donc un catalogue. Pour sa fête, pour ses noces d'or avec son public fidèle et renouvelé, le Musée a donc mis la table et sorti son butin : plus de cinq cents oeuvres, sur onze mille, il est vrai ! Célébrons donc, et délectez-vous le mieux qu'il se peut avec nous.

Toute fête, pourtant, à travers son exubérance ou même malgré elle, est un temps de réflexion, de retour sur soi pour mieux s'ouvrir aux autres (cette formule, disons-le au passage, exprime intensément tout ce qu'implique une exposition). Le Musée du Québec a cinquante ans et son tête-à-tête avec lui-même, à cette occasion, tend à deux objectifs. D'abord, il voudrait que sa fête soit celle de tous ceux qui l'ont mené à ce qu'il est aujourd'hui, dépositaire d'une riche collection patiemment acquise et réunie à coups de dévouement et d'efforts souvent exceptionnels, poursuivis parfois même dans l'adversité. Cette collection, que le Québec d'aujourd'hui doit à nos devanciers, est une des plus grandes collections spécialisées d'Amérique. Pour nous, de l'intérieur, sa valeur se mesure aux difficultés que nous avons eues à faire la sélection indispensable qui figure dans ces pages ; mieux que tout, elles nous ont forcés d'admirer la détermination et la compétence de nos prédécesseurs soucieux de constituer cet écho représentatif de la création artistique au Québec et de son évolution depuis les origines. D'autre part, dans la suite naturelle et logique de cet hommage, le Musée du Québec veut puiser dans sa jeunesse les forces et le dynamisme de son avenir. À une époque où le rôle des musées se transforme, le Musée du Québec entend vivre en étroite symbiose avec la culture qu'il a pour mission d'exprimer, et amorcer une renaissance d'autant plus impérative pour notre institution qu'elle est celle de tous les Québécois.

Quand on observe les grands musées à travers le monde, trois facteurs essentiels se dégagent d'emblée qui expliquent leur prestige et leur réussite : la valeur de leur collection, le dynamisme de leur action, l'adéquation du bâtiment. Ces trois facteurs sont à ce point déterminants qu'ils servent très généralement de critères pour évaluer les institutions muséales. Pour ce qui est des deux premiers, nous estimons sans forfanterie que le Musée répond largement aux plus hautes exigences. Par son ampleur, son homogénéité et sa diversité, telles qu'illustrées par cette exposition et dans ce catalogue, la collection du Musée du Québec compte parmi les plus importantes. De même, avec l'effort conjugué d'une équipe assez considérable et de nombreux bénévoles, le Musée s'applique quotidiennement à approfondir nos connaissances sur l'art du Québec et à les diffuser largement par un programme varié d'expositions, de publications, de conférences, de concerts, de prêts d'oeuvres, d'animation et d'accueil. Cette action multiforme, qui nous met en contact constant avec le public, les collectionneurs, les chercheurs et de nombreux musées à travers le monde ne connaît guère qu'une entrave finalement liée au troisième critère énoncé plus haut. Il faut donc souhaiter réunir prochainement toutes les conditions qui permettront au Musée d'offrir aux Québécois et aux étrangers un bâtiment adéquat et un programme qui soient vraiment à la hauteur de sa mission. Alors, il sera possible d'exploiter les dix mille cinq cents oeuvres qui ne peuvent figurer dans cette exposition. Alors également, nous serons en mesure d'accueillir des expositions internationales, de mieux diffuser les oeuvres de nos artistes, et de diversifier davantage nos activités et les manifestations qui en découlent. Alors finalement, le Musée du Québec, Institution de l'État, sera manifestement un grand musée et correspondra à l'image qu'il veut donner à l'occasion de ses cinquante ans.

Le menu de cette fête, exposition, catalogue et activités complémentaires, a mobilisé des efforts inouis parmi lesquels il faut signaler tout particulièrement ceux de certains maîtres d'oeuvre: monsieur Claude Thibault, conservateur, a dirigé l'équipe du Musée qui a réalisé l'exposition; monsieur André Kaltenback, directeur des services éducatifs et des relations publiques du Musée et monsieur Pierre Murgia, de la Direction des communications du ministère des Affaires culturelles ont conduit la préparation du catalogue et sa publication avec une compétence et un acharnement admirables. De même, nous voulons exprimer notre gratitude à la Direction générale des publications gouvernementales du ministère des Communications du Québec, et à son directeur, monsieur Jacques Pigeon, qui nous a fourni des moyens exceptionnels et un appui financier pour la réalisation de cet ouvrage dont nous espérons finalement qu'il soit à la hauteur de la richesse artistique et du travail immense auxquels il veut rendre hommage.

Pierre Lachapelle
Directeur du Musée du Québec

Table des matières

Introduction

Le Musée du Québec à cinquante ans. Il a voulu souligner l'événement d'une façon appropriée à sa mission, mais avec un éclat un peu inaccoutumé, en offrant au public une exposition d'une envergure exceptionnelle et un abondant catalogue d'oeuvres choisies où toutes les pièces exposées sont non seulement décrites et commentées, mais encore illustrées. Une manifestation de cette nature correspond évidemment à celle des trois fonctions essentielles d'un musée qui est le couronnement des deux autres: l'acquisition et la conservation des oeuvres ont en effet leur aboutissement normal dans la mise en valeur des collections qui en résultent. Il n'est certes pas meilleure façon de rendre hommage aux efforts patients des générations de bâtisseurs qui nous ont précédés que d'exposer et de diffuser avec les plus grands soins possible le fruit de leur travail et de leur constance.

Pour le Musée du Québec, institution nationale, il va de soi que ces trois fonctions muséales s'appliquent à un objet privilégié. Le Musée est un musée d'art et sa spécificité le voue par essence à exprimer la culture à travers ce domaine particulier. Son objet est en conséquence la vie de l'art au Québec, plus précisément des arts plastiques. La chose s'entend, bien sûr et au premier chef, de la production et de la pratique artistiques au Québec même, depuis les origines jusqu'à nos jours et dans leurs formes les plus diverses. Cependant, le patrimoine artistique du Québec est plus large. Il comporte, assez naturellement d'ailleurs, des rameaux qui, pour être ou pour sembler « étrangers » au prime abord, n'en sont pas moins profondément nôtres à plus d'un titre: non seulement parce que nous les possédons, mais aussi parce que ces oeuvres se relient de façon fort étroite parfois à notre culture historiquement ou ontologiquement, voire même à notre propre production artistique qu'elles ont pu inspirer ou même susciter. En plus d'éclairer les réalisations de nos artistes, leur présence illustre la réalité profonde de l'enchâssement de notre société et de notre culture dans un ensemble plus vaste : en effet, le Québec participe de la civilisation occidentale. La collection du Musée prend ainsi une allure composite et ses contours, s'ils n'épousent pas strictement toutes les grandes articulations de l'histoire de l'art de l'Occident, du moins en évoquent-ils plusieurs des moments essentiels. L'art grec et l'art romain y sont ainsi présents, tout comme l'art européen et américain depuis le XVIᵉ ou le XVIIᵉ siècle jusqu'à nos jours et y figurent notamment la France, l'Angleterre et les Pays-Bas, de même que les États-Unis ; enfin, l'art du Québec, bien sûr, ancien, moderne et contemporain. Évidemment, la répartition quantitative de la collection n'est pas proportionnelle à l'importance absolue et respective de ces différentes aires artistiques. La part la plus considérable, c'est tout naturel, va à l'art du Québec dont la connaissance, la préservation et la promotion sont notre responsabilité première puisqu'il est un des témoins privilégiés de la vie et de la culture de notre société.

Par ailleurs, le champ de l'art est par nature extrêmement vaste et ses applications empruntent des techniques spécifiques et des moyens d'expression fort variés. On pense tout d'abord à la peinture et à la sculpture auxquelles la tradition culturelle de l'Occident a conféré des lettres de particulière noblesse ; mais il y a aussi le dessin et l'estampe, de même qu'un ensemble d'oeuvres d'art dont l'incidence utilitaire — du moins à l'origine — ne diminue en rien la qualité ou le statut artistique, leur production étant incontestablement l'aboutissement d'une démarche créatrice. Aussi la collection s'étend-elle à l'orfèvrerie, à la tapisserie, à l'émail et à la céramique. Enfin, il n'est plus permis d'ignorer désormais le dernier-né des arts apparentés à la représentation plastique, la photographie. Cette brève mise en situation de la diversité du cadre général de la collection réunie au Musée suffit pour évoquer l'importance et la complexité de la tâche accomplie depuis cinquante ans; tout aussi bien, elle illustre également la difficulté d'en rendre compte adéquatement.

L'ambition du Musée du Québec a donc été, dès sa fondation en 1933, de constituer un panorama complet du patrimoine artistique de notre collectivité et son objectif prioritaire persiste aujourd'hui encore à maintenir ce cap, de façon à ce que ce panorama soit constamment renouvelé et mis à jour en fonction des progrès des connaissances et en relation continue avec l'évolution de « l'art qui se fait ». Dès lors, au moment où le Musée veut témoigner par une exposition des cinquante années d'efforts dont ses collections sont l'aboutissement, il faut bien que le projet tende à son tour à offrir un juste reflet de la collection.

Un tel défi est considérable et n'a guère à voir avec la démarche que requièrent, par exemple, des opérations plus usuelles comme la préparation d'une exposition thématique ou la sélection d'oeuvres d'une époque, d'un style, d'une école ou encore la présentation de l'oeuvre d'un artiste. Sans minimiser d'aucune façon les travaux de cette nature, il faut admettre qu'ici les problèmes courants de sélection, de recherche et d'analyse sont multipliés par la diversité des champs et l'ampleur mêmes de la collection du Musée. Choisir parmi onze mille oeuvres, qui vont de la céramique antique à la photographie, pour en extraire son meilleur butin — bien sûr, et c'est normal — mais aussi une projection qui soit aussi fidèle que possible à l'ensemble, est une extreprise colossale. Heureusement, ce grand nombre d'expositions « partielles », organisées ou non par le Musée, où les pièces de nos collections ont figuré et attiré l'attention, nous fournissait au départ une vision au moins impressionniste. À défaut d'un bilan systématique et exhaustif, c'est sur la convergence des points de vue accumulés au fil de l'expérience acquise que pouvait s'appuyer dans un premier temps la sélection des quelque cinq cents oeuvres susceptibles de constituer le microcosme du patrimoine artistique québécois qui se reflète dans la collection du Musée.

Bien sûr, il aura fallu une large collaboration de nombreux spécialistes de l'intérieur comme de l'extérieur. En effet, les exigences scientifiques contemporaines ne permettent plus à un seul conservateur de traiter un ensemble aussi diversifié en tenant compte des progrès récents de la connaissance dans ce vaste continuum de spécialités et de périodes artistiques. La science n'est pas moins austère et rigoureuse en art qu'en aucun autre domaine. Le catalogue, support de l'exposition et son résidu impérissable, doit être non seulement à la hauteur des oeuvres et de l'événement en prenant la forme d'un ouvrage d'art agréable, élégant et prestigieux mais peut-être plus encore un outil de recherche et de consultation de valeur durable. Dans cette perspective, l'étude systématique des oeuvres sélectionnées a pris le pas sur une synthèse générale qui n'aurait fait qu'amalgamer des considérations déjà connues. Chaque section de l'ouvrage présente certes l'origine, l'historique et les caractéristiques des différentes composantes de la collection du Musée, mais fort brièvement, l'effort le plus substantiel ayant été concentré délibérément sur les oeuvres elles-mêmes, considérées une à une. Chacune d'entre elles fait l'objet d'une présentation individuelle: d'une part une fiche technique précise (titre, auteur, date, provenance, circonstances d'acquisition, expositions, bibliographie); d'autre part, un commentaire qui vise à mettre en relief ses qualités et ses significations, dans un contexte approprié (époque, courants artistiques, carrière de l'artiste, etc.). Tout en s'astreignant aux règles de rigueur, de précision et d'analyse en usage, du moins, l'espérons-nous, cet ensemble de notices devrait permettre de mieux comprendre les oeuvres et, par délà, de mieux apprécier l'art et sa richesse, mais aussi son rôle et le message qu'il met à jour dans notre culture.

Claude Thibault
Conservateur, art ancien du Québec
et chargé de projet de l'exposition
du Cinquantième anniversaire du Musée du Québec

L'art grec et l'art romain

Comme les êtres vivants, les civilisations naissent, grandissent, vieillissent et meurent. Toutefois, elles ne s'éteignent jamais entièrement car leurs vestiges matériels et spirituels les rappellent sans cesse à notre attention.

Avant l'arrivée des Doriens en Grèce autour de 1100 av. J.-C., le bassin de la mer Égée a vu naître et s'épanouir deux civilisations particulièrement brillantes : la minoenne et la mycénienne qui, un peu après 1600 av. J.-C., s'était nourrie de la culture crétoise.

Cette brève évocation de mondes disparus depuis tant de siècles ne vise pas à rappeler leurs rivalités et leurs luttes acharnées ; simplement, elle veut signaler l'importance fondamentale de ces cultures dans la genèse de la civilisation grecque. L'ouverture de la Grèce sur la mer a puissamment favorisé l'apport d'influences des pays éloignés — spécialement de l'Égypte et de tout le Proche-Orient — qui ont constitué pour elle un important facteur d'évolution. Grâce à cet héritage qu'elle a modelé suivant son génie particulier, la Grèce a étonné et étonne encore le monde entier par les oeuvres de ses penseurs et de ses artistes. En effet, la civilisation grecque est comme l'apothéose de la culture antique ; la civilisation romaine, aussi bien que celles qui lui succéderont, en sera largement tributaire. On sait à quel point, par exemple, l'étude des modèles antiques a transformé l'art français des XVIe et XVIIe siècles et nous en retrouvons même sans cesse des traces, parfois naïvement exprimées, dans l'art ancien du Québec.

Témoins directs de cette civilisation prestigieuse et de son héritière immédiate, Rome, quelques originaux antiques ont été sélectionnés dans cette présentation des collections du Musée du Québec.

Ces objets font partie d'une collection de 72 pièces qui réunit des vases et d'autres oeuvres. Le ministère des Affaires culturelles a acquis cet ensemble, en 1968, du collectionneur montréalais Vincent Diniacopoulos. Exposée pour la première fois en 1954-1955 au Séminaire de Salaberry de Valleyfield, puis du 30 avril au 9 mai 1965 à l'École Gérard-Filion (Chambly) et enfin du 1er au 27 juin 1966 au Musée du Québec avec divers objets provenant d'Égypte et du Moyen-Orient, la collection Diniacopoulos a été confiée en dépôt à l'Université Laval.

La céramique est relativement bien représentée dans la collection. Si nous avons conservé de nombreux vases grecs, c'est que la terre cuite résiste mieux au temps que tout autre matériau, le bois, le métal ou même la pierre. Loin d'être des pièces décoratives, les vases étaient d'abord des objets utilitaires, ce qui explique la variété de leurs formes, à la fois logiques, équilibrées et raffinées.

Pour transporter et conserver l'eau, on se servait de l'*hydrie* (nᵒˢ 5, 7, 9), vase pansu à épaule aplatie, muni de deux anses horizontales qui permettaient de le soulever et d'une anse verticale que l'on saisissait pour verser le liquide. Quant au *cratère*, c'est un grand vase à large embouchure, dans lequel on mélangeait le vin et l'eau, car les Grecs coupaient leur vin (nᵒ 11; le *cratère en calice* doit son nom à sa forme même). Pour le boire, ils utilisaient le *skyphos* (nᵒ 4), sorte de gobelet à deux anses horizontales, ou la *coupe* (nᵒˢ 2, 6), vase constitué d'une vasque à laquelle sont fixées deux anses horizontales et un pied de hauteur variable. Le *lécythe* (nᵒ 3), qu'on trouve parfois en marbre (nᵒ 14), est un vase à long corps presque cylindrique, avec pied circulaire, épaule aplatie et col mince, dont l'embouchure a un profil évasé et légèrement convexe; il contenait des huiles parfumées et était fréquemment utilisé comme vase funéraire. Quant au *lébès gamikos* (nᵒ 8), il servait lors des cérémonies nuptiales.

Bien sûr, on ne saurait par quelques spécimens évoquer tout le développement de la céramique grecque. Toutefois, les pièces présentées permettent de se faire une bonne idée de la diversité des formes, de l'excellence des techniques, des sujets préférés et des divers styles.

Parmi les plus anciens témoignages de la civilisation grecque, la céramique de style géométrique occupe une place essentielle (du XIe au VIIIe siècles av. J.-C.). Elle est décorée de façon géométrique (d'où son nom) et abstraite. Partant des motifs les plus simples, lignes obliques, méandres, svastikas, cercles, etc., le peintre compose des arrangements décoratifs très variés, toujours parfaitement adaptés à la forme du vase (n° 1).

Au XIe siècle av. J.-C., les vases sont peints en noir sur le fond clair de l'argile et pendant plus de cinq siècles, les peintres n'ont cessé d'améliorer cette technique en même temps que le rendu des figures. À partir du VIIe siècle, les détails de ces dernières sont accusés par des incisions et rehaussés de rouge ou de blanc. Cette technique de la peinture à figures noires (n°s 2, 3, 4, 5) atteint son apogée au moment même où, vers 530, une nouvelle technique fait son apparition : celle de la peinture à figures rouges. À l'exception de la grande amphore du VIIIe siècle (n° 1), les vases à figures noires de cette collection sont contemporains du début de la production des vases à figures rouges. Chez ces derniers, les figures sont laissées en réservé sur un fond maintenant entièrement couvert de noir ; elles paraissent donc en clair sur sombre. Pour l'artiste, c'est l'occasion d'un véritable progrès : il est en effet plus facile d'indiquer les détails au moyen de lignes peintes qu'avec des incisions (n°s 6, 7, 8, 9, 10).

Au IVᵉ siècle, avec les vases du style de Kertch* (nᵒ 11) qui recourent très largement aux rehauts de couleur, la peinture des vases à figures rouges entre dans sa période finale. Ainsi va s'éteindre un style qui avait assuré depuis deux siècles la prééminence des ateliers attiques sur tous les autres.

Au delà des qualités techniques et stylistiques qu'elles révèlent, ces oeuvres sont des témoins qui illustrent plusieurs aspects de la vie et des croyances des Grecs.

Par exemple, elles nous font pénétrer dans l'intimité des dieux que le peuple invoque et dont il aime retrouver l'image dans sa vie quotidienne (nᵒˢ 5, 10). Les représentant sous forme humaine, les Grecs les imaginent très puissants, immortels et doués de sentiments tout semblables à ceux des simples mortels. Ainsi, ils les croient capables de bonté et de pitié, et par conséquent secourables; mais ils les savent aussi jaloux de leur supériorité et divisés par de vives rivalités : ils sont donc susceptibles et faciles à offenser. Il faut absolument éviter de les irriter, soit en paroles, soit en actes, d'où l'importance accordée à la stricte observance des rites destinés à les apaiser et à gagner leur faveur (nᵒˢ 7, 9).

---

* Le style de Kertch doit son nom à cette nécropole de Crimée qui a fourni de nombreux vases attiques tardifs.

Les Grecs accordent également beaucoup d'importance aux héros, personnages issus de dieux et de mortelles qui participent dans une certaine mesure à la nature divine. Leur histoire est une source d'inspiration pour les artistes, en particulier celle d'Héraclès (Hercule), le plus célèbre de tous et dont la vie est un long combat contre des monstres de toutes sortes (n° 2). Même les Amazones (n° 4), peuple de femmes guerrières venues de l'Est et donc étrangères au monde grec, sont immortalisées dans leurs combats contre les Grecs (n° 5).

Aux représentations à caractère légendaire s'ajoute encore une imagerie littéraire (n° 3) et familière, constituée de scènes athlétiques (n° 6) et de sujets inspirés des activités de tous les jours. Parmi ces derniers, une large place est faite à la vie de la femme dans le gynécée où on peut la voir, par exemple, se préparant pour le mariage (n°s 8, 11). Enfin, les artistes s'intéressent à tout ce qui touche le culte des morts (n°s 1, 10 face B, 13, 14).

En somme, les milliers de vases et autres artefacts qu'ont jusqu'à ce jour livrés les fouilles archéologiques effectuées dans le monde grec constituent une illustration remarquablement complète de la vie à ces époques reculées. Dès lors, on comprend l'intérêt que suscitent ces oeuvres, non seulement chez les spécialistes mais chez tous ceux que fascine l'une des plus brillantes civilisations de l'histoire de l'humanité.

Gisèle Deschênes
Chargée d'inventaire des
Collections de l'Université Laval

1. *Amphore de style géométrique*
   VIIIe siècle av. J.-C., attique

2. *Coupe à figures noires*
   Début Ve siècle av. J.-C.,
   probablement béotien

3. *Lécythe à figures noires*
   Vers 510-500 av. J.-C.,

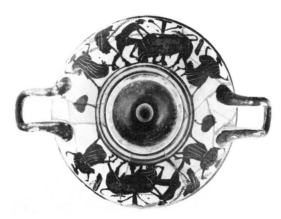

H.: 73,5; diam.: 40 cm

Bibliographie
Pour une étude du style géométrique, COLDSTREAM,
Greek Geometric Pottery, London, 1968.

Grande amphore élancée avec, sur sa panse
ovoïde, à la hauteur du plus grand diamètre,
deux anses en arceau double. Vernis effacé sur
la majeure partie de la panse et sur une partie
du col.

Sur le col, bande de méandres entre des lignes
parallèles et deux bandes de traits verticaux
alternant avec des triangles opposés par le sommet. Sur la panse, entre les anses et délimitée
par des lignes parallèles, une bande de traits
verticaux alterne avec des triangles opposés par
le sommet; en dessous, en métopes divisées
par une bande de méandres et par des bandes
de lignes obliques, roues et cercles concentriques entourés d'étoiles; en dessous, au centre
et vers le bas de la panse, lignes circulaires.
Vernis noir autour de l'embouchure et sur la
base.

Ce vase provient d'un cimetière situé au nord-
ouest d'Athènes près de la porte nommée Dipy-
lon. D'usage funéraire, ces amphores étaient
posées sur la tombe. Leur fond était souvent
percé de façon à laisser passer jusqu'au défunt
l'offrande funéraire renouvelée, eau ou vin,
miel ou lait. Certaines de ces amphores atteignent des dimensions considérables, parfois
jusqu'à tout près de deux mètres de hauteur, en
relation peut-être avec l'importance du mort.
(D.02)

Fragments recollés. H.: 9; diam. 23;
diam. + anses 31 cm

Bibliographie
NORMAND, « Représentations d'Héraclès et du taureau
sur deux coupes à figures noires tardives ».

À l'intérieur, dans le médaillon entouré de
deux cercles concentriques noirs, scène de
comaste: un éphèbe nu, qu'on aperçoit de profil vers la droite, titube, les deux bras en avant
de lui; ses vêtements sont par terre et une
canne est appuyée au mur derrière lui.

À l'extérieur, deux représentations identiques
d'Héraclès attaquant le taureau furieux qui rava-
geait la Crète. De chaque côté de la scène, une
femme, vêtue d'un chiton à manches flottantes,
s'enfuit, les bras levés et la tête tournée vers la
scène principale. Au centre, Héraclès nu terrasse le taureau; son genou droit sur la tête penchée de l'animal, le héros appuie ses deux
mains sur les épaules du taureau. Dans le
champ, on aperçoit les vêtements d'Héraclès
accrochés à un arbre, une colonne et deux
massues. La scène repose sur deux bandes noires concentriques. Sous chacune des anses, une
feuille de lierre.
(D.07)

Fragmentaire. H.: 33,3; diam.: 14,5 cm.

Vase attique, attribué au *peintre de Thésée*, un
des derniers artistes importants de la technique
de la peinture à figures noires.

Sur l'épaule, des palmettes.

La panse de ce vase s'orne d'un épisode du
chant XXIV de l'*Iliade* d'Homère: la mort
d'Hector. À gauche, un serviteur porte la rançon
à Achille; le roi Priam, dont la barbe et les
cheveux sont rehaussés de blanc, s'avance vers
un Achille couronné, assis sur un lit. Par terre,
le corps d'Hector. À droite, une femme (Bri-
séis ?) et, sur une table, les armes d'Achille (un
casque et un bouclier). Au-dessus de la scène,
double rangée de points.
(D.09)

4. *Skyphos à figures noires*
   Fin VIᵉ siècle av. J.-C.,

5. *Hydrie à figures noires*
   Fin VIᵉ-début Vᵉ siècle av. J.-C.,

6. *Coupe à figures rouges*
   Fin VIᵉ siècle av. J.-C.,

*Voir reproduction en couleurs,
section centrale, p. (1)*

Fragments recollés. H.: 16; diam.: 22;
diam. + anses: 29,5 cm

Bibliographie
Pour comparaison, voir Oslo, Museum of Applied Art: *CVA, Norway*, pl. 16,3.

Vase attique attribué au *groupe CHC*.

Sur la *face A* et sur la *face B*, deux représentations d'Amazones avec des chevaux. De chaque côté de la scène, un sphinx. La chair des Amazones, le visage des sphinx ainsi qu'un cheval et le chargement d'un autre cheval sont en blanc. Traces de rouge sur l'ornement de la tête du sphinx, les harnais et la tête des Amazones. Les deux scènes sont bordées d'une bande noire en haut et en bas. Au-dessus, une double rangée de points noirs sur fond rouge, de chaque côté d'une ligne noire. En dessous de la scène, une double ligne rouge. En bas de la panse, à l'endroit où se soude le pied, partie réservée rouge sur laquelle il y a trois lignes concentriques au-dessus d'une rangée de points noirs entre lesquels on voit des traces de points rouges. Sous le pied, cercles concentriques.
(D.06)

Fragments recollés. H.: 38; diam.: 22;
diam. + anses: 30 cm

Vase attique pouvant être attribué au *groupe de Léagros*.

Restaurations en plâtre sur une partie du col, de la panse et du pied.

Sur l'épaule, combat entre les Grecs et les Amazones (amazonomachie). Vêtues d'une tunique et casquées, celles-ci sont armées de lances tandis que les Grecs, également vêtus d'une tunique et casqués, portent carquois, lances et boucliers. À gauche, la scène se termine brusquement avec un guerrier grec combattant une Amazone dont on n'aperçoit que le bout de la lance. Au-dessus de la scène, godrons rehaussés de noir et de rouge.

Bordé au bas par des palmettes et sur les côtés par des feuilles de lierre, le tableau de la panse consiste en une réunion de dieux: (de gauche à droite) une divinité féminine debout, tournée vers la droite; Apollon, assis et également tourné vers la droite, est vêtu d'un himation, chaussé d'embas (chaussure montante, lacée sur le devant et terminée en haut par une sorte de revers) et tient un arc; Athéna, assise vers la gauche, le corps de face et la tête tournée vers la droite, est vêtue d'une tunique et casquée; elle porte l'égide et tient une lance dans sa main gauche; Dionysos, barbu, assis vers la gauche, vêtu d'un himation et couronné de lierre, porte un canthare à ses lèvres. Dans le champ, décoration de guirlandes de feuilles de vigne et de grappes de raisins. Au bas, arêtes rayonnantes.
(D.10)

Fragments recollés. H.: 8,7; diam.: 24;
diam. + anses: 31 cm

Bibliographie
Pour le *Kalos de Lysis*, voir BEAZLEY *ARV*², pp. 1597-1598.

Vase attique. Quelques restaurations à l'aide de plâtre.

À l'intérieur, dans le médaillon entouré d'une bande de méandres alternant avec des damiers, un personnage masculin, barbu, est vêtu d'un himation qui lui cache le bras gauche et l'on voit dans ses cheveux un bandeau rouge. De sa main droite, il tient un lièvre par les oreilles. En haut du personnage, une inscription en rouge: LYSIS KALOS.

À l'extérieur, deux scènes d'athlètes. *Face A*: un instructeur et deux athlètes (un lanceur de javelot et un lanceur de poids). *Face B*: un instructeur et deux athlètes (un lanceur du disque et un lanceur de javelot). Les athlètes sont nus; les instructeurs sont vêtus d'un himation et s'appuient sur une canne. Ils ont tous un bandeau rouge dans les cheveux.
(D.14)

7. *Hydrie à figures rouges*
   2ᵉ quart du Vᵉ siècle av. J.-C.,

8. *Lébès gamikos à figures rouges*
   3ᵉ quart du Vᵉ siècle av. J.-C.,

9. *Hydrie à figures rouges*
   2ᵉ quart du Vᵉ siècle av. J.-C.,

H.: 36,8; diam.: 29,3; diam. + anses: 34 cm

Bibliographie
BUTEAU-TRAN, *Le peintre du Verger, peintre de céramique à figures rouges*, p. 110-112.

Vase attique attribué au *peintre du Verger*.

Restauré en 1982 par le Centre de Conservation du Québec.

Godrons sur le rebord de l'embouchure.

Sur l'épaule et une partie de la panse, entre deux bandes de méandres, se déploie une scène de libation: au centre, une Niké (ou Victoire), les ailes déployées; de face, la tête tournée vers la gauche, vêtue d'un chiton à manches et d'un himation, tient une branche de lierre dans sa main gauche. De la droite, elle verse le contenu d'une oenochoé dans une phiale tenue par un jeune homme à gauche. Ce dernier, tourné vers la droite, est vêtu d'un himation. À droite, un personnage masculin barbu, drapé d'un himation, est entièrement tourné vers la gauche et s'appuie sur une canne. Entre le jeune homme et la Niké, un autel taché de vin ou d'autres offrandes.
(D.18)

Fragments recollés. H.: 24,5; diam.: 22 cm

Vase attique à pied bas mouluré et à col bas sans rebord, sans support. Le couvercle manque.

Face A: Scène de préparation au mariage. À gauche, une femme drapée et coiffée d'un cé-cryphale présente un coffret à une jeune femme assise sur une chaise à dossier et tenant une couronne de laurier; entre elles, sur le mur, une bandelette. À droite, une femme tenant des cadeaux (un vase et un parasol) s'avance vers une jeune femme assise qui tient un coffret d'une main et un pan de son vêtement de l'autre.

Face B: Cortège nuptial. À gauche, une femme vêtue d'un chiton et coiffée d'un cécryphale porte un coffret et un flambeau allumé; au centre, une femme drapée tient une bandelette et, à droite, une autre femme a les bras cachés par son himation.

Deux Nikés volant, placées symétriquement au-dessous des anses, portent des objets nécessaires à la cérémonie nuptiale (bandelette, cala-thos).

La scène est bordée au haut par une rangée de godrons et une rangée d'oves et, au bas, par une bande d'oves.
(D.24)

Fragments recollés. H.: 40; diam.: 28,5; diam. + anses: 37,5 cm

Bibliographie
BEAZLEY, *ARV²*, p. 631 nᵒ 3.

Vase attique près du *peintre de Chicago*.

Sur le rebord de l'embouchure, bande d'oves.

Sur l'épaule, dans une métope, scène de départ d'un guerrier: à gauche, une Niké, vêtue d'un chiton et d'un himation, coiffée d'un cécryphale, tient une couronne de laurier; une jeune femme vêtue d'un péplos et coiffée d'un cécryphale tient un pan de son vêtement de sa main gauche et une oenochoé dans sa droite; un hoplite vêtu d'une cuirasse, casqué, armé

10. *Peliké à figures rouges*
3ᵉ quart du Vᵉ siècle av. J.-C.,

11. *Cratère en calice à figures rouges*
Milieu du IVᵉ siècle av. J.-C.,

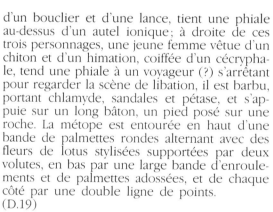

d'un bouclier et d'une lance, tient une phiale au-dessus d'un autel ionique; à droite de ces trois personnages, une jeune femme vêtue d'un chiton et d'un himation, coiffée d'un cécryphale, tend une phiale à un voyageur (?) s'arrêtant pour regarder la scène de libation, il est barbu, portant chlamyde, sandales et pétase, et s'appuie sur un long bâton, un pied posé sur une roche. La métope est entourée en haut d'une bande de palmettes rondes alternant avec des fleurs de lotus stylisées supportées par deux volutes, en bas par une large bande d'enroulements et de palmettes adossées, et de chaque côté par une double ligne de points.
(D.19)

H.: 34,2; diam.: 22,5 cm

Vase attique. Sur le col, entre les anses, rameau de laurier vers la gauche. Sur la panse, *face A:* Dionysos barbu, vêtu d'un chiton et d'un himation, couronné de lierre, tient un thyrse de la main gauche et un canthare dans la main droite. À gauche, une ménade couronnée de lierre tient une lyre d'une main et de l'autre se prépare à remplir le canthare. Derrière eux, un autel. À droite, un satyre couronné de lierre joue de la double flûte (aulos). *Face B:* deux jeunes hommes vêtus d'un himation se tiennent près d'une stèle funéraire; l'un est appuyé sur un bâton.
(D.17)

Fragments recollés. H.: 36; diam. embouchure: 29,5 cm

Provenant d'Égypte, Alexandrie. Style de Kertch.

Quelques restaurations à l'aide de plâtre; pied refait.

Sur le rebord de l'embouchure, une bande d'oves et, en dessous, un rameau de laurier vers la gauche.

Sur la panse, *face A:* scène de préparation au mariage. Au centre, Éros, nu, les ailes déployées, porte un vêtement sur son bras gauche et un miroir (?) dans ses mains. À gauche, une jeune femme, assise, vêtue d'un chiton et coiffée d'un cécryphale, tient un coffret dans sa main gauche. Derrière elle, un autel. À droite, une femme drapée, coiffée d'un cécryphale et portant des boucles d'oreille, tient un coffret et une bandelette dans sa main gauche. *Face B:* deux personnages féminins dont l'un porte une torche. Sous chacune des scènes, une bande de méandres. Dans le champ, derrière chacune des anses, une corne d'abondance et un grand vase (loutrophore?).
(D.27)

12. *Groupe en terre cuite*
VIIe siècle av. J.-C.,

13. *Stèle funéraire*
Ve siècle av. J.-C.,

14. *Fragment d'un lécythe funéraire*
Fin Ve siècle-début IVe siècle av. J.-C.,

*Voir reproduction en couleurs,
section centrale, p. (2)*

Fragments recollés. H.: 12,7; l.: 10,3 cm

Style chypro-archaïque. Provient de Chypre.

Manquent une partie du bras droit du cavalier, le côté droit de la tête du cheval ainsi que les naseaux.

Cheval au corps court, jambes et petite queue rigides, encolure longue et crinière épaisse. De gros traits transversaux sur l'encolure marquent la crinière et strient les pattes de l'animal. Les yeux et la bouche sont rendus par des traits peints.

Le cavalier est très droit sur le cheval, ses deux bras tendus vers le col de celui-ci. L'artiste n'a indiqué ni les mains ni les pieds. La tête de l'homme est plate, le nez et le menton saillants. Les yeux et la bouche sont rendus par des traits peints. Traits sur les bras et à la taille du personnage.
(D.33)

Marbre. H.: 81; larg.: 56 cm

Bibliographie
Pour les monuments funéraires et leur style, voir FRIIS JOHANSEN, *The Attic Grave-reliefs*, 1951; CONZE, *Die Attischen Grabreliefs*, 1893.

Provenant de la nécropole de Karopi (?).

Manquent le coin inférieur gauche ainsi que la partie supérieure.

Se détachant en bas-relief à droite, une femme, vêtue d'un chiton et d'un himation dont elle tient un pan dans sa main droite; la partie supérieure de son corps est légèrement de trois-quarts, la tête inclinée vers l'avant et les jambes de profil. Elle est assise sur un banc (diphros) sans dossier garni d'un coussin, les pieds sur un tabouret. À gauche, une femme debout, vêtue d'un chiton et d'un himation, porte un bébé dans ses bras.

D'une composition typiquement attique (un personnage assis, l'autre debout), cette représentation d'une défunte (femme assise) ne comporte pas de portrait; le type sculpté ici est impersonnel et conforme à l'idéalisation attique. On comptait sur une inscription (absente ou manquante sur cette stèle) gravée sur le monument pour préciser l'identité de la défunte, ou du défunt.
(D.41)

Marbre. H.: 37; larg.: 27 cm

Bibliographie
Au sujet de ces vases en marbre et de leur style, voir FRIIS JOHANSEN, *Attic Grave-Reliefs*, 1951; CONZE, *Die Attischen Grabreliefs*, 1893.

Fragment d'un vase attique dont la forme est une transposition en marbre des lécythes en terre cuite d'usage funéraire. Tout comme les stèles, ils étaient placés sur la tombe des disparus.

Sur la panse, en très bas-relief, figure une scène d'adieux: une femme (la défunte) est assise sur un banc garni d'un coussin, les pieds posés sur un petit tabouret. Vêtue d'un chiton et d'un himation dont un pan tombe du banc, elle est vue la tête de profil, le corps légèrement de trois-quarts. De sa main droite, elle serre la main d'un personnage masculin barbu, debout devant elle. Ce personnage ainsi que deux autres (un imberbe et un barbu) entourant la femme sont drapés d'un manteau qui leur laisse le bras droit nu. Les noms des personnages sont inscrits au-dessus d'eux: AMOIBIXOS. ARESIAS. PHILO(K... A...). PHAINO.
(D.38)

15. *Tête de Zeus* (?)
  Fin Vᵉ siècle av. J.-C.,

16. *Fiole*
  Époque romaine

17. *Unguentarium*
  Époque romaine

18. *Gobelet*
  Époque romaine

Calcaire. H.: 33,5 cm

Bibliographie
Pour comparaisons, voir PRYCE, *Catalogue of Sculpture*, vol. 1, part II: *Cypriote and Etruscan*, 1931, pp. 62-63.

Style chypro-grec.

Nez cassé; surface érodée.

Provient de Chypre, pays où l'élément grec est de plus en plus prépondérant à cause des mines de cuivre qui font la fortune de l'île.

Tête masculine barbue; les cheveux, serrés par une couronne de laurier, retombent en spirales sur le front et la nuque. Le front est droit, les joues pleines et les lèvres souriantes.
(D.43)

Verre soufflé*. H.: 15; diam.: 7,2; diam. embouchure: 3,6 cm

Translucide, irisé.

Panse globulaire (un tiers de la hauteur totale), long col en forme de tube légèrement étranglé à la base, lèvre évasée.
(D.58)

Verre soufflé. H.: 13,6; diam.: 3,2; diam. embouchure: 2,6 cm

Verdâtre.

Petite panse globulaire (moins d'un septième de la hauteur totale) légèrement aplatie, long col cylindrique étranglé à sa base, lèvre évasée.
(D.63)

Verre soufflé. H.: 8; diam. embouchure: 7,4 cm.

Verdâtre.

Gobelet tronconique marqué d'un renflement au milieu de la panse, embouchure évasée.
(D.68)

---

* *La technique du verre soufflé fut inventée en Syrie, vers 50 av. J.-C. Dès lors, cette industrie s'étend vers l'ouest et Rome en devient un très grand centre de fabrication. Utilitaires et peu dispendieux, les objets de verre se retrouvent dans tout l'Empire romain. Dans les ruines de Pompéi et d'Herculanum on a même trouvé des maisons garnies de leurs vitres.*

Des artistes circulaient continuellement (Iᵉʳ — IVᵉ siècles) à travers le monde romain, transmettant leurs techniques et leurs styles, d'où une production remarquablement uniforme dans les différents centres. Ce n'est qu'après la chute de l'Empire romain que chaque centre développera un style particulier.

Peinture et sculpture de l'Europe et des États-Unis

La collection d'art européen que possède le Musée du Québec ne manque pas d'intérêt. Peu connue du public parce qu'elle a été rarement présentée, elle fait cependant l'objet de nombreuses demandes d'emprunt de la part de musées américains et européens, ce qui atteste la qualité des oeuvres qui y sont réunies.

Certes, le Musée ne peut prétendre à une mission spécifique ou privilégiée de conservation, de recherche et de mise en valeur de l'art européen. Au fil des ans, pourtant, il n'en a pas moins rassemblé un bon nombre d'oeuvres, par achat ou par don, ce qui le met en mesure de présenter à son public des oeuvres non québécoises qui aident à élargir les perspectives et à mettre en relief les caractéristiques de la production nationale, d'une part. En même temps, parce qu'elles sont convoitées par d'autres musées pour leurs expositions, ces oeuvres permettent d'autre part à l'institution d'établir de fructueux contacts au niveau international, d'où, par exemple, la possibilité pour Québec d'accueillir des expositions itinérantes sur l'art de différents pays et époques. La collection d'art européen contribue de cette façon à élargir l'oeuvre de diffusion et de rayonnement du Musée.

Dès 1921, en prévision de la création d'un musée provincial, l'honorable Georges-Élie Amyot avait acquis pour le gouvernement du Québec quelques tableaux, dont un de Joseph Donavan Adams. Trois ans plus tard, *l'Exposition des artistes français du Groupe de l'Érable* fournit au Secrétariat de la province l'occasion d'acheter des oeuvres de plusieurs artistes: André Devambez, Émile Aubry, Emmanuel Fougerat et André Vermare. Par ailleurs, plusieurs collectionneurs québécois ont fait des dons importants au Musée depuis sa création. La collection de la villa Beauvoir, offerte par Richard Dobell, comprend deux marbres du sculpteur anglais John Adams-Acton qui seront présentés plus loin. De Frank W. Ross et J. Gordon Ross, de Holland House, le Musée a reçu également des marbres italiens dont une *Vénus*, un *Moïse enfant* et *L'Amour et Psyché* d'après Canova. Enfin, certains artistes français, tels le sculpteur Ernest Barrias et le peintre Paul-Yves Sébillot, ont offert de leurs oeuvres à l'occasion de leur passage à Québec.

Toutefois, la contribution la plus significative à la constitution d'un véritable fonds d'art européen a été sans contredit le don de la substantielle collection Maurice-Duplessis. Amateur d'art et collectionneur averti, le chef d'État a laissé à sa mort, en 1959, soixante-cinq tableaux dont trente et un sont des oeuvres européennes venues de France, d'Angleterre et des Pays-Bas : Turner, Corot, Boudin sont des noms prestigieux dont les oeuvres sont régulièrement requises par des musées étrangers pour des expositions internationales.

Par souci de conserver au Québec une importante collection d'art grec antique, le gouvernement a décidé en 1966 d'acquérir la collection Diniacopoulos qui regroupe 72 pièces. Déposée pour fin d'étude et de recherche à l'université Laval, cette collection fait l'objet d'une présentation autonome dans le présent catalogue.

L'art ancien du Québec étant indissociable des racines européennes où il plonge, le Musée a également acquis plusieurs oeuvres européennes qui ont contribué à la formation des peintres locaux et qui ont introduit des thèmes iconographiques nouveaux, notamment en ce qui a trait à l'art religieux. Plusieurs tableaux de la collection Desjardins, provenant pour la plupart du pillage des églises parisiennes durant la Révolution, sont venus au Québec en 1816-1817 et ont été répartis entre plusieurs églises; ces achats ont fait entrer au Musée des oeuvres prestigieuses de Lagrenée et de Michel-Ange Challes. Enfin, la vente de la collection Cramail, formée à partir de la célèbre collection anglaise Maitland, a permis en 1948 l'acquisition de quelques autres oeuvres intéressantes, parmi lesquelles le tableau du hollandais Wouwermans, la *Cour d'Auberge*.

En somme, cette collection variée s'avère aujourd'hui très riche et digne d'intérêt. Si le Musée ne procède pas systématiquement à des acquisitions dans le domaine de l'art européen, la tradition qu'il a développée nous fait espérer qu'il continuera à veiller à ce que les oeuvres européennes importantes des collections privées soient conservées à Québec dans la mesure du possible.

David Karel
Professeur d'histoire de l'art
Université Laval

Jacob van Ess, 1596-1666

19. *Nature morte aux raisins*, 1633

Huile sur bois, 23,2 × 35 cm

Signé en bas au centre: *JACOB. VAN. ESS*

Historique
Acquis avant 1934 (34.251-P).

Bibliographie
Collections des Musées d'État du Québec, n° 1, ill. coul.

Né en 1596 et inhumé le 11 mars 1666 à Anvers, Jacob Fopsen van Ess fut un peintre de natures mortes. On ne sait rien de sa formation, son nom ne figurant pas à titre d'élève dans les registres du *Liggeren* d'Anvers; mais il fut certainement influencé par le peintre Osias Beert, à Anvers. C'est dans cette ville, d'ailleurs, qu'il fit carrière, y jouissant de l'estime d'artistes de loin plus célèbres que lui: Jacob Jordaens fut témoin au baptême de l'un de ses enfants et une de ses toiles est mentionnée dans l'inventaire après décès de Rubens.

*

Jacob van Ess fit exclusivement des natures mortes, presque toutes limitées d'ailleurs au même motif: le petit déjeuner, comportant fruits, huîtres, crabes ou poissons avec du pain, accompagné de vin, et présenté dans la vaisselle appropriée: verres, brocs en grès, assiettes et cuillers d'étain ou de faïence. La toile du musée du Québec illustre parfaitement le thème: la table est mise pour le petit déjeuner à la mode des Flandres; une huître entourée d'une abondance de raisins et de cerises, assortie de quelques prunes, s'offre à la dégustation.

À défaut d'indices documentaires précis concernant la formation et la filiation professionnelle de van Ess, une historienne perspicace, Mlle Édith Greindl, a cru bon de rattacher ce peintre, en vertu de sa manière, à un groupe « à tendances descriptives » par opposition à d'autres, comme Snyders, dont l'oeuvre est plutôt « décoratif ». Ainsi, le souci premier d'un peintre de la première tendance serait d'exploiter au mieux de ses capacités les ressources mimétiques de son métier.

Plusieurs facteurs cependant dérangent la recherche de l'illusion chez van Ess. Dans la plupart de ses natures mortes, la table a tendance à se rabattre sur le plan pictural, donnant un caractère un peu primitif à la perspective d'ensemble. Quelques défauts de cet ordre sont manifestes dans la toile du Musée du Québec, principalement dus au fait que la diagonale correspondant au côté droit de la table n'est pas suffisamment accusée. Par ailleurs, l'artiste est fasciné par les textures, ce qui l'amène à accorder parfois un peu trop de transparence ou d'éclat à ses raisins ou à ses prunes. Il ne craint pas non plus d'employer des couleurs vives; si le réalisme de l'image en souffre un peu, il faut admettre en revanche que son oeuvre n'en est que plus agréable à voir. Ces particularités, du reste, sont autant d'évidences de la vision d'un peintre qui peint à sa façon, sans souci d'imposer toujours des « corrections » à la chose vue. C'est ce qui fait que l'on retrouve les mêmes « défauts » chez un Courbet ou un Manet, pour qui la peinture flamande constituait un puissant exemple. Il convient de noter, enfin, que van Ess a eu le souci, dans cette peinture comme à travers tout son oeuvre, de rythmer sa composition, créant des arabesques dont la qualité harmonieuse va de pair avec l'agencement chromatique de l'ensemble.

Quelques interprètes ont cru voir dans ces objets inanimés les symboles de la passion du Christ (J. Bergström) en sorte que certaines natures mortes de van Ess et d'autres peintres évoqueraient, par le truchement d'un langage codé, la promesse de la Résurrection, etc. Cette théorie, que son auteur nomme le *Disguised Symbolism* (symbolisme en déguisement), n'a pas connu, il faut le dire, un bien grand succès depuis son lancement en 1955!

David Teniers le Jeune, 1610-1690

20. *Paysage avec des bergers*, après 1659

Huile sur bois, 24,2 × 34,7 cm

Signé en bas à gauche : *DT*

Historique
H. Howard-Keeling Esq.; Dominion Gallery, Montréal; coll. de l'honorable Maurice Duplessis; don de la succession de l'honorable Maurice Duplessis, 1959 (G-59.594-P).

David Teniers, né en 1610 à Anvers, mort le 25 avril 1690 à Bruxelles, apprit la peinture de son père. Comme peintre de genre, il s'inscrit dans la lignée des Breughel. D'ailleurs, il épousa en premières noces la fille de Jean « Velours » Breughel, Anne, qui avait été élevée sous la tutelle de Rubens. Celui-ci fut pour Teniers une source d'émulation; mais son influence se manifesta davantage dans sa manière de vivre que dans sa manière de peindre.

Engagé dans le commerce des oeuvres d'art tout en s'adonnant à la peinture, le jeune Teniers fut retenu par l'archiduc Léopold-Guillaume (gouverneur des Pays-Bas espagnols) à titre de chambellan vers 1647, vraisemblable-

ment dans le but de développer ses collections. En 1651, il cumule à cette fonction celle de peintre à la cour et emménage à Bruxelles à cette occasion. Il est confirmé dans ses fonctions par Don Juan, successeur de Léopold-Guillaume, en 1696. Courtisan habile et ambitieux, tout comme Rubens l'avait été à la cour d'Albert et Isabella, Teniers s'appliqua par la suite à parfaire sa réussite et à égaler son illustre devancier: comme Rubens, il obtient des lettres de noblesse; et il achète à l'époux d'Hélène Fourment, seconde femme de Rubens, le château et le domaine de *Drij Toren*.

Faisant preuve en tout temps d'une activité inlassable (Dreher estime à mille la quantité des peintures existantes, cependant que Bénézit soutient que le nombre d'oeuvres cataloguées dépasse déjà ce chiffre), Teniers a été honoré de commandes par plusieurs souverains d'Europe, dont Philippe IV d'Espagne et la reine Christine de Suède. En 1663, il appuie les artistes désireux de former une académie à Anvers, ayant été lui-même doyen de la Guilde de cette ville en 1645 et en 1646. Ces données soutien-

nent largement l'affirmation de R. Micha à l'effet que Teniers « est sans doute le peintre de genre le plus important du XVIIᵉ siècle ».

*

Deux paysans en promenade font halte devant une excroissance rocheuse; ils discutent en gesticulant. Un petit cours d'eau passe derrière eux; sur l'autre rive on aperçoit les abords d'un hameau ainsi qu'un petit pré, un berger et ses moutons. Derrière eux se dresse une butte avec, à son sommet, un ancien château fort de dimensions modestes tandis qu'au loin, à gauche, un autre château dresse sa tour pointue.

La place de la vie rurale dans l'oeuvre de Teniers reflète l'une des préoccupations majeures de la vie de ce peintre. Se considérant de toute évidence comme le successeur de Rubens, il avait acquis vers 1659 un domaine non loin de celui de ce dernier, sur lequel était bâti un manoir appelé *Drij Toren* (les trois tours). Grâce au statut social que lui conférait cette acquisition, il pouvait prétendre accéder à la noblesse. Non seulement l'image de ce château apparaît-elle fréquemment dans son oeuvre, Teniers a même fait une bonne centaine de peintures où figurent des édifices semblables, pour la plupart non idcntifiablcs.

Dans *Paysage avec des bergers*, l'édifice qu'on voit au loin ressemble fortement au *Drij Toren*, en raison notamment du profil légèrement creusé de la partie pointue de la tour. Le manoir de Teniers était situé, par ailleurs, sur le bord d'un cours d'eau, ce qui semble être le cas dans cette peinture. À travers les motifs ruraux du peintre, il est plusieurs types de représentations témoignant chacun d'une certaine qualité de la vie seigneuriale. Souvent, par exemple, le lieu est situé au hameau, un château étant visible dans le lointain. Parfois même, le seigneur se présente à la kermesse des villageois, ou bien dans une métairie, car ce sont ses terres et ce petit peuple travaille pour lui. Suivant une autre pratique, Teniers place un château plutôt fantaisiste, d'un style architectural plus ancien, dans un paysage accidenté (par exemple, son *Paysage avec figures* de 1646, oeuvre perdue). Bien que l'oeuvre que possède le Musée du Québec ne corresponde pas absolument à l'une ou à l'autre de ces catégories, elle présente les mêmes éléments réunis d'une façon différente. Il s'agirait ici d'une scène imaginaire où néanmoins Teniers évoque les alentours de *Drej Toren* et la qualité de vie qui régnait sur ces terres paisibles.

Philips Wouwermans, 1619-1668
21. Cour d'auberge (scène d'hiver)

Huile sur bois, 34,8 × 46,8 cm

Historique
Anc. coll. Maitland et Cramail; acquis en 1948 (A-48.16-P).

Philips Wouwermans est né à Haarlem, aux Pays-Bas, en 1619; il est enterré au même lieu le 23 mai 1668. Son père était lui aussi artiste, mais Philips étudia plutôt avec Franz Hals, entre autres. Sa vie est mal connue, sauf quelques bribes: en 1638, il enlève celle qu'il aime afin de l'épouser. Le jeune couple demeure pendant deux ans à Hambourg, puis revient à Haarlem. Admis à la Guilde de Saint-Luc, Wouwermans commence à former lui-même un élève dès

1641; vers la même époque, il garnit de chevaux et de figures humaines des compositions de Wijnants (que d'aucuns considèrent comme son maître), de C. Decker et même de Ruysdael. En 1645, il est nommé commissaire de la Guilde, signe certain de son succès. Artiste prolifique, il parvint à la prospérité, comme en fait foi la dot au montant de 20 000 florins que sa fille Ludovica apporta à son mariage en 1672.

*

L'auberge, à peine visible à l'extrême droite du tableau, est située à proximité d'un canal. Les embarcations qui fréquentent cette voie d'eau pendant les saisons tempérées reposent sur la grève pour la durée de l'hiver; une autre, visi-

ble en bas à droite, est emprisonnée dans la glace. Malgré la morte saison, le canal n'en accueille pas moins un commerce considérable ainsi qu'un monde de patineurs de tous âges. L'un d'entre eux vient de faire une chute, perdant chapeau et patin. Un cheval dételé mange du foin devant l'auberge et un autre attend devant la tente tandis qu'un troisième arrive à l'instant, attelé à un traîneau conduit par un homme debout à l'arrière. C'est l'étape. Les conducteurs se présentent à la tente qui abrite en principe une cantine. L'un d'eux ajuste son soulier. Un village avec son moulin à vent est campé sur l'autre rive; perché sur une butte, un autre moulin se dresse derrière la tente. La présence des dunes à l'horizon permet de croire que la mer se trouve juste au-delà.

Dans cette image, tout est prétexte pour montrer et exalter les chevaux; pas nécessairement des chevaux de race, mais des bêtes solides dans des attitudes appropriées du travail et du repos. Tandis que l'artiste a croqué les êtres humains dans des attitudes disgracieuses, inconfortables ou inadaptées, les chevaux, eux, sont nobles. Il s'agit d'une auberge, mais l'artiste ne s'y intéresse qu'en relation avec l'accueil et l'entretien des chevaux. Ceux-ci, d'ailleurs, offrent une belle variété de conformations: l'animal de trait à l'avant-plan contraste avec celui, plus léger, qui travaille si bien devant le traîneau.

Philips Wouwermans fut le peintre par excellence des chevaux et, par le fait même, de tous les événements susceptibles de les mettre en valeur: duels, batailles, campagnes militaires, chasse et voyages, ainsi que les lieux de leurs rassemblements: écuries, manèges, marchés aux chevaux, cours d'auberges, chemins, forges, gués et fermes. Établi en Hollande, il affectionne les plages, les dunes et les cours d'eau de cette contrée. Toutefois, à en juger aux titres, les motifs hivernaux dans son oeuvre sont plutôt rares*. Les scènes de repos et de ravitaillement, en revanche, sont légion. De même, la tente de la vivandière figure dans plusieurs tableaux.

---

* *Les inventaires en mentionnent cinq, à savoir: à Berlin, un Paysage d'hiver ainsi qu'un Pont de bois sur un ruisseau gelé; à l'Alte Pinakotek de Munich, un Amusement sur la glace ou Paysage avec patineurs; à Schwerin un Forgeron de village dans un paysage d'hiver; et au Musée national de Stockholm un Traîneau de luxe sur la glace.*

Charles-Michel-Ange Challes, 1718-1778
22. *La Résurrection*, vers 1760

Huile sur toile, 253 × 364 cm

Historique
Église de l'Oratoire Saint-Honoré, Paris, vers 1760 ;
Musée des Monuments français, Paris ; acheté par
l'abbé Philippe Desjardins en 1803 (?) ; à l'Hôtel-
Dieu de Québec en 1817 (Inventaire n° 63) ; acheté
par Mgr Plessis pour l'église de Saint-Roch, à Québec,
1817 ; acquis en 1976 (A-76.174-P).

Bibliographie
Morisset, octobre 1934, p. 116, 119.

Charles-Michel-Ange Challes est né à Paris le 18
mars 1718 et mourut dans la même ville le 8
janvier 1778. Élève d'André Lemoine, de François Boucher et du frère André, Challes concou-
rut trois fois pour le prix de Rome, avant de le
remporter, en 1741. Durant son séjour italien, il
voyage beaucoup dans les environs de Rome et
de Naples et dessine copieusement ; il se consti-

tue ainsi un fonds de motifs qu'il exploitera
largement après son retour en France. Reçu
académicien en 1753, il succède à Sébastien
Leclerc comme professeur de perspective à
l'école de l'Académie, en 1758. Il donne souvent, d'ailleurs, dans le dessin d'architecture,
pratique qui a manifestement influencé sa peinture. Challes a participé relativement peu aux
Salons, y envoyant, depuis sa réception à l'Académie jusqu'en 1765, des toiles à sujets mythologique et historique, peintes dans un style qui
rappelle celui de certains illustres peintres italiens. Ce penchant lui valut une renommée tout
à fait extraordinaire de son vivant. En même
temps, sa prédilection pour des sujets grecs et
romains fait de Challes, qui étudia à Rome en
même temps que Vien, l'un des premiers de
son siècle à avoir amorcé ce retour vers l'anti-
quité qui devait transformer profondément l'art
de l'école française durant la seconde moitié du
dix-huitième siècle. Diderot sera du nombre de
ceux qui appuiera les efforts de Challes en ce
sens. Commentant la *Mort de Socrate* au Salon
de 1761, il écrit : « c'est le plus sublime sang-
froid », ajoutant que l'artiste semble « être fait à
la sagesse de l'art antique ». En revanche, Diderot n'a guère de louange à l'endroit de *Cléopâ-
tre* exposée par Challes à la même occasion
(« ce n'est plus l'histoire de la reine d'Alexandrie, c'est un accident de la vie »). Du reste, sa
critique de l'ensemble des oeuvres de Challes
au Salon de 1759 avait été dévastatrice (« Vous
savez avec quelle dédaigneuse inadvertance on
passe sur les compositions médiocres »), ce qui
reflète assez bien l'opinion générale qui a pré-
valu sur cet artiste jusqu'à nos jours. Pourtant,
Challes ne mérite pas d'être si mal traité.

Nommé dessinateur de la Chambre du Roi en
1764, Challes connut alors une réorientation
majeure de son activité professionnelle. Il devint en fait le directeur des pompes de l'État :
illuminations, funérailles, spectacles, représentations théâtrales, feux d'artifices, etc. C'est à
partir de ses dessins qu'ont été organisées, par
exemple, les obsèques de Louis XV et les épou-
sailles du Dauphin (1770), ce qui a fait dire à
Henry de Chennevières que Challes, grâce à ces
grands travaux, a « brillamment fini le règne
frivole de Louis XV et fastueusement préparé
l'avènement prochain de Louis XVI. »

*

Deux anges soulèvent sans difficulté le couvercle massif de la tombe. Le Christ nimbé remonte allègrement dans les airs, le regard dirigé
vers le zénith. Trois veilleurs apeurés, habillés
en légionnaires romains, réagissent par des attitudes de fuite, de défense et d'agression. Deux
sont au sol où ils dormaient paisiblement ; le
troisième, debout, montait sans doute la garde
au moment du miracle. Des angelots portés sur
des nuages émanant du sarcophage ont des
expressions de béatitude. Deux d'entre eux
exhibent un carcan dont la chaîne est rompue à
deux endroits, symbole de la délivrance du
Sauveur.

Les qualités théâtrales que Challes savait si bien
exploiter — qu'il s'agisse d'une scène de théâtre, d'une décoration monumentale ou, comme
dans ce cas, d'une peinture religieuse — sont
utilisées ici en vue d'obtenir un maximum d'effet pictural. Le spectateur ressent le caractère
subit de l'événement, notamment dans le désarroi des soldats. L'éclat de lumière venu d'en
haut concentre l'attention sur le lieu du miracle. Malgré la complexité de l'ensemble, Challes, habile dessinateur de perspective, présente
un espace absolument cohérent, ce qui assure
une crédibilité visuelle, par exemple, au soulè-
vement d'un objet monolithique par des mains
aussi frêles, ou à la lévitation du Sauveur, ou
encore à la nuée ascendante. Effectivement, tout
dénote le triomphe de l'âme sur la chair, de la
clarté sur les ténèbres, du Bien sur le Mal.

La tradition iconographique où le peintre a
puisé n'est pas celle des Évangiles (il n'y est pas
question d'une Ascension au moment même de
la Résurrection) ; elle vient des écritures apocryphes. Entre autres façons de figurer la Résurrection, il s'agit plus spécifiquement de la catégorie que Réau appelle « Le Christ planant au-
dessus de son tombeau », ou « Résurrection
ascensionnelle », dernière-née des traditions
picturales afférentes à ce thème depuis Giotto
(cette tradition avait été proscrite, d'ailleurs, par
les autorités de la Contre-Réforme). La composition de Challes a certaines affinités avec différentes peintures de l'école italienne (Tiepolo,
Titien, etc.), pourtant il y donne corps à une
vision personnelle bien particulière qui, renfor-
cée par les aptitudes illusionnistes du peintre,
fait tout le prix de cette oeuvre.

23. *Jésus porté au tombeau*, 1770

Huile sur toile, 155,2 × 205 cm

Signé et daté en bas à gauche: J.J. Lagrenée/1770

Historique
Église de l'Abbaye de Montmartre, près de Paris, vers
1770; Musée des Monuments français, Paris, 1795;
acheté par l'abbé Philippe Desjardins en 1803 (?); à
l'Hôtel-Dieu de Québec en 1817 (Inventaire n° 10);
achet par l'abbé Vincent Fournier, curé de la Baie-
du-Febvre, pour l'église paroissiale, 1817; acquis en
1970 (A-70.115-P).

Bibliographie
Morisset, janvier 1935, p. 428, 434-435.

Jean-Jacques Lagrenée, dit le jeune, est né le 18 septembre 1739 à Paris et mourut dans la même ville le 13 février 1821. Élève de son frère Louis-Jean-François Lagrenée, dit l'aîné, et à l'école de l'Académie royale de peinture et sculpture à Paris, il remporta le deuxième Grand Prix de Rome en 1760 grâce à son oeuvre. *Le sacrifice de Manné père, lorsque l'ange vient lui annoncer la naissance d'un fils*. Toutefois, il ne se rendit pas immédiatement à Rome car il avait été invité à accompagner son frère en Russie, celui-ci ayant été chargé d'aménager le Palais d'hiver de Saint-Petersbourg et d'y prendre la direction de l'Académie impériale.

Lagrenée dut faire ses premières armes comme peintre-décorateur durant ces années de collaboration avec son frère. Notamment, celui-ci a réalisé, en plus de ses travaux au Palais d'hiver, une *Allégorie de l'impératrice Elizabeth, protectrice des arts*, en 1761, sur le plafond des galeries de l'Académie impériale ; Lagrenée jeune a pu y prendre part.

La fin du séjour en Russie ayant été précipitée par le décès de l'impératrice le 29 décembre 1762, les Lagrenée rentrent à Paris et Jean-Jacques part sans tarder vers l'Académie de France à Rome où il doit poursuivre sa formation. Arrivé dans la ville éternelle en 1763, il ne la quittera que cinq ans plus tard. Sa carrière commence finalement à trente ans, âge où, étant agréé à l'Académie de Paris, il acquiert formellement le droit d'exercer.

Les tableaux qu'il réalisa pour l'abbaye de Montmartre comptent parmi les toutes premières commandes qu'il reçut. Aussi ont-ils quelque chose de scolaire par leur manière prudente, correcte, et scrupuleusement attentive au respect des règles. L'année suivante, Lagrenée entreprend sa série d'envois au Salon, série qui se prolongera jusqu'en 1804. Ses thèmes, pour la plupart, sont puisés dans la religion et la mythologie. Toutefois, ayant entretenu l'ambition d'oeuvrer à titre de peintre-décorateur, c'est par cette voie que Lagrenée avait été admis à l'Académie : comme morceau de réception, il avait peint une fresque intitulée *L'hiver* au plafond de la galerie d'Apollon du Louvre. Cette oeuvre, dont l'esquisse figure au Salon de 1771, est terminée en 1775. Dans la même veine, il

convient de noter la plus célèbre des oeuvres de Lagrenée jeune, un *Apollon accompagné des Muses et des Grâces*, à Versailles, au plafond de la salle de théâtre du Petit Trianon (esquisse au Salon de 1779). Jouissant de l'estime de ses confrères, Lagrenée gravit les échelons académiques, et devint professeur en 1781. Il travailla pendant de nombreuses années à la manufacture de Sèvres, où il se fit valoir par son habileté au dessin et à la peinture d'ornement. Il réalisa également plusieurs miniatures et gravures.

En dépit d'une oeuvre abondante et variée, l'artiste est demeuré toujours dans l'ombre de son aîné. Il faut espérer à cet égard que les travaux attendus de Marc Sandoz fassent la lumière sur ce peintre, trop peu étudié jusqu'ici.

*

Le corps de Jésus, à demi-enveloppé dans un linceul blanc, est transporté vers la tombe par Joseph d'Arimathie, à la tête, et par Nicodème, aux pieds. Une Madeleine recueillie est visible à l'arrière-plan.

Les sources bibliques de la mise au tombeau étant peu explicites, il s'est développé au fil des siècles plusieurs coutumes iconographiques du thème. Le peintre a donné ici un véritable Portement du Christ mort, dont la tradition remonte au quinzième siècle et comporte des variantes dont celle-ci, où le corps est transporté à l'aide du linceul. Raphaël avait adopté la même pour sa *Mise au Tombeau* (1500, à la galerie Borghese de Rome) et, après lui, Caravage et le Titien, par exemple, ont également mis en scène deux hommes porteurs, le suaire ainsi que des saintes femmes.

Par rapport à ses illustres devanciers, Lagrenée a simplifié la composition, excluant la Vierge et saint Jean ; le souci de respecter le libellé des Évangiles eût suffi, à son époque, à justifier la suppression de ces personnages pourtant traditionnellement associés à l'événement. De même, Lagrenée a renoncé à représenter un sarcophage car les Évangiles sont explicites sur ce point ; ils parlent d'un « sépulcre taillé dans (ou à même) le roc ». Le peintre figure, dans l'arrière-plan, une sainte femme qui, conformément à l'Écriture, était assise « vis-à-vis du sépulcre ». C'est sûrement la Madeleine, qui devait observer ainsi la mise au tombeau plutôt que « l'autre Marie, mère de Jacques et de Jo-

seph... » qui y était également. Grâce à ces détails, on constate le souci qu'a eu Lagrenée de respecter à la lettre les textes bibliques. En revanche, rien dans la Bible ne dicte la place ni le costume des intervenants masculins ; aussi l'artiste présente-t-il son Joseph d'Arimathie, comme tant de peintres avant lui, sous les traits d'un barbu enturbanné d'âge mûr. Son vis-à-vis, Nicodème, invariablement relégué aux pieds du Christ, est montré tête nue, conformément à la même tradition. Leurs vêtements toutefois, contrairement à la coutume héritée du moyen-âge, sont parfaitement sobres.

Il faut bien comprendre que l'ensemble de ces traits appartient au siècle de Lagrenée, et relève d'une notion précise de bienséance articulée notamment lors des assemblées académiques. Dans cette toile, Lagrenée ne fait qu'affirmer les propositions de la collectivité artistique de son temps. Son interprétation d'un thème universellement connu dut paraître à la fois correcte et moderne à ses contemporains.

Comme dans l'*Incrédulité de Saint Thomas* (n° 24), du même peintre, le lecteur n'aura pas manqué de noter, l'allure héroïque de la figure du Christ. Le corps masculin est précisément conçu de cette façon dans la manière académique française de la seconde moitié du XVIIIe siècle. Suivant les règles en vigueur à l'époque, les différents détails anatomiques devaient être absolument conformes aux connaissances scientifiques ; on sait que les étudiants de l'école académique assistaient à cette fin aux dissections commentées par un chirurgien. En même temps, la figure humaine devait montrer une certaine grâce ; aussi usait-on des contours pour mettre en valeur les ondulations qui contribuent à cette qualité ; *La Mise au Tombeau* est exemplaire à ces égards (son pendant, le *Saint Thomas*, est nettement moins perfectionné). À cause de l'importance accordée à la figure nue, il y aurait même lieu de comparer cette oeuvre au genre « académie peinte », c'est-à-dire une peinture de dimensions moindres, sans figures accessoires, faite comme exercice de perfectionnement. Sûr de sa maîtrise dans le genre, l'artiste n'a pas hésité à faire parade de son habileté, dans cette composition savamment orchestrée dont l'attrait s'est maintenu intact depuis deux siècles.

Jean-Jacques Lagrenée, 1739-1821

24. *Incrédulité de Saint Thomas*, 1770

*Voir reproduction en couleurs,
section centrale, p. (3)*

Huile sur toile, 123,7 × 122 cm

Signé et daté en bas à gauche : *J.J. Lagrenée / 1770*

Historique
Église de l'Abbaye de Montmartre, près de Paris ; Musée des Monuments français, Paris, 1795 ; acheté par l'abbé Philippe Desjardins en 1803 (?) ; à l'Hotel-Dieu de Québec en 1817 (Inventaire, n° 11) ; acheté par l'abbé Vincent Fournier, curé de la Baie-du-Febvre, pour l'église de la paroisse, 1817 ; acquis en 1970 (A-70.114-P).

Bibliographie
MORISSET, Janvier 1935, p. 428, 434-435.

La scène se déroule dans une salle close aménagée dans le style corinthien. Jésus, apparu pour la seconde fois aux onze apôtres après sa Résurrection, saisit le bras gauche de Thomas, qui est agenouillé devant lui, attirant sa main vers la plaie visible sur son côté gauche. Outre Thomas, quatre apôtres sont présents. Saint Jean regarde le Seigneur dans une attitude d'adoration ; un apôtre d'âge mûr, sans doute saint Pierre, détourne les yeux momentanément du Christ, gesticulant en même temps qu'il adresse la parole à un troisième, placé à l'extrême droite de la composition. Le quatrième, enfin, visible de la tête seulement, se détache à peine du fond, entre saint Pierre et son interlocuteur.

Cette toile présente des anomalies de perspective. L'application de l'échelle des grandeurs qui devrait assurer un rapport harmonieux entre les différents corps habitant cet espace restreint manque de consistance, surtout au niveau de la juxtaposition des deux figures principales : la tête de Thomas, notamment, est trop grande. La partie nue du corps du Christ est conforme aux canons des proportions en vigueur à l'époque, mais le peintre a enfreint ce code dans la partie vêtue, et le bras étendu paraît trop long.

L'épisode représenté réunit des éléments puisés dans les Évangiles de même, apparemment, que dans une tradition remontant à la *Légende dorée*, de Voragine. Dans l'évangile selon saint Jean (XX : 19-28), il est écrit que les apôtres, réunis dans un lieu clos au premier jour de la semaine, retrouvèrent Jésus parmi eux. Thomas, absent, se refusa à croire leur récit, répondant : « Si je ne vois dans ses mains la marque des clous, si je n'introduis mon doigt à la place des clous, et ma main dans son côté, je ne croirai pas ». Une semaine après, jour pour jour, le Seigneur reparaît dans le même lieu. À Thomas, le malheureux qui ne peut croire sans voir ni toucher, il dit : « Avance ici ton doigt et vois mes mains ; mets la main dans mon côté et ne sois pas sceptique, mais crois ».

Thomas est resté sceptique, comme en témoigne l'épisode de l'Assomption de la Vierge, mais n'en fit pas moins l'oeuvre du Seigneur qui lui commanda subséquemment d'aller bâtir un temple aux Indes, et d'y promouvoir le christianisme (c'est Voragine qui rapporte ces détails, d'ailleurs apocryphes). C'est ainsi qu'il est devenu le patron traditionnel des architectes. Le fond architectural de cette mise en scène pourrait donc être considéré comme l'un de ses attributs. Ce thème est plutôt rare au XVIIIe siècle, mais il a été traité au siècle précédent par des peintres de premier ordre : le Caravage, Rubens, Rembrandt, Poussin.

Menacés sous la Révolution, les exemples d'art religieux, ainsi que des vestiges de certains édifices à saveur monarchique ou féodale, furent ramassés par Alexandre Lenoir au fil des vandalismes, destructions et confiscations pour être regroupés plus tard sous l'égide du Musée des Monuments français. De nombreuses oeuvres, cependant, déposées en vrac au dépôt de Nesle ou à l'ancien couvent des Petits-Augustins, furent vendues à bas prix et quittèrent ainsi le pays. L'abbé Philippe-Jean-Louis Desjardins acheta ainsi un bon nombre de toiles et les expédia à son frère, l'abbé Louis-Joseph Desjardins, de Québec. Ce dernier les offrit en vente, à deux reprises (en 1817 et en 1821), aux curés des paroisses. Cette toile, ainsi que son pendant, la *Mise au tombeau*, provenant toutes deux de Montmartre, sont parvenues à Québec après une suite de péripéties semblables. Elles sont notées dans l'inventaire de Desjardins sous les numéros dix et onze, accompagnées de l'annotation : « Baie-du-Febvre », soit leur destination en ce pays.

Anson Dickinson, 1779-1851

25. *Eustache-Lambert Dumont*, 1822

Miniature. Aquarelle sur ivoire, 7,6 × 6,3 cm

Inscription au revers : *Taken Novr 1822 / Montreal / at 22 years 8 months of age*, et sur un collant imprimé : *A. Dickinson / Miniature Painter / 49 Chamber St. / New York*

Historique
Mlle Marie de Bellefeuille, Terrebonne ; acquis en 1957 (A-57.241-P).

Exposition
1983, Hartford (Conn.), The Connecticut Historical Society, *Portraits Miniatures by the Connecticut-born artist, Anson Dickinson*.

Le miniaturiste Anson Dickinson naquit en 1779 à Milton, près de Litchfield (Connecticut). Son père étant portraitiste amateur, il est raisonnable de supposer qu'Anson reçut de lui sa première instruction artistique. Vers l'âge de 22 ans, il exerce à titre professionnel à Litchfield, puis, l'année suivante, à New York. Ainsi commença une série de voyages qui le conduisirent un peu partout en Amérique, y compris à Québec et Montréal vers 1818. Considéré comme l'un des miniaturistes les plus achevés de son époque, il parvint à faire accepter ses portraits aux expositions de la *National Academy of Design* (New York) ainsi qu'à la *Pennsylvania Academy of Fine Arts* (Philadelphie).

*

Il s'agit du portrait en miniature d'un jeune militaire. L'artiste fait preuve d'une maîtrise et d'une habileté certaines et l'on se convainc aisément de la ressemblance, malgré la rapidité d'exécution au niveau du costume.

Richard Parkes Bonington, 1802-1828

26. *Seacost: Evening, 1822*
Au bord de la mer, le soir

Huile sur toile, 24 × 33,6 cm

Historique
Watson Art Galleries, Montréal; coll. de l'honorable Maurice Duplessis, 1956; Don de la succession de l'honorable Maurice Duplessis, 1959 (G-59.612P).

Richard Parkes Bonington est né le 25 octobre 1801 près de Nottingham (Angleterre). Peintre de vues, de marines, de paysages et de sujets historiques, il apprit les rudiments de son art auprès de son père, artiste amateur. Il étudia avec l'aquarelliste Louis Francias, à Calais, puis, à compter de 1819, à l'École des Beaux-Arts de Paris, et acheva sa formation dans l'atelier d'un peintre d'histoire, le baron Gros, vers 1821. Toutefois, c'est à titre d'aquarelliste et de paysagiste qu'il connut son plus grand succès. À l'âge de quinze ans déjà, il s'était lié d'amitié avec Eugène Delacroix qui avait remarqué ses efforts de copiste au Louvre. Les deux peintres ont travaillé et voyagé ensemble (Angleterre, 1825), et exercèrent ainsi l'un sur l'autre une influence qui a été considérée comme déterminante dans la réorientation de l'école française à cette éta-

pe critique de son histoire. Peu après avoir quitté l'atelier de Gros, Bonington se mit à travailler en plein air, fréquentant à cette fin les côtes de la Normandie et du nord de la France. Ses envois au Salon de 1824 lui valurent une médaille d'or. Delacroix, pour qui cette année marqua également un tournant majeur, exprima en ces termes son appréciation pour l'art de son ami : « Personne dans cette école moderne, et peut-être avant lui, n'a possédé cette légèreté dans l'exécution qui... fait de ses ouvrages des espèces de diamants dont l'oeil est flatté et ravi, indépendamment de tout sujet et de toute imitation. » (Lettre à Thoré, le 30 novembre 1861).

Faut-il considérer Bonington comme un artiste anglais ou français? Les deux écoles le réclament, en effet, l'une en raison de sa langue maternelle, l'autre en vertu du lieu de sa formation et de ses activités. Mais c'est un débat qui risque d'obnubiler le sens de la contribution de ce peintre, contribution qui surprend d'autant plus qu'il est décédé au cours de sa vingt-septième année, en 1828. L'innovation de Bo-

nington est d'avoir introduit une peinture fidèle à la nature et d'une facture libre (par opposition à une facture dissimulée à la manière néoclassique). Bien qu'il appartienne entièrement à l'époque romantique, sa manière particulière de concevoir et de pratiquer la peinture constitue un premier jalon dans la voie qui, passant par Barbizon, a mené à l'impressionnisme.

＊

Un paisible lieu côtier s'offre au regard à la tombée du jour. Deux ou trois personnages s'affairent à terminer les tâches de la journée, dont un pêcheur agenouillé sur la grève (en bas à droite). À gauche, se dresse un cabestan à bras; un cheval de trait se tient sur la plage tout près, et un garçon assis tire sur un filin. Des voiliers rentrent dans le port, silhouettés sur l'écran des lueurs du couchant. Une jetée qui se termine par une petite tour marque l'entrée de la rade. À l'horizon se dresse un promontoire. L'orientation cardinale ainsi que la nature du terrain suggèrent que cette scène fut croquée en Normandie. La facture trahit une rapidité d'exécution qui anime toute la surface : objets et personnages sont traduits par quelques touches qui arrêtent les masses principales. A ce niveau, l'artiste fait preuve d'une grande économie des moyens. Travaillant au départ avec une pâte relativement épaisse, le peintre développe ensuite son oeuvre par frottis pour traduire l'assombrissement graduel du ciel de même que les reflets dans l'eau. Aussi l'effet fuyant est-il capté. L'exécution est close par l'application des rehauts: il y a une équivalence entre le temps mis à peindre et la durée réelle de l'effet reproduit dans l'oeuvre.

Sur la datation de tableau, il convient de citer un passage de Delacroix où celui-ci signale que Bonington ne peignait pas encore de tableaux à l'huile du temps qu'il était chez Gros. « Les premiers qu'il fit furent des marines : celles de ce temps sont reconnaissables à un grand empâtement. Il renonça depuis à cet excès; ce fut particulièrement quand il se mit à faire des sujets de personnes dans lesquels le costume joue un grand rôle : ce fut vers 1824 ou 1825 ». Par conséquent, il serait raisonnable de placer l'exécution de cette oeuvre entre 1821 et 1825. Toutefois, il subsiste des problèmes majeurs concernant la datation et même l'authenticité des oeuvres attribuées à ce peintre, d'autant qu'il n'a pas été possible d'identifier avec certitude aucune des oeuvres envoyées qu'il a présentées à deux des trois Salons auxquels il participa, en 1822 et en 1824.＊

＊ *Bonington a fait l'objet de plusieurs études et monographies et son oeuvre a bénéficié à plusieurs reprises d'expositions majeures. Les lignes principales de sa vie et de sa carrière ont été établies par W. Bürger (Théophile Thoré) dans son article de 1863 pour l'Histoire des peintres de toutes les écoles. Après l'ouvrage de J. Dubuisson et C.E. Hughes intitulé Richard Parkes Bonington, publié en 1924,* *Andrew Shirley, dans Bonington (Londres, 1940 ou 1941), a été le premier à tenter d'établir une chronologie globale de l'oeuvre du peintre. Une exposition préparée par les galeries Agnew (Angleterre) a été présentée en 1961 et 1962; une autre, accompagnée d'un catalogue par Mlle Marion Spencer, a eu lieu à Nottingham en 1965. Une dernière exposition a été tenue au Musée de Cherbourg en 1966.* *Un premier catalogue de son oeuvre graphique fut établi par A. Bouvenne en 1873; A. Curtis a renouvelé ce travail en 1939. La monographie de John Ingamells a été publiée à Londres en 1979. C. Peacock lui a consacré un ouvrage paru en 1980.*

J.M. William Turner, 1775-1851

27. *Near Northcourt in the Isle of Wight*
Près de Northcourt dans l'île de Wight, vers 1827

*Voir reproduction en couleurs,
section centrale, p. (4)*

Huile sur toile, 45,1 × 61 cm

Signé en bas à gauche: *JMW Turner RA*

Historique
Sir James et Lady Willoughby Gordon, Shorwell, Isle of Wight; Mrs Disney Leith; le septième Lord Burgh; vente Christie's, 9 juillet 1926 (n° 28), ach. Sampson; John Levy Galleries, New York; Marsden J. Perry; Vente Parke Bernet, New York, 7 mai 1948 (n° 79), ach. The Renaissance Galleries; coll. de l'honorable Maurice Duplessis; don de la succession de l'honorable Maurice Duplessis, 1959 (G-59.579-P).

Expositions
1912, London, Royal Academy, n° 127; 1983-1984, Paris, Grand-Palais, *Exposition rétrospective de l'oeuvre de Turner*.

Bibliographie
FINBERG, « With Mr. Turner in 1797 », 1957, p. 51; *Collections des Musées d'État du Québec*, 1967, n° 25, repr.; BUTLIN et TOLL, 1977, vol. 1, p. 145, n° 269 et vol. 2, plate 265; *Le Musée du Québec*, 1978, p. 14-15, repr. coul.; WILTON, 1979, p. 276, n° p. 269.

Joseph Mallord William Turner, né à Londres en 1775, fut peintre de paysages, graveur et aqua-relliste. Partiellement autodidacte, sa formation se borna à des leçons d'aquarelle et de perspective, suivies d'un bref séjour à l'école de la *Royal Academy* de Londres vers 1789. À cette époque, le jeune Turner était déjà parfaitement en mesure de subvenir à ses besoins en dessinant des vues topographiques qu'il vendait aux propriétaires des demeures cossues de Londres et des environs. Cela lui permit en outre de parcourir le pays. Il exposa pour la première fois à la *Royal Academy* en 1790, début d'une participation régulière qu'il allait maintenir jusqu'à l'année précédant son décès. Ce n'est qu'en 1796, toutefois, qu'il y envoya ses premières huiles. Reçu membre du corps académique en 1802, il rencontra le critique Ruskin qui allait devenir son champion et son mentor. Sous l'influence de cet érudit, Turner se mit à la lecture des Anciens, et prit enfin conscience de son talent. De même, ses voyages sur le continent élargissent ses perspectives. Rivalisant avec Claude LeLorrain, il crée et publie, en 1807, un *Liber Studiorum*, en référence au *Liber Veritatis* du maître français. Le voyage italien de 1819 fut marquant, en bonne partie grâce au contact avec l'art de Venise. Désormais, Turner allait abandonner peu à peu le support descriptif de ses paysages, donnant libre jeu aux forces et aux éléments naturels: lumière, eau, vapeurs, neige, houle et vent. Les tons dorés si caractéristiques de sa peinture font leur apparition à la même époque. Durant les années 1820 et 1830, il illustra plusieurs recueils géographiques: *Les rivières d'Angleterre, L'Angleterre et le Pays de Galles*, ainsi que l'*Italie*. À sa mort, survenue à Chelsea en 1851, l'artiste légua l'ensemble des oeuvres qu'il possédait à la nation anglaise.

*

Deux femmes, de part et d'autre d'un ruisseau, font une pause dans leurs occupations quotidiennes et échangent quelques mots. L'une; l'autre s'affaire, semble-t-il, à son lavage. Une maisonnette est visible à droite en bordure d'une petite mare. Plus loin, une vallée relativement encaissée s'offre au regard. Cet espace imbibé de lumière est entrecoupé d'un plateau; au loin, sur l'autre versant, une tour d'église se détache sur le fond de verdure.

L'ensemble est traité avec une transparence remarquable, rappelant la technique de l'aquarelle. L'effet de perspective à l'endroit de la coulée n'est pas moins digne d'attention si l'on considère l'économie des moyens mis en oeuvre pour l'obtenir.

Northcourt est le nom d'une des deux résidences que possédait au siècle dernier la famille Gordon, dans l'île de Wight (dans la Manche à proximité de Southampton). Elle était établie dans la paroisse de Shorewell. L'autre résidence, une villa, était située à Niton. Madame Gordon, née Julia Bennet, avait été l'élève de Turner dès 1797 et elle conserva sa vie durant un lien d'amitié avec lui. Vers 1826, le peintre fit une *Vue depuis la terrasse d'une villa à Niton*, d'après des dessins de Mme Gordon. Or, il semble que Turner, qui n'avait pas été dans l'île de Wight depuis 1795, s'est du coup trouvé stimulé à renouer avec les belles perspectives de cet endroit. C'est ainsi qu'en 1827, il séjourna pendant quelques semaines chez l'architecte John Nash à East Cowes Castle, à une quinzaine de kilomètres au nord de Northcourt. D'après Butlin et Toll, l'oeuvre conservée au Musée du Québec pourrait avoir été réalisée à cette occasion. Il faudrait donc la considérer comme faisant pendant à celle de l'année précédente, puisqu'elle a également appartenu tout d'abord à Madame Gordon et qu'elle a pour motif, comme l'autre, les terres que possédaient le baronet et son épouse dans l'île.

Samuel Skillet

28. *Le « Royal William »*, 1834

Huile sur toile, 58 × 75,5 cm

Signé et daté en bas à droite: *S. Skillet Decbr 13ᵗʰ / 1834*

Historique
Juge Gibson; Archives nationales du Québec, Québec; transféré au Musée du Québec en 1974.

L'on ne sait à peu près rien de ce peintre, Samuel Skillet, que les lexicographes n'ont point remarqué. Il était sans doute anglais, et il ne semble pas avoir reçu de formation artistique.

*

Malgré une certaine naïveté dans le dessin de la célèbre goélette, l'artiste réussit néanmoins à transmettre la sensation de cette force impressionnante qui permit au Royal William de naviguer, sans louvoyer, contre vents et courants. Les personnages à bord, manifestement inactifs, profitent de leur ballade en plein air, y compris le pilote endimanché, le tout contrastant avec les efforts de ceux qui se déplacent en chalou-

pe à proximité. Au fond, une ville portuaire s'étale sur la rive: la scène se passe peut-être aux abords de Londres.

Pendant longtemps, on a cru qu'il s'agissait du premier navire à voiles et à vapeur qui ait réussi la traversée de l'Atlantique en évoluant constamment sous vapeur. En fait, le Royal William avait été devancé d'un an par une traversée uniquement à vapeur. Ce qui ne diminue en rien, certes, l'importance historique de ce vaisseau dans le développement commercial du Bas-Canada et des Maritimes.

Construit à Québec pour la *Quebec and Halifax Navigation Company* dans le but d'exploiter la route commerciale qui reliait ces deux villes, le Royal William fut baptisé par Lady Aylmer, épouse du gouverneur général, en l'honneur du « roi navigateur » Guillaume IV. Le lancement eut lieu à l'anse dite *du Cap* (Cap Cove, située vis-à-vis le monument à Wolfe sur les plaines d'Abraham) le 27 avril 1831. Cet

événement, d'ailleurs, est figuré dans une aquarelle de James Cockburn (Archives publiques du Canada). D'une longueur de 51,5 mètres, jaugeant 4,27 mètres et déplaçant 1 500 tonnes métriques, le Royal William avait une capacité utile de 330 tonnes métriques et pouvait accueillir jusqu'à cinquante passagers. L'architecte naval James Goudie, né à Québec mais formé à sa profession en Écosse, en fut le dessinateur; les entrepreneurs, John Saxton Campbell et George Black. Aussitôt lancé, le Royal William fut remorqué à Montréal où on l'équipa de ses machines fabriquées par Bennet et Henderson.

La carrière commerciale de ce navire impressionnant fut des plus brèves. La compagnie propriétaire, qui comptait entre autres actionnaires le futur fondateur de la Cunard, fit faillite à la suite de l'épidémie de choléra qui frappa Québec en 1832. Les nouveaux actionnaires décidèrent de vendre le bateau.

Le Royal William fut d'abord dépêché à Boston, et fut ainsi le premier bateau à vapeur battant le pavillon britannique à mouiller l'ancre dans un port américain. Satisfaits de son comportement en haute mer, les propriétaires s'entendent alors pour risquer le voyage à Londres dans le but d'y vendre le navire. Parti de Québec le 5 août 1833, chargé de charbon à Pictou (Nouvelle-Écosse), le bateau, commandé par le capitaine John McDougall, repartit à destination de Londres le 18 août. La traversée dura vingt jours. Malgré des problèmes majeurs, le navire est mû par la vapeur durant tout le trajet, sauf le temps de nettoyer périodiquement les chaudières.

Après un temps passé au service du Portugal, le Royal William est converti en frégate par son acquéreur, le gouvernement d'Espagne. Des ouvertures pratiquées dans ses côtés, apparemment en vue de cette conversion, apparaissent dans l'image de Skillet, réalisée en décembre 1834. Devenu l'« Isabella Secunda », le navire bâti à Québec aurait été le premier bâtiment de guerre à vapeur à décharger ses canons au cours d'une action militaire, le 5 mai 1836. Enfin, le navire finit comme un ignoble rafiot vers 1838 ou 1840 à Bordeaux. Il existait autrefois dans les collections de la Société littéraire et historique de Québec une maquette de la charpente du Royal William, provenant du chantier naval de George Black (photographie à l'Inventaire des Biens culturels, ministère des Affaires culturelles).

Charles-Émile Jacque, 1813-1894
29.   *La Bergerie*

Huile sur toile, 36,8 × 46,7 cm

Signé en bas à droite: *Ch. Jacque*

Historique
Coll. Harry A. Norton; Galerie Durand Ruel, Paris; Watson Art Galleries, Montréal; coll. de l'honorable Maurice Duplessis; don de la succession de l'honorable Maurice Duplessis, 1959 (G-59.595-P).

Né le 23 mai 1813 et décédé le 7 mai 1894 à Paris, Charles Jacque fut avant tout un graveur. Il entra en apprentissage à l'âge de 17 ans, chez un graveur de cartes et plans mais très vite les conditions de travail le dégoûtèrent et il se tourna la même année vers l'armée. Au cours de son service militaire qui dura sept ans, il participa au siège d'Anvers et ses expériences lui fournirent matière à des gravures qu'il publia par la suite, notamment les illustrations de son « Histoire de La Ramée, ex-fusilier de l'armée française... racontée et dessinée par Charles Jacque, ex-caporal », gravées sur bois d'après ses dessins. À la même époque, il lithographia également un portefeuille d'images drôlatiques intitulé *Militariana*.

Libéré, il parcourt ensuite sa Bourgogne natale, pratiquant la gravure de sujets bucoliques. Essentiellement autodidacte, il découvre durant cette période les éléments du style pastoral pour lequel il est connu aujourd'hui. C'est apparemment vers 1838 qu'il se mit à séjourner périodiquement à Barbizon, auprès de ceux qui allaient devenir ses meilleurs amis: Jean-François Millet et Théodore Rousseau. Les au-

teurs divergent sur le rôle qu'il a pu jouer dans le développement de la manière de l'école dite de Barbizon; il n'est pas impossible qu'il ait exercé sur les autres une influence plus grande qu'il n'en reçut.

« Parisien jusqu'aux ongles », d'après un biographe, Jacque n'avait pourtant pas l'intention de s'isoler à demeure dans la forêt de Fontainebleau. Déjà passablement engagé dans le monde de l'édition à Paris (notamment avec Best, éditeur du *Magasin Pittoresque*), il l'est également à Londres, où il fait un séjour « combatif » (les graveurs anglais voyaient en lui un rival) de vingt mois, en 1836 et 1837, collaborant notamment à une édition de Shakespeare et à une *Grèce pittoresque*, ainsi qu'à plusieurs journaux du pays. De retour à Paris en 1838, il participe aux travaux d'illustration d'une édition, très célèbre à l'époque, de *Paul et Virginie* publiée chez Curmer en 1838, et à d'autres publications illustrées du même éditeur. En 1843-1844, il est caricaturiste pour *Le Charivari*, réalisant sa plus célèbre série humoristique: « Les Malades et les Médecins ».

Parallèlement à ces activités, sa production de gravures originales s'accumule: un catalogue dressé en 1866 comptait déjà au-delà de 400 numéros. Son approche est nouvelle, car il traite de sujets d'abord « naturels » et cela d'une manière appropriée — formule auparavant exclue du répertoire académique. Malgré certains emprunts à la gravure hollandaise du XVIIᵉ siècle, son style reste cependant assez proche de celui de Millet.

À compter de 1845, l'artiste se met à transformer en peintures des motifs de ces gravures. Un biographe (Clarétie) dit à ce propos que si la gravure lui avait servi de gagne-pain, désormais la peinture allait lui apporter la renommée. Spécialiste des animaux d'élevage dans un contexte pastoral, le peintre animalier connut une grande renommée de son vivant, étant même considéré par quelques initiés comme une figure majeure de son époque. À cause de cette popularité, de nombreuses contrefaçons sont venues compliquer la situation d'un marché de l'art relativement encombré à l'époque.

*

À l'intérieur d'une bergerie, sans doute en hiver, une fermière étale des foins dans un râtelier. Elle vient de faire le même travail dans la salle attenante. Réparties à travers un troupeau nombreux, quelques poules picorent le sol. Les instruments du métier sont visibles çà et là: un sac à dos, un fanal, accrochés au mur.

Dans le groupe Barbizon, Charles Jacque est le peintre attitré des moutons. Il était également estimé à titre de peintre et graveur par excellence des gallinacés. Les temps ont beau avoir changé, il est difficile d'imaginer qu'un artiste ait voulu se cantonner ainsi dans un champ aussi circonscrit.

Même si cette présentation est un peu caricaturale, car Jacque fut bien plus qu'un simple peintre animalier, il reste qu'il a peut-être été l'artiste le plus éminent dans ce genre qui ne manquait pas d'amateurs dans la France du XIXᵉ siècle: qu'on pense aux boeufs de Troyon, par exemple, ou aux chevaux de Rosa Bonheur. En vérité, Jacque est un réaliste avant d'être un animalier; et les qualités du style qu'il pratique se manifestent tout aussi bien dans la basse-cour d'une petite ferme que dans les champs de Millet, sous les chênes de Rousseau, dans le village de Courbet ou au théâtre populaire de Daumier.

Comme preuve de sa dévotion à l'endroit des animaux, et non seulement pour la peinture d'animaux, signalons que Charles Jacque a publié en 1858 *Le Poulailler*, ouvrage illustré de gravures sur bois d'après ses propres dessins, où l'auteur décrit les différentes sortes de poules d'Europe et des pays exotiques. Deux ans déjà avant la parution de ce livre, Jacque s'était intéressé à l'élevage des poules ainsi qu'à l'amélioration des races. Il était membre de la Société d'Acclimatation et, à ce titre, s'affairait à expérimenter différentes couleurs dans son poulailler afin d'améliorer le confort et le cadre de vie de ses animaux préférés. Il a même inventé un dispositif « comportant une petite porte pour la sortie des poussins » et le modèle semble avoir connu une certaine diffusion, sous l'appellation de « boîte à élevage Jacque ». Bref, sa passion pour son poulailler lui a fait dire que « les soins à donner à l'installation de ces charmantes bêtes font passer le temps si rapidement qu'on ne pense plus à s'ennuyer de vivre ».

Cornelis Springer, 1817-1891

30. *Un beau matin au marché, Hollande*, 1857

Huile sur bois, 47 × 58,8 cm

Signé et daté en bas à droite : *CS 57*

Historique

Dominion Gallery, Montréal; coll. de l'honorable
Maurice Duplessis, Montréal; don de la succession
de l'honorable Maurice Duplessis, 1959 (G-59.570-P).

Cornelis Springer, né le 25 mai 1817, à Amsterdam, décédé le 18 février 1891, fut essentiellement un peintre de vues travaillant à l'huile et à
l'aquarelle; il a produit également quelques
gravures à l'eau-forte et des lithographies. Élève, entre autres maîtres, de H. C. Ten Kate,
Springer en adopta la manière et finit par acquérir une maîtrise et une habileté inégalées.
Malgré une production abondante qui atteint
parfois des prix impressionnants (une *Scène de
rue* a été payée l5 400 livres à Londres en 1971),
Springer a été relativement peu étudié en dehors de son pays natal.

*

Le marché s'étale, caché au regard, devant une
petite église délabrée dont la construction re-
monterait au temps du catholicisme dans les
Pays-Bas. Une rangée hétéroclite de façades,
juxtaposant les colombages médiévaux aux volutes baroques, témoigne des époques qui se
sont succédées sans que le marché de la place,
lui, n'ait réellement changé. Partout la brique et
la tuile rouge rappellent que nous sommes en
Hollande. Le temps est au frais; la production
maraîchère est à son apogée et le marché atteint, par le fait même, le sommet de son
activité annuelle. Sauf quelques menus détails
de costume, rien ne vient rappeler que nous
sommes à l'époque de la révolution industrielle.

L'artiste poursuit et prolonge consciemment
dans son oeuvre une tradition plusieurs fois
séculaire de la peinture hollandaise, celle du
pittoresque. Ainsi, le rendu des divers éléments
de la scène, les arbres par exemple, n'est pas
sans rappeler le style d'un Ruysdael ou d'un
Hobbema. Conformément à cette tradition, le
peintre s'évertue à faire jouer partout des
contrastes de lumière et d'ombre, le soleil mati-
nal constituant un éclairage idéal à cet égard.
De même, la ligne qui délimite le ciel, en
raison de son irrégularité, est une source de
délectation visuelle. En fait, aucun secteur de
cette image fourmillante n'est dénué des qualités qui font que cette oeuvre est partout agréable à voir. De même constate-t-on l'absence
d'un point de mire: le lieu de convergence de
la perspective architecturale se perd dans une
sorte de brume. L'artiste convie donc le spectateur à la découverte des personnages et des
événements de cette journée d'autrefois. Ce
pittoresque n'est pas réalisme mais nostalgie
d'un mode de vie en voie de disparition, expri-
mée dans un style artistique révolu.

John Adams-Acton, 1830-1910

31. *The Lady of the Lake*
   La Dame du Lac, 1864

Marbre, 229 cm (avec le piédestal)

Signé sur le côté droit de la base: *J. Adams-Acton/Fecit*

Inscription
Sur la face de la base: THE LADY OF THE LAKE

Historique
Don de William Dobell, Québec, avant 1936
(G-36.30-S).

Le sculpteur John Adams est né le 11 décembre
1837 à Acton (Middlesex, Angleterre); il mourut
le 28 octobre 1910 dans l'île d'Arran. Après des
études à l'école de la *Royal Academy* de Londres, où il a tôt fait de se distinguer, il se rend à
Rome, grâce à une bourse de voyage, auprès de
John Gibson. Son séjour en Italie se prolonge
jusqu'en 1859, voire 1864. Sous le nom de John
Adams, il participe aux expositions de la *Royal
Academy* à compter de 1854 (y envoyant, pour
la plupart, des portraits sous forme de médaillons) jusqu'en 1868, puis sous le nom d'Adams-
Acton jusqu'en 1892. Toutefois, ce nom composé est bel et bien gravé sur *La Dame du Lac*,
réalisée en principe dès 1864. Parmi les monuments prestigieux qu'on doit à ce sculpteur, il
faut mentionner le mausolée de John Wesley,
fondateur de la secte méthodiste, à l'abbaye de
Westminster. Durant les années 1870, il réalisa
plusieurs portraits sculptés d'artistes, ses confrères à la *Royal Academy*: William Powell Frith,
Charles Landseer, Thomas Faed et quelques
autres, ce qui démontre bien l'estime de ses
semblables. John Adams-Acton a créé des oeuvres sur une variété de thèmes, tant bibliques
(*Le sacrifice d'Abel*), 1862; *Élie multipliant l'huile de la veuve*, 1869; *le mariage de la Vierge*,
1870 et *L'Ange de la Résurrection*, 1875) que
mythologiques (*Proserpine*, 1866; *Orestes et Py-
lades*, 1869, et *Cupidon*, 1877) et même orien-
taux (*La fille du Pharaon*, 1863, et *Zénobie*,
1876). Parmi les personnages célèbres dont il a
fait le portrait, il faut mentionner Charles Dic-

kens (1871), le pape Léon XIII, ainsi que plusieurs membres du Parlement dont Gladstone. Il travaillait dans le marbre, exceptionnellement le bronze.

À deux reprises, l'artiste a soumis à l'exposition de la *Royal Academy* une oeuvre ayant pour thème *La Dame du Lac*. D'abord, Adams envoya une statuette sur ce thème à l'exposition de 1861. Vint ensuite une grande *Dame du Lac* exposée en 1864. Illustrée et commentée dans l'*Art Journal* de Londres en 1876, il s'agit de toute évidence de l'oeuvre qui se trouve aujourd'hui dans les collections du Musée du Québec.

*

Une jeune femme debout, d'une beauté idéale, regarde devant elle. Vêtue d'un ample vêtement médiéval comportant, au cou, un bijou du style animalier celtique, elle caresse de sa main gauche un grand chien à poils longs qui se tient dans une attitude d'obéissance. Le tissu de son survêtement, porté à la manière d'une toge, est légèrement rayé. L'ensemble repose sur un piédestal de forme cylindrique orné d'un haut relief où est repris, en compagnie de deux autres personnages cette fois, le motif de la Dame avec son chien, précisément de la même manière qu'elle est figurée en haut. Il s'agit donc de la mise en scène. À gauche de la dame, on aperçoit sur le relief une figure de vieillard accroupi qui joue d'une harpe ancienne. Un homme s'approche qui a devant lui deux grands chiens qui semblent flairer ou chercher une piste. Vu de dos, l'homme lève le bras droit en signe de salutation; sa main tient un cor de chasse.

L'oeuvre d'Adams-Acton est inspirée du poème de Sir Walter Scott qui porte le même titre (1810). Elle ne semble pas faire référence directement au cycle breton de la légende arthurienne, bien qu'elle se lise facilement comme une illustration de l'épisode de la jeunesse de Lancelot du Lac, tel que raconté au XIIᵉ siècle par Chrétien de Troyes. Il faut certes attribuer cette similitude au romancier écossais plutôt qu'au sculpteur qui n'avait d'autre idée que d'incarner dans la pierre l'imagerie poétique de Scott.

Dans ce poème épique, l'action se situe à l'époque du règne de Jacques V d'Écosse: un chevalier, James Fitz-James, perd son cheval durant une chasse à courre dans les terres sauvages. S'égarant dans les défilés, il débouche à la tombée du jour devant un grand lac, le Loch Katrine. Ayant sonné son cor dans un dernier effort pour rejoindre les siens, il perçoit une chaloupe, partie d'un îlot rocheux, qui vient accoster tout près de lui. Captivé par la vision de la jeune femme qui manie l'aviron — c'est Ellen Douglas, fille d'un noble infortuné qui vit avec sa famille dans ce repaire sauvage —, le chevalier Fitz-James se dissimule dans un bosquet. Ce qu'il voit, c'est-à-dire la femme perplexe qui croyait avoir entendu sonner son père, correspond partiellement à l'image que nous offre le sculpteur:

Like monument of Grecian art,
In listening mood she seem'd to stand,
The guardian Naiad of the strand
And ne'er did Grecian chisel trace
A Nymph, a Naiad, or a Grace
Of finer form, or lovelier face.

Le costume d'Ellen — la Dame du Lac — témoigne de sa noblesse (*A Chieftain's daughter seem'd the maid*) et de ses qualités: le ruban de satin dans ses cheveux (*snood*) est l'emblème traditionnel de la virginité chez son peuple. Par son survêtement, Ellen Douglas arbore le motif à carreaux de son clan. L'agrafe d'or, outre sa connotation aristocratique (*Her golden brooch such birth betray'd*), recouvre un coeur « bon et gentil » (*And never brooch the folds combined / Above a heart more good and Kind*).

Quant à la figure du chasseur Fitz-James paraissant à même le relief, l'image qu'en propose Adams-Acton est encore inspirée de près par ces passages du Chant premier:

Your hunting suit of Lincoln green,
That tassell'd horn so gaily gilt,
That falchion's crooked blade and hilt,
That cap with heron plumage trim,
And your two hounds so dark and grim.

Pour les autres éléments, il faut se référer à des épisodes ultérieurs, dont le principal concerne les adieux d'Ellen et de James le lendemain, au lever du jour. Car à ce moment Allanbane, le vieux ménestrel, adossé à un arbre tordu près du bord de l'eau, produit une superbe chanson qu'écoute le chevalier durant son passage vers la terre ferme. L'épagneul d'Ellen (Lufa), frustré de ne pouvoir atteindre des canards qui évoluent au large, se livre à des aboiements qui viennent compléter cette ambiance sonore. Enfin, James Fitz-James, chevalier de Snowdown, parvient sur la grève et se retourne pour faire un signe d'adieu. Par la pose qu'il donne à la belle Ellen, Adams-Acton suggère peut-être l'attitude ambivalente de la jeune fille qui s'efforce à cet instant de ne penser qu'à son beau Malcom.* Il appert donc que le sculpteur a habilement intégré en une seule figure des éléments empruntés à différents passages. James Fitz-James reviendra un jour par amour d'Ellen, ce qui donne lieu à une nouvelle rencontre inattendue. Cette fois elle écoute, dans la forêt, une « Ballade » d'Allanbane.* Sa réaction est d'abord faite d'incompréhension (*Ellen beheld as in a dream*). Ce regard rêveur, n'est-il pas celui de la statue? Du songe, elle passe ensuite à l'étonnement. (*Then starting, scarce supressed a scream.*) Ainsi le sculpteur aurait voulu saisir un regard fugace. Pour bien clore cette idylle, Ellen obtient que James porte secours à Malcom, ce qui garantira éventuellement le dénouement favorable de l'histoire: James Fitz-James (c'est-à-dire: Jacques fils de Jacques) n'est en fait nul autre que Jacques V, le roi d'Écosse.

---

* *Suivant le poème, elle devrait être assise durant cet épisode et son expression tout autre que celle qui affecta ses traits au moment de leur rencontre initiale: With head up-raised and look intent, / And eye and ear attractive bent, / And locks flung back* and lips apart... *En fait, si Adams-Acton s'inspire de l'épisode de la première rencontre pour ce qui est de la physionomie d'Ellen, il puise dans des épisodes subséquents les éléments concernant son expression.*

* *Conformément au relief, le chevalier arrive cette fois en grimpant (A stranger climbed the steepy glace), mais il n'est pas accompagné de ses chiens.*

Johan Barthold Jongkind, 1819-1891

32. *Les Patineurs*, 1869

Huile sur toile, 33,3 × 46,2 cm

Signé et daté en bas à droite: *Jongkind 1869*

Historique
Watson Art Galleries, Montréal; coll. de l'honorable Maurice Duplessis; don de la succession de l'honorable Maurice Duplessis, 1959 (G-59.601-P).

Bibliographie
Collections des Musées d'État du Québec, 1967, n° 43, ill.

Johan Barthold Jongkind est né en 1819 dans la province d'Overijssel (Pays-Bas). Élève à l'Académie de dessin de La Haye en 1837, il prit les leçons d'A. Schelfhout, un paysagiste qui, préconisant l'étude de la nature, faisait figure de novateur en son pays. En 1845, il est présenté à Eugène Isabey, peintre de marines dont la prédilection pour les côtes normandes est bien connue. L'année suivante, grâce à une bourse de la couronne hollandaise, Jongkind s'installe à Paris où il fréquente l'atelier d'Isabey. Il étudiera également chez Picot jusqu'en 1847. Une de ses oeuvres figure au Salon de 1848; il s'agit d'un *Port de mer* qui n'a pas été identifié. Le peintre travaille en Normandie durant l'été de 1850, puis en 1851, accompagné cette fois d'Isabey. Ses toiles connaissent alors un début de succès dans les galeries parisiennes; ses envois au Salon de 1852 lui valent une médaille de troisième classe. Il est quand même amèrement

déçu du désintéressement général à l'endroit de son oeuvre; c'est pourquoi il rentre en Hollande où il demeure jusqu'en 1860. Trois tableaux sont acceptés à l'Exposition universelle de 1855, dont un *Lever de lune aux environs de Paris*. Mais Jongkind, qui verse dans la misanthropie, persiste dans son isolement, ne revenant que brièvement à Paris en 1857. Il s'y fixe définitivement en 1860, grâce à une vente aux enchères organisée à cette fin par le comte Doria. Monet, en le revoyant, croit que Jongkind a perdu complètement la raison. Celui-ci demeure à Paris malgré son état moral désastreux. Il fait alors la connaissance de madame Fesser qui deviendra sa protectrice en 1863 au moment où il rompt avec son marchand, le père Martin. Elle voyage avec lui déjà en 1861 et 1862 (ils rencontrent Boudin). Plus tard, Jongkind passera plusieurs étés dans la maison Fesser à Côte-Saint-André (près de Grenoble). C'est d'ailleurs ici qu'il mourra en 1891.

Sur ses rapports avec les peintres réalistes et impressionnistes, plusieurs faits intéressants méritent d'être relevés. En 1862, est fondée une Société des Aquafortistes où Jongkind a travaillé en compagnie des Corot, Daubigny, Manet, Millet, Whisler, etc. Cette même année, sur l'invitation de l'éditeur Cadart, il produit six *Vues de Hollande* (eau-fortes) dont Baudelaire a fait une critique élogieuse. Jongkind, en 1863, se

retrouve au Salon des Refusés; il abandonnera définitivement sa participation au Salon après 1873. Durant ses séjours estivaux à Honfleur, de 1852 à 1865, il retrouve Monet, Boudin et même Baudelaire. Encouragés par les conseils de Jongkind, les deux artistes s'essaient à la peinture en plein air. C'est en ce sens qu'on a pu dire de Jongkind qu'il « força la porte » par où sont passés tous les impressionnistes. D'après V. Bakker-Hefting, Jongkind possédait « toutes les caractéristiques des impressionnistes ». Outre sa vision délicate de la nature, elle signale la clarté générale de ses toiles, la fraîcheur de son coloris de même, finalement, que son emploi, à une certaine époque de sa carrière, de couleurs pures séparées par de fines touches. Il reste pourtant dans l'oeuvre de Jongkind un mélange de tradition et d'innovation, car il conserve une composition stricte héritée de la peinture hollandaise traditionnelle. Ces éléments permettent d'affirmer qu'il avait découvert les bases de la peinture impressionniste et apporté une réponse aux premiers problèmes techniques constatés par Boudin et Monet. Enfin, c'est Pissarro qui lui paie le plus beau compliment: « S'il n'avait pas existé, nous n'aurions pas existé non plus ».

*

Quelques patineurs s'amusent à proximité d'une digue où un peu d'eau gelée forme une patinoire. Un couple se promène sur la levée, les terres basses étant visibles derrière eux à l'extrême droite. Un personnage solitaire chaussant des sabots s'engage sur la glace. Quelques maisons, un moulin à vent et des arbres nus complètent le paysage. Des oiseaux migrateurs traversent le ciel.

Jongkind avait repris l'habitude, à compter de 1866, de voyager en Belgique et dans les Pays-Bas, grâce à une situation financière personnelle nettement améliorée. Ses affaires sont maintenant entre les mains de madame Fesser, marchande d'art de naissance hollandaise, qui accompagne le peintre en voyage dans le but de favoriser ses efforts. Il passe aux Pays-Bas les trois étés de 1867 à 1869. Vu que l'hiver de 1870 marque le retour de Jongkind à Paris, où il demeura jusqu'aux événements de la Commune, il est raisonnable de supposer que cette toile a été peinte vers la fin de l'automne dans les environs de Dordrecht, où le peintre avait vécu depuis le début de l'été.

Les paysages d'hiver sont fréquents dans l'oeuvre de Jongkind depuis ses débuts (par exemple un *Paysage d'hiver* de 1844); c'était d'ailleurs le motif par excellence de son maître Schelfhout, qui se plaisait à montrer des patineurs sur les canaux, sous des ciels gris de Hollande.

John Adams-Acton, 1830-1910

33. *Buste de l'honorable Richard R. Dobell, 1837-1902*

Ebenezer Wake Cook, 1843-1927

34. *Le Mont Saint-Michel*

Marbre, 70 cm

Historique
Don de William Dobell, Québec, 1943 (G-43.173-P).

Richard Reid Dobell, né à Liverpool (Angleterre) en 1837, est venu au Canada à l'âge de vingt ans. Il se fixa à Québec où il établit un commerce de bois, accumulant ainsi une fortune considérable. Candidat libéral victorieux dans la circonscription de Quebec West aux élections de 1896, il est nommé ministre sans portefeuille dans le gouvernement Laurier; il demeura au gouvernement jusqu'à sa mort, survenue le 11 janvier 1902.

Son portrait sculpté, attribué à Adams-Acton, a été donné au Musée du Québec par Richard R. Dobell de Québec, en même temps qu'une autre sculpture du même artiste intitulée *La Dame du Lac* (n° 31). Comme celle-ci n'a vraisemblablement pas quitté l'Angleterre avant 1876, année de sa publication dans l'*Art Journal* de Londres, il paraît raisonnable de croire que ce buste de Dobell ne fut pas exécuté avant cette date; d'ailleurs, l'âge apparent du personnage appuie cette hypothèse. De même, il est peu probable qu'il ait été fait après 1892, date qui met un terme à la participation du sculpteur aux expositions de la *Royal Academy*.

L'oeuvre d'Adams-Acton donne principalement dans le portrait, à en juger par le relevé de ses envois aux expositions de la *Royal Academy* de Londres et de la *Royal Society of British Artists*. Le portrait de Richard Dobell n'y figure pas: de toute évidence, l'artiste réservait son choix d'oeuvres à exposer à des personnages que le public londonien pouvait reconnaître facilement

Cette oeuvre montre un homme de la classe dirigeante, un pragmatiste. Le regard est clair, le physique imposant, et le costume dénote la prospérité matérielle. Le style de ce buste est celui du naturalisme académique: le portrait, sans doute, est parfaitement ressemblant. Toutefois, le sculpteur semble avoir analysé les qualités morales de son personnage, traduites ici par un traitement judicieux de la physionomie, des proportions, de la pose et de l'expression.

Huile sur toile, 43,8 × 76,2 cm

Signé et daté en bas à droite: *E.W. Cook/...18..*

Historique
Watson Art Galleries, Montréal; coll. de l'honorable Maurice Duplessis; don de la succession de l'honorable Maurice Duplessis, 1959 (G-69.691-P).

Ebenezer Wake Cook est né le 28 décembre 1843 à Maldon (Essex, Angleterre). Paysagiste et peintre de vues travaillant à l'huile et à l'aquarelle, écrivain sur les arts, il fut formé à la peinture par N. Chevalier. Il vécut essentiellement à Londres et participa aux expositions de la *Royal Academy* de 1875 jusqu'en 1910. Toutefois, il travailla sur le motif dans plusieurs pays d'Europe, notamment en France, en Suisse et en Italie. Son penchant pour des perspectives combinant éléments d'architecture et plans d'eau lui faisait aimer tout particulièrement la ville de Venise. Entre autres motifs qu'il a peints ou dessinés, on peut citer les lacs Nemi, de Côme, Majeur et de Genève, la Tamise, le *ponte Vecchio* à Florence, le port de Tréport et, dans cette oeuvre que possède le Musée du Québec, le Mont Saint-Michel. Les tableaux de Cook ont eu l'heur de plaire aux collectionneurs anglais; toutefois, ni l'artiste ni son oeuvre n'ont suscité l'intérêt qu'ils semblent pourtant mériter. Une exposition commémorative a été présentée à Londres par la galerie de la *Fine Arts Society* l'année même de la mort de l'artiste, en 1927.

*

À marée basse, le Mont Saint-Michel se dresse à l'horizon. Les sables encore mouillés sont envahis par les gens du pays qui profitent de l'intervalle de dégagement. Un charretier accompagné de sa femme transporte vers le village un lourd tonneau, sans doute rempli d'eau fraîche. Ses attelages, de fière allure, sont garnis d'une frange. Un pêcheur négocie avec deux femmes en sabots venues à sa rencontre, leur panier sous le bras; l'une d'elles porte la coiffe breton-

ne. Le compagnon du pêcheur profite de l'interruption pour ajuster son filet. La nature de cet équipement — révélée chez un troisième pêcheur à droite — est bien curieuse, les supports du filet se terminant, à la façon d'une paire de skis, par des spatules pointues. Un détachement militaire avance vers la montagne; les traces du cheval monté par leur officier s'estompent progressivement.

Le charme de cette image ne relève pas d'une observation exacte des choses. Il est évident, par exemple, que le peintre a exagéré les proportions du Mont Saint-Michel. Il convient d'apprécier plutôt la façon dont Cook, sur quelques centimètres carrés de toile, réussit à évoquer une étendue de plusieurs dizaines d'arpents de sable trempé, le tout baignant dans une atmosphère mi-ensoleillée d'air frais et humide. L'étroite bande carrossable, flanquée de sables mouvants, constitue sans doute le dispositif par excellence qui a permis la réussite de l'effet spatial. La procession des figures, dont la taille diminue au fur et à mesure qu'elles s'éloignent le long de cette voie sinueuse, constitue le lien entre l'espace proche et le lointain. Le peintre a également noirci de façon arbitraire l'avant-plan de son image, provoquant de forts contrastes qui tranchent avec le relief tamisé des structures visibles à l'arrière-plan. C'est là une méthode ancienne, employée par les peintres pour obtenir un effet spatial.

En regard de ces pratiques conventionnelles, il est pour le moins surprenant de constater qu'Ebenezer Cook, à la manière des meilleurs paysagistes de l'école anglaise, a peint le ciel « d'après nature », notant le caractère météorologique authentique des nuages ainsi que leurs projections d'ombres. L'artiste a donc utilisé avec succès une approche mixte, dosant construction et observation pour créer un ensemble harmonieux et convaincant.

Jean-Baptiste-Camille Corot, 1796-1875

35. *Près de Ville-d'Avray*

Huile sur toile, 50,2 × 61,6 cm

Inscription en bas à gauche: *Vente/Corot*

Historique
Vente Corot (Robant 2349); Watson Art Galleries, Montréal; coll. de l'honorable Maurice Duplessis; don de la succession de l'honorable Maurice Duplessis, 1959 (G-59.569-P).

Bibliographie
Collections des Musées d'État du Québec, 1967, n° 26, ill.

Jean-Baptiste-Camille Corot (1796-1875), fils d'un modiste parisien prospère, convaincu de sa vocation artistique, se buta au refus paternel jusqu'à sa vingt-septième année. Gratifié alors d'une maigre pension, il n'eut jamais par la suite à se soucier des problèmes matériels. Il fut d'abord élève pendant quelques mois du paysagiste Michallon, frais émoulu de l'Académie de France à Rome, jusqu'à la mort précoce de celui-ci, puis de Victor Bertin, professeur de paysage classique, pendant trois ans. Déjà à cette époque il fréquentait la forêt de Fontainebleau ainsi que Ville-d'Avray. Corot a voyagé et travaillé dans des lieux très variés: il visita l'Italie à trois reprises (de 1825 à 1828, en 1834 et en 1843); la Suisse (1851, 1853), l'Angleterre et la Hollande, ainsi que la majeure partie des régions de France (surtout la Normandie, la Picardie, le Limousin et la Bourgogne). Ces voyages et séjours ont constitué les événements majeurs de l'existence de ce célibataire endurci qui conserva le plus longtemps possible un rapport étroit avec sa famille. Peu soucieux de sa qualité de vie au plan matériel, Corot, dès que la vente de ses oeuvres le lui permettait, portait secours aux infortunés, dont plusieurs artistes impécunieux. Acharné au travail, il était doué, notamment, d'une surprenante facilité d'exécution. Son oeuvre catalogué comporte au-delà de 2400 peintures, dessins et estampes.

Le père de Camille Corot s'était porté acquéreur, en 1817, d'une maison de campagne à Ville-d'Avray, non loin de Paris. Avant même de se tourner définitivement vers une carrière d'artiste, Corot avait donc pris l'habitude de se laisser pénétrer par ces environs paisibles où il puisera de nombreux motifs pour ses peintures et dessins. Ayant reçu plus tard cette propriété en héritage, le peintre ne cessera de retourner dans ce lieu qu'en 1874, soit l'année précédant sa mort. Il n'est pas exagéré d'affirmer qu'aucun endroit n'a constitué autant la source des motifs de son oeuvre, et cela à toutes les époques. L'intimisme, qui est l'une des qualité les plus précieuses de son art, est ici, semble-t-il, à son meilleur.

Corot attribuait un rôle privilégié à la première sensation éprouvée devant le motif, ce qu'il appelait l'« émotion initiale ». En quelques coups de pinceau vite posés, il lui fallait capter l'essentiel de cette impression, prenant soin, en développant l'oeuvre par la suite, de ne pas la perdre de vue. Plus que le jeu des couleurs, le clair-obscur constituait le moyen de parvenir à son objectif. Dans cette oeuvre qui se distingue par sa grande simplicité, les nuages et le plan d'eau ont permis au peintre de développer des demi-tons qui viennent appuyer l'effet du contraste principal, ressenti à proximité de la figure au bas de l'arbre.

*

Deux figures — un homme et un veau — sont visibles dans ce lieu rural; au loin, une maison de ferme se devine plus qu'elle ne se voit; le tout est au diapason tranquille de la tombée du jour. La technique du peintre rappelle une sorte d'écriture par sa facilité apparente et la rapidité d'exécution, particulièrement à l'endroit de l'arbre.

Jean-Baptiste-Camille Corot, 1796-1875

36. *Un beau soir; Souvenir d'Italie*

*Voir reproduction en couleurs,
section centrale, p. (5)*

Huile sur toile, 46,5 × 38,5 cm

Signé en bas à gauche: *COROT*

Historique
Watson Art Galleries, Montréal; coll. de l'honorable
Maurice Duplessis; don de la succession de l'honora-
ble Maurice Duplessis, 1959 (G-59.597-P).

*

Deux masses, l'une claire et l'autre obscure,
constituent l'essence de cette image rappelée
d'un autre pays: l'Italie. Un château se profilant
vaguement à flanc de promontoire y est pourtant le seul vestige à peu près italien. Un personnage regarde en direction du plan d'eau
une petite embarcation qui évolue tranquille-
ment. En élaborant l'écran du feuillage, le peintre n'a pas hésité à se servir du manche pointu
de ses pinceaux pour graver des traits fins et
clairs à même la pâte.

L'Italie occupe une place primordiale dans
l'oeuvre de Corot, tant comme lieu de formation que comme source de motifs à peindre. Il
y était allé pour la première fois en 1825; ses
premiers envois au Salon (en 1827 et en 1828)
comportaient d'ailleurs des motifs italiens.
Après son retour en France, Corot a élaboré de
mémoire une nouvelle expression reflétant la
nostalgie de ce pays: au Salon de 1831, il
exposa trois oeuvres, dont son premier *Souvenir d'Italie*, et obtint une médaille de deuxième
classe. Après un nouveau tableau sur ce thème
au Salon de 1832, l'artiste sentit le besoin de
retourner en Italie. Ce désir était d'une intensité à ce point impérative que son père, tout en
consentant à lui fournir les moyens nécessaires,
crut bon d'imposer une limite de six mois.
Corot a donc fait une tournée des principales
villes artistiques (Florence, Pise, Venise, Gênes)
plutôt qu'un véritable séjour. Ce voyage remplit
la seconde moitié de l'année 1834. Revenu à
Paris, Corot s'évertua sans succès à suivre les
traces des grands maîtres, et ce durant l'intervalle qui s'étend jusqu'à son troisième voyage
en Italie, en 1843.

Renonçant à l'ambition de faire de la grande
peinture, Corot découvre alors sa voie, et obtient vers la même époque la reconnaissance
qu'il recherchait depuis si longtemps. Passant
par Barbizon, cette voie n'excluait point l'Italie
pour autant. L'artiste s'est vu décerner une première médaille au Salon de 1848 pour *Site
d'Italie*; de même, il ne renonça pas au plaisir
de peindre le souvenir de ce pays qu'il ne
devait plus jamais revoir.

Jean-Baptiste-Camille Corot, 1796-1875

37. *Nymphes dansant*

Huile sur toile, 36,5 × 47,5 cm

Signé en bas à droite: *COROT*

Historique

Galerie Durand-Ruel, Paris; Watson Art Galleries, Montréal; coll. de l'honorable Maurice Duplessis; don de la succession de l'honorable Maurice Duplessis, 1959 (G-59.593-P).

L'artiste évoque, plus qu'il ne le dénote, un espace mythologique. Tout ici est lyrisme, non seulement par la danse, mais égalemnt par les traits fortement ressentis qui définissent les troncs élancés de la futaie. Il règne partout un flou et une grisaille propices à une lecture imaginative de cette toile.

Le paysage, comme genre artistique parmi d'autres, n'a pas toujours bénéficié de l'estime que la critique a commencé à lui accorder à compter du milieu du siècle dernier. Il fallait même lutter contre l'opinion dominante à cet égard, pour que les oeuvres de cette catégorie en viennent à être considérées autrement que

l'imitation banale de la chose vue. Comme on le sait, Corot ne ménagea pas ses efforts dans cette bataille interminable, au prix de nombreuses années de frustrations.

Malgré tout, certaines de ses oeuvres témoignent de l'ambivalence envers ce genre de la peinture. Sa brève formation chez Michallon et chez Bertin l'avait exposé à la théorie du paysage classique, c'est-à-dire idéalisé. Mais Corot ne peut s'empêcher de ressentir devant la nature des émotions qu'il fallait en principe proscrire, suivant les règles qui régissaient ce mode traditionnel. Afin de résoudre cette contradiction apparente, il emprunte à la mythologie grecque et romaine des personnages susceptibles d'exprimer par leur musique ou par la danse les qualités affectives du paysage. Orphée, le dieu musicien par excellence, fait son apparition dans l'oeuvre de Corot une fois ou deux, ainsi que des Amours, mais ce seront pour la plupart des Nymphes, auxquelles sont assortis des faunes à l'occasion. En règle générale — et c'est le

cas notamment de l'oeuvre que possède le Musée du Québec —, ces nymphes sont en train de danser, mais elles dorment parfois. Il est à noter que Corot, qui reçut une éducation plutôt médiocre, a pu faire la connaissance de ces êtres, pour l'essentiel, au théâtre, qu'il fréquentait assidûment. Observant les danseuses et les actrices, il en faisait des croquis qu'il reportait ou dont il s'inspirait plus tard dans ses tableaux.

Malgré l'évolution de son art, encouragé de plus en plus par des critiques dont About, Thoré et Planche, Corot n'abandonnera pas cette forme d'expression. Contrairement au paysage observé, le paysage mythologique permet toutes les libertés face au monde visible: liberté de composition, liberté de couleur et de lumière, liberté par conséquent de sentiment et d'imagination. C'est pourquoi ce genre réputé désuet a constitué un véhicule parfaitement adapté aux impulsions de Corot, qui s'écarte de l'objectivité d'un Courbet, pourtant réaliste comme lui.

Stanislas Lépine, 1835-1892

38. *La Seine à Bercy*

Huile sur toile, 27,8 × 50,7 cm

Signé en bas à droite: *Lépine*

Historique

Dominion Gallery, Montréal; coll. de l'honorable Maurice Duplessis; don de la succession de l'honorable Maurice Duplessis, 1959 (G-59.583-P).

Stanislas Lépine est né le 3 octobre 1835 à Caen, et mourut le 28 septembre 1892 à Paris. La tradition veut que ce paysagiste ait été l'élève de Corot. Si l'influence est incontestable, il faut pourtant nuancer: apparemment, Lépine n'a jamais étudié avec le maître, encore que la période de leurs fréquentations se situe aux environs de 1860, c'est-à-dire passé l'âge où un jeune talent est encore très perméable à ce type d'influence. En outre, il faudrait se demander quelle fut l'influence de Jongkind dont la peinture, à plusieurs égards, est semblable à celle de Lépine, ou encore de Boudin: signalons que ces trois peintres ont reçu les encouragements, voire même la protection du marchand qu'on appelait le père Martin.

On a parfois considéré Lépine comme un impressionniste. S'il est vrai qu'il fut invité à participer à la première exposition impressionniste et qu'il n'était pas plus âgé que Degas, il serait plus juste de le compter au nombre de ceux qui, comme Jongkind ou Boudin, préparèrent l'avènement de ce style par le choix des motifs et l'importance qu'ils accordaient aux «études en plein air». Stanislas Lépine est le peintre par excellence des berges de la Seine; aussi la toile

au Musée du Québec est-elle tout à fait caractéristique de sa production.

La sincérité de ses efforts lui valut d'être encouragé par un amateur, le comte Doria, qui l'accueillit dans son château d'Ourroy. Il n'en mourut pas moins si pauvre que ses amis durent faire une collecte pour régler les frais de ses funérailles. L'art et la vie de Lépine ont été étudiés dans une monographie par John Couper (Paris, vers 1970).

*

Le lieu représenté se situe sur les berges de la Seine, non loin de Paris. Il n'y a point d'événement à figurer, pas même le passage d'une péniche; le paysage est ordinaire, le ciel uni. Une citadine remonte avec sa lessive vers les quartiers habités. Deux hommes bavardent au bord de l'eau. Au loin, on aperçoit le pont de Bercy.

Avec beaucoup de justesse, un auteur anonyme a écrit que la peinture de Lépine «est de celles dont on ne peut guère écrire, elle se contemple simplement» (dans Bénézit). Qu'y a-t-il donc dans ses toiles qui ait ainsi réduit ses interprètes au silence; ou plutôt, qu'y manque-t-il? En fait, Lépine est un irréductible; il n'a recours à aucun élément qui tendrait à rehausser l'expérience du lieu qu'il peint; aucun objet intéressant en soi (arbre pittoresque, vieille maison, chemin tortueux, couleur romantique), aucun point de vue aidant à composer son oeuvre

(repoussoir ou angle insolite), aucun événement remarquable (défilé, accident, etc.). Même, très peu de variété dans le choix des lieux où il aime à travailler sur le motif: le relevé des ventes d'oeuvres de Lépine depuis 1900 ne signale pas moins de six oeuvres faites à Bercy, ayant pour l'objet la Seine, les quais, le pont. Autrement dit, il a voulu évacuer l'artifice, c'est-à-dire ce vieux répertoire de «trucs» d'atelier qui aident l'artiste à transmuter en «art» la banalité quotidienne. Si Lépine renonce à ces procédés potentiellement lucratifs, c'est qu'il ne trouve pas que la quotidienneté soit banale: elle lui suffit telle quelle ainsi qu'à son art. De même, il recherche l'honnêteté avant toute chose. Or, cette prise de position sera celle des impressionnistes; radicale pour l'époque, elle finit par l'appauvrir. Peut-être Lépine était-il encore plus intransigeant que les impressionnistes vu que sa peinture comporte moins d'agrément que la leur.

Un paysage de Lépine n'en est pas pour autant dépourvu de sentiment. Bien au contraire, il peut et devrait susciter chez le spectateur une émotion tranquille, semblable à celle que l'artiste éprouve lui-même. Toutefois, par rapport aux styles découlant du romantisme y compris le réalisme de Barbizon — où l'artiste s'arroge le pouvoir de diriger nos émotions —, la différence est que chez Lépine le spectateur est dégagé de toute présence gênante et peut réagir à sa guise.

Eugène-Louis Boudin, 1824-1898

39. *La côte près de Trouville.*
Vue des Hauteurs, vers 1880-1885
Voir reproduction en couleurs,
section centrale, p. (6)

Huile sur toile, 41,3 × 55,3 cm

Signé en bas à gauche: *E. Boudin*

Historique
Continental Galleries, Montréal; coll. de l'honorable
Maurice Duplessis, 1959; don de la succession de
l'honorable Maurice Duplessis, 1959 (G-59.587-P).

Bibliographie
SCHMIT, 1973, vol. 2, p. 68, n° 1438, repr.

Saisies d'un point de vue inhabituel, les battu-
res près de Trouville s'étalent sous les yeux du
peintre qui s'est placé devant une brèche dans
les feuillages, sur les hauteurs qui dominent la
côte.

Trouville et ses environs reviennent comme
une idée fixe à travers l'oeuvre de Boudin,
depuis l'époque où il découvrit les ressources
picturales de cet endroit, vers 1860, jusqu'à la
toute fin de sa vie. Robert Schmit place l'exécution de cette oeuvre, en vertu de son style, vers
1880-1885. Boudin entrait justement à cette
époque dans une période de succès et de sécu-
rité financière grâce à son entente avec le marchand Durand-Ruel. Il ne diminua pas d'ardeur
pour autant, stimulé qu'il était par son sens du
« devoir qui me pousse au travail » (lettre de

1897, citée dans Cahen, p. 127). Il en résulte
des oeuvres comme celle-ci, qui tranchent avec
les Boudin habituels.

L'artiste s'est d'ailleurs fait reprocher l'abondance de son oeuvre par un amateur (entre autres)
qui eût préféré que le peintre exploitât mieux
son talent par une plus grande « économie dans
la production ». Sa réponse fut catégorique: il
ne serait pas arrivé à « un autre résultat » en
diminuant ses efforts. Et puis, fidèle à lui-même,
il rétorque aux critiques de cette espèce: « C'est
doublé, à prendre ou à laisser ! »

Eugène-Louis Boudin, 1824-1898

40. *La plage de Deauville*
à marée montante, 1894

Huile sur toile, 54,8 × 80 cm

Signé et daté en bas à gauche: *Deauville/E. Boudin-94. (octobre)*

Historique
Paul Detrimont, Paris; Hôtel Drouot, Paris, Vente publique, 7 juin 1933, n° 51; coll. de l'honorable Maurice Duplessis; don de la succession de l'honorable Maurice Duplessis, 1959 (G-59.585-P).

Expositions
1895, Paris, Salon; 1899, Paris, École Nationale des Beaux-Arts, *Exposition des oeuvres d'Eugène Boudin*, n° 96; 1976, Santa Barbara, Santa Barbara Museum of Art, *Louis-Eugène Boudin. Precursor of Impressionism*, n° 36, repr.

Bibliographie
SCHMIT, 1973, vol. 3, p. 274, n° 3320, repr.

Boudin travaille sur ce motif dans un lieu qu'il connaissait peut-être mieux que tout autre, Deauville, qu'un de ses mentors, Isabey, lui avait fait découvrir dès 1868. La belle saison est terminée et la célèbre station balnéaire aménagée par le duc de Morny est déserte. Pour l'artiste cependant, elle n'en est pas moins attrayante.

Corot, on le sait trop, a qualifié Boudin de « roi des ciels ». Cette expression fait ressortir avec justesse ce qui domine dans l'art de Boudin: dans des toiles comme *La plage de Deauville à marée montante*, ou encore *La côte près de Trouville* n° 39, cette partie du tableau soutient presque à elle seule l'intérêt de l'ensemble. Charles Baudelaire fit une visite à son atelier

vers 1859; encore à ses débuts, le jeune peintre lui montra « très modestement » une suite d'« études », que Baudelaire appelle ainsi, ne pouvant admettre que des peintures si mal léchées puissent trouver place aux cimaises du Salon. Son commentaire est éloquent:

« Ces étonnantes études si rapidement et fidèlement croquées d'après ce qu'il y a de plus inconstant, de plus insaisissable dans sa forme et dans sa couleur, d'après des vagues et des nuages, portent toujours, écrits en marge, la date, l'heure et le vent; ainsi, par exemple: *8 octobre, midi, vent de nord-ouest*. Si vous avez eu quelquefois le loisir de faire connaissance avec ces beautés météorologiques, vous pourriez vérifier par votre mémoire l'exactitude des observations de M. Boudin. La légende cachée avec la main, vous devineriez la saison, l'heure et le vent. J'ai vu ».

Le ciel comporte donc pour l'artiste deux principes distincts: une certaine luminosité, qui est fonction de l'heure, et une spécificité météorologique. Les heures que Boudin passa enfant sur un chalutier n'ont pas manqué d'affiner son sens de ces choses-là.

Corot a également qualifié Boudin de « roi des gris ». Effectivement, Boudin ne préfère pas nécessairement une journée ensoleillée à un temps couvert; l'absence du soleil le rend peut-être encore plus subtil, développant des tons dont aucun peintre avant lui, semble-t-il, n'avait usé. Gustave Geoffroy (propos traduits dans Thieme & Becker) a évoqué la gamme des gris qu'on retrouve à travers l'oeuvre de Boudin, depuis le sombre gris-violet jusqu'au gris argenté semblable à celui du ventre d'un poisson. Revenu de son dernier séjour à Venise, Boudin relate: « J'ai surpris des gris incomparables de finesse et de légèreté. Ah! ce fut pour moi une inoubliable volupté de l'oeil que ce voyage! ».

L'effet combiné de ces éléments peut être puissant. Concluant l'éloge qu'il faisait de ces « magies liquides ou aériennes », Baudelaire s'exclamait: « Toutes ces splendeurs me montèrent au cerveau comme une boisson capiteuse ».

Eugène-Louis Boudin, 1824-1898

41. *Venise. Le Quai des Esclavons le Soir, La Douane et la Salute*, 1895

Huile sur toile, 46,1 × 65 cm

Signé et daté en bas à droite: *Venise/E. Boudin 95*

Historique
S. Reichard, New York; Galerie Durand-Ruel, New York, 1899; Capt. John Audley Harvey, Londres; Christies, Londres, 20 mars 1928, vente Capt. John Audley Harvey, n° 70; Watson Art Galleries, Montréal; coll. de l'honorable Maurice Duplessis; don de la succession de l'honorable Maurice Duplessis, 1959 (G- 59.630-P).

Expositions
1976, Santa Barbara, The Santa Barbara Museum of Art, *Louis-Eugène Boudin. Precursor of Impressionism*, n° 46, repr.

Bibliographie
SCHMIT, 1973, vol. 3, p. 307, n° 3417, repr.

Eugène Boudin naquit le 12 juillet 1824 à Honfleur (France). Toute son enfance se déroula en contact constant avec la mer. Son père, marin de métier, l'amenait souvent au large. Sa famille ayant emménagé au Havre vers 1836, le jeune garçon commença à réaliser des dessins, sans toutefois recevoir d'instruction formelle. Devenu majeur, il exploita un petit commerce de papeterie, ce qui lui valut d'exposer dans les vitrines de sa boutique des oeuvres de plusieurs peintres: Isabey, Millet, Troyon et même Couture. L'idée fit progressivement son chemin, si bien que, vers 1847, il décida de suivre la vocation qui s'était réveillée en lui au contact de ces artistes. Pendant quelque temps, il copie les toiles des maîtres flamands puis, en 1850, il gagne une bourse d'études décernée par les Amis de l'Art du Havre: cette aubaine allait lui permettre de séjourner à Paris. Toutefois, Boudin ne s'établit jamais définitivement dans la capitale, préférant alterner son lieu de résiden-

ce, suivant la saison et ses besoins économiques, entre la côte normande (sa « petite patrie ») et la métropole.

Sa première exposition dans la capitale, au Concert Musard en 1857, lui valut un certain succès alors que deux toiles furent achetées par Alexandre Dumas. L'année suivante, il est avec Monet au Havre et à Rouelles, puis, en 1859, il fait la connaissance de Courbet qui s'exclame: « Il n'y a que vous qui connaissiez le ciel! ». Un de ses tableaux, (*Le Pardon de Sainte Anne Palud*), est accepté par le jury du Salon des Artistes Français. Baudelaire le qualifie de « fort bon et fort sage ». Toutefois, Boudin reste pauvre et ignoré, sauf de la part de ses confrères, jusqu'en 1868, alors qu'il finit par obtenir des prix intéressants lors d'une vente de ses toiles. Fuyant la notoriété, mais aussi la Commune, il retourne sur les côtes, cette fois en Belgique et aux Pays-Bas. Puis, peu après les événements de la Commune, il parcourt la côte française de Dunkerque à Bordeaux.

En 1874, il est du nombre qui participent à la première exposition des impressionnistes, chez le photographe Nadar. Bien que Boudin demeure en marge de ce mouvement, le marchand Paul Durand-Ruel, vers 1881, lui propose un contrat aux termes duquel le peintre réserve au marchand la totalité de sa production. L'affaire amène, en 1883, la première exposition entièrement consacrée à son oeuvre (150 tableaux). Des événements semblables suivront en 1889, 1891 et longtemps après la mort du peintre, jusqu'en 1936. Grâce aux sommes considérables qu'il en tire, Boudin aménage une villa à Deauville qui devient sa résidence principale à partir de 1884, et où il mourra le 8 août 1898.

Dès lors, les honneurs se succèdent presque annuellement: il reçoit notamment une médaille d'or à l'Exposition universelle de 1889, l'État français se porte acquéreur de deux toiles (1886, 1888), son oeuvre rayonne dans plusieurs pays. Sa soi-disant « deuxième manière » apparaît à cette époque avec un répertoire de motifs renouvelé, notamment puisés à Venise.

Après son décès, l'École des Beaux-arts organisa, en 1899, une rétrospective qui réunit 457 oeuvres, dont plusieurs aquarelles et pastels. La plupart des toiles qu'il avait conservées dans son atelier au moment de mourir ont été léguées par son frère au Musée des Beaux-arts du Havre. Son oeuvre a fait l'objet de neuf monographies et d'une cinquantaine d'articles importants.

*

Au sommet de sa gloire, Boudin visita Venise pour la première fois, en 1892, à l'occasion d'un désordre du système nerveux qui l'avait obligé d'hiverner dans le midi. Enchanté par ce séjour, il y retourna régulièrement par la suite, et c'est en 1895, l'année de sa dernière visite, qu'il y resta le plus longtemps réalisant entre autres cette oeuvre conservée au Musée du Québec. Il était encore très actif malgré son âge relativement avancé. Mais sa santé amorce un déclin dès 1896, si bien qu'il n'exposera plus au Salon après 1897. Les toiles de cette période représentent donc à la fois le point culminant et l'achèvement d'une carrière fructueuse.

Boudin, semble-t-il, affectionna ce point de vue, situé à l'entrée du Grand Canal. Une autre toile de 1895 (Phillips Collection) peut-être du même jour comme en témoigne la présence du vapeur devant la Douane, offre une comparaison intéressante du fait que l'artiste y a travaillé cette fois en fin de journée. Boudin partage donc avec son grand ami Monet la fascination pour l'aspect sans cesse changeant des objets fixes (voir la cathédrale de Rouen, dans la célèbre série de Monet). Pourtant, ce n'est pas à proprement parler un impressionniste.

Dans cette série vénitienne, il faut mentionner une troisième toile intitulée *Venise, La Salute et La Douane, le matin, 1895* (catalogue Boudin III, n° 3443), où, cependant, la Salute est vue de derrière et la Douane de face. À travers ces oeuvres et d'autres semblables, on constate à quel point les objets que Boudin aime peindre — les ciels et les eaux, ainsi qu'un fond architectural complexe et lointain — occasionnent le fractionnement de la surface picturale. Souvent, une superposition d'éléments disparates, vagues/reflets, cordages/fenêtrages, fumée/nuages, accentue cet effet, d'autant que les menus objets et personnages sont éclatés par cette touche nerveuse que Boudin n'a cure de dissimuler. Tout en restant complètement détachées du mode perceptuel d'un Monet, et ainsi de l'impressionnisme en général, ces peintures partagent avec celles du maître de Giverny un fonds commun plus considérable qu'on ne croit généralement. D'ailleurs, Monet écrivit à Boudin, le 22 août 1892: « Je n'ai pas oublié que c'est vous qui, le premier, m'avez appris à voir et à comprendre ».

Eugène-Louis Boudin, 1824-1898

42. *Trouville. Le Port. Marée basse*, 1896

Huile sur toile, 36,5 × 55,5 cm

Signé et daté en bas à gauche : *Trouville/E. Boudin 96*

Historique
Mme Juliette Cabaud, Paris ; Continental Galleries of Fine Art, Montréal ; coll. de l'honorable Maurice Duplessis ; don de la succession de l'honorable Maurice Duplessis, 1959 (G-59.582-P).

Expositions
1899, Paris, École Nationale des Beaux-Arts, *Exposition des oeuvres d'Eugène Boudin*, n° 115 ; 1976, Santa Barbara, Santa Barabara Museum of Art, *Louis-Eugène Boudin. Precursor of Impressionism*, n° 41, repr.

Bibliographie
SCHMIT, 1973, vol. 3, p. 367, n° 3579, repr. *Collections des Musées d'État du Québec*, 1967, n° 44, ill.

L'artiste a dressé son chevalet devant le bassin de ce petit port de pêche rendu célèbre par plusieurs générations de peintres ; quelques chaloupes jonchent le sol, en attendant que la marée revienne les remettre à flot.

Vers la fin de sa carrière, Boudin faisait preuve d'une énergie surprenante. Il avait l'habitude à l'époque de rapporter dans son atelier parisien, vers la fin novembre, les différents essais de l'été et de s'appliquer à leur achèvement en attendant de pouvoir renouer avec la côte normande. C'est sans doute de cette façon qu'il réalisa cette image du port de Trouville. Déjà atteint du mal qui finira par l'emporter, l'artiste sentait qu'il ne pourrait poursuivre indéfini-ment. « Ma main s'alourdit, mon oeil se brouille », écrit-il durant l'hiver qui suit l'exécu-tion de la toile (1897, cité dans G. Cahen, p. 127). Il se compare à « papa Corot » qui avait maintenu un rythme de travail soutenu jusqu'à la fin. Désormais, sa vie se résume à peindre car c'est là son seul plaisir.

Interrogé par un journaliste en 1896 sur son appartenance à une tendance artistique, Boudin répondit : « Non, je n'eus point de maître à proprement parler ; j'ai cherché tout seul sans être d'aucune coterie, d'aucune école, et les discussions sur la peinture m'ont toujours sem-blé un peu oiseuses ». Ses oeuvres démontrent largement qu'il est resté fidèle à ce crédo jus-qu'à la fin.

André Devambez, 1867-1943

43. *Les trois vieillards*

Huile sur toile, 30 × 46 cm

Signé en bas à gauche: *André/Devambez*

Historique

Acquis de l'artiste en 1924 (P. 185).

Exposition

1924, Québec, Hôtel du Parlement, *Première exposition des artistes français du Groupe de l'Érable*, n° 36.

André-Victor-Édouard Devambez fut peintre d'histoire et de genre, décorateur, dessinateur et illustrateur. Fils d'un graveur parisien, il fit ses études à l'École des Beaux-Arts. Son professeur de dessin fut Julien-Gabriel Guay et il étudia la peinture avec J.J. Benjamin-Constant et Jules Lefebvre. Sa carrière lancée (il était membre de la société des Artistes français dès 1889), Devambez continue néanmoins de participer au concours du prix de Rome, remportant le grand prix pour l'année 1890 avec le *Reniement de Saint Pierre*. Il demeure à Rome jusqu'en 1895, envoyant annuellement dans la capitale française, comme l'exige le règlement, une oeuvre qui démontre ses progrès. La dernière de cette série, une *Conversion de Marie-Madeleine*, lui vaut en 1898 une médaille à l'exposition de la Société à laquelle il appartient. Parmi ses autres oeuvres à caractère religieux, mentionnons *Les Huguenots*, *La Toussaint* et *Les Rois Mages*. L'artiste démontre, par ailleurs, une prédilection pour des sujets militaires, qu'ils soient contemporains ou historiques. Quelques-unes de ses toiles rappellent les événements de 1870,

comme *Rassemblement et appel sous la Commune*, tandis que d'autres évoquent les préparatifs et les triomphes de la guerre de 1914-1918, dont *Les avions aux grandes manoeuvres de 1913* et l'*Entrée des troupes françaises à Ypres*. Patriote convaincu, Devambez s'était porté volontaire en 1914; il fut grièvement blessé et reçut la Croix de guerre.

C'est surtout comme peintre de genre que Devambez a été reconnu de son vivant. Ses contemporains ont apprécié l'effet réussi de ses petits tableaux grouillants de monde qu'il produit à partir du début du siècle, tels *Une première au théâtre de Montmartre* (1901), *La Charge, boulevard Montmartre* (1902), et *L'amphithéâtre au Concert Colonne* (avant 1908). Son indépendance artistique solidement fondée sur un métier traditionnel, Devambez parvient à donner corps à une vision particulière du monde qui l'entoure, comme on le voit dans *Les trois vieillards*.

Devambez a aussi illustré plusieurs romans, ouvrages et revues, y compris *La Fête à Coqueville* de Zola (1898). Il se révèle un dessinateur prodigieux, donnant parfois dans l'humour et même la caricature. De même, il a créé nombre d'affiches publicitaires. Enfin, à l'échelle opposée des grandeurs, il faut mentionner sa fresque monumentale, à la Sorbonne, intitulée *La Fusion de l'École normale et de la Sorbonne* (commencée avant 1908).

*

La scène est placée dans un intérieur quelconque: sombre café ou coin de cuisine. Quatre personnages sont attablés; plusieurs cruches témoignent adéquatement de leur motivation. Un éclairage qui a du mal à pénétrer dans ce recoin projette des ombres informes sur les parois derrière cette compagnie hétéroclite, constituant par le fait même un « horizon » lugubre qui traverse l'image.

Les trois vieillards sont recroquevillés à gauche; l'un d'eux regarde vers la dame qui, fleur à la main, paraît les ignorer. Elle porte un survêtement dont les motifs bruns prolongent curieusement la qualité des ombres murales. Le silence règne.

Le critique Vauxcelles, qui avait le don du mot juste, a dit de Devambez qu'il traitait quelquefois « des sujets où le douloureux s'alliait au caricatural »; d'où un certain désarroi chez le spectateur: « Doit-on rire, doit-on s'émouvoir? » En fait, toutes les réactions sont permises. Aussi l'artiste retient-il d'autant plus efficacement l'attention que ses toiles ne se prêtent guère à des interprétations faciles.

Celle-ci vient dans la suite d'une oeuvre intitulée *Les incompris* (vers 1904). Ayant séduit depuis quelques années les amateurs de ses scènes de foule, de ses points de vue et de ses éclairages insolites (suivant en ceci les traces de Degas), Devambez parvient enfin à une certaine prospérité. Il quitte son réduit du septième étage, d'où il observait justement la foule, et s'attache à étudier de près la bohème parisienne. Dans *Les Incompris*, il avait figuré les vaticinations d'une compagnie encore relativement nombreuse incluant des « peintres sans clientèle, acteurs sans théâtre, publicistes sans journal », ainsi qu'une « dame féministe mûrie et tournée à l'aigre » (Vauxcelles). Vient ensuite une série de petits essais où, grâce à ses talents de physionomiste dans la tradition de Daumier, le peintre explore les facettes de ce monde de déshérités. Les personnages d'une « oeuvrette » intitulée *Les Ivrognes*, « cuvant au fond d'un cabaret empuanti » (Vauxcelles), devaient être assez proches de ceux des *Trois Vieillards*.

Plusieurs contrastes méritent d'être relevés dans la petite oeuvre présentée ici. Cette toile qui ne promet guère plus qu'une pochade, de prime abord, donne en réalité matière à réflexion. Ces contrastes, d'ailleurs assez typiques de la manière de Devambez, reposent d'abord sur la composition (droite-gauche) et l'éclairage (clair-sombre), et se poursuivent dans l'esprit du spectateur qui, stimulé par le rendu expressif des personnages, est amené à réfléchir sur certaines dichotomies: jeunesse-vieillesse, franchise-duplicité, sobriété-ivresse, solitude-société, féminité-masculinité, etc. Le pouvoir évocateur des juxtapositions de cette sorte est bien connu à travers l'histoire de l'art (par exemple: Suzanne et les vieillards); voici qui explique peut-être pourquoi cette image dépouillée est pourtant si fascinante.

Peinture et sculpture du Québec
Art ancien
(du début à 1880)

Tout musée, même le moins spécialisé, même le plus éclectique, se caractérise par quelque aspect de ses collections qui en vient à marquer son identité. Dans le cas du Musée du Québec, c'est certainement sa collection d'art québécois ancien qui remplit cette fonction. Depuis cinquante ans, en effet, ont été réunies des milliers d'oeuvres, — environ 2 500 en peinture et sculpture, quelque 1 400 en orfèvrerie et près de 3 000 au cabinet des dessins et des estampes — pour constituer ce trésor unique qui propose au visiteur un panorama complet de l'histoire de l'art ancien du Québec. Les nombreux prêts que le Musée accorde et les expositions qu'il organise ou auxquelles il participe témoignent de l'intérêt croissant et sans cesse renouvelé que suscite cette collection, comme de la prévoyance et de l'esprit visionnaire des fondateurs et bâtisseurs. Des hommes comme Gérard Morisset ont insufflé au Musée leur dynamisme et ont orienté sa vocation vers la conservation et la mise en valeur de notre patrimoine artistique.

Le Musée du Québec a été fondé en 1933 et a constitué dès le départ un des éléments importants d'une politique destinée à sauvegarder et à raffermir la culture francophone en terre d'Amérique. L'État prenait ainsi les moyens pour assurer la conservation d'un patrimoine national que les groupes d'initiative privée avaient tendance à négliger. En effet, il faut bien admettre qu'à cette époque l'opinion publique ne manifestait guère d'intérêt chez nous envers ces choses « vieillottes » : pour beaucoup de gens, elles appartenaient à un environnement quotidien. Il s'exerçait de fortes pressions, tant en raison des progrès rapides de l'urbanisation que de l'évolution du goût au sein d'une société traditionnelle en voie d'être disloquée, pour déconsidérer cet héritage porteur des valeurs remises en question.

À coups d'intuition bien plus que de recherches et d'expertises savantes, le personnel de la jeune institution a pu acquérir au fil du temps une série d'oeuvres que leur valeur intrinsèque, jointe à la promotion que le Musée en a faite par le biais d'expositions et de publications, désigne aujourd'hui comme des chefs-d'oeuvre. Il s'agit aussi bien d'oeuvres anciennes que de productions plus récentes, tel ce maître-autel de l'église des Cèdres qui remonte au XIXe siècle, ou les oeuvres de Cornelius Krieghoff, Théophile Hamel, Jean-Baptiste Côté et bien d'autres.

Dans cette phase initiale de collecte à laquelle ont collaboré nombre de « connaisseurs », les publications et les recherches ont pris assez peu de place. Le souci premier est alors la conservation, la sauvegarde des oeuvres anciennes et l'acquisition d'oeuvres représentatives de l'art qui se fait. Pourtant, déjà le Musée n'hésite pas à exposer ses trésors, convaincu que c'est le propre de l'oeuvre d'art que d'être offerte à l'admiration pour ses qualités intrinsèques et ses significations permanentes qui débordent le cadre, l'époque et le lieu de leur création.

La collection d'art ancien du Québec s'est structurée à partir de 1937, au moment où Gérard Morisset (1898-1970) entreprit une oeuvre colossale : l'*Inventaire des Oeuvres d'Art* du Québec. Cet historien d'art formé à Paris a soigneusement inventorié et classé les oeuvres qu'il dénichait dans les paroisses et chez des collectionneurs du Québec. Ses recherches l'amenèrent à établir des biographies d'artistes — il découvrit l'existence de plusieurs d'entre eux — et à reconnaître leurs oeuvres au moyen d'études stylistiques et historiques. L'*Inventaire* a ainsi permis d'identifier des oeuvres majeures ou des artistes importants et, dans une certaine mesure, de séparer les oeuvres importées de la production locale.

Directeur du Musée de 1941 à 1952, Paul Rainville (1887-1952) s'est appuyé sur le travail de Morisset pour sélectionner, à travers les oeuvres de plus en plus nombreuses qui étaient offertes en vente au Musée ou sur le marché, celles qui étaient les plus susceptibles de composer adéquatement le panorama de l'art du Québec que l'institution voulait offrir à son public. Durant cette période, le Musée a aussi présenté les premières rétrospectives consacrées à l'art canadien qui mettaient en évidence l'apport particulier de l'art du Québec: *Le développement de la peinture au Canada*, en 1945, organisée par l'*Art Gallery of Ontario* de Toronto et, l'année suivante, *The Arts of French Canada, 1613-1870* préparée par le *Detroit Institute of History and Art*. Gérard Morisset collabora de près à la tenue de ces expositions et, en 1952, organisa à Québec la première *Exposition rétrospective de l'art au Canada français*, largement composée d'oeuvres de la collection permanente du Musée.

Événements majeurs pour l'historien de l'art du Québec, ces grandes expositions ont fait reconnaître, au-delà des frontières du Québec et du Canada, le Musée du Québec comme le musée national de l'art du Québec. De leur côté, les nombreuses publications que Gérard Morisset a réalisées dans des conditions souvent difficiles ont contribué à la reconnaissance d'un statut à l'art ancien du Québec.

Lorsque Morisset fut nommé conservateur du Musée du Québec, en 1953, la presse fut unanime pour souligner l'adéquation entre la fonction et l'homme, reconnu comme *le* spécialiste de l'art ancien du Québec. Sa première préoccupation a été de parachever l'institution conformément aux visées de ses fondateurs: créer un musée voué essentiellement à la conservation et à la mise en valeur de l'art du Québec, depuis ses origines et dans toutes ses formes d'expression.

Malgré des crédits médiocres, de nombreuses acquisitions ont augmenté les diverses collections et en particulier en art ancien, grâce aux renseignements fournis par l'*Inventaire des Oeuvres d'Art* d'une part, et aux relations que Gérard Morisset avait développées avec les grands collectionneurs, d'autre part. En effet, plusieurs collectionneurs ont apporté leur aide et leur appui au Musée en vue de rassembler des oeuvres représentatives du patrimoine artistique du Québec. En 1951, Paul Gouin a cédé au Musée 350 sculptures et pièces de mobilier, et Louis Carrier, en 1959, s'est départi de sa collection d'orfèvrerie et de plusieurs oeuvres peintes et sculptées d'un grand intérêt. La même année, le Musée reçut en don la célèbre collection de Maurice Duplessis, comprenant plusieurs tableaux anciens du

Québec. C'est donc avec une certaine fierté que Gérard Morisset signalait dans son rapport annuel de 1964 que le Musée possédait alors 2 315 peintures et dessins, 821 sculptures, 1 731 oeuvres d'art décoratif, 331 pièces d'artisanat et 21 photographies. Plusieurs de ces oeuvres avaient fait partie d'expositions d'envergure organisées par le Musée : *Les Arts au Canada français*, présentée à la *Vancouver Art Gallery* en 1959, l'*Exposition de la Province de Québec* aux Grands Magasins du Louvre en 1958 et *L'Art au Canada*, présentée au Musée des Beaux-Arts de Bordeaux en 1962.

Ce rythme soutenu d'acquisitions et d'activités finit par attirer l'attention sur le Musée et par identifier cette institution comme instrument efficace de conservation et de mise en valeur. Dès lors, plusieurs particuliers ou familles ont offert en don des oeuvres ou mêmes des collections entières, assurées qu'elles étaient que le Musée du Québec était en mesure d'en prendre soin pour les léguer à la postérité. C'est le cas, par exemple, de la famille Bourassa qui légua au Musée en 1941 une importante collection de peintures et de dessins du peintre Napoléon Bourassa. De même, plusieurs paroisses ont confié au Musée la garde de leurs trésors par la voie d'un dépôt : Deschambault, Loretteville, Rivière-Ouelle, L'Islet-sur-Mer, Longueuil, Varennes, Verchères et bien d'autres ont ainsi rendu leurs richesses accessibles à un public plus vaste.

Les années soixante ont marqué une étape importante dans l'histoire des collections du Musée. Sous l'impulsion de Guy Frégault (1918-1977), alors sous-ministre du nouveau Ministère des Affaires culturelles, le Musée est agrandi pour loger une collection en expansion. Le personnel est accru et, sous la direction de Guy Viau (1920-1971), à la tête de l'institution de 1965 à 1967, les collections d'art ancien se développent, notamment grâce au travail acharné du conservateur Jean Trudel. Même si le Musée fait alors une large place à l'art contemporain du Québec, l'institution publie ses premiers catalogues sur l'art ancien, *Sculpture traditionnelle du Québec* et *Peinture traditionnelle du Québec*, tous deux en 1967.

Sous la direction de Monsieur Jean Soucy, de 1967 à 1973, le Musée présente une série de grandes expositions sur l'art ancien et la collection s'enrichit par l'acquisition d'oeuvres majeures et par plusieurs dons importants. Parallèlement, d'importantes recherches sont entreprises sur les oeuvres de la collection et aboutissent à des publications qui assurent au Musée un leadership certain dans la mise en valeur scientifique du patrimoine artistique québécois.

Enfin, plusieurs législations importantes et l'introduction de pratiques administratives mieux adaptées ont élargi le rôle du Musée et favorisé le développement de ses collections. C'est ainsi que la formation d'un comité d'acquisitions auquel participent des experts reconnus a permis de mieux orienter les achats, désormais moins nombreux, en relation avec les progrès de la recherche en art ancien. De même, la loi des Biens culturels, promulguée en 1972, a assigné au Musée, dans les faits, un rôle de sauvegarde du patrimoine artistique menacé. Par ailleurs, la législation fédérale sur l'importation et l'exportation des oeuvres d'art a permis au Musée du Québec d'acquérir plusieurs pièces importantes avant qu'elles ne quittent le Canada irréversiblement et, à l'inverse, de rapatrier des oeuvres qui étaient déjà sorties du pays. Enfin, une législation récente du Québec sur les dations s'annonce prometteuse en ce qu'elle favorise les dons d'oeuvres qui font partie d'une succession.

Tout récemment encore, plusieurs collectionneurs ont fait au Musée des dons importants. Il faut souligner entre autres la contribution de Jean Soucy, Maurice Corbeil et Bernard Desroches, de même que l'université Laval qui a remis au Musée en 1981 une importante collection de dessins de Napoléon Bourassa.

La collection d'art ancien du Musée du Québec représente donc cinquante années de patientes acquisitions selon un objectif déterminé et poursuivi avec constance: conserver l'héritage artistique du passé en constituant le panorama le plus représentatif possible de l'évolution de l'art. Cet objectif est certes loin d'être atteint mais chaque année des oeuvres significatives retiennent l'attention. Les recherches progressent rapidement et pressent le Musée de maintenir ses collections vivantes.

Claude Thibault
conservateur, art ancien du Québec

51

Claude François, dit frère Luc, 1614-1685

44. *L'Ange Gardien*, vers 1671

Huile sur toile, 248 × 159,5 cm

Historique
Église de l'Ange-Gardien (Montmorency), 1671; déposé au Musée du Québec en 1967; acquis en 1974 (A-74.255-P).

Exposition
1967, Québec, Musée du Québec, *Peinture traditionnelle du Québec*, n° 19, repr.

Bibliographie
CASGRAIN, 1903, p. 93; MAGNAN, « Peintres et sculpteurs du Terroir », décembre 1922, p. 315; ROY, 1925, p. 35-36, repr. p. 43; HUGOLIN, « Un peintre de renom à Québec en 1670: Le diacre Luc François, Récollet », 1932, p. 71; MORISSET, 1941, p. 52; MORISSET, 1944, p. 50, 118-119; MORISSET, 1960, p. 25; MORISSET, « François, Claude, dit frère Luc », 1966, p. 322; HARPER, 1966, p. 8; GAGNON et CLOUTIER, 1976, p. 75-76, pl. 19; *Le Musée du Québec*, 1978, p. 16-17, repr. coul.; ROBERT, 1978, p. 15, repr. coul. p. 169; THIBAULT, « La place de l'art religieux au Musée du Québec », septembre 1981, p. 22.

Le père Chrestien Le Clercq a été le premier, en 1691, à mentionner le tableau du maître-autel de la paroisse de l'Ange-Gardien. Dans son *Premier establissement de la foy en Nouvelle-France*, il note au sujet du frère Luc, qui avait séjourné à Québec pendant 15 mois en 1670-1671, que « (...) les églises de l'Ange-Gardien, de Château Richer, à la coste de Beaupré, celle de la Sainte-Famille dans l'Isle d'Orléans et l'Hopital de Québec ont esté pareillement gratifiez de ses ouvrages (...) ».

Ce tableau que le Musée du Québec a acquis de la fabrique de l'Ange-Gardien est donc attribué au frère Luc et aurait été peint en 1671. Il porte le blason d'Anne de Bretagne, épouse du roi Louis XII, dont les descendants auraient commandité l'oeuvre par l'entremise de Mgr de Laval, évêque de Québec. C'est d'ailleurs cet évêque qui, en 1671, pressait les marguilliers de construire une église pour notamment mettre à l'abri « le tableau ».

La composition du frère Luc représente le thème de l'ange gardien, relativement nouveau puisqu'il n'apparaît qu'au début du XVIe siècle. Dans l'église, cette oeuvre était placée entre deux statues d'archanges, *Saint Michel* et *Saint Gabriel* qui, vers 1700, sont venues compléter un programme iconographique entièrement axé sur le rôle des anges comme guides et protecteurs, intermédiaires entre Dieu et le peuple des fidèles.

L'Ange Gardien est une oeuvre d'une rare qualité dont la présence témoigne de l'influence prédominante qu'exerça l'art français sur la formation du goût dès les débuts de la Nouvelle-France, par la voie de l'importation d'oeuvres ou même d'artistes qui venaient travailler sur place. Il apparaît donc que le premier art de la colonie était académique et puisait ses sources auprès des grands maîtres. Claude François, dit le frère Luc, aurait en effet fréquenté l'atelier d'un peintre réputé, Simon Vouet, et travaillé avec Nicolas Poussin à la décoration du Louvre. Malgré son titre de « peintre du roi », il entra chez les Récollets en 1644 où il se voua à la peinture religieuse pour orner les églises et chapelles de sa communauté.

François Malepart de Beaucourt,
1740-1794

45. *Eustache-Ignace Trottier*
dit Desrivières, 1792 ou 1793

Huile sur toile, 79,2 × 63,3 cm

Signé et daté au centre à droite:
F.:. Beaucourt pinxit/A. Montréal 179...

Historique
Mme Jean-Paul Fortin, Québec; acquis en 1956
(A-56.297-P).

Expositions
1962, Bordeaux, Musée des Beaux-Arts, *L'Art au Ca-*
nada, n° 1, repr. IV; 1965, Ottawa, Galerie nationale
du Canada, *Trésors de Québec*, n° 20; 1966, Vancouver, Vancouver Art Gallery, *Images for a Canadian*
Heritage, n° 16; 1966, Toronto, Galerie d'Art de
Toronto, *Semaine française*; 1967, Québec, Musée
du Québec, *Peinture traditionnelle du Québec*, n° 4,
repr.; 1975, Sherbrooke, université de Sherbrooke,
Galerie d'art, Centre culturel, *Portraits anciens du*
Québec, n° 7; 1977, Québec, Musée du Québec, *L'art*
du Québec au lendemain de la Conquête (1760-
1790), n° 12, repr.

Bibliographie
MORISSET, 1960, p. 57-58, ill. 11; HARPER, 1966, p. 56,
ill. 45, coul.; LORD, 1974, p. 31-32, fig. 20; ROBERT,
1978, p. 21, repr. p. 20; MAJOR-FRÉGEAU, 1979, p. 43,
67-68, repr. p. 83; MAJOR-FRÉGEAU, « Malepart de
Beaucourt, François », 1980, p. 549; MEASURES, 1980,
p. 8-9.

Peints à la fin du XVIIIe siècle, ces portraits d'un
couple montréalais sont les plus anciens que
nous connaissons dans une présentation assortie. Eustache-Ignace Trottier dit Desrivières et
son épouse, Marguerite-Alexis Mailhot, sont de
toute évidence des bourgeois prospères que
l'artiste a choisi de représenter dans toute leur
élégance et au cours d'un agréable moment. Le
premier est à une table de jeu où il vient de
déposer l'as de coeur à côté de quelques pièces
d'or et d'argent; il lève les yeux un instant et
son regard exprime le plaisir qu'il tire de ce jeu
où il obtient les mêmes succès que dans ses
affaires. L'aisance et la sagacité transparaissent
d'ailleurs chez cet homme qui porte bien la
redingote de fin velours à grands boutons lui-
sants et pour qui le gilet brodé de fils d'or et le
jabot de dentelle semblent des attributs appropriés. Quant à madame Desrivières, elle s'apprête à déposer le thé dans un grand samovar
d'argent émaillé et ciselé. Sa pose est tout aussi
aristocratique mais sans affectation, et sa physionomie attachante dégage plutôt la courtoisie et
le respect des convenances.

François Malepart de Beaucourt ne se préoccu-
pe guère de mettre en évidence les qualités
morales de ses modèles, mais elles transparaissent par leurs atours et l'aisance naturelle qu'il
leur donne: il les place dans un décor qui
convient à leur situation sociale et qui suggère
les raffinements auxquels ils aspirent. En les
mettant en scène dans une atmosphère qui leur
semble habituelle, il fait apparaître le bon goût
de ces personnes comme une qualité naturelle.

Par sa facilité à transmettre l'ambiance sans
extravagance ni surcharge, François Beaucourt
paraît se mettre au service des valeurs que
partagent et que désirent perpétuer les bourgeois de l'ancien régime.

François Malepart de Beaucourt,
1740-1794

46. *Madame Eustache-Ignace Trottier*
dit Desrivières, 1793

Huile sur toile, 79,5 × 63,8 cm

Signé et daté au centre à droite: *F.. Beaucourt..*
pinxit../Montréal.. 1793

Historique
Mme Jean-Paul Fortin, Québec; acquis en 1956
(A-56.298-P).

Expositions
1959, Vancouver, Vancouver Art Gallery, *Les arts au*
Canada français, n° 96, repr.; 1959, Ottawa, Galerie
nationale du Canada et Québec, Musée du Québec,
Portraits canadiens du 18e et 19e siècles, n° 1, repr.;
1966, Toronto, Galerie d'Art de Toronto, *Semaine*
française; 1967, Ottawa, Galerie nationale du Canada,
Trois cents ans d'art canadien, n° 40, repr.; 1972,
St-Johns, Memorial University of Newfoundland,
Quinzaine québécoise; 1972, Sherbrooke, *Quinzaine*
québécoise; 1975, Sherbrooke, université de Sherbrooke, Galerie d'art, Centre culturel, *Portraits an-*
ciens du Québec, n° 8, repr. coul.; 1977, Québec,
Musée du Québec, *L'art du Québec au lendemain de*
la Conquête (1760-1790), n° 13, repr.

Bibliographie
MORISSET, 1960, p. 57-58, ill. 4, coul.; HARPER, « Three
centuries of Canadian Painting », nov.-déc. 1962, p. 9;
HARPER, 1966, p. 56, ill. 46; *Collections des Musées*
d'État du Québec, 1967, n° 19, ill. coul.; HARPER,
« Painting in Canada », July 1967, p. 68, fig. 5; REID,
1973, p. 45, ill.; LORD, 1974, p. 31-32, fig. 21; GODSELL,
1976, p. 28-29, repr.; MELLEN, 1978, p. 110-111, pl. 42,
coul.; ROBERT, 1978, p. 21, repr. p. 20; *Le Musée du*
Québec, 1978, p. 26-27, repr. coul.; MAJOR-FRÉGEAU,
1979, p. 43, 67-68, repr. p. 78, 79, 80, 81; MAJOR-
FRÉGEAU, « Malepart de Beaucourt, François », 1980,
p. 549; MEASURES, 1980, p. 8.

François Malepart de Beaucourt, 1740-1794
47. *Portrait de femme*, vers 1792-1794

Huile sur toile, 66 × 53,5 cm

Historique
Coll. Benoit Barrette, Montréal; Vente Fraser Bros.
Ltd, Montréal, octobre 1982, nᵒ 674 (École européenne, 18ᵉ siècle, *Portrait de femme*); M. Gervais Tremblay, Montréal, 1982; acquis en 1983 (83.09).

Bibliographie
IBC. Fonds Morisset. Dossier: Montréal — Coll. Benoit Barrette, repr.

Cette acquisition toute récente est un des rares
exemples de l'art du portrait au Québec à la fin
du XVIIIᵉ siècle. Ce tableau est sorti de l'oubli
une première fois lorsque Gérard Morisset l'a
photographié pour l'*Inventaire des Oeuvres
d'Art* chez un collectionneur privé où se trouvait alors un important ensemble représentant
des membres de la famille Hertel de Rouville.
Quelques-unes de ces oeuvres d'époques diverses figurent aujourd'hui dans la collection du
Musée McCord de Montréal et sont attribuées à
différents artistes.

Ce portrait d'une inconnue ne porte aucune
signature ni date, mais l'information historique
qui s'y rapporte et plusieurs caractéristiques
formelles et stylistiques permettent d'établir des
comparaisons avec d'autres oeuvres de même
facture et d'y retrouver une manière correspon-
dante.

Trois importants portraitistes ont pratiqué leur
art dans la région montréalaise au cours de
cette période qui couvre le dernier quart du
XVIIIᵉ siècle et les premières années du siècle
suivant: William Berczy (1744-1813) compose
des portraits lumineux et très précis tandis que
Louis Dulongpré (1754-1843), éminent pastellis-
te, brosse des tableaux d'une facture généreuse
et emportée, mais inégale. Le troisième est
François Malepart de Beaucourt et sa peinture
est d'un ton plus aéré et plus chaud, mais ses
formes moins découpées et plus senties s'ordonnent dans des compositions au dessin
mieux construit que chez les précédents.

Le portrait de *Madame Trottier dit Desrivières*
(nᵒ 46), réalisé par Beaucourt en 1793, montre
une composition et une touche vraiment très
proches de celle-ci. En plus d'une présentation
d'ensemble qui procède d'une même conception, les formes ont le même modelé solide et
les soulignés d'ombres sont de la même veine.
Les plis des vêtements sont exprimés plusieurs
fois selon des formules identiques et souvent
symétriquement semblables.

Plus frappante encore est la construction du
visage et la direction qui lui est donnée par la
forte diagonale du nez. Le dessin des yeux
montre un découpage vif, les sourcils expédiés
en demi-cercles accentués. L'éclairage rend la
peau transparente et lui donne une douceur un
peu cireuse.

Ces rapprochements révèlent des concordances
autant dans les rendus vestimentaires que dans
les traitements anatomiques, et suffisent largement pour supposer que le portraitiste de *Madame Desrivières* est celui devant qui cette inconnue a posé; ce qui permet de mieux connaître encore l'art de ce brillant artiste dont la
compréhension des critères et des lois du dessin académique s'allie à un style raffiné.

François Baillairgé, 1759-1830

48. *Louis Fromenteau*, vers 1800-1805

Huile sur toile, 76,9 × 61,5 cm

Historique
Coll. Isaïe Nantais, Loretteville; acquis en 1976 (A-76.195-P).

Exposition
1977, Québec, Musée du Québec, *L'art du Québec au lendemain de la Conquête (1760-1790)*, nº 7, repr.

Bibliographie
Le Musée du Québec, 1976, p. 8, repr. coul.

Ce portrait représente Louis Fromenteau, quartier-maître du régiment des Volontaires royaux canadiens (Royal Canadian Volunteers), au premier bataillon. En 1797, son nom apparaît dans la liste des officiers et l'uniforme qu'il porte ici confirme sa fonction; l'écarlate à distinctives bleues foncées et avec boutons or correspond aux couleurs de ce régiment et le style de l'habit est bien de cette époque.

Ce tableau non signé est attribué à François Baillairgé pour plusieurs raisons. Vers 1800, Baillairgé était le seul peintre résident et actif à Québec dont on sache qu'il peignit plusieurs portraits d'officiers, d'après son *Journal*. Par ailleurs ce *Journal* s'arrête en 1800 — le deuxième volume n'a pas été retrouvé —, ce qui rend plausible la réalisation du tableau vers 1800-1805, époque où l'officier pourrait avoir conservé le même uniforme alors qu'on sait que durant la guerre de 1812 ce régiment en avait adopté un autre. Enfin, et c'est là le critère d'attribution le plus déterminant, ce tableau révèle la manière et le style de ce peintre, tels qu'on a pu les déceler dans d'autres oeuvres.

Un *Portrait de femme* et deux autres de membres de la famille Chaussegros de Léry, oeuvres certaines de François Baillairgé, permettent d'établir les éléments-clés du style des portraits de cet artiste. Ces caractéristiques s'observent dans la figure des personnages (arcade sourcilière, yeux et cils, dessin du nez, rendu du modelé du visage, traits de la chevelure), dans le traitement du costume (aplats, plis et modelés) et le choix des couleurs. La concordance entre ces éléments d'un tableau à l'autre permet d'attribuer le portrait de *Fromenteau* à François Baillairgé.

Ceci établi, le tableau apparaît comme une des oeuvres importantes de l'artiste qui se révèle ici par une mise en scène soignée. Campé dans une posture un peu théâtrale, Louis Fromenteau pointe le doigt. En arrière-plan se déroule un fond de scène: un campement militaire, milieu de vie de l'officier. Les couleurs vives qui dépeignent le personnage contrastent avec le fond de scène traité de manière plutôt monochrome, et en amplifient l'effet. Le peintre a su éviter habilement le statisme d'une silhouette bedonnante en arquant le corps, comme il l'a fait à plusieurs reprises dans ses sculptures.

La qualité de ce portrait et sa nouveauté, si on le compare par exemple à ceux de François Beaucourt, mettent en lumière la contribution de François Baillairgé à l'art du portrait en ce début du XIXe siècle.

François Baillairgé, 1759-1830

49. *Paschal-Jacques Taché*, vers 1802-1803

Huile sur toile, 69 × 56 cm

Historique

Paschal-Jacques Taché; Paschal Taché; Jacques-Vinceslas Taché; Marie-Julie-Charlotte-Amanda Taché, mariée à Simon Cimon; Marie-Alma Cimon, La Malbaie; Antoine-Alexandre Cimon, Québec, 1980; acquis de Mme Rachel C. Cimon, Québec, 1982 (82.19).

Paschal-Jacques Taché était le fils de Jean-Paschal Taché, marchand, négociant et armateur prospère de Québec. Ses deux fils, Paschal-Jacques et Charles, devinrent seigneurs de Mingan. Lorsque Paschal-Jacques épousa Marie-Louise-Renée de Charnay en 1785, il hérita de la seigneurie de Kamouraska. Après avoir été député du Bas-Canada, il mourut à Saint-Louis de Kamouraska en 1830.

François Baillairgé a connu la famille Taché. En 1798, il avait peint le portrait du fils de Paschal-Jacques et en 1800 il entreprend d'enseigner le dessin à l'héritier du seigneur de Kamouraska. Il a donc pu peindre le portrait de Paschal-Jacques Taché peu après, vers 1802-1803.

Encore dans ce cas, l'attribution du tableau à François Baillairgé repose largement sur une étude stylistique. Chose certaine, l'auteur du portrait de Louis Fromenteau est le même que celui du seigneur de Kamouraska. La manière en est si semblable qu'on peut même affirmer que les deux portraits ont dû être réalisés à la même époque.

Ce tableau confirme une caractéristique de l'art de François Baillairgé, portraitiste. En effet, le personnage est placé dans un paysage qui sert de fond de scène, procédé typique de Baillairgé puisque la plupart de ses contemporains choisissent plutôt un fond sombre et neutre.

Le portrait est peint avec des tons clairs et subtils de gris et de bruns, soigneusement répartis sur toute la surface de la toile. Au centre, le jabot de la chemise est peint en blanc légèrement teinté de gris, ce qui a pour effet de mettre en évidence le visage de l'imposant modèle.

Taché et Fromenteau ont indéniablement un air de famille: ce sont deux bourgeois de Québec dont le portraitiste a saisi le statut social autant que les particularités physiques. D'ailleurs, l'intention de l'artiste n'est pas d'exprimer le sujet avec réalisme, mais plutôt de mettre en évidence une personnalité par une posture, un décor et à l'aide d'un style. Taché ne se fait pas connaître par son portrait: il se fait *reconnaître* et l'image qu'il propose à sa famille et à ses héritiers exprime les valeurs de la bourgeoisie naissante à Québec, au début du XIXe siècle.

Louis Dulongpré, 1754-1843

50. *Pierre Casgrain*, vers 1805-1806

Louis Dulongpré, 1754-1843

51. *Madame Pierre Casgrain*, vers 1805-1806

Louis Dulongpré est né en 1754 à Saint-Denis, près de Paris. Après avoir participé à la guerre d'indépendance américaine (1778), il s'installe à Montréal à partir de 1785 où il se fait connaître comme peintre-décorateur et portraitiste. Il se livre également à la peinture religieuse et jusqu'à son décès, survenu en 1843, il ne cesse d'aller de paroisse en paroisse, laissant ici et là quelques tableaux d'église, ou des portraits de curés et de notables.

En 1805-1806, Louis Dulongpré est à Rivière-Ouelle où il peint des tableaux pour l'église. Or, le Musée du Québec a acquis en 1957 deux tableaux provenant de la famille Casgrain de Rivière-Ouelle. Ils représentent Pierre Casgrain, seigneur, et son épouse Marie. Ces deux tableaux, non signés et non datés, sont attribués à Louis Dulongpré du fait de leur provenance mais aussi et surtout parce qu'ils présentent les caractéristiques principales du style de ce peintre, telles que révélées par des oeuvres certaines, bien documentées.

Parmi les constantes qui renvoient de toute évidence à l'art de Dulongpré, il faut signaler ici les visages, le traitement de la chevelure bouclée, le modelé des mains ainsi que le drapé des costumes à peine ébauché malgré une recherche décorative des encolures et jabots.

De nos jours, Louis Dulongpré reste une énigme et aucune étude sérieuse n'a encore été publiée sur ce peintre prolifique. Bien des oeuvres lui ont été attribuées, à tort peut-on penser aujourd'hui, et par certains aspects sa peinture se situe entre celle de son contemporain François Baillairgé et celle d'un Jean-Baptiste Roy-Audy, plus jeune.

Après son décès, le journal *La Minerve* publiait en 1843 une note biographique élogieuse mais pondérée : « (...) Ses portraits sont peu de choses sous le rapport de la beauté du coloris ou de l'art ; mais celui qui se fait peindre désire, en premier lieu, laisser à sa famille et à ses amis sa ressemblance... 4 200 portraits, et même plus, tant à l'huile qu'au pastel, attestent qu'il était d'un grand talent (...) ».

Arrivé au Québec au moment où la concurrence était à peu près inexistante, Dulongpré en vint à subir rapidement la compétition d'autres peintres. François Baillairgé en parle comme d'un rival dès la fin du XVIIIe siècle et parvint, avec d'autres, à le confiner dans les paroisses rurales où son activité prolonge dans le XIXe siècle l'art français de l'ancien régime.

Huile sur toile, 75,6 × 60,7 cm

Historique
Manoir Casgrain, Rivière-Ouelle ; coll. Jean Palardy, Montréal ; acquis en 1957 (A-57.446-P).

Exposition
1967, Québec, Musée du Québec, *Peinture traditionnelle du Québec*, n° 12, repr.

Huile sur toile, 75,4 × 60,4 cm

Historique
Manoir Casgrain, Rivière-Ouelle ; coll. Jean Palardy, Montréal ; acquis en 1957 (A-57.447-P).

Expositions
1967, Québec, Musée du Québec, *Peinture traditionnelle du Québec*, n° 11, repr. ; 1975, Sherbrooke, université de Sherbrooke, Galerie d'art, Centre culturel, *Portraits anciens du Québec*, n° 14.

Louis Dulongpré, 1754-1843

52. *L'Abbé François Boissonnault,* **1810**

Huile sur toile, 67 × 54,3 cm

Signature
Inscription au dos de la toile : *J. F^s. Boissonnault p^re Curé de S^t. Pierre de Sorel/peint le 23 Janvier 1810 à l'âge 32 ans 23 Jours. par L^s Du-/longpré...*

Historique
Acquis de la Fabrique de la paroisse de Saint-Jean-Port-Joli en 1968 (A-68.150-P).

Exposition
1980, Québec, Musée du Québec, *Analyse Scientifique des Oeuvres d'Art,* p. 59-64, repr. coul.

Le portrait de l'abbé Boissonnault a été peint en 1810 alors que celui-ci était curé à Saint-Pierre de Sorel. L'oeuvre est identifiée comme étant de la main de Louis Dulongpré par une inscription ancienne posée au verso.

Pour l'exposition *Analyse Scientifique des Oeuvres d'Art* présentée à Québec en 1980, le Laboratoire de Recherche des Musées de France, à Paris, a procédé à une analyse de ce portrait. Il en est ressorti que des parties du visage (cheveux et joue gauche) ont été retouchées et que l'ombre de la barbe et le noir des arcades sourcilières ont eux aussi été accentués lors de cette intervention. Les données techniques recueillies lors de cette investigation ont permis de faire une restauration soigneuse de l'oeuvre qui a toutefois conservé les repeints qu'il est difficile d'attribuer à une époque de l'histoire du tableau.

Le portrait du curé de Sorel est sans contredit une des oeuvres les plus intéressantes de Louis Dulongpré. Son authenticité affirmée, on peut y lire en détail le style de ce peintre. L'inventaire des formes, tels le nez, la bouche, les yeux, l'arcade sourcilière et les mains, contribue à la découverte de traits caractéristiques que révèlent avec plus ou moins de similitude plusieurs autres oeuvres dont l'attribution reste à confirmer après analyse. Les analyses et restaurations récentes de ce tableau bien conservé permettent de se prononcer avec un peu plus d'assurance sur la couleur et la lumière dans les portraits de Louis Dulongpré et d'utiliser ces éléments pour progresser dans l'identification des oeuvres du peintre.

Malgré qu'il fut probablement le portraitiste le plus prolifique du Bas-Canada, Dulongpré reste peu connu aujourd'hui encore, probablement parce que son adhésion très forte aux conventions de l'art du portrait au XVIIIe siècle, le dépouillement de ses personnages et la recherche obstinée d'un réalisme quelque peu effrayant n'ont pas trouvé grâce auprès d'une majorité. Ces « portraits de curés » représentent pourtant un des moments les plus intenses de l'histoire de l'art du Québec alors qu'un peintre itinérant, seul, jette les bases d'un genre de peinture qui ne cessera de croître en popularité jusqu'à l'avènement de la photographie.

Jean-Baptiste Roy-Audy, 1778- vers 1848

53. *L'Éducation de la Vierge*, **1820**

Huile sur toile 80,4 × 63,8 cm

Signé et daté en bas à droite: *AUDY. P. 1820*

Historique
Coll. Jean Soucy, Québec, vers 1952-1953; acquis en 1976 (A-76.177-P).

Expositions
1965, Ottawa, Galerie nationale du Canada et Québec, Musée du Québec, *Trésors de Québec*, n° 59; 1966, Québec, Musée du Québec, *Cinq collectionneurs de Québec*, n° 63; 1967, Québec, Musée du Québec, *Peinture traditionnelle du Québec*, n° 52, repr.

Bibliographie
BOISSAY, « Deux oeuvres religieuses certaines de ROY-AUDY », printemps 1966, p. 26-30, repr.; CAUCHON, 1971, p. 59, 76, 82, 84, 124, ill, VIII.

Jean-Baptiste Roy-Audy est né en 1778 à Québec. Après des études élémentaires il s'associe à l'entreprise familiale de menuiserie et son père le place en 1799 en apprentissage chez François Baillairgé. Dès 1802, il s'annonce comme peintre d'enseignes et d'armoiries. Roy-Audy se fait connaître comme peintre à partir de 1809 et des documents d'archives indiquent qu'il a connu Louis Dulongpré à cette époque. Malmené par une aventure judiciaire, il s'établit à Saint-Augustin (Portneuf) en 1817 et les premiers tableaux connus de sa main remontent à 1819.

Il a peint en 1820 trois tableaux religieux. Deux d'entre eux, chose rare, portent la signature « Audy 1820« ; ce sont *Saint Joseph et l'Enfant Jésus* et *L'Éducation de la Vierge*. Tout comme l'ensemble de sa production religieuse, cette dernière oeuvre est inspirée par une gravure ou un tableau plus ancien; au début du XIXe siècle, rares sont les artistes qui pouvaient se permettre de composer sur un thème religieux. Ils exécutent plutôt des commandes: la peinture religieuse est souvent — sauf pour François Baillairgé — un exercice dont le sujet est imposé.

Ce tableau de Roy-Audy met en évidence les caractéristiques de son art: style linéaire, travail minutieux, contours nets et forme fermée. Comme le signalait Pauline Boissay avec à propos, la composition est « presque émaillée tant est lisse la surface du tableau; jamais d'onctuosités, le peintre garde toujours cette rigueur et cette netteté ». Inspiré par un modèle existant, le peintre en reproduit cependant les lignes d'un drapé ample qui confèrent aux personnages de *L'Éducation de la Vierge* une qualité sculpturale. Lorsque, laissé à lui-même, il peint des portraits, ce traitement des volumes disparaît aussitôt.

Réalisé au début de sa carrière, ce tableau explique aussi comment, de menuisier qu'il était, Roy-Audy a pu s'initier à l'art: la copie de sujets religieux lui a fourni l'occasion de se familiariser avec la technique. Ses portraits lui donneront l'occasion d'exprimer une vision plus personnelle des personnalités de son époque.

Jean-Baptiste Roy-Audy, 1778- vers 1848
54. Alexis Desaulniers, vers 1829

Jean-Baptiste Roy-Audy, 1778- vers 1848
55. Madame Alexis Desaulniers, vers 1829

Huile sur toile, 66,2 × 56,6 cm

Huile sur toile, 66,3 × 56,5 cm

Historique
Alexis Desaulniers fils, Rivière-du-Loup-en-Haut (Louiseville); Alexis-Arthur Desaulniers, Sainte-Anne-de-la-Pérade; M. Armand Desaulniers, Sillery; Dr et Mme Bernard Brouillette, Saint-Nicolas, 1980; don du Dr et Mme Bernard Brouillette, 1981 (81.270; 81.271).

Ces deux portraits ont été acquis récemment par le Musée du Québec. Ils représentent Alexis Desaulniers (1775-1852) et sa femme, née Julie Bélair. Celui-ci habitait à Louiseville et semble avoir connu une certaine prospérité si l'on en juge par l'éducation qu'ont reçue ses enfants, au nombre desquels un fils, aussi nommé Alexis, devint avocat puis député du comté de Maskinongé.

Ces deux portraits ont probablement été peints vers 1829. On sait que Jean-Baptiste Roy-Audy séjournait dans la région au moment où Alexis Desaulniers, alors âgé de 54 ans, épousa Julie Bélair. Au-delà de cette concordance de faits, c'est le style de Roy-Audy qui s'affirme dans ces deux portraits et qui en permet l'attribution à ce peintre. La comparaison du portrait d'Alexis Desaulniers à celui de Mgr Gaulin est assez convaincante à cet égard. Quant au portrait féminin, en plus de faire la paire avec le précédent, il s'y décèle une pose et une précision descriptive des étoffes qui se révèlent dans d'autres portraits connus de Roy-Audy.

On a souvent qualifié Roy-Audy de « primitif » pour expliquer ces figures hiératiques sévères et rendues avec force. Ce terme exprime correctement une certaine simplification des détails, mais le souci de créer la ressemblance porte l'artiste à rendre le modelé des visages parfaitement plausible. En revanche ce terme ne doit pas être pris au sens d'une pratique du métier sans les connaissances nécessaires. Si les portraits de Beaucourt, de Dulongpré, de Roy-Audy et d'autres se ressemblent ou ont des traits en commun, c'est bien parce qu'ils appartiennent à une époque qui, précisément, conçoit le portrait comme devant être austère et rigide. Certes, Roy-Audy prolonge cette conception du XVIIIe siècle un peu loin dans l'ère industrielle mais en cela il ne fait que suivre le conservatisme du milieu rural qu'il fréquentait volontiers, comme son confrère Louis Dulongpré.

Antoine Plamondon, 1804-1895

56. *Madame Louis Moreau*, vers 1830

Huile sur toile, 75,8 × 63,6 cm

Historique
Virginie Moreau (Mme Georges Pelletier), Rivière-du-Loup; D^r et Mme Paul-Étienne Grandbois; D^r et Mme Frédéric-Alfred Grandbois; D^r et Mme Yves Gadbois, Deauville; acquis en 1978 (78.44).

Exposition
1979, Sherbrooke, Galerie d'Art de l'université de Sherbrooke, *Arts du pays*, repr.

Bibliographie
La Tribune, Sherbrooke, 24 mai 1967, repr.; Pouliot, 1979, p. 14, repr.

La composition de ce portrait est fantaisiste. Elle rappelle la mise en page des miniatures et de certains pastels de l'époque : le personnage occupe presque tout l'espace et sa position frontale accentue encore son importance par rapport aux dimensions de la toile.

Les volants de la coiffure et ceux de la robe ont été peints après l'exécution du fond uniformément sombre. Le peintre suggère la transparence par de minces applications soulignées par des rehauts de blanc. La légèreté de ces constructions aériennes contraste avec le modelé statuesque du visage et des épaules de la jeune femme.

Si certains éléments de la composition sont traités avec moins de naturel, c'est peut-être que le peintre tient à faire ressortir la coquetterie de son modèle : le mouvement des épaules et de la tête est un peu décalé par rapport au reste du corps, et la proportion entre les membres s'accomode mal de sa petite taille. C'est l'attitude générale qui importe à l'artiste et la représentation de chacune des parties lui reste subordonnée.

Grâce à un éclairage assez accentué qui ravive la sobriété des tons du costume, il s'établit un équilibre harmonieux entre les masses. Les teintes les plus délicates et les plus colorées sont réservées au visage, motif principal du tableau.

Marie-Rosalie-Élizabeth Pouliot épousa Louis Moreau à l'âge de dix-huit ans en 1828. On ne sait si ce portrait a été exécuté avant ou après son mariage. Il n'est ni signé, ni daté, mais s'apparente par son style à ceux des membres de la famille Pelletier, généralement attribués à Antoine Plamondon et probablement réalisés aux environs de 1830.

Louis-Hubert Triaud, 1794-1836

57. *Autoportrait*, vers 1832

Huile sur toile, 58,5 × 45,8 cm

Historique

Joséphine-Elmire Triaud (Mme Joseph-Ferdinand Peachy); Joséphine Peachy (Mme Amédée Robitaille); Paul Robitaille; Paule Robitaille (Mme François Reid), Québec; acquis en 1981 (81.11).

Exposition

Québec, Musée du Québec, *Peinture traditionnelle du Québec*, n° 59, repr.;

La plupart des historiens de l'art qualifient Louis-Hubert Triaud de peintre primitif et populaire; certains même n'hésitent pas à rapprocher sa manière autodidacte de celle de Jean-Baptiste Roy-Audy ou de Robert Clow Todd. Pourtant, ce jeune artiste, né à Londres de parents français en 1794, enseigna, dès son arrivée à Québec en 1820, le dessin et la peinture au couvent des Ursulines, ce qui laisse supposer certaines connaissances et une formation académique. À cette époque, il assiste Antoine Plamondon dans la restauration de certains tableaux de la collection Desjardins et se lie d'amitié avec Joseph Légaré avec lequel il collabore à la décoration du Théâtre de Québec en 1832. Son célèbre tableau *Procession de la Fête-Dieu à Québec*, conservé au Musée des Ursulines de Québec, a d'ailleurs été peint en 1821.

Sans date ni signature, cet *Autoportrait* a appartenu aux descendants du peintre jusqu'à son acquisition par le Musée du Québec. L'effigie serait donc celle de l'artiste à un moment ou l'autre de sa courte carrière. Sur un fond sombre teinté de vert qui se confond avec les noirs bleutés du costume, seuls ressortent le visage et la chevelure bouclée, la blancheur du col et de la chemise.

Un bon teint distribue des couleurs tendres sur des traits modelés sans contraste et des contours plus soulignés font ressortir les yeux rivés sur le spectateur. Heureusement, la vivacité de la touche se ressent mieux dans les boucles des cheveux et dans les contours du visage. Cette atmosphère sans profondeur révèle malgré tout une manière enlevée et une certaine audace pour rendre l'expression.

Antoine Plamondon, 1804-1895

58. *Amable Dionne*, vers 1834

Antoine Plamondon, 1804-1895

59. *Madame Amable Dionne*, 1834

D'origine modeste, Amable Dionne devint commis puis associé d'un grand marchand de Rivière-Ouelle. En 1811, il épousa Catherine Perrault, nièce du seigneur de l'endroit. Ses succès en affaires lui permirent d'acquérir la seigneurie des Aulnaies et celle de Sainte-Anne-de-la-Pocatière. Il était député à la Chambre d'assemblée du Bas-Canada lorsqu'il fit faire son portrait et celui de sa femme, en 1834.

Peints en buste dans un plan très rapproché, les deux personnages se présentent avec aisance et distinction. Un éclairage venant de la gauche dessine les traits de leurs visages, éléments principaux de la composition. La lumière adopte des teintes délicatement nuancées pour souligner les volumes et détacher les contours d'un fond légèrement nuancé. La richesse des tons et des textures des costumes est discrètement maintenue dans l'ombre afin de mieux faire ressortir l'éclat de certains éléments d'ornementation, les bijoux et la coiffure de madame Dionne, le jabot et la cravate de son mari, construits par petites touches.

Plamondon a placé les deux personnages dans une position frontale comme le faisaient la plupart des artistes de son temps; mais en composant un espace pictural où l'éclairage détermine le relief, il se distingue et montre une nouvelle façon d'atteindre l'effet qui procure l'illusion de la réalité. La concentration de la lumière sur la physionomie du modèle sert alors à mieux faire ressortir son caractère et sa personnalité. Cette façon de peindre révèle la formation acquise par Plamondon en Europe.

Huile sur toile, 68,8 × 56,6 cm

Historique

Don de l'honorable Alexandre Taschereau, 1934 (G-34.507-P).

Expositions

1946, Albany, Albany Institute of History and Art, *Painting in Canada. A Selective Historical Survey*, n° 20, ill.; 1959, Ottawa, Galerie nationale du Canada et Québec, Musée du Québec, *Portraits canadiens du 18ᵉ et 19ᵉ siècles*, n° 22, repr.; 1970, Ottawa, Galerie nationale du Canada, *Deux peintres du Québec. Antoine Plamondon/1802-1895. Théophile Hamel/1817-1870*, n° 9, repr. p. 27; 1975, Montréal, Place des Arts, *Les Portraitistes de Québec au XIXᵉ siècle*.

Bibliographie

MORISSET, « Antoine Plamondon (1804-1895) », mai-juin 1956, p. 12; MORISSET, 1960, p. 107-108; Morisset, « ...Un grand portraitiste, Antoine Plamondon », mai-juin 1960, p. 15; CASTONGUAY, 1981, repr. p. 76.

Huile sur toile, 68,8 × 56 cm

Signé et daté au centre à droite: *A. Plamondon/1834*.

Historique

Don de l'honorable Alexandre Taschereau, 1934 (G.34.506-P).

Expositions

Québec, Musée de la Province, *Exposition du Centenaire de l'Institut canadien de Québec*; 1952, Québec, Musée de la Province, *Exposition rétrospective de l'art au Canada français*, n° 80; 1953-1954, Hamilton, Art Gallery of Hamilton, *Inaugural Exhibition*, n° 44; 1958, Paris, Grands Magasins du Louvre, *Exposition de la Province de Québec*; 1966, Toronto, Galerie d'Art de Toronto, *Semaine française*; 1967, Québec, Musée du Québec, *Peinture traditionnelle du Québec*, n° 46, repr.; 1970, Ottawa, Galerie nationale du Canada, *Deux peintres de Québec. Antoine Plamondon/1802-1895. Théophile Hamel/1817-1870*, n° 10, repr., p. 27; 1975, Montréal, Place des Arts, *Les Portraitistes de Québec au XIXᵉ siècle*.

Bibliographie

MORISSET, « Antoine Plamondon (1804-1895) », mai-juin 1956, p. 12, repr. p. 18; HUBBARD, « Primitives with Character: A Quebec School of the Early Nineteenth Century », spring 1957, p. 24, 27, fig. 6; MORISSET, 1960, p. 107-108, ill. 26; MORISSET, « ... Un grand portraitiste, Antoine Plamondon », mai-juin 1960, p. 15; CASTONGUAY, 1981, repr. p. 76.

Robert Clow Todd, 1809-1867

60. *Narcisse Belleau*, vers 1835

Huile sur bois, 28,2 × 22,6 cm

Signé en bas à droite: *R.C. Todd*

Historique

Antoinette Belleau, Québec; acquis en 1977 (A-77.39-P).

Ce portrait de Narcisse-Fortunat Belleau était jusqu'à tout récemment attribué à Théophile Hamel (1817-1870). L'enlèvement du cadre a toutefois fait apparaître l'inscription « R.C. Todd ». Cette oeuvre est donc le seul portrait connu jusqu'ici du peintre Robert Clow Todd.

Né en 1809 à Berwick-on-Tweed (Écosse), Todd séjourna à Édimbourg pendant sept ans et s'y initia à la peinture avant de venir à Québec en 1834 où il gagna d'abord sa vie comme peintre en bâtiment et en exécutant des enseignes et des bannières. Ses oeuvres connues sont peu nombreuses: outre ce portrait, on lui connaît des tableaux représentant *Wolfe's Cove* (1840) et *Le pain de glace, chutes Montmorency* (vers 1845). Les journaux de l'époque mentionnent cependant plusieurs autres oeuvres qui démontrent une activité artistique plus considérable. Robert Clow Todd semble avoir quitté Québec vers 1854 pour tenter sa chance à Toronto, où il mourut en 1867.

Ce portrait montre un personnage assez jeune. Narcisse Belleau a été reçu au barreau en 1832 et s'est marié trois ans plus tard. C'est probablement à cette époque, tout juste après son arrivée à Québec, que Todd a fait ce tableau d'une facture fort originale par rapport à la manière des peintres de l'époque. Le personnage est présenté d'une façon très naturelle avec une chevelure en broussaille et un regard volontaire. Le style de l'oeuvre est très enlevé dans le costume tandis qu'il est plus minutieux et coloré dans le visage. Les qualités expressives et la technique de ce portrait de Todd s'apparentent aux miniatures de l'époque, surtout par l'éclat de la figure obtenue par transparence.

Antoine Plamondon, 1804-1895

61. *Lost in the Wood/Perdus dans la forêt*, 1836

Huile sur toile, 74,3 × 64 cm

Signé et daté en bas au centre : *A. Plamondon/fecit. 1836*

Historique
Coll. particulière, Québec; acquis en 1982 (82.14).

Au cours de l'année 1836, Antoine Plamondon fit un séjour de trois mois à Montréal et ce tableau a probablement été peint à cette occasion. Il fut d'ailleurs acquis par un collectionneur de cette ville qui fréquentait l'atelier du peintre, et est resté en possession de ses descendants jusqu'à tout récemment. En changeant de ville, l'artiste comptait sans doute sur une clientèle aux goûts plus éclectiques pour aborder des thèmes nouveaux.

Deux enfants sont tombés endormis au pied d'un arbre dans une sombre forêt. En cueillant des fruits sauvages, ils ont perdu leur chemin. Un petit oiseau s'est posé sur l'épaule de l'aîné et chante sous les rayons du soleil couchant. La nuit va bientôt tomber sur les deux imprudents.

Cette aventure attendrissante est un bon exemple des sujets anecdotiques qu'affectionnait la peinture d'inspiration romantique. Ces scènes étaient puisées dans les récits populaires de l'époque. Pendant son séjour à Paris, de 1826 à 1830, Antoine Plamondon a connu cet art sentimental qui suscite l'émotion devant des drames chargés d'exotisme, de rêve et de mystère.

Les personnages sont placés au centre de l'image, à un plan intermédiaire où sont répartis le meilleur éclairage et les couleurs les plus vives. Les enfants, les fleurs et les deux arbres de chaque côté sont peints de façon très détaillée et se détachent ainsi du reste de la forêt imprécise et ténébreuse. La différence dans le rendu des formes et des tons établit la distinction entre les plans et atteint un puissant effet de profondeur. En abordant un sujet emprunté à l'illustration, Plamondon démontre beaucoup d'habileté et plus d'audace dans le choix de ses couleurs, et réussit une scène charmante.

Jean-Baptiste Roy-Audy, 1778- vers 1848

62. *Mgr Rémi Gaulin*, **1838**

Huile sur toile, 84,5 × 71,2 cm

Signé et daté en bas à gauche, sur le bras du fauteuil:
CAP^T ROY AUDY FECIT ET PINXIT 1838

Historique
Presbytère de l'Assomption; Coll. Jean Palardy, Montréal; acquis en 1956 (A-56.469-P).

Expositions
1966, Toronto, Galerie d'Art de Toronto, *Semaine française*; 1967, Québec, Musée du Québec, *Peinture traditionnelle du Québec*, n° 49, repr.; 1974, Montréal, Terre des Hommes, Pavillon du Québec, *Les Arts du Québec*, Peinture n° 56; 1975, Montréal, Place des Arts, *Portraitistes du Québec au XIXe siècle*; 1975, Sherbrooke, université de Sherbrooke, Galerie d'Art, Centre culturel, *Portraits anciens du Québec*, n° 29.

Bibliographie
MORISSET, 1941, p. 74; MORISSET, « Un primitif: Jean-Baptiste Roy-Audy. Son oeuvre », octobre 1953, p. 546, repr. p. 545; MORISSET, 1960, p. 89-90; *Collections des Musées d'État du Québec*, 1967, n° 28, ill. coul.; HARPER, 1966, p. 94, ill. 89; VAUCHON, 1971, p. 101-102, 106, 129, ill. XVI; LORD, 1974, p. 35, fig. 26.

Deuxième évêque de Kingston, Rémi Gaulin (1787-1857) a fait ses études au Séminaire de Nicolet, et fut élevé à la prêtrise en 1811. Il exerça son ministère dans plusieurs paroisses avant d'être nommé coadjuteur de Kingston en 1833 et consacré évêque en 1840. Son épiscopat fut bref, la maladie l'ayant obligé de se retirer prématurément en 1845. Il est décédé en 1857.

Cette oeuvre a été exécuté en 1838 comme en témoigne une inscription au-dessous de la main droite du personnage, qui n'était donc pas encore évêque à cette époque.

Parmi les portraits d'ecclésiastiques que Roy-Audy a peints, celui-ci est sans doute le plus élaboré et le plus achevé. Ceci tient probablement au rang du prélat dans la hiérarchie et à la tradition établie en 1824 par John James lorsqu'il a peint le portrait de Mgr Plessis pour les paroissiens de Saint-Roch de Québec. Contrairement aux autres portraits où le sujet est représenté en buste, Mgr Gaulin est assis et le peintre exprime son statut en le revêtant de l'habit épiscopal, traité avec grand soin et beaucoup de détails. En arrière-plan, un drapé s'ouvre pour dégager une bibliothèque dont la présence souligne encore plus nettement la qualité du personnage.

Cette oeuvre contient la plupart des caractéristiques des portraits de Roy-Audy: le dessin très net de l'iris de l'oeil, la ligne qui modèle la joue, les mains plutôt trapues et le modelé un peu gauche de l'oreille sont autant de constantes qui se retrouvent d'un portrait à l'autre. De même, il se dégage de celui-ci une impression hiératique que le peintre semble avoir recherchée pour ennoblir et magnifier le sujet représenté.

Anonyme, XIXᵉ siècle

63. *Vue de Québec*, vers 1835-1840

Huile sur toile, 73,5 × 103,9 cm

Historique
A.W. Newton Galleries, New York; acquis en 1935
(A-69.59-P).

Exposition
1948, Québec, Musée de la Province, *Exposition du
Centenaire de l'Institut canadien de Québec.*

Ce tableau non daté représente Québec vu de
Lévis, selon un point de vue familier aux artistes
depuis la deuxième moitié du XVIIIᵉ siècle.
Très visible, le magasin du Roi a été construit
en 1821, les bâtiments de la citadelle datent des
années 1830 et le château Saint-Louis que l'on
voit en ruines a été incendié en 1834. L'oeuvre

daterait donc des années 1835-1840 puisqu'aucun des édifices construits après cette date n'y
apparaît.

La toile n'étant pas signée, c'est par des rapprochements stylistiques qu'un chercheur arri-
vera éventuellement à reconnaître la main d'un
artiste connu par d'autres oeuvres signées ou
mieux documentées.

La caractéristique principale de celle-ci réside
dans un rendu linéaire et détaillé des formes et
du paysage. Le traitement du fleuve crée la
perspective en situant les navires dans des plans
successifs qui ramènent l'oeil vers le fond de la
scène: Québec. L'ensemble de la composition

encadre la ville entrevue dans un dégagement,
comme une ouverture entre les navires placés
sur une diagonale qui part du canot situé à
l'avant-plan. Les personnages font penser à l'art
de Krieghoff, le paysage marin rappelle plutôt
un art de la fin du XVIIIᵉ siècle, tandis que le
paysage architectural de Québec, par le souci
du détail et le sens des proportions, s'apparente
aux aquarelles de Cockburn ou de Duncan.

Visiblement, le peintre a voulu mettre en valeur
le site exceptionnel de la ville et son style est
marqué par la domination des qualités descriptives, même si un effet de composition peut s'y
déceler.

James D. Duncan, 1806-1881

64. *Montréal vu de la montagne*, vers 1826 ou vers 1845

Huile sur toile, 68,2 × 84,6 cm

Signé en bas à gauche : *J. Duncan*

Historique

Coll. Louis Carrier, Sainte-Anne-de-Bellevue ; acquis en 1959 (A-59.236-P).

Expositions

1959, Vancouver, Vancouver Art Gallery, *Les arts au Canada français*, n° 125 ; 1963, Montréal, Musée des beaux-arts, *Port de Montréal.*

Bibliographie

MORISSET, 1960, p. 150 ; HARPER, 1966, p. 189, ill. 168 ; TODD, 1978, p. 11, 22-23, 27, cat. n° 1, fig. II ; TODD, « Duncan, James D., » 1982, p. 313.

Signée mais malheureusement non datée, cette oeuvre de grande qualité a été acquise en 1959 ; elle faisait partie de la collection de Louis Carrier, amateur reconnu en art ancien du Québec.

Le tableau présente une vue de Montréal depuis le Mont-Royal. Dans le paysage architectural on remarque notamment l'absence de la nouvelle église Notre-Dame, ce qui a amené les historiens d'art à dater l'oeuvre vers 1826, James Duncan ayant quitté son Irlande natale l'année précédente pour s'installer au Bas-Canada.

Ce tableau est assez unique dans l'oeuvre de Duncan. En effet, alors que la plupart des oeuvres que cet artiste réalise après 1830 sont dominées par une recherche de pittoresque, celle-ci s'inspire nettement de la tradition classique du XVIIe siècle italien, reprise par l'Angleterre à la fin du XVIIIe siècle. La scène pastorale présentée à l'avant plan, l'éclairage très contrasté qui illumine la ville, de même que le rendu des éléments du paysage renvoient sans contredit à cet idéalisme classique qui caractérise l'art d'un Nicolas Poussin ou d'un Claude Lorrain.

Il pourrait donc s'agir d'une oeuvre de débutant fraîchement installé au pays et qui, faute de succès, aurait changé sa manière pour plaire à une clientèle habituée à une vision plus pittoresque du paysage. Cependant, ce tableau est peut-être plus tardif. En effet, James Duncan a peint plusieurs scènes historiques et utilisé son art pour reconstituer des oeuvres ou des paysages disparus, notamment pour l'illustration de l'album Viger. Il est alors possible d'imaginer que cette toile a pu être peinte en vue de recréer une image plus ancienne et idéalisée de la ville du début du siècle et que, pour atteindre cet objectif, le peintre ait adopté une manière ou un style d'exécution différent de sa production habituelle, plus descriptive de son environnement contemporain.

Il faudrait donc établir que Duncan était à Montréal en 1826 et qu'il y peignait, avant de rejeter l'hypothèse d'une oeuvre plus tardive. La peinture de paysage, et surtout celle qui s'inscrit dans la tradition du XVIIe siècle italien, n'avait pas pour seul but de représenter les sites avec exactitude. Dans cette perspective, la présence ou l'absence d'un élément reconnaissable n'est pas le seul critère qui doive intervenir pour situer un tableau dans l'oeuvre d'un peintre.

Joseph Légaré, 1795-1855

65. *Paysage au monument à Wolfe*, vers 1840

Voir reproduction en couleurs,
section centrale, p. (7)

Huile sur toile, 132 × 175 cm

Historique
Mme Jean Rousseau, Québec; acquis en 1955
(A-55.109-P).

Expositions
1965, Londres, Burlington House, *Commonwealth Art Treasures*; 1967, Ottawa, Galerie nationale du Canada, *Trois cents ans d'art canadien*, n° 91, repr.; 1974, Montréal, Terre des Hommes, Pavillon du Québec, *Les Arts du Québec*, Peinture, n° 42; 1978, Ottawa, Galerie nationale du Canada, *Joseph Légaré 1795-1855. L'oeuvre*, n° 42, repr.; 1982-1983, Berlin, Austellungen und Veranstaltungen der Akademie der Künste, *Okanada*, n° 2, repr. p. 38.

Bibliographie
« Magnifiques tableaux en loterie » dans *Le Canadien*, n° 63, 2 octobre 1848, n° 7; « Magnifiques tableaux en loterie » dans *L'Ami de la Religion et de la Patrie*, vol. I, 4 octobre 1848, p. 655, n° 7; *The Quebec Mercury*, 5 octobre 1848, p. 3; ASQ, *Cartable 70-G*; « Recent Acquisitions by Canadian Museums and Galleries », spring 1956, repr. p. 295; MORISSET, 1960, p. 99, ill, 19; HARPER, « Three Centuries of Canadian Painting », november/december 1962, p. 418-419, repr.; HARPER, 1966, p. 81-82, ill. 73; *Collections des Musées d'État du Québec*, 1967, n° 33, repr.; TRUDEL, « À propos de la statue de Wolfe », été 1970, p. 36, ill. p. 37; TREMBLAY, 1972, p. 196-199; REID, 1973, p. 74; LORD, 1974, p. 54; *Le Musée du Québec*, 1978, p. 36-37, repr. coul.; PORTER, « Joseph Légaré, peintre engagé », 21 septembre 1978, p. 4-6, ill. 5; DEROME, « Joseph Légaré 1795-1855 », september/october 1978, p. 29; GAGNON, « Joseph Légaré et les Indiens », 1980, p. 44-45; PRATTE-GAGNON, 1980, p. 90, ill. 90.

Ce tableau a fait l'objet de spéculations diverses qui ne sont pas sans lien avec le contexte politique récent du Québec. S'il est assez aisé de voir en Wolfe le conquérant, certains ont cru pouvoir interpréter la figure de l'Indien comme symbolisant le conquis, c'est-à-dire les francophones du Québec. De fait, les ambitions politiques de Joseph Légaré autorisent cette double analogie.

L'oeuvre elle-même a pour modèle *Mercure endormant Argus*, tableau de l'italien Salvator Rosa (1615-1673). Légaré a eu entre les mains la gravure qu'en avait faite Émile Carlier et il s'en est inspiré pour composer le décor de forêt sauvage. Les thèmes mythologiques n'étant guère prisés à Québec au début du XIXe siècle, notamment par l'Église catholique, Légaré a donc transposé le sujet: il y campe un monument à Wolfe et un Indien, proposant pour ainsi dire l'allégorie de la rencontre de la civilisation avec la nature.

Pour le peintre pittoresque, l'Indien appartient à la forêt dont il est l'émanation; le paysage sauvage contient donc cette figure et son authenticité est en quelque sorte confirmée par sa présence. Par contre, le monument représente l'instrusion de l'ère nouvelle dont Wolfe est le symbole moins par sa personne que par son monument. Dans le paysage pittoresque du début du XIXe siècle, les monuments commémoratifs ravagés par le temps sont en effet un des signes de la présence civilisatrice de l'homme dans la nature domestiquée: érigé en 1832 à Québec, celui de Wolfe n'était d'ailleurs rien d'autre qu'une ruine construite.

Ainsi, chaque époque reconstruit et réinterprète le passé selon ses objectifs et ses besoins. Dans le cas de ce tableau, deux choix s'offrent: une référence soit au contexte politique (Légaré peintre engagé) soit à l'art romantique de l'ère industrielle naissante (Légaré peintre pittoresque). La vérité est celle du spectateur: elle n'est pas inscrite dans le tableau.

Joseph Légaré, 1795-1855

66. *Les chutes de Saint-Ferréol, vers 1840*

Joseph Légaré a peint au cours de sa carrière plusieurs grands tableaux consacrés aux paysages pittoresques de la région de Québec. Suivant une méthode somme toute assez simple, il fait d'abord des oeuvres de petit format, généralement des huiles sur papier, à partir desquelles il élabore une composition plus large sur toile.

Déjà en 1789 Thomas Davies (1737-1812) avait révélé l'intérêt des chutes de Saint-Ferréol, et depuis, plusieurs artistes s'étaient rendus sur place pour tenter de saisir la cavalcade des eaux de la rivière Sainte-Anne dévalant l'escalier naturel de la côte de Beaupré. Il n'est pas possible de déterminer si Légaré a lui aussi visité ce site impressionnant ou s'il s'est simplement inspiré d'une oeuvre existante. Peut-être s'est-il senti obligé au voyage après avoir lu l'ouvrage de Joseph Bouchette qui, en 1815, décrit le spectacle grandiose en disant que seul un peintre peut en traduire la grandeur.

Quand il signale dans une lettre de 1839 à Jacques Viger qu'il a peint de petits paysages sur papier, Légaré mentionne deux vues du *Sault-à-la-Puce*, mais le tableau présenté ici n'est pas indiqué, et pour cause. De fait, il s'agit ici d'un paysage composite où le Sault-à-la-Puce ne figure qu'en fond de scène ; en avant-plan se découpe un paysage différent occupé par deux Indiens, près du centre. Cette partie de l'oeuvre se ressent de l'influence des paysages de l'italien Salvator Rosa (1615-1673).

Cette technique du « tableau dans le tableau » procède de l'intention de recomposer le paysage pour le charger d'une signification nouvelle : le « sauvage » est réintroduit par l'artiste dans son milieu d'origine d'où l'homme blanc l'a exclu, suivant la conception du mouvement pittoresque qui associe étroitement la forêt et l'homme sauvage qui en serait une simple émanation. Pour le peintre pittoresque qu'est Joseph Légaré, le paysage peut être esquissé mais la peinture de paysage est un genre qui se soumet à une esthétique particulière : au-delà de l'effet habituel de composition, elle commande une mise en scène destinée à produire des effets. L'insertion du couple indien complète ainsi une composition et l'enrichit puisqu'elle éloigne le spectateur du sujet qui doit désormais se lire dans un ordre établi par l'artiste.

Huile sur toile, 75,3 × 88,7 cm

Historique
Pierre-Joseph-Olivier Chauveau ; legs à sa fille Honorine (Mme Arthur Vallée) ; acquis en 1947 (A-47.2-P).

Expositions
1948, Québec, Musée de la Province, *Exposition du Centenaire de l'Institut canadien de Québec* ; 1952, Québec, Musée de la Province, *Exposition rétrospective de l'art au Canada français*, n° 70 ; 1958, Paris, Grands Magasins du Louvre, *Exposition de la Province de Québec* ; 1962, Bordeaux, Musée des Beaux-Arts, *L'Art au Canada*, n° 21 ; 1966, Vancouver, Vancouver Art Gallery, *Images for a Canadian Heritage*, n° 29 ; 1967, Ottawa, Galerie nationale du Canada, *Trois cents ans d'art canadien*, n° 90, repr. ; 1973, Madison, University of Wisconsin, Elvehjem Art Center, Hanover, Darmouth College, Hopkins Center Art Galleries, Austin, University of Texas, University Art Museum, *The Artist and The Land. Canadian Landscape Painting 1670-1930*, n° 9, repr. ; 1978,

Ottawa, Galerie nationale du Canada, *Joseph Légaré 1795-1855. L'oeuvre*, n° 60, repr. ; 1978, Québec, Musée du Québec, *L'art du paysage au Québec (1600-1940)*, p. 15, fig. 2 (hors catalogue) ; 1982-1983, Winnipeg, The Winnipeg Art Gallery, Hamilton, Art Gallery of Hamilton, *A Distant Harmony. Comparisons in the Painting of Canada and the United States of America*, p. 14, 23, 181, fig. 20.

Bibliographie
MORISSET, « Le dix-neuvième siècle et nous », 15 octobre 1950, ill. 4 ; HUBBARD, « Primitives with Character : A Quebec School of the Early Nineteenth Century », spring 1957, p. 24, fig. 2 ; MORISSET, 1960, p. 99-100 ; HUBBARD, 1960, plate 31 ; « Le testament de Pierre-Joseph-Olivier Chauveau, le 12 septembre 1884 », *Rapport des Archives du Québec*, t. 41, 1963, p. 170 ; HUBBARD, 1964, p. 56, plate 87 ; HARPER, 1966, p. 82 ; GIROUX, « Le Choléra à Québec », 1972, p. 6 ; DUMAS, « L'histoire de la peinture », 1974, p. 43, repr. p. 40 ; MELLEN, 1978, p. 116-117, pl. 46 coul. ; PORTER, « Joseph Légaré, peintre engagé », 1978, ill. 8.

Antoine Plamondon, 1804-1895

67. *Joseph Guillet dit Tourangeau*, 1842

Antoine Plamondon, 1804-1895

68. *Madame Joseph Guillet dit Tourangeau*, 1842

Vers 1842, Antoine Plamondon est fort sollicité par la clientèle non seulement parce que ses portraits sont ressemblants mais surtout parce que le sujet y voit s'exprimer sa personnalité. À cet égard, la suite consacrée aux membres de la famille Tourangeau représente un des plus beaux moments de la manière du peintre. Jusqu'alors, Plamondon cadrait ses personnages de près, tandis qu'ici il les intègre à un espace approprié qui leur permet d'imposer une présence plus forte.

L'artiste a choisi de représenter le couple assis et tourné vers le spectateur. Les visages dominent la composition et la position de leurs bras et de leurs mains est bien calculée. La pose est importante, non seulement parce qu'elle met en valeur le costume mais aussi parce que cette attitude révèle le caractère du personnage. Dans les deux cas, le bord du tableau coupe le personnage au niveau des genoux mais le fauteuil introduit une certaine perspective.

Joseph Guillet dit Tourangeau porte un élégant costume en drap de velours noir à revers de satin sur un gilet de soie brodée et cravate assortie. Ces textures délicates font ressortir le modelé de ses mains et de son visage. Sa physionomie est parfaitement mise en relief par des ombres très diffuses qui précisent délicatement ses traits. L'éclairage oriente le regard du spectateur vers la position dynamique des mains dessinées avec beaucoup de soin. Sa pose en bout de divan le montre un peu en recul, bien adossé au centre du tableau.

Sa jeune épouse, née Maire-Adélaïde-Caroline Paradis, porte une somptueuse robe de soie à piqûres de fleurs et à grande encolure ornée de dentelle. Le vêtement très élaboré et les bijoux massifs contrastent avec l'expression naturelle qui se lit sur le visage. L'éclairage prononcé et la disposition des bras font encore une présentation par un mouvement en raccourci. La finesse des détails et la richesse des textures contribuent à mettre en valeur la séduction de la personne.

Ces deux oeuvres montrent la technique particulièrement soignée de Plamondon à cette époque : l'effet psychologique des mises en scène est obtenu par l'équilibre dans la disposition des formes et l'harmonie des couleurs.

Huile sur toile, 91 × 76,3 cm

Signé et daté au centre à droite : *A. Plamondon/1842*

Inscription
Au revers de la toile : *Joseph Guillet dit Tourangeau né le 17 Avril 1818/son portrait a été fait par Mr Ant. Plamondon/le 5 de mars 1842.*

Historique
Mlle Augustine Gauvreau, Québec ; acquis en 1956 (A-56.467-P).

Expositions
1948, Québec, Musée de la Province, *Exposition du Centenaire de l'Institut canadien de Québec* ; 1958, Paris, Grands Magasins du Louvre, *Exposition de la Province de Québec* ; 1959, Ottawa, Galerie nationale du Canada et Québec, Musée du Québec, *Portraits canadiens du 18e et 19e siècles*, n° 14, repr. ; 1965, Ottawa, *Trésors de Québec*, n° 28 ; 1965, Londres, Burlington House, *Commonwealth Art Treasures* ; 1970, Ottawa, Galerie nationale du Canada, *Deux peintres de Québec. Antoine Plamondon/1802-1895. Théophile Hamel/1817-1870*, p. 30, n° 30, repr. ; 1975, Montréal, Place des Arts, *Les Portraitistes de Québec au XIXe siècle*.

Bibliographie
MORISSET, 1936, p. 162-163 ; MORISSET, « ... Un grand portraitiste, Antoine Plamondon, » mai-juin 1960, p. 15.

Huile sur toile, 91,2 × 76,6 cm

Signé et daté en bas à gauche : *A. Plamondon/1842.*

Inscription
Au revers de la toile : *Marie Adelaide Caroline Paradis née le 1 Nov 1823/Épouse de Joseph Guillet dit Tourangeau fils/âgée de 18 ans/tiré par M^r. Plamondon Juin 1842.*

Historique
Mlle Augustine Gauvreau, Québec ; acquis en 1956 (A-56.468-P).

Expositions
1948, Québec, Musée de la Province, *Exposition du Centenaire de l'Institut canadien de Québec* ; 1959, Ottawa, Galerie nationale du Canada et Québec, Musée du Québec, *Portraits canadiens du 18e et 19e siècles*, n° 15, repr. ; 1970, Ottawa, Galerie nationale du Canada, *Deux peintres de Québec. Antoine Plamondon/1802-1895. Théophile Hamel/1817-1870*, p. 30, n° 31, repr. ; 1975, Montréal, Place des Arts, *Les Portraitistes de Québec au XIXe siècle* :

Bibliographie
MORISSET, 1936, p. 162-163 ; MORISSET, « ... Un grand portraitiste, Antoine Plamondon, » mai-juin 1960, p. 15.

Joseph Légaré, 1795-1855

69. *Le désespoir d'une Indienne*, 1844

Huile sur toile, 134,6 × 178,8 cm

Historique

Archibald Campbell (?), Québec, 1844; Galerie de peintures de Joseph Légaré, Québec; Séminaire de Québec, Québec, 1874; Mlle Brigitte Gilbert, Québec, 1958; acquis en 1965 (A-65.90-P).

Expositions

1967, Québec, Musée du Québec, *Peinture traditionnelle du Québec*, n° 37, repr.; 1978, Ottawa, Galerie nationale du Canada, *Joseph Légaré 1795-1855. L'oeuvre*, n° 59, repr.

Bibliographie

ASQ, *Séminaire 12*, n° 41, « Catalogue de la magnifique galerie de peinture de feu L'honorable Joseph, Légaré », n° 46; *Catalogues de l'Université Laval*, sans date I (p. 2); sans date II (p. 1); sans date III (n° 7), 1880 (n° 44), sans date IV (n° 44), sans date V (n° 44), sans date VI (n° 44), 1889 (n° 44), 1893 (n° 44), 1894 (n° 44), 1898 (n° 44), 1901 (n° 44), 1903 (n° 7), 1905 (n° 7), 1906 (n° 7), 1908 (n° 157), 1909 (n° 157), 1913 (n° 363), 1923 (n° 363), 1933 (n° 255); LEMOINE, 1876, p. 363, n° 3; BELLERIVE, 1927, p. 18; COLGATE; 1943, p. 109; MORISSET, 1960, p. 78; HUBBARD, 1964, p. 56; OSTIGUY, vers 1965, p. 106; TREMBLAY, 1972, p. 39-41, 196.

Ce tableau, ainsi qu'un autre connu sous le titre *Les fiançailles d'une indienne*, semblent avoir été peints en 1844 à la suite de la parution dans *Le Castor*, journal imprimé à Québec, d'une nouvelle du naturaliste français Pierre Boitard (1789-1859) qui met en scène les aventures tumultueuses et sanguinaires des Indiens Pied-Noirs. L'Indienne Kitchy pleure la mort de son époux devant un tee-pee tandis que de part et d'autre vers l'arrière-plan se déroulent des scènes d'horreur.

En prenant une oeuvre littéraire comme source de sa composition, Joseph Légaré s'inscrit dans ce vaste mouvement qui, dès la fin du XVIIIe siècle, adopte l'Indien comme héros, sous l'influence des théories rousseauistes du culte de la nature. En 1781, Jean-Jacques François Le Barbier (1738-1826) avait peint dans cette veine *Les Indiens du Canada sur la tombe de leur enfant* et, en 1785, apparaît le thème de la *Veuve indienne* peint par Joseph Wright (1734-1797) d'après le célèbre *History of American Indians* de James Adair. C'est toutefois la publication d'*Atala ou Les amours de deux sauvages dans le désert* par Chateaubriand en 1801 qui a consacré définitivement ce genre littéraire et provoqué la diffusion d'une imagerie romantique inspirée par la vision européenne de l'homme sauvage.

Ce tableau a sans doute été composé à partir d'une oeuvre existante dont Légaré a pu se démarquer en ajoutant quelques traits particuliers. La scène centrale est nettement inspirée des Pietà et illustre à quel point cette vision romantique du passé indien est chrétienne. De fait, toute cette littérature — et l'imagerie qui en découle — prend appui sur la culture européenne et développe le thème du héros romantique. Il eût été étonnant que l'auteur du *Paysage au monument à Wolfe* (n° 65) ne se soit pas laissé guider par un de ces textes dont la puissance d'évocation était de nature à satisfaire les tenants du pittoresque.

Joseph Légaré, 1795-1855

70. *L'incendie du quartier Saint-Jean à Québec, vue vers l'ouest*, 1845

Huile sur toile, 82 × 111 cm

Historique
Galerie de peintures de Joseph Légaré; Séminaire de Québec, Québec, 1874; Jean Gilbert, Québec, 1958; acquis en 1958 (A-58.470-P).

Expositions
1967, Québec, Musée du Québec, *Peinture traditionnelle du Québec*, n° 38, repr,; 1978, Ottawa, Galerie nationale du Canada, *Joseph Légaré 1795-1855. L'oeuvre*, n° 72, repr.

Bibliographie
ASQ, *Séminaire 12*, « Catalogue de la magnifique galerie de peintures de feu l'honorable Joseph Légaré », n° 34; *Catalogues de l'Université Laval*, sans date I (p. 1), 1880 (n° 2), sans date IV (n° 2), sans date V (n° 2), sans date VI (n° 2), 1889 (n° 2), 1893 (n° 2); LEMOINE, 1876, p. 362; CAUCHON, « L'incendie du quartier Saint-Roch (28 mai 1845) vu par Joseph Légaré », octobre 1968, p. 1-4, repr. coul.; GIROUX, « Le choléra à Québec », 1972, p. 3; TREMBLAY, 1972, p. 159-161; REID, 1973, p. 49, pl. VI coul.; LORD, 1974, p. 51-52; ROBERT, 1978, p. 25, repr.; NOPPEN, PAULETTE, TREMBLAY, 1979, p. 325, ill. 35 coul.

L'incendie du faubourg Saint-Jean, dans la nuit du 28 juin 1845, réduisit en cendres quelque 1 300 maisons de ce quartier de Québec.

Des événements de cette sorte ont excité la verve de Joseph Légaré: du feu de Saint-Roch et du faubourg Saint-Jean, il a tiré six tableaux et plusieurs autres désastres ont retenu son attention. Ces tableaux ont concouru à lui faire accoler l'étiquette de « peintre d'histoire », puisque le sujet représenté était un événement important de l'histoire de la ville. Clore le dossier de cette façon serait pourtant une méprise: la peinture d'histoire, encore au début du XIXe siècle, n'avait rien de commun avec la relation d'événements contemporains, aussi importants fussent-ils.

En réalité, l'oeuvre de Légaré doit être lue dans le cadre du mouvement pittoresque où les éléments naturels (dont le feu) sont sujets d'inspiration, tout comme les ruines créées ici par la conflagration. L'amplification du sujet vient du point de vue choisi par le peintre et de la représentation simultanée d'événements qui se sont déroulés dans une suite chronologique (évacuation, progression du feu). En se plaçant au-dessus des murs, le peintre recrée un large panorama qui échappe normalement à l'oeil du spectateur. Réduites dans ce vaste espace, les rangées de maison laissent un ciel dégagé où le jeu des couleurs du feu contribue à créer une atmosphère d'enfer. Comme dans la plupart des tableaux de Légaré, les figures humaines sont petites et tout juste esquissées; elles s'effacent devant la grandeur du paysage apocalyptique, à la façon des Indiens de Krieghoff ou des paysans de Cockburn.

Peintre romantique par excellence, Joseph Légaré a peint l'horreur du feu, non pas pour le décrire mais pour en consacrer l'effet. Si l'incendie du faubourg Saint-Jean est le sujet de la toile, l'objet de Légaré est le spectacle grandiose que lui a suggéré cet événement. Incontestablement, sa palette témoigne d'une formation acquise laborieusement, mais il reste à découvrir comment l'artiste s'est initié à l'univers pittoresque qui guide ses compositions.

Zacharie Vincent, 1815-1886

71. *Zacharie Vincent et son fils Cyprien,* vers 1845

Huile sur toile, 48,5 × 41,2 cm

Historique
Mˡˡᵉ Alice Huot, Québec; acquis en 1947 (A-47.156-P).

Expositions
1948, Québec, Musée de la Province, *Exposition du Centenaire de l'Institut canadien de Québec*; 1951, Detroit, The Detroit Institute of Arts, *The French in America 1520-1880*, n° 64, ill.; 1952, Québec, Musée de la Province, *Exposition rétrospective de l'art au Canada français*, n° 89, pl. 11; 1958, Paris, Grands Magasins du Louvre, *Exposition de la Province de Québec*; 1959, Ottawa, Galerie nationale du Canada et Québec, Musée du Québec, *Portraits canadiens du 18ᵉ et 19ᵉ siècles*, n° 18, repr.; 1959, Vancouver, Vancouver Art Gallery, *Les arts au Canada français*, n° 226, repr.; 1960, Mexico, Instituto Nacional de Bellas Artes, Museo Nacional de Arte Moderno, *Arte canadiense*, n° 87; 1965, Ottawa, Galerie nationale du Canada et Québec, Musée du Québec, *Trésors de Québec*, n° 34; 1966, Toronto, Galerie d'Art de Toronto, *Semaine française*; 1966, Vancouver, The Vancouver Art Gallery, *Images for a Canadian Heritage*, n° 36, repr.; 1975, Sherbrooke, université de Sherbrooke, Galerie d'art, Centre culturel, *Portraits anciens du Québec*, n°38.

Bibliographie
« Coast to Coast in Art », winter 1948, p. 140, repr. p. 139; MORISSET, » Trésors d'Art de la province », février 1953, repr. p. 38; MORISSET, « L'art français au Canada », 1957; MORISSET, 1960, p. 125, ill. 29; *Collections des Musées d'État du Québec*, 1967, n° 69, ill.; DUMAS, « L'histoire de la peinture », May/June 1974, p. 43, repr. p. 39; Sioui, « Zacharie Vincent: Une oeuvre engagée? Essai d'interprétation », 1981, p. 335-337; LABELLE et THIVIERGE, « Un peintre huron du XIXᵉ siècle: Zacharie Vincent », 1981, p. 326-333, fig. 2.; KAREL, LABELLE et THIVIERGE, « Vincent, Zacharie (Telari-o-lin) », 1982, p. 1003.

Lorsqu'Antoine Plamondon peignit en 1838 un portait en pied de Zacharie Vincent, né en 1815 au Village Huron, il semble qu'il ait déclenché chez son modèle un intérêt pour la peinture. Guidé par ce tableau et par le poème intitulé *Le Dernier Huron* qu'il inspira à François-Xavier Garneau en 1840, Vincent mit beaucoup d'efforts pour réaliser des oeuvres peintes, dont sept autoportraits. Ce souci de se représenter soi-même pour la postérité témoigne de l'importance que le Huron attachait à sa personne comme symbole de la survivance de sa race.

L'autoportrait conservé au Musée du Québec est sans contredit le plus intéressant de tous. Le chef y est représenté assez jeune, ce qui permet éventuellement de situer le tableau assez près, dans le temps, de l'oeuvre inspiratrice réalisée par Antoine Plamondon, aujourd'hui conservé à Toronto. Par ailleurs, c'est le seul portrait qui mette en scène un deuxième personnage: le fils de Zacharie, Cyprien, dont la présence tendrait à souligner la survivance du dernier des Hurons. Cette oeuvre, enfin, comme l'autoportrait autrefois conservé au Morrin College, est relativement dépouillée tandis que les portraits plus tardifs se chargent d'ornements qui amplifient à l'excès le narcissisme et le style naïf du peintre.

Le thème du chef indien n'était pas tout à fait neuf lorsque Plamondon l'aborda en 1838. Déjà vers 1800, et après Benjamin West, William Hodges et Thomas Hardy, le peintre Berczy avait pris comme modèle le chef Joseph Brant et livré de lui un portrait en pied. Le cas de Zacharie Vincent est intéressant en ce qu'il reprend le modèle dans ses termes propres et qu'il le charge d'attributs décoratifs qui deviennent de plus en plus nombreux au fil du temps. Ces couettes, bracelets, wampum, médailles, etc., seraient, selon la lecture qu'en a faite Anne-Marie Sioui, des objets-symboles témoignant d'une prise de conscience de la menace imminente de l'acculturation de son peuple. Les oeuvres de Zacharie Vincent seraient alors des miroirs devant « servir de révélateur et favoriser un renforcement de l'identité amérindienne ». Malheureusement, cette interprétation fait peu de cas des modèles auxquels l'image du chef huron fait référence et obligerait à le classer parmi les artistes les plus conscients de leur époque au plan des intentions artistiques.

Giuseppe Fascio, vers 1810-1851
72. *Madame Jean Cazeau*, **vers 1846**

Giuseppe Fascio, vers 1810-1851
73. *Clément Cazeau*, **vers 1846**

Giuseppe Fascio, vers 1810-1851
74. *Julie Hamelin*, **vers 1846**

Miniature. Aquarelle sur carton, 8,9 × 7,3 cm

Miniature. Aquarelle sur carton, 7,1 × 5,7 cm

Miniature. Aquarelle sur carton, 7,3 × 5,9 × 10,3 cm

Historique
Virginie Cazeau (Mᵐᵉ Paul-Ernest Smith), Québec;
Arthur Smith, Québec; Mᵐᵉ Paulette Smith-Roy, Qué-
bec; acquis en 1982 (82.46; 82.47; 82.48).

L'instituteur Clément Cazeau, né en 1794, épousa Julie Hamelin en 1826. Sa mère, madame
Jean Cazeau, née Geneviève-Victoire Chabot,
était veuve depuis 1810 et elle habitait avec le
couple une maison sise au coin des rues Couil-
lard et Sainte-Famille, à Québec. Suivant une
tradition familiale, c'est là que fut hébergé le
miniaturiste Giuseppe Fascio après l'incendie
du quartier Saint-Jean, en 1845, qui l'avait jeté
sur le pavé. Il serait resté un ami très proche de
ses bienfaiteurs jusqu'à son départ de Québec
pour Ottawa, vers 1848. La même tradition lui
attribue la réalisation de ces portraits.

Giuseppe Fascio, vers 1810-1851

75. *Charles-François-Xavier Baby*

Giuseppe Fascio, vers 1810-1851

76. *Homme de la famille Tait-Wright*

Miniature. Gouache sur carton, 5,2 × 3 cm

Historique

Mme Jeannine Duquet, Québec; acquis en 1955 (A.55.572-P).

Né à Québec en 1794, le fils de François Baby et de Anne-Marie Tarieu de Lanaudière était seigneur du fief des Bruyères quand il devint propriétaire d'une grande partie de la seigneurie de Nicolet. Cet homme d'affaires connut la prospérité mais aussi bien des déboires dans le commerce du bois, la construction des voies ferrées et l'entretien des bouées et des phares sur le fleuve Saint-Laurent. Ce fut aussi un organisateur politique important jusqu'à son élection en 1861 au Conseil législatif pour la division de Stadacona, siège qu'il occupa jusqu'à sa mort, à Québec, en 1864.

Miniature. Huile et aquarelle sur ivoire, 8,8 × 6,9 cm

Historique

Succession Tait-Wright, Québec; Edouard Labrecque, Québec; acquis en 1981 (81.14).

On connaît peu de chose sur cette famille de la région de Québec, et moins encore sur le personnage qui est représenté sur cette miniature.

Giuseppe Fascio est venu à Québec en 1835 et y demeura jusqu'en 1848 tout en effectuant divers séjours à Montréal. Ses portraits en miniature mettent en oeuvre une technique qui se distingue nettement de celle de ses nombreux concurrents dans ce genre très populaire à l'époque. Fascio modèle les formes par un procédé véritablement pointilliste: sur les visages, les dentelles et le fond, il applique à l'aide de pinceaux très fins une série de points de cou-

leur délayée avec de l'eau, de la gomme arabique et du « sucre Candy », ces dernières solutions empêchant la couche de s'écailler sur une surface grasse. Cette technique était d'abord utilisée pour une ébauche qu'il fallait ensuite réchauffer, c'est-à-dire qu'on procédait à une dernière application de « points plus pâles qui faisaient perdre avec le reste », comme les traités sur la « mignature » le recommandaient. Pour les costumes, les tons foncés étaient traités en aplats et soulignés par des touches aux contours, créant de ce fait des contrastes très prononcés. Ces caractéristiques ne sont pas forcément exagérées et les portraits de Fascio ont souvent une exactitude qui ne manque pas de séduire: ce sont des portraits honnêtes qui méritent d'être appréciés pour la grâce de la pose et du modelé, autant que pour l'illusion pleine de finesse que créent ces petites photographies avant la lettre.

Antoine Plamondon, 1804-1895
77. *Marie-Adèle Cimon*, vers 1848

Huile sur toile, 97,7 × 81,5 cm

Historique
Hubert Cimon, La Malbaie; Zoé Cimon (Mme Vincent);
Louis-Philippe Ferdinand Vincent; Mme Joseph Du-
guay, La Malbaie; M. Jean-Paul Duguay, Trois-
Rivières; acquis en 1981 (81.12).

Marie-Adèle Cimon fut supérieure des Ursulines de Québec de 1872 à 1875. Elle est représentée ici peu avant son entrée au monastère,
en 1848, et le costume de tartan, qu'elle porte
avec un col de dentelle, est celui des pension-
naires. Même s'il n'est ni signé ni daté, ce
portrait est de toute évidence d'Antoine Plamondon, vu la composition de l'image et le
traitement des formes. Dans sa recherche des
effets esthétiques, l'artiste a d'abord rassemblé
certains éléments significatifs.

On sait qu'à l'âge de dix-sept ans, mademoiselle
Cimon était musicienne et composait des mélo-
dies. Le peintre l'a donc installée à sa table de
travail au milieu de ses livres de musique,
empilés à gauche comme une véritable nature
morte. Ils font contrepoids au personnage placé
dans l'autre partie du tableau, et cette mise en
scène permet à l'artiste de créer une composition décentrée. La lumière tombe en diagonale
sur le personnage et illumine le fond à l'extrémité droite du tableau, accentuant encore cette
organisation latérale. Malgré tout, la distribution
de l'éclairage sur les différents éléments rétablit
l'équilibre de la présentation.

Le découpage des formes fait lui aussi fort bien
sentir le dessin dans les contours. Cette recherche, relativement nouvelle chez Antoine Plamondon, se perçoit dans certains contrastes
qu'il introduit en soulignant le visage par la
coiffure, en plaçant les épaules en contre-jour,
en disposant les mains sur des surfaces plus
sombres et plus pâles. Les couleurs généralement sobres reproduisent parfois des volumes
foncés avec consistance ou s'étendent en légers
dégradés sur les formes claires. Ces caractéristiques ressortent dans plusieurs autres portraits
de Plamondon, notamment ceux des soeurs
Saint-Alphonse et Saint-Joseph, réalisés quelques années plus tôt, où l'on trouve le même
agencement des formes et la même puissance
dans le dessin.

Théophile Hamel, 1817-1870

78. *Autoportrait dans l'atelier*, vers 1849

Théophile Hamel est né en 1817 et décédé en 1870 à Québec. À l'âge de 16 ans, il s'engage comme apprenti chez Antoine Plamondon qui est alors le peintre le plus en vue de Québec. Il s'installe de façon autonome en 1840 mais, probablement conscient de ses limites, il s'embarque pour l'Europe en 1843 pour un séjour de trois ans qui le mène à Paris, en Belgique et en Italie. À son retour, il entreprend une carrière qui le consacrera portraitiste officiel du gouvernement en 1853.

Hamel a réalisé plusieurs autoportraits mais celui-ci est unique en ce que le peintre se représente au travail dans son atelier, tandis que dans les autres l'accent est mis sur la physionomie même de l'artiste.

Non daté, ce portrait peut être situé vers 1849, à cause des oeuvres qu'on aperçoit représentées dans l'atelier : à droite du peintre, l'esquisse du *Typhus* et, à sa gauche, l'ébauche du *Portrait de Melchior-Alphonse de Salaberry*, oeuvre terminée en 1850. Occupé à peindre un autre tableau, peut-être une des versions de son *Jacques Cartier*, le peintre se représente avec ses instruments : la palette et les pinceaux, la baguette d'appui ainsi que le porte-feuilles de dessins en arrière-plan. Coiffé du bonnet d'artiste, il porte une veste de travail.

Pour exécuter cette oeuvre, Hamel a utilisé un miroir dont la forme ovale a peut-être inspiré les limites du tableau. Tout en s'observant au travail ou dans une pose qui suggère l'acte de peindre, il regarde le spectateur qui voit non pas l'artiste peignant mais son reflet dans le miroir qui reproduit la pose adoptée. Conformément à l'esprit de ce genre de peinture, Hamel cherche ici à se mettre en valeur aux yeux de celui pour lequel il peint, le spectateur. Cette exposition de soi révèle un certain narcissisme, estompé toutefois par l'effort de mise en scène : certes, les objets dont le peintre s'entourent concourent également à la définition que l'artiste entend donner de sa profession. L'autoportrait déborde ainsi de la personne du peintre et englobe un thème pictural : le peintre dans son atelier.

Huile sur toile, 53,5 × 41,6 cm

Historique
Gustave Hamel, Québec ; don de Mme Gustave Hamel, Québec, 1934 (G-34.237-P).

Expositions
1936, Québec, Musée de la Province, *Exposition Théophile Hamel* ; 1945, Toronto, The Art Gallery of Toronto, *Le développement de la peinture au Canada*, n° 44, repr. ; 1946, Albany, Albany Institute of History and Art, *Painting in Canada. A Selective Historical Survey*, n° 22 ; 1947, Windsor, Willistead Art Gallery, *French-Canadian Art 1850-1947*, n° 1 ; 1948, Québec, Musée de la Province, *Exposition du Centenaire de l'Institut canadien de Québec* ; 1952, Québec, Musée de la Province, *Exposition rétrospective de l'art au Canada français*, n° 46 ; 1953-54, Hamilton, Art Gallery of Hamilton, *Inaugural Exhibition*, n° 17, ill. 11 ; 1956, Winnipeg, The Winnipeg Art Gallery, *Portraits Mirror of Man*, n° 47 ; 1959, Vancouver, Vancouver Art Gallery, *Les arts au Canada français*, n° 147 ; 1959, Ottawa, Galerie nationale du Canada, *Portraits canadiens du 18ᵉ et 19ᵉ siècles*, n° 21, repr. ; 1962, Bordeaux, Musée des Beaux-Arts, *L'Art au Canada*, n° 13 ; 1967, Québec, Musée du Québec, *Peinture traditionnelle du Québec*, n° 24, repr. ; 1970, Ottawa, Galerie nationale du Canada, *Deux peintres de Québec. Antoine Plamondon/1802-1895. Théophile Hamel/1817-1870*, p. 36-37, n° 60, repr. ; 1975, Sherbrooke, université de Sherbrooke, Galerie d'art, centre culturel, *Portraits anciens du Québec*, n° 17, repr.

Bibliographie
MORISSET, 1937, p. 161 ; HUBBARD, « Primitives with Character : A Quebec School of the Early Nineteenth Century », spring 1957, p. 28, fig. 17 ; MORISSET, 1960, p. 114-115 ; HUBBARD, 1964, p. 58, repr. p. 59 ; HARPER, 1966, p. 90, ill. 82 ; *Collections des Musées d'État du Québec*, 1967, n° 35, ill. ; HAMEL, « En souvenir de Théophile Hamel », février-mars 1971, repr. coul. p. 48x ; REID, 1973, p. 50 ; VÉZINA, « Nos grands-pères au musée du Québec », 1973-1974, p. 45 ; LORD, 1974, p. 41-42, fig. 37 ; VÉZINA, 1975, p. 145, 200, 206-207, fig. 6, repr. coul. ; VÉZINA, « Théophile Hamel, premier peintre du Saguenay », janvier-février 1975, repr. p. 2 ; VÉZINA, 1976, n° 103 ; VÉZINA, « Hamel, Théophile », 1977, p. 397 ; ROBERT, 1978, repr. p. 27 ; *Le Musée du Québec*, 1978, p. 40-41, repr. coul.

Cornelius Krieghoff, 1815-1872

79. *Cottage Ste-Anne, Farm Scene*
Maison de ferme à Sainte-Anne, vers 1850

Huile sur toile, 46 × 67 cm

Signé en bas à droite : *C. Krieghoff*

Historique
Coll. R. Turner, Québec ; acquis avant 1934
(34.257-P).

Expositions
1920, Québec, Académie commerciale, *Exposition de peintures* ; 1951, Detroit, The Detroit Institute of Arts, *The French in America 1520-1880*, nº 91 ; 1958, Paris, Grands Magasins du Louvre, *Exposition de la Province de Québec* ; 1959, Vancouver, Vancouver Art Gallery, *Les arts au Canada français*, nº 160 ; 1971, Québec, Musée du Québec, *Cornelius Krieghoff 1815-1872*, nº 6, repr. coul. ; 1976, Montréal, Place des Arts, *Cornelius Krieghoff*.

Bibliographie
BARBEAU, 1934, p. 103 ; MORISSET, 1960, ill. 21 ; VÉZINA, 1972, p. 174.

En raison de son titre, des auteurs successifs en sont venus à conclure que ce tableau était celui d'une maison de ferme de Sainte-Anne-de-Beaupré. S'il est vrai que Krieghoff a sillonné la région de Québec pendant dix ans, de 1853 à 1863, il reste néanmoins qu'il a vécu et peint dans la région de Montréal entre 1846 et 1853 et qu'il pourrait s'agir aussi bien de Sainte-Anne-de-Bellevue ou de Sainte-Anne-de-Varennes, non loin de Longueuil où Krieghoff résida pendant son séjour montréalais.

De façon générale, le tableau rappelle d'ailleurs certaines compositions et sujets semblables traités par Krieghoff durant cette première période d'activité au Québec ; il suffit pour s'en convaincre de le comparer à *Habitans Going to Market*, une oeuvre de 1848.

Cette toile montre bien l'attachement de l'artiste à la peinture de genre et l'influence prépondérante de la formation qu'il avait acquise en Allemagne alors que les artistes y redécouvraient le XVIIᵉ siècle hollandais. Au lieu de décrire avec soin une scène familière, Krieghoff prend appui sur un paysage pour composer un sujet, visant de toute évidence à mettre en valeur le « potentiel » rustique de l'habitation et le côté champêtre de l'activité des personnages : l'ancienneté de la maison est exagérée et le fruit des murs accentué, le lierre envahit la toiture ; l'ensemble est placé sous un arbre centenaire qui enveloppe l'espace. N'étaient la construction en pièce sur pièce et certains traits vestimentaires caractéristiques de l'époque au Québec, la scène pourrait être hollandaise. Il y a donc quelque danger à vouloir utiliser l'imaginaire pittoresque d'un Cornelius Krieghoff pour décrire l'habitat de cette première moitié du XIXᵉ siècle : ce serait à la fois faire insulte à l'art du peintre et engager la recherche dans une fausse piste.

Théophile Hamel, 1817-1870

80. *Cyrice Têtu et sa fille Caroline*, 1852

Théophile Hamel, 1817-1870

81. *Madame Cyrice Têtu et son fils Amable*, 1852

Ces deux tableaux présentent Cyrice Têtu, sa femme et leurs deux enfants, Caroline et Amable. Le père est représenté avec sa fille et la mère avec son fils, composition qui n'est guère courante à l'époque.

C'est en 1852 que ce bourgeois et marchand de Québec, a commandé ces oeuvres à Théophile Hamel alors au sommet de sa carrière. Têtu s'était fait remarquer auparavant en retenant les services de l'architecte Charles Baillairgé pour dresser les plans d'un entrepôt et ceux de sa luxueuse résidence de la rue Sainte-Geneviève.

Ces deux portraits comptent parmi les plus intéressants et les mieux réussis de Théophile Hamel, par la qualité de la composition, le soin apporté à rendre le caractère dans le traitement des visages et la situation des personnages dans un décor. Celui de madame Têtu et de son fils va même plus loin encore que son pendant et présente le sujet avec plus d'aisance et de naturel.

Ces deux oeuvres portent la marque de l'influence déterminante et directe qu'a eue sur Hamel son séjour en Italie. Le mouvement puriste italien, avec Tommaso Minardi et Michelangelo Grigoletti, entre autres, a produit des oeuvres où l'élégance et l'aisance naturelle succèdent à la rigueur classique des « figures d'expression » et où l'idéalisme fait place au naturel. Ce sont là des oeuvres et des artistes qu'Hamel a pu voir et connaître et qui l'ont certainement marqué, comme la comparaison des oeuvres le prouve.

Que Cyrice Têtu se soit fait peindre par Hamel n'étonne guère: assurément, la nouveauté de ce type de portrait correspondait à son désir de s'inscrire dans son époque. Les qualités architecturales de la maison qu'il se fit construire par Charles Baillairgé sont tout aussi révélatrices d'un esprit nouveau qui soufflait sur la ville au milieu du XIXᵉ siècle et qui s'inspirait, tant en architecture qu'en peinture, sur l'Italie redécouverte et revisitée.

Huile sur toile, 121,2 × 91,2 cm

Signé et daté en bas à droite: *T.H. 1852*

Historique
Caroline Têtu (Mᵐᵉ Henri Juchereau Duchesnay); Amélie Duchesnay (Mᵐᵉ Gustave Hamel); Jeanne Duchesnay (Mᵐᵉ Col. P.-A. Piuze), Foster; acquis en 1954 (A-54.108-P).

Expositions
1936, Québec, Musée de la Province, *Exposition Théophile Hamel*; 1967, Québec, Musée du Québec, *Peinture traditionnelle du Québec*, n° 27, repr.; 1970, Ottawa, Galerie nationale du Canada, *Deux peintres de Québec. Antoine Plamondon/1802-1895. Théophile Hamel/1817-1870*, n° 73, repr.; 1975, Sherbrooke, université de Sherbrooke, Galerie d'Art, Centre culturel, *Portraits anciens du Québec*, n° 18, repr.; 1975, Montréal, Place des Arts, *Les Portraitistes de Québec au XIXᵉ siècle*.

Bibliographie
BELLERIVE, 1927, p. 40; MORISSET, 1937, p. 162-163; MORISSET, 1941, p. 74; HUBBARD, « Primitives with Character: A Quebec School of the Early Nineteenth Century », spring 1957, p. 28; MORISSET, 1960, p. 119; VÉZINA, « Nos grands-pères au musée du Québec », 1973-1974, p. 46; VÉZINA, 1975, p. 160, 175, 202, 218, ill. 101; VÉZINA, 1976, n° 118; VÉZINA, « Hamel, Théophile », 1977, p. 397.

Huile sur toile, 122,4 × 90,7 cm

Signé et daté au centre à gauche: *T.H. 1852*

Historique
Caroline Têtu (Mᵐᵉ Henri Juchereau-Duchesnay); Amélie Duchesnay (Mᵐᵉ Gustave Hamel); Jeanne Duchesnay (Mᵐᵉ Col. P.-A. Piuze), Foster; acquis en 1954 (A-54.109).

Expositions
1936, Québec, Musée de la Province, *Exposition Théophile Hamel*; 1967, Québec, Musée du Québec, *Peinture traditionnelle du Québec*, n° 28, repr.; 1970, Ottawa, Galerie nationale du Canada, *Deux peintres de Québec. Antoine Plamondon/1802-1895. Théophile Hamel/1817-1870*, n° 74, repr., p. 39; 1975, Sherbrooke, université de Sherbrooke, Galerie d'art, Centre culturel, *Portraits anciens du Québec*, n° 19; 1975, Montréal, Place des Arts, *Les Portraitistes de Québec au XIXᵉ siècle*;

Bibliographie
BELLERIVE, 1927, p. 40; MORISSET, 1937, p. 162-163; MORISSET, 1941, p. 74; HUBBARD, « Primitives with Character: A Quebec School of the Early Nineteenth Century », spring 1957, p. 28; MORISSET, 1960, p. 119; VÉZINA, « Nos grands-pères au musée du Québec », 1973-1974, p. 46; VÉZINA, 1975, p. 175, 194, 199, 218, ill. 100; VÉZINA, 1976, n° 119; VÉZINA, 1977, p. 397, 399.

Cornelius Krieghoff, 1815-1872

82. *Indian Camp on the St-Ann's River*
Campement indien à la rivière Sainte-Anne, **1854**

Voir reproduction en couleurs,
section centrale, p. (8)

Huile sur toile, 31 × 46,8 cm

Signé en bas à gauche: *C. Krieghoff*

Historique
Watson Art Galleries, Montréal; coll. de l'honorable Maurice Duplessis; don de la succession de l'honorable Maurice Duplessis, 1959 (G-59.596-P).

Expositions
1971, Québec, Musée du Québec, *Cornelius Krieghoff 1815-1872*; 1976, Montréal, Place des Arts, *Cornelius Krieghoff*; 1978, Québec, Musée du Québec, *L'art du paysage au Québec (1800-1940)*, nº 17, repr.; 1982, La Rochelle, Hôtel Fleuriau, *Le Musée du Nouveau Monde, Une autre Amérique*, nº 164, repr.

Bibliographie
Le Musée du Québec, 1978, p. 42-43, repr. coul.; HARPER, 1979, p. 18-20, fig. 16 coul.

Cette scène de campement indien sert de prétexte au peintre pour exposer les qualités d'un paysage naturel de la région de Québec. La famille indienne y est représentée comme un occupant légitime et naturel, vaquant à ses activités tout comme le ferait l'habitant près de sa maison de ferme. Les peintres pittoresques se sont attachés à illustrer l'harmonie de l'homme sauvage et de son environnement, de l'habitant et de sa demeure rustique: réaction de nostalgie suscitée par l'industrialisation envahissante du XIXᵉ siècle.

Comme dans la plupart de ses paysages, Krieghoff s'attarde d'abord à décrire la majesté d'un environnement que l'automne commence à teinter d'une couleur très particulière. Le paysage est ensuite doté de figurants qui en précisent le sens et en racontent l'histoire: les Indiens. Mais ces personnages sont de petites dimensions et s'effacent devant la grandeur de la perspective: ils sont insérés dans le paysage bien plus qu'ils ne font partie intégrante de sa description. Leur fragilité dans cet espace immense et ouvert témoigne, aux yeux des contemporains de Krieghoff, de l'inexorable destin que l'époque leur assigne: l'assimilation ou la disparition. Le portrait de la vie indienne que constitue d'une certaine manière l'oeuvre peint de Krieghoff a ainsi valeur de commémoration: témoignage sur un peuple dont on anticipe l'inévitable disparition.

Cornelius Krieghoff, 1815-1872

83. *Falls of Lorette near Québec*
Les chutes de Lorette, 1854

Huile sur toile, 31,1 × 38,6 cm

Signé en bas à gauche : *C. Krieghoff*

Inscription
Au revers de la toile : *Falls of Lorette near Quebec/ C. Krieghoff 1854*

Historique
Continental Gallery of Fine Arts, Montréal ; acquis en 1949 (A-49.101-P).

Expositions
1952, Québec, Musée de la Province, *Exposition rétrospective de l'art au Canada français*, n° 66 ; 1959, Vancouver, Vancouver Art Gallery, *Les arts au Canada français*, n° 161 ; 1961, Fredericton, Beaverbrook Art Gallery, *Cornelius Krieghoff, ca. 1815-1872*, n° 9, ill. ; 1967, Québec, Musée du Québec, *Peinture traditionnelle du Québec*, n° 34, repr. ; 1971, Québec, Musée du Québec, *Cornelius Krieghoff 1815-1872*, n° 55, repr. ; 1976, Montréal, Place des Arts, *Cornelius Krieghoff*.

Bibliographie
VÉZINA, 1972, p. 174 ; HARPER, 1979, p. 117, ill. 108 ; JOUVANCOURT, 1979, p. 133.

Cornelius Krieghoff a peint ce paysage en 1854 peu après son arrivée à Québec. Avant lui, plusieurs artistes avaient visité ce site et immortalisé ces chutes spectaculaires qui étaient devenues l'objet d'une des excursions préférées des citadins de Québec. Plusieurs aquarelles et gravures, dont celles de Cockburn et Bartlett, ont probablement influencé le choix du point de vue adopté par Krieghoff.

Deux motifs ont retenu l'intérêt du peintre pour ce sujet. D'abord, la nature même du paysage et la forme d'implantation des bâtiments riverains avaient de quoi alimenter son goût romantique et sa recherche de pittoresque : la chose est encore plus évidente dans un autre tableau sur le même sujet où le seul personnage représenté est un Indien que le peintre, forcément, identifie à un paysage aussi tourmenté. Mais il y a plus. Dans le tableau présenté ici, Krieghoff présente deux touristes observant les chutes. À l'époque, le Village Huron constituait une sorte de curiosité où le visiteur était susceptible de rencontrer les derniers représentants d'une race en voie d'extinction. La présence des visiteurs et l'insistance à décrire l'environnement bâti, dont le moulin, rappellent l'inexorable domination économique et sociale qui est à l'origine du déclin d'un peuple autochtone : les lieux mêmes de vie des Hurons sont l'objet d'une réappropriation par la civilisation occidentale et si le mouvement pittoresque en exprime quelque nostalgie, il serait vain en revanche d'y chercher trace d'un quelconque remords.

Théophile Hamel, 1817-1870

84. *Noémie, Eugénie, Antoinette et*
Séphora Hamel, nièces de l'artiste, **vers 1854**

Huile sur toile, 74 × 96,8 cm

Signé au centre à gauche: *T. Hamel*

Historique
Séphora Hamel (Mme Gustave Gagnon); Henri Ga-
gnon, Québec; Mme Geneviève Gagnon-Bourbeau,
Québec; acquis en 1976 (A-76.370-P).

Bibliographie
HARPER, 1966, p. 91, ill. 86; VÉZINA, 1976, n° 170; *Le Musée du Québec*, 1978, repr. coul. p. 44-45.

Ce tableau figure parmi les oeuvres les plus
originales et innovatrices de Théophile Hamel.
Même s'il a fait plusieurs portraits d'enfants,
dont quelques-uns en groupe, celui-ci se distingue nettement des autres.

D'habitude, les enfants sont quelque peu alignés dans un cadre encore soumis à la rigueur
classique. Ici, ils sont disposés librement autour
d'un fauteuil qui guide la composition et en
donne les lignes dominantes et le mouvement.
La lecture qui en découle fait apparaître la

scène comme un moment saisi sur le vif dans
un ensemble plus vaste.

Ceci entraîne chez les personnages une allure
naturelle, en dépit des coiffures et des vêtements un peu recherchés; on a l'impression
que l'artiste a interrompu un instant les quatre
fillettes occupées à jouer ensemble. Les visages
expriment un caractère et une personnalité
propres à chacun de ces enfants.

Cornelius Krieghoff, 1815-1872

85. *Captain John Walker visiting his newly acquired Homestead near Quebec*
La maison de campagne du Capitaine John Walker, près de Québec, 1857

Huile sur toile, 45,7 × 68,9 cm

Signé et daté en bas à gauche : *C. Krieghoff Quebec 57*

Historique
Dominion Gallery, Montréal ; coll. de l'honorable Maurice Duplessis ; don de la succession de l'honorable Maurice Duplessis, 1959 (G-59.584-P).

Exposition
1971, Québec, Musée du Québec, *Cornelius Krieghoff 1815-1872*, nº 21, repr.

Bibliographie
Vézina, 1972, p. 174 ; Jouvancourt, 1979, repr. p. 57 ; Gagnon-Pratte, 1980, p. 116, ill. 157.

Cornelius Krieghoff résidait à Québec depuis quatre ans quand il a peint ce tableau en 1857. Il avait eu le temps de découvrir la région et d'en illustrer les sites et les activités qui lui paraissaient les plus « pittoresques ».

Ce tableau se distingue cependant de sa production habituelle qui tend à favoriser les traits rustiques de l'architecture. Krieghoff représente ici une des nombreuses maisons de campagne (villas et cottages) qui ornaient les sites enchanteurs de la région : il s'agit simplement d'une maison de ferme d'un type ancien, remodelée suivant le goût d'une bourgeoisie urbaine avide de pittoresque. Ces résidences étaient surtout localisées à Sainte-Foy et à Cap-Rouge où leur architecture s'insérait harmonieusement dans un environnement de choix.

Le tableau met l'accent surtout sur le site et décrit le paysage avec soin. À l'avant-plan, les

trois personnages introduisent le thème de la villégiature : on ne saurait les confondre avec des « habitants », d'autant plus qu'ils s'intéressent au paysage, ce qui les identifie comme citadins à l'époque.

Comme Joseph Légaré, Krieghoff est un peintre fortement imprégné par le courant pittoresque. Toutefois, il ne recompose pas ses paysages pour en faire des allégories ; tout au plus transpose-t-il systématiquement en automne ou en hiver de façon à exploiter les coloris caractéristiques qu'offrent ces deux saisons (tons ocres et blancs). Il ne représente pas non plus la forêt sauvage mais plutôt un paysage déjà humanisé. En fait, le paysage de Krieghoff crée une ambiance et la description du sujet est soumise à cette contrainte inhérente à la peinture de genre qu'affectionne cet adepte de l'art allemand du début du XIXe siècle.

Théophile Hamel, 1817-1870

86. *Madame Siméon Lelièvre*, 1858

Voir reproduction en couleurs, section centrale, p. (9)

Huile sur toile, 96,8 × 74,3 cm

Signé et daté au centre à droite : *T. Hamel 1858*

Historique
M. Peter T. Baldwin, South Harpswell (Maine) ; acquis en 1975 (A-75.388-P).

Bibliographie
VÉZINA, 1976, nᵒˢ 111a et 228.

Ce portrait est celui de l'épouse de l'avocat Siméon Lelièvre de Québec. Transporté aux États-Unis lors de l'émigration des héritiers de la famille, il n'est revenu à Québec que récemment pour être acquis par le Musée du Québec.

Réalisé en 1858, ce portrait met en valeur les caractéristiques de l'art de Théophile Hamel. La place attribué au sujet lui-même laisse plus de surface pour suggérer un espace où implanter un décor. Ensuite, le fond de scène des portraits de Hamel n'est pas relié à la personne représentée : c'est simplement un décor dont la qualité, la définition et l'éclairage contribuent à situer le personnage dans un espace plus ou moins ample, alors que chez Plamondon le fond de scène appartient au sujet et détermine un environnement, sinon plus immédiat, du moins plus proche de lui. Enfin, le caractère ostensiblement gratuit du fond de scène, traité comme motif ou prétexte, a pour effet de ramener l'attention sur le personnage lui-même.

À cette manière nouvelle et très italienne de présenter le sujet s'ajoutent d'autres raffinements. Le classicisme des figures de Plamondon cède ici le pas au réalisme naturel et à l'élégance. On sent le poids de la main de madame Lelièvre refermer le livre et son regard en dit davantage sur ses sentiments que sur son caractère. Les couleurs sont sélectionnées pour suggérer une atmosphère plus détendue ; le peintre valorise les tonalités sombres et les tons chauds. Théophile Hamel en arrive ainsi à réaliser des portraits où les personnages sont plus quotidiens et plus accessibles par rapport à ceux d'un Plamondon qui s'applique à les grandir pour les présenter comme des monuments.

On comprend qu'à une époque où l'évolution sociale dotait les familles nanties d'un confort nouveau, celles-ci recherchaient un environnement moins solennel et plus intime ; l'art de Théophile Hamel était adapté à cette nouvelle sensibilité.

Napoléon, Bourassa, 1827-1916

87. *Louis-Joseph Papineau*, 1858

Cornelius Krieghoff, 1815-1872

**88. *Winter Scene Driving
Promenade en traîneau*, 1860**

Huile sur toile, 151 × 114 cm

Historique
Legs de Mme Caroline R. Papineau, 1952 (G-52.58-P).

Expositions
1968, Québec, Musée du Québec, *Exposition Napoléon Bourassa 1827-1916*; 1976, Ottawa, Archives publiques du Canada, *Napoléon Bourassa 1827-1966, Soixantième anniversaire*, n° 30.

Bibliographie
BOURASSA, 1968, repr. p. 59; PARIZEAU, 1980, repr. p. 318; VÉZINA, 1976, repr. p. 131.

Louis-Joseph Papineau (1786-1871) trouvait ce portrait bien réussi. Le seigneur de la Petite-Nation menait une existence recluse près de l'Outaouais, retiré dans l'impressionnante bibliothèque attenante à son manoir de Montebello. Bourassa l'a peint à l'âge de 72 ans sur une terrasse du jardin d'où l'on aperçoit la rivière derrière les grands chênes.

Le portrait de son beau-père est probablement le plus perçant de tous ceux qu'il a peints au cours de sa carrière. Coupé à mi-jambe, le personnage domine au centre de la composition. Les vêtements, les arbres, le sol, rendus avec des couleurs aux tonalités sombres, exaltent la tache lumineuse du visage. Le tableau s'ordonne autour de cette tête qui impose du regard; la percée sur le paysage nous libère un moment de l'atmosphère ascétique du tableau. Bourassa saisit l'homme dans une attitude de réflexion surprenant le doctrinaire intransigeant dans son refuge.

Huile sur toile, 34,7 × 45,5 cm

Signé et daté en bas à gauche: *C. Krieghoff/1860*

Historique
Coll. R. Turner, Québec; acquis avant 1934 (34.261-P).

Expositions
1946, Arvida, Centre de Récréation, *Un Siècle d'Art Canadien*, n° 2; 1948, Québec, Musée de la Province, *Exposition du Centenaire de l'Institut canadien de Québec*; 1949, Rimouski, Hôtel de Ville, *Un Siècle d'Art Canadien*, n° 2; 1951, Baie-Comeau, Gymnase du Centre Sportif, *Un Siècle et demi d'Art Canadien*, n° 3; 1972, Saint-John's, Memorial University Art Gallery, *Quinzaine québécoise*; 1971, Québec, Musée du Québec, *Cornelius Krieghoff 1815-1872*, n° 99, repr.; 1976, Montréal, Place des Arts, *Cornelius Krieghoff*.

Bibliographie
VÉZINA, 1972, p. 174; JOUVANCOURT, 1979, repr. p. 152.

Ce tableau présente le type d'oeuvre qui a contribué à établir la réputation du peintre Cornelius Krieghoff de son vivant et après sa mort: des paysages d'automne ou d'hiver où sont mis en scène des Indiens ou des habitants.

Le système de Krieghoff est simple. L'objet de sa peinture est l'aspect pittoresque des paysages sauvages et naturels du Québec qu'il souligne en exploitant leurs éléments typiques: tons blancs de la neige ou couleurs ocres et rouges des feuillages d'automne. Par contre, le sujet oscille entre deux dominantes: les Indiens et la vie traditionnelle des habitants. Sur ses paysages qu'il peint à partir d'esquisses faites *in situ*, il superpose en atelier le sujet choisi. Ici, il s'agit d'une promenade en traîneau. Le caractère stéréotypé de ce genre de sujet ressort nette-

ment quand on rassemble les oeuvres du peintre; le *Baker's Cart*, par exemple, tableau réalisé vers 1850, présente le même cheval.

Cette distinction objet/sujet permet une lecture de l'oeuvre qui ne manque pas d'intérêt: au gré de l'inspiration du moment, l'artiste peut introduire un sujet différent qui vient qualifier son objet (son paysage) et il apparaît à l'évidence que les Indiens ou les images de la vie traditionnelle sont des sujets que le peintre multiplie afin de s'affirmer comme peintre de genre; delà à penser qu'il amplifie le caractère sauvage des uns et le cadre de vie traditionnel des autres, il n'y a qu'un pas.

Cette pratique soulève d'autres questions sur l'intervention de la photographie dans l'oeuvre de Krieghoff. Si le cadre se dissocie de l'action, pourquoi n'aurait-il pas fait appel à la photographie plus qu'on ne le suppose, à la fois pour cerner le cadre (le paysage) et l'action (le traîneau)? Le cas du *Bateau à glace* révèle clairement le procédé du peintre qui travestit les personnages réels de l'époque: le bourgeois qui tient le gouvernail sur la photo de McLaughlin se transforme en habitant avec une pipe de plâtre dans le tableau de Krieghoff. Dès lors, il paraît délicat d'utiliser l'oeuvre de ce peintre pour sa valeur documentaire: l'objet baigne dans une atmosphère particulière et les sujets apparaissent de plus en plus nettement comme issus d'une imagination qui ne cesse de ressusciter le passé. C'est vraisemblablement cette vision romantique du Québec qui a plu aux contemporains de Krieghoff. Après tout, pourquoi auraient-ils acheté des tableaux dépeignant une réalité que la photographie pouvait déjà exprimer avec plus de vraisemblance?

Cornelius Krieghoff, 1815-1872

89. Montagne dans la brume, vers 1860

Cornelius Krieghoff, 1815-1872

90. The Ice-Boat
     Le bâteau à glace, vers 1860

Huile sur toile, 29,5 × 39,8 cm

Signé en bas à gauche : *Krieghoff*

Historique
W. Scott & Sons, Montréal ; acquis avant 1934
(34.260-P).

Expositions
1948, Québec, Musée de la Province, *Exposition du
Centenaire de l'Institut canadien de Québec* ; 1961,
Fredericton, Beaverbrook Art Gallery, *Cornelius
Krieghoff, ca. 1815-1872*, n° 108 ; 1971, Québec, Mu-
sée du Québec, *Cornelius Krieghoff 1815-1872*, n°
62, repr. ; 1976, Montréal, Place des Arts, *Cornelius
Krieghoff*.

Bibliographie
VÉZINA, 1972, p. 174.

Avec son paysage austère et sa végétation plutôt
rare, ce tableau paraît un peu insolite dans
l'oeuvre de Krieghoff.

Probablement peint vers 1860, cette oeuvre
s'apparente au *Mont Owl's Head, lac Memphrémagog* (coll. The Art Gallery of Windsor), et à
deux autres tableaux consacrés au même sujet
en 1859 et 1861. Le tableau du Musée du Québec ne montre cependant qu'un détail d'une
vue prise en montagne mais l'atmosphère dé-
peinte est sensiblement la même.

Chasseur lui-même, Krieghoff a introduit dans
ce paysage deux Indiens à l'affût, fusil pointé
vers deux chevreuils. La nature vierge et inhos-
pitalière est en réalité habitée par des personnages qui en tirent leur subsistance. Le peintre
pittoresque échappe ainsi à l'étiquette de naturaliste qui sera accolée à Allan Aaron Edson qui
fréquentera les mêmes paysages quelques années plus tard.

Huile sur toile, 23 × 32,9 cm

Signé en bas à gauche : *C. Krieghoff*

Historique
Acquis avant 1934 (34.266-P).

Expositions
1948, Québec, Musée de la Province, *Exposition du
Centenaire de l'Institut canadien de Québec* ; 1961,
Fredericton, Beaverbrook Art Gallery, *Cornelius
Krieghoff, ca. 1815-1872*, n° 53 ; 1965, Ottawa, Galerie nationale du Canada et Québec, Musée du Québec, *Peinture traditionnelle du Québec*, n° 33, repr. ;
1971, Québec, Musée du Québec, *Cornelius Krieghoff 1815-1872*, n° 110, repr. coul. ; Montréal, Place
des Arts, *Cornelius Krieghoff*.

Bibliographie
Collections des Musées d'État du Québec, 1967, n° 40,
ill. ; VÉZINA, 1972, p. 174 ; HARPER, 1979, p. 64, ill. 59.

C'est vers 1860 que Cornelius Krieghoff a peint
ce tableau qui présente ce qui est alors une
nouveauté à Québec : le bateau à glace, traîneau
surmonté d'une voile et utilisé surtout pour le
transport des marchandises durant la saison
hivernale. Il s'agit, en fait, d'une des rares oeuvres où le peintre s'intéresse à un phénomène
contemporain qui ne porte pas à première vue
l'empreinte d'un cachet rustique, et qui n'évoque pas un mode de vie traditionnel. Par contre, le bateau à voile est une extension du

thème du pont de glace et il s'inscrit ainsi dans
ce monde des curiosités qui a attiré l'attention
de l'artiste. Krieghoff n'est d'ailleurs pas le seul
qui ait été frappé par cette nouveauté. Parmi les
premiers photographes de Québec, Samuel
McLaughlin a saisi l'image d'un véhicule similaire et l'on imagine le tour de force qu'il fallut
pour immobiliser un tel engin, toutes voiles
dehors, afin d'exposer la plaque sensible suffisamment longtemps. Il n'est pas exclu que
Krieghoff ait utilisé cette photographie, largement diffusée à l'époque, pour composer son
tableau.

Sur un fond de scène représentant la ville de
Québec, Krieghoff a placé le bateau à glace au
centre du tableau. Comme il arrive souvent
chez lui, on a peine à lire le mouvement,
malgré les voiles gonflées et le drapeau qui
flotte. L'action est plutôt figée pour les besoins
de la composition. Pour bien mettre en évidence ses personnages, le peintre soulève la plate-
forme vers le spectateur, ce qui la rend instable
pour l'oeil qui suit plutôt la ligne de la surface
glacée. Si la photographie de McLaughlin montre le bateau à glace en action, le tableau de
Krieghoff s'évertue bien plus à présenter le
phénomène qu'il rend intelligible en réorgani-
sant entièrement le sujet.

Napoléon Bourassa, 1827-1916

91. *La pauvreté*, vers 1860-1865

Huile sur toile, 65 × 80,2 cm

Historique
Don de la succession Bourassa, Montréal, 1941
(G-43.55-P201).

Expositions
1968, Montréal, Galerie Port-Royal; Québec, Musée
du Québec, *Exposition Napoléon Bourassa 1827-
1916*; 1980, Québec, Musée du Québec, *Analyse
Scientifique des Oeuvres d'Art*, p. 50-57, repr. coul.

Bibliographie
VÉZINA, 1976, repr., p. 157.

La pauvreté est un des rares tableaux que Bourassa ait consacré à un sujet tiré de la réalité
quotidienne. Une famille se tient dans un intérieur clos. Un petit univers avec ses objets
usuels et ses vêtements. Tout est arrêté, statique
et hiératique. Le lit occupe l'avant-plan sur toute
la largeur de la toile, l'horizontale domine,
solide. L'illusion de profondeur est créée par
un ensemble de plans verticaux qui organisent
le fond du tableau, la chambre. Ça et là sur les
murs, le long des murs, un pot de faïence, un
crucifix sous une image pieuse, quelques meubles. À gauche de la composition, le père nour-
rit un feu des débris d'une chaise. L'artiste crée
une image regroupant ces personnages et ces
objets dans une chambre très dépouillée, l'artiste crée une image édifiante invitant le spectateur à la méditation: pensée chrétienne de la
pauvreté érigée en vertu.

Dans une première disposition de la scène
révélée par la radiographie, l'artiste avait envisa-
gé d'ajouter un autre personnage assis au pied
du lit; il a fait disparaître le jeune garçon entre
le père et la mère dans sa version finale: cet
enfant en conversation atténuait peut-être trop
le message moralisateur de l'oeuvre.

Antoine Plamondon, 1804-1895

92. *Le flûtiste*, 1866

Huile sur toile, 55 × 43,2 cm

Signé et daté en bas à gauche: *Ant. Plamondon./ 1866*

Historique
Laurent Têtu, Québec; coll. Cyrille Duquet, Québec; acquis avant 1934 (34.504-P).

Expositions
1948, Québec, Musée de la Province, *Exposition du Centenaire de l'Institut canadien de Québec*; 1966, Toronto, Galerie d'Art de Toronto, *Semaine française*; 1967, Québec, Musée du Québec, *Peinture traditionnelle du Québec*, nº 42, repr.; 1970, Ottawa, Galerie nationale du Canada, *Deux peintres de Québec. Antoine Plamondon/1802-1895. Théophile Hamel/1817-1870*, p. 31-32, 35, nº 37, repr.; 1974, Montréal, Terre des Hommes, Pavillon du Québec, *Les Arts du Québec*, Peinture, nº 53;

Bibliographie
BELLERIVE, 1927, p. 31-32; MORISSET, « Les prouesses picturales de Antoine Plamondon », 16 janvier 1935, p. 4; GOLGATE, 1943, p. 110; MORISSET, « Le dix-neuvième siècle et nous », 15 octobre 1951, ill. 5; HAMEL, « Rôle de la Capricieuse dans la peinture de Plamondon », avril-mai-juin 1971, p. 14-15; DUVAL, 1974, p. 17; LORD, 1974, p. 40-41, fig. 34; PORTER, 1975, p. 10; ROBERT, 1978, repr. p. 26.

On croit généralement encore aujourd'hui que cette oeuvre a été exécutée par Antoine Plamondon pour commémorer le passage à Québec, en 1855, du navire français La Capricieuse, le premier depuis le début du régime anglais. Les journaux de l'époque ont raconté avec beaucoup de détails les célébrations patriotiques qui ont accompagné cette visite.

Ce tableau aurait d'abord été peint en 1855 montrant le personnage au complet, debout sur un promontoire dominant le fleuve Saint-Laurent. Cet avant-plan aurait suscité des critiques et Plamondon en aurait amputé le bas. Effectivement, la toile a été coupée mais l'inscription d'une nouvelle date — 1866 — est plutôt singulière. L'oeuvre porte plusieurs repeints probablement effectués à cette date. De plus, il faut signaler deux autres versions de ce sujet, avec des fonds très sombres et sans paysage, datées de 1867 et 1868. Rien n'indique cependant que la silhouette qu'on voit en arrière dans le tableau du Musée du Québec soit celle du navire français sinon l'interprétation que les historiens ont bien voulu en donner.

Établi à Neuville depuis 1851, Plamondon a probablement peint cette scène depuis cet endroit, au soleil levant, son élève Siméon Alary tenant la pose. La composition du tableau divisé en deux parties égales repose sur un élément vertical, le flûtiste, et sur la bande horizontale du rivage opposé. Le bateau et le globe du soleil équilibrent cet arrangement simple et géométrique. Placé à contre-jour, le personnage reçoit les tons rougeoyants qui se répartissent autour de la ligne d'horizon. Les bleus du ciel et du plan d'eau établissent le lien entre le haut et le bas de l'image pour créer un effet atmosphérique.

La touche enlevée qui dessine des contours imprécis où s'accrochent les parcelles de lumière annonce la manière qui marquera la dernière période de l'artiste.

Antoine Plamondon, 1804-1895

93. *Nature morte avec pommes et raisins*, 1869

Huile sur toile, 98,4 × 77,5 cm

Signé et daté sur la base de l'urne: *A. Plamondon 1869.*

Historique
Coll. Maurice et Andrée Corbeil, Montréal; don de M. Maurice Corbeil, 1977 (G-77.23-P).

Exposition
1973, Ottawa, Galerie nationale du Canada, *Peintres de Québec. Collection Maurice et Andrée Corbeil*, n° 26, repr.

Bibliographie
Duval, 1974, p. 17.

Si Antoine Plamondon agrémentait quelquefois ses portraits ou ses scènes de genre d'arrangements de fruits, de fleurs ou de gibier, son oeuvre ne compte que deux thèmes traités comme de véritables natures mortes. Celle de 1833, intitulée *Nature morte aux raisins* (coll. Musée du Québec), s'inspire d'une oeuvre italienne d'Il Campidoglio (1610-1681) (coll. Musée du Séminaire de Québec): il s'agit d'une étude des effets de l'éclairage sur des fruits et des feuillages. Quant au deuxième sujet, il est présenté ici dans sa première conception, mais il a fait l'objet de diverses interprétations de la part du peintre vers les années 1870.

Nature morte avec pommes et raisins, signée et datée de 1869, fait honneur à un grand vase d'albâtre contenant des pommes et des grappes de raisins. Sur le plateau de la table de marbre sont disposées deux autres pommes à droite et trois cerises au centre. Un autre tableau (coll. Maurice Corbeil, Montréal), portant la date 1870, exploite le même motif avec quelques variantes dans l'empilade des fruits et une seule pomme, à gauche, sur la table. Ces deux compositions formaient peut-être une paire compte tenu de la concordance symétrique des dispositions. Cette hypothèse pourrait être appuyée par deux autres versions, l'une à Halifax (coll. Colonel S.C. Oland) et l'autre à Windsor (coll. The Art Gallery of Windsor). Enfin, une dernière oeuvre (coll. La Galerie nationale du Canada, Ottawa) fait voir un montage semblable de fruits et de fleurs sur la table et la base de l'urne.

Tout en révélant un goût naturaliste et un intérêt pour la décoration, ce thème a servi de prétexte à plusieurs études sur l'équilibre des formes et les effets de l'éclairage. Les grappes de raisins s'équilibrent selon une logique qui tient compte du poids et du volume des masses. Les pommes et les feuillages soutiennent cette ordonnance à laquelle répondent à leur tour les fruits disposés sur la table. Venant du coin supérieur gauche de la toile, la lumière crée une série de reflets sur l'albâtre et sur les raisins, les rendant tantôt transparents, tantôt miroitants tandis qu'elle n'obtient que des nuances sur les feuillages.

Les versions postérieures font état des recherches continues de la part de l'artiste sur la dispersion de la lumière et sa perception par l'oeil. Ces études font transparaître une sorte de métaphore établie entre la nature et la vie, c'est-à-dire la diversité des états d'âme et des sentiments des êtres. C'est peut-être ce qui a incité Antoine Plamondon à déposer l'une d'elles comme morceau de réception à l'Académie royale canadienne, en 1880.

Napoléon, Bourassa, 1827-1916
94. *Les petits pêcheurs*, vers 1870

Huile sur toile, 49 × 58,6 cm

Historique
Henri Bourassa, Montréal; don de la succession Bourassa, Montréal, 1941 (G-43.55-P193).

Expositions
1964, Montréal, Centre d'Art du Mont-Royal, *Un demi siècle de peinture du Québec*; 1967, Québec, Musée du Québec, *Peinture Traditionnelle du Québec*, n° 7, repr.; 1968, Québec, Musée du Québec, *Exposition Napoléon Bourassa 1827-1916*; 1968, Montréal, Galerie Port-Royal, *Napoléon Bourassa 1827-1916*; 1969, l'Acadie, École Napoléon Bourassa, *Exposition Napoléon-Bourassa 1827-1916*; 1972, Saint-John's, Memorial University Art Gallery, *Quinzaine québécoise*.

Bibliographie
BOURASSA, 1968, repr. p. 68; VÉZINA, 1976, repr. p. 158-159; GRENIER, 13 déc. 1969, repr. p. 23.

Le tableau est construit en deux plans de chaque côté d'une diagonale. Au premier-plan, trois enfants sont assis sur des rochers qui font penser à des marches conduisant vers un lieu extérieur au tableau. *Les petits pêcheurs* posent devant un paysage. L'artiste met en plus quelques éléments; une rivière, des rochers, des arbres, une falaise dans le lointains, pour créer l'illusion d'un paysage connu. Mais on a plutôt

l'impression d'un décor fermant le fond de la scène. Il est intéressant de souligner que Bourassa admirait les oeuvres des peintres italiens du début de la Renaissance et qu'il y cherchait souvent son inspiration. Ce paysage un peu étrange se rapproche du paysage imaginaire peint par Bellini dans le *Saint François recevant les stigmates*. L'enfant tenant un poisson, à droite de la composition, se détache du groupe par le geste élégant et l'expression. Il représente l'une des rares figures attachantes de la peinture de l'artiste.

Cornelius Krieghoff, 1815-1872

95.   *Andrew John Maxham*, vers 1871

Huile sur toile, 35,8 × 29 cm

Inscription
Au revers de la toile : *A.J. MAXHAM Esq. / Quebec / Auctineer / By C. Kraigoff.*

Historique
George Gale, Québec ; acquis avant 1934 (34.268-P).

Expositions
1948, Québec, Musée de la Province, *Exposition du Centenaire de l'Institut canadien de Québec* ; 1952, Québec, Musée de la Province, *Exposition rétrospective de l'art au Canada français*, nº 67.

Durant l'été 1863, Cornelius Krieghoff connut des problèmes financiers importants et, envisageant de partir en voyage, il confia tous ses biens à la firme A.J. Maxham & Cie de Québec. Depuis sa rencontre avec John Budden, l'un de ses commissaires-priseurs, il chargeait régulièrement cette entreprise de la vente de ses tableaux. On sait par ailleurs que cette maison offrit « une collection choisie de peintures à l'huile modernes » exécutées par Krieghoff, à son retour en 1870 d'un long séjour en Europe et aux États-Unis. Malgré une publicité tapageuse, cette vente eut peu de succès.

C'est probablement à cette époque que l'artiste a peint ce portrait d'Andrew John Maxham qui a été longtemps identifié comme celui de John Budden malgré l'inscription ancienne au dos de la toile.

L'homme d'affaires apparaît en buste au centre d'un ovale, dans une pose un peu compliquée ; la tête est tournée dans une direction décalée par rapport à celle des épaules. Les cheveux et des favoris épais encadrent un visage anguleux où percent des yeux vifs. Des ombres bien disposées font ressortir les volumes du costume, mais sans distraire l'attention.

Certaines caractéristiques de ce tableau sont peut-être attribuables au fait qu'il pourrait avoir été peint à partir d'une photographie : c'est ce que laissent supposer la contraction de la pose, les ombres projetées dans les côtés par deux sources lumineuses et les tons monochromes dans les contours de la toile. Si Krieghoff s'inspire des effets de la caméra, il concentre son savoir-faire sur le visage du sujet auquel il réussit à donner beaucoup de relief et de vie. Les modelés des arcades sourcilières et des fortes mâchoires transparaissent sous un traitement plein de détails et de couleurs fines.

Charles Wyatt Eaton, 1849-1896

96. *Florence Chandler*, 1871

Allan A. Edson, 1846-1888

97. *Autumn, Yamaska River, Sutton Range, P.Q.*
Automne sur la rivière Yamaska,
***rang Sutton*, 1872**

Huile sur toile, 61,2 × 51,3 cm

Signé et daté en bas à droite: *CWE/1871*

Historique
Mrs Dorris Cassey, Stanbridge East (Missisquoi); acquis en 1982 (82.13.4).

En 1982, le Musée du Québec a acquis quatre portraits des membres d'une famille de Stanbridge, dans les Cantons de l'Est: monsieur et madame Cyril Chandler et leurs filles Bertha Viola et Florence, celle-ci représentée à l'âge de 11 ans. Comme le peintre Charles Wyatt Eaton a étudié à la *National Academy of Design* de New York de 1867 à 1872, ces portraits datés de 1871 ont été peints au cours d'un séjour qu'il effectua dans sa famille à Philipsburg, un village voisin.

Alors que dans son autoportrait (coll. Musée des beaux-arts de Montréal) exécuté avant son départ pour les États-Unis, l'artiste retenait une présentation conventionnelle, *Florence Chandler* dénote l'influence de la peinture réaliste américaine de cette époque. Les maîtres d'Eaton représentent en effet différentes tendances qui se rejoignent dans une recherche commune des effets de la lumière naturelle.

Délaissant l'habituel éclairage artificiel par le côté ou en fond clair-obscur, Eaton présente plutôt son personnage dans une ambiance vaporeuse qui ne crée presque pas d'ombres. Son pinceau très libre adopte une touche très proche de l'aquarelle décomposant les surfaces lumineuses pour en faire ressortir les propriétés réfléchissantes. L'artiste obtient alors une sorte de fondu des formes et des couleurs qui confère beaucoup de spontanéité et de fraîcheur à cette jeune figure.

Huile sur toile, 75,8 × 122 cm

Signé et daté en bas à droite: *AE/72*

Historique
Continental Galleries of Fine Art, Montréal; acquis en 1948 (A-48.107-P).

Expositions
1978, Ottawa, Galerie nationale du Canada, *Notre patrie le Canada*; 1978, Québec, Musée du Québec, *L'art du paysage au Québec (1800-1940)*, fig. 5 (hors catalogue); 1980, Sherbrooke, université de Sherbrooke, Galerie d'art du Centre culturel, *L'art des Cantons de l'est/1800-1950*, n° 25, repr. n/b et coul. en couv.

Bibliographie
Le Musée du Québec, 1978, p. 46-47, repr. coul.; ROBERT, 1978, p. 43, repr.; REID, 1979, p. 125, pl. 49.

Ce tableau d'Allan Aaron Edson semble caractéristique de son art au début des années 1870, par son format et par une exécution uniformément lisse. Un réalisme qui tend à aller au-delà de la photographie s'y décèle dans la recherche de la lumière et l'attention accordée aux effets atmosphériques.

Allan A. Edson, 1846-1888

98. *The Coming Storm, Lake Memphremagog*
Le temps est à l'orage,
lac Memphrémagog, 1880

Napoléon Bourassa, 1827-1916

99. *Adine et Henri Bourassa,* 1880

Huile sur toile, 60,6 × 106,8 cm

Signé et daté en bas à droite: *ALLAN EDSON/80*

Historique
Dominion Gallery, Montréal; coll. de l'honorable Maurice Duplessis; don de la succession de l'honorable Maurice Duplessis, 1959 (G-59.577-P).

Exposition
1978, Ottawa, Galerie nationale du Canada, *Notre patrie le Canada.*

Bibliographie
REID, 1979, p. 363, pl. 147; COLLARD, « Edson, Allan Aaron », 1982, p. 326.

Allan Aaron Edson est né à Stanbridge dans les Cantons de l'Est en 1846 et décédé à Montréal en 1888. Il semble qu'il ait suivi des cours de peinture tout en travaillant pour un marchand d'oeuvres d'art de Montréal. Après plusieurs séjours en Europe, il connut beaucoup de succès au cours des années 1880 et se tailla une

réputation enviable comme paysagiste. D'abord influencé par les peintures de la « Hudson River School », son style a évolué et laisse transparaître l'influence d'une formation acquise à Paris.

Tout en s'intéressant aux paysages grandioses de l'ouest canadien, Edson s'est attardé au Québec et surtout dans la région des Cantons de l'Est. Son esprit d'observation et son intérêt pour la photographie le poussaient à une grande minutie; de là les jeux d'ombres et de lumières, les reflets d'eau et, surtout, l'identification d'un moment particulier alors que l'orage menace sur le lac Memphrémagog. Cette « fidélité à la nature » est la caractéristique dominante de l'art d'Edson qui réussit néanmoins à dépasser la simple description par les jeux de couleurs et de lumière. Mieux que la photographie, ses oeuvres décrivent une ambiance.

Huile sur toile, 45 × 38 cm

Historique
Don de la succession Bourassa, Montréal, 1941 (G-43.55-P).

Expositions
1968, Montréal, Galerie Port-Royal; 1968, Québec, Musée du Québec, *Exposition Napoléon Bourassa 1827-1916*; 1969, l'Acadie, École Napoléon-Bourassa, *Exposition Napoléon Bourassa 1827-1916*; 1976, Ottawa, Archives publiques du Canada, *Napoléon Bourassa 1827-1916, Soixantième anniversaire,* n° 41.

Bibliographie
BOURASSA, 1968, repr. coul. en page couv.; VÉZINA, 1976, repr. p 134-135.

Inquiétant tableau baigné d'une lumière surnaturelle où sont représentés Adine et Henri, les deux enfants de Bourassa. Le choix des couleurs ternes, la disposition sur la toile, la lumière crue sont les éléments choisis par l'artiste pour créer ce double portrait qui tend à la monumentalité: on imagine volontiers ce tableau traité comme une étude préparatoire de personnages devant prendre place dans une grande composition, d'où peut être cette impression de distance, d'austérité, d'inachevé.

Napoléon Bourassa, 1827-1916

100. *La peinture mystique*, vers 1896-1897

*Voir reproduction en couleurs,
section centrale, p. (10)*

Huile sur bois, 178,5 × 119 cm

Historique

Don de la succession Bourassa, Montréal, 1941
(P.1983).

Expositions

1968, Montréal, Galerie Port-Royal; 1968, Québec,
Musée du Québec, *Exposition Napoléon Bourassa
1827-1916*; 1969, l'Acadie, École Napoléon-Bourassa,
Exposition Napoléon Bourassa 1827-1916; 1980, Ottawa, Galerie nationale du Canada, *Fonder une Galerie Nationale. L'Académie Royale des arts du Canada
1880-1913*.

Bibliographie

Bourassa, 1968, repr. p. 81; Ostiguy, 1978, repr.
p. 50; Hill, 1980, p. 4, ill. 3; Vézina, 1976, repr.
p. 66.

Napoléon Bourassa avait réalisé deux ensembles décoratifs à Montréal, à la chapelle de
Nazareth (1870-1872) et à Notre-Dame-de-
Lourdes, qui comportaient l'un et l'autre un
vaste programme de peintures murales. D'autres projets très élaborés et fort ambitieux ont
dû être abandonnés: la décoration intérieure
de la cathédrale de Saint-Hyacinthe (1885-
1892), et celle du Palais législatif de Québec
(1883). Au cours de ces années de travail, Bourassa a élaboré une méthode, précisé son style
et surtout développé sa pensée artistique qu'il a
consignée dans de nombreux écrits.

La peinture mystique réalisé presque à la fin de
sa carrière — il a 70 ans —, peut être considéré
comme un testament symbolique. Il a conçu le
tableau comme une image absolue et complète.
L'artiste a exprimé cette intention concrètement
en réalisant l'encadrement comme partie intégrante de l'oeuvre. Ce compartiment d'architecture enclôt une figure de femme d'une chaste
élégance (madone ou allégorie de la peinture)
en même temps que la surface picturale s'ouvre
sur l'en dehors. Il y a passage entre ce que l'on
voit et ce qui est dit. Nous sommes en présence
d'un système visuel concret, et aussi de valeurs,
que Bourassa a érigé tout au long de sa vie et
qu'il a tenté d'appliquer dans son oeuvre: un
système basé sur la morale et la religion chrétienne. Son esthétique puise chez les peintres
mystiques des XIVᵉ et du XVᵉ siècles italiens, les
Giotto, Bellini, Francia, Perugino, Fra Angelico,
Fra Bartolomeo; lesquels ont tracé les lois nécessaires, fixé les règles, les traditions et les
formes propres de la peinture religieuse des
peintres de la représentation du Christ, de la
Vierge et des saints. Bourassa a imité Ingres et
son disciple Flandrin qui, en France, ont pratiqué la même démarche au XIXᵉ siècle; plusieurs de ses écrits traduisent son admiration
pour ces deux artistes.

La peinture mystique est une figure soumise,
auréolée, se détachant sur une croix. Elle reçoit
la lumière, elle guide l'artiste et témoigne de
son éclectisme formel et thématique. « ...Ils allaient s'asseoir devant leur toile ou leur bloc de
marbre, et, avant de porter le premier coup, ils
regardaient le ciel, et ils lisaient ensuite dans
leur âme l'image qui s'y était reflétée: c'est à
dire l'idéal... ». Cette pensée se trouve dans un
texte de Bourassa: *Influence du sentiment religieux sur l'art**.

* *Vézina, Raymond. Napoléon Bourassa, 1827-
1916. Introduction à l'étude de son art, Éditions
Élysée, Montréal, p. 184.*

Napoléon Bourassa, 1827-1916

101. *Apothéose de Christophe Colomb*, **1904-1912**

*Voir reproduction en couleurs,
section centrale, p. (24 et 25)*

Huile sur toile, 4,81 × 7,34 cm

Historique
Don de la succcession Bourassa, Montréal, 1941;
remis au Musée en octobre 1965 (A-65.174-P).

Exposition
1917, Montréal, Atelier de Napoléon Bourassa.

Bibliographie
Bourassa, 1968; repr. p. 84, 85; Vézina, 1976, repr.
p. 84, détails p. 86, 88, 89, 91; *Qui?*, vol. 1, n° 3,
décembre 1949, p. 61-64.

Bourassa a commencé ce grand tableau vers
1904. Il y travaillait encore en 1912 lorsque son
mauvais état de santé l'obligea de s'arrêter.

Cette grande composition est audacieuse par
l'ampleur de son sujet et l'artiste avait amorcé
cette glorification des découvreurs du Nouveau
Monde dès le début de sa carrière artistique.
On trouve la première idée de l'oeuvre dans
une esquisse au pastel qu'il a exécutée entre
1859 et 1864 (n° 314). À cette époque, on sait
qu'il travaillait à la préparation d'une grande
composition à sujet historique pour orner un
mur du Cabinet de lecture paroissial de Montréal. De plus, il avait écrit à Théophile Hamel
en 1864: « Je suis donc à faire sur carton, une
grande composition allégorique où doivent entrer le plus grand nombre possible de figures
de nos grands hommes canadiens, de toutes les
époques ».

En 1867, Bourassa se remit à nouveau à son
« carton » qu'il s'empressa de terminer pour
l'envoyer en France à la demande de Charles
Taché, commissaire du Canada à l'Exposition
internationale de Paris. L'oeuvre revint fort abi-
mé. Seize ans plus tard (1883), l'artiste soumit
un projet de décoration pour le Palais législatif
de Québec où l'Apothéose de Christophe Colomb devait être placé dans la Chambre du
Conseil. Ce projet ne fut pas retenu.

À la fin de sa carrière, Bourassa reprit son
grand projet en conservant l'idée originale de
1859-1864 mais en ajoutant à la deuxième
composition des figures politiques canadiennes
et américaines de son époque. En 1911, il
forma le projet de vendre sa toile au gouvernement ou à quelque organisme public intéressé
à cette grande fresque historique. Il envisageait
terminer l'oeuvre avec l'aide d'artistes qui tra-
vailleraient sous sa direction dans son atelier. Il
mourut en 1916 et le tableau reste inachevé.
Exposé dans son atelier de la rue Sainte-Julie à
Montréal, le grand tableau fut démonté en 1917,
puis roulé et remisé. En 1941, Henri Bourassa
fit don des oeuvres de son père au gouvernement de la Province de Québec. L'*Apothèse de
Christophe Colomb* est présentée au musée du
Québec pour la première fois.

Cette grande fresque historique se rapproche
de compositions semblables exécutées à Paris
vers les années 1840. En 1827, Ingres peignait
l'*Apothéose d'Homère*, Chenavard en 1848 prépare sa série de la *Palingénésie universelle*
pour orner le Panthéon, Delaroche en 1841
peint *les Artistes de tous les Âges* dans l'hémicy-
cle de l'École des Beaux-Arts de Paris. S'inspirant de ces oeuvres qu'il avait vues lors de
voyages à Paris, Bourassa choisit un programme
thématique allégorique qu'il développa pendant près de cinquante ans.

Au cabinet des dessins et des estampes, le
Musée conserve 35 études préparatoires pour
l'*Apothéose de Christophe Colomb*. Les sept qui
sont présentées ici permettent d'approcher la
méthode de travail de l'artiste. Bourassa a longuement préparé son projet par des recherches
historiques et iconographiques puisées dans les
volumes et les gravures des bibliothèques et
musées d'Europe. À partir de cette documentation, il dessine un grand nombre d'études
préparatoires; soit en traitant ses figures individuellement, comme par exemple la tête de
Christophe Colomb (n° 337), ou encore en
regroupant quelques personnages pour préciser une attitude (n°s 333, 344, 335). Parfois, il
pousse sa recherche de précision jusqu'à rendre les plis et l'effet des étoffes d'un costume

(n° 336). Les têtes sont traitées d'après des
gravures ou des photographies connues (n°
332). Cet ensemble de dessins exécuté très
minutieusement lui permet de transposer ses
personnages sur la toile dans une ordonnance
remarquablement fidèle à la première esquisse
au pastel de 1859-1864. Il met ses études au
carreau pour les reporter à l'échelle sur sa
composition (n°s 332, 333, 334). Un groupe
laissé à l'état de dessin contour dans la partie
gauche de la grande composition illustre bien
la méthode adoptée par l'artiste: les personnages une fois tracés, il applique les premiers
tons clairs du tableau ou ajoute les ombres, ou
pousse encore plus loin le rendu des têtes des
costumes, fidèle à sa documentation historique.
Comme pour le groupe où domine Louis-
Joseph Papineau, Bourassa appliquait très fidèlement la méthode de travail que préconisaient
Ingres et son élève Louis-Hippolyte Flandrin.
Cette recherche lui permettait de développer
une écriture pittoresque très rigoureuse sur le
plan formel et thématique de l'oeuvre.

L'harmonie linéaire et l'ordre symétrique sont
les deux grandes caractéristiques de l'oeuvre
qui crée l'ambiance de froideur. Le tableau
illustre l'histoire de l'Amérique mais aussi celle
de la pensée humaniste occidentale. L'oeuvre
est édifiante et révèle l'érudition de l'artiste.

1. Le Génie de la Marine.
2. Christophe Colomb.
3. La Religion.
4. La Gloire.
5. Plutarque.
6. La Géographie.
7. Copernic.
8. Galilée.
9. Dante.
10. Milton.
11. Corneille.
12. Bossuet.
13. Moïse.
14. Numa Pompilius.
15. Père Jean Perez de Marchena.
16. Isabelle.
17. Phidias.
18. Michel-Ange.
19. Demosthène.
20. Cicéron.

21. Socrate.
22. Platon.
23. Archimède.
24. Guttenberg.
25. Léonard de Vinci.
26. Raphaël.
27. Haydn.
28. Amerigo Vespucci.
29. Un génie.
30. Un autre génie.
31. La Constance.
32. La Force.
33. La Vigilance.
34. La Vérité.
35. La Justice.
36-37. Les Renommées Vengeresses.
38. Jean de Fonseca.
39. François Roldan.
40. Pedro Margarit.
41. Bernard Boil.
42. Jean Aguado.

43. Bobadilla.
44. Las Casas.
45. Jacques Cartier.
46. Champlain.
47. William Penn.
48. Mgr de Laval.
49. Montcalm.
50. Wolfe.
51. Lévis.
52. La Fayette.
53. Washington.
54. Franklin.
55. Morse.
56. Fulton.
57. L.-J. Papineau.
58. McKenzie.
59. Lafontaine.
60. Baldwin.
61. Georges-Étienne Cartier.
62. Sir John Macdonald.

Eugène Hamel, 1845-1932

102. *Akonessen (La Perdrix).*
   La dernière des Huronnes, 1906

Huile sur carton, 48,3 × 32,9 cm

Signé et daté en bas à droite : *Eug. Hamel/1906*

Historique
Parlement de Québec ; tranféré au Musée en 1954
(A-54.24-P).

Expositions
1975, Halifax, Mount Saint Vincent University, Art
Gallery, *Veneer* ; 1976, Montréal, Place Bonaventure,
Hier au Québec 1875-1915.

Bibliographie
HAMEL, 1932, p. 10, 19.

Eugène Hamel est né à Québec en 1845. Après
avoir étudié avec son oncle Théophile pendant
cinq ans, il effectua plusieurs longs séjours en
Europe avant de s'installer à Québec, en 1885,
où il était déjà connu par l'envoi de plusieurs
oeuvres. Décédé en 1932, le peintre occupait
depuis 1892 un emploi au gouvernement, ce
qui tend à démontrer qu'un artiste vivait difficilement de son art à Québec à la fin du XIXᵉ
siècle.

Dans la vague des grandes fresques historiques
et avec une palette semblable, Eugène Hamel
peint cette figure d'allure mythique qui conserve une expression toute naturelle. L'artiste
situe *La dernière des Huronnes* dans un paysage immense, royaume de sa race ; cette description idyllique se complète par des ornements et
des bijoux, symboles de son rang et de sa
richesse.

Les traits rapidement esquissés, les reflets de
lumière sur la chevelure noire et les plumes du
panache ennoblissent la beauté de cette femme.
La juxtaposition des rouges et des verts crée un
effet intéressant, grâce à des liaisons de gris
cendrés et des blancs contrastants de certains
motifs.

Anonyme

103. *Anges* (2), **fin XVIIe siècle (?)**

Bois doré, 59,6 cm

Historique

Fabrique Saint-Pascal, Kamouraska ; Fabrique Sainte-Hélène, Kamouraska, vers 1847 ; Rosaire Saint-Pierre, Beaumont, vers 1970 ; acquis en 1976 (A-76.255-S et A-76.256-S).

Ces deux anges proviennent du couronnement du maître-autel de l'église de Sainte-Hélène de Kamouraska, partiellement démantelé lors des réformes introduites par le renouveau liturgique. L'origine initiale du meuble n'est pas connue de façon certaine ; il pourrait s'agir d'une importation française de la fin du XVIIe siècle.

L'attitude des deux personnages, plus précisément leur main levée vers le ciel, ainsi que leur emplacement précis sur la pièce de mobilier, laissent présager qu'à l'origine les deux anges devaient soutenir une couronne, symbole de la royauté de Dieu. Un petit tabernacle conservé chez les Ursulines de Québec présente d'ailleurs la même ordonnance.

L'ensemble est marqué par un certain maniérisme qui se décèle aussi bien dans l'expression du visage et le traitement de la chevelure que dans la main ramenée sur la poitrine ou la position des ailes. Le drapé fouillé rend bien les volumes du corps et crée un effet de mouvement. La grande qualité de l'exécution appelle une main de maître ; vu l'époque, il s'agit probablement d'oeuvres importées.

Jacques Leblond de Latour, 1671-1715

104. *Sculptures de l'ancien retable*
de l'Ange-Gardien

Tabernacle, vers 1695

Voir reproduction en couleurs,
section centrale, p. (11)

Bois doré, 286 × 274 cm

Le retable de l'Ange-Gardien a pu être sauvé de l'incendie de l'église en 1932. Conservé dans la nouvelle église jusqu'en 1964, il a été acquis par le Musée du Québec en 1974.

L'ensemble n'est cependant pas complet; le Musée n'en possède que six colonnes, deux statues et le tabernacle du maître-autel. Érigée aux environs de 1705, l'oeuvre a été attribuée notamment à Jacques Leblond de Latour, peintre et sculpteur bordelais venu à Québec en 1690 et décédé à la Baie-Saint-Paul en 1715. Engagé par le Séminaire de Québec, l'artiste prit l'habit ecclésiastique en 1699. S'il a travaillé au retable de l'Ange-Gardien, il est vraisemblable qu'il ait été assisté d'autres sculpteurs et de menuisiers, dont Denis Mallet, Charles Vézina et Pierre-Gabriel Le Prévost.

L'image la plus ancienne qui en soit connue ne permet pas d'en connaître l'état originel; elle le montre après l'agrandissement et les transformations de 1835 et 1902. À ce moment, le retable était déjà partiellement démembré et deux des quatre colonnes originelles avaient été réutilisées dans les chapelles latérales. L'illustration présente bien plus une oeuvre typique du début du XIXe siècle qu'un retable en arc de triomphe du régime français.

Les fûts des colonnes conservées et les chapiteaux qui les surmontent sont les plus riches et les plus ornés que l'on connaisse. Chaque fût est renflé et les cannelures rudentées dans le tronçon sont ornées de deux étages de feuillages et de fleurs. Le tronçon est ensuite ceint d'une lourde guirlande de roses et d'un drapé. Le chapiteau appartient à l'ordre corinthien et l'ensemble obéit parfaitement aux règles des traités d'architecture du XVIIe siècle français.

Le maître-autel, qui était placé au centre du retable, aurait été réalisé vers 1695, également par Jacques Leblond de Latour. L'oeuvre est remarquable par la qualité et la profusion de la sculpture mais surtout par l'entablement très articulé et mouvementé qui suit avec élégance les avancées et replis de la façade. Cette section

Historique
Église de l'Ange-Gardien, Montmorency; dépôt de la Fabrique de la paroisse en 1967; acquis en 1974 (A-74.257-S; A-74.256-S; A-74.255-S; A-74.258-S(6)4).

Exposition
1967, Québec, Musée du Québec, *Sculpture traditionnelle du Québec*, nᵒˢ 36, 37, 38, 39, repr.

Bibliographie
ROY, 1925, p. 33-36, repr. p. 37, 38, 43; BARBEAU, « Two Centuries of Wood Carving in French Canada », mai 1933, ill.; BARBEAU, 1934, p. 108, 111; BARBEAU, 1937, p. 27-28; MORISSET, 1941, p. 26; MORISSET, 1949, p. 46, 47, 67, ill. 85; MORISSET, « Le sculpteur Jacques Leblond dit Latour », 9 juillet 1950, p. 18, 46, fig. 2, 3, 4; MORISSET, « L'école des Arts et Métiers de Saint-Joachim », 1er octobre 1950, p. 27, 37, fig. 2; BARBEAU, 1957, repr.; GREENING, « Two centuries of Canadian Wood Carving and Sculpture », november 1967, fig. 1; LAVALLÉE, 1968, p. 37, 40, 45, 74, repr. p. 73; SOUCY, « Le Musée du Québec », été 1971, repr.; GAUTHIER, 1974, p. 17, 23, ill. p. 72; TRUDEL, « Quebec Sculpture and Carving », 1974, p. 46; Le Musée du Québec, 1978, p. 18-19, repr. coul.; PORTER, 1979, p. 103, ill. 80, 81; GOBEIL TRUDEAU, 1981, p. 53-55, repr.; VOYER, 1981, p. 43-44, ill. 2 d; THIBAULT, « La place de l'art religieux au Musée du Québec », septembre 1981, repr. p. 22.

Saint Michel terrassant le démon, vers 1705

Saint Gabriel, vers 1705

Colonnes et chapiteaux, vers 1705

Bois doré et polychrome, 155,5 cm

Bois doré, 155,5 cm

de l'oeuvre se ressent visiblement des gravures d'architecture des XVIe et XVIIe siècles français où l'influence du baroque italien a laissé sa marque. Les statuettes qui devaient à l'origine occuper les niches ont malheureusement disparu, même si une photo ancienne du maître-autel en place en montre encore trois.

Le Musée du Québec possède aussi deux statues qui viendraient de ce retable; un _Saint Michel_ et un _Saint Gabriel_, exceptionnels par la richesse et l'abondance du décor sculpté sur les vêtements, la qualité du rendu des anatomies et

les postures assez peu habituelles dans la statuaire du Québec. Le _Saint Michel_ retient particulièrement l'attention: le monstre qu'il terrasse est une oeuvre unique dans l'art du régime français.

Après le baldaquin de la chapelle du palais épiscopal, qui se trouve aujourd'hui dans le sanctuaire de l'église de Neuville, le retable de l'Ange-Gardien est l'ensemble sculpté le plus ancien qui soit conservé du temps de la Nouvelle-France.

Bois doré et peint en blanc, 289 cm

101

(?) Charles Vézina, 1685-1755
105. *Saint Joseph*, vers 1730

(?) Charles Vézina, 1685-1755
106. *Vierge à l'Enfant*, vers 1730

Ces deux pièces font partie du fonds le plus ancien de la collection du Musée du Québec qui les a acquises avant 1934. C'est un peu par défaut qu'on les a attribuées, voici longtemps, à Charles Vézina : leurs caractéristiques les distinguent nettement des oeuvres connues des autres sculpteurs de cette époque. Depuis que des recherches ont révélé que Vézina était ornemaniste bien plus que sculpteur, cette attribution paraît quelque peu contestable.

Chose certaine, *Saint Joseph* et la *Vierge à l'Enfant* sont incontestablement de la même main. Cette affirmation est soutenue par plusieurs caractéristiques communes aux deux oeuvres : le traitement du drapé, la position et les proportions du corps, l'articulation du visage et l'évasement du drapé vers la base.

Les deux statues ont malheureusement perdu leur polychromie originelle et cette absence gêne un peu la compréhension. Les dimensions et la grande qualité d'exécution semblent confirmer leur appartenance à un XVIIIe siècle encore peu avancé.

Bois, 131 cm

Historique
Acquis avant 1934 (34.559-S).

Expositions
1946, Detroit, The Detroit Institute of Arts, *The Arts of French Canada*, n° 2 (The Saviour), plate II ; 1947, Colombus (Ohio), Columbus Gallery of Fine Arts, *The Colonial Americas*, n° 90 ; 1952, Québec, Musée de la Province, *Exposition rétrospective de l'art au Canada français*, n° 108 ; 1958, Paris, Grands Magasins du Louvre, *Exposition de la Province de Québec* ; 1967, Québec, Musée du Québec, *La sculpture traditionnelle du Québec*, n° 82, repr.

Bibliographie
LAVALLÉE, 1968, p. 76 ; SOUCY, « L'Art Traditionnel au Musée du Québec », novembre 1969, p. 39.

Bois, 136 cm

Historique
Acquis avant 1934 (34.560-S).

Expositions
1945-1946, Albany, Albany Institute of History and Art, *Painting in Canada. A Selective Historical Survey*, n° 5 ; 1946, Detroit, The Detroit Institute of Arts, *The Arts of French Canada*, n° 1, plate III ; 1947, Columbus (Ohio), Columbus Gallery of Fine Arts, *The Colonial Americas*, n° 89 ; 1952, Québec, Musée de la Province, *Exposition rétrospective de l'art au Canada français*, n° 107 ; 1958, Paris, Grands Magasins du Louvre, *Exposition de la Province de Québec* ; 1959, Vancouver, Vancouver Art Gallery, *Les arts au Canada français*, n° 88, repr. ; 1959, Québec, Parlement, *Art religieux* ; 1961, Beauport, Académie Sainte-Marie, *Art religieux* ; 1967, Québec, Musée du Québec, *Sculpture traditionnelle du Québec*, n° 81, repr.

Bibliographie
BARBEAU, 1957, repr. ; LAVALLÉE, 1968, p. 76 ; *Collections des Musées d'État du Québec*, 1967, n° 4, ill. ; SOUCY, « L'Art Traditionnel au Musée du Québec », novembre 1969, p. 39.

Anonyme

107. *Saint Joseph*, XVIIIe siècle

Anonyme

108. *Vierge à l'Enfant*, XVIIIe siècle

Il n'a pas été possible jusqu'ici de proposer, fût-ce seulement à titre d'hypothèse, la moindre attribution pour ces deux oeuvres qui semblent contemporaines l'une de l'autre à ce que suggèrent leur polychromie un peu défraîchie et quelques légers repeints, surtout dans le cas de la *Vierge à l'Enfant*.

Ce couple exécuté probablement au XVIIIe siècle a-t-il du moins un même auteur? La chose n'est pas évidente. Une observation attentive révèle en effet plusieurs différences assez importantes. D'abord, la proportion tête-corps n'est pas la même pour les deux statues: *Saint Joseph* a une tête plus lourde que la *Vierge*. Ensuite, les deux oeuvres diffèrent dans leur rapport à la base; le vêtement du *Saint Joseph* tombe en s'évasant, ce qui n'est pas le cas de son pendant. Enfin et surtout, le traitement des plis du drapé s'oppose assez nettement à un rapprochement. Le corps de la *Vierge* moule le drapé (poitrine, bras, hanche et genoux) tandis que *Saint Joseph* est littéralement enveloppé par un drapé qui lui donne sa forme. Aux plis en accordéon très stylisés du bras du *Saint Joseph* s'oppose le plissement froissé et interrompu de l'étoffe qui enroule le bras de la *Vierge*. La chute de la robe de celle-ci produit des plis enroulés alors qu'en tombant l'étoffe suspendue au bras du *Saint Joseph* forme des volutes. Les deux manières qu'évoquent ces oeuvres sont donc difficilement conciliables à moins d'imaginer un sculpteur qui aurait suivi de très près des modèles d'origine différente.

Bois polychrome, 177,8 cm

Historique
Église Saint-François-Xavier, Batiscan; dépôt de la Fabrique de la paroisse en 1966 (L-67.14-S).

Expositions
1946, Detroit, The Detroit Institute of Arts, *The Arts of French Canada*, n° 4; 1967, Québec, Musée du Québec, *Sculpture traditionnelle du Québec*, n° 22, repr. (détail); 1977, Québec, Musée du Québec, *L'art du Québec au lendemain de la Conquête (1760-1790)*, n° 24, repr.

Bibliographie
BARBEAU, 1957, repr.

Bois polychrome, 179 cm

Historique
Église Saint-François-Xavier, Batiscan; dépôt de la Fabrique de la paroisse en 1966 (L-67.15-S).

Expositions
1946, Detroit, The Detroit Institute of Arts, *The Arts of French Canada*, n° 3; 1967, Québec, Musée du Québec, *L'art du Québec au lendemain de la Conquête (1760-1790)*, n° 23, repr.

Anonyme

109. *Enfant Jésus au globe*, XVIIIᵉ siècle

Bois polychrome avec traces de dorure, 39,5 cm

Historique
(?) Couvent de Saint-Hyacinthe; Rosaire Saint-Pierre, Beaumont; acquis en 1967 (A-67.52-S).

Exposition
1980, Québec, Musée du Québec, *Analyse Scientifique des Oeuvres d'Art*, p. 76-82, repr. coul.

Bibliographie
TRUDEL, « Statuaire traditionnelle du Québec. Six Enfants Jésus au globe », hiver 1967-1968, p. 32, repr. coul. p. 30; *Le Musée du Québec*, 1978, p. 22-23, repr. coul.

Cet *Enfant Jésus au globe* a été étudié par Jean Trudel dans un article paru dans *Vie des Arts*. L'auteur place son exécution au milieu du XVIIIᵉ siècle en le comparant à cinq autres statuettes représentant le même thème. Ce thème aurait été introduit en Nouvelle-France par les Jésuites, et l'oeuvre la plus ancienne qui l'illustre ferait partie du trésor de l'église du Village Huron de la Jeune-Lorette.

La pièce du Musée se distingue par sa polychromie d'une oeuvre assez semblable conservée dans une collection privée. L'oeuvre gagne nettement en intensité et illustre à quel point les couleurs des vêtements et les connotations sont importantes pour apprécier la statuaire religieuse du XVIIIᵉ siècle, trop souvent décapée sans raison.

L'auteur de l'*Enfant Jésus au globe* du Musée n'est pas connu et seule une étude d'ensemble sur la sculpture de cette époque permettrait d'avancer des hypothèses d'attribution. Une analyse récente faite en laboratoire indique que le bois utilisé serait du peuplier, essence d'origine européenne. De plus, la statue, du moins les vêtements et le globe, aurait été dorée à l'origine par le sculpteur. L'oeuvre aurait donc été importée d'Europe et mise au goût du jour par l'application postérieure d'une polychromie, à une époque qu'il est difficile de déterminer.

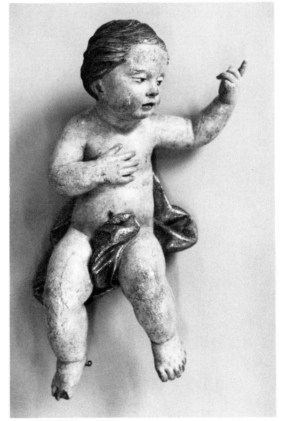

Anonyme

110. *Chérubin*, XVIIIᵉ siècle

Bois polychrome et décor en réserve sur feuille d'or, 48,2 cm

Historique
(?) Ancienne église de Saint-Vallier, Bellechasse; Samuel Breitman, Montréal; acquis en 1950 (A-50.101-S).

Expositions
1952, Québec, Musée de la Province, *Exposition rétrospective de l'art au Canada français*, nº 165. pl. 15; 1958, Paris, Grands Magasins du Louvre, *Exposition de la Province de Québec*; 1959, Vancouver, Vancouver Art Gallery, *Les arts au Canada français*, nº 62; 1959, Québec, Parlement, *Art religieux*; 1960, Mexico, Instituto Nacional de Bellas Artes, museo Nacional de Arte moderno, *Arte Canadiense*, nº 63; 1961, Beauport, Académie Sainte-Marie, *Art religieux*; 1962, Bordeaux, Musée des Beaux-Arts, *L'Art au Canada*, nº 72, repr.; 1966, Vancouver, The Vancouver Art Gallery, *Images for a Canadian Heritage*, repr. (hors catalogue); 1967, Ottawa, Galerie nationale du Canada, *Trois cents ans d'art canadien*, nº 28, repr.; 1977, Québec, Musée du Québec, *L'art du Québec au lendemain de la Conquête (1760-1790)*, nº 35, repr.

Bibliographie
« New Acquisitions by Canadian Galleries », 1951, repr. p. 79; MORISSET, « Pierre-Noël Levasseur (1690-1770) », 9 novembre 1952, p. 36-37, fig. 7; MORISSET, « Trésors d'Art de la province », février 1953, repr. p. 35; BARBEAU, 1957, repr.; MORISSET, « Sculpture et Arts décoratifs », printemps 1962, repr. p. 40; *Collections des Musées d'État du Québec*, 1967, nº 7, ill.

Acquise par le Musée du Québec en 1950, cette statuette aurait jadis orné l'église de Saint-Vallier de Bellechasse. Cependant, aucun document ne confirme cette provenance.

L'oeuvre n'est pas complète en soi: la position des jambes et le mouvement des bras permettent de supposer que ce chérubin était assis ou accroché par l'arrière du drapé sur lequel il évolue.

La polychromie ancienne pourrait être originale: quelques lacunes et une certaine patine lui donnent un cachet d'authenticité. Une restauration récente a redonné plus d'éclat à la polychromie. S'il se peut qu'il s'agisse d'une oeuvre importée, ce *Chérubin* peut tout autant avoir ses racines au Québec. Le retable des Ursulines, dont les sculptures ont été attribuées à Pierre-Noël Levasseur, comporte un Enfant Jésus dans les bras de Saint Joseph et des têtes joufflues d'angelots. D'ailleurs, la comparaison avec l'*Enfant Jésus* des Ursulines permet d'avancer l'hypothèse que notre *Chérubin* pourrait fort bien être un *Enfant Jésus* à la recherche de son père nourricier...

Pierre-Noël Levasseur, 1690-1770
111. *La Vierge*, vers 1730

Anonyme
112. *Vierge à l'Enfant*, XVIIIᵉ siècle

Anonyme
113. *Vierge à l'Enfant*

Bois doré, 80,6 cm

Historique
Coll. Paul Gouin, Montréal; acquis en 1955
(A-55.686-S).

Expositions
1958, Paris, Grands Magasins du Louvre, *Exposition de la Province de Québec*, 1959, Vancouver, Vancouver Art Gallery, *Les arts au Canada français*, nº 69; 1959, Québec, Parlement, *Art religieux*; 1961, Beauport, Académie Sainte-Marie, *Art religieux*; 1967, Québec, Musée du Québec, *Sculpture traditionnelle du Québec*, nº 67, repr.; 1976, Stratford, The Gallery, *Aspects of the Art of French Canada 1700-1850*, nº 33.

Cette statue provient de la collection Paul Gouin; elle a été acquise par le Musée du Québec en 1955 et aussitôt attribuée à Pierre-Noël Levasseur par Gérard Morisset, en raison de sa ressemblance stylistique avec deux oeuvres signées en 1742-1744 par ce sculpteur à l'église de Charlesbourg. Le mouvement du corps et des drapés, le geste théâtral, appartiennent en effet à la même époque. Cependant, le style du drapé de celle-ci, dont les plis sont plus anguleux et plus cassés, diffère assez sensiblement des pièces précitées. *La Vierge* paraît plus proche du *Père Éternel* (nº 117) ou de l'*Ange à la palme* du retable des Ursulines, à condition toutefois de supposer que la bronzine qui la recouvre ait estompé les traits d'un visage dont il faut bien reconnaître qu'il est un peu figé.

Bois doré, traces de polychromie, 79,1 cm

Historique
Dʳ Herbert T. Schwartz, Montréal; acquis en 1967
(A-67.59-S).

Exposition
1980, Montréal, Musée des beaux-arts, *Cap-Santé, Comté de Portneuf*, p. 121-122, nº 43, fig. 44.

Bibliographie
TRUDEL, « Un aspect de la sculpture ancienne du Québec. Le mimétisme », été 1969, p. 33, repr. nº 5; *Le Musée du Québec*, 1978, repr. p. 21.

Dans son article qui traite du thème de la *Vierge à l'Enfant*, dans *Vie des Arts*, Jean Trudel situe la première statuette vers le début du XVIIIᵉ siècle. La seconde, acquise plus récemment par le Musée du Québec, paraît être une copie de la première par un sculpteur différent. L'auteur conclut donc à l'existence d'un « mimétisme » dans la statuaire ancienne du Québec. Si la chose est incontestable au niveau du thème, le traitement très différent du drapé incite à distinguer les deux oeuvres plutôt que de les relier l'une à l'autre dans un rapport modèle-copie.

Bois doré, 42,5 cm

Historique
(?) Paroisse de Saint-Janvier; Rosaire Saint-Pierre, Beaumont; acquis en 1977 (A-77.35-S).

Exposition
1980, Montréal, Musée des beaux-arts, *Cap-Santé, Comté de Portneuf*, p. 121-122, nº 44, fig. 45.

Bibliographie
TRUDEL, « Un aspect de la sculpture ancienne du Québec. Le mimétisme », été 1969, p. 33, repr. nº 6.

Anonyme

114. *Saint*, XVIIIᵉ siècle

Anonyme

115. *Saint*, XVIIIᵉ siècle

Anonyme

116. *Saint*, XVIIIᵉ siècle

Bois doré et polychrome, 33 cm

Bois doré et polychrome, 31,8 cm

Bois doré et polychrome, 33,2 cm

Historique
Église Saint-Antoine de Vaudreuil; dépôt de la Fabrique de la paroisse en 1969 (L-69.34-S; L-69.33-S; L-69.32-S).

Exposition
1969, Québec, Musée du Québec, *Profil de la sculpture québécoise*, nᵒˢ 37, 38, 39, repr.

Bibliographie
BARBEAU, 1937, repr. p. 26; BARBEAU, « Anciens Maîtres Sculpteurs », 17 avril 1937, repr. p. 41; HUBBARD, 1964, p. 40, fig. 52.

Ces trois statuettes proviennent de l'ancienne église de Longueuil. Deux d'entre elles ornaient le maître-autel et la troisième appartenait à un autel latéral.

D'abord attribuées à Paul Labrosse qui les aurait exécutées en 1741, les trois oeuvres ont été imputées par Gérard Morisset à Louis Quévillon et datées de 1815. En 1969, Jean Trudel les a présentées dans l'exposition *Profil de la sculpture québécoise* comme des oeuvres anonymes en précisant qu'elles ne peuvent être de la même main « tellement le style est différent ».

Si les personnages ont des poses et des gestes différents, si même leur costume s'enroule de façon différente autour du corps, il reste cependant que la manière de plisser les étoffes, de rendre le modelé et l'expression théâtrale des visages, bref que les éléments qui procèdent à proprement parler du style du sculpteur sont assez analogues dans les trois cas. Dans l'ensemble, ces oeuvres rappellent le XVIIᵉ siècle français par leur aspect mouvementé et le geste théâtral. Et l'interprétation que leur auteur livre de l'esprit de cette époque n'est pas sans rappeler l'art d'un Pierre-Noël Levasseur.

Pierre-Noël Levasseur, 1690-1770

117. *Père Éternel*, vers 1768

Voir reproduction en couleurs,
section centrale, p. (12)

Bois polychrome, 127 × 79 cm

Historique

Ancienne église de Saint-Vallier, Bellechasse; coll.
Paul Gouin, Montréal; acquis en 1951 (A-55.193-S).

Expositions

1946, Detroit, The Detroit Institute of Arts, *The Arts of
French Canada*, n° 20, plate VI; 1952, Québec, Musée
de la Province, *Exposition rétrospective de l'art au
Canada français*, n° 166; 1966, Vancouver, The Vancouver Art Gallery, *Images for a Canadian Heritage*,
repr. (hors catalogue); 1967, Québec, Musée du
Québec, *Sculpture traditionnelle du Québec*, n° 68,
repr.; 1977, Québec, Musée du Québec, *L'art du
Québec au lendemain de la Conquête (1760-1790)*,
n° 34, repr.

Bibliographie

BARBEAU, « Les Le Vasseur, maîtres menuisiers, sculpteurs et statuaires (Québec, circa 1648-1818) », 1948,
p. 41-42; MORISSET, « Pierre-Noël Levasseur
(1699-1770) », 9 novembre 1952, p. 37, fig 6; BAR-
BEAU, 1957, repr.; MORISSET, « Sculpture et Arts décoratifs », printemps 1962, p. 39; *Collections des Musées
d'État du Québec*, 1967, n° 10, ill. coul.; LAVALLÉE,
1968, p. 74; SOUCY, « L'Art Traditionnel au Musée du
Québec », novembre 1969, p. 39-40, repr.; TRUDEL,
1972, p. 31, 77, ill. 10; *Le Musée du Québec*, 1978,
p. 24-25, repr.; MELLEN, 1978, p. 100-101, pl. 38 coul.;
THIBAULT, « Gérard Morisset, Conservateur du Musée
de la Province de Québec (1953-1965), 1981, repr.
56; VOYER, 1981, p. 159.

Cette oeuvre attribuée à Pierre-Noël Levasseur
par Gérard Morisset est sans doute la sculpture
la plus célèbre de la collection du Musée du
Québec. Elle proviendrait, tout comme le *Chérubin* (n° 110), de l'ancienne église de Saint-
Vallier de Bellechasse.

Le *Père Éternel* a conservé sa polychromie originale. Les lacunes et la patine qu'on peut observer sont largement responsables de l'aspect
ancien et « authentique » qui se dégage de
l'oeuvre. Mais la sculpture est intéressante pour
plusieurs autres raisons.

La représentation est unique. Le *Père Éternel* se
présente assis, jetant un regard accueillant sur
le peuple élu, tenant d'une main une couronne
et dans un bras le globe; il évolue sur un nuage
à la manière d'un Jupiter païen. Ce type de
représentation va faire place dès le début du
XIXe siècle au Père Éternel émergeant en plongée d'un nuage, image terrifiante et couronnée
qui impose la foi bien plus qu'elle ne sollicite
l'adhésion des fidèles.

L'oeuvre témoigne aussi d'une qualité d'exécution rarement vue au Québec. Le visage serein
et qui inspire la compassion est traité avec
délicatesse et rendu par un modelé très souple.
L'abondante chevelure et la puissante barbe
sont exécutées avec élégance et naturel. Les
autres parties exposées du corps révèlent une
habileté exceptionnelle: la main puissante est
fortement veinée et la pose du pied légèrement
courbé rend bien l'idée de la suspension dans
le vide. Enfin, le drapé est traité de manière
large et nerveuse, sans les rondeurs excessives
qui s'amplifient au fur et à mesure qu'on avance
dans le XVIIIe siècle.

Dans l'ensemble, la composition est dominée
par un mouvement qui n'a pas d'égal dans la
sculpture ancienne du Québec. La tête est légèrement inclinée et penchée en avant par rapport au buste qui lui-même s'appuie sur des
jambes croisées et repliées sur le côté. Le sculpteur a donc évité le statisme des oeuvres classiques assises et vues de face, comme c'est le cas
des évangélistes de François Baillairgé à Saint-
Joachim vers 1820, pour s'inscrire dans la continuité du XVIIe siècle européen. Seule fausse
note, la stylisation excessive des nuages n'est
pas à la hauteur du talent de l'artiste.

Ce *Père Éternel* présente certaines analogies
avec des oeuvres du retable des Ursulines, lui
aussi attribué à Pierre-Noël Levasseur: il s'agit
en particulier des qualités expressives du visage, du rendu détaillé de l'anatomie et de la
chevelure, enfin de la manière large mais nerveuse de plisser le drapé.

François-Noël Levasseur, 1703-1794
118. *Saint Paul*, vers 1775

François-Noël Levasseur, 1703-1794
119. *Saint Pierre*, vers 1775

Les deux statuettes devaient orner un tabernacle ancien et faisaient peut-être partie d'une série plus importante. Isolées du cadre qui les contenait, elles révèlent l'art du sculpteur en qui Morisset a cru reconnaître François-Noël Levasseur (1703-1794), fils de Noël (1680-1740) et père de Jean-Baptiste-Antoine, dit Delor (1717-1775). Avec leur oncle Pierre-Noël (1690-1770), ces artistes ont dominé le monde de la sculpture du XVIIIᵉ siècle québécois.

Peu d'oeuvres figuratives ont été attribuées à François-Noël Levasseur et aucune étude n'a encore tenté d'isoler son oeuvre de celle de son frère ou de son oncle. La comparaison avec certaines oeuvres du décor de la chapelle des Ursulines, réalisées entre 1726 et 1736, révèle des parentés stylistiques incontestables. Le drapé de l'*Ange à la trompette* qui surmonte la chaire et les figures de plusieurs bas-reliefs, tel *Saint Jean l'Évangéliste*, sont visiblement de la même main que les deux évangélistes de Saint-Pierre de Montmagny: mêmes plis arrondis d'une étoffe lourde, même expression théâtrale mais figée des visages, même rendu des chevelures, même gaucherie, enfin, dans le détail des mains.

Bois doré, 41 cm

Historique
Église Saint-Pierre, Montmagny; coll. Paul Gouin, Montréal; acquis en 1955 (A-55.97-S).

Expositions
1958, Paris, Grands Magasins du Louvre, *Exposition de la Province de Québec*; 1959, Vancouver, Vancouver Art Gallery, *Les arts au Canada français*, nᵒ 54; 1959, Québec, Parlement, *Art religieux*; 1961, Beauport, Académie Sainte-Marie, *Art religieux*; 1967, Québec, Musée du Québec, *Sculpture traditionnelle du Québec*, nᵒ 55, repr.; 1969, Guelph, Université Guelph, *L'Art religieux du Québec*, nᵒ 10; 1977, Québec, Musée du Québec, *L'art du Québec au lendemain de la Conquête (1760-1790)*, nᵒ 31, repr.

Bibliographie
MORISSET, « Une dynastie d'artisans: Les Levasseur », 8 janvier 1950, p. 14.

Bois doré, 39 cm

Historique
Église Saint-Pierre, Montmagny; coll. Paul Gouin, Montréal; acquis en 1955 (A-55.96-S).

Expositions
1958, Paris, Grands Magasins du Louvre, *Exposition de la Province de Québec*; 1959, Vancouver, Vancouver Art Gallery, *Les arts au Canada français*, nᵒ 54; 1959, Québec, Parlement, *Art religieux*; 1961, Beauport, Académie Sainte-Marie, *Art religieux*; 1967, Québec, Musée du Québec, *Sculpture traditionnelle du Québec*, nᵒ 54, repr.; 1969, Guelph, Université Guelph, *L'Art religieux du Québec*, nᵒ 9; 1976, Stratford, The Gallery, *Aspects of the Art of French Canada 1700-1850*, nᵒ 34; 1977, Québec, Musée du Québec, *L'art du Québec au lendemain de la Conquête (1760-1790)*, nᵒ 32, repr.

Bibliographie
MORISSET, « Une dynastie d'artisans: Les Levasseur », 8 janvier 1950, p. 14.

François-Noël Levasseur, 1703-1794

120. *Saint Amboise*, vers 1775

François-Noël Levasseur, 1703-1794

121. *Vierge à l'Enfant*, vers 1775

Ces deux statues ont été attribuées à François-Noël Levasseur vers 1958 par Gérard Morisset qui s'est fondé essentiellement sur leur provenance; les deux oeuvres ornaient autrefois l'église de Sainte-Anne-de-la-Pocatière et François-Noël Levasseur y aurait travaillé en 1775. Il y a cependant de telles différences entre les deux oeuvres qu'il paraît peu vraisemblable qu'un même sculpteur les ait réalisées, surtout la même année.

Le *Saint Ambroise* est une oeuvre très fine, riche en détails et dont l'aplat de la cape contraste avec les lignes nerveuses et multiples du surplis qui se poursuivent jusqu'au pied. Le visage lisse, expressif et vivant, est souligné par une barbe élégamment stylisée. Par contre, la *Vierge à l'Enfant* a une expression plus figée et un mouvement moins élégant. Surtout, le drapé de sa tunique est large et les plis en sont arrondis.

En se référant à une oeuvre bien connue des Levasseur, le retable des Ursulines, on observe que *La Vierge à l'Enfant* de Sainte-Anne-de-la-Pocatière présente plusieurs similitudes avec le *Saint Joseph* du retable, même si cette dernière oeuvre est nettement plus achevée, notamment en ce qui concerne le détail du visage.

Assez curieusement, le style du *Saint Ambroise* se retrouve dans le même retable, sur un bas-relief représentant *Saint Paul*. Le visage est aussi vivant, la barbe est découpée de façon similaire et le vêtement a reçu le même traitement sauf qu'il ne s'agit pas ici d'un surplis plissé. La manière du *Saint Ambroise* se retrouve aussi chez le *Saint Augustin* et l'*Ange-à-la-palme*. Inversement, le style plus arrondi et plus figé du drapé de la *Vierge à l'Enfant* est identifiable, mais en mieux, chez *Sainte Ursule* et dans plusieurs autres bas-reliefs.

Enfin, aucune de ces deux oeuvres ne révèle la manière des *Saint Pierre* et *Saint Paul* que Pierre-Noël Levasseur a signés pour la paroisse de Charlesbourg en 1742-1744. Même si c'est à lui qu'il convient d'attribuer la paternité du retable des Ursulines puisqu'il a signé le marché, il y a lieu de penser que plusieurs sculpteurs y ont travaillé et que deux d'entre eux ont réalisé les statues présentées ici.

Bois doré, 183,9 cm

Historique
Ancienne église de Sainte-Anne-de-la-Pocatière, Kamouraska; Gérard Gelly, Montréal; acquis en 1958 (A-58.359-S).

Expositions
1967, Québec, Musée du Québec, *Sculpture traditionnelle du Québec*, n° 57, repr.; 1977, Québec, Musée du Québec, *L'art du Québec au lendemain de la Conquête (1760-1790)*, n° 30, repr.

Bibliographie
BARBEAU, « Les Le Vasseur, maîtres menuisiers, sculpteurs et statuaires (Québec, circa 1648-1818) », 1948, p. 43; VOYER, 1981, p. 70-71, ill. 21 d.

Bois doré, 182,3 cm

Historique
Ancienne église de Sainte-Anne-de-la-Pocatière, Kamouraska; Gérard Gelly, Montréal; acquis en 1958 (A-58.358-S).

Expositions
1967, Québec, Musée du Québec, *Sculpture traditionnelle du Québec*, n° 56, repr.; 1977, Québec, Musée du Québec, *L'art du Québec au lendemain de la Conquête (1760-1790)*, n° 29, repr.

Bibliographie
BARBEAU, « Les Le Vasseur, maîtres menuisiers, sculpteurs et statuaires (Québec, circa 1648-1818) », 1948, p. 43; *Collections des Musées d'État du Québec*, 1967, n° 9, ill.; LAVALLÉE, « La Sculpture Traditionnelle », May/June 1974, repr. coul. p. 32; VOYER, 1981, p. 70-71, ill. 21 d.

François-Noël et Jean-Baptiste-Antoine Levasseur, 1703-1794, 1717-1775

122. *Crucifix et chandeliers d'autel*, vers 1775

Bois doré, *crucifix*, 90 cm; *chandeliers*, 80,4 cm

Historique

Ancienne église Notre-Dame-de-Foy, Sainte-Foy, Québec; acquis en 1975 (A-76.19-S), (A-76.18-S)(3)).

Ce crucifix et ces chandeliers ont été commandés par la fabrique de Sainte-Foy aux Levasseur vers 1775. Gérard Morisset les a attribués, dans son *Inventaire des Oeuvres d'Art*, à l'atelier de François-Noël et Jean-Baptiste-Antoine Levasseur. Ils ont été acquis en 1975, avant qu'un incendie ne détruise l'église et ne consume son trésor.

Sur le maître-autel d'une église du XVIIIᵉ siècle, on pouvait trouver autour du crucifix central quatre ou six chandeliers comme ceux-ci. Sculptés dans le bois, ils prennent modèle sur des oeuvres en argent ou en or du XVIIᵉ siècle français; c'est pourquoi leur sculpture se lit comme celle de l'orfèvre. D'ailleurs, ils sont généralement dorés pour suggérer la richesse de ce matériau.

Les ornements de Sainte-Foy sont particulièrement intéressants en raison de la profusion de leur sculpture. Le détail des pattes, la courbe des volutes qui forment la base, les guirlandes qui décorent le noeud et les feuilles d'acanthe qui enveloppent la tige haute manifestent une recherche décorative très poussée. Plus sobre, le crucifix porte une figurine dont les dimensions réduites n'ont pas empêché le sculpteur d'atteindre un niveau de détail extrême, pourtant plus difficile à obtenir dans le bois que dans un métal précieux. Malheureusement, la dorure a un peu estompé la finesse des traits du visage.

Trop souvent décapés ou recouverts de peinture de bronze, de tels ensembles bien conservés avec leur dorure d'apparence originale sont plutôt rares.

Anonyme

123. *Saint Stanislas de Kostka,*
vers 1780

Philippe Liébert (attr. à), 1732/1734-1804

124. *Ange à la trompette*, vers 1790

Bois doré, 40,8 cm

Historique
(?) Monastère des Ursulines, Trois-Rivières; Jean Gilbert, Québec; acquis en 1967 (A-67.73-S).

Exposition
1967, Québec, Musée du Québec, *Sculpture traditionnelle du Québec*, n° 29, repr.

Cette statuette possède les caractéristiques de la sculpture du XVIIIᵉ siècle et offre au spectateur une synthèse de différentes tendances de la statuaire de l'époque. À vouloir trop en mettre, cependant, le sculpteur a réalisé une oeuvre chargée et laborieuse où le visage détonne assez curieusement: il est sobre et hiératique.

Bois, 73,7 cm

Historique
Acquis en 1938 (38.47-S).

Expositions
1952, Québec, Musée de la Province, *Exposition rétrospective de l'art au Canada français*, n° 173; 1958, Paris, Grands Magasins du Louvre, *Exposition de la Province de Québec*; 1967, Québec, Musée du Québec, *Sculpture traditionnelle du Québec*, n° 71, repr.; 1977, Québec, Musée du Québec, *L'art du Québec au lendemain de la Conquête (1760-1790)*, n° 38, repr.

Bibliographie
Barbeau, 1957, repr. (att. à Louis Jobin); *Collections des Musées d'État du Québec*, 1967, n° 14, ill.

Cet *Ange à la trompette* a été attribué par Gérard Morisset à Philippe Liébert. L'oeuvre provient sans doute de l'abat-voix d'une chaire mais sa provenance n'est pas connue.

Assez remarquable par le mouvement que le sculpteur a réussi à imprimer au personnage, cette statuette se distingue des personnages sculptés du fait que sa destination implique la visibilité de toutes ses faces. Le mouvement baroque des drapés, l'élan et le geste théâtral, le plissement du vêtement et le soin accordé au rendu de l'anatomie la font imputer à un sculpteur du XVIIIᵉ siècle. Il faut toutefois signaler que la plupart des attributions à Philippe Liébert ont été remises en question par des recherches récentes.

Maître d'Oka

125. *Saint Martin partageant son manteau avec un pauvre,* **fin XVIIIᵉ ou début XIXᵉ siècle**

Bois polychrome, 274,8 × 182,6 cm

Historique

Ancienne église Saint-Martin (île Jésus); acquis de la fabrique de la paroisse en 1970 (A-70.63-S).

Bibliographie

MORISSET, 1941, p. 33; MORISSET, « Un très grand artiste : Philippe Liébert », février 1942, p. 28; MORISSET, « Saint-Martin (île Jésus), après le sinistre 19 du Mai », novembre 1942, p. 599-601; MORISSET, 1943, p. 18-20; TRAQUAIR, 1947, p. 228, pl. CXLI; TRUDEL-PORTER, 1974, p. 101-102, repr.; GLEN-GROARKE, 1979, p. 145-154, fig. 20.

Ce grand panneau de bois sculpté en bas-relief représentant *Saint Martin partageant son manteau avec un pauvre* a été acquis par le Musée en 1970 de la fabrique de la paroisse Saint-Martin de l'île Jésus.

Gérard Morisset attribuait cette oeuvre à Philippe Liébert, seul sculpteur alors connu de la fin du XVIIIᵉ siècle dans la région montréalaise. Les travaux plus récents des historiens de l'art John Porter et Jean Trudel ont fait découvrir l'existence et l'activité du sculpteur François Guernon dit Belleville qui aurait réalisé les bas-reliefs du calvaire d'Oka. À partir de cette proposition, Marie-Andrée Glen-Groarke, dans une thèse déposée à l'université de Colombie-Britannique dans laquelle elle cherche à découvrir l'auteur des bas-reliefs des portes du sanctuaire de l'église du Sault-au-Récollet, a passé en revue les oeuvres attribuées à Philippe Liébert et a conclu que le bas-relief de Saint-Martin, tout comme les portes en question, sont de la même main que les oeuvres du calvaire d'Oka. En conséquence, elle attribue cette oeuvre à François Guernon.

L'analyse de Madame Glen-Groarke est convaincante et l'on doit souscrire, à ce stade-ci, à une parenté stylistique entre le bas-relief du Musée et ceux du calvaire d'Oka. Quant à savoir si ces oeuvres sont effectivement de François Guernon dit Belleville, il faut observer d'une part que l'attribution est basée simplement sur le fait qu'il a résidé à Oka pendant deux ans, et que d'autre part aucune autre oeuvre de ce sculpteur ne nous est connue. Par ailleurs, Trudel et Porter ont un peu escamoté une mention précise voulant que Vincent Chartrand (1795-1863) aurait réalisé les bas-reliefs en 1823. Dans ce cas, le bas-relief de Saint Martin serait lui aussi de Chartrand, et de même les portes de l'église du Sault-au-Récollet. Or, on sait que des travaux ont été entrepris au retable de cette église vers 1830 et la présence de Vincent Chartrand y est signalée. On pourrait donc remplacer un nom par un autre sans changer quoi que ce soit à l'intérêt des oeuvres en question, sinon qu'il paraît plus logique de dater des oeuvres de ce type vers 1820 plutôt que vers 1776 (Oka) ou 1796 (Saint-Martin), compte tenu du contexte dans lequel les sculpteurs exerçaient leur art.

Cependant, il n'y a aucun profit à vouloir faire de l'attribution à tout prix, et l'on ne progresse guère en remplaçant un nom par un autre. Il suffit donc ici, conformément à la tradition séculaire et à une méthodologie éprouvée, de constater la justesse des propositions de Marie-Andrée Glen-Groarke et de souscrire à la thèse d'une même main pour les trois ensembles précités. Dans un deuxième temps, il suffit également d'attribuer ces oeuvres au « maître d'Oka » sur lequel, il faut bien l'avouer, nous ne savons pas grand chose. Pour déterminer si ce « maître d'Oka » est Guernon dit Belleville, Philippe Liébert, Vincent Chartrand ou quelque autre sculpteur, il faudrait, sur la base d'au moins une oeuvre certaine, identifier la manière du sculpteur qui se rapproche le plus de celle qui se révèle dans notre *Saint Martin* et dans les deux groupes qui lui sont apparentés.

Urbain Brien dit Desrochers, 1781-1860

126. *Vierge à l'Enfant*, vers 1815

François Baillairgé, 1759-1830

127. *Le Baptême du Christ*, 1815

Voir reproduction en couleurs, section centrale, p. (13)

Bois doré, 53,5 cm

Historique
Église Sainte-Anne, Varennes; dépôt de la fabrique de la paroisse en 1968 (L-71.3-S).

Bibliographie
MORISSET, 1943, p. 30, pl. XIII.

Lorsqu'il publia *Les églises et le trésor de Varennes*, en 1943, Gérard Morisset attribua cette *Vierge à l'Enfant* à Urbain Brien dit Desrochers, sculpteur de la région montréalaise et actif dans la zone d'influence de ce qu'il est convenu d'appeler « l'école de Quévillon ». Il la date vers 1815.

La Galerie nationale du Canada possède un bas-relief représentant *Saint Luc* également attribué à cet artiste. Bien que différentes à maints égards — la chose peut s'expliquer par des modèles différents —, les deux oeuvres présentent quelques similitudes.

Haut-relief en bois doré et peint en blanc, 246,5 × 127 cm

Historique
Église Saint-Ambroise-de-la-Jeune-Lorette, 1815; dépôt de la fabrique de la paroisse en 1947 (L-47.135-S).

Expositions
1946, Detroit, The Detroit Institute of Arts, *The Arts of French Canada*, n° 33; 1952, Québec, Musée de la Province, *Exposition rétrospective de l'art au Canada français*, n° 91, pl. 19; 1966, Vancouver, The Vancouver Art Gallery, *Images for a Canadian Heritage*, n° 20; 1967, Québec, Musée du Québec, *Sculpture traditionnelle du Québec*, n° 3, repr.; 1975, Québec, Musée du Québec, *François Baillairgé et son oeuvre (1759-1830)*, n° 53, repr.

Bibliographie
MORISSET, « François Baillairgé (1759-1830) », janvier 1948, p. 31; MORISSET, « François Baillairgé, 1759-1830, Le sculpteur (suite) », avril 1949, p. 235-236, fig. 5; MORISSET, « Une dynastie d'artisans: Les Baillairgé », 13 août 1950, p. 42, fig. 4; MORISSET, « Thomas Baillairgé. III — Le sculpteur », avril 1951, p. 247; MORISSET, « Trésors d'Art de la province », février 1953, repr. coul.; BARBEAU, 1957, repr.; TRUDEL, « Quebec Sculpture and Carving », 1974, p. 49.

Lorsque François Baillairgé entreprit sa carrière à Québec en 1781, il revenait d'un séjour de trois années à Paris où il s'était initié au dessin et à la sculpture. En réalisant une série d'ensembles, il eut l'occasion de mettre à profit ses connaissances et en vint rapidement à établir sa réputation comme sculpteur et architecte d'ensembles sculptés.

En 1815, il reçut une commande de la fabrique Saint-Ambroise de Loretteville où il réalisa notamment le banc d'oeuvre et le baptistère. Le panneau dont il est question ici constituait l'adossement du baptistère et présente le thème du Baptême du Christ. Cette scène, souvent rejetée par des peintres, prend modèle sur une oeuvre de Pierre Mignard exposée dans une église de Troyes (France). François Baillairgé a cependant recomposé le sujet pour l'adapter au cadre. Le bas-relief occupant la presque totalité de l'espace disponible, il lui a suffi de rapprocher les deux personnages et de les agrandir pour obtenir un effet monumental.

Le bas-relief du *Baptême du Christ* est doré à plein. Ce procédé est nouveau vers 1815, car les artistes utilisaient volontiers la polychromie jusqu'alors, ou tout au moins des couleurs chair pour les parties exposées de l'anatomie. Agacée par l'idolâtrie caractéristique des dévotions populaires, l'Église, par la voie du grand vicaire Jérôme Demers, interdit cette tendance narrative ou descriptive de l'art des sculpteurs. L'application d'une dorure uniforme, ou encore le recouvrement d'une peinture d'imitation de marbre ou de pierre, modifia graduellement la perception des figures sculptées qui se firent de moins en moins nombreuses dans les églises du Québec dans le cours du XIXe siècle, tout au moins dans la zone d'influence du diocèse de Québec. La sculpture délaisse ainsi la narration au profit du symbole: le Baptême du Christ ne raconte plus l'événement; il présente le Christ se soumettant à l'Église incarnée par le Baptiste. L'iconographie de ce début de siècle met tout entière l'accent sur cette Église triomphante qui détient son pouvoir de Dieu et à laquelle les hommes avides de rédemption ont intérêt à se soumettre. Le style classique de François Baillairgé, qui se décomposera en tendance antiquisante chez son fils Thomas, répondait à cette volonté d'adapter la forme au message; ses figures vont devenir de plus en plus abstraites, sur le plan technique, et ne retiendront plus comme thème que les vertus théologales, comme on le voit à Saint-Joachim ou à Lotbinière, par exemple.

François Baillairgé, 1759-1830

128. *Saint Paul*, 1816-1817

David-Fleury David

129. *Vierge à l'Enfant*, vers 1820

Ce bas-relief sculpté provient du décor intérieur de l'église de la Baie-Saint-Paul. Il ornait le panneau du dos de la chaire de l'église, pour laquelle François Baillairgé reçoit un acompte en 1816 et un paiement final l'année suivante.

Le décor du choeur de l'ancienne église de la Baie-Saint-Paul a été réalisé d'après un plan soumis par François Baillairgé et son fils Thomas en 1818. Le plan conservé au Musée du Québec, de la main de Thomas Baillairgé (1791-1859), est la copie d'un premier plan, dessiné peut-être par son père.

Le panneau sculpté est bien l'oeuvre de François Baillairgé car il en illustre parfaitement la manière confirmée par d'autres oeuvres. En bas-relief, les figures de ses personnages s'aplatissent, à défaut de se dégager du panneau, et les chevelures couronnent et encerclent le visage. De la même manière, les corps sont trapus. Mais c'est surtout par son traitement détaillé et expressif de l'anatomie et par le modelé doux et les plis chiffonnés du vêtement que la sculpture de François Baillairgé se distingue; le vêtement y est traité comme une surface autonome et l'artiste y rejoint l'art classique français du XVIIIᵉ siècle de Bouchardon et de Girardon.

C'est surtout en opposant les oeuvres de François Baillairgé à celles de son fils que se révèle la manière du père. Thomas Baillairgé adoptera résolument un style « antiquisant » où les plis chiffonnés sont remplacés par des plis secs, plus nombreux et à arêtes aiguës, ce qui a pour effet de morceler les plans encore plus et de produire un modelé plus dur. Les deux statues de Saint-Louis de Lotbinière et les deux bas-reliefs qui illustrent *La Foi* et *La Religion* à Saint-Joachim expriment l'art néo-classique de Thomas Baillairgé. Rien n'interdit de penser que Thomas ait pu aider son père dans la sculpture de quelques reliefs, ce qui expliquerait ce glissement subtil du modelé doux des plans larges vers des surfaces déjà plus fragmentées par un plissement plus resserré. Même si ce phénomène s'observe quelque peu dans le bas-relief de la Baie-Saint-Paul, l'oeuvre reste entièrement régie par l'esthétique de François Baillairgé.

Bas-relief en bois doré et peint en blanc, 192,4 × 116,8 cm

Historique
Église Saint-Pierre et Saint-Paul de la Baie-Saint-Paul, 1816-1817; Fabrique de Saint-Urbain, Charlevoix; acquis en 1944 (A-44.201-S).

Expositions
1946, Detroit, The Detroit Institute of Arts, *The Arts of French Canada*, nº 31; 1952, Québec, Musée de la Province, *Exposition rétrospective de l'art au Canada français*, nº 93; 1959, Vancouver, Vancouver Art Gallery, *Les arts au Canada français*, nº 5; 1959, Québec, Parlement, *Art religieux*; 1967, Québec, Musée du Québec, *Sculpture traditionnelle du Québec*, nº 7, repr.; 1969, Guelph, Université Guelph, *L'art religieux du Québec*, nº 8; 1975, Québec, Musée du Québec, *François Baillairgé et son oeuvre (1759-1830)*, nº 56, repr.

Bibliographie
MORISSET, « François Baillairgé (1759-1830) », janvier 1948, p. 31; MORISSET, « François Baillairgé, 1759-1830. Le sculpteur (suite) », mars 1949, p. 190-191, fig. 3; MORISSET, « Thomas Baillairgé. III — Le sculpteur », avril 1951, p. 247; BARBEAU, 1957, repr.; LAVALLÉE, 1968, p. 55; TRUDEL, « Quebec Sculpture and Carving », 1974, p. 49; *Le Musée du Québec*, 1978, p. 30-31, repr. coul.; VOYER, 1981, p. 47.

Bois doré, 48 cm

Historique
(?) Église Sainte-Geneviève, Pierrefonds; coll. Paul Gouin, Montréal; acquis en 1955 (A-55.298-S).

Expositions
1958, Paris, Grands Magasins du Louvre, *Exposition de la Province de Québec*; 1959, Vancouver, Vancouver Art Gallery, *Les arts au Canada français*, nº 18; 1959, Québec, Parlement, *Art religieux*; 1961, Beauport, Académie Sainte-Marie, *Art religieux*; 1962, Bordeaux, Musée des Beaux-Arts, *L'Art au Canada*, nº 67; 1967, Québec, Musée du Québec, *Sculpture traditionnelle du Québec*, nº 19, repr.; 1982, La Rochelle, Hôtel Fleuriau, Le Musée du Nouveau Monde, *Une autre Amérique*, nº 222, repr.

Bibliographie
MORISSET, Jean-Paul, « Sculpture ancienne du Québec », november 1959, ill. 2; TRUDEL, « Un aspect de la sculpture ancienne du Québec. Le mimétisme », été 1969, p. 33, repr. nº 2.

Cette statuette a été acquise en 1955 par le Musée du Québec. Une étude sur le thème de la *Vierge à l'Enfant*, publiée en 1969 par Jean Trudel dans *Vie des Arts*, établit une relation entre cette oeuvre et celle que possède l'église de La Visitation du Sault-au-Récollet, exécutée en 1818 par David Fleury-David, sculpteur de la région montréalaise.

La *Vierge à l'Enfant* du Musée proviendrait de l'église Sainte-Geneviève de Pierrefonds et aurait été exécutée par le même sculpteur, ce dont témoignent les parentés stylistiques mises en évidence par Trudel.

René Saint-James dit Beauvais (attr. à), 1785-1837

130. *Immaculée Conception*, vers 1820

Louis-Thomas Berlinguet, 1790-1863

131. *Saint Rémi*, vers 1847

Ce *Saint Rémi* est une oeuvre certaine de Louis-Thomas Berlinguet, sculpteur et architecte, né en 1790 à Saint-Laurent (Montréal). Après avoir été successivement l'apprenti de Joseph Pépin et le collaborateur de Louis-Amable Quévillon, de 1806 à 1816, Berlinguet fit carrière dans la région de Québec où on le rencontre quelquefois dans l'entourage de Thomas Baillairgé. Ses nombreux déboires financiers ne l'ont pas empêché de produire une oeuvre aussi intéressante que considérable.

Comme sculpteur et statuaire, Berlinguet a une manière bien personnelle. De l'école de Quévillon, il retient les personnages barbus au visage rond, un goût pour la stylisation excessive des drapés et surtout un attachement à la polychromie que les sculpteurs proches de François et Thomas Baillairgé vont renier dès le début du XIXe siècle.

Bois doré et argenté, 58,1 cm

Historique
Église Saint-Paul (Joliette); coll. Louis Carrier, Sainte-Anne-de-Bellevue; acquis en 1960 (A-60.658-S).

Exposition
1969, Québec, Musée du Québec, *Profil de la sculpture québécoise, XVIIe-XIXe siècle*, n° 12, repr.

Bibliographie
Collections des Musées d'État du Québec, 1967, n° 27, ill.; LAVALLÉE, 1968, p. 72; TRUDEL, « Étude sur une statue en argent de Salomon Marion », 1973, p. 10, 14, fig. 10; CORBEIL, 1978, p. 52.

Attribuée par Gérard Morisset à René Saint-James dit Beauvais, cette oeuvre a fait l'objet d'une étude de Jean Trudel dans le *Bulletin de la Galerie nationale*, n° 21, 1973. L'historien d'art y établit clairement sa parenté, au plan de l'iconographie et du style, avec une *Immaculée Conception* en argent d'origine française qui aurait été offerte par Louis XIV à la paroisse Notre-Dame de Montréal.

Bois polychrome, 139 cm

Historique
Église Saint-Rémy de Napierville; acquis avant 1934 (34.553-S).

Expositions
1948, Québec, Musée de la Province, *Exposition du Centenaire de l'Institut canadien de Québec*; 1952, Québec, Musée de la Province, *Exposition rétrospective de l'art au Canada français*, n° 97, pl. 21; 1959, Vancouver, Vancouver Art Gallery, *Les arts au Canada français*, n° 10; 1959, Québec, Parlement, *Art religieux*; 1969, Guelph, Université de Guelph, *L'art religieux du Québec*, n° 1; 1974, Montréal, Terre des Hommes, Pavillon du Québec, *Les Arts du Québec*, Sculpture, n° 6.

Bibliographie
MORISSET, « Le sculpteur Louis-Thomas Berlinguet », 11 décembre 1949, p. 50; MORISSET, « Trésors d'Art de la Province », février 1953, repr. p. 38; *Le Musée du Québec*, 1978, p. 38-39, repr. coul.

Charles Desnoyers, 1806-1902

132. *L'Ancien et le Nouveau Testament*, **vers 1850**

François-Xavier Berlinguet, 1830-1916

133. *Jacques Cartier*, **vers 1863**

Bois polychrome, 206 cm

Historique
Joseph-E. Lemieux, Québec; coll. Jean Soucy, Québec, 1964; acquis en 1976 (A-76.180-S).

Exposition
1966, Québec, Musée du Québec, *Cinq collectionneurs de Québec*, n° 59.

Bibliographie
ROBERT, 1981, 46 p.

Architecte et sculpteur québécois, élève de Thomas Baillairgé, François-Xavier Berlinguet dont le père Louis-Thomas (1790-1863) était également sculpteur et architecte, a réalisé une synthèse entre le style de ces deux maîtres pour devenir à son tour le maître de plusieurs autres sculpteurs, parmi lesquels Louis Jobin (1844-1928) et Jean-Baptiste Côté (1832-1907).

En 1863, il proposa cette statue à la ville de Québec pour qu'elle soit installée sur la nouvelle halle du marché Jacques-Cartier. L'offre fut refusée et le sculpteur la posa alors sur le toit de sa maison, au sommet d'une lanterne. Elle y demeura jusqu'en 1917 et après avoir connu plusieurs propriétaires, elle a été acquise par le Musée du Québec en 1976. La réalisation de cette oeuvre se situe dans le cadre d'un mouvement amorcé en 1835 alors qu'était projetée l'érection d'un monument pour commémorer le troisième centenaire de la découverte du Canada.

La statue est composée de plusieurs pièces de bois assemblées avant la taille. Après que Théophile Hamel eût peint plusieurs copies d'un portrait imaginaire français, Berlinguet s'employa à transposer le personnage en trois dimensions, mais son oeuvre accentue visiblement le point de vue frontal présenté par le peintre. De même, sachant que sa statue serait vue de loin et d'en-bas, le sculpteur a accentué les traits du visage et modifié quelque peu les proportions de la tête et du haut du corps. En abandonnant le classicisme du début du siècle, Berlinguet introduit un certain maniérisme (déhanchement, expression du visage) dont Louis Jobin a après lui perfectionné la forme et l'élégance. Ici, le sculpteur semble utiliser cette approche pour exprimer un plus grand réalisme, tandis que chez son élève il s'agit d'une recherche esthétique. Ainsi replacée, la statue de Berlinguet constitue un maillon important dans l'évolution de la sculpture québécoise dans la deuxième moitié du XIXᵉ siècle.

Bois polychrome, 256 cm

Historique
Église Saint-Jean-Baptiste, Rouville; antiquaire Baron, Montréal, 1940; coll. Paul Gouin, Montréal; acquis en 1951 (A-51.201-S).

Expositions
1952, Québec, Musée de la Province, *Exposition rétrospective de l'art au Canada français*, n° 105, pl. 18; 1967, Québec, Musée du Québec, *Sculpture traditionnelle du Québec*, n° 20, repr.

Bibliographie
Collections des Musées d'État du Québec, 1967, n° 30, ill.

Lors de sa visite à l'église Saint-Jean-Baptiste de Rouville pour son *Inventaire des Oeuvres d'Art*, Gérard Morisset photographia un relief sculpté représentant l'Ancien et le Nouveau Testament. En 1951, quand le Musée du Québec acquit la collection Paul Gouin, il reconnut aussitôt l'oeuvre et l'attribua au sculpteur Charles Desnoyers.

Actif dans le groupe de sculpteurs qui oeuvrait dans ce qu'Émile Vaillancourt a appelé « l'école de Quévillon », Desnoyers était à Rouville en 1830. Il s'y établit après son mariage avec une fille du village.

L'oeuvre est typique de la sculpture religieuse de la région de Montréal du début du XIXᵉ siècle: les corps trapus et les visages arrondis sont aplatis pour former un relief qui prend du volume sans toutefois atteindre l'autonomie de la ronde-bosse; les personnages sont découpés selon les contours et posés sur un fond uni. Contrairement à Québec où la sculpture figurative sera systématiquement dorée à plein, la polychromie continue d'être en usage dans la région de Montréal.

Jean-Baptiste Côté, 1832-1907

134. *L'Adoration des bergers*, vers 1875

Bas-relief en bois polychrome, 61 × 68,6 cm

Signé en bas à gauche : *J.B. Côté*

Historique
Acquis avant 1934 (34.624-S).

Expositions
1952, Québec, Musée du Québec, *Exposition rétrospective de l'art au Canada français*, nº 103 ; 1967, Québec, Musée du Québec, *Sculpture traditionnelle du Québec*, nº 13, repr.

Bibliographie
BARBEAU, « Au couteau et à l'aiguille », mai 1941, p. 18 ; BARBEAU, « Côté, sculpteur », octobre 1942, p. 95 ; BARBEAU, 1943, p. 4, repr. p. 2 ; BARBEAU, 1957, repr. ; *Collections des Musées d'État du Québec*, 1967, nº 47, ill.

Jean-Baptiste Côté est contemporain de Louis Jobin et, comme lui, s'est initié à la sculpture dans l'atelier de François-Xavier Berlinguet.

Le panneau présente *L'Adoration des bergers* d'une manière éminemment narrative. Comme pour la plupart des bas-reliefs de ce sculpteur, qui taille ses personnages dans le bois du panneau au lieu de les rapporter sur un fond comme c'était l'usage au XIXe siècle, cette oeuvre montre une certaine horreur du vide et un souci descriptif très évident.

Travaillant rapidement, Jean-Baptiste Côté met l'accent sur l'essentiel. Dans les personnages de la Vierge et de saint Joseph, on reconnaît son style hérité de Berlinguet et qu'exprime avec éloquence son *Gutenberg*, également conservé au Musée du Québec. Les autres figures sont moins habiles, surtout celles qui occupent la partie située à droite de l'oeuvre. La polychromie très riche rappelle les Nativités des XVe et XVIe siècles flamands.

Ce sculpteur d'enseignes et animalier habile était profondément religieux. Ici, il a réussi une synthèse de ses talents et de ses croyances dans une oeuvre touchante où se révèle cependant l'essoufflement d'un artiste qui n'a su trouver les moyens de se renouveler.

Louis Jobin, 1844-1928

135. *Neptune*, vers 1880

Louis Jobin, 1844-1928

136. *La Vierge*, vers 1885

Bois, 244 cm

Historique
Enseigne de l'Hôtel Neptune Inn, Côte de la Montagne, Québec; don de la Ville de Québec, 1945 (G-45.20-S).

Expositions
1959, Vancouver, Vancouver Art Gallery, *Les arts au Canada français*, n° 3, repr.; 1967, Québec, Musée du Québec, *Sculpture traditionnelle du Québec*, n° 92, repr.; 1974, Montréal, Terre des Hommes, Pavillon du Québec, *Les Arts du Québec*, Sculpture, n° 28.

Bibliographie
HAYWARD, 1922, p. 116; *Collections des Musées d'État du Québec*, 1967, n° 48, ill.; BARBEAU, 1968, p. 100; FIELD, 1970, fig. 138.

Cette figure de Neptune a été sculptée par Louis Jobin vers 1880 comme enseigne pour le « Neptune Inn ». Cette auberge, ouverte en 1809, figure en 1830 sur une aquarelle de Cockburn; on y voit déjà une figure de Neptune sur la façade. C'est probablement lors de travaux de réfection que cette deuxième statue fut commandée à Jobin, alors installé sur la rue La Tourelle, dans le faubourg Saint-Jean. Marius Barbeau relate que Jobin lui aurait dit qu'il s'agissait d'une commande de Johnson et qu'un dessin lui avait été fourni.

L'oeuvre est très sobre. Un modelé doux moule le corps sous un gilet serré au plissement léger et froissé. Dans le bas du corps, le traitement des culottes et des bottes montre l'habileté du sculpteur à rendre la densité variable de l'étoffe et du cuir.

Plusieurs enseignes de boutiques ont été attribuées à Louis Jobin mais il en est fort peu qui s'avèrent aussi achevées que celle-ci. Il serait étonnant que Jobin ait sacrifié son art pour paraître plus naïf.

Bois polychrome, 188 cm

Historique
Calvaire de Lauzon; coll. Paul Gouin, Montréal; acquis en 1955 (A-55.268-S).

Exposition
1952, Québec, Musée de la Province, *Exposition rétrospective de l'art au Canada français*, n° 151.

Cette statue proviendrait d'un calvaire situé autrefois à Lauzon. Elle a fait partie de la collection Paul Gouin avant d'être acquise par le Musée du Québec en 1955.

L'oeuvre n'est pas datée; elle a été attribuée à Jobin sur la foi des parentés stylistiques qui la rapprochent des évangélistes de Saint-Thomas de Montmagny (n°s 137, 138).

Louis Jobin, 1844-1928
137. *Saint Jean*, vers 1890

Louis Jobin, 1844-1928
138. *Saint Mathieu*, vers 1890

Louis Jobin est probablement le sculpteur du Québec dont le nom nous est le plus familier. Né en 1845 à Saint-Raymond (Portneuf), il fit son apprentissage chez François-Xavier Berlinguet avant d'aller travailler à New York en 1868. À son retour, il s'installe à Montréal jusqu'en 1895, puis se fixe à Québec, d'abord dans le faubourg Saint-Jean, puis à Sainte-Anne-de-Beaupré, jusqu'à sa mort qui survient en 1928.

Les évangélistes Jean et Mathieu ornaient la façade de l'église Saint-Thomas de Montmagny, reconstruite à partir de 1889 d'après les plans de George-Émile Tanguay; ils peuvent donc être datés des environs de 1890.

Ces deux statues révèlent l'art de Jobin à son meilleur, avec un ensemble d'éléments caractéristiques qui permet de les prendre à témoin pour vérifier les nombreuses attributions d'oeuvres qui ont été faites à ce sculpteur.

Destinées à être dressées sur une façade imposante, ces deux statues sont plus hautes que nature. Cette recherche de monumentalité se traduit par un allongement substantiel du corps qui, en proportion, réduit l'importance du visage même si celui-ci est également étiré. La facture en est élégante, un peu maniérée à la façon de l'art courtois du XIVe siècle français ou de l'art italien du milieu du XIXe siècle. Ce maniérisme contrôle la pose et l'expression du visage; il entraîne également les plis des vêtements. Par sa technique, l'art de Jobin rappelle celui de François Baillairgé où le modelé doux et les plis légèrement froissés sont aussi des constantes; mais les drapés de Jobin sont plus amples et les plis en volutes décrivent de larges courbes.

L'art de Jobin est académique et prolonge jusqu'au XXe siècle le style en vogue dans la deuxième moitié du XIXe siècle.

Bois peint en gris, 234 cm

Historique
Façade de l'église Saint-Thomas, Montmagny; cimetière de la paroisse de Montmagny, vers 1931; Marius Barbeau; acquis en 1941 (A-41.328-S(19)15).

Expositions
1952, Québec, Musée de la Province, *Exposition rétrospective de l'art au Canada français*, nº 148; 1967, Québec, Musée du Québec, *Sculpture traditionnelle du Québec*, nº 46, repr.

Bibliographie
BARBEAU, 1934, p. 161; BARBEAU, « Le dernier de nos grands artisans, Louis Jobin », 1933, p. 39; BARBEAU « Échos de la Renaissance française », 20 février 1937; BARBEAU « Louis Jobin Statuaire (1845-1928) », 1943, p. 17; FIELD, 1970, p. 162-163, fig. 145.

Bois peint en gris, 234 cm

Historique
Façade de l'église Saint-Thomas, Montmagny; cimetière de la paroisse de Montmagny, vers 1931; Marius Barbeau; acquis en 1941 (A-41.328-S(19)14).

Expositions
1952, Québec, *Exposition rétrospective de l'art au Canada français*, nº 147; 1967, Québec, Musée du Québec, *Sculpture traditionnelle du Québec*, nº 45, repr.

Bibliographie
BARBEAU, « Le dernier de nos grands artisans, Louis Jobin », 1933, p. 39; BARBEAU, 1934, p. 161; BARBEAU, « Échos de la Renaissance française », février 1937; BARBEAU, « Louis Jobin, statuaire (1845-1928) », 1943, p. 22; Le Musée du Québec, 1978, p. 50-51, repr.; VOYER, 1981, ill. 34a, 34b, p. 91.

Henri Angers, 1870-1963

139. *Ange à la trompette*, 1910

Louis Jobin (attr. à), 1844-1928

140. *Ange à la trompette*, vers 1918

Bois doré et peint en blanc, 165 cm

Historique
Église Saint-Ambroise-de-la-Jeune-Lorette; dépôt de la fabrique de la paroisse en 1966 (L-67.6-S).

Exposition
1967, Québec, Musée du Québec, *Sculpture traditionnelle du Québec*, n° 1, repr.

Le 4 mai 1909, les marguilliers de la fabrique Saint-Ambroise-de-la-Jeune-Lorette acceptent une soumission d'Henri Angers au montant de 75 $, pour une statue d'ange qu'il livre le 27 juin 1910.

Né en 1870 à Neuville, Henri Angers a fait son apprentissage chez le sculpteur Louis Jobin vers 1889-1893. Il étudia ensuite à l'Académie d'Anvers (Belgique) et revint s'établir à Québec,

dans le faubourg Saint-Jean, vers 1898. Il est décédé en 1963, survivant longuement à l'intérêt que son art avait pu soulever.

Par rapport aux oeuvres de Jobin, l'ange à la trompette qui ornait l'abat-voix de la chaire de l'église de Loretteville (détruite par le feu en 1967) révèle un goût prononcé pour le maniérisme. Si les proportions du corps sont assez justes malgré une certaine raideur des membres, le vêtement, la chevelure et les ailes sont extrêmement stylisés et l'on sent que le sculpteur a cherché à multiplier les plis, les vagues et les plumes pour créer un effet de richesse et d'abondance. En cela, il correspond tout à fait à son époque, où le maniérisme d'un Eugène Hamel vieillissant, d'un Pasqualoni ou d'un Georges-Émile Tanguay, architecte de l'église de Loretteville, érigeait l'art d'orner en système.

Bois peint en gris, 202 cm

Historique
Coll. Lucie Vary, Saint-Lambert; Charles Desmarteau, Boucherville; acquis en 1971 (A-71.87-S).

Bibliographie
Le Musée du Québec, 1978, p. 52-53, repr.

Le thème de l'ange à la trompette qui annonce la Résurrection vise à délivrer un message d'espoir. C'est pourquoi les oeuvres qui le développent sont généralement destinées à orner les cimetières.

Cette statue des environs de 1918 a déjà été attribuée à Henri Angers. La comparaison avec l'ange de Loretteville infirme cette attribution. Par contre, si on se réfère à des oeuvres tardives de Louis Jobin, on trouve le même maniérisme élégant et raffiné qui produit des corps étirés, des membres et des visages allongés. Mais c'est surtout dans le rendu du drapé mouillé qui moule littéralement le corps, par le plissement caractéristique des encolures et le traitement de la chevelure que se confirme la main de Jobin ou d'un artiste de son atelier.

Peinture et sculpture du Québec
Art moderne
(de 1880 à 1940)

En 1933, une bonne partie de la collection d'art du Musée était composée d'oeuvres du début du XXᵉ siècle. Le Sous-Secrétaire de la Province, Charles-Joseph Simard, avait acquis, en prévision de la création d'un musée national, un grand nombre d'oeuvres de ses contemporains en plus de quelques-unes un peu plus anciennes, notamment du milieu du XIXᵉ siècle. Par exemple, le Musée de la Province possédait en 1934 seize peintures de Charles Huot, une dizaine d'Horatio Walker, onze de Marc-Aurèle de Foy Suzor-Coté, huit de Clarence Gagnon, trois de Maurice Cullen, deux de James Wilson Morrice. En sculpture, la collection était moins variée mais imposante : C.-J. Simard avait fait l'acquisition des deux cent quatorze statuettes en bronze d'Alfred Laliberté illustrant les légendes, les coutumes et les métiers du Québec.

La période dite moderne, coincée entre l'art ancien et l'art actuel, a été délimitée tardivement au Musée du Québec. S'étendant en gros de 1880 à 1940, elle est loin d'être homogène et comporte des artistes aussi différents qu'Edmond Dyonnet et John Lyman. Il est donc difficile, sinon hasardeux, d'y chercher une quelconque évolution ou une succession chronologique de différentes écoles. Au contraire, de nombreuses pistes ont été explorées simultanément, qui vont de l'académisme à l'art décoratif des années 1925, en passant par l'impressionnisme et le fauvisme. La présentation chronologique des oeuvres témoigne des chevauchements multiples et des croisements de ces courants divers. Malgré tout, les oeuvres de cette époque ont incontestablement un commun dénominateur, une sorte de lien qui les distingue tant des oeuvres du milieu du XIXᵉ siècle que de celles de l'après-guerre. D'une part, on ne saurait comprendre la génèse de l'art moderne sans tenir compte de l'influence prépondérante qu'a exercée Paris à la fin du XIXᵉ siècle. Capitale mondiale de l'art, elle a attiré les artistes de nombreux pays qui ont fréquenté ses écoles, ses ateliers, ses cafés et exposé leur production aux grands Salons annuels. De nombreux Québécois prirent eux aussi la route de Paris : Charles Huot fut probablement le premier, mais William Brymner, Marc-Aurèle de Foy Suzor-Coté, Joseph Franchère, James Wilson Morrice, Edmond Dyonnet (qui était d'origine française), Joseph Saint-Charles, Maurice Cullen, Ludger Larose, Clarence Gagnon, Henri Beau, Louis-Philippe, Adrien et Henri Hébert, John Lyman, Rodolphe Duguay, Edwin Holgate, Robert Pilot, Alexander Jackson et Alfred Laliberté, bref la plupart des peintres et sculpteurs présentés ici ont étudié à Paris, à l'École des Beaux-Arts ou à certaines écoles privées, l'Académie Julian, l'Académie Colarossi ou encore celle de la Grande Chaumière. En général, nos artistes n'ont guère eu de contact direct avec les peintres des nouvelles écoles et l'enseignement qu'ils ont reçu était académique, basé surtout sur le dessin d'après modèle vivant. Cependant, l'esprit de certains mouvements, l'impressionnisme par exemple, avait déjà gagné les Académies et bon nombre d'étudiants, comme Suzor-Coté, ont pu exploiter les ressources nouvelles de l'école de la lumière tout en apprenant à exécuter des compositions académiques. D'autre part, l'opposition entre anciens et modernes, latente à partir des années 1915-1920 au Québec, atteignit son point culminant aux environs de 1940. De jeunes artistes s'opposèrent à l'enseignement académique des Écoles des beaux-arts de Québec et de Montréal et proposèrent un art neuf, en rupture avec celui du passé. Certains artistes de la période moderne, John Lyman en particulier, avaient ouvert la voie; mais c'est avec Alfred Pellan, Paul-Émile Borduas, les automatistes, que l'art se transforma radicalement.

Les oeuvres acquises avant la fondation du Musée présentent un éventail varié de la production picturale du début du siècle. Les grands noms, Suzor-Coté, Gagnon, Walker, sont représentés, tout comme des artistes moins connus ou plus jeunes, Holgate, Lemieux, Martial, Pilot, Duguay, etc. L'ensemble reflète le goût éclectique de C.-J. Simard et suggère que les oeuvres dont il se compose ont été acquises pour leur valeur documentaire plutôt qu'en fonction de leur intérêt artistique. Cela est vrai pour les nombreux paysages qui font partie de la collection initiale et qui présentent une certaine image du Québec; c'est également le cas de la série des bronzes d'Alfred Laliberté dont l'intérêt est principalement didactique. La nomination de l'archiviste Pierre-Georges Roy, à la direction du nouveau Musée de la Province en 1933 confirme cette vision de l'art comme document. Heureusement, pourrait-on dire, le conservateur confia la section des Beaux-Arts à un de ses adjoints, Paul Rainville. Fréquentant le monde des artistes, ami de plusieurs peintres et amateur éclairé, celui-ci développa la collection d'art moderne, en augmentant la représentation de certains peintres et sculpteurs ou en faisant une place à d'autres jusqu'alors absents du Musée. Les jeunes artistes de la ville de Québec furent particulièrement choyés par les acquisitions de la fin des années trente. Les premiers Marc-Aurèle Fortin entrèrent au Musée en 1937, le premier Ozias Leduc en 1941. Pendant l'administration de Paul Rainville, de 1933 à 1953, le Musée acquit surtout des oeuvres contemporaines; le conservateur-adjoint organisa aussi des expositions collectives de trois ou quatre artistes présentant quelques toiles du Musée mais principalement des toiles non encore vendues.

La nomination de Gérard Morisset à la tête du Musée changea peu de choses; on observe toutefois un nouvel intérêt pour l'art ancien du

Québec, en peinture, en sculpture et en orfèvrerie. En 1956, la veuve du peintre Henri Beau fit don d'une dizaine de peintures de son mari et trois ans plus tard, le Musée reçut l'importante collection de l'ancien premier ministre Maurice Duplessis : outre plusieurs oeuvres européennes du XIXe siècle, cet ensemble comprenait un certain nombre de peintures de l'époque moderne, soit des toiles de Cullen, Rita Mount, Gagnon, Suzor-Coté, Morrice, Walker et Franchère.

En 1960, la collection d'art moderne du Musée était pour ainsi dire constituée. Les nouvelles acquisitions se font pour l'essentiel en art ancien et en art contemporain, celui-ci s'éloignant de plus en plus par ses caractéristiques de l'art antérieur à la deuxième guerre mondiale. Au cours des vingt dernières années, toutefois, des oeuvres importantes se sont ajoutées au gré des acquisitions ou grâce à des donations, dont celle de l'intéressante collection John Lyman à la fin des années 1960. Il en résulte une des plus importantes collections d'art québécois de la période 1880-1940, où se révèle la vitalité du monde artistique à cette époque au Québec.

Jacques Robert
Consultant en histoire de l'art et de l'architecture
Société ARCA

Alfred Boisseau, 1823-1901

141. *Descente en traîne sauvage*, 1881

Huile sur toile, 68,7 × 56 cm

Signé et daté en bas à gauche: *A Boisseau 1881*

Historique
Coll. Maurice et Andrée Corbeil, Montréal; don de monsieur Maurice Corbeil en 1980 (G-80.115-P).

Exposition
1973, Ottawa, Galerie nationale du Canada, *Peintres du Québec, Collection Maurice et Andrée Corbeil*, n° 33, repr.

Bibliographie
HUBBARD, « Artists in common... », 1976, p. 45-47, repr..

Né à Paris et formé par le peintre académique français Paul Delaroche, Alfred Boisseau commença sa carrière aux États-Unis comme portraitiste et paysagiste, d'abord à New York en 1849 puis à Cleveland trois ans plus tard, avant de venir s'installer à Montréal où il demeura pendant près de vingt-cinq ans. Il retourna ensuite aux États-Unis et se fixa à Buffalo.

La *Descente en traîne sauvage* est une intéressante peinture de genre. La composition est dominée par les lignes obliques de la pente et de la traîne sauvage qui emporte les passagers. Cette dominante accentue l'effet de mouvement, déjà fortement exprimé par les lignes fuyantes de la pente neigeuse et l'attitude des personnages: le premier s'agrippe fermement aux cordes; la passagère, cheveux au vent, regarde avec frayeur le bas de la côte, tandis que le troisième participant, en position instable, s'approche de sa voisine. Le tableau comporte peu d'éléments de stabilité: une branche à l'avant-plan, quelques arbres de guingois. L'arrière-plan se perd dans un lourd brouillard. En quelques coups de pinceau, le peintre a esquissé des conifères et des personnages secondaires. Le tout baigne dans une atmosphère grise, d'où se détache le visage frais et rosé de la jeune femme, encadré d'une; son émotion devient ainsi le centre d'intérêt de la composition.

Consacrées à l'illustration des activités contemporaines de loisir (sports d'hiver, promenades en barque, lecture, musique), ces peintures de genre ont été fort goûtées du public bourgeois dans le dernier quart du XIXe siècle, tant en Europe que sur le continent américain.

William Brymner, 1855-1925

142. *Weaving*
La femme au métier, 1885

Huile sur toile, 61 × 62,9 cm

Signé en bas à gauche : *Wm Brymner*

Historique
Watson Art Galleries, Montréal : acquis en 1929
(A-34.10-P).

Expositions
1886, Toronto, *Ontario Society of Artists*, nº 62, repr. ;
1925, Montréal, Watson Art Galleries, *William Brymner*, nº 35 ; 1926, Montréal, Art Association of Montréal, *Memorial Exhibition of paintings by the late William Brymner, R.C.A.C.M.G*, nº 32 ; 1945, Toronto, Art Gallery of Toronto, *Le développement de la peinture au Canada*, nº 101 ; 1946, Windsor, Willistead Art Gallery, *Quebec Loan Exhibition*, nº 5 ; 1946, Arvida, Centre de récréation d'Arvida, *Un siècle d'art canadien*, nº 6 ; 1949, Rimouski, Hôtel de ville de Rimouski, *Un siècle d'art canadien*, nº 6 ; 1951, Baie-Comeau, Gymnase du centre sportif, *Un siècle et demi d'art canadien*, nº 7 ; 1964, Montréal, Centre d'art du Mont-Royal, *Un demi-siècle de peinture du Québec (1875-1925)*, nº 4 ; 1966, Toronto, *Semaine française* ; 1979, Kingston, Agnes Etherington Art Centre, *William Brymner 1855-1925. A Retrospective*, nº 14, repr. ; 1980, Ottawa, Galerie nationale du Canada, *To Found a National Gallery : the Royal Canadian Academy of Arts 1880-1913* ; 1981, Montréal, Musée des beaux-arts de Montréal, *Images de Charlevoix 1784-1950*, nº 6, repr.

Bibliographie
Latour, 1974, repr. coul.

Originaire d'Écosse, la famille Brymner arriva au Québec en 1857, alors que le jeune William avait à peine deux ans. Après s'être initié à l'architecture au Département des travaux publics, à Ottawa, Brymner s'embarque pour l'Europe en 1878 avec l'intention d'y faire des études d'architecture. Arrivé à Paris, il change d'avis, opte pour la peinture et s'inscrit à l'Académie Julian, école d'art que fréquenteront après lui la plupart des artistes québécois venus étudier dans la ville lumière. De retour au Québec en 1885, il passe l'été à Baie-Saint-Paul. C'est là qu'il peint *Weaving La Femme au métier*.

Assise face à son métier, la tisserande tient la navette dans sa main droite et s'apprête à tirer sur le battant. En plaçant son sujet entre lui-même et la source de lumière (une fenêtre à travers laquelle on devine un paysage de Charlevoix), Brymner s'est intéressé aux effets du soleil et des ombres. La silhouette de la femme se détache à contre-jour et la lumière, concentrée sur le métier et le dos de la main gauche de l'artisane, éclaire le travail en cours. La teinte bleutée du tissu répond à celle de la robe et rehausse les tons chauds du métier et de la pièce. Utilisant une palette limitée et traitant les détails avec précision, le peintre cherche à créer une impression de profondeur en plaçant la femme et son métier de manière oblique à l'avant-plan de la scène et en composant avec la lumière du jour. Cet intérêt pour la lumière est une constante de l'oeuvre de William Brymner.

127

Charles Huot, 1855-1930

143. *Esquisses préparatoires
pour le Jugement Dernier*, 1888

Charles Huot, 1855-1930

143 (bis). *Étude pour le Jugement Dernier*, 1886

Huile sur toile, 64,2 × 91,9 cm

Historique
Alice Huot, fille de l'artiste; Louis Leclerc, Sillery;
acquis en 1981 (A-81.08-P).

Huile sur toile, 50 × 65 cm

Signé en bas à droite: *Chs Huot*

Charles Huot se rendit à Paris en 1874 grâce à une souscription publique organisée par l'abbé Pierre Lagacé, directeur de l'École normale Laval de Québec. Il étudia dans l'atelier du peintre Alexandre Cabanel, puis travailla quelque temps en France comme illustrateur. En 1885, il épousa Louise Schlachter, fille d'un pasteur allemand. Au cours d'un voyage au Québec en 1886, il obtient le contrat de décoration de l'église Saint-Sauveur de Québec; il repartit pour l'Europe en février 1887 pour rejoindre sa femme et sa fille nouvellement née à Neukrug,

chez son beau-père. C'est dans cette petite localité d'Allemagne du Nord qu'il exécuta les tableaux destinés à l'église, ne revenant à Québec que pour les installer en 1890.

Parmi ces toiles figure un *Jugement Dernier*, inspiré dans sa composition générale et pour l'attitude de certains personnages d'un *Jugement Dernier* que le peintre allemand Peter Cornelius (1783-1867) avait peint pour l'église Saint-Louis de Munich. Sa formation académique a poussé l'artiste à peindre les figures

d'après nature; c'est pourquoi il a fait cette série d'esquisses sans se soucier de la composition. Onze personnages du *Jugement Dernier*, dont le groupe central des anges à la trompette, ont été peints à partir de cette toile préparatoire. Huot a probablement choisi ses modèles parmi des gens de son entourage qu'il a brossés rapidement, leur faisant prendre la pose qu'il désirait. La plupart sont vêtus de drapés mais deux femmes, qui figurent en drapé parmi les damnés dans la composition finale, sont ici dépeintes dans leurs propres vêtements.

Marc-Aurèle de Foy Suzor-Coté, 1869-1937

144. *Effet de soleil au village de Foucherolles*, 1893

Huile sur toile, 94 × 127,8 cm

Signé, daté et identifié en bas à droite : *Suzor-Coté 93 Paris, Effet de soleil Village de Foucherolles*

Historique
Lionel Roy ; Pierre Roy ; acquis en 1968 (A-68.200-P).

Bibliographie
JOUVANCOURT, 1967 et 1978, p. 110-111, repr.

Marc-Aurèle de Foy Suzor-Coté est né à Arthabaska en 1869. Après avoir travaillé à Montréal sous la direction du père Chabert, il poursuivit, comme beaucoup d'artistes québécois de l'époque, ses études artistiques à Paris, alors considérée comme la capitale mondiale de l'art. Suzor-Coté resta en Europe de 1890 à 1908, sauf pour un court séjour au Québec en 1894-1896. À Paris, il fréquente les ateliers de l'Académie Julian et de l'Académie Colarossi, deux des plus importantes écoles privées de Paris, ainsi que l'École des Beaux-Arts. Il expose au Salon de la Société des Artistes français dès 1894 et, par la suite régulièrement, de 1898 à 1907. Dans le catalogue des salons de 1894 et de 1898, Suzor-Coté cite comme un de ses maîtres Henri Harpignies (1819-1916), peintre rattaché à l'École de Barbizon. Ce contact avec un des représentants de ce mouvement artistique fait mieux comprendre le parti formel d'*Effet de soleil au village de Foucherolles*.

Cette petite commune rurale se trouve à une centaine de kilomètres au sud de Paris. Le village est vu de loin, l'observateur se situant visiblement à la sortie d'un sous-bois. Trois plans sont clairement définis : le premier est composé d'herbes hautes à travers lesquelles se dessine un étroit sentier. Le personnage qui marche en direction du village marque le début du second plan : un champ plus clair et abondamment éclairé. La facture est très différente de l'un à l'autre. Le premier montre un fond lisse sur lequel ont été jetés des coups de pinceau verticaux et des points clairs constituant des taches de lumière, tandis que pour le champ ensoleillé, une pâte plus épaisse a été appliquée par larges touches horizontales. Le troisième plan est occupé par le village composé de maisons blanches couvertes de tuiles roses et entouré d'arbres au feuillage diffus qui se détache sur un ciel légèrement rosé.

Le plan central tranche vivement sur les deux autres : contraste de luminosité, contraste de mouvement également. Le tableau évoque la fin du jour, le retour du paysan à la maison. Suzor-Coté rejoint ainsi les préoccupations des peintres de l'École de Barbizon, dont l'intérêt pour les variations de la lumière sur les paysages a nourri une prédilection marquée pour les scènes de la vie rurale.

Joseph-Charles Franchère, 1866-1921

145. *Autoportrait*, 1894

Ozias Leduc, 1864-1955

146. *La liseuse*, 1894

Huile sur toile, 81 × 65,1 cm

Signé et daté en bas à droite : *J.C. Franchère 1894*

Historique
Dʳ. Paul Vallée, Outremont ; acquis de Mᵐᵉ Paul Vallée, Outremont, en 1947 (A-47.169-P).

Exposition
1967, Québec, Musée du Québec, *Peinture traditionnelle du Québec*, nᵒ 16, repr.

Comme beaucoup d'autres peintres québécois, Joseph-Charles Franchère a acquis sa formation artistique à Paris. Il fréquenta pendant six ans l'École des Beaux-Arts où il fut l'élève de Jean-Léon Gérôme, un des peintres académiques les plus connus de l'époque, de même que l'atelier du peintre Joseph Blanc et l'Académie Colarossi. Il revint au Québec en 1893 ou 1894.

Son *Autoportrait* date de 1894. Tout laisse croire qu'il fut réalisé à des fins publicitaires, l'artiste en début de carrière cherchant à se faire valoir. Il s'est dépeint face à un miroir, ce qui limite la liberté de pose et produit une image inversée. Le personnage est campé de face et regarde devant lui avec attention, occupé qu'il est à observer son modèle pour bien le rendre sur la toile en partie visible. La lumière tire sa source de la droite du tableau et éclaire la moitié du visage du peintre, tout en le modelant. Le jeu des coloris est très sobre, la plupart des teintes tournant autour de celle du sarrau du peintre, sauf la cravate rayée de l'artiste et le rideau placé derrière lui, d'un même rouge.

L'artiste pose en tant que peintre : il se montre donc avec les attributs habituels du métier : palette, pinceaux, toile. La facture très soignée du tableau, l'utilisation habile de la lumière, le très beau rendu du visage démontrent le talent de Franchère comme portraitiste. Cette représentation d'un homme élégant, attentif, calme et réfléchi (la pipe contribue à cette impression), ne pouvait que plaire et inspirer confiance aux futurs clients de l'artiste.

Huile sur toile, 29,6 × 25,6 cm

Signé et daté en haut à gauche : *18 O L (monogramme) 94*

Historique
René Bergeron ; Paul Audette ; René Gagnon, Québec ; acquis en 1977 (A-77.212-P).

Expositions
1894, Montréal, Art Association of Montreal, *15ᵗʰ Annual Spring Exhibition*, nᵒ 102 ; 1895, Montréal, *Kermesse en faveur de l'hôpital Notre-Dame*.

Bibliographie
BERGERON, 1961, pl. 8, repr. ; 1974, Ottawa, Galerie nationale du Canada, *Ozias Leduc, peinture symboliste et religieuse* ; 1978, Montréal, Galeries d'art Sir George Wiliams, p. 37 ; *Le Musée du Québec*, 1978, p. 63, repr. coul. ; ROBERT, 1978, p. 58.

Par choix personnel, le peintre de Saint-Hilaire s'est démarqué des artistes de son époque par sa formation d'autodidacte. Dès 1891, il expose aux expositions annuelles de l'*Art Association of Montreal* mais n'y étudie pas. À côté de ses premières oeuvres religieuses, Leduc a peint vers 1890 de petits tableaux d'intimité.

Plus qu'un portrait de sa soeur Ozima, le peintre a cherché avec *La liseuse* à créer une atmosphère de réflexion et de gravité. Le vêtement de la jeune fille et la table à gauche sont laissés dans la pénombre, tandis que la lumière est concentrée sur le visage, les cheveux, les mains, le livre ouvert. L'expression méditative d'Ozima, rehaussée par les contours adoucis de son visage et la douceur du rendu de sa chevelure, semble lui venir de sa lecture.

Marc-Aurèle de Foy Suzor-Coté, 1869-1937

147. *L'enfant malade*, 1895

Huile sur toile, 66,4 × 89,1 cm

Signé et daté en bas à droite: *Suzor-Coté 95*

Historique
Donald W. Buchanan; Galerie Dominion, Montréal;
Paul Labranche, Drummondville; Galerie Klinkhoff,
Montréal; acquis en 1978 (A-78.45-P).

Bibliographie
JOUVANCOURT, 1967 et 1978, p. 21 et 25, repr. coul.; DE
ROUSSAN, « À la recherche de Suzor-Côté », 20 janvier
1968, repr.; FALARDEAU, 1969, ill. n° 13, repr.

Tout en réalisant des paysages dans l'esprit de
l'École de Barbizon, Suzor-Coté envoie des scènes québécoises au Salon du printemps de
Paris. Le catalogue de 1898 cite deux pastels
illustrant un *Paysan canadien* et une *Paysanne
canadienne*. Ces oeuvres furent probablement
exécutées pendant le séjour de Suzor-Coté au
Québec de 1894 à 1896, tout comme *L'enfant
malade*, daté de 1895. Contrairement à ses paysages, cette toile adopte un ton anecdotique et
même moralisateur, et la facture s'efface devant
le sujet. Dans une petite chambre, un père
veille sur son enfant couché dans un lit. La
pauvreté des lieux est évidente, comme l'est
aussi l'importance de la religion: crucifix, eau
bénite, rameaux, chromos religieux. La composition est habile: en plaçant le pouf à l'avant-
plan et le père de dos de façon à renforcer la
perspective, le peintre crée une impression de
profondeur et établit une convergence qui
conduit au visage de l'enfant endormi, baigné
d'une lumière irréelle. Les détails sont peints
avec minutie et le traitement de la lumière est
relégué au second plan. La facture est plutôt
conventionnelle; apparemment, le peintre n'a
pu transposer dans une scène de genre les
principes formels qui guidaient son travail de
paysagiste. Dans une certaine mesure, cependant, le traitement du papier-peint et du tissu
qui recouvre le pouf, fait de taches de couleur
juxtaposées, rappelle *Effet de soleil au village
de Foucherolles* (n° 144).

James Wilson Morrice, 1865-1924

148. *The Citadel, Quebec*
La Citadelle de Québec, 1897

Huile sur toile, 49 × 65,3 cm

Signé en bas à gauche : *J.W. Morrice*

Historique

Mme Arthur A. Morrice; David R. Morrice, Montréal; legs David R. Morrice, 1978; oeuvre entrée au Musée en 1981 (G-81.01-P).

Expositions

1909, Montréal, Art Association of Montreal, *25th Spring Exhibition*, n° 263; 1909, Toronto, *Canadian Art Club*, n° 41; 1937, Ottawa, Galerie nationale du Canada, *James Wilson Morrice, R.C.A. 1865-1924. Memorial exhibition*, n° 82, repr.; 1945, Toronto, Art Gallery of Toronto, *The Development of Painting in Canada*, n° 88; 1953, Toronto, Art Gallery of Toronto, *74th Exhibition of the Royal Canadian Academy of Arts Memorial Section*, n° 7; 1965, Montréal, Musée des Beaux-Arts de Montréal, *J.W. Morrice 1865-1924*, n° 7, repr.; 1968, Bath, Holburne of Menstrie Museum, *James Wilson Morrice 1865-1924*, n° 4; repr.; 1968, Bordeaux, Musée des Beaux-Arts de Bordeaux, *James Wilson Morrice 1865-1924*, n° 4.

Bibliographie

BUCHANAN, 1936, p. 154; Pepper, 1966, p. 84; HARPER, 1966, p. 253, repr.; MELLEN, 1970 et 1980, p. 11, repr.; DORAIS, 1980, p. 243-244 et 253-254, repr.; *The Quebec Chronicle Telegraph*, 15 avril 1981, p. 11, repr.; *Le Journal de Québec*, 10 avril 1981, p. 31.

Né à Montréal dans un milieu bourgeois, James Wilson Morrice fut probablement le peintre québécois le plus important de sa génération. Après des études à Paris à partir de 1890, où il fréquente l'Académie Julian, entre en relations avec Henri Harpignies et le peintre américain James Whistler (1834-1903), il commence en 1896 une série de séjours à Venise. Au contact de la lumière italienne, sa palette s'éclaircit. Presque chaque année, il vient au Québec visiter ses parents, principalement en hiver; il en profite pour peindre de nombreuses scènes de neige dans Charlevoix et dans la région de Québec.

La vue qu'il donne ici de la citadelle de Québec à partir de l'ancien marché Champlain adopte cette palette plus lumineuse, plus tranchée que les brumes héritées de l'art de Whistler, même si le gris reste présent dans toutes les teintes. Appliquant une pâte épaisse par larges touches, il crée au moyen de masses claires et de masses sombres une composition fortement articulée où les verticales dominent dans la moitié inférieure. Le traitement par larges touches convient particulièrement bien aux paysages d'hiver que Morrice exécute à cette époque; il lui permet d'explorer les différents tons du blanc au gris et les effets de leur juxtaposition.

James Wilson Morrice, 1865-1924

149. *La communiante*, vers 1898

Voir reproduction en couleurs,
section centrale, p. (14)

Huile sur toile, 83 × 118 cm

Signé en bas à droite: *J.W. Morrice*

Historique

(?) W.M. Prad; Wendell W. Phillips, Greenwich (Connecticut); vente Sotheby Parke Bernet (Canada) Ltd, Toronto, les 15-16 mai 1978; Galerie Bernard Desroches, Montréal; acquis en 1978 (A-78.98-P).

Expositions

1899, Paris, Société nationale des Beaux-Arts, n° 1079; 1900, Philadelphie, Pennsylvania Academy of the Arts, *Sixty Ninth Annual Exhibition*, n° 23, repr.

Bibliographie

PURDIE, « Painting brings record $98 000 at Canadian Auction », 17 mai 1978; TOUPIN, « 98 000$ pour un Morrice », 18 mai 1978, repr.; « City gallery pays record price for painting », 18 mai 1978; LEBLOND, « la vente Phillips. Une soirée décevante », 24 mai 1978; « 98 000 pour un Morrice », 3 juin 1978; RObert, 1978, p. 55, repr.

Tout en voyageant beaucoup à Venise, au Québec, en France, Morrice avait fait de Paris son port d'attache. Il y habitait Quai des Grands-Augustins, face à l'île de la Cité, et fit de nombreuses représentations des abords de son atelier, s'attardant au spectacle de la rue et poursuivant son exploration de la couleur et de la lumière. *La communiante*, qui compte parmi les plus grands formats de Morrice, si ce n'est même sa plus grande toile, est l'une de ces scène parisiennes croquées à la toute fin du XIXᵉ siècle. Il s'agit d'une oeuvre remarquable, à mettre au nombre des oeuvres maîtresses de la peinture québécoise.

Très sombre, le tableau comporte trois personnages principaux: la communiante elle-même, forme triangulaire vêtue de blanc des pieds à la tête, une dame en noir et une jeune femme rousse, sur le large trottoir d'une rue parisienne. L'application de la couleur est différente de ce qu'on voit dans *The Citadel, Quebec* (n° 148).

La pâte reste épaisse, et les touches sont toujours larges malgré une technique proche de celle des impressionnistes, particulièrement sensible dans le feuillage des trois arbres qui bordent le trottoir et dans les taches de lumière sur le sol. La composition est audacieuse, dominée par l'oblique du trottoir et la ligne horizontale au centre de la toile. Encore plus que dans *The Citadel, Quebec*, le sujet s'efface ici au profit de la forme et de la couleur, le peintre ne retenant les motifs que pour leur intérêt visuel. L'histoire personnelle de la petite communiante importe peu: c'est la touche blanche, soutenue par une masse noire et perdue dans un univers chatoyant, qui compte.

Morrice choisit cette oeuvre en 1899 pour le représenter au salon de la Société nationale des Beaux-Arts; il l'envoya l'année suivante à Philadelphie, pour l'exposition annuelle de la *Pennsylvania Academy of the Arts*.

Charles Huot, 1855-1930

150. *Intérieur de maison à Saint-Pierre,*
Île d'Orléans, vers 1897

Huile sur carton, 30,2 × 43,7 cm

Signé en bas à gauche: *C. Huot*

Historique
Acquis avant 1933 (A-34.176-P).

Expositions
1964, Shawinigan, Centre d'art de Shawinigan; 1965, Rivière-du-Loup, *Ghilde Féminine*; 1965, Québec, Musée du Québec, *Un demi-siècle de peinture au Canada français*; 1967, Québec, Musée du Québec, *Peinture traditionnelle du Québec*, nº 30, repr.

Bibliographie
ROY, 1928, p. 190, repr.; *Collections des Musées d'État du Québec*, 1967, p. 51, repr.; OSTIGUY, 1979, p. 48, repr.

Avant 1900, année d'une rétrospective de ses oeuvres au Palais législatif de Québec, Huot exécuta un ensemble de tableaux consacrés à l'île d'Orléans: paysages, travaux des champs, scènes de genre. Ce petit carton s'inscrit dans cette série. L'artiste y a reproduit l'intérieur d'une maison traditionnelle: murs crépis, plancher de bois, plafond supporté par des solives imposantes. À droite, deux fenêtres projettent leur lumière sur la grande pièce meublée seulement d'un « banc de quêteux », transformable en lit pour le voyageur de passage. Des citrouilles jonchent le sol à gauche.

La facture peu soignée, le support de carton plutôt que de toile, le vide de la pièce où il semble manquer quelque chose, tout cela donne à penser que cette oeuvre est une esquisse préparatoire. *Le Sanctus à la maison*, autrefois

au Musée du Québec, mais disparu dans l'incendie de la résidence du Bois-de-Coulonge en 1970, avait été lui aussi précédé d'une esquisse rudimentaire, sans personnage et avec le même effet de vide. Il se pourrait donc qu'Huot ait relevé ce décor en vue d'un tableau avec personnage.

En effet, le peintre adopte souvent un point de vue semblable dans ses scènes intérieures avec un personnage (*Le Sanctus à la maison, Le Père Godbout, La tricoteuse*). Le mur du fond est dans l'axe du tableau et un mur latéral, visible en partie et percé de fenêtres, éclaire la pièce. Cette composition, toute conventionnelle n'offrait certes pas les mêmes possibilités formelles que celle, par exemple, de *Weaving La femme au métier* (nº 142). Le tableau de William Brymner est beaucoup plus dynamique.

Horatio Walker, 1858-1938

151. *Ploughing, the First Gleam*
Labourage au soleil levant, 1900

Huile sur toile, 153 × 193,4 cm

Signé en bas à gauche: *Horatio Walker*

Historique
Acquis avant 1933 (A-34.530-P).

Expositions
1901, Buffalo, *Pan-American Exposition*, n° 622;
1902, Londres, *Royal Academy*, n° 142; 1904, Saint
Louis, *Saint Louis Purchase Exhibition*; 1905, Cincinnati, Cincinnati Art Museum, *12th Annual Exhibition*;
1909, Toronto, *Canadian Art Club*, n° 68; 1910,
Montréal, Art Association of Montreal, *32nd Exhibition
of the Royal Canadian Academy of Arts*, n° 188; 1912,
Toledo, Toledo Museum, *Inaugural Exhibition*;
1914, Londres, *Anglo-American Exposition*; 1915, Toronto, *Canadian National Exhibition*, n° 244, repr.;
1924, Londres, *British Empire Exhibition*; 1927, Paris,
Musée du Jeu de Paume, *Exposition d'art canadien*,
n° 244, repr.; 1939, Toronto, *Canadian National
Exhibition*, n° 224, repr.; 1973, Madison, Elvehjem Art
Centre, University of Wisconsin, *Canadian Landscape Painting 1670-1930*, repr.; 1977, Kingston, Agnes
Etherington Art Centre, *Horatio Walker 1858-1938*,
n° 14, repr.

Bibliographie
American Art Annual, 1905-1906, p. 264, repr.; *The
Studio*, vol. 47, n° 196, (15 juillet 1909), p. 155 et 158,
repr.; PRICE, « Horatio Walker, the Elemental », août
1923, p. 358; « Pictures painted to stay », août 1923,
repr.; ROY, 1928, repr.; PRICE, 1928, repr.; COLGATE,
1943, p. 121, repr.; MORISSET, 1960, p. 176; OSTIGUY,
« Un tableau de jeunesse de Clarence Gagnon », été
1974, p. 12-17, repr.

C'est lors d'un voyage en Europe que le peintre
Horatio Walker, originaire de l'Ontario et autodidacte, s'est initié à l'art de École de Barbizon
et, plus spécifiquement, à celui de Jean-François
Millet (1814-1875). Cette école réunissait un
groupe informel de peintres qui vivaient, dans
les années 1840-1860, au village de Barbizon,
en marge de la forêt de Fontainebleau, et qui
s'étaient voués à la peinture en plein air. De ces
peintres et, à travers eux, des romantiques alle-
mands du début du XIXe siècle, Walker a retenu
le goût pour les paysages traités de façon dramatique, avec des ciels d'aurore ou crépusculai-
res, expression d'un panthéisme de la nature.
Toutefois, l'influence la plus sensible reste celle
de Millet, peintre réaliste de la vie paysanne.
Installé à l'île d'Orléans à partir de 1883, Walker
entreprend de construire une oeuvre parallèle
à la sienne: il cite souvent les propos du peintre français, s'attache aux paysans, s'applique à
dépeindre leurs travaux, leurs peines et leurs
joies, devient un francophile acharné, refusant
même de parler anglais.

*Ploughing, the first gleam Labourage au soleil
levant* est probablement son chef-d'oeuvre ou
du moins l'oeuvre la plus représentative de
son art. L'artiste a observé le travail des paysans
d'un point de vue très bas, à hauteur des sillons
qu'ils viennent de tracer, donnant aux figures
une stature de géant. L'effort des lourds boeufs
de trait et le geste dramatique du jeune labou-
reur qui, le bras levé, excite ses bêtes sont
encore magnifiés par la lumière rosée du soleil
levant qui s'accroche aux dos des hommes, aux
flancs des animaux et au plafond des nuages.

Edmond Dyonnet, 1859-1954
152. *Portrait de Charles Gill*, vers 1900

Huile sur bois, 37,2 × 25,7 cm
Signé en haut à gauche: *E. Dyonnet*

Historique
Acquis de l'artiste en 1938 (A-38.15-P).

Expositions
1901, Montréal, Art Association of Montreal, *20ᵗʰ Annual Spring Exhibition*, nº 30; 1901, Toronto, Ontario Society of Artists Gallery, *22ⁿᵈ Annual Exhibition of the Royal Canadian Academy of Arts*; 1904, Saint Louis, *Saint Louis Purchase Exhibition*; 1913, Montréal, The Arts Club, *Inaugural Exhibition of the Arts Club*, nº 26; 1938, London (Ontario), The Elsie Perrin Williams Memorial Art Museum; 1945, Toronto, Art Gallery of Toronto, *Le développement de la peinture au Canada*, nº 98; 1945, Québec, Musée de la province de Québec, *Exposition de Edmond Dyonnet, R.C.A., Ozias Leduc, A.R.C.A., Joseph Saint-Charles, A.R.C.A., Elzéar Soucy*, nº 1; 1948, Windsor, Willistead Art Gallery, *French-Canadian Art 1850-1947*, nº 3; 1964, Montréal, Centre d'art du Mont-Royal, *Un demi-siècle de peinture du Québec (1875-1925)*, nº 9; 1967, Québec, Musée du Québec, *Peinture traditionnelle du Québec*, nº 15, repr.; 1974, Montréal, Pavillon du Québec à Terre des Hommes, *Les arts du Québec*, nº 20.

Bibliographie
MAURAULT, 1929, p. 139, repr.; CHAUVIN, 1928, p. 193 et 197, repr.; SMITH, « Dyonnet and Canadian Art », 18 septembre 1948; DYONNET, 1968, p. 13, repr. p.11; HÉBERT, « Existe-t-il une peinture... », 1942, p. 297.

Edmond Dyonnet est né à Crest, village du sud-est de la France. Il émigra au Canada avec ses parents à l'âge de quinze ans, mais repartit presque aussitôt pour l'Italie où il étudia pendant quatre ans. À partir de 1890, on le voit enseigner au Conseil des Arts et Manufactures de Montréal, contribuant ainsi à la formation d'un bon nombre d'artistes québécois. Bien qu'il ait aussi peint des paysages, principalement l'été, en Gaspésie, à l'île d'Orléans ou dans d'autres régions rurales du Québec, c'est surtout dans le portrait qu'il a fait carrière.

Par son caractère intimiste, cette représentation de Charles Gill contraste avec les portraits plus ou moins officiels qui constituent l'essentiel de la production de Dyonnet. Poète et peintre lui-même, Charles Gill (1871-1918) était un ami de celui-ci. Cette relation explique sans doute la chaleur du tableau et sa facture plus libre. Limitant sa palette à l'extrême en n'utilisant que des tons de brun, le peintre a brossé une figure aux contours vaporeux et au regard tendre. Le petit portrait est resté dans l'atelier de l'artiste jusqu'à son acquisition par le Musée en 1938. Clarence Gagnon, qui a étudié avec Dyonnet et qui semblait peu priser les portraits officiels de son maître, aurait dit que celui-ci aurait été le meilleur portraitiste canadien s'il n'avait pas fait d'autres portraits que celui-là!

Ozias Leduc, 1864-1955
153. *Labours d'automne à Saint-Hilaire*, 1901

Huile sur toile, 62,2 × 91,4 cm

Signé et daté en bas à gauche: *O. Leduc 1901*

Historique
Juge P.-Auguste Choquette; acquis en 1942 (A-42.57-P).

Expositions
1920, Québec, Académie commerciale, *Exposition de Peintures et de Dessins*; 1945, Québec, Musée de la Province de Québec, *Exposition de Edmond Dyonnet, R.C.A. Ozias Leduc, A.R.C.A. Joseph Saint-Charles, A.R.C.A. Elzéar Soucy*, nº 25; 1955, Ottawa, Galerie nationale du Canada, *Ozias Leduc 1864-1955*, nº 10, repr.; 1962, New York, Hôtel Biltmar; 1976, Montréal, Place Bonaventure, *Hier au Québec 1875-1915*.

Bibliographie
« Exposition rétrospective », 12 janvier 1946; LEDUC, « L'histoire de S.-Hilaire... », juillet-août 1954, p. 165, repr.; CORBEIL, « Rencontres avec Ozias Leduc », 14 janvier 1956, repr.; GAGNON, « Le grand peintre et poète Ozias Leduc », 5 janvier 1957, p. 22, repr.; OSTIGUY, « Ozias Leduc peintre indépendant », hiver 1962-1963, p. 20, repr.; 1974, Ottawa, Galerie nationale du Canada, *Ozias Leduc, peinture symboliste et religieuse*, p. 131.

Ozias Leduc interrompit sa demi-retraite à Saint-Hilaire, de mai à décembre 1897, pour se rendre à Paris. On sait qu'il y a admiré l'art d'Edward Burne-Jones (1833-1898), de Gustave Moreau (1826-1898) et de Puvis de Chavannes (1824-1898), trois peintres fortement attirés par le symbolisme. Il y rencontra également ses compatriotes Joseph Saint-Charles et Suzor-Coté. À son retour, Leduc se mit à la composition de l'une de ses oeuvres religieuses les plus importantes, la décoration de l'église de Saint-Hilaire.

Exploitant le même thème qu'Horatio Walker à peu près au même moment (nº 151), Leduc a peint ce *Labour d'automne à Saint-Hilaire* pendant les travaux effectués à l'église de son village, mais à partir d'une étude au fusain réalisée l'année précédente. L'oeuvre se démarque de celle de Walker par sa sobriété qui ne tient pas uniquement à une composition statique. C'est que le peintre se refuse à accentuer la force de

Charles Huot, 1855-1930

154. *Québec vu du bassin Louise*, (?) 1902

l'homme ou la solennité de sa tâche ; au contraire, celui-ci apparaît à peine derrière ses chevaux, perdu dans un grand champ qui s'incline vers la rivière Richelieu. Plutôt que le maître de la création, l'homme est dans la mystique de Leduc une des composantes de cette création, à laquelle il communie par les gestes humbles du travail de la terre.

Malgré les dimensions relativement importantes de la toile, le traitement s'apparente plus au dessin ou au pastel qu'à l'huile, notamment dans la partie inférieure du tableau. La perspective aérienne est rendue de façon très lumineuse en dépit d'une palette dominée par l'ocre.

Huile sur toile, 38,4 × 56,2 cm

Signé en bas à gauche : *Chs Huot*

Historique
Maurice Huot, Montréal ; acquis en 1954 (A-54.106-P).

Exposition
1972, Saint John's, Newfoundland University, *Quinzaine québécoise*.

Bibliographie
OSTIGUY, 1979, p. 60, repr.

Parallèlement à ses oeuvres religieuses et à ses portraits, Charles Huot a réalisé des oeuvres au caractère plus intime, comme les scènes de l'île d'Orléans ou cette vue hivernale de Québec à partir du bassin Louise. Quatre hommes manoeuvrent une barque dans les glaces ; derrière eux, un traversier s'apprête à accoster sur la rive. Perdus dans le brouillard, le château Frontenac et la citadelle se profilent au loin. La composition est très stable, faite d'horizontales comme la ligne de l'eau, du rivage et de la terrasse Dufferin. La barque et le traversier apportent un élément dynamique par leur position oblique et leur situation respective au premier et au second plan. Les contours de la ville sont estompés, le tableau se concentrant sur les embarcations. Le passage du temps est évoqué par le contraste entre la barque et le navire moderne qui dégage une épaisse fumée, mais aussi par la lente dérive des glaces sur les eaux du fleuve.

En 1903, Charles Huot retourna en Europe avec sa famille. Après le décès de sa femme en 1907, il revint se fixer au Québec. Son oeuvre s'orienta alors résolument vers la peinture d'histoire, avec les travaux du Palais législatif qui l'occupèrent jusqu'à sa mort.

Marc-Aurèle de Foy Suzor-Coté, 1869-1937

155. *La Mort de Montcalm*, 1902

Huile sur toile, 54,5 × 85,1 cm

Identifié, signé et daté en bas à gauche: *Esquisse Mort de Montcalm A. Suzor-Coté Paris 1902*

Historique

William Dobell, Québec; acquis en 1943 (A-43.176-P).

Expositions

1946, Arvida, Centre de récréation d'Arvida, *Un siècle d'art canadien*, n° 16; 1949, Rimouski, Hôtel de ville de Rimouski; *Un siècle d'art canadien*, n° 16; 1951, Baie-Comeau, Gymnase du centre sportif, *Un siècle et demi d'art canadien*, n° 17; 1958, Paris, Grands Magasins du Louvre, *Visages du Canada — Vallée du Saint-Laurent*; 1959, Vancouver, Vancouver Art Gallery, *Les Arts au Canada français*, n° 219; 1962, Bordeaux, Musée des Beaux-Arts, *L'Art au Canada*, n° 59; 1965, Ottawa, Galerie nationale du Canada, *Trésors de Québec*, n° 68; 1966, Vancouver, Vancouver Art Gallery, *Images for a Canadian Heritage*, n° 61;

1966, Halifax, Dalhousie University, *Semaine du Québec*; 1966, Toronto, *Semaine française*; 1967, Ottawa, Galerie nationale du Canada, *Trois cents ans d'art canadien*, n° 173.

Bibliographie

GOUR, 1950, p. 15; JOUVANCOURT, « Aurèle de Foy Suzor-Coté », hiver 1964-1965, repr.; HARPER, 1966, p. 260-261, repr.; JOUVANCOURT, 1967 et 1978, p. 70, 71, 79 et 88, repr. coul.

Les envois de Suzor-Coté aux différents Salons de Paris ont changé de nature à la toute fin du XIXe siècle. Délaissant les paysages français, l'artiste présente de plus en plus des scènes québécoises. En outre, il travaille dès 1902, à des tableaux d'histoire et particulièrement à *La Mort de Montcalm*. Excellent sculpteur également, il exécute en argile une maquette très détaillée de la scène qu'il désire peindre: une

photographie le montre dans son atelier parisien devant cette maquette constituée de statuettes de vingt à trente centimètres de hauteur. Il peint ensuite une esquisse sur toile où sont repris fidèlement les motifs de la maquette, s'attardant à analyser la lumière de façon à dramatiser l'événement: Montcalm vient de rendre l'âme, entouré de généraux, de quelques soldats, de religieuses, d'un prêtre accompagné d'enfants de choeur. L'oeuvre finale ne fut jamais réalisée, malgré l'importance du thème et la réussite de la composition. Sur le plan formel, elle présentait moins de nouveautés que les paysages qu'il avait réalisés peu de temps auparavant. Ce n'est pas avant quelques années encore que Suzor-Coté parviendra à une synthèse du tableau d'histoire et d'une technique neuve.

Joseph Saint-Charles, 1868-1956

156. *Le sculpteur Philippe Hébert*, vers 1902

Huile sur toile, 81,8 × 66,5 cm

Signé en bas à gauche : *J. S' Charles*

Historique
Acquis de la succession Philippe Hébert, Montréal, en 1946 (A-46.144-P).

Expositions
1903, Montréal, Art Association of Montreal, *21ˢᵗ Spring Exhibition*; 1903, Ottawa, National Gallery of Canada, *24ᵗʰ Exhibition of the Royal Canadian Academy of Arts*, nº 38; 1918, Toronto, Art Museum of Toronto, *39ᵗʰ Exhibition of The Royal Canadian Academy of Arts, the late L.P. Hébert*; 1945, Québec, Musée de la Province de Québec, *Exposition de Edmond Dyonnet, R.C.A. Ozias Leduc, A.R.C.A. Joseph Saint-Charles, A.R.C.A. Elzéar Soucy*, nº 51; 1964, Montréal, Centre d'art du Mont-Royal, *Un demi-siècle de peinture du Québec (1875-1925)*, nº 29; 1966, Montréal, Centre d'art du Mont-Royal, *Joseph A. Saint-Charles*; 1971, Ottawa, Université d'Ottawa, *Joseph Saint-Charles*; 1982, Montréal, Galerie UQAM, *À la découverte de Joseph St-Charles (1868-1956)*.

Bibliographie
MORISSET, 1960, p. 181; LAURIN, n.d., p. 41, repr.; COUSINEAU, 1982, p. 118; HÉBERT, 1973, p. 45, repr.

Natif de Montréal, Joseph Saint-Charles a fait ses premières armes en peinture avec l'abbé Chabert et le peintre Édouard Meloche. Il séjourna en Europe en compagnie de son ami le peintre Joseph Franchère, étudiant à Paris, à l'École des Beaux-Arts et aux académies Julian et Colarossi, puis à Rome. De retour au Québec en 1898, il est chargé du cours de dessin à main levée du Conseil des Arts et Manufactures de Montréal. Son oeuvre est constituée majoritairement de portraits, mais il a également peint des paysages.

Le portrait qu'il fit de Louis-Philippe Hébert est sans doute un de ses plus réussis. Le sculpteur avait alors une cinquantaine d'années et la toile le dépeint assis de face sur une chaise droite, élégamment vêtu, les mains posées sur une canne (la canne et les gants sont des accessoires en vogue à l'époque), regardant d'un air amusé son ami peintre occupé à saisir ses traits. Le tableau est brossé rapidement et a presque l'allure d'une esquisse. Cette facture nerveuse renforce le caractère intimiste produit par le traitement subtil de la lumière qui anime et réchauffe la palette sobre.

Maurice Cullen, 1866-1934

157. *Wolfe's cove*
***L'anse-des-Mères*, 1904**

Voir reproduction en couleurs,
section centrale, p. (15)

Huile sur toile, 144,6 × 176,2 cm

Signé et daté en bas à droite: *M. Cullen 1904*

Historique
Watson Art Galleries, Montréal; acquis en 1949
(A-49.75-P).

Expositions
1904, Montréal, Art Association of Montreal, *25ᵗʰ Exhi-bition of the Royal Canadian Academy of Arts*, nᵒ 42; 1904, Saint Louis, *Louisana Purchase Exhibition*, nᵒ 20; 1956, Hamilton, Art Gallery of Hamilton, *Maurice Cullen 1866-1934*, nᵒ 25, repr.; 1982, Kingston, Agnes Etherington Art Centre, *Maurice Cullen 1866-1934*, nᵒ 28, repr.

Bibliographie
« Art Exhibition », *The Gazette*, 18 mars 1904; « RCA 25ᵗʰ Exhibition of Oils and Watercolours », *The Montreal Star*, 18 mars 1904; « Art Exhibition », *Montreal Witness*, 21 mars 1904; *L'Action Catholique*, 9 août 1949, repr.; *Le Soleil*, 27 septembre 1950, repr.; « Exposition rétrospective des oeuvres de Maurice Cullen », *L'Action Catholique*, 11 janvier 1957, repr.; « Early Canadian Impressionism », *Ottawa Citizen*, 23 février 1957, repr.; MORISSET, 1960, p. 176, repr.; JOUVANCOURT, 1978, p. 45, repr. coul.

Né à Saint John's (Terre Neuve), Cullen arriva à Montréal à l'âge de quatre ans avec sa famille. Voulant devenir sculpteur, il étudia au Conseil des Arts et Manufactures de Montréal et au Monument National avec Philippe Hébert, puis se rendit à Paris. Il se tourna alors vers la peinture et fréquenta l'École des Beaux-Arts, l'Académie Colarossi et l'Académie Julian. À la fin de 1895, il revint à Montréal. Son séjour en France l'avait éveillé au paysage et à la peinture de plein air, et il poursuivit ses recherches dans ce sens. Au début du siècle, il peignit de nom-breuses scènes de Québec, principalement l'hi-ver. *Wolfe's cove L'anse-des-Mères* fait excep-tion: il fut peint à l'automne de 1903.

La composition est dominée par la courbe obli-que et sinueuse de la rue Champlain, contreba-lancée par les pentes très fortes du Cap-Diamant. Trois horizontales, la rive de Lévis, une jetée et un bout de plage donnent au tableau sa stabilité. Les textures et l'incidence variable de la lumière sont traitées au moyen d'une palette claire composée de couleurs rela-tivement pures. Même s'il n'adopte pas la tech-nique des touches divisées, du moins dans cette oeuvre, Cullen rejoint les préoccupations des impressionnistes par son penchant pour les teintes pures, sa façon d'opposer les couleurs complémentaires, sa volonté de peindre la lu-mière et son habitude de reprendre le même motif dans des conditions atmosphériques ou à des saisons différentes (il a également peint ce paysage en hiver, probablement l'année sui-vante; ce tableau est conservé à l'*Art Gallery of Hamilton*). Morrice, pourtant plus âgé que lui, fut très influencé par son art et particulièrement par sa façon d'aborder la neige. Les artistes plus jeunes, ceux notamment qu'il forma à l'*Art Asso-ciation of Montreal*, lui sont redevables d'une nouvelle vision, plus lumineuse, du paysage d'hiver.

Henri Julien, 1852-1908

158. *La Chasse-galerie*, 1906

Huile sur toile, 53,8 × 66 cm

Signé et daté en bas à gauche : *H. Julien 1906*

Historique
Acquis avant 1933 (A-34.254-P).

Expositions
1907, Montréal, Art Association of Montreal, *28ᵗʰ Exhibition of the Royal Canadian Academy of Arts*, n° 113 ; 1938, Ottawa, Galerie Nationale du Canada, *Henri Julien 1851-1908. Exposition commémorative*, n° 125 ; 1945, Toronto, Art Gallery of Toronto, *Le développement de la peinture au Canada*, n° 97 ; 1959, Vancouver, Vancouver Art Gallery, *Les Arts au Canada français*, n° 158 ; 1962, New York, Hôtel Biltmar ; 1964, London, London Art Museum, *Surrealism in Canadian Painting* ; 1966, Halifax, Dalhousie University, *Semaine du Québec* ; 1967, Québec, Musée du Québec, *Peinture traditionnelle du Québec*, n° 32, repr. ; 1971, Montréal, Terre des Hommes ; 1972, Saint-John's, Newfoundland University, *Quinzaine québécoise* ; 1974, Montréal, Pavillon du Québec, Terre des Hommes, *Les Arts du Québec*, n° 33.

Bibliographie
BARBEAU, 1941, p. 25, repr. ; DUMAS, « La peinture d'Henri Julien », décembre 1958, p. 20-21, repr. ; MORISSET, 1960, p. 154 ; HUBBARD, 1963, p. 74-75, repr. ; *Collections des Musées d'État du Québec*, 1967, p. 50, repr. ; GUILBAULT, 1980, p. 67-95, repr. p. 91.

Henri Julien est surtout connu comme illustrateur. Sa carrière au *Montreal Star*, où il fit d'innombrables illustrations et caricatures, l'occupa au point de lui laisser peu de temps pour peindre. En plus de représenter de façon humoristique les hommes publics de son temps, Julien tenta de dépeindre la vie paysanne, les coutumes et les légendes québécoises. Il se mit à la peinture à la toute fin de sa vie. Autodidacte, il ne s'intéressait pas aux nouvelles techniques ; si son art pictural se ressent d'une manière un peu trop graphique, il n'en possède pas moins de grandes qualités d'évocation et d'atmosphère.

Les thèmes abordés par Julien dans sa peinture de 1900 à 1908 ne sont pas nouveaux : il les avait déjà traités en dessin. C'est le cas de *La Chasse-galerie*, dont le Musée du Québec possède également une version à la plume. Cette légende française très ancienne diffusée par la tradition orale et popularisée en 1900 par Honoré Beaugrand dans un recueil de contes, « relate l'équipée d'un groupe de huit bûcherons qui ont demandé à Satan de les conduire « sur les airs » jusqu'à Lavaltrie où ils retrouveront, avec leurs femmes ou leurs "blondes", une joyeuse compagnie pour boire et danser à la veillée du jour de l'an. L'aller s'effectue sans incident. Au retour, le pilote, ivre-mort, perd le contrôle du canot qui heurte d'abord le flanc d'une montagne, après avoir évité de justesse la croix d'un clocher, puis s'écrase en pleine forêt, non loin du camp. Le lendemain, des bûcherons retrouvent les voyageurs, qu'ils croient victimes d'une bonne "cuite" ».*

Henri Julien a porté le nombre des personnages à douze : les hommes sont ivres, chantant à tue-tête, l'un boit à même la bouteille tandis que Satan, tel un fantôme, entraîne le canot vers sa chute. L'artiste a peint un ciel sombre, percé d'une pleine lune en partie cachée par des nuages menaçants, dans une atmosphère romantique. Un paysage fluvial figure au bas du tableau.

* *Suzanne Lafrenière, « La Chasse-Galerie et autres contes d'Honoré Beaugrand », Dictionnaire des oeuvres littéraires du Québec, Fides, Montréal, 1978, T.1, p. 107.*

Marc-Aurèle de Foy Suzor-Coté, 1869-1937

159. *Cartier rencontre les Indiens de Stadacona*, 1907

Huile sur toile, 265 × 400 cm

Signé et daté en bas à gauche: *M.A. Suzor-Coté 1907*

Historique
Acquis avant 1933 (A-34.12-P).

Expositions
1907, Paris, Grand-Palais des Champs-Élysées, *Le Salon de la société des Artistes français*, nº 1492; 1980, Ottawa, Galerie nationale du Canada. *To Found a National Gallery: the Royal Canadian Academy of Arts 1880-1913*.

Bibliographie
Sélection du Reader's Digest, novembre 1948, p. 143, repr. p. couv.; GOUR, 1950, p. 15; MORISSET, 1960, p. 182 et 185; JOUVANCOURT, 1967 et 1978, pp. 87-95, 125-126, 131, 139, 147, repr. coul. p. 130; OSTIGUY, 1978, pp. 10 et 12; HILL, « To Found a National

Gallery: the Royal Canadian Academy of Arts 1880-1913 », 6 mars 1980, p. 8, repr.

Poursuivant ses recherches picturales appliquées à l'histoire, Suzor-Coté entreprit, probablement à la fin de 1906, un grand tableau consacré à Jacques Cartier débarquant sur le site de Québec. Ce tableau se distingue de *La Mort de Montcalm* (nº 155), réalisé moins de quatre ans auparavant, par l'utilisation de la touche divisée que Suzor-Coté avait jusqu'alors réservée à ses paysages. Cette technique est la principale caractéristique de l'impressionnisme. Elle permet de créer une surface animée et chatoyante et de rendre les effets de la lumière. La composition est équilibrée, peut-être un peu trop rigide (Suzor-Coté a-t-il réalisé une ma-

quette en argile avant de peindre le tableau, comme ce fut le cas pour *La Mort de Montcalm* ?), mais la couleur et son application « impressionniste » lui insufflent un certain dynamisme.

Le personnage de Jacques Cartier s'inspire d'une représentation connue du personnage, copiée en peinture et en gravure par Théophile Hamel à partir d'une oeuvre de François Riss datant probablement de 1839. Suzor-Coté destinait ce tableau au Palais législatif de Québec, et l'exposa au Salon des Artistes Français à Paris en 1907, dernière année de son séjour en Europe. De retour au pays, il se consacra principalement au paysage.

Ludger Larose, 1868-1915

160. *Scène familiale: la leçon de piano*, 1907

Huile sur toile, 86,8 × 68,9 cm

Signé en bas à droite: *L. Larose*

Historique
Coll. Maurice et Andrée Corbeil, Montréal; acquis en 1977 (A-77.26-P).

Exposition
1973, Ottawa, Galerie nationale du Canada, *Peintres du Québec, Collection Maurice et Andrée Corbeil*, nº 55, repr.

Natif de Montréal, Ludger Larose part pour l'Europe en 1887. Il s'inscrit aux ateliers de l'École des Beaux-Arts de Paris et a comme professeurs Jules-Élie Delaunay (1828-1891) et Jean-Paul Laurens (1838-1921), deux peintres académiques, ainsi que le célèbre peintre symboliste Gustave Moreau (1826-1898). Après un séjour de quelques années à Paris, il va à Rome et y poursuit sa formation. À partir de 1894, il enseigne le dessin à l'École du Plateau de Montréal.

Cet intérieur bourgeois peint en 1907 est dans la tradition de la peinture de genre qui connut un regain à la fin du XIXᵉ siècle en Europe et en Amérique du Nord. Célébrant la vie tranquille et harmonieuse de la famille, et en ce sens bien victorien, le tableau montre des parents attentifs à leurs enfants: pendant que la mère enseigne le piano à sa fille, l'aîné récite le passage d'un livre à son père et le plus jeune regarde un illustré posé sur ses genoux. Rassurant et protecteur, le cadre témoigne du bon goût et du bien-être du ménage: un épais tapis, plusieurs tableaux accrochés au mur, des meubles confortables, des plantes. Le point de vue adopté par le peintre est intéressant, déterminant une composition dominée par le mur vu en perspective et près duquel figurent les personnages. Le traitement de la lumière est remarquable. La facture reste toutefois conventionnelle: les teintes sont le produit de mélanges sur la palette, la touche est lisse et sans relief. Les contours des visages sont légèrement estompés de façon à les adoucir.

Clarence Gagnon, 1881-1942
161. *Brise d'été à Dinard*, 1907

Huile sur toile, 54 × 81 cm

Signé en bas à gauche: *Clarence Gagnon*

Historique
Watson Art Galleries, Montréal; acquis en 1937 (A-37.1-P).

Expositions
1942, Québec, Musée de la Province de Québec *Exposition rétrospective de Clarence A. Gagnon R.C.A. 1881-1942*, nº 1; 1942, Ottawa, Galerie nationale du Canada, *Clarence Gagnon 1881-1942. Memorial Exhibition*, nº 5.

Bibliographie
Jouvancourt, 1970, repr. coul.

Après avoir étudié à l'*Art Association of Montreal* sous la direction de William Brymner, Clarence Gagnon prit à son tour le chemin de Paris où il fréquenta quelque temps l'atelier de Jean-Paul Laurens à l'Académie Julian. Dès 1906, il expose au Salon. À l'été de 1909, il effectue un voyage en Bretagne et s'attarde à Dinard, une station balnéaire des environs de Saint-Malo.

Sa formation académique ne l'empêche pas de traiter le paysage de manière impressionniste. Dans *Brise d'été à Dinard*, la pâte est épaisse et appliquée horizontalement. Gagnon a peint subtilement les passages du sable à une eau de plus en plus profonde, créant une perspective par le seul jeu des couleurs et de leur interpénétration. L'effet chatoyant est obtenu par la juxtaposition de touches de couleurs différentes, comme dans le ciel où se conjuguent le violet, le bleu et le turquoise. Le vent est très sensible: venant de la gauche, il souffle sur les parasols, sur les vêtements des personnages, sur les voiles des bateaux. Le soleil bas de la fin de l'après-midi s'accroche aux figures, illumine leurs vêtements clairs et porte des ombres sur le sable. Tout comme les impressionnistes, Clarence Gagnon s'intéresse aux effets variés de la lumière selon les heures du jour; il fit de nombreuses peintures de cette plage. Dans celle-ci, sa palette est remarquablement claire et lumineuse.

Joseph Saint-Charles, 1868-1956

162. *Femme en plein air*, 1908

Ludger Larose, 1868-1915

163. *La serre*, 1910

Huile sur toile, 125 × 86,9 cm

Signé et daté en bas à droite : *L. Larose 1910*

Historique
Marcel Larose, fils de l'artiste, Montréal ; don de M. Marcel Larose en 1963 (G-63.78-P).

Exposition
1964, Montréal, Centre d'art du Mont-Royal, *Un demi-siècle d'art du Québec*, n° 20.

Bibliographie
Collections des Musées d'État du Québec, 1967, p. 60, repr.

Ce tableau inusité dans l'histoire de la peinture du Québec semble avoir été peint sur le motif à la serre du parc Lafontaine, à Montréal, en 1910. Ce n'est pas le sujet lui-même qui étonne, ni le rendu, très réaliste si l'on regarde chaque plante isolément, mais l'accumulation de couleurs vives et de textures différentes limitée par un cadre serré. La composition est nettement surchargée, certes ; pourtant, l'oeuvre n'en est pas moins attachante pour son coloris et son aspect décoratif.

Huile sur toile, 66 × 55,8 cm

Signé en haut à gauche : *J. St Charles*

Historique
Mlle Marie-Anna Saint-Charles, fille de l'artiste, Montréal ; acquis en 1977 (A-77.434-P).

Expositions
1909, Montréal, Art Association of Montreal, *25th Spring Exhibition*, n° 322 ; 1909, Ottawa, Archives Building, *30th Exhibition of the Royal Canadian Academy of Arts*, n° 180 ; 1945, Québec, Musée de la Province de Québec, *Exposition de Edmond Dyonnet, R.C.A. Ozias Leduc, A.R.C.A. Joseph Saint-Charles, A.R.C.A., Elzéar Soucy*, n° 64 ; 1966, Montréal, Centre d'art du Mont-Royal, *Joseph A. Saint-Charles*, n° 3 ; 1976, Montréal, Galerie Clarence-Gagnon ; 1982, Montréal, Galerie UQAM, *À la découverte de Joseph St-Charles 1868-1956*.

Bibliographie
« L'Académisme de Joseph Saint-Charles », 1er octobre 1966, repr. ; LAURIN, « Joseph Saint-Charles, 1868-1956 », 1975, p. 60, repr. ; BIGUÉ, « L'un des peintres méconnus de la peinture québécoise », 31 octobre 1976, repr. ; BIGUÉ, « L'exposition rétrospective de Joseph St-Charles... », 7 novembre 1976, repr. ; ROBERT, 1978, p. 47, repr. ; COUSINEAU, 1982, p. 82 ; LAURIN, n.d., p. 43 et 77, repr.

Joseph Saint-Charles épousa le 14 février 1905 Marie-Anna Cheval dit Saint-Jacques, de quatorze ans sa cadette. La même année, il fit un portrait d'elle, mais c'est celui-ci, exécuté en plein air trois ans plus tard, qui présente le plus d'intérêt. La luminosité et la vivacité des couleurs contraste avec les portraits presque monochromes réalisés en atelier (n° 156). La pose de la femme est naturelle et crée un effet de profondeur qui aurait été difficile à obtenir dans une position résolument frontale. Par son coloris, son sujet et son caractère de plein air, *Femme en plein air* rappelle certains tableaux impressionnistes de Renoir (1841-1919), même s'il s'en distingue par une facture nettement académique, heureusement relâchée dans le traitement du feuillage.

Ozias Leduc, 1864-1955

164.   *Portrait de Guy Delahaye*, 1911

Huile sur toile, 39 × 39 cm

Dédicacé, signé et daté en haut à gauche : *À mon ami Guy Delahaye O Leduc 1911*

Historique
Coll. Maurice et Andrée Corbeil, Montréal ; don de monsieur Maurice Corbeil en 1977 (G-77.24-P).

Expositions
1912, Montréal, Art Association of Montreal, *29th Spring Exhibition*, n° 236 ; 1912, Ottawa, Victoria Memorial Museum, *34th Exhibition of the Royal Canadian Academy of Arts*, n° 147 ; 1916, Québec, *Société des artistes* ; 1916, Montréal, Bibliothèque Saint-Sulpice, *Oeuvres d'Ozias Leduc*, n° 14 ; 1973, Ottawa, Galerie nationale du Canada, *Peintres du Québec, Collection Maurice et Andrée Corbeil*, n° 45, repr.

Bibliographie
CHAUVIN, 1928, p. 118 ; 1974, Ottawa, Galerie nationale du Canada, *Ozias Leduc : peinture symboliste et religieuse*, repr. ; 1978, Montréal, Galeries d'art Sir George Williams, *Dessins inédits d'Ozias Leduc*, p. 46.

En 1911, Ozias Leduc fit le portrait de son jeune ami Guillaume Lahaise, originaire comme lui de Saint-Hilaire. Celui-ci n'avait alors que 22 ans et venait de terminer des études de médecine à l'Université Laval à Montréal. L'année précédente, il avait publié un recueil de poèmes symbolistes, *Les Phases*, sous le pseudonyme de Guy Delahaye. Il se spécialisa par la suite en psychiatrie et fit carrière, à partir de 1924, comme médecin-aliéniste à l'hôpital Saint-Jean-de-Dieu de Montréal.

Le peintre a travaillé à partir d'une photographie du poète. Il le montre complètement de côté, son profil se découpant devant un mur à dominante bleue. Les contours sont très peu marqués ; le veston sombre n'a pas de limite définie et la peinture est léchée à coups de brosse de manière à suggérer la texture duveteuse du vêtement. La main semble vouloir se dissoudre ; en revanche, le visage est un peu mieux précisé. Des coups de brosse méticuleux créent un relief et enveloppent le poète Guy Delahaye d'une atmosphère de mystère et d'intériorité.

L'année suivante, Leduc fit de son ami un autre portrait, de format vertical cette fois. À l'arrière-plan se dégage une femme voilée, personnification de l'inspiration poétique. Les deux oeuvres ont connu un destin différent. Le second portrait est allé à Guillaume Lahaise, tandis que le premier, maintenant dans la collection du Musée, fut acquis par monsieur Gilles Corbeil lors d'une visite au peintre de Saint-Hilaire en novembre 1952.

Clarence Gagnon, 1881-1942

165. *L'hiver dans les Laurentides*, (?) 1911

Huile sur toile, 82,1 × 61,6 cm

Signé en bas à gauche : *Clarence A. Gagnon*

Historique
Watson Art Galleries, Montréal ; acquis en 1929 (A-34.577-P).

Expositions
1912, Montréal, Art Association of Montreal, *Twenty-ninth Spring Exhibition*, n° 151 ; 1942, Québec, Musée de la Province de Québec, *Exposition rétrospective de Clarence A. Gagnon, R.C.A. 1881-1942*, n° 3 ; 1942, Ottawa, Galerie nationale du Canada, *Clarence Gagnon 1881-1942. Memorial Exhibition*, n° 7 ; 1946, Windsor, Willistead Art Gallery, *Quebec Loan Exhibition*, n° 13 ; 1976, Montréal, Place Bonaventure, *Hier au Québec 1875-1915* ; 1978, Québec, Musée du Québec, *L'art du paysage au Québec (1800-1940)*, n° 33, repr.

Bibliographie
JOUVANCOURT, 1970, p. 60, repr.

De retour au Québec en 1911, Clarence Gagnon se fixa à Baie-Saint-Paul. Inlassablement, tantôt à pied, tantôt à skis, il parcourt la campagne à la recherche de motifs à peindre. Charlevoix est sa région de prédilection, comme elle le sera pour beaucoup d'autres peintres : Arthur Lismer, A.Y. Jackson, Edwin Holgate, Marc-Aurèle Fortin, Maurice Cullen, Robert Pilot, entre autres, viendront à diverses reprises faire des croquis des différents paysages, surtout en hiver.

Pour *L'hiver dans les Laurentides*, Gagnon a porté son regard sur une petite rivière qui coule dans sa direction à travers la glace et la neige. Le tableau baigne dans une atmosphère bleutée, un peu violette, caractéristique de l'aube naissante. La pâte est claire et brossée de façon à atténuer les contours. La forêt perd sa matérialité et devient un rideau changeant. Le soleil cherche à percer à travers les arbres à la droite du tableau et la lumière diffuse s'y accroche. La neige adopte la couleur des arbres, de l'eau, du ciel.

Ce thème d'une rivière s'écoulant dans la neige est particulièrement significatif. D'autres artistes se sont employés à le reproduire, notamment Suzor-Coté, qui a peint plusieurs toiles sur la rivière Nicolet en mars-avril, à l'époque où l'eau perce la glace et s'écoule librement (n°s 174 et 179). Il s'agit d'un thème symboliste, où l'opposition entre la course de l'eau et l'immobilité de la neige marque le passage du temps.

Maurice Cullen, 1866-1934

166. *Craig Street, Montreal*
Poudrerie rue Craig à Montréal, 1912

Huile sur toile, 76,4 × 101,8 cm

Signé et daté en bas à droite: *M. Cullen 12*

Historique
Mme Stuart Nichol, vers 1930; Galerie Stevens, Montréal; acquis en 1940 (A-40.276-P).

Expositions
Toronto, Canadian Art Club, *5th Annual*, n° 28, repr.; 1912, Toronto, *Canadian National Exhibition*, n° 248, repr.; 1912, Ottawa, Victoria Memorial Museum, *34th Exhibition of the Royal Canadian Academy of Arts*, n° 59; 1915, Montréal, The Arts Club, *Exhibition of Paintings by Maurice Cullen RCA*, n° 3; 1916, Montréal, Art Association of Montreal, *Spring Exhibition*, n° 60; 1930, Montréal, École des beaux-arts de Montréal, *Rétrospective des oeuvres de Maurice Cullen*, n° 1; 1934, Montréal, Watson Art Galleries, *12th Cullen Annual Exhibition*, n° 2; 1935, Ottawa, Galerie nationale du Canada, *Exhibition of Canadian Painting by a Group of Selected Artists*, n° 57; 1936, Montréal, The Arts Club, *Retrospective exhibition of the Works of the late Maurice Cullen, RCA*, n° 6; 1937, Toronto, Art Gallery of Toronto, *Senior painters in Canada*, n° 35; 1956, Hamilton, Art Gallery of Hamilton, *Maurice Cullen 1866-1934*, n° 43; 1980, Ottawa, Galerie nationale du Canada, *To Found a National Gallery: The Royal Canadian Academy of Arts*; 1982, Kingston, Agnes Etherington Art Centre, *Maurice Cullen 1866-1934*, n° 41, repr.

Bibliographie
« Spring Pictures Poorer than for some time past », *Montreal Star*, 24 mars 1916; « Nearly 400 Pictures in Spring Exhibition at Art Galleries Now », *Montreal Herald*, 24 mars 1916; « Younger artists well represented », *Montreal Gazette*, 26 mars 1916; *Saturday Night*, 9 juin 1934, p. 2, repr.; *Montreal Star*, 4 décembre 1937, repr.; WATSON, « Nocturnes Favored by Cullen », 8 juin 1940, repr.; WATSON, « The Art of Maurice Cullen R.C.A. », janvier 1943, p. 8, repr.; *Le Musée du Québec*, 1978, p. 65; JOUVANCOURT, 1978, p. 67, repr.; HILL, « To Found a National Gallery; the Royal Canadian Academy of Arts 1880-1913 », 6 mars 1980, p. 6, repr.

À partir des années 1908-1909, Maurice Cullen peignit de nombreuses scènes de Montréal sous la neige. Ses toiles les plus réussies sont réalisées à partir d'esquisses exécutées en plein air lors de chutes de neige ou même de tempêtes, comme *Poudrerie rue Craig à Montréal*. Ce tableau de facture très impressionniste est remarquable par sa luminosité: la neige tombante détruit les contours, capte les rayons lumineux, les transforme et décompose les couleurs du spectre. À l'arrière-plan, les lumières de l'hôtel Viger percent l'écran laiteux. Le traitement des chevaux de trait et de la voiture est impressionnant: ils gagnent en énergie contenue et en force de rayonnement ce qu'ils perdent en matérialité.

Le peintre Robert Pilot, beau-fils de l'artiste, considérait cette toile comme le chef-d'oeuvre de Cullen. Le cadre de l'oeuvre a été sculpté par le peintre lui-même.

James Wilson Morrice, 1865-1924

167. *Tangiers*
Tanger, vers 1912

William Brymner, 1855-1925

168. *October — Beaudette River*
Octobre, Rivière Beaudette, 1914

Huile sur toile, 66 × 93 cm

Signé en bas à droite : *J.W. Morrice*

Historique
Acquis avant 1933 (A-34.467-P).

Expositions
1912, Paris, *Salon d'automne*; 1913, Londres, *International Society*; 1952, Québec, Musée de la Province, *Exposition rétrospective de l'art au Canada français*, n° 389; 1965, Montréal, Musée des beaux-arts de Montréal, *J.W. Morrice 1865-1924*, n° 92.

Bibliographie
CIOLKOWSKA, « A Canadian painter : James Wilson Morrice », 15 août 1913, p. 183, repr.; BUCHANAN, 1936, p. 174; *Collection des Musées d'État du Québec*, 1967, p. 52, repr.; DES GAGNIERS, 1971, p. 21, repr. n° 14.

Dans les toutes premières années du siècle, une mutation s'est opérée dans la peinture de James Wilson Morrice. La pâte colorée, autrefois épaisse et étendue en larges taches, s'éclaircit et s'amincit au point de laisser transparaître la texture de la toile. Dans certains cas, le fond de la toile est visible. Cette transformation se produit parallèlement à l'intérêt croissant que le peintre manifeste pour la peinture fauviste et qui l'amène à se lier avec le plus grand représentant de ce mouvement, Henri Matisse (1869-1954). En 1911-1912 et 1912-1913, il passe l'hiver à Tanger avec celui-ci et avec Albert Marquet (1875-1947) dont l'art a des parentés avec celui de Morrice.

Tanger se ressent de ce contact, encore que Morrice conserve son indépendance et son originalité. Il n'adopte pas la palette brillante des Fauves mais n'hésite pas à peindre d'une manière très spontanée, avec une touche lâche, volontairement imprécise et essuyée. Morrice crée ainsi des compositions fortes où l'horizontale domine. Cette dominance, toutefois, n'est pas synonyme de stabilité; c'est au contraire comme si l'espace pictural subissait un violent balayage de droite à gauche.

Huile sur toile, 96,5 × 124,5 cm

Signé et daté en bas à droite : *Wᵐ Brymner 1914*

Historique
Succession William Brymner; Watson Art Galleries, Montréal; acquis en 1941 (A-41.220-P).

Expositions
1914, Montréal, Art Association of Montreal, *Spring Exhibition*, n° 46; 1914, Toronto, Art Museum, *36ᵗʰ Exhibition of the Royal Canadian Academy of Arts*, n° 27; 1915, Toronto, *Canadian National Exhibition*, n° 127; 1973, Toronto, Art Gallery of Ontario, *Impressionism in Canada*, n° 116, repr.; 1979, Kingston, Agnes Etherington Art Centre, *William Brymner 1855-1925. A Retrospective*, n° 63, repr.

À son retour d'Europe et au début de sa carrière, Brymner a d'abord pratiqué une peinture académique; puis, au contact de Clarence Gagnon, de Maurice Cullen et des peintres du *Canadian Art Club*, il a découvert l'impressionnisme. *Octobre, Rivière Beaudette* est probablement la plus belle toile qu'il ait peinte dans cette manière. Au moyen d'une palette atténuée et avec une touche qui s'apparente à la technique du divisionnisme, il réussit à dépeindre l'atmosphère d'un ciel d'automne. Le traitement des arbres mérite d'être souligné : la technique et le coloris rappellent la peinture décorative d'Ozias Leduc.

Clarence Gagnon, 1881-1942
169. *Village laurentien*, 1915

Maurice Cullen, 1866-1934
170. *Montreal Harbour*
     Le port de Montréal, 1915

Huile sur toile, 72,9 × 92,1 cm

Signé en bas à droite : *Clarence A. Gagnon*

Historique
Acquis de Watson Art Galleries avant 1933 (A-34.637-P).

Expositions
1925, Toronto, *Canadian National Exhibition*; 1938, Londres, *Coronation Exhibition*; 1942, Québec, Musée de la Province de Québec, *Exposition rétrospective de Clarence A. Gagnon, R.C.A. 1881-1942*, n° 9; 1942, Ottawa, Galerie nationale du Canada, *Clarence Gagnon 1881-1942. Memorial Exhibition*, n° 13, repr.; 1946, Windsor, Willistead Art Gallery, *Quebec Loan Exhibition*, n° 14; 1949, Boston, Museum of Fine Arts, *Forty years of Canadian Painting; from Tom Thompson and the Group of Seven to the present day*, n° 29; 1950, Washington, National Gallery of Art, *Canadian Painting*, n° 32; 1953, Hamilton, Art Gallery of Hamilton, *Inaugural Exhibition*, n° 16; 1960, Mexico, Museo nacional de arte moderno, *Arte Canadiense*, n° 117.

Bibliographie
Historic Montreal, past and present, n.d., repr.; Buchanan, 1945, p. 24, repr.; Morisset, 1960, p. 161, repr.; Jouvancourt, 1970, repr. coul.; *Le Musée du Québec*, 1978, p. 67, repr. coul.

Pendant son séjour dans la région de Charlevoix, Clarence Gagnon s'est intéressé à l'artisanat, aux coutumes et à la vie paysanne. Aussi a-t-il peint des scènes de village, l'hiver, avec des rangées de maisons, des détails pittoresques et souvent un traîneau sur la route. Tout comme les membres du Groupe des Sept, Gagnon s'attache à la problématique de la création d'un art national inspiré des paysages du pays et, comme eux, il cherche à créer un art nouveau dégagé de la tradition académique. Il adopte donc une palette colorée aux tons francs et vifs appliquant la couleur par larges touches qui suggèrent la texture et le modelé, selon une technique assez proche de celle des peintres expressionnistes. Ses compositions sont équilibrées, dominées souvent, comme dans *Village laurentien*, par une large ligne sinueuse et claire — une route enneigée —, ponctuée de masses colorées — des maisons. Une grande sérénité se dégage du tableau. C'est le domaine de la neige et son calme enveloppant est celui de la nature endormie.

Huile sur toile, 114,9 × 171 cm

Signé et daté en bas à gauche : *M. Cullen 15*

Historique
Acquis avant 1933 (A-34.114-P).

Expositions
1915, Toronto, Canadian Art Club, *8ᵗʰ Annual*, n° 58, repr.; 1915, Montréal, Art Association of Montreal, *37ᵗʰ Exhibition of the Royal Canadian Academy of Arts*, n° 15, repr.; 1956, Hamilton, Art Gallery of Hamilton, *Maurice Cullen 1866-1934*, n° 48, repr.; 1964, Montréal, Musée des Beaux-Arts de Montréal, *Ville portuaire*; 1982, Kingston, Agnes Etherington Art Centre, *Maurice Cullen 1866-1934*, n° 46, repr.

Bibliographie
Canadian Magazine, vol. 47, n° 5 (septembre 1916), p. 395, repr.; Mactavish, 1925, p. 160, repr.; Watson, 1931, repr.; Jouvancourt, 1978, p. 95, repr. coul.

Poursuivant sa série sur Montréal, Cullen peint plusieurs scènes du fleuve autour de 1914-1916. La plupart sont enneigées, ce prétexte permettant au peintre de dissiper la lumière au moyen d'une touche scintillante. Avec *Le port de Montréal*, ce sont plutôt les nuages et les fumées blanches des usines qui jouent ce rôle. La composition n'est pas structurée. Ce grand tableau, d'ailleurs, n'a pas besoin de l'être : c'est avant tout une étude de la lumière, comme le sont les vues de la *Gare Saint-Lazare* de l'impressionniste Claude Monet (1840-1926).

William Brymner, 1855-1925

171. *Girl in a Blue Hat (The trinket)*
Jeune fille au chapeau bleu
(La breloque), 1916

Huile sur toile, 73,8 × 56 cm

Signé et daté en bas à gauche : *Wm Brymner 1916*

Historique
Watson Art Galleries, Montréal ; M.L. Muresan, Montréal ; acquis en 1976 (A-76.371-P).

Expositions
1916, Montréal, Art Association of Montreal, *Spring Exhibition*, n° 27 ; 1925, Montréal, Watson Art Galleries, *William Brymner*, n° 12 ; 1926, Montréal, Art Association of Montreal, *Memorial Exhibition of paintings by the late William Brymner R.C.A.C.M.G.*, n° 26 ; 1979, Kingston, Agnes Etherington Art Centre, *William Brymner 1855-1925. A Retrospective*, n° 69, repr.

Bibliographie
« The trinket attractive », 31 décembre 1916 ; *The Canadian Magazine*, vol. 47, n° 6 (oct. 1916) p. 447, repr. ; *Le Musée du Québec*, 1978, p. 68, repr.

Ce délicat portrait fut exposé pour la première fois au Salon du Printemps 1916 de l'*Art Association of Montreal* sous le titre de *The trinket*. La critique du *Montreal Herald* le décrivit de la façon suivante :

« La breloque est une étude de femme en tenue moderne, robe noire à manches transparentes et petite toque de velours bleue seyante. Dans sa pose et son expression, le personnage respire la santé, la vie et la jeunesse, et un regard méditatif suggère des associations heureuses avec la breloque d'or dans ses mains. Les jointures des mains, du reste, semblent un peu trop proéminentes pour être belles. »*

Auparavant, Brymner avait réalisé quelques portraits intimistes semblables, prenant tous comme modèles des jeunes filles rêveuses ou mélancoliques. *The trinket*, dernière oeuvre de cette série, se concentre sur le visage de la jeune fille : la robe et le fond sombre s'effacent ; la lumière s'accroche à la rose du corsage et au chapeau, caressant le visage vaporeux. Placées dans le coin inférieur droit du tableau, les deux mains offrent un contrepoint clair dont l'orientation répond à la rotation de la tête du modèle.

* *Traduction tirée du catalogue du Agnes Etherington Art Centre, 1979, p. 63.*

John Lyman, 1886-1967

172. *Portrait of the artist*
Portrait de l'artiste, 1918

Huile sur toile, 73 × 60,3 cm

Signé en haut à gauche: *Lyman*

Historique
Galerie Dominion, Montréal; acquis en 1944
(A-44.59-P).

Expositions
1918, Montréal, Art Association of Montreal, *35th Spring Exhibition*, n° 222; 1931, Montréal, Galerie Scott, *Exhibition of paintings by John Lyman*, n° 37; 1937, Montréal, *Arts Club Exhibition*; 1939, Montréal, McGill University Faculty Club, *Exhibition of works by John G. Lyman*, n° 4; 1941, Montréal, Magasin Morgan, et Québec, Palais Montcalm, *Première exposition des indépendants*, n° 27; 1944, Montréal, Galerie Dominion, *John Lyman 1913-1943*; 1952, Québec, Musée de la Province, *Exposition rétrospective de l'art au Canada français*, n° 386; 1959, Vancouver, Vancouver Art Gallery, *Les Arts au Canada français*, n° 177; 1963, Montréal, Musée des Beaux-Arts, *John Lyman*, n° 16; 1964, Shawinigan, Centre d'art de Shawinigan; 1965, Rivière-du-Loup, Ghilde Féminine; 1965, Québec, Musée du Québec, *Un demi-siècle de peinture au Canada français*; 1966, Québec, Musée du Québec, *Peinture vivante du Québec*, n° 1; 1972, Saint John's, Newfounland University, *Quinzaine québécoise*; 1981, Tokyo, Musée national d'art moderne, *Peinture canadienne du XXe siècle*; 1982, Ottawa, Galerie nationale du Canada, *Les esthétiques modernes au Québec de 1916 à 1946*, n° 32, repr.

Bibliographie
The Gazette, 3 février 1937; *Le Petit Journal*, 18 mai 1941, repr.; « La peinture. John Lyman », 18 mars 1944, p. 5, repr.; JOYAL, « John Lyman à la Dominion Gallery », 18 mars 1944, p. 61, repr.; DUMAS, 1944, repr. frontispice; WINTER, « Coast to coast in Art », avril-mai 1945, p. 175, repr.; SHAW, « John Lyman », 1945-1946, p. 21, repr.; *The Gazette*, 26 avril 1947; *Le Clairon*, 9 mai 1947; *The Gazette*, 18 novembre 1951; CORBEIL, « John Lyman », janvier-février 1954, p. 75, repr.; LAJOIE, « Entretien avec John Lyman », 31 décembre 1955, repr.; SABBATH, « John Lyman with Laurence Sabbath », novembre 1960, p. 374, repr.; *The Montreal Star*, 21 septembre 1963; SURREY, « 200 oeuvres de John Lyman » et « The Paintings of John Lyman », 19 novembre 1966, repr. coul.; *Collection des Musées d'État du Québec*, 1967, p. 62, repr.; AYRE, « Real painters are latins, from the papers of John Lyman », 9 mai 1970, repr.; OSTIGUY, 1971, n° 100, repr.; ROBERT, 1978, p. 80, repr.; ASSELIN, 1982, repr. coul.

Paul-Émile Borduas a dit de cet autoportrait: « C'est un tableau magnifique! À première vue, comme il arrive souvent chez Lyman, cette peinture choque... mais elle intrigue, elle inquiète, et on y revient sans cesse ». *Portrait de l'artiste* est hors de tout doute la peinture la plus connue de John Lyman, celle qui fut la plus discutée et qui fit l'effet d'une bombe dans le milieu montréalais de l'art au moment de sa présentation au Salon du printemps de l'*Art Association of Montreal* en 1919.

Né dans le Maine de parents naturalisés canadiens, John Lyman évolua dans le milieu de la grande bourgeoisie montréalaise. En 1907, il partit étudier en Europe. À Paris, il fréquente l'atelier de Marcel Béronneau durant une année puis, l'année suivante, entreprend au *Royal College of Art* des études d'architecture qu'il abandonne rapidement pour se consacrer à la peinture. Il retourne alors à Paris et va à l'Académie Julian, puis à l'Académie Matisse nouvellement fondée. Jusqu'à 1931, John Lyman se déplace fréquemment entre Paris, le Midi de la France, Montréal, les Bermudes, la Californie, la Tunisie en compagnie de sa femme Corinne qu'il a épousée en 1911.

Sa découverte de Matisse et ses liens avec Morrice, qu'il rencontre à Paris dès 1908, l'ont attiré vers le fauvisme; les toiles qu'il a peintes dans les années 1910 et 1920 se ressentent fortement de cette esthétique. Son autoportrait est probablement la plus fauve de ses toiles: la couleur irréelle, mais violente, est appliquée presque sans relief. Le rose du visage, rehaussé de blanc du côté lumineux et de violet du côté ombragé, est cerné d'un large trait rouge. Le manteau est traité de la même façon dans des tons de gris. L'harmonie des couleurs est grinçante et choque d'abord, comme disait Borduas. La juxtaposition du rose du visage et de l'ocre du fond est audacieuse; rien de tel ne s'était vu au Québec, et cela explique l'ostracisme dont fut l'objet John Lyman de la part de l'*Art Association of Montreal* et de la critique conservatrice. En revanche, les jeunes artistes y virent un manifeste en faveur d'un art nouveau, ce que d'ailleurs Lyman ambitionnait peut-être. L'oeuvre a été présentée régulièrement aux expositions individuelles du peintre (en 1931, en 1937 et en 1944) et, surtout, figura dans la *Première exposition des indépendants* en 1941, moment important dans l'histoire de la peinture contemporaine au Québec.

John Lyman, 1886-1967

173. *Portrait de Corinne*, 1919

Voir reproduction en couleurs, section centrale, p. (16)

Huile sur toile, 84 × 61,5 cm

Signé en haut à droite: *Lyman*

Historique
Coll. Maurice et Andrée Corbeil, Montréal; acquis en 1979 (A-79.156-P).

Expositions
1963, Montréal, Musée des beaux-arts de Montréal, *John Lyman*, n° 15; 1967, Québec, Musée du Québec, *John Lyman*, n° 192; 1973, Ottawa, Galerie nationale du Canada, *Peintres du Québec, Collection Maurice et Andrée Corbeil*, n° 64, repr.

Bibliographie
VIAU, « Peinture », 24 mars 1944, repr.; CORBEIL, « John Lyman », janvier-février 1954, p. 76, repr.; VIAU, « John Lyman », hiver 1963-1964, p. 29, repr.

Ce portrait de la femme de Lyman, réalisé à la même époque que *Portrait de l'artiste* participe lui aussi du fauvisme et se caractérise par un traitement très décoratif du sujet, où la construction naît de la couleur plus que de la composition. Sujet gratuit en quelque sorte, autant à tout le moins que son autoportrait, *Portrait de Corinne* permet au peintre d'explorer les combinaisons chromatiques. Cette fois, le rose du visage et des mains, très proche de celui de l'autoportrait, est serti de bleu. Les touches sont plus nerveuses et plus vives; elles s'éparpillent en tous sens pour créer un arrière-plan vibrant.

Marc-Aurèle de Foy Suzor-Coté, 1869-1937

174. *Dégel d'avril*, 1920

*Voir reproduction en couleurs,
section centrale, p. (17)*

Huile sur toile, 80,8 × 100,7 cm

Signé et daté en bas à droite : *Suzor-Coté 1920*

Historique
Galerie Scott and Sons Montréal ; acquis avant 1929
(A-34.591-P).

Expositions
1920, Montréal, Art Association of Montreal, *37th
Spring Exhibition*, n° 260 ; 1929, Montréal, École des
beaux-arts de Montréal, *Rétrospective des oeuvres de
Suzor-Coté*, n° 4 ; 1946, Albany, Albany Institute of
History and Art, *Painting in Canada. A Selective
Historical Survey*, n° 59, repr. ; 1953, Hamilton, Art
Gallery of Hamilton, *Inaugural Exhibition*, n° 49 ;
1964, Montréal, Centre d'art du Mont-Royal, *Un demi-
siècle de peinture du Québec (1875-1925)*, n° 33 ;
1973, Toronto, Art Gallery of Ontario, *Impressionism
in Canada*, n° 81, repr. ; 1979, Ottawa, Galerie nationale du Canada, *À la découverte des collections :
Paysages de rivières par Suzor-Coté*, n° 3.

Bibliographie
MORISSET, 1960, p. 185 ; JOUVANCOURT, 1967 et 1978, p.
119, 163, repr. p. 9 ; OSTIGUY, 1978, p. 22 ; ROBERT,
1978, p. 61.

Le thème des rivières enneigées a attiré plusieurs peintres québécois, dont Maurice Cullen
et Clarence Gagnon. Suzor-Coté s'y est intéressé
assez tôt, dès son retour au Québec en 1908.
Les points de vue qu'il choisit sont tous à
proximité de son atelier situé dans son village
natal d'Arthabaska. En 1918, il décrit sa méthode à son élève Rodolphe Duguay dans les termes suivants : d'abord, il observe pendant au
moins une demi-heure le motif qu'il désire
peindre, à la recherche du « ton général ».
Quand il a compris l'effet, il dessine puis peint
très rapidement une petite pochade qui lui
servira pour réaliser le tableau en atelier, soit
immédiatement, soit plus tard. Son intérêt principal est de capter la lumière, la vibration, la
« petite sensation » des impressionnistes. Chaque touche est appliquée à la brosse séparément ; gardant sa couleur et sa texture propre,
elle ne se confond pas avec la voisine. La palette
se limite à une dizaine de couleurs, mais une
grande richesse de tons naît sur la toile, puisque c'est par la juxtaposition plutôt que par un
mélange sur la palette qu'il obtient ses effets
colorés. Comme les impressionnistes, Suzor-
Coté peint le même motif à plusieurs reprises, à
des moments différents du jour et de l'année.
Dans *Dégel d'avril* daté de 1920, la lumière
rosée effleure les arbres qui jettent de longues
ombres bleues sur la glace fondante et la neige
qui recouvre la rivière. Comme dans les autres
scènes du même thème, celle-ci coule obliquement et s'élargit vers l'avant du tableau.

Le tableau a été exposé pour la première fois
du 25 mars au 17 avril 1920 au Salon du
printemps de l'*Art Association of Montreal*, sous
le titre *Après-midi d'avril*, assurément plus approprié que *Dégel d'avril* qui lui fut accolé lors
de la rétrospective de 1929 à l'École des beaux-
arts de Montréal.

Clarence Gagnon, 1881-1942

175. *Le pont de glace à Québec*, 1921

Huile sur toile, 56,4 × 74,5 cm

Signé en bas à droite : *Clarence A. Gagnon*

Historique
Acquis avant 1933 (A-34.636-P).

Expositions
1942, Québec, Musée de la Province de Québec, *Exposition rétrospective de Clarence A. Gagnon, R.C.A. 1881-1942*, n° 7 ; 1942, Ottawa, Galerie nationale du Canada, *Clarence Gagnon 1881-1942. Memorial Exhibition*, n° 11.

Bibliographie
ROY, 1928, p. 416, repr. coul. ; JOUVANCOURT, 1970, repr. coul. ; *Collections des Musées d'État du Québec*, 1967, p. 46, repr. ; ROUSSAN, « Clarence Gagnon, le peintre de l'hiver québécois », 14 mars 1970, repr.

Après un séjour de deux ans à Paris de 1917 à 1919, Gagnon revient au pays. *Le pont de glace à Québec* date de cette époque et présente une autre facette de son art. Cette peinture s'oppose à *Village laurentien* (n° 169) à la composition claire et aux tons si tranchés : cette fois, l'oeuvre est résolument impressionniste, tant par sa technique que par son propos. Dans cette toile où ciel et neige se confondent dans les mêmes tons de bleu, de turquoise, de rose et de violet, le domaine des impressions est maître. C'est la fin de l'après-midi : le soleil très bas projette une lumière rosée à laquelle répondent de longues ombres qui dessinent des masses bleues sur la neige. Le convoi de traîneaux suit une route sinueuse en direction de Québec, à peine visible sous les rafales de neige.

En 1924, Clarence Gagnon retourna à Paris où il vécut pendant douze ans. C'est à cette époque qu'il illustra le célèbre roman de Louis Hémon, *Maria Chapdelaine*. À la fin de sa vie, l'artiste chercha à promouvoir la création d'un village québécois typique de la région de Charlevoix et il réalisa à cette fin une maquette en 1941.

Ozias Leduc, 1864-1955

176. *Chasse aux canards par*
un matin brumeux, (?) 1924

Huile sur toile, 39 × 28,4 cm

Signé en bas à droite : *Ozias Leduc*

Historique
Roméo Boucher, Saint-Hilaire ; Michel Bigué, Saint-Sauveur-des-Monts ; acquis en 1983 (A-83.15-P).

Exposition
1967, Montréal, Maison des Arts La Sauvegarde, *Ozias Leduc*, n° 7.

Bibliographie
ROBERT, 1978, p. 177, repr. coul.

L'oeuvre d'Ozias Leduc est intimiste. Même quand il aborde ce qui pourrait être une scène de genre, il sait créer une atmosphère riche et complexe qui dépasse de beaucoup l'anecdote. C'est le cas de *Chasse aux canards par un matin brumeux.* Sur une rivière calme et sinueuse, une barque avance doucement, avec à son bord deux hommes et un chien. Tous trois ont le regard tourné dans la même direction, vers un canard qui s'éloigne. On peut admirer l'aisance de la facture, le rendu de l'eau glauque et des reflets, celui des joncs qui longent la petite rivière, la qualité lumineuse de la toile, l'expression de la profondeur et, à travers ces

qualités formelles, participer à la quiétude du moment et à l'harmonie de l'homme avec la nature. Par ailleurs, l'intérêt d'Ozias Leduc pour les symboles invite à une lecture symboliste de la petite toile, sur le thème du temps qui passe ou, plus globalement, sur le thème de la vie. Le courant de la rivière qui conduit à un espace plus large et plus clair, l'oiseau qui s'éloigne, le regard convergent des deux hommes, l'un jeune, l'autre vieux, tous ces motifs suggèrent que le peintre, qui avait alors une soixantaine d'années, expose sur la toile sa réflexion sur la vie et son aboutissement ultime.

Henri Beau, 1863-1949

177. *Atelier de l'artiste*, 1924-1925

Huile sur toile, 54,3 × 65,1 cm

Signé en bas à gauche: *Henri Beau*

Historique
Don de Mme Henri Beau, Paris, en 1956
(G-56.402-P).

Né d'un père français et d'une mère québécoise, Henri Beau passa ses premières années à Montréal. À partir de 1880, il étudie à Paris, fréquente l'Académie Colarossi, l'atelier Léon Bonnat, l'École des Beaux-Arts, voyage beaucoup en Europe et fait des paysages en extérieur. De 1901 à 1910, il s'installe à Montréal et participe au Salon de l'*Art Association*, puis retourne à Paris où il vivra les quarante dernières années de sa vie. Il participe aux Salons de peintures parisiens, peignant des paysages, des portraits, des intérieurs, des natures mortes. Toutefois, sa principale activité est d'exécuter des peintures, des croquis, des dessins relatifs à l'histoire de la Nouvelle-France pour le Département des Archives du Canada.

Oeuvre intimiste, *Atelier de l'artiste* est réalisé dans des tons chauds. Plusieurs tableaux, principalement des paysages et des portraits, sont accrochés aux murs.

Horatio Walker, 1858-1938

178. *La traite du matin*, 1925

Voir reproduction en couleurs, section centrale, p. (18)

Huile sur toile, 127,2 × 101,9 cm

Signé et daté en bas à droite: *Horatio Walker 1925*

Historique
Acquis avant 1933 (A-34.532-P).

Expositions
1929, Toronto, Art Gallery of Toronto, *Retrospective exhibition of the work of Horatio Walker*, n° 1, repr.; 1938, Londres, Tate Gallery, *A Century of Canadian Art*, n° 532; 1946, Windsor, Willistead Art Gallery, *Quebec Loan Exhibition*, n° 29; 1958, Paris, Grands Magasins du Louvre, *Visages du Canada — Vallée du Saint-Laurent*.

Bibliographie
PRICE, 1928, p. 38, repr.; CHAUVIN, 1928, p. 73, repr.; ROY, 1928, repr.; MORISSET, 1960, p. 176.

Horatio Walker figure parmi les fondateurs, en 1907, du *Canadian Art Club*, groupement d'artistes progressistes où s'exprimaient les tendances modernes de l'époque, dont l'impressionnisme. Le *Canadian Art Club* tint des expositions annuelles de 1908 à 1915 et Walker en devint le président en 1915. Au contact de jeunes artistes formés à Paris, tels Cullen et Gagnon, l'art de Walker va se transformer; sans abandonner ses thèmes préférés touchant la vie paysanne, le peintre rajeunit sa facture en tenant compte des apports de l'impressionnisme, mais n'y adhère pas vraiment.

Ainsi, la composition *La traite du matin*, connu en anglais sous le titre *Milking Morning* — à ne pas confondre avec une autre toile de Walker au Musée du Québec, *Woman milking-Morning*, où une femme trait une vache en plein air —, n'est pas sans rappeler celle de *Ploughing, the first gleam*: le point de vue adopté est très près du sol et fait paraître plus importante la stature de la paysanne, illuminée de côté par la lumière naissante du soleil; elle verse le lait dans un bidon, et ce geste simple de tous les jours se trouve sacralisé et magnifié. Néanmoins, la facture est plus dynamique que dans ses toiles du tournant du siècle et Walker utilise par endroits la technique des touches divisées.

Marc-Aurèle de Foy Suzor-Coté, 1869-1937

179. *Le dégel sur la rivière Nicolet, 1925*

Huile sur toile, 103 × 138 cm

Signé et daté en bas à droite : *M.A. Suzor-Coté 1925*

Historique
Acquis avant 1933 (A-34.14-P).

Expositions
1929, Montréal, École des beaux-arts de Montréal, *Rétrospective des oeuvres de Suzor-Coté*, n° 27 ; 1974, Montréal, Pavillon du Québec, Terre des Hommes, *Les arts du Québec*, n° 61 ; 1978, Ottawa, Galerie nationale du Canada, *À la découverte des collections : Paysages de rivières par Suzor-Coté*, n° 4.

Bibliographie
Jouvancourt, 1967 et 1978, p. 181, repr. coul. ; *Le Musée du Québec*, 1978, p. 71, repr. coul. ; Ostiguy, 1978, p. 24-25, repr.

Le dégel sur la rivière Nicolet est la reprise tardive d'un motif exploité dans un tableau de 1909, *Paysage d'hiver*, maintenant conservé à la Galerie nationale du Canada. Il fut probablement réalisé à partir du même croquis ou de la même pochade. Si la composition est semblable, le rendu est toutefois différent, plus expressionniste. La pâte est appliquée par larges touches au moyen d'une spatule plutôt que par la technique des touches divisées. L'intérêt pour la lumière y est peu sensible, le peintre ayant choisi un ciel gris sans taches lumineuses. Cette toile est la plus grande que Suzor-Coté ait consacrée au thème du dégel et aussi celle qui s'attache le plus à l'essentiel, l'artiste délaissant les aspects narratifs ou anecdotiques pour se concentrer sur le mouvement des eaux.

Marc-Aurèle de Foy Suzor-Coté, 1869-1937

180. *Symphonie pathétique*, 1925

Huile sur toile, 124,8 × 112,1 cm

Signé en bas à gauche: *M. Suzor-Coté 1925*

Historique
Mᵐᵉ Suzor-Coté; Watson Art Galleries, Montréal; acquis en 1946 (A-46.5-P).

Expositions
1925, Montréal, Art Association of Montreal, *47ᵗʰ Exhibition of the Royal Canadian Academy of Arts*, n° 211; 1926, Toronto, Art Gallery of Toronto, *48ᵗʰ Exhibition of the Royal Canadian Academy of Arts*, n° 135, repr.; 1941, Montréal, Walter M. Kearns' Salesroom, *The A. Suzor-Coté Collection*, n° 48a; 1953, Hamilton, Art Gallery of Hamilton, *Inaugural Exhibition*, n° 50.

Bibliographie
CHAUVIN, 1928, p. 87; GOUR, 1950, p. 21; GLADU, « Des oeuvres de Suzor-Coté que nous devrions ramener au pays », 3 juin 1956, repr.; MORISSET, 1960, p. 185, repr.; JOUVANCOURT, 1967 et 1978, p. 89, repr.; MORRIS, 1972, p. 8 et 43, repr.

Au cours de sa carrière, Suzor-Coté a peint un nombre important de nus. Ces tableaux, qui portent des titres poétiques plus souvent que descriptifs, montrent habituellement une femme assise de dos. Pudeur, peur de déplaire ou de choquer? Le titre de la toile de 1925 est évidemment emprunté à la pièce musicale du compositeur russe Piotr Tchaïkovski (1840-1893); le peintre a tenté d'exprimer le romantisme de la sixième symphonie par le modelé violent de la chair du modèle, les teintes bousculées du ciel et le souffle du vent qui couche la végétation et défait les cheveux. Exposée à cette violence, la femme se replie sur elle-même et semble plongée dans ses réflexions.

Atteint d'une paralysie partielle en 1927, Suzor-Coté se retira à Daytona Beach, en Floride, où il mourut en 1937. Son oeuvre est très variée: des paysages, des scènes de genre, des portraits, des nus, des tableaux d'histoire, en plus des bustes et des statuettes qu'il fit fondre en bronze. C'est dans les paysages qu'il a atteint sa plus grande réussite.

Arthur Lismer, 1885-1969

181. *Quebec Village*
Saint-Hilarion, 1925-1926

Huile sur toile, 81,9 × 102,6 cm

Signé en bas à droite : *A. Lismer* (date illisible)

Historique
Acquis de l'artiste en 1945 (A-45.29-P).

Expositions
1952, Québec, Musée de la Province, *Exposition ré-trospective de l'art au Canada français*, n° 385 ; 1959, Vancouver, Vancouver Art Gallery, *L'art au Canada*

français, n° 176 ; 1978, Québec, Musée du Québec, *L'art du paysage au Québec (1800-1940)*, n° 102, repr. ; 1981, Montréal, Musée des beaux-arts de Mont-réal, *Images de Charlevoix 1784-1950*, n° 27, repr.

Bibliographie
Galerie nationale du Canada *Le Groupe des Sept*, 1970, p. 205-206 et 211 ; ROBERT, 1978, p. 87 ; TOL-MATCH, 1978, p. 76-78 ; GENDREAU, « La maison tradi-tionnelle de Charlevoix dans la peinture », 1983, p. 51-53.

Arthur Lismer fit ses études artistiques à l'École des beaux-arts de Sheffield, en Angleterre, son pays d'origine, puis à l'Académie royale des beaux-arts d'Anvers. En 1911, à l'âge de vingt-six ans, il vient au Canada et a l'occasion de voir une exposition d'oeuvres de Maurice Cullen qui le séduisent par la façon dont ce peintre concilie l'impressionnisme et l'esprit des paysa-ges canadiens. Dans les premiers tableaux qu'il peint ici, Lismer poursuit la recherche entrepri-se par Cullen. En 1919, il est l'un des fondateurs du *Groupe des Sept* et en fera partie jusqu'à sa dissolution en 1933. Comme les autres mem-bres du Groupe, il s'applique à élaborer un style spécifiquement national dont les caracté-ristiques ressortent dans cette oeuvre.

Arthur Lismer visite Charlevoix pour la premiè-re fois en 1925 en compagnie d'Alexandre Y. Jackson, autre peintre du Groupe des Sept, et fait une petite pochade sur panneau du village de Saint-Hilarion dont il tira deux tableaux, conservés l'un au *Agnes Etherington Art Centre* de Kingston et l'autre au Musée du Québec. L'examen du croquis et des deux tableaux laisse penser que celui du Musée du Québec, qui est d'ailleurs de format plus restreint, serait anté-rieur à la toile de Kingston.

Les lignes obliques des champs et l'ondulation de la ligne d'horizon créent une composition dynamique. Les couleurs sont intenses et appli-quées à l'état pur, avec une pâte épaisse éten-due à la spatule. L'analyse de la lumière est particulièrement réussie : le peintre traite l'effet de la lumière sur le sol par des tons changeants (le ciel passe d'un bleu très foncé en haut à une teinte beaucoup plus claire en bas) et des juxta-positions fortes. La partie supérieure du ta-bleau, au-dessus du groupement villageois, est à forte dominante violette. Au bas des maisons et de l'église, les teintes sont plus près de celles de la terre et tournent autour du vert et de l'ocre, mais il s'y mêle des couleurs complé-mentaires. Par rapport à ce tableau, *Québec Village* conservé à Kingston est plus stylisé ; certains éléments, comme le piquet à l'avant-plan à gauche, où les montagnes et les nuages, sont ramenés à des formes plus simples, plus synthétiques. La différence la plus sensible rési-de dans le traitement du contour de l'église et du clocher : dans la toile du Musée du Québec, on sent une certaine irradiation de lumière autour de la tour et de la flèche de l'église, alors que le tableau de Kingston comporte un halo très marqué de forme triangulaire.

Adrien Hébert, 1890-1967

182. *Rue Saint-Denis*, 1927

Huile sur toile, 190,6 × 138,2 cm

Signé et daté en bas à droite: *Adrien Hébert 1927*

Historique
Galerie Bernard Desroches, Montréal; acquis en 1974 (A-74.239-P).

Exposition
1971, Ottawa, Galerie nationale du Canada, *Adrien Hébert, trente ans de son art, 1923-1953*, n° 12, p. 18, repr. p. 43.

Bibliographie
DUMAS, « Exposition rétrospective d'Adrien Hébert », 21 septembre 1971, p. 18; *Le Musée du Québec*, 1978, p. 75, repr. coul.

Adrien Hébert est le fils du sculpteur Louis-Philippe Hébert; il naquit à Paris alors que son père faisait les statues destinées au nouveau Palais législatif de Québec. De 1904 à 1906, il étudia au Monument National sous la direction de Dyonnet et Saint-Charles et, de 1906 à 1911, avec Brymner à l'*Art Association of Montreal*. Il passa ensuite deux ans à Paris, à l'atelier de Fernand Cormon et d'Émile Pager à l'École des Beaux-Arts. À son retour, il enseigne au Monument National et à la Commission des écoles catholiques de Montréal, tout en réalisant des toiles symbolistes dans une facture post-impressionniste. En 1923, il voyage en France en compagnie de Fernand Préfontaine, Léo-Pol Morin et Robert de Roquebrune et peint en compagnie du Français André Favory. À son retour, sa production devient plus régulière et tourne autour de trois thèmes: la ville et le port; le printemps et l'automne; les intérieurs. Stylistiquement, son oeuvre se ressent d'une inspiration cézanienne et l'artiste accorde une grande importance à la structuration.

Le grand tableau *Rue Saint-Denis*, sans doute son plus grand format, est une oeuvre hautement décorative par son coloris, sa facture vive et son caractère d'illustration. La toile est fortement structurée par la succession des lignes verticales des façades d'immeubles et la grande diagonale de la rue. « Les aînés, écrivait Paul Dumas en 1971, ne pouvaient contempler sans nostalgie son « Rue Saint-Denis » croqué devant l'ancienne pâtisserie Kerhulu et où l'on reconnaît, dans la lumière déclinante d'une fin d'après-midi, l'immeuble Dandurand, la flèche de l'église Saint-Jacques, l'aile nord de la vieille Université de Montréal et un tramway d'autrefois ». L'artiste célèbre la ville moderne, l'urbanité de ses habitants, la douceur de vivre à une époque d'abondance et de progrès techniques rapides. Par ailleurs, il s'identifie à cette section de la rue Saint-Denis, voisine de son atelier, fréquentée par les artistes, les écrivains, les intellectuels attirés par l'université et la bibliothèque Saint-Sulpice.

Rodolphe Duguay, 1891-1973

183. *La ferme de François Roy*, (?) 1927

Huile sur toile, 60,5 × 71,3 cm

Signé en bas à droite: *R. Duguay*

Historique
Acquis de l'artiste avant 1933 (A-34.123-P).

Expositions
1930 (?), Trois-Rivières, Séminaire de Trois-Rivières, *Exposition des oeuvres de Rodolphe Duguay, artiste-peintre*, n° 1 (Ferme de chez nous); 1979, Québec, Musée du Québec, *Rodolphe Duguay 1891-1973*, n° 30, repr.

Bibliographie
Le bien public, 16 juin 1972, p. 1, repr.

Le nom de Rodolphe Duguay est associé avec raison à celui de sa ville natale, Nicolet, où il passa presque toute sa vie, à l'exception de quelques années à Montréal et d'un séjour d'études à Paris. À Montréal, il suivit les cours d'Alfred Laliberté et de Joseph Saint-Charles au Monument National, assista à quelques leçons de William Brymner à l'*Art Association of Montreal*, travailla à l'atelier de Georges Delfosse et rencontra en 1918 Suzor-Coté, de qui il deviendra en quelque sorte le protégé. En 1920, il part pour Paris et s'inscrit d'abord à l'École des Beaux-Arts et à l'Académie Colarossi, puis à l'Académie de la Grande Chaumière. En 1922-1923, il fait un séjour en Bretagne. Il revint à Nicolet en 1927 et se construisit un atelier où il passa toute sa vie à peindre et à faire des gravures sur bois.

Dans deux lettres adressées en 1933 à Paul Rainville, conservateur-adjoint du nouveau Musée de la Province de Québec, Duguay a donné des indications sur cette toile: « Ma toile que vous avez au Musée représente une ferme nicolétaine, sur la route nationale, à deux milles de la ville en allant de Nicolet à la Baie » (12 juillet). Dix jours plus tard, il précisait dans une seconde missive: « Pardonnez-moi cher monsieur. J'avais oublié de mentionner le nom du propriétaire de « ma ferme nicolétaine. » M. François Roy est le propriétaire de cette ferme. Il n'y a pratiquement rien de changé depuis que je dessinai mon tableau. »

Si l'artiste adopte une touche plus relâchée et presque expressionniste dans ses pochades et ses paysages de petites dimensions, ses grandes toiles sont caractérisées par une touche nettement moins personnelle. *La ferme de François Roy*, tableau réalisé probablement peu après son installation dans son nouvel atelier de Nicolet, est l'oeuvre d'un artiste qui se cherche. Son penchant naturel le pousse vers l'expressionnisme et le symbolisme — Duguay est un admirateur d'Ozias Leduc et du peintre français Eugène Carrière (1849-1906) —, mais il n'arrive à se réaliser vraiment qu'à travers des études et la gravure sur bois (grâce à la nature expressionniste du médium). Le tableau est néanmoins intéressant, notamment par l'harmonie tendre et délicate de ses couleurs et par sa composition raffinée. Les teintes et l'application de la couleur évoquent l'aquarelle. Artiste peu sûr de lui-même, Rodolphe Duguay doutait de la qualité de sa peinture et attendait, sans toutefois la rechercher, la reconnaissance officielle de son talent.

Edwin H. Holgate, 1892-1977

184. *Paul, dog-driver*
Paul, conducteur de chien, vers 1929

Huile sur toile, 64,8 × 55,2 cm

Signé en bas à droite : *E. Holgate*

Historique
Acquis de l'artiste en 1938 (A-38.14-P).

Expositions
1929, Montréal, Art Association of Montreal, *51st Exhibition of the Royal Canadian Academy of Arts*, nº 102 ; 1930, Ottawa, Galerie nationale du Canada, *Annual Exhibition of Canadian Art*, nº 85 ; 1944, Québec, Musée de la Province de Québec, *Exposition de Marc-Aurèle Fortin, A.R.C.A. Adrien Hébert, R.C.A. Henri Hébert, R.C.A. Edwin Headley Holgate, R.C.A.*, nº 78.

Bibliographie
OSTIGUY, 1971, p. 38.

Né en Ontario, Edwin Holgate est parti très jeune pour la Jamaïque où son père travaillait. Il revint seul à l'âge de cinq ans étudier à Toronto. En 1901, la famille Holgate est réunie à Montréal. Quatre ans plus tard, le jeune Edwin suit ses premiers cours à l'*Art Association of Montreal*. À l'été 1910, il étudie avec Cullen à Beaupré, à l'occasion des cours d'été de l'*Art Association*. Il part ensuite pour Paris en 1912 et travaille à l'Académie de la Grande Chaumière pendant trois ans, revient à Montréal, puis repart en 1920 pour Paris en compagnie de sa femme. Il voit souvent James Wilson Morrice et suit des cours avec le peintre d'origine russe Adolphe Milman, « le seul homme qui m'ait vraiment appris quelque chose » avoua Holgate beaucoup plus tard. Milman, peintre cézannien, influença grandement l'art de Holgate. De retour à Montréal en 1922, il s'installe dans l'immeuble où se trouve l'atelier d'Alfred Laliberté et ceux de Suzor-Coté, Cullen et Pilot. En 1928, il est nommé professeur de gravure sur bois à l'École des beaux-arts de Montréal.

Bien qu'il se soit joint en 1930 au Groupe des Sept, constitué de paysagistes quasi-exclusifs, Holgate s'est intéressé médiocrement au paysage. Il est plutôt attiré par la représentation humaine, à travers le portrait et le nu, et crée des figures vigoureuses et fortement structurées dans l'espace. Dans *Paul, dog-driver*, présenté en 1929 et en 1930 sous le titre de *Paul, Trapper*, l'artiste utilise une couleur extrêmement forte qu'il limite dans le cadre sévère du dessin. Austère, le tableau n'en est pas moins fascinant ; il s'agit d'une oeuvre importante dans la carrière de l'artiste.

Edwin H. Holgate, 1892-1977

185. *Coolie Girl, Jamaica*
Jeune indienne de la Jamaïque, 1929

Huile sur bois, 40,8 × 31,9 cm

Signé en bas à droite : *E. Holgate*

Historique
Acquis de l'artiste avant 1933 (A-34.244-P).

Expositions
1944, Québec, Musée de la Province de Québec, *Exposition de Marc-Aurèle Fortin, A.R.C.A. Adrien Hébert, R.C.A. ; Henri Hébert, R.C.A. Edwin Headley Holgate, R.C.A.*, nº 77 ; 1952, Québec, Musée de la Province, *Exposition rétrospective de l'art au Canada français*, nº 379 ; 1975, Ottawa, Galerie nationale du Canada, *Edwin Holgate : peintures*.

Bibliographie
BUCHANAN, « Le Musée de la Province de Québec », décembre 1948, p. 73, repr. ; BUCHANAN, 1950, p. 46 ; REID, 1976, p. 16 et p. 46, repr. ; BOGARDI, « Holgate : An Appreciation », 4 juin 1977, repr.

Coolie Girl est une autre des oeuvres puissantes d'Edwin Holgate. Celui-ci effectua durant l'été 1929 un court voyage en Jamaïque où son frère habitait. La jeune fille, mi-indienne, mi-africaine, est représentée de face, sans artifice. Le peintre a mis l'accent sur la structure du visage et en accentue la construction par une symétrie presque parfaite : le visage marron est animé de reflets lumineux et se détache sur un fond d'une riche couleur verte.

Horatio Walker, 1858-1938

186. *Noce canadienne*, 1930

Huile sur toile, 91,4 × 121,8 cm

Signé et daté en bas à droite: *Horatio Walker 1930*

Historique
Acquis avant 1933 (A-34.351-P).

Expositions
1930, New York, Ferargil Galleries, *National Academy of design*; 1930, Pittsburgh, Carnegie Institute, *29ᵉ annual exhibition*, repr.; 1977, Kingston, Agnes Etherington Art Centre, *Horatio Walker 1858-1938*, nº 47, repr.

Bibliographie
MORISSET, 1960, p. 176; *Le Musée du Québec*, 1978, p. 77, repr.

Tout comme dans *La traite du matin*, la technique impressionniste est mise à profit pour rendre cette scène paysanne de l'île d'Orléans, pays d'adoption d'Horatio Walker. C'est l'hiver et un convoi de traîneaux ramène de l'église les nouveaux mariés en compagnie de leurs parents et amis. L'atmosphère est très joyeuse. Les cochers excitent leurs chevaux, un chien court en aboyant. La vitesse du convoi est rendue par le traitement de la neige en longues bandes blanches — technique qu'Alfred Boisseau avait utilisée dans sa *Descente en traîne sauvage* (nº 141), — par le galop amplifié des chevaux, par le flou des personnages et des traîneaux. L'ar-

rière-plan, avec sa dominante horizontale et sa faible structuration, pourrait en lui-même être un tableau impressionniste; Walker a réussi à rendre les effets de la lumière blafarde d'un ciel d'hiver sur un paysage enneigé, en conjuguant des tons complémentaires et en relâchant sa touche.

On pourrait reprocher à Walker de n'avoir pas su renouveler sa peinture. La facture de ses toiles a peu évolué malgré l'apport de l'impressionnisme. Toute sa vie, il est resté attaché à un idéal unique, celui de peindre le petit peuple de l'île d'Orléans pour en exprimer la noblesse et la grandeur.

Adrien Hébert, 1890-1967

187. *Elévateur no 3, vers 1930*

Huile sur toile, 76,7 × 53,8 cm

Signé en bas à droite: *Adrien Hébert*

Historique
Acquis de l'artiste en 1937 (A-37.25-P).

Expositions
1931, Paris, Galerie A. Barreiro, *Exposition Adrien Hébert. Le port de Montréal*, n° 16; 1944, Québec, Musée de la Province de Québec, *Exposition de Marc-Aurèle Fortin, A.R.C.A., Adrien Hébert, R.C.A., Henri Hébert, R.C.A., Edwin Headley Holgate, R.C.A.*, n° 30; 1946, Arvida, Centre de récréation d'Arvida, *Un siècle d'art canadien*, n° 40; 1949, Rimouski, Hôtel de ville de Rimouski, *Un siècle d'art canadien*, n° 40; 1951, Baie-Comeau, Gymnase du centre sportif, *Un siècle et demi d'art canadien*, n° 29; 1971, Ottawa, Galerie nationale du Canada, *Adrien Hébert, trente ans de son oeuvre, 1923-1953*, n° 20.

Adrien Hébert écrivait dans *L'Action Universitaire* en avril 1935: « Il y a de la grandeur, et même de la poésie dans notre port de Montréal. Visitez-le un jour de semaine, alors qu'il est en plein travail. Tendez l'oreille à sa musique — oui parfaitement, sa musique. La grande symphonie des chargeurs et des déchargeurs de grains, le claquement des câbles d'acier sur les mâts de charge, le bruit des treuils, le dialogue des remorqueurs et des transatlantiques les jours de départ ».

Le peintre du port de Montréal, comme il se qualifie lui-même, a commencé à s'intéresser à l'activité portuaire de la métropole peu de temps après son retour d'Europe en 1923. En 1931, il présenta une importante exposition à la galerie A. Barreiro à Paris sur le thème du « port de Montréal ». *Elévateur n° 3* figurait dans cette exposition. Hébert chante la modernité, la machine et le progrès technique. La masse énorme des structures du port et la complexité des passerelles et des grues l'attirent: il en tire des compositions audacieuses.

Adrien Hébert, 1890-1967

188. *Le château de Ramezay, vers 1931*

Huile sur toile, 69,1 × 59,1 cm

Signé en bas à droite: *Adrien Hébert*

Historique
Acquis de l'artiste en 1937 (A-37.24-P).

Expositions
1932, Toronto, Art Gallery of Toronto, *53th Exhibition of the Royal Canadian Academy of Arts*, n° 90; 1933, Montréal, Art Association of Montreal, *54th Exhibition of the Royal Canadian Academy of Arts*, n° 96; 1933, Ottawa, Galerie nationale du Canada, *Annual exhibition of Canadian Art*, n° 101; 1936, Ottawa, Galerie nationale du Canada, *Exhibition of Contemporary Canadian Painting*, n° 38; 1944, Québec, Musée de la Province de Québec, *Exposition de Marc-Aurèle Fortin, A.R.C.A., Adrien Hébert, R.C.A., Henri Hébert, R.C.A., Edwin Headley Holgate*, n° 28; 1946, Arvida, Centre de récréation d'Arvida, *Un siècle d'art canadien*, n° 41; 1949, Rimouski, Hôtel de ville de Rimouski, *Un siècle d'art canadien*, n° 41; 1952, Québec, Musée de la Province, *Exposition rétrospective de l'art au Canada français*, n° 378; 1959, Vancouver, Vancouver Art Gallery, *Les Arts au Canada français*, n° 150; 1971, Ottawa, Galerie nationale du Canada, *Adrien Hébert, trente ans de son oeuvre, 1923-1953*, n° 18; 1978, Québec, Musée du Québec, *L'art du paysage au Québec (1800-1940)*, n° 49, repr. coul. p. 121.

D'un point surélevé, Hébert peint un des sites historiques les plus connus de Montréal, le Château de Ramezay, rue Notre-Dame à l'angle de la Place Jacques-Cartier. Au premier abord, on comprend mal l'intérêt que pouvait porter l'apôtre montréalais de la modernité pour ce monument du passé de la ville. La rue n'a pas l'animation de la rue Saint-Denis, et s'en distingue par un caractère presque villageois. Pourtant, l'édifice et son enclos sont situés en plein coeur de la cité industrielle, tout près du port. À l'arrière-plan se dressent d'ailleurs, à côté du dôme du marché Bonsecours, les imposants silos à grain. Contraste entre l'ancien et le moderne, entre la tranquillité et l'agitation, le tableau est une réussite au plan de la composition et du coloris, frais et vif.

Marc-Aurèle Fortin, 1888-1970

189. *Paysage à Hochelaga*, vers 1931

Huile sur carton, 50,2 × 68 cm

Signé en bas à droite : *M.A. Fortin*

Historique
Acquis de l'artiste en 1937 (A-37.23-P).

Expositions
1931 (?), Montréal, Art Association of Montreal, *48ᵗʰ Spring Exhibition*, nº 95 ; (?)1931, Montréal, Art Association of Montreal, *52ᵗʰ Exhibition of the Royal Canadian Academy of Arts*, nº 83 ; 1944, Québec, Musée de la Province de Québec, *Exposition de Marc-Aurèle Fortin, A.R.C.A., Adrien Hébert, R.C.A., Henri Hébert, R.C.A., Edwin Headley Holgate, R.C.A.*, nº 2 ; 1946, Arvida, Centre de récréation d'Arvida, *Un siècle d'art canadien*, nº 37 ; 1949, Rimouski, Hôtel de ville de Rimouski, *Un siècle d'art canadien*, nº 26 ; 1951, Baie-Comeau, Gymnase du centre sportif, *Un siècle et demi d'art canadien*, nº 26 ; 1975, Ottawa, Galerie nationale du Canada, *Peinture canadienne des années trente*, nº 80 ; 1976, Québec, Musée du Québec, *Marc-Aurèle Fortin* ; 1978, Québec, Musée du Québec, *L'art du paysage au Québec 1800-1940*, nº 56, repr.

Bibliographie
JOUVANCOURT, 1968, repr. ; ROBERT, 1976, p. 123 et 175, repr. coul. ; JOUVANCOURT, 1980, p. 78, repr. coul. ; ROBERT, 1982, p. 77, repr.

Marc-Aurèle Fortin est probablement une des figures les plus connues de la peinture des années trente et quarante au Québec. Cela tient à sa production considérable, à son style bien identifiable, mais peut-être aussi à sa vie de bohème et à sa fin dramatique. Contrairement à la plupart des peintres de sa génération ou de la génération précédente, Fortin n'a pas reçu de formation artistique à Paris. Après les cours du Monument National avec Dyonnet et de l'École du Plateau avec Larose, il pratiqua différents métiers avant de fréquenter pendant cinq ans l'*Art Institute* de Chicago. De retour au Québec en 1914, il fit d'abord des paysages dans la tradition de l'École de Barbizon. C'est au début des années vingt que son style s'affermit et qu'il commença à peindre Sainte-Rose, son village natal, représentant des maisons et surtout des grands ormes scintillants de lumière. Parallèlement à cette série de paysages en milieu rural, il s'intéressa au port de Montréal (peut-être au contact d'Adrien Hébert) et au quartier Hochelaga. Il fit ainsi de nombreuses vues de ce quartier ouvrier vers 1930, la plupart du temps à partir d'une butte à proximité d'un chemin de fer. Fortin y montre son intérêt pour la structure et adopte une composition élaborée, faite de plusieurs obliques qui se répondent et s'équilibrent. Le peintre applique sa pâte colorée avec assurance et n'hésite pas à utiliser de larges cernes noirs pour délimiter les différents espaces de sa toile. Le contraste des couleurs est vif. On reconnaît les couleurs « fétiches » de Fortin, les verts et les bleus, mais on remarque également les petites touches colorées qui forment ici un pan de maison, là un arbre. L'utilisation du noir, qui renforce l'impact de la couleur, s'amplifie à partir de la fin des années trente et le conduit à adopter, à partir de 1935, une technique particulière.

Marc-Aurèle Fortin, 1888-1970

190. *L'orme à Pont-Viau*, (?) 1935

Voir reproduction en couleurs,
section centrale, p. (19)

Huile sur toile, 135,8 × 166,4 cm

Historique
Acquis de l'artiste en 1937 (A-37.20-P).

Expositions
1944, Québec, Musée de la Province de Québec, *Exposition de Marc-Aurèle Fortin, A.R.C.A., Adrien Hébert, R.C.A., Henri Hébert, R.C.A., Edwin Headley Holgate, R.C.A.,* n° 1 ; 1964, Ottawa, Galerie nationale du Canada, *Fortin,* n° 6 ; 1976, Québec, Musée du Québec, *Marc-Aurèle Fortin.*

Bibliographie
VIAU, 1964, p. 9, repr. ; JOUVANCOURT, 1968, repr. ; ROBERT, 1976, p. 39, repr. ; ROBERT, 1978, p. 74, repr. ; *Le Musée du Québec,* 1978, p. 81, repr. ; JOUVANCOURT, 1980, p. 19, repr. coul. ; ROBERT, 1982, p. 34-35, repr. coul.

En 1935, à son retour d'un voyage d'un an en Europe, Marc-Aurèle Fortin adopte une technique qu'il utilisera concurremment à sa manière antérieure mais de façon de plus en plus accusée. Elle consiste à peindre sur une toile ou une surface quelconque (carton, panneau de bois...) qui a été préalablement recouverte d'une couche noire. Il dessine d'abord à grands traits gris les lignes de force de son futur tableau, puis applique la couleur sur la surface, directement à même le tube, sans l'intermédiaire de la palette. Il étend ensuite ces masses de couleur avec un pinceau qui contient éventuellement du blanc. Ça et là, le noir apparaît. Avec cette technique, Fortin peint très rapidement, chargeant le tableau de vigueur et de spontanéité. Les formes atteignent une profondeur et les couleurs une luminosité qui provoque en quelque sorte une vibration optique.

L'orme à Pont-Viau marque le début de l'utilisation de cette technique. Le noir reste peu visible ; c'est dans le feuillage de l'arbre, qui occupe presque tout le tableau, qu'il se fait le plus sentir, rehaussant les verts et ajoutant une dimension à la masse feuillue. Des taches blanches sont appliquées sur le vert pour créer des vides lumineux, Fortin renversant ainsi le cheminement habituel de la création picturale. On pourrait comparer ce procédé à la manière du sculpteur qui, taillant dans le bois ou la pierre, retranche de la matière pour en faire surgir l'oeuvre, à l'inverse du paysagiste qui adopte la méthode de celui qui modèle l'argile et ajoute de la matière pour atteindre le but recherché.

Robert W. Pilot, 1898-1967

191. *La citadelle*, vers 1935

Marc-Aurèle Fortin, 1888-1970

192. *Crépuscule à Saint-Tite-des-Caps*,
vers 1936-1942

Huile sur toile, 46,3 × 56,8 cm

Signé en bas à droite : *R. Pilot*

Historique
Watson Art Galleries, Montréal ; acquis en 1935
(A-36.38-P).

Expositions
1952, Québec, Musée de la Province, *Exposition rétrospective de l'art au Canada français*, n° 398 ; 1959, Vancouver, Vancouver Art Gallery, *Les arts au Canada français*, n° 197 ; 1967, Kitchener, Kitchener-Waterloo Art Gallery, *Robert Wakeham Pilot, M.B.E., R.C.A. Retrospective Exhibition*, n° 23, repr. ; 1974, Toronto, Art Gallery of Ontario, *Impressionnism in Canada 1895-1935*, n° 122, repr.

Né à Saint John's (Terre-Neuve), Robert Pilot vint à Montréal en 1910 à la suite du mariage de sa mère avec le peintre Maurice Cullen. Il se forma d'abord avec son beau-père, puis au Monument National avec Edmond Dyonnet et à l'*Art Association of Montreal* avec William Brymner. De 1922 à 1927, il étudia à Paris à l'Académie Julian et fit plusieurs voyages en Europe et en Afrique du Nord. À son retour, il s'installe à l'atelier de Cullen, rue Sainte-Famille à Montréal, dans l'immeuble appartenant à Alfred Laliberté, et fait des excursions dans les Laurentides, dans Charlevoix et dans la région de Québec.

Incontestablement, l'art de Pilot a subi l'influence prépondérante de Maurice Cullen. Il adopte des thèmes semblables (les rues de Québec, l'hiver, la citadelle, le traversier) et emploie une technique de type impressionniste. L'application de la couleur procède de larges touches où sont juxtaposés les couleurs complémentaires, les gris et les blancs, de façon à rendre le caractère brumeux qu'il affectionne. Robert Pilot fut probablement le dernier des impressionnistes au Québec.

Huile sur toile, 89,1 × 107 cm

Historique
Galerie L'Art Français, Montréal ; acquis en 1962
(A-62.156-P).

Expositions
1966, Halifax, Dalhousie University, *Semaine du Québec* ; 1976, Québec, Musée du Québec, *Marc-Aurèle Fortin*.

Bibliographie
Collections des Musées d'État du Québec, 1967, repr. n° 58 ; JOUVANCOURT, 1968, repr. ; ROBERT, 1976, p. 213, repr. ; ROBERT, 1982, p. 88-89, repr. coul.

Voici une variante de la technique du fond noir. Celui-ci est cette fois recouvert d'une peinture gris ardoise éclaircie par un peu de blanc et du bleu de Prusse. Le peintre procède ensuite de la même façon qu'avec un fond noir, sauf que le tableau peut être réalisé en plusieurs étapes. Fortin a tendance à laisser une bonne partie de la toile vierge, se servant du gris pour composer des masses ou pour créer des espaces.

Crépuscule à Saint-Tite-des-Caps a été peint en atelier, à la suite d'un séjour dans la région de Charlevoix, probablement à partir d'une esquisse. Dans ce cas-ci, le ton gris convient particulièrement bien à l'évocation du crépuscule.

Alexander Young Jackson, 1882-1974

193. *Les côtes de Saint-Tite-des-Caps*, 1937

Huile sur toile, 63,4 × 81,2 cm

Signé et daté en bas au tiers gauche : *A.Y. Jackson 37*

Historique
Watson Art Galleries, Montréal ; acquis en 1945
(A-45.23-P).

Expositions
1964, Shawinigan, Centre d'art de Shawinigan ; 1965,
Rivière-du-Loup, Ghilde Féminine de Rivière-du-
Loup ; 1978, Québec, Musée du Québec, *L'art du
paysage au Québec (1800-1940)*, nº 44, repr.

Bibliographie
GENDREAU, « La maison traditionnelle de Charlevoix
dans la peinture », 1983, pp. 49-51, repr.

Alexander Young Jackson, un des piliers du
Groupe des Sept, étudia d'abord au Conseil des
Arts et Manufactures de Montréal sous la direction d'Edmond Dyonnet. Il fit un premier voyage en Europe en 1904, étudia à l'*Art Institute* de
Chicago puis, de 1907 à 1909, à l'Académie
Julian de Paris. Il est de nouveau en Europe de
1911-1913 puis se fixe au pays. À la fin des
années 1910, il participe à la formation du
Groupe des Sept et commence à peindre les
paysages canadiens, ceux de la région de Charlevoix, mais également à la baie Georgienne,
dans l'Algoma, dans les Rocheuses et dans le
Grand Nord. À travers ces paysages sauvages, il
tente de préciser l'identité canadienne. Ce qui
l'intéresse avant tout, c'est la nature.

Au cours des années trente, il fait de fréquentes
visites dans la région de Charlevoix, toujours en
hiver. Nous savons par exemple qu'il se rendit
en mars-avril 1937 à Saint-Tite-des-Caps pour y
faire des croquis et y peindre en compagnie de
son ami, le docteur Frederick Banting. C'est à
ce moment qu'il peignit *Les côtes de Saint-Tite-
des-Caps*. À propos de ce village, il écrivait dans
son autobiographie publiée en 1958 :

« Un des endroits où nous aimions peindre
était Saint-Tite-des-Caps, sur le Cap Tourmente,
un haut plateau à quarante milles de Québec.
Ce n'est pas un des vieux villages, mais il se
situe dans une dépression entourée de collines,
et nous pouvions le dominer de plusieurs
points d'observation. La neige s'attardait là alors
qu'elle avait disparu presque partout ailleurs. »

Jackson se promenait en raquettes à la recherche de motifs. Il s'arrêtait, sortait son carnet de
croquis et notait les grandes lignes de la
composition et, la plupart du temps, écrivait au
crayon la couleur des différents éléments. Dans
ce tableau, la saison hivernale est avancée et
déjà la petite rivière se libère et la neige a
commencé à fondre, laissant émerger des mon-
ticules de terre. Jackson a traité le paysage en
larges ondulations ; le profil accidenté accroche
la lumière rosée et colore la neige. Sa touche
est souple, fluide, et s'adapte aux formes des
côteaux. Un autre de ses tableaux exactement
de même dimension et propriété d'un collectionneur privé, a été fait à partir de ce point de
vue. Malgré la date qu'on lui assigne (vers
1931), il pourrait bien avoir été peint au cours
de l'hiver 1937.

John Lyman, 1886-1967

194. ***The serial***
Le roman-feuilleton, vers 1937

Louis Muhlstock, 1904

195. ***Corner St-Famille and Sherbrooke Streets***
À l'angle des rues Sainte-Famille et Sherbrooke, 1939

Huile sur toile, 76,3 × 66,4 cm

Signé et daté en bas à gauche : *Muhlstock 1939*

Historique
Acquis de l'artiste en 1978 (A-78.342-P).

Originaire de Galicie, région aujourd'hui partagée entre la Pologne et l'Ukraine, Louis Muhlstock arriva avec sa famille en 1911. Il fit des études artistiques à Montréal puis à Paris sous la direction de Louis-François Biloul. Depuis 1932, il habite rue Sainte-Famille à Montréal.

Au moment de la grande dépression des années trente, Muhlstock prend pour thèmes des scènes de rues désertes, des pièces vides, des maisons abandonnées, et peint des malades, des chômeurs, des laissés-pour-compte. Redevable en premier lieu à Cézanne (1839-1906) mais également à Dunoyer de Segonzac (1884-1974), son art est d'une grande sobriété : il se caractérise par des compositions solides, fortement structurées, rehaussées de couleurs pures.

À l'angle des rues Sainte-Famille et Sherbrooke présente un angle de rue situé tout près de son atelier. Le tableau est animé par les reflets de la pluie sur l'asphalte et par la touche brossée des feuillages, d'une grande finesse d'exécution. La succession des troncs d'arbres et leur inclinaison variée créent une dynamique intéressante.

Excellent dessinateur, Louis Muhlstock a exécuté des croquis, des portraits et des nus d'une très belle qualité graphique.

Huile sur toile, 61,1 × 71,4 cm

Signé en haut à droite : *Lyman*

Historique
Galerie Dominion, Montréal ; acquis en 1951 (A-51.162-P).

Expositions
1938, Montréal, W. Scott & Sons, *Eastern Group of Painters Exhibition* ; 1939, Montréal, McGill University Faculty Club, *Exhibition of works by John G. Lyman*, n° 22 ; 1939, New York, World's Fair, Canadian Art, *Canadian Group of Painters*, n° 37 ; 1960, Mexico, Museo nacional de arte moderno, *Arte canadiense*, n° 133, 1967, Ottawa, Galerie nationale du Canada, *La peinture canadienne 1850-1950*, n° 57 ; 1981, Tokyo, Musée national d'art moderne, *Peinture canadienne du XXᵉ siècle*, n° 51 ; 1982, Ottawa, Galerie nationale du Canada, *Les esthétiques modernes au Québec de 1916 à 1946*, n° 43, repr.

Bibliographie
The Gazette, 8 janvier 1949, p. 22, repr. ; *The Gazette*, 1 décembre 1951, repr. ; *Canadian Art*, vol. 10, n° 2 (hiver 1953), p. 77, repr. ; VIAU, 1964, p. 25, repr. ; ROBERT, 1978, p. 80, repr.

Lyman se dégage peu à peu de l'influence de Matisse. Tout en continuant à privilégier la couleur, il adopte un mode de composition plus rigoureux qui rappelle à l'occasion l'art de Cézanne. Après son retour au Québec en 1931, le peintre participa activement à la vie artistique de Montréal. Il créa *L'Atelier*, sorte d'académie moderniste, qui connut une existence éphémère. Il eut de nombreux amis chez les peintres francophones et anglophones et s'imposa comme le chef de file de la nouvelle peinture. À la fin des années trente, il signe régulièrement une chronique sur les arts dans *The Montrealer* et crée deux associations d'artistes, *The Eastern Group of Painters* et *The Contemporary Art Society*.

Le roman-feuilleton illustre le changement intervenu dans son art. Sa palette s'est assagie et l'artiste renonce aux audaces de ses débuts. Les lignes de contour se font moins visibles et même disparaissent tout à fait. Mais surtout, Lyman s'attache à la construction du tableau, à sa composition. À ce titre, l'oeuvre est très réussie. Les deux figures se font contrepoids, se répondant l'une à l'autre par leur position et leur tonalité respectives, dans une mise en situation dynamique.

Avec quelques autres, cette toile, tient une place à part dans son oeuvre à cause de son aspect narratif qui la distingue de ses paysages et de ses portraits, plus dépouillés, où l'argument tient un rôle négligeable.

Henri Masson, 1907

196. *Paysage d'été à Wakefield*, vers 1944

Louis-Philippe Hébert, 1850-1917

197. *Sans merci*, 1893

Huile sur toile, 56 × 66,5 cm

Historique
Galerie L'Art français, Montréal; acquis en 1945
(A-45.40-P).

Exposition
1978, Québec, Musée du Québec, *L'Art du paysage
au Québec 1800-1940*, n° 47, repr. coul.

Bibliographie
BOUCHARD, 1979, p. 63, repr. coul.; GINGRAS, 1981,
p. 44, repr. coul.

Né en Belgique en 1907, Henri Masson vint à
Ottawa en 1921. Il suivit quelques cours à l'*Ottawa Art Association* et à l'*Ottawa Art Club*,
mais en vérité il s'est formé lui-même en tant
que peintre. Son style, parfois expressionniste
quand il s'intéresse par exemple à des joutes de
hockey ou à des séances de patinage, est la
plupart du temps dans la tradition de Fauves et
de Cézanne. Masson a peint beaucoup de paysages, principalement de la région de l'Outaouais.
Dans *Paysage d'été à Wakefield*, le peintre utilise la brosse avec vivacité, créant des masses aux
teintes vigoureuses mais aux contours peu ap-
puyés. Une très belle harmonie se dégage de ce
tableau qui rappelle les paysages exécutés par
John Lyman à peu près à la même époque.

Bronze, 46 × 25,5 × 36 cm

Signé et daté en arrière sur la base: *P. Hébert 1893*

Historique
Watson Art Galleries, Montréal; acquis en 1946
(A-46.49-S).

Expositions
1904, Montréal, Art Association of Montreal, *25ᵗʰ Exhibition of the Royal Canadian Academy of Arts*, n°
297; 1913, Montréal, Arts Club, *Inaugural Loan Exhibition of the Arts Club*, n° 68; 1980, Ottawa, Galerie
nationale du Canada, *To Found a National Gallery:
the Royal Canadian Academy of Arts 1880-1973*.

Bibliographie
La Revue canadienne, vol. 1 (1901), p. 42; BRODEUR,
« Un maître de la statuaire », juillet 1935, p. 7; *Le
Soleil*, 5 avril 1946; MORISSET, « Le sculpteur Philippe
Hébert », 11 juin 1950, repr.; HÉBERT, 1973, p. 100,
126 et 148.

Louis-Philippe Hébert, 1850-1917

198. *Étude devant notables des plans de la nouvelle cathédrale de Montréal par le Père Joseph Michaud C.S.V. Architecte et Mgr Ignace Bourget, 1902*

C'est à l'atelier de Napoléon Bourassa, dans les années 1870, que Louis-Philippe Hébert a reçu sa première formation artistique avant de visiter l'Europe en 1879-1880. Au cours des années suivantes, il fait des sculptures sur bois et principalement des oeuvres religieuses. En 1886, il reçoit la commande des statues du Palais législatif et fait un second séjour à Paris. Il se consacre alors exclusivement à la statuaire en bronze. Hébert fut en fait le premier Québécois à travailler avec ce matériau.

Sans merci date de la fin de son séjour en France. Suivant la méthode qui était en usage en France à l'époque, Hébert fabriqua probablement une maquette en argile, agrandie ensuite par la technique des mises-aux-points et moulée dans le plâtre. Il existe un plâtre de *Sans merci* avec les personnages grandeur nature ; cette oeuvre appartient à la Bibliothèque municipale de Montréal. Le groupe du Musée du Québec est sans doute un exemplaire coulé en bronze à partir de la maquette. En 1901, le sculpteur expliquait la genèse de son oeuvre de la façon suivante : « Je pensais à nos aïeux, ces grands coeurs qui conquirent doublement le sol de notre chère patrie par la cognée et par les armes : comment les premières récoltes, objets de leurs espérances, leur coûtaient de soin et de vigilance. Une fois le blé mur, quel bonheur pour eux que de le couper à pleine faucille, et de voir s'aligner les belles gerbes ! Mais, pour mener à bonne fin cette oeuvre de paix, il fallait s'éloigner de la maison ; loin de la maison, l'Iroquois était embusqué, voulant détruire l'oeuvre et l'ouvrier ; le moissonneur n'a pas d'arme ? Ah ! si, sa faucille ; et je vis le groupe rouler sur les épis, combat à outrance, sans merci ; l'un d'eux doit rester là ! De suite, j'esquissai le groupe. »

Cette oeuvre est admirablement construite ; les deux personnages sont comme imbriqués l'un dans l'autre. Les détails anatomiques sont fortement rendus et participent à l'expression de la violence qui anime les deux hommes.

Bronze, 87,4 × 183,3 × 15,5 cm

Signé et daté en haut à gauche : *Philippe Hébert 1902*

Historique
H.L. Rosenberg, Montréal ; Mendelson Limited, Montréal ; acquis en 1977 (A-77.207-S).

Exposition
1980, Ottawa, Galerie nationale du Canada, *To Found a National Gallery : the Royal Canadian Academy of Arts 1880-1913.*

Dès son retour au Québec en 1894, d'importants projets de sculpture monumentale attendaient Louis-Philippe Hébert. En outre, il est nommé l'année suivante à la tête de l'École des beaux-arts du Monument National. Au début de notre siècle, il travaille au monument de Monseigneur Ignace Bourget qui doit être érigé tout près de la cathédrale que le prélat a fait bâtir sur le modèle de la basilique Saint-Pierre de Rome. Le monument comprend, outre la statue de Bourget et des groupes représentant La charité et La religion, deux longs bas-reliefs en bronze : l'un montre la visite de l'évêque au camp des zouaves pontificaux à Tivoli ; l'autre est l'*Étude devant notables des plans de la nouvelle cathédrale de Montréal...* Les deux bas-reliefs furent coulés en double. Hébert y a représenté les deux gestes les plus significatifs de Monseigneur Bourget : l'expédition des zouaves pontificaux (dont il a lui-même fait partie) pour défendre la papauté et la construction de la cathédrale.

L'évêque est assis sur un fauteuil à haut dossier et regarde le plan de la façade projetée que lui montre le père Joseph Michaud. Le sculpteur a su exploiter son sujet en tenant compte des contraintes du bas-relief, qui imposent notamment que la composition se développe presque sur un seul plan.

Louis-Philippe Hébert, 1850-1917

199. *Mademoiselle de Verchères, vers 1907*

Bronze, 49 × 13 × 15 cm

Signé à l'arrière de la base : *P. Hébert*

Historique
Watson Art Galleries, Montréal ; acquis en 1942
(A-42.135-S).

Expositions
1908, Montréal, Art Association of Montreal, *24th
Spring Exhibition*, n° 281 ; 1910, Montréal, Art Association of Montreal, *32nd Exhibition of the Royal Canadian Academy of Arts*, n° 116 ; 1959, Vancouver, Vancouver Art Gallery, *The Arts in French Canada*, n° 37,
repr. ; 1967, Ottawa, Galerie nationale du Canada,
Trois cents ans d'art canadien, n° 165, repr.

Bibliographie
ROY, 1928, pl. 171 ; BRODEUR, « Un maître de la statuaire », juillet 1935, p. 7 ; *Le Soleil*, 28 novembre 1942,
repr. ; MORISSET, « Le sculpteur Philippe Hébert », 11
juin 1950, repr. ; HÉBERT, 1973, p. 121-122, 137, 139,
140 et 147.

Le sculpteur Hébert n'a pas eu de commande
précise, à ce qu'il semble, pour cette statuette
qu'il a modelée probablement en 1907, puisqu'elle figure une exposition tenue au
printemps de 1908. Madeleine de Verchères,
âgée de quatorze ans au moment de l'exploit
qui la rendit célèbre, est représentée debout,
l'arme à la main, regardant fièrement au loin.
Autant le visage des deux hommes dans *Sans
merci* (n° 197) exprime la violence, autant celui
de Madeleine de Verchères paraît calme et épa-
noui. Son corps mince d'adolescente est admirablement rendu, tout comme le mouvement
du vent dans sa jupe, sa blouse, son chapeau et
ses cheveux.

La statuette a été coulée en bronze chez le
Fondeur Hohwiller, à Paris, comme la plupart
des oeuvres de Louis-Philippe Hébert. Une sculpture monumentale de plus de sept mètres de
hauteur a été érigée à Verchères sur le modèle
de celle-ci.

Louis-Philippe Hébert, 1850-1917

200. *Soupir du lac, 1908*

Bronze, 56 × 14,5 × 15 cm

Signé et daté sur la base à gauche : *P. Hébert 1908*

Historique
Watson Art Galleries, Montréal ; acquis en 1942.
(A-42.136-S).

Expositions
1913, Montréal, Arts Club, *Inaugural Loan Exhibition
of the Arts Club*, n° 66 ; 1976, Calgary, Glenbow-
Alberta Institute, *Through Canadian Eyes. Trends
and Influences in Canadian Art 1815-1965*, n° 46.

Bibliographie
BRODEUR, « Une figure nationale... », avril 1933 ; BRO-
DEUR, « Un maître de la statuaire », juillet 1935 ; *Le
Soleil*, 28 novembre 1942 ; HÉBERT, 1973, p. 127 et
148 ; ROUSSEAU, 1982, p. 36, repr.

La statuette porte sur sa base à droite la légende : « L'homme blanc fuirait-il la nation algon-
quine ? ».

Tout comme *Fleur des Bois*, autre statuette fondue plusieurs années auparavant, en 1897, *Soupir du lac* représente une jeune indienne debout, presque nue, dans une pose au repos.
Elle s'appuie sur une nigogue, sorte de harpon
que l'artiste avait déjà fait figurer dans le *Pêcheur à la nigogue* (n° 207) modelé pour la
façade du Palais législatif. Hébert est probablement le premier sculpteur québécois qui se soit
intéressé aux nations amérindiennes. *Halte
dans la Forêt* (n° 206) et *Pêcheur à la nigogue*,
réalisés pour le Palais législatif mais réduits en
1916, dépeignent la vie des Indiens avant l'arrivée des Blancs. À l'exception de *Sans merci* (n°
197) où un Indien s'attaque à un colon, les
représentations indiennes d'Hébert correspon-
dent à l'image du « bon sauvage » érigée par
Jean-Jacques Rousseau à la fin du XVIIIe siècle et
diffusée largement par le Romantisme. Avec
Soupir du lac et *Fleur des bois*, la vie sauvage et
naturelle est déjà corrompue par l'arrivée de
l'homme blanc : la jeune indienne de *Fleur des
Bois* se languit dans l'attente du Français de qui
elle est amoureuse, et celle de *Soupir du lac*
s'interroge de façon énigmatique sur les actions
des Français.

Au-delà du thème de la vie indienne, très prisé
à la même époque aux États-Unis comme en
témoigne le nombre d'oeuvres qui lui sont
consacrées à la *Columbian Exhibition* de Chicago en 1893, ces statuettes sont également des
oeuvres gratuites ; l'exotisme du personnage
permet au sculpteur de modeler une figure
presque nue, de s'intéresser aux formes fémini-
nes et de poursuivre une recherche esthétique
nécessairement plus limitée dans le cas des
monuments commémoratifs. En fait, n'était son
pagne et les traits de son visage, en particulier
le nez aquilin, la jeune indienne pourrait bien
être une figure d'anatomie réalisée d'après modèle vivant au cours d'un séjour à Paris.

Louis-Philippe Hébert, 1850-1917
201. *Le Moyne de Sainte-Hélène*, 1910

Bronze, 50 × 56 × 26 cm

Signé et daté sur la base à droite:
Philippe Hébert 1910

Historique
Coll. particulière, Québec; acquis en 1980
(A-80.55-S).

Exposition
1915, Montréal, *Arts Club*, n° 50.

Bibliographie
HÉBERT, 1973, p. 148.

L'oeuvre porte au verso la légende suivante:
« En 1690, l'Amiral Phipps vint assiéger Québec,
un boulet tiré des remparts enlève son drapeau.
Un Canadien Lemoyne de Sainte-Hélène s'en
empare à la nage. Histoire du Canada. »

C'est donc à partir d'un fait historique, propice
au développement d'un thème héroïque, que

Hébert a conçu *Le Moyne de Sainte-Hélène*.
L'oeuvre est sans doute née d'une « vision »,
pour reprendre une expression de l'artiste, au
cours d'une lecture de l'Histoire du Canada. En
plus du caractère héroïque, la plastique du sujet
et l'expression sont très importantes pour le
sculpteur. Aussi, au lieu de représenter le héros
dans une pose noble, bien campé et bien vêtu,
choisit-il de modeler son personnage en action.
L'homme nu sort des flots et crie victoire, tenant dans ses mains le drapeau anglais qu'il a
réussi à repêcher. Hébert utilise ici toutes les
possibilités de la statuaire, la pose, l'analyse
anatomique, le traitement descriptif de la base,
pour transmettre le sentiment d'admiration
qu'il ressent pour ses ancêtres, pour les premiers colons. L'histoire qui était faite à son
époque tendait à démontrer que ce sentiment
est la base de la fierté nationale.

Alfred Laliberté, 1878-1953

202. *La rivière blanche*, vers 1910-1911

Alfred Laliberté, 1878-1953

203. *Âme du marbre*, vers 1910-1911

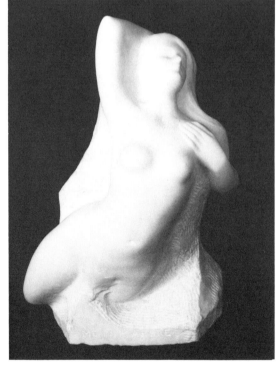

Marbre, 16 × 71 × 25 cm

Signé sur la base en arrière : *A. Laliberté*

Historique
Galerie L'Art Français, Montréal; acquis en 1977
(A-77.204-S).

Expositions
1911, Toronto, Art Museum. *33rd Exhibition of the Royal Canadian Academy of Arts*, n° 187; 1978, Montréal, Galerie L'Art Français, *Alfred Laliberté 1878-1953*.

Bibliographie
LALIBERTÉ, 1978, p. 61.

Alfred Laliberté est né à Sainte-Élisabeth de Warwick en 1878. En 1896, il fréquente le cours de modelage du Conseil des Arts et Manufactures de Montréal puis, de 1902 à 1907, il étudie à l'École des Beaux-Arts de Paris sous la direction d'Antoine Injalbert et de Gabriel-Jules Thomas. Il rencontre Suzor-Coté en 1903. Dès ce premier séjour parisien, Laliberté expose au Salon de la Société Artistes Français. De retour au Québec, il devient professeur au Conseil des Arts et Manufactures où il avait étudié. Ayant reçu commande de deux statues pour la façade du Palais législatif, il retourne à Paris en 1910-1911. Au cours de ce séjour, il occupe l'atelier de Suzor-Coté, Impasse Ronsin, dans le XVᵉ arrondissement : une photographie le montre travaillant dans cet atelier, avec, derrière lui, le *Paysage d'hiver* de Suzor-Coté (daté de 1909 et

maintenant à la Galerie nationale du Canada) ; on y aperçoit également, posé sur une table, le marbre *La rivière blanche*.

Quand il ne s'agit pas de bustes ou de personnages historiques, Laliberté adopte volontiers le genre allégorique, comme il l'avoue dans ses *Souvenirs* :

« Produire des sujets allégoriques est un besoin en même temps qu'une seconde nature. Parti de la campagne, sans préparation, je faisais la grande enjambée à Paris. Là, le contact des artistes, des oeuvres d'art et des livres provoqua dans mon imagination le culte des dieux de la mythologie et l'allégorie m'apparut comme la plus haute aspiration de l'idéaliste, de l'être affiné. Il me serait sans doute difficile de ne pas faire de temps en temps de figures allégoriques ».

Dans *La rivière blanche*, la femme couchée renverse une urne d'où s'écoule de l'eau ; ce geste fait naître la rivière dont elle-même est la personnification. La figure se fond à la rivière, ses cheveux se confondent avec l'eau. Le traitement est très souple, très lié, et rappelle par son caractère décoratif les sculptures de l'art nouveau. Une autre version du thème de *La rivière blanche* a été exécutée ultérieurement et fondue en bronze : la figure y est plus dégagée, la femme tient l'urne dans sa main et l'écoulement de l'eau vers elle y est plus accusé.

Marbre, 58,5 × 38,3 × 39 cm

Signé sur la base du côté gauche : *A. Laliberté*

Historique
Galerie Kastel, Montréal; acquis en 1977 (A-77.486-S).

Exposition
1927, Montréal, Art Association of Montreal, *49th Exhibition of the Royal Canadian Academy of Arts*, n° 263.

Âme du marbre et *Terre mourante* datent vraisemblablement de la même époque que *La rivière blanche*, comme tous les marbres de Laliberté. Il s'agit de deux oeuvres allégoriques. La première est constituée d'une figure féminine nue qui semble se dégager elle-même du marbre. Le traitement lisse de sa chair et ses contours arrondis contrastent avec la rugosité du marbre non fini. L'*Âme du marbre*, c'est la matière inspiratrice, c'est la beauté qui naît de la matière inerte sous le marteau du sculpteur. Le thème de *Terre mourante* est plus obscur. Une femme nue se replie sur elle-même et

Alfred Laliberté, 1878-1953

204. *Terre mourante*, vers 1910-1911

Alfred Laliberté, 1878-1953

205. *Le vaisseau d'or*, vers 1911

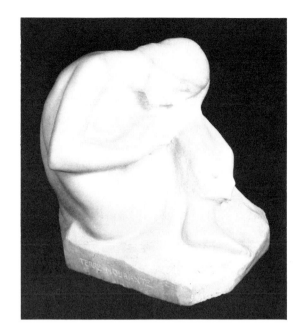

Marbre, 40 × 43,5 × 25,3 cm

Signé sur la base en arrière : *A. Laliberté*

Historique
Galerie Kastel, Montréal ; acquis en 1977 (A-77.485-S).

Exposition
1928, Toronto, Art Gallery of Toronto, *50ᵗʰ Exhibition of the Royal Canadian Academy of Arts*, nº 169.

paraît se confondre avec la matière, comme si, au contraire de l'autre qui surgit de la pierre, elle redevenait inerte. Les deux oeuvres pourraient avoir été conçues comme un ensemble et représenteraient, allégoriquement, les deux moments essentiels de la vie, la naissance et la mort. Le traitement contrasté — le fini et le non fini — n'est pas sans rappeler celui de la série inachevée des *Esclaves* de Michel-Ange (1475-1564) et, plus près de nous, certaines sculptures d'Auguste Rodin (1840-1917) dont l'oeuvre, assurément, a exercé une influence décisive sur Laliberté.

Bronze, 21,5 × 52 × 32,8 cm

Signé sur la base en arrière : *A. Laliberté*

Historique
Samuel Boreinstein, Montréal ; Galerie Kastel, Montréal, acquis en 1977 (A-77.206-S).

Expositions
1912, Ottawa, Victoria Memorial Museum, *34ᵗʰ Exhibition of the Royal Canadian Academy of Arts*, nº 242 ; 1913, Montréal, Art Association of Montreal, *35ᵗʰ Exhibition of the Royal Canadian Academy of Arts*, nº 328 ; 1978, Montréal, Galerie UQAM, *Alfred Laliberté*.

Le vaisseau d'or reprend le titre et le thème d'un des plus célèbres poèmes d'Émile Nelligan (1879-1941) :

« Ce fut un grand Vaisseau taillé dans l'or massif :
Ses mâts touchaient l'azur, sur des mers inconnues ;
La Cyprine d'amour, cheveux épars, chairs nues,
S'étalait à sa proue, au soleil excessif.

Mais il vint une nuit frapper le grand écueil
Dans l'Océan trompeur où chantait la Sirène.
Et le naufrage horrible inclina sa carène
Aux profondeurs du Gouffre, immuable cercueil.

Ce fut un Vaisseau d'Or, dont les flancs diaphanes
Révélaient des trésors que les marins profanes,
Dégoût, Haine et Névrose, entre eux ont disputés.

Que reste-il de lui dans la tempête brève ?
Qu'est devenu mon coeur, navire déserté ?
Hélas ! Il a sombré dans l'abîme du Rêve ! »

L'illustration de ce poème et, à travers lui, du destin tragique du poète, convenait particulièrement bien au goût d'Alfred Laliberté pour l'allégorie. Dans ce genre, *Le vaisseau d'or* est probablement son oeuvre la mieux réussie. Le sculpteur y a transposé la première strophe du poème avec une certaine fidélité : le premier vers parle d'un vaisseau d'or, le bronze est doré. S'inspirant des troisième et quatrième vers de la première strophe, l'artiste a modelé une Cypris nue — ou Aphrodite, déesse de l'amour chez les Grecs — les cheveux défaits, couchée sur la proue d'un navire. Celle-ci est ornée d'une tête d'animal grotesque. Les trois autres strophes ont été adaptées plus librement. Laliberté assimile le naufrage du navire à celui du poète devenu fou à l'âge de dix-neuf ans. Nelligan, très reconnaissable — Laliberté en a d'ailleurs fait un buste —, est étendu et son corps disparaît sous l'eau qui envahit le navire renversé. Sa tête repose près d'un livre fermé — son oeuvre à jamais inachevée —, sa main sur la poitrine semble poser la question de l'avant-dernière strophe : « Qu'est devenu mon coeur ; navire déserté ? », et tout dans l'attitude du poète et la facture fluide de l'oeuvre répond : « Hélas ! Il a sombré dans l'abîme du Rêve ».

Comme l'indique le catalogue de l'exposition printanière de l'*Art Association of Montreal* en 1913, où l'oeuvre avait été exposée également l'année précédente, le petit bronze a été conçu comme encrier ; c'est ce qui explique la cavité entre Nelligan et sa muse : l'âme du poète investit l'écriture à travers l'encre placé sous son coeur.

Louis-Philippe Hébert, 1850-1917

206. *Halte dans la forêt (Algonquins)*, 1916

*Voir reproduction en couleurs,
section centrale, p. (20)*

Bronze, 67,3 × 66 × 20,3 cm

Signé et daté sur la base à l'arrière : *P. Hébert S. 16.*

Historique
P. Wickham, Montréal ; Florence Wickham, Montréal ;
acquis en 1950 (A-50.102-S).

Expositions
1959, Vancouver, Vancouver Art Gallery, *The Arts in
French Canada*, n° 40 ; 1980, Ottawa, Galerie nationale du Canada, *To Found a National Gallery : the
Royal Canadian Academy of Arts 1880-1913.*

Bibliographie
BRODEUR, « Une figure nationale… », avril 1933 ; BRO-
DEUR, « Un maître de la statuaire », juillet 1935 ; HÉ-
BERT, 1973, p. 71, 72-75, 78, 146 et 147.

Un an avant sa mort, soit en 1916, Louis-
Philippe Hébert fit couler dans le bronze, chez
son fondeur habituel Hohwiller, une douzaine
d'exemplaires d'oeuvres de petites dimensions
pour le collectionneur montréalais P. Wickham.
Halte dans la forêt, *Pêcheur à la nigogue* et
Dollard des Ormeaux font partie de cette série.
Les deux premières sont des réductions des
sculptures monumentales réalisées plus de
vingt-cinq ans auparavant pour le Palais législatif de Québec ; *Dollard des Ormeaux* est le
bronze d'une oeuvre originale qu'Hébert aurait
sculptée après avoir vu le projet de monument
qu'avait préparé Alfred Laliberté pour le héros
du Long-Sault. Non content de cette oeuvre
qu'il trouvait sans expression, le sculpteur a
voulu faire « son » Dollard des Ormeaux suivant une composition et une facture qui mettent en valeur son courage, qualité première du
héros selon lui. L'oeuvre est lyrique et un peu
grandiloquente, mais intéressante sur le plan
formel. Comme dans beaucoup d'autres groupes réalisés par ce sculpteur, la composition est
très dynamique et d'une grande cohésion. Cette
dernière qualité caractérise également *Halte
dans la forêt*, une de ses plus belles oeuvres. La
composition triangulaire était imposée par le
programme architectural mais l'artiste a su tirer
de cette contrainte une ordonnance savante.
L'observation anatomique y est très raffinée.
Quant au *Pêcheur à la nigogue*, il s'agit d'une
très belle statuette à mettre en relation avec
Soupir du lac (n° 200), réalisée huit ans plus
tôt.

Louis-Philippe Hébert, 1850-1917

207. *Pêcheur à la nigogue*, 1916

Bronze, 68,9 × 23 × 25,5 cm

Signé et daté sur le bas à l'arrière : *P. Hébert Montréal 1916.*

Historique
P. Wickham, Montréal ; Gerald Stevens, Mallorytown
(Ontario) ; acquis en 1948 (A-48.122-S).

Expositions
1959, Vancouver, Vancouver Art Gallery, *The Arts in
French Canada*, n° 38 ; 1962, Bordeaux, Musée des
Beaux-Arts de Bordeaux, *L'Art au Canada*, n° 68 ;
1967, Ottawa, Galerie nationale du Canada, *Trois
cents ans d'art canadien*, n° 164, repr.

Bibliographie
BRODEUR, « Une figure nationale… », avril 1933 ; BRO-
DEUR, « Un maître de la statuaire », juillet 1935 ; HÉ-
BERT, 1973, p. 72, 74, 126, 146 et 148.

Louis-Philippe Hébert, 1850-1917
208. *Dollard des Ormeaux*, 1916

Alfred Laliberté, 1878-1953
209. *Le fardeau*

Plâtre, 111,7 × 59,7 × 67,5 cm

Signé en bas à droite : *A. Laliberté*

Historique
Galerie L'Art Français, Montréal ; don de la Galerie L'Art Français, 1978 (G-78.337-S).

À son retour définitif au Québec en 1911, Alfred Laliberté se consacra à divers projets monumentaux, comme la fontaine du marché Maisonneuve, deux monuments à Dollard des Ormeaux, un autre à Louis Hébert, et plusieurs statues pour la façade du Palais législatif de Québec. En 1917, il acquit une maison rue Sainte-Famille, près de la rue Sherbrooke, et y aménagea son atelier. Au cours des années vingt et trente, de nombreux artistes, Suzor-Coté, Franchère, Cullen, Holgate, Pilot, établirent leur atelier dans cette maison dont Laliberté souhaitait la transformation en musée après sa mort. Malheureusement, elle a été démolie peu après le décès de sa femme en 1965 et l'atelier vidé des oeuvres qu'il contenait. Des plâtres de grandes dimensions furent ainsi perdus. D'autres oeuvres, comme *Le fardeau* et *Les muses*, furent néanmoins préservées.

Les motifs et les circonstances qui ont entouré la conception et la réalisation du *Fardeau* ne sont pas connus. L'oeuvre de Laliberté s'apparente à ses marbres parisiens de l'époque 1910-1911, notamment par l'opposition entre la surface finie du corps et le matériau laissé brut de la base et de la pierre que l'homme porte sur son dos. L'influence de Rodin y est particulièrement sensible, d'autant plus que l'illustre sculpteur français avait déjà traité un thème assez semblable dans *Caryatide tombée portant sa pierre*. Toutefois, il est nettement improbable, vu ses dimensions, que cette sculpture ait été réalisée durant le séjour du sculpteur à Paris ; sans doute remonte-t-elle plutôt aux toutes premières années qui ont suivi son installation à Montréal.

Bronze, 94 × 34 × 29,2 cm

Signé et daté sur la base à l'arrière : *P. Hébert 1916*

Historique
P. Wickham, Montréal ; Galerie Stevens, Montréal ; acquis en 1947 (A-47.127-S).

Exposition
1938, Londres, The Tate Gallery, *A Century of Canadian Art*, n° 33.

Alfred Laliberté, 1878-1953

210. *Les Muses*, vers 1922-1927

Marc-Aurèle de Foy Suzor-Coté, 1869-1937

211. *Je me souviens*, 1926

Bronze, 45 × 22 × 24 cm

Signé et daté en bas du côté droit : *M. Suzor-Coté 1926*

Historique
Acquis de l'artiste en 1934 (A-34.70-S).

Expositions
1925, Montréal, Art Association of Montreal, *47th Exhibition of the Royal Canadian Academy of Arts*, nᵒ 278 ; 1929, Montréal, École des beaux-arts de Montréal, *Rétrospective des oeuvres de Suzor-Coté*, nᵒ 141 ; 1959, Vancouver, Vancouver Art Gallery, *The Arts in French Canada*, nᵒ 82.

Bibliographie
La Presse, 27 février 1937, repr. ; JOUVANCOURT, 1967 et 1978, p. 73, repr. ; « En chair et en os, » La Montréalaise de Suzor-Côté », *La Presse*, 2 septembre 1956, p. 24 ; Louis-Martin Tard, « La Canadienne se souvient du temps où elle posait pour Suzor-Côté », *La Patrie*, 24 septembre 1956, p. 11.

Marc-Aurèle de Foy Suzor-Coté fut un peintre avant tout, mais il s'adonna aussi au modelage, ce qui n'était pas très difficile pour lui puisque son atelier se trouvait au dernier étage de la maison d'Alfred Laliberté. À la fin de sa vie, il s'intéressa de plus en plus à la sculpture.

Le buste d'une jeune fille, celle-là même qui a posé pour sa statuette de Maria Chapdelaine, incarne ici le Québec, comme l'indique le titre de l'oeuvre qui reprend la devise proposée par Taché. Le sens de l'allégorie reste cependant obscur. La facture plutôt classique est d'une belle finesse. L'oeuvre fut vraisemblablement modelée en 1923 et fondue en 1926 chez Roman Bronze Works, à New York.

Plâtre.

Signé à droite : *A. Laliberté*

Historique
Succession Alfred Laliberté ; Louis-Paul Perron, Montréal ; Claude Laberge, Montréal ; acquis en 1980 (A-80.46-S).

Exposition
1927, Montréal, Art Association of Montreal, *Spring Exhibition*.

Bibliographie
DESROSIERS, « Monsieur Alfred Laliberté. R.C.A. », mars 1931, p. 8, repr. ; *La Revue Moderne*, février 1938, p. 12-15, repr. ; *La Revue populaire*, décembre 1940, p. 8-9 ; LABERGE, « Alfred Laliberté », p. 37, repr. ; LALIBERTÉ, 1978, p. 194-195.

Alfred Laliberté a conçu cette oeuvre imposante au cours des années vingt, probablement dans l'espoir de trouver un client qui la ferait couler en bronze et figurer sur une place publique. Au nombre de six, les Muses sont vêtues d'un drapé à l'antique et portent les attributs de l'art qu'elles représentent : de gauche à droite, l'architecture, la sculpture, la poésie, la peinture, la musique et l'éloquence.

Alfred Laliberté, 1878-1953

212. *La jeune fille possédée du mauvais esprit,* vers 1928-1932

Alfred Laliberté, 1878-1953

213. *Le sauvage mouillé,* vers 1928-1932

Alfred Laliberté, 1878-1953

214. *La Corriveau,* vers 1928-1932

Bronze, 34 × 26 × 35 cm

Signé sur la base à droite: *A. Laliberté*

Historique
Acquis avant 1933 (A-34.293-S).

Expositions
1976, Montréal, Place Bonaventure, *Hier au Québec 1875-1915*; 1976, Victoria, Art Gallery of Greater Victoria, *Légendes: Alfred Laliberté*, n° 23; 1978, Québec, Musée du Québec, *Les bronzes d'Alfred Laliberté*, n° 159, repr.; Québec, Musée du Québec, *La légende dans l'art québécois*, repr.

Bibliographie
Légendes, coutumes, métiers de la Nouvelle-France..., 1934, n° 9; Musée de la province de Québec, 1935, n° 9.

Bronze, 39,5 × 26 × 21,5 cm

Signé sur la base en arrière: *A. Laliberté*

Historique
Acquis avant 1933 (A-34.314-S).

Expositions
1978, Québec, Musée du Québec, *Les bronzes d'Alfred Laliberté*, n° 155, repr.; 1979, Québec, Musée du Québec, *La légende dans l'art Québécois*, repr.

Bronze, 59,5 × 26,3 × 26 cm

Signé sur la base en arrière: *A. Laliberté*

Historique
Acquis avant 1933 (A-34.427-S).

Expositions
1972, Québec, Musée du Québec, *Pleins feux sur Alfred Laliberté*; 1976, Calgary, Glenbow-Alberta Institute, *Through Canadian Eyes. Trends and Influences in Canadian Art 1815-1965*, n° 68; 1978, Québec, Musée du Québec, *Les bronzes d'Alfred Laliberté*, n° 111, repr.; 1979, Québec, Musée du Québec, *La légende dans l'art Québécois*, repr.

Bibliographie
Le Soleil, 5 février 1972, p. 46, repr.; *À propos*, 18 juillet 1974, p. 13, repr.; *Le Soleil*, 20 juillet 1974, repr.; *À loisir À propos*, 28 juillet 1974, p. 18, repr.; *Vie des arts*, hiver 1974-1975, p. 68, repr.; *Le Réveil*, 14 janvier 1975, p. 19, repr.; *Le Journal de Québec*, 24 février 1975, p. 17, repr.; *Musée du Québec*, 1978, p. 79, repr.

Alfred Laliberté, 1878-1953

215. *La gigue*, vers 1928-1932

Alfred Laliberté, 1878-1953

216. *Le râteau*, vers 1928-1932

Bronze, 45,5 × 22,5 × 18,5 cm

Signé sur la base en arrière : *A. Laliberté*

Historique
Acquis avant 1933 (A-34.315-S).

Expositions
1946, Arvida, Centre de récréation d'Arvida, *Un siècle d'art canadien*, n° 27 ; 1949, Rimouski, Hôtel de ville de Rimouski, *Un siècle d'art canadien*, n° 27 ; 1978, Québec, Musée du Québec, *Les bronzes d'Alfred Laliberté*, n° 35, repr.

Bibliographie
La Presse, 7 septembre 1968, p. 12, repr.

Bronze, 43 × 21 × 21 cm

Signé sur la base en arrière : *A. Laliberté*

Historique
Acquis avant 1933 (A-34.374-S).

Expositions
1952, Québec, Musée de la Province, *Exposition rétrospective de l'art au Canada français*, n° 415 ; 1978, Québec, Musée du Québec, *Les bronzes d'Alfred Laliberté*, n° 29, repr.

Bibliographie
Légendes, coutumes, métiers de la Nouvelle-France, 1934, n° 56 ; Musée de la Province de Québec, 1935, n° 56 ; *La Presse*, 22 juillet 1978.

Alfred Laliberté, 1878-1953

217. *L'apprentissage d'art*, vers 1928-1932

Bronze, 47,3 × 51 × 24 cm

Signé sur la base à droite : *A. Laliberté*

Historique
Acquis avant 1933 (A-34.288-S).

Exposition
1978, Québec, Musée du Québec, *Les bronzes d'Alfred Laliberté*, nº 55, repr.

Bibliographie
Légendes, coutumes, métiers de la Nouvelle-France, 1934, nº 93, repr.; Musée de la Province de Québec, 1935, nº 93.

Alfred Laliberté commença vers 1927-1928 à modeler une série de statuettes sur des « sujets du terroir », comme il les appelait, sans même penser pouvoir les vendre vu le petit nombre de collectionneurs de bronzes. Quand il vit les

premières statuettes lors d'une visite à l'atelier du sculpteur, l'archiviste E.-Z. Massicotte en signala l'existence au sous-secrétaire de la Province. Laliberté continua de développer sa série, à l'affût de sujets pour illustrer les métiers anciens, les coutumes et les légendes du Québec. Le gouvernement du Québec acquit les cent premières statuettes, que Laliberté avait déjà fait couler en bronze, avec l'assurance que les suivantes seraient également achetées. Entre 1928 et 1932, Laliberté en réalisa 214 au total.

Ces pièces ne sont pas datées et il est impossible de déterminer dans quel ordre elles ont été exécutées. Chacune porte un titre et la signature de l'auteur, de même que la marque du fondeur dans la plupart des cas. Sur celles qui sont présentées ici, on trouve la marque « CFA Paris » dans trois cas et, pour deux autres, « Grandhomme Andro Fondeur ». En revanche, *L'apprentissage d'art* ne porte aucune marque.

La jeune fille possédée du mauvais esprit montre un personnage aux prises avec l'excitation la plus vive, sous l'effet du démon qui la possède. Son regard est halluciné, elle arrache ses cheveux d'une main tandis qu'elle cherche à déchirer son vêtement de l'autre.

Le sauvage mouillé illustre la légende du Huron qui fit volontairement chavirer son canot dans les rapides du Saut-au-Récollet pour noyer le père Nicolas Viel. Gagnant la rive à la nage, il alluma un feu pour se sécher mais les flammes ne dégagèrent aucune chaleur. C'est pourquoi le sauvage mouillé reste devant le feu en grelottant et en regrettant son geste.

L'illustration de *La Corriveau* se fonde sur un fait réel mais considérablement altéré par la légende. Marie-Josephte Corriveau fut effectivement condamnée à être pendue en 1763 pour le meurtre de son mari. La sentence précisait que suite à la pendaison, son corps serait suspendu à des chaînes, en guise d'exemple; son cadavre fut mis dans une cage qu'on accrocha à un poteau. Une légende prit corps autour de cette affaire et s'enfla progressivement, imputant plusieurs meurtres à la Corriveau et transformant les faits historiques au point de prétendre que la meurtrière avait été enfermée vive dans la cage.

Tandis que les trois premières oeuvres illustrent des légendes, *La gigue* fait plutôt partie de la série sur les coutumes, alors que *Le râteau*, où on voit une femme aux champs ratelant le foin, et *L'apprentissage d'art* participent aux métiers. Cette dernière composition représenterait l'atelier de Quévillon, un des principaux sculpteurs et décorateurs d'église du début du XIXe siècle : le maître donne à son apprenti des indications pour la sculpture d'un chandelier, alors qu'un autre, plus novice sans doute, observe et semble prendre des notes. Le maître et l'apprenti sont représentés sous les traits de Laliberté lui-même.

Certes, les oeuvres de cette énorme série ne sont pas toutes de qualité égale, et certaines ont surtout un intérêt anecdotique, par exemple *L'apprentissage*. Elles témoignent du tempérament électrique du sculpteur qui était peu porté vers les théories et ne se limitait pas à une seule esthétique. On sent dans certaines de ses oeuvres la trace des arabesques de l'Art nouveau, comme dans *Le râteau*, alors que d'autres, probablement les plus originales et les plus fortes, se caractérisent par un expressionnisme vigoureux. De ce point de vue, *La Corriveau* est une oeuvre puissante, sans aucun doute l'une des plus remarquables de la série des métiers, coutumes et légendes.

Henri Hébert, 1884-1950

218. *La danseuse d'Oslo*, vers 1928

Bronze, 42,1 × 17,9 × 9,4 cm

Signé sur la base du côté droit: *Henri Hébert*

Historique
Docteur A. Lesage, Montréal; vente Sotheby & Co, Toronto, octobre 1968, n° 285; Galerie Klinkhoff, Montréal; acquis en 1978 (A-78.336-S).

Expositions
1929, Montréal, Art Association of Montreal, *46th Spring Exhibition*, n° 371 (plâtre); 1930, Ottawa, Galerie nationale du Canada, *Annual exhibition of Canadian Art*, n° 69 (bronze); 1932, Montréal, Arts Club; 1933, Ottawa, Galerie nationale du Canada, *Annual Exhibition of Canadian Art*, n° 103 (plâtre); 1940, Toronto, Art Gallery of Toronto, *61st Exhibition of the Royal Canadian Academy of Arts*, n° 160 (bronze).

Bibliographie
ROUSSAN, 1982, repr. p. 54; « Henri Hebert's Work on View At Arts Club », 17 février 1932; STUCKER, « Henri Hébert. Un autre grand sculpteur canadien », 19 mars 1944; 1982, Ottawa, Galerie nationale du Canada, *Les esthétiques modernes au Québec de 1916 à 1946*, p. 139 et 146.

Henri Hébert est le fils du sculpteur Louis-Philippe Hébert et le frère aîné du peintre Adrien Hébert. Ses études artistiques, entreprises dès 1896, ont été très diversifiées, du dessin à la sculpture en passant par la décoration intérieure et extérieure. Ses principaux maîtres furent, à Montréal Dyonnet et Brymner, à Paris Thomas et Injalbert. À partir de 1909, Hébert fut chargé du cours de modelage à la section d'architecture de l'Université McGill.

Même s'il a été formé par Thomas et Injalbert tout comme son contemporain Alfred Laliberté, Hébert a pratiqué un art tout différent de celui de l'auteur des « scènes du terroir ». Ses contacts avec des architectes et son amitié pour Ernest Cormier l'ont orienté vers la sculpture décorative intégrée à l'architecture. En conséquence, l'essentiel de son oeuvre n'est pas aujourd'hui dans les musées mais sur les murs de la ville. Il a également réalisé quelques monuments et de la statuaire monumentale, principalement en début de carrière, mais ces oeuvres ne sont pas ses plus intéressantes. À peu près à l'époque où Laliberté concevait ses « métiers, coutumes et légendes du Canada français« , la sculpture d'Henri Hébert apportait un renouvellement considérable à cet art au Québec.

La danseuse d'Oslo a probablement été modelée vers 1928 et coulée dans le bronze en trois exemplaires chez Roman Bronze Works de New York. Nous savons en effet qu'un bronze de *La danseuse* faisait partie d'un ensemble décoratif, avec d'autres sculptures d'Hébert, dans le jardin de l'architecte Ernest Cormier. Par ailleurs, le docteur A. Lesage en possédait un exemplaire. Enfin, le catalogue de la *61st Exhibition of the Royal Canadian Academy of Arts*, en 1940, mentionne que l'oeuvre est limitée à trois exemplaires.

L'oeuvre est très réussie. La jeune danseuse a une pose gracieuse, genoux pliés, mains sur les hanches, tête penchée vers la droite. La sculpture se rattache au néo-classicisme développé par le sculpteur français Aristide Maillol (1861-1944) et n'est pas sans rappeler l'art Déco des années 1925 dont Ernest Cormier se fit l'interprète en architecture.

Henri Hébert, 1884-1950

219. *Vers les astres*, 1930

Marbre, 131,1 × 53 × 20 cm

Initialé et daté vers le bas à droite : *H.H. 1930*

Historique
Acquis de l'artiste en 1932 (A-34.243-S).

Expositions
1944, Québec, Musée de la Province de Québec, *Exposition de Marc-Aurèle Fortin, A.R.C.A., Adrien Hébert, R.C.A., Henri Hébert, R.C.A., Edwin Headley Holgate, R.C.A.*, n° 56 ; 1952, Québec, Musée de la Province, *Exposition rétrospective de l'art au Canada français*, n° 144 ; 1982, Ottawa, Galerie nationale du Canada, *Les esthétiques modernes au Québec de 1916 à 1946*, n° 40, repr.

Bibliographie
LYLE, « The Work of Henri Hébert R.C.A., » 6 juin 1935 p. 96, repr. ; HÉBERT, « L'art au Canada français », novembre 1939, p. 12, repr. d'une maquette en glaise ; « Dans l'atelier d'un sculpteur », 2 avril 1944, repr. d'une maquette en glaise ; 1945, Montréal, Art Association of Montreal, *Annual Spring Exhibition*, n° 269 ; BÉLANGER, « Le Comte Jacques de Lesseps héros et pionnier de l'histoire gaspésienne », octobre-décembre 1970, repr. d'un monument à Gaspé.

Henri Hébert écrivait en 1939 : « traiter des sujets du terroir comme on ferait des devoirs d'écolier ne peut créer un art national, l'anecdote ici prend trop d'importance et dissimule l'oeuvre. Contentons-nous pour le moment de travailler sérieusement et l'art canadien se formera de lui-même ».

Cette conviction, qu'il partageait notamment avec son frère Adrien, s'oppose directement à l'art d'Alfred Laliberté où, justement, l'anecdote est plus importante que le traitement formel de l'oeuvre, du moins dans la plupart des « scènes du terroir ». Apôtre de la modernité comme son frère, Henri Hébert a réalisé des oeuvres dégagées de la tradition anecdotique et innovatrices sur le plan formel. C'est le cas du haut-relief *Vers les astres*, maquette en marbre du monument élevé au comte de Lesseps à Gaspé en 1932. L'oeuvre répondait à une commande du ministre des Terres et forêts, Honoré Mercier, qui présidait alors un comité formé pour perpétuer la mémoire du comte de Lesseps, aviateur français disparu au cours d'une expédition de cartographie aérienne.

Le torse nu d'un homme se dégage des nuages. L'homme, les bras levés et parés d'ailes comme Icare, s'élève vers le ciel, quittant la terre, perçant le plafond des nuages et atteignant les étoiles. Tant par sa symbolique (l'aviateur est aussi un homme volant ; comme Icare, il arrive que le soleil lui brûle les ailes ; mais en même temps, il s'élève vers le ciel, vers Dieu) que par sa facture, *Vers les astres* renouvelle la sculpture commémorative. Le sculpteur oppose le rendu classique du corps aux formes stylisées des ailes et compose un ensemble structuré et décoratif.

Henri Hébert, 1884-1950

220. *La muse Clio*, avant 1943

Sylvia Daoust, 1902

221. *Mon frère*, 1931

Voir reproduction en couleurs, section centrale, p. (21)

Bronze, 65,5 × 48 × 28 cm

Historique
Acquis de l'artiste en 1939 (A-39.46-S).

Expositions
1938, Québec, École des beaux-arts, *Sylvia Daoust Simone Hudon*, n° 120; 1943, Montréal, École des beaux-arts, *8ᵉ Salon des Anciens présenté à l'occasion du 20ᵉ anniversaire de fondation de l'École des Beaux-Arts de Montréal*, n° 92; 1974, Québec, Musée du Québec, *Sylvia Daoust*.

Bibliographie
LEMIEUX, « Un aperçu de l'exposition Hudon-Daoust », 24 novembre 1938.

Native de Montréal, Sylvia Daoust a obtenu un diplôme de professeur à l'École des beaux-arts de Montréal en 1927. Après un voyage en France, elle entre comme professeur à l'École des beaux-arts de Québec. Ce buste de son frère date de ses premières années à Québec. Elle a modelé dans la glaise un buste vigoureux, d'une très belle facture. Les marques de modelage, la trace des pouces et des doigts pétrissant les boulettes de terre ont été laissées et créent un très beau relief. Le peintre Jean Paul Lemieux écrivait de cette oeuvre, en 1938 : « quelle sensibilité dans le dessin et quelle compréhension de la forme! » Le buste a été coulé selon le procédé de la cire perdue par la Fonderie des artistes, à Paris.

Depuis 1945, Sylvia Daoust a abandonné le modelage et s'adonne plutôt à la taille directe du bois, sur des sujets religieux. Elle considère que la technique de la taille répond mieux aux mouvements de l'âme ou plutôt, comme le disait Rina Lasnier à son propos en 1946, qu'« exécuter immédiatement dans la matière, (...) c'est s'approcher un peu plus près des dieux, c'est faire acte créateur avec une puissance et un don de soi incomparable ».

Marbre, 31,3 × 30,3 × 22 cm

Historique
Acquis de l'artiste en 1944 (A-44.109-S).

Expositions
1944, Québec, Musée de la Province de Québec, *Exposition de Marc-Aurèle Fortin, A.R.C.A., Adrien Hébert, R.C.A., Henri Hébert, R.C.A., Edwin Headley Holgate, R.C.A.*, n° 57; 1959, Vancouver, Vancouver Art Gallery, *The Arts in French Canada*, n° 36.

On connaît peu de choses de cette oeuvre, si ce n'est qu'elle fut acquise de l'artiste en 1944 et qu'elle représente une des neuf muses, Clio, l'Histoire.

Hébert a taillé dans le marbre une figure féminine de profil, vêtue d'un drapé à la mode antique et couronnée de lauriers. Volontairement inspirée de la statuaire grecque, l'oeuvre traduit l'intérêt d'Hébert pour l'aspect décoratif de la sculpture. La simplification et la stylisation de la figure intègrent cette oeuvre au courant décoratif des années 1925. Vraisemblablement, cette sculpture devait faire partie du programme décoratif d'un édifice.

**Fin VIᵉ-début Vᵉ siècle av. J.-C., attique,
attr. au groupe de Léagros**

5. *Hydrie à figures noires*

Fin Ve siècle-début IVe siècle av. J.-C., attique

14. *Fragment d'un lécythe funéraire*

Jean-Jacques Lagrenée, 1739-1821
24. *Incrédulité de Saint Thomas*, 1770

J.M. William Turner, 1775-1851

27. ***Near Northcourt in the Isle of Wight***
Près de Northcourt dans l'île de Wight,
vers 1827

Jean-Baptiste-Camille Corot, 1796-1875
36. *Un beau soir; Souvenir d'Italie*

Eugène-Louis Boudin, 1824-1898

39. *La côte près de Trouville.*
   Vue des Hauteurs, vers 1880-1885

Joseph Légaré, 1795-1855
65. *Paysage au monument à Wolfe,* **vers 1840**

Cornelius Krieghoff, 1815-1872

82. *Indian Camp on the St-Ann's River*
Campement indien à la rivière Sainte-Anne, 1854

Théophile Hamel, 1817-1870
86. *Madame Siméon Lelièvre*, **1858**

Napoléon Bourassa, 1827-1916

100. *La peinture mystique*, vers 1896-1897

Jacques Leblond de Latour, 1671-1715

104. *Sculptures de l'ancien retable de l'Ange-Gardien*

Tabernacle, vers 1695

Pierre-Noël Levasseur, 1690-1770

117. *Père Éternel*, vers 1768

François Baillairgé, 1759-1830
127. *Le Baptême du Christ*, 1815

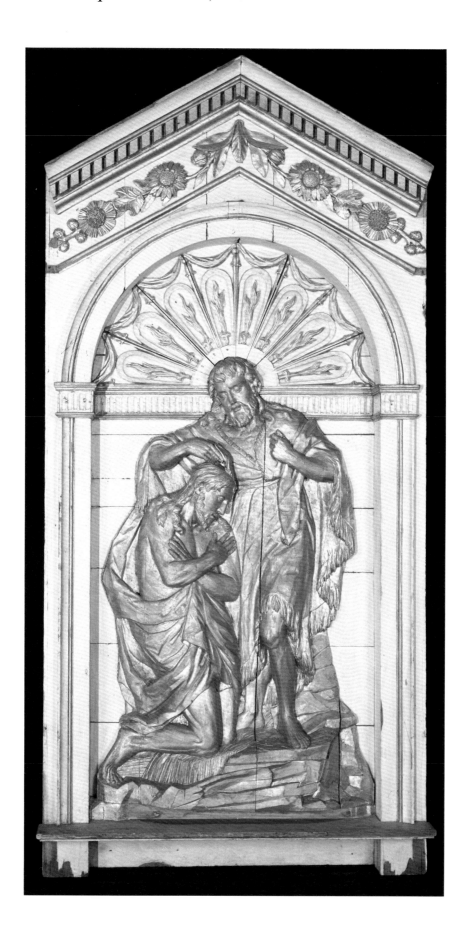

James Wilson Morrice, 1865-1924

149. *La communiante*, vers 1898

Maurice Cullen, 1866-1934

157. *Wolfe's cove*
L'anse-des-Mères, 1904

John Lyman, 1886-1967
173. *Portrait de Corinne*, 1919

Marc-Aurèle de Foy Suzor-Coté, 1869-1937
174. *Dégel d'avril*, 1920

Horatio Walker, 1858-1938

178. *La traite du matin*, 1925

Marc-Aurèle Fortin, 1888-1970
190.   *L'orme à Pont-Viau*, (?) 1935

Louis-Philippe Hébert, 1850-1917

206. *Halte dans la forêt (Algonquins)*, 1916

Sylvia Daoust, 1902
221. *Mon frère*, 1931

Alfred Pellan, 1906
223. *Jeune fille au col blanc*, vers 1934

Goodridge Roberts, 1904-1974
224. *Marian*, 1937

Napoléon Bourassa, 1827-1916   ▶
101. *Apothéose de Christophe Colomb*,
        1904-1912

Mortem virtus comminem
Famam historia
Monumentum posteritas
Dedit

Jean McEwen, 1923
244. *Blancs, marges oranges, 1955*

Charles Gagnon, 1934
248. *Automne no. 1*, 1960

Jacques Hurtubise, 1939

253. *Doris*, 1966

(28)

Jean-Paul Riopelle, 1923
255. *Sans titre*, 1967

Fernand Leduc, 1916
256. *Passage bleu*, 1968

Yves Gaucher, 1934
257. *R-M-III N/69, 1969*

(31)

Pierre Heyvaert, 1934-1974
281. *Equatria 21*, 1970

Henry Saxe, 1937
283. *Another Standard*, 1980

François Baillairgé, 1759-1830

289. *Portrait d'homme*, 1792

Louis Dulongpré, 1754-1843
290. *Portrait de François Noiseux*, 1796

James Pattison Cockburn, 1779-1847

299. *Quebec Market*
Place du marché à Québec, 1830

Marc-Aurèle de Foy Suzor-Coté, 1869-1937
344. *Le jeune bouvier*

John Goodwin Lyman, 1886-1967

350. *Le liseur et les sirènes*, vers 1940

Jean Dallaire, 1916-1965

359. *Daphné ou Nu au croissant*, 1949

Paul-Émile Borduas, 1905-1960
361. *Bleu*, 1954

Albert Dumouchel, 1916-1971

363. *Fleurs à la fenêtre*, 1959

Gustave Le Gray, 1820-1882

373. *La Méditerranée à Sète*, vers 1857

Anonyme, France, XVIIIᵉ siècle

412. *Plateau au concert de musique de chambre*

François Ranvoyzé, 1739-1819

458. *Calice*, 1810
459. *Ciboire*, 1810
460. *Ostensoir*, 1812

Salomon Marion, 1782-1830
474. *Calice*

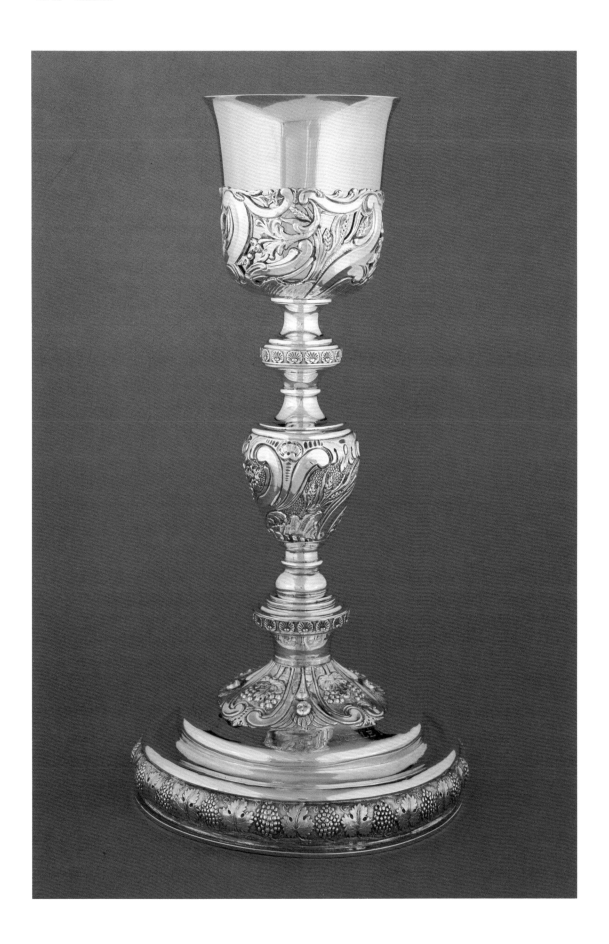

Alfred Pellan, 1906
494. *Jardin d'Olivia*, 1970

Micheline et Yves de Passillé-Sylvestre, 1936-1932
503. *Perspective*, 1960

**Louise Doucet et
Satoshi Saïto, 1938, 1935**
517. *Vase groupe 5*, 1975-1976

Peinture et sculpture du Québec
Art contemporain
(de 1940 à nos jours)

La frontière entre l'art moderne et l'art contemporain ne se laisse pas déterminer aisément en termes de date précise. C'est au cours des années 1970 que le Musée du Québec, afin d'assurer un développement cohérent de sa collection d'art contemporain, a finalement identifié l'année 1940, qui paraît marquer le début d'une période animée où l'art a connu de profonds bouleversements : l'impact du retour d'Europe de Pellan, l'émergence de la Société d'art contemporain, la découverte du surréalisme et les grands questionnements sur l'art chez Paul-Emile Borduas qui mèneront à la publication du manifeste *Refus Global*. Toutes ces convergences semblent bien justifier la césure retenue.

Applicable à la collection pour en circonscrire le champ, cette coupure est évidemment inopérante et arbitraire au plan de la recherche. S'y conformer trop strictement empêcherait d'établir les rapprochements stylistiques qui permettent de mieux saisir le cheminement de l'art au-delà des frontières de temps et d'espace. C'est d'ailleurs pour cette raison que sont incluses ici des oeuvres des années vingt et trente.

La présence de l'art contemporain au Musée du Québec a d'abord été assurée grâce à l'intérêt constant et au dynamisme des directeurs, par la présentation de nombreuses expositions à caractère séquentiel et rétrospectif, et par l'acquisition d'oeuvres qui, avec le recul du temps, ont joué un rôle bien défini dans l'évolution de l'art au Québec. En ce sens, l'exposition des oeuvres d'Alfred Pellan, dès son retour en 1940, a donné la preuve de la détermination du Musée, et plus particulièrement de Paul Rainville, à se démarquer de l'académisme des écoles des beaux-arts de l'époque. À cette occasion, le Musée fit d'ailleurs l'acquisition de trois toiles de Pellan, dont la célèbre *Jeune fille au col blanc*, (nᵒ 223), et une nature morte intitulée *Fleurs et dominos*, (nᵒ 227). Cette attitude d'engagement a déterminé des relations privilégiées avec les artistes et caractérisé l'action culturelle du Musée depuis.

Toutefois, l'apport principal au développement de la collection de 1944 à 1970, vient sans doute des concours artistiques de la province de Québec, créés par le gouvernement dans le but d'encourager les artistes et de stimuler la création. Ces concours annuels étaient ouverts à tous les artistes, résidents du Québec. Les oeuvres étaient soumises à un jury formé d'artistes réputés, nommés par le Secrétaire de la province, et celles qui remportaient les premiers prix dans les diverses sections, soit peinture, sculpture et arts décoratifs, devenaient la propriété de l'État et étaient versées à la collection du Musée de la province. Plusieurs d'entre elles témoignent encore aujourd'hui de la pertinence du geste créateur et de sa qualité plastique incontestable. Il suffit de mentionner par exemple les sculptures de Louis Archambault, *L'appel*, (nᵒ 266), et *Tête en forme de naja*, (nᵒ 267), primées en 1948, *Les Ursulines*, (nᵒ 239), de Jean Paul Lemieux, premier prix de peinture en 1951 et *Chute concentrique*, (nᵒ 270), de Françoise Sullivan, premier prix de sculpture en 1964.

En 1966, la forme des concours artistiques du Québec fut modifiée afin de favoriser un plus grand nombre de participants. Désormais, le jury n'allait plus accorder de prix aux gagnants, mais plutôt recommander une liste d'oeuvres sélectionnées à l'achat par les deux musées d'État, le Musée du Québec et le Musée d'art contemporain.

Suivant cette formule, le jury participait étroitement à l'activité d'acquisition qui sera, par la suite, assumée par les comités d'acquisition formés dans chacun des musées.

Certains collectionneurs privés ont également participé à l'enrichissement de la collection faisant ainsi profiter la collectivité du résultat de leurs expertises tout en témoignant de la justesse de leur jugement ainsi que de leur habileté à déceler les oeuvres majeures d'un artiste, d'une école ou d'une époque. Cette relation nouvelle entre les collectionneurs d'art contemporain québécois et le musée, bien qu'elle soit encore restreinte, tend à s'affirmer de plus en plus, laissant présager une plus grande collaboration dans l'intérêt d'une diffusion plus large de l'art contemporain au Québec. Parmi ces contributions irremplaçables, il faut mentionner celle de M. Maurice Corbeil de qui proviennent *Les cyclistes*, (n° 241), de Philip Surrey et *Marian*,° 224), de Goodridge Roberts; de Mme Madeleine Arbours qui a fait don de trois oeuvres de Pierre Gauvreau, dont *Les plaines démontables: le festin des homophages*, (n° 234), de 1947; de M. Patrice Drouin qui a cédé deux oeuvres, dont *Doris*, (n° 253), de Jacques Hurtubise. Enfin, trois oeuvres de toute première importance faisaient autrefois respectivement partie des collections de Douglas M. Duncan et Lionel Roy: *Smoke and Smokestacks*, (n° 222), de David Milne ainsi que *Citrons ultra-violets*, (n° 233), d'Alfred Pellan et *Coq licorne*, (n° 240), de Jean Dallaire.

Compte tenu de l'existence d'un musée d'État expressément voué à l'art contemporain — le Musée d'art contemporain, à Montréal —, c'est évidemment en référence étroite à l'identité de la collection et à son individualité que l'équipe du Musée du Québec poursuit son travail d'acquisition, d'exposition et de publication afin de favoriser une perception aussi juste que possible de la pratique artistique québécoise contemporaine à la fois dans ses parties et dans sa globalité. Au fil des années, des oeuvres représentatives des tendances des quarante dernières années se sont ainsi greffées au noyau déjà existant. La vitalité et la diversité de la création contemporaine imposent au Musée de garder sa collection vivante et de remplir sa tâche en étroite symbiose avec le monde de l'art qui se fait au Québec.

Michel Martin
conservateur de l'art contemporain

David Milne, 1882-1953

222. ***Smoke and smokestacks,
Montreal*, 1924-1925**

Huile sur toile, 30,6 × 41,1 cm

Signé et daté en haut à droite : *David Milne
1924-1925*

Historique
Legs Douglas M. Duncan, Toronto, 1970 (G-70.152-P).

Dans ce chef-d'oeuvre des années vingt, David Milne se sert d'un sujet qui lui permet un maximum d'effets proprement picturaux. Aux antipodes de la peinture naturaliste, régionaliste et anecdotique, Milne fut un des tout premiers artistes du Canada à adopter une esthétique moderniste où la cohérence du plan dicte au sujet les modalités de sa présentation : à preuve, déjà les nombreux entrebaillements de la toile, dans ce tableau aux dimensions restreintes, lui donnent le caractère d'un croquis, d'une oeuvre en devenir. L'ensemble qui compose l'usine est exploité pour sa succession de plans statiques, en récession vers l'horizon où il rencontre la texture contrastante d'une atmosphère dense de fumée.

Alfred Pellan, 1906

223. *Jeune fille au col blanc*, vers 1934

*Voir reproduction en couleurs,
section centrale, p. (22)*

Huile sur toile, 91,4 × 72,9 cm

Signé en bas à droite : *Pellan*

Historique
Acquis de l'artiste en 1940 (A-40.106-P).

Expositions
1940, Québec, Musée de la province de Québec, *Alfred Pellan*, nᵒ 6 ; 1940, Montréal, Art Association of Montreal, *Alfred Pellan*, nᵒ 18 ; 1945-46, Windsor, Willistead Art Gallery, *Quebec Loan Exhibition* ; 1949, Rimouski, Hôtel de Ville, *Un siècle d'art canadien, Exposition d'oeuvres d'art du Musée de la province de Québec*, nᵒ 49 ; 1952, Québec, Musée de la province de Québec, *Exposition rétrospective de l'art au Canada français*, nᵒ 395 ; 1958, Paris, Grands Magasins du Louvre, *Exposition de la province de Québec* ; 1960-61, Ottawa, Galerie nationale du Canada, *Alfred Pellan*, nᵒ 7 ; 1962, Spolète, Palazzo Collicola, 5ᵉ Festival des Deux Mondes, *La peinture canadienne moderne, 25 années de peinture au Canada français*, nᵒ I (5) ; 1972, Québec, Musée du Québec et Montréal, Musée des beaux-arts, *Pellan*, nᵒ 5.

Bibliographie
G.D.W., « Notre peintre canadien Pellan », 1ᵉʳ août 1940 ; *La province de Québec*, 1957, ill. ; ROBERT, 1963, p. 76, ill. 11, p. 74 ; *Collection des Musées d'État du Québec*, 1967, ill. 63 ; MORISSET, « Alfred salut », 9 septembre 1972, p. 64, repr. ; LEFEBVRE, 1973, p. 123, ill. p. 23.

Ce tableau exécuté au début des années trente conserve un certain classicisme par la rigueur et l'équilibre de sa composition. Le sujet est présenté de front dans une attitude statique, appuyé à l'avant-plan contre une table, formant ainsi une structure pyramidale qui aboutit à la tête placée au centre, entre les deux plans verticaux des motifs décoratifs appliqués au fond.

Pellan se distingue toutefois dans le rendu formel de l'oeuvre où, mettant à profit ses talents de dessinateur et de coloriste, il assimile merveilleusement les leçons des maîtres de l'école parisienne contemporaine. En effet, il est intéressant de noter la différence qui existe dans le traitement des volumes du visage et du corps ; le premier, en douces tonalités lumineuses qui se fondent dans les zones ombragées ; le second, en touches plus larges d'ombre et de lumière, au contour marqué d'un trait noir qui emprisonne la forme, à la manière de la période post-cubiste de Picasso.

De même, l'influence de Matisse se fait sentir dans l'élaboration des motifs décoratifs dont la gamme chromatique à la fois vive et harmonieuse contraste avec la sobriété du costume de la jeune fille de façon à l'isoler dans l'espace.

Le regard évasif et inquiet du modèle ajoute une dimension humaniste à l'oeuvre, conviant à une certaine introspection du sujet au-delà des artifices qui l'entourent.

Goodridge Roberts, 1904-1974

224. *Marian*, 1937

*Voir reproduction en couleurs,
section centrale, p. (23)*

Huile sur toile, 83,8 × 63,5 cm

Signé en bas à droite: *G. Roberts*

Historique

M. et Mme Gérald Rhéaume, Montréal, vers 1945;
M. Maurice Corbeil, Montréal, vers 1958; acquis en
1983 (83.34).

Expositions

1937, Montréal, Édifice Sun Life, National Produced
in Canada Exhibition, *Art Exhibition*, n° 42; 1939,
New York, Exposition universelle, *Canadian Group
of Painters*, n° 50; 1941, Québec, Galerie municipale,
Première exposition des Indépendants, n° 42; 1941,
Montréal, Henry Morgan & Company, *Peinture moderne*, n° 39; 1943, Montréal, Dominion Gallery,
Goodridge Roberts; 1945, Montréal, Les philosophes
de Sainte-Croix, *John Lyman/Goodridge Roberts*,
n° 24; 1952, Venise, *XXVI Biennale di Venezia* (Canada), n° 14; 1953, Ottawa, Galerie nationale du Canada, *Exhibition of Canadian Painting to Celebrate the
Coronation of Her Majesty Queen Elisabeth II*, n° 61,
repr.; 1958, Bruxelles, Exposition universelle et internationale, Palais des beaux-arts, *Art contemporain
au Canada*; 1960, Montréal, Musée des beaux-arts,
Onze artistes à Montréal 1860-1960, n° 81, repr.
(daté: « 1938 »); 1964, Londres, The Tate Gallery,
Canadian Painting 1939-1963, n° 2, repr.; 1967,
Ottawa, Galerie nationale du Canada, *Trois cents ans
d'art canadien*, n° 251, repr. (daté: « 1939 »);
1969-1970, Ottawa, Galerie nationale du Canada,
Goodridge Roberts, une exposition rétrospective,
n° 21, repr. (daté: « 1938 »); 1973, Ottawa, Galerie
nationale du Canada, *Peinture du Québec, collection
Maurice et Andrée Corbeil*, n° 67, repr. (daté:
« 1938 »); 1975, Ottawa, Galerie nationale du Canada,
Peinture canadienne des années trente, n° 95, repr.

Bibliographie

Tonnancour, 1944, pl. 7; Buchanan, 1950, pl. 50; *The
culture of contemporary Canada*, Julian Park, 1957,
pl. XIII; Hubbard, 1963, p. 116, pl. 203; Viau, 1964,
repr. p. 30; Varlay, 1980, p. 27.

Formé d'abord à l'École des beaux-arts de
Montréal puis à l'*Art Students League* de New
York de 1926 à 1928, où, avec des peintres
comme John Sloan et Max Weber, il apprend à
saisir le sens des choses par une simplification
formelle, Goodridge Roberts est vite reconnu
pour la qualité plastique de ses natures mortes,
le coloris de ses paysages et la vérité profonde
de ses portraits.

Ce portrait de *Marian*, peint en 1937, est
aujourd'hui considéré comme l'un des chefs-
d'oeuvre de la peinture québécoise et canadienne. Rejetant toute allusion romantique,
Roberts, avant même les premières manifestations de l'abstraction à Montréal, s'attarde à
débusquer l'essence de l'être au moyen d'une
peinture clairvoyante et intuitive où la couleur
joue un rôle révélateur positif. Campant son
personnage dans une architecture dépouillée,
construite en larges plans chromatiques structu-
raux, le peintre dirige toute l'attention sur la
présence statique et imposante du modèle.

Le traitement sculptural du visage, en clairs-
obscurs juxtaposés, résultant de la confrontation des tonalités, reprend la conception schématique de l'espace, de façon à dégager en
dernière analyse l'expression caractérielle du
sujet. De même, le motif à la Matisse de la robe,
d'exécution libre et souple, crée un rythme
linéaire ascendant qui souligne l'aspect fermé
de la bouche et du regard de Marian.

Philip Surrey, 1910

225. *The Boardwalk*
Promenade à Verdun
ou *Le trottoir de bois à Verdun*, vers 1938

Huile sur toile, 66,0 × 87,6 cm

Signé en bas à droite : *Surrey*

Historique
Watson Art Galleries, Montréal, 1951 ; acquis en 1951 (A-51.168-P).

Expositions
1939, Montréal, Art association of Montreal, *56ᵗʰ Spring Exhibition*, n° 313 ; 1939, Montréal, Art association of Montreal, *Summer Exhibition by Contemporary Montreal Artists*, n° 48 ; 1939, Toronto, Art Gallery of Toronto, *André Biéler, Henri Masson, Louis Muhlstock, Philip Surrey* ; 1945, Montréal, L'Art français, *Exposition de gouaches, dessins et peintures à l'huile de Philip Surrey*, n° 2 ; 1948, Fédération des artistes canadiens, section du Québec, *Current Trends in Montreal Painting*, n° 23 ; 1971, Montréal, Musée d'art contemporain et Paris, Centre culturel canadien, *Philip Surrey, le peintre dans la ville*, n° 1 ; 1974, Montréal, Pavillon du Québec, Terre des Hommes, *Les arts du Québec*, n° 60 ; 1975, Ottawa, Galerie nationale du Canada, *Peinture canadienne des années trente*, n° 97, repr. ; 1978, London, The University of Western Ontario, *L'image de l'homme dans la peinture canadienne : 1878-1978*, n° 28, repr.

Bibliographie
ROUSSAN, « Le peintre des reflets de la ville », été 1963, p. 25-29, repr. ; AYRE, « The City and the Dream of Philip Surrey », sept. oct. 1964, p. 284, repr. ; ROUSSAN, 1968, repr.

Le traitement chromatique et spatial de cette oeuvre réalisée peu de temps après l'arrivée de Surrey à Montréal, en 1937, témoigne de l'influence manifeste de Frederick Varley, avec qui il avait peint à Vancouver au début des années trente.

En exploitant la valeur expressive des tonalités bleu-vert, de manière à accentuer l'effet dramatique de la lumière froide des réverbères, Surrey reprend l'un des principes de l'enseignement de Varley qui, au surplus, accordait une dimension spirituelle à la coordination de ces deux couleurs. De même, la projection du trottoir vers l'avant dans une structure linéaire nettement identifiée, isolant ainsi le groupe de personnages en un lieu à la fois restreint et infini, n'est pas sans rappeler l'effet analogue du mât du *Traversier de nuit, Vancouver* peint par Varley lors d'un séjour chez Surrey à Montréal, en 1937.[1]

Enfin, notons l'action implacable de la lumière artificielle qui transcende les êtres, les projetant au sol en ombres portées soigneusement dessinées, et qui constituera le principal sujet des nombreux paysages urbains exécutés par Surrey au cours des années subséquentes.

---

1. *Voir Charles Hill, catalogue de l'exposition Peinture canadienne des années trente, Galerie nationale du Canada, Ottawa, 1975.*

Marian Scott, 1906

226. *Fire Escape*
L'escalier de sauvetage, 1938-1939

Huile sur toile, 76,5 × 51,1 cm

Signé en bas à gauche : *M. Scott*

Historique
Acquis de l'artiste en 1947 (A-47.141-P).

Expositions
1947, Québec, Musée de la province de Québec, *Femina*, n° 126; 1981, Edmonton, The Edmonton Art Gallery, *The Modern Image Cubism and the Realist Tradition*, n° 26, fig. 29.

Bibliographie
ROBERT, 1973, repr., p. 131

Marian Scott figure parmi les très rares peintres canadiens du milieu des années trente à avoir traité des sujets architectoniques urbains et industriels. D'abord influencée par les paysages abstraits de Lawren Harris, elle découvrit par la suite, à travers les écrits et l'oeuvre de Franz Marc, les théories de l'expressionnisme du *Blauer Reiter* qui mettaient l'accent sur les propriétés symboliques des formes naturelles ou abstraites. Utilisant en ce sens la structure géométrique cubiste, elle tente d'exprimer à travers ses architectures froides un sentiment d'aliénation propre à la société industrielle moderne.

Avec une clarté saisissante et un dessin qui puise sa force émotive dans le dépouillement, l'*Escalier de sauvetage* explore les possibilités d'abstraction dans un motif dépourvu de présence humaine. La convergence précipitée des lignes de fuite impose une unité dramatique à la banalité de ce détail architectural, et la fine modulation chromatique des plans les baigne dans une lumière légère et tout inattendue.

Alfred Pellan, 1906

227. *Fleurs et dominos*, vers 1940

Huile sur toile, 115,9 × 89 cm

Signé en bas à droite : *Pellan*

Historique
Acquis de l'artiste en 1940 (A-40.105-P).

Expositions
1940, Québec, Musée de la province de Québec, *Alfred Pellan*, n° 12; 1940, Montréal, Art association of Montreal, *Alfred Pellan*, n° 56; 1942, Andover, Addison Gallery of American Art, *Contemporary Painting in Canada*, n° 56, repr.; 1942, Montréal, Art association of Montreal, *Exposition annuelle de la Contemporary Art Society*; 1946, Paris, Musée national d'art moderne, Unesco, *Exposition nationale d'art moderne*; 1955, Paris, Musée national d'art moderne, *Pellan*, n° 5; 1964, Shawinigan, Centre d'art, *1914-1964, Un demi-siècle de peinture*; 1965, Rivière-du-Loup, la Ghilde Féminine, *Un demi-siècle de peinture au Canada français*; 1972, Québec, Musée du Québec et Montréal, Musée des beaux-arts, *Pellan*, n° 28.

Bibliographie
GAGNON, 1943, ill. 15; « Canadian Painter Honored in Paris », 16 avril 1955, p. 5 repr.; VIAU, 1964, repr. p. 45.

Ce tableau est mentionné à la liste des oeuvres exposées au Musée de la province de Québec en 1940 et fut probablement peint peu de temps avant le retour de Pellan de Paris, la même année.

L'influence cubiste de Picasso et, plus particulièrement, de Braque dont on retrouve l'expression synthétique dans les natures mortes des années trente, se réduit ici à l'interprétation libre d'un plan construit en un étalage de formes cubiques nettement dessinées, reprenant ainsi, par la convergence des lignes droites, l'idée d'un espace perspectif dans lequel les objets, identifiables, sont disposés.

Cette impression de profondeur du champ est cependant habilement contrecarrée par les effets de transparence et par l'ambiguité causée par la disposition des objets dans l'espace, de même que par l'harmonie des plans colorés.

Cette vision illusionniste d'un espace chromatique homogène où se mêlent la courbe et l'angle, le vide et le plein, la transparence et l'opacité, le réalisme des objets inanimés et la fiction des motifs décoratifs en mouvement, présage, en quelque sorte, les métamorphoses des oeuvres des années quarante.

Louise Gadbois, 1896

228. *R.P. Marie-Alain Couturier*, **1941**

Huile sur toile, 76,2 × 66 cm

Signé en haut à droite : *Louise Gadbois*

Historique
Acquis de l'artiste en 1967 (A-67.82-P).

Expositions
1941, Québec, Galerie municipale, *Les peintures de Louise Gadbois*, n° 25 ; 1966, Québec, Musée du Québec, *Peinture vivante du Québec*, repr. ; 1979, Montréal, Musée d'art contemporain, *Le portrait dans la peinture, Louise Gadbois*, n° 16, repr. ; 1982, Ottawa, Galerie nationale du Canada, *Les esthétiques modernes au Québec de 1916 à 1946*, n° 58, repr.

Bibliographie
GAGNON, « La couleur et le mouvement dans l'art de Mme Gadbois », novembre 1942, p. 4 ; GAGNON, 1945, pl. XII ; LECOUTEY, « Le P. Marie-Alain Couturier O.P. », 1954, repr. en couv. ; VIAU, « La revue de l'art sacré », repr. p. 3 ; BRUNET-WEIMANN, 1983, p. 13.

Élève d'Edwin Holgate et membre fondateur de la Société d'art contemporain, Louise Gadbois tint sa première exposition solo à la Galerie municipale de Québec, au foyer du Palais Montcalm, en 1941. L'événement connut un succès sans précédent et la critique de l'époque souligna de façon évidente la maîtrise dont l'artiste faisait preuve dans son art du portrait.

Parmi les oeuvres exposées, figurait le portrait du *R.P. Marc-Alain Couturier o.p.*, animateur exceptionnel qui, par son dynamisme et son enseignement, joua un rôle de premier plan dans la manifestation de l'« art vivant » au Québec au début des années 1940.

Cette oeuvre est marquée d'un souci de vérité et de vivacité où le peintre saisit sur la toile un moment intense de communication avec le modèle. Gadbois nous le présente dans un espace lumineux dépouillé de tout artifice, insistant surtout sur la présence caractérielle du sujet. Ainsi, la masse du manteau traitée en légères touches de couleurs nuancées qui passe des tons clairs violacés aux bruns-noirs à la manière de Cézanne, constitue un élément formel dynamique qui accentue la limpidité du blanc de la robe de façon à bien dégager la pose expressive des mains et le réalisme psychologique du regard.

Paul-Émile Borduas, 1905-1960

229. *Portrait de Simone B.*, 1941

Huile sur toile, 80,5 × 60,5 cm

Signé et daté en bas à gauche: *Borduas 41*

Historique
M. Paul Beaulieu, Montréal; Galerie de Montréal, Montréal, 1973; acquis en 1973 (A-73.26-P).

Bibliographie
ROBERT, 1977, p. 59, repr. coul.; GAGNON, 1978, p. 101, 104, fig. 23.

L'attrait pour la peinture française de la fin du XIXᵉ siècle et du début du XXᵉ justifie en partie la participation active de Paul-Emile Borduas à la création de la Société d'art contemporain, en 1939, sous la direction intérimaire de John Lyman. Cette société, dont Borduas fut le premier vice-président, avait pour buts, entre autres, de propager l'art vivant et de susciter un plus grand intérêt pour la peinture moderne.

Au cours de 1941, Borduas a peint une série de natures mortes ainsi que plusieurs portraits dont ce *Portrait de Simone B.* À l'étude attentive de ce tableau, se reconnaît l'influence de Cézanne dans la structure générale, et plus particulièrement dans la position du modèle présentée assise, de front, les mains posées sur les genoux, attitude que l'on retrouve dans la *Femme à la cafetière* (1890-1894). Tout comme le Maître d'Aix, Borduas dépasse la simple représentation de la réalité physique pour laisser transparaître une vérité psychologique propre au sujet. L'ambiguïté de l'espace, rendue par la perspective contradictoire des bras du fauteuil, accusant ainsi la frontalité du personnage, de même que le traitement en larges plans et en volumes, évitent toute description superflue pour concentrer l'attention sur la tête de Simone B. Ce visage éclairé, contourné du trait noir de la chevelure et traité en zones marquées d'ombre et de lumière n'est plus que regard profond, élément dominant qui révèle le caractère du personnage.

Paul-Émile Borduas, 1905-1960

230. *Signes cabalistiques*, 1943

Huile sur toile, 81,1 × 109,2 cm

Signé et daté en haut à gauche : *Borduas 43*

Historique
Galerie L'Art français, Montréal, 1962 ; acquis en 1962 (A-62.86-P).

Expositions
1943, Montréal, Dominion Gallery, *Borduas*, n° 69 ; 1944, Montréal, Collège André-Grasset, *Exposition d'art canadien*, n° 181.

Bibliographie
ROBERT, 1972, p. 107, 112, repr. ; ROBERT, 1977, p. 179, repr. coul. ; GAGNON, 1978, p. 152, 156, 170 ; Saint-Martin, 1983, p. 44.

Vers la fin des années trente, Borduas découvre l'esthétique surréaliste à travers ses lectures, dont *Le chateau étoilé* d'André Breton. Il s'intéresse entre autres aux possibilités offertes par l'écriture automatique qui permet de libérer spontanément toute la charge émotionnelle du peintre. Telle est la démarche adoptée dans *Signes cabalistiques*. Dans un geste spontané, Borduas inscrit sur un fond sombre et opaque une série de signes aux formes variées et complexes, de couleurs vives aux tonalités nuancées. Cette écriture chargée de mystères et de symboles est le résultat de la relation étroite entre l'esprit et le geste libérateur. Tout comme dans l'art enfantin auquel s'intéressait Borduas depuis plusieurs années, l'artiste a créé un espace plastique dont l'ordonnance est basée sur l'expérience humaine, profonde et véritable.

Jacques de Tonnancour, 1917

231. *La Baie de Rio de Janeiro*, 1946

Jeanne Rhéaume, 1915

232. *Portrait de femme*, 1947

Huile sur masonite, 60,8 × 78,4 cm

Signé et daté en bas à gauche: *De Tonnancour, Rio 46*

Historique
Acquis de l'artiste en 1947 (A-47.155-P).

Expositions
1949, Boston, Museum of Fine Arts, *Forty Years of Canadian Painting from Tom Thomson and the Group of Seven to the Present Day*, nº 93; 1951, Toronto, Art Gallery of Toronto; 1958, Paris, Grands Magasins du Louvre, *Exposition de la province de Québec*; 1959, Vancouver, Vancouver Art Gallery, *Les arts au Canada français*, nº 222; 1965, Rivière-du-Loup, La Ghilde Féminine, *Un demi-siècle de peinture au Canada français*; 1966, Toronto, Art Gallery of Toronto, *Semaine française à Toronto*; 1966, Montréal, Musée d'art contemporain, *Jacques de Tonnancour*.

Boursier de gouvernement brésilien en 1945, Jacques de Tonnancour passa un peu plus d'une année au Brésil, plus particulièrement à Rio de Janeiro. La découverte de ces paysages

exotiques dont celui de la *Baie de Rio de Janeiro* fut l'occasion d'approfondir une réflexion déjà amorcée au contact de Goodridge Roberts sur le sens de la peinture, en tant que transposition d'une perception tangible des valeurs intrinsèques formelles et émotives de la réalité.

Dans ce paysage révélé en pleine pâte, en un rythme gestuel enlevé où la courbe nerveuse et profilante remplace le dessin précis, de façon à sauvegarder l'intensité émotive du moment, de Tonnancour allie l'acuité perceptive de Roberts à une nouvelle palette inspirée des tonalités chaudes et lumineuses de cette nature luxuriante. Construisant son espace en plans chromatiques distincts, dans un ordre répétitif qui va de l'avant-plan vers le fond, il utilise la couleur comme élément structurel qui émane de la nature même du sujet. Il en est de même pour la qualité de la lumière ambiante qui exhale de la couleur sous le tracé incisif du pinceau dans la matière. Il redéfinit ainsi une nouvelle réalité basée uniquement sur les valeurs picturales sensibles inhérentes au sujet.

Huile sur toile, 99,4 × 75,9 cm

Signé et daté en bas à droite: *J. Rhéaume 47*

Historique
Acquis de l'artiste en 1949 (A-49.88-P).

Exposition
1982, Ottawa, Galerie nationale du Canada, *Les esthétiques modernes au Québec de 1916 à 1946*, nº 69, repr.

Membre de la Société d'art contemporain et disciple de Pellan, Jeanne Rhéaume figure parmi les signataires du manifeste *Prisme d'yeux* qui, en 1948, proclamait la liberté d'expression par la pratique d'une esthétique pure, dégagée de toute préoccupation d'ordre philosophique ou social.

Ce *Portrait de femme*, peint en 1947, constitue un exemple pertinent de cette détermination. Jouant de la ligne et de la couleur, elle réalise une oeuvre pleine de sensualité qui trouve toute son intensité dans l'attitude rêveuse et absente de son personnage qui contraste avec la présence quasi-obsédante de son ample vêtement, sujet principal du tableau.

De fait, emprisonnant sa forme à l'intérieur d'un tracé net et simple, influence évidente du dessin de Matisse, elle fait preuve d'un sens certain du modelé, notamment en utilisant sciemment la sinuosité des bandes colorées et des motifs décoratifs de la robe pour signifier la structure corporelle qu'elle enveloppe. Cette manière de faire devient, par surcroît, prétexte à l'élaboration d'un système décoratif enlevé qui tranche nettement sur le décor sobre et dépouillé.

Alfred Pellan, 1906

233. *Citrons ultra-violets*, 1947

Huile sur toile, 208,0 × 167,3 cm

Signé en bas à droite: *A. Pellan*

Historique
Coll. Lionel Roy; Pierre Roy, Vincennes, 1968; acquis en 1968 (A-68.255-P).

Expositions
1955, Paris, Musée national d'art moderne, *Pellan*, n° 70, repr.; 1956, Montréal, Hôtel de Ville, *Pellan*, n° 236; 1956, Montréal, *Panorama de la peinture à Montréal*; 1964, Londres, The Tate Gallery, *Canadian Painting, 1939-1963*, n° 40; 1972, Québec, Musée du Québec et Montréal, Musée des beaux-arts, *Pellan*, n° 54, repr. coul.; 1979, Winnipeg, The Winnipeg Art Gallery, *Frontiers of our Dreams: Quebec Painting in the 1940's and 1950's*.

Bibliographie
« Important tableau de Pellan exposé ici pour la première fois », *La Presse*, 30 juin 1956; ROBERT, 1963, ill. coul. 236, p. 41; OSTIGUY, « Les cadavres exquis des disciples de Pellan », été 1967, p. 23. repr.; *Bulletin du Musée du Québec*, mars 1970, repr. coul.; « Alfred Pellan », *Progrès-Dimanche*, 10 mai 1970, repr.; MORISSET, « Alfred salut! », 9 septembre 1972, p. 63, repr.; LEFEBVRE, 1973, p. 147, repr. coul., p. 41; MELLEN, 1978, p. 206-207, repr. coul.; *Le Musée du Québec*, 1978, repr. coul. p. 102.

En 1943, Pellan est engagé comme professeur de peinture à l'École des beaux-arts de Montréal. C'est là le début d'une période marquée par des luttes de principes plus que d'idéologie qui aboutirent d'abord à ce qu'il est maintenant convenu. d'appeler « l'affaire Maillard », résultant du conflit profond entre l'académisme et un enseignement dynamique basé sur une redéfinition des moyens picturaux traditionnels; puis, à la création du groupe *Prisme d'yeux*, en 1948, dans le but de contrebalancer le phénomène d'attraction autour du mouvement de Borduas, en proclamant une plus grande liberté dans le choix de l'expression plastique.

Ayant pris connaissance de la pensée surréaliste à Paris à travers les écrits d'André Breton et les oeuvres de peintres comme Miro, Ernst, de Chirico et Tanguy, Pellan la reprend à sa manière dans une série de grands tableaux exécutés durant ces années, transposant sur la toile des images de rêve et de cauchemar où s'accumulent figures et symboles dans un système spatial chromatique et graphique.

Ainsi, dans *Citrons ultra-violets* de 1947, c'est à partir d'un petit dessin automatique, point initial de l'inspiration, que Pellan développe son image, la faisant progresser à travers un système complexe de lignes et de couleurs d'où émergent les formes et les symboles. De cette manière, le tableau se transforme en écran sur lequel, sous l'effet de la vibration des couleurs et du mouvement heurté des réseaux linéaires, apparaissent et disparaissent des visages, des mains, des masques, des formes organiques et animales, des symboles sexuels, le tout articulé autour de la représentation de l'objet-sujet, ce citron qui circule sur toute la surface de la toile en marquant l'espace violacé de points lumineux contrastants.

Dans cette oeuvre plastique, le sujet constitue un prétexte à l'intervention directe et expressive des éléments picturaux fondamentaux: la ligne et la couleur.

Pierre Gauvreau, 1922

234. *Les plaines démontables:*
le festin des homophages, 1947

Paul-Émile Borduas, 1905-1960

235. *Bombardement sous-marin*, 1948

Huile sur toile, 86,8 × 206,5 cm

Signé et daté en bas à gauche: *Gauvreau 47*

Historique
Don de Mme Madeleine Arbour, Montréal, 1981
(81.37).

Expositions
1947, Montréal, 75 ouest rue Sherbrooke, *Gauvreau
33 tableaux*; 1978, Montréal, Musée d'art contemporain, *Trentenaire du Refus Global*.

Exécutée en 1947, cette oeuvre témoigne de
l'influence marquante du surréalisme dans le
développement de l'art abstrait de Pierre Gauvreau.

Par le biais de l'automatisme gestuel, il projette
sur la toile quantité de signes et d'éléments
formels équivoques, révélés dans l'opposition
violente des couleurs et flottant au sein d'un
lieu dense et mystérieux, reflet des profondeurs
de l'inconscient. Cependant, par l'articulation
de la surface en plans horizontaux chromatiques distincts, rouge et bleu, ainsi que par le
traitement léché de la matière qui permet d'en
dégager toute l'intensité lumineuse, Gauvreau
insiste davantage sur la notion de paysage métaphorique, transposition de l'espace psychique
insaisissable, plutôt que sur la manifestation
concrète de l'écriture spontanée et libre telle
qu'on la retrouve dans les gouaches de 1946.

Huile sur toile, 47,1 × 55,3 cm

Signé et daté en bas à droite: *Borduas 48*

Historique
Acquis de l'artiste en 1950 (A-50.38-P).

Expositions
1948, Montréal, Atelier des décorateurs Guy et Jac-
ques Viau, *Dix peintures de Borduas*; 1949, Québec,
Musée de la province de Québec, *Quatre peintres du
Québec*, n° 8; 1951, Toronto, Art Gallery of Toronto,
*Borduas and De Tonnancour Paintings and
Drawings*.

Bibliographie
ROBERT, 1977, p. 175, repr.; GAGNON, 1978, p. 223,
224, 231, 277, 306.

Paul-Émile Borduas, 1905-1960

236. *Joie lacustre*, 1948

Huile sur toile, 47 × 54,6 cm

Signé et daté en bas à droite : *Borduas 48*

Historique
Acquis de l'artiste en 1950 (A-50.37-P).

Expositions
1949, Québec, Musée de la province de Québec, *Quatre peintres du Québec*, nº 4 ; 1950, Montréal, Galerie Antoine, exposition de textiles Canadart organisée par la maison Morgan ; 1958, Paris, Grands Magasins du Louvre, *Exposition de la province de Québec* ; 1959, Vancouver, Vancouver Art Gallery, *Les arts au Canada français*, nº 105 ; 1962, Montréal, Musée des beaux-arts, *Paul-Émile Borduas 1905-1960*, nº 51, repr. ; 1965, Montréal, Musée d'art contemporain, *Artistes de Montréal* ; 1971, Paris, Galeries du Grand-Palais et Montréal, Musée d'art contemporain, *Borduas et les automatistes*, nº 30, repr. ; 1978, Montréal, Musée d'art contemporain, *Trentenaire du Refus Global* ; 1978, Edmonton, The Edmonton Art Galery, *Modern Painting in Canada / La peinture moderne au Canada* ; 1983, Bruxelles, Palais des beaux-arts, *Paul-Emile Borduas et la peinture abstraite*, nº 7, repr.

Bibliographie
Collection des Musées d'État du Québec, 1967, ill. 66 ; GALY-CARLES, 1971, p. 28, repr. ; ROBERT, 1972, p. 116, repr. ; ROBERT, 1977, p. 179, repr. coul. ; GAGNON, 1978, p. 225, 231, 277, 284, fig. 51 ; SAINT-MARTIN, 1983, p. 47.

Paul-Emile Borduas a peint *Bombardement sous-marin* et *Joie lacustre* en 1948, l'année même où fut publié le *Refus Global* à la Librairie Tranquille à Montréal. Parmi les neuf textes que comprend cette publication, figure le manifeste *Refus Global* signé par Borduas et contresigné par quinze personnes dont Marcel Barbeau, Marcelle Ferron, Pierre Gauvreau, Fernand Leduc, Jean-Paul Riopelle et Françoise Sullivan.

Cet ouvrage révolutionnaire qui fit perdre à Borduas son poste de professeur à l'École du Meuble de Montréal constituait l'aboutissement normal d'une longue réflexion. Sous le couvert de l'automatisme, il exprimait un sentiment de révolte face à l'asservissement de l'homme par une trop grande hiérarchisation mécanisée liée à une conjoncture politico-religieuse aliénante. La révolution culturelle et sociale devait donc passer par la libération de l'esprit et par la prise du pouvoir par l'imagination et la sensibilité.

Bombardement sous-marin est une oeuvre de transition qui, sur le plan de la composition, conserve les caractéristiques des tableaux du milieu des années quarante que l'on pourrait qualifier de « paysagistes ». En effet, l'on y distingue toujours l'élaboration d'un fond à plans colorés distincts sur lequel, au centre, se dessine un objet nettement délimité, formé par des applications de matière aux couleurs pures et contrastées. Cependant, Borduas tend ici à unifier davantage son espace pictural au moyen d'un traitement homogène de la surface par la trace de la spatule.

Joie lacustre témoigne d'une nouvelle approche basée sur les principes de l'automatisme surrationnel selon lesquels le tableau constitue une étape objective dans la poursuite d'une meilleure connaissance de son monde intérieur et poétique. Considérée dans son entité spatiale, l'oeuvre est en ce sens construite par une suite d'interventions directes, dépendantes les unes des autres, qui se traduisent sur le plan formel par la juxtaposition et la superposition de taches colorées passant du clair au sombre de façon à créer un champ ouvert en son centre et délimité en périphérie. Au sein de cet espace abstrait, flottent des objets de formes libres, aux couleurs variées empreintes du lyrisme propre à l'écriture automatique. Toutefois, même s'il n'existe au départ aucune organisation préconçue de l'espace, il s'en crée une au fur et à mesure que le tableau évolue par la seule logique déductive qui fait qu'une forme en attire une autre.

Jean-Paul Riopelle, 1923

237. *Peinture 1949* ou *Le perroquet vert*, 1949

Huile sur toile, 110,2 × 140 cm

Signé et daté en bas à gauche: *Riopelle 49*

Historique
Lords Gallery Ltd, London, Eng., 1968; acquis en 1969 (A-69.36-P).

Expositions
1976, Edmonton, The Edmonton Art Gallery, *The Collective Unconscious American and Canadian Art: 1940-1950*; 1978, Edmonton, The Edmonton Art Gallery, *Modern Painting in Canada*, ill. coul. n° 30, p. 66; 1981, Paris, Musée national d'art moderne, *Jean-Paul Riopelle, Peinture 1946-1972*, n° 9, repr. coul.; 1981, Québec, Musée du Québec, *Jean-Paul Riopelle, Peinture 1946-1977*, n° 9, repr. coul.; 1982, Mexico, Musée d'art moderne, *Jean-Paul Riopelle, Pintura 1946-1977*, n° 9, repr. coul.; 1982, Caracas, Musée des beaux-arts, *Jean-Paul Riopelle, Pintura 1946/1977*, n° 9, repr. coul.

Bibliographie
ROBERT, 1980, repr. coul. p. 61

Les premières oeuvres véritablement non-figuratives de Jean-Paul Riopelle datent de 1945, au moment où il expérimenta de façon intensive la technique de l'écriture automatique inspirée de la pensée surréaliste. Membre actif du groupe des Automatistes, il signa le manifeste *Refus Global* dont il illustra également la jaquette en 1948. Refusant toutefois l'identité idéologique et stylistique propre à un groupe, Riopelle poursuivit sa quête de l'art abstrait seul, exploitant librement les valeurs expressives de la matière, de la couleur et du geste spontané.

Exécuté dans cet état d'esprit, *Le perroquet vert* comprend trois types d'interventions différents qui, bien qu'ils découlent tous du même principe de l'automatisme gestuel, se distinguent l'un de l'autre par leur qualité plastique de façon à bien définir leur rôle respectif dans l'élaboration de l'espace pictural.

Tout d'abord le sujet, la peinture, est clairement identifié par l'étalage de taches colorées dont l'intensité chromatique n'est pas sans rappeler les tonalités luxuriantes de la nature. Sur ce fond pictural stable, se dessine une grille d'écritures formée de réseaux curvilignes à dominante noire, héritage des aquarelles automatistes de 1946-1947, qui pénètrent l'espace en tout sens, y injectant rythme et mouvement. Finalement, l'apparition en surface de touches blanches accompagnées de giclées fines, que l'on serait tenté d'associer à « l'action painting » de l'école américaine, manifeste déjà la volonté impérieuse qu'a Riopelle d'affirmer la primauté de la matière sur l'image comme il le fera de façon si convaincante dans ses oeuvres du début des années cinquante.

Léon Bellefleur, 1910
238. *Souvenir des bêtes enchantées*, 1950

Huile sur carton, 62,2 × 81,9 cm

Signé et daté en bas à droite : *1950 L. Bellefleur*

Historique
Galerie Agnès Lefort, Montréal, 1951 ; acquis en 1951
(A-51.52-P).

Expositions
1950, Montréal, Musée des beaux-arts, *Exposition
conjointe Léon Bellefleur-Fritz Brandtner* ; 1952,
Québec, Musée de la province de Québec, *Exposition rétrospective de l'art au Canada français*,
nº 362 ; 1968, Ottawa, Galerie nationale du Canada,
Léon Bellefleur, nº 10.

« Je peins par instinct, c'est-à-dire sans aucun
raisonnement philosophique ou pictural, un
monde que j'invente dans l'exaltation et la poésie. »

Ces propos de Léon Bellefleur rapportés par
Jean Dénéchaud dans *La Presse* du 25 avril
1953, au moment de son exposition au Musée
des beaux-arts de Montréal, résument bien l'état
d'esprit dans lequel cette oeuvre fut créée.

Stimulé par les théories de l'art vivant et en
particulier par l'oeuvre de Pellan, Bellefleur
poursuit, au cours des années quarante, sa recherche de l'authenticité en matière d'art. Ainsi,
il s'intéresse, entre autres, à l'art des primitifs

de toutes les périodes et à l'art enfantin où
règnent la poésie et l'imagination.

Souvenirs des bêtes enchantées, renvoie déjà par
son titre au merveilleux monde de l'enfance.
Nous pénétrons au sein d'un bestiaire imaginaire aux formes confuses rehaussées de couleurs
vives où transparaît l'aspect ludique de l'acte de
peindre.

Il est d'ailleurs intéressant d'établir un parallèle
entre la production de Bellefleur, à cette époque, et l'approche du groupe hollandais *Cobra*
qui, à travers l'oeuvre d'artistes comme
Constant et Appel, explore cette idée de « l'enfance de l'art ».

Jean Paul Lemieux, 1904

239. *Les Ursulines*, 1951

Huile sur toile, 61 × 76,1 cm

Signé et daté en bas à droite : *Jean-Paul Lemieux, 51*

Historique
Premier prix, concours artistiques de la province de Québec, section peinture, 1951 (A-52.20-P).

Expositions
1951, Québec, Musée de la province de Québec, *Concours artistiques de la province de Québec*; 1952, Québec, Musée de la province de Québec, *Exposition rétrospective de l'art au Canada français*, nº 384, pl. 29; 1956, The Windsor Art Association; 1958, Paris, Grands Magasins du Louvre, *Exposition de la province de Québec*; 1961, Montréal, Institut des arts appliqués, *Exposition du 25ᵉ anniversaire*; 1964, Londres, The Tate Gallery, *Canadian Painting, 1939-1963*, nº 14, repr.; 1967, Montréal, Musée d'art contemporain, *Panorama de la peinture au Québec*, nº 43; 1967, Montréal, Musée des beaux-arts, *Rétrospective Jean Paul Lemieux*, nº 22; 1972, Saint John's, Memorial University of Newfoundland, *Quinzaine québécoise*; 1974, Montréal, Terre des Hommes, *Chez Arthur et Caillou la pierre*, exposition organisée par le Musée des beaux-arts de Montréal; 1974, Québec, Musée du Québec, *Le diocèse de Québec 1674-1974*, nº 11; 1975, Halifax, The Art Gallery, Mount Saint Vincent University, *Images of women in sacred art*.

Bibliographie
« Vernissage au Musée. C'est par sa culture artistique que le Canada français brillera », *Le Soleil*, 29 novembre 1951, repr.; LECOUTEY, « Les prix du concours artistique provincial 1951 » mars-avril 1952, p. 56, repr.; BARBEAU, 1957, repr.; GAGNON, « Le peintre Jean-Paul Lemieux », 7 avril 1957; HÉNAIRE, « Lemieux, témoin vivant », 26 octobre 1967, p. 7, repr.; ROBILLARD, « Un homme devant le mouvement des choses », 16 septembre 1967, p. 42, repr.; ROBERT, 1968, p. 37, 38, repr. coul. p. 43; OSTIGUY, 1971, p. 58, ill. 140; HÉBERT, texte du catalogue *Jean Paul Lemieux*, 1974, p. 10; ROBERT, 1975, pp. 89-92, repr. coul. p. 104; ROBERT, 1978, p. 114, repr.

Au début de 1950, parallèlement au développement de la peinture abstraite à Montréal, Jean Paul Lemieux, alors professeur à l'École des beaux-arts de Québec, explorait une nouvelle approche de la figuration axée sur le dépouillement de l'espace et la simplification des formes. Il s'éloignait ainsi de sa production des années quarante, caractérisée par de grandes compositions narratives et décoratives comme la célèbre *Procession de la Fête-Dieu* de 1944.

Dans *Les Ursulines*, l'espace dramatique est nettement délimité, au fond par l'écran des constructions à facettes d'ombre et de lumière, et à droite par l'oblique du mur aux arêtes découpées qui marque bien la profondeur du champ. À l'avant, au centre de cette enceinte close et dénudée, apparaît, baigné d'une lumière chaude et sereine, le groupe anonyme des six religieuses. La synthétisation des formes par le traitement à larges plans géométriques et la sobriété des couleurs aux tonalités harmonieuses permettent d'éliminer les détails superflus de façon à accentuer l'intensité psychologique contenue dans le rapport personnage-espace tel que Lemieux l'exploitera dans les tableaux de sa période de maturité.

Jean Dallaire, 1916-1965
240. *Coq licorne*, 1952

Huile sur toile, 126,5 × 91,1 cm

Signé et daté en bas à droite : *Dallaire 52*

Historique
Coll. Lionel Roy, Québec ; M. Pierre Roy, Vincennes, 1968 ; acquis en 1968 (A-68.201-P).

Exposition
1968, Musée d'art contemporain, *Rétrospective Jean Dallaire*, nº 41.

Bibliographie
ROUSSAN, « L'humour de Jean Dallaire (1916-1965) », 16 mars 1968, pp. 14-16, repr. coul. ; BILODEAU, « Rétrospective Dallaire », 4 mai 1968, p. 45 ; LEBLOND, « Jean Dallaire, un cas », 17 décembre 1977, p. 51 ; ROBERT, 1980, p. 171, repr. coul. p. 219.

À son retour de Paris en 1945, Jean Dallaire, inspiré par l'art mural de Lurçat, développe un style pictural stylistiquement lié à l'art de la tapisserie. L'une des oeuvres les plus marquées par cette conception muraliste de la peinture est sans aucun doute *Coq licorne*, exécuté en 1952.

L'animal fantastique est campé fièrement dans un lieu qui se situe à la limite du réel et de l'imaginaire : résultat de l'ambigüité causée par la présence de l'étiquette apposée au mur et du croissant de lune suspendu dans l'espace infini. Il devient ici prétexte à l'élaboration savante d'un motif décoratif. En effet, toute l'attention est portée sur le caractère plastique du sujet qui occupe la presque totalité de la surface picturale. Sur un fond dépouillé, apparaît cette forme tissée de fabuleux passages chromatiques qui, obtenus selon la technique du pointillisme, créent un jeu de lumière modulée.

Dallaire a utilisé de nombreux thèmes symboliques dans son oeuvre à la fois dramatique et fantaisiste ; deux des principaux sont le croissant de lune, élément féminin, et l'oiseau — dans ce cas-ci le coq —, image de vanité et de virilité.

Philip Surrey, 1910

241. *Les cyclistes* ou *Les bicyclettes*, 1952

Huile sur toile, 66,5 × 86,6 cm

Signé et daté au centre à gauche: *Surrey 52*

Historique
Don de M. Maurice Corbeil, Montréal, 1980 (80.114).

Expositions
1966, Québec, Musée du Québec, *Philip Surrey*, n° 8; 1971, Montréal, Musée d'art contemporain et Paris, Centre culturel canadien, *Le peintre dans la ville*, n° 9; 1973, Ottawa, Galerie nationale du Canada, *Peintres du Québec, collection Maurice et Andrée Corbeil*, n° 188, repr.

Bibliographie
ROUSSAN, « Le peintre des reflets de la ville », été 1963, repr. en page couv.

Poursuivant son analyse du comportement humain en relation avec l'univers ambiant, Philip Surrey la transpose dans un décor naturel baigné d'une lumière atmosphérique, traité à la manière impressionniste, faisant ainsi preuve de son talent de coloriste.

Il reprend ici le schème classique de la composition linéaire, marquée par la diagonale de la rangée d'arbres qui débouche vers une trouée à gauche, et isole son groupe de cyclistes au premier plan dans un espace triangulaire limité par la position du personnage en retrait qui vient fermer l'espace possible de communication entre ces êtres.

Surrey utilise l'effet heurté de la lumière pour marquer un temps d'arrêt, au moyen des ombres nettement dessinées. Il en arrive ainsi à mieux faire ressortir l'individualité des personnages qui, malgré le mouvement circulaire suggéré, ne semblent pas pour autant participer à une expérience commune. Cette impression est d'ailleurs amplifiée par le geste ambigu des jeunes filles qui saluent de la main.

Marcelle Ferron, 1924
242. *Retour d'Italie no 2*, 1954

Huile sur toile, 72,4 × 91,7 cm

Signé et daté en bas à droite : *Ferron 1954*

Historique
Mme Lucie Vary, Verchères, 1977 ; acquis en 1977 (A-77.388-P).

Exposition
1973, Québec, Musée du Québec, *Rétrospective Marcelle Ferron*.

Signataire du *Refus Global*, Marcelle Ferron a participé aux activités du groupe des Automatistes à partir de 1947, année où elle fit la connais-

sance de Paul-Emile Borduas. Sous son influence, elle transforma ses premiers essais d'aspect surréaliste en des compositions plus libres où prime la spontanéité gestuelle selon les principes de l'automatisme surrationnel. En 1952, après la dissolution du groupe, Ferron s'installa à Paris avec l'intention d'affirmer son individualité en tant qu'artiste.

Au plan stylistique, *Retour d'Italie n° 2* demeure lié à la production automatiste montréalaise des années précédentes. Cette oeuvre paysagiste abstraite composée d'un élément central formé de touches appliquées à la spatule directement

en pleine matière, et délimité en périphérie par un espace flou brossé au pinceau, n'est pas sans rappeler la manière de Borduas à la fin des années 1940. Cependant, l'utilisation d'une gamme variée de couleurs riches et chatoyantes contraste avec les tonalités acides et froides des toiles de Montréal.

Le titre a été donné au tableau plusieurs années après son exécution. En accord avec Marcelle Ferron, nous avons spécifié *N° 2* pour le distinguer d'une oeuvre de la même année et portant le même titre, mais de plus grandes dimensions.

Jean-Paul Riopelle, 1923
243. *Abstraction*, 1954

Huile sur toile, 129,7 × 161,9 cm

Signé en bas à droite : *Riopelle*

Historique
Galerie Camille Hébert, Montréal, 1963 ; acquis en 1963 (A-63.47-P).

Expositions
1965, Rivière-du-Loup, La Ghilde Féminine, *Un demi-siècle de peinture au Canada français* ; 1974, Montréal, Pavillon du Québec, Terre des Hommes, *Les arts du Québec*, nº 54.

Bibliographie
ROBERT, 1970, p. 73 repr. ; ROBERT, 1980, repr. coul. avec le titre *Escalade* p. 79.

Aux oeuvres denses et dramatiques que Riopelle peignait au début des années cinquante, et où subsite l'affirmation obsédante de la primauté de la matière sur l'image, a succédé une série de toiles calmes et lumineuses où le fond et la forme se confondent sous le tracé rythmé et incisif de la spatule dans le champ consistant de la matière.

Dans *Abstraction*, l'artiste atteint ce point d'équilibre où c'est la peinture et non plus le dessin qui révèle la forme. Dans un geste d'une intensité impulsive et d'une rythmique contrôlée, il façonne la pâte colorée jusqu'à en extraire des éléments formels comme les pleins, les vides, la lumière, les masses, qu'il ordonne de façon à en dégager une image virtuelle. L'apparente référence à une composition paysagiste ne dépasse cependant pas les limites physiques de l'oeuvre, car elle naît de la matière et elle demeure profondement inscrite dans cette réalité plastique.

Jean McEwen, 1923

244. *Blancs, marges orangées*, 1955

*Voir reproduction en couleurs,
section centrale, p. (26)*

Huile sur toile, 209,1 × 138,2 cm

Signé et daté en bas à gauche: *McEwen 55*

Historique
Galerie Jolliet, Montréal, 1983; acquis en 1983
(83.37).

Expositions
1956, Montréal, Galerie L'Actuelle, *Jean McEwen*;
1973, Montréal, Musée d'art contemporain, *McEwen
1953-73*, n° 3; 1982, Montréal Galerie Jolliet, *Jean
McEwen, tableaux de 1952-1959*.

Bibliographie
BATES, « Quiet giant », 13 octobre 1973, p. D-6; CHI-
COINE, « Peinture, nuages et Valéry », 22 novembre
1956; SAINT-MARTIN, « L'infra-grille de Jean McEwen »,
septembre-octobre 1982, p. 50 repr.

Influencé par l'oeuvre de Paul-Émile Borduas,
McEwen tient sa première exposition solo en
1951 à la galerie Agnès Lefort à Montréal avant
de séjourner à Paris où, en 1952, il expose ses
toiles abstraites au côté de grands noms comme
Riopelle, Sam Francis et Picabia. De retour à
Montréal en 1953, il poursuit ses recherches
qui le mènent à la série des *Pierres du Moulin*
de 1955, dans laquelle il rompt avec le concept
d'espace atmosphérique des automatistes et
s'attarde à une redéfinition des structures inter-
nes du tableau.

Dans *Blancs, marges orangées,* peint la même
année, McEwen évite tout effet de profondeur,
valorisant ainsi la surface du tableau considéré
dans son entité hauteur-largeur. L'aspect bidimensionnel de l'oeuvre est affirmé par la construction systématique sous-jacente au plan
blanc, laissant transparaître une grille vectoriel-
le où la verticalité vient détruire toute allusion à
un espace paysagiste que pourrait suggérer
l'horizontalité. De plus, les marges orangées
établissent, ici, les limites réelles du plan, annu-
lant toute possibilité de projection spatiale hors
cadre.

Le voile de matière blanche, plus ou moins
dense, troué de taches et de touches de couleurs se fond dans le plan de la toile jusqu'à en
révéler la texture et transforme la surface du
tableau en un écran de lumière modulée.

Cet intérêt pour les phénomènes proprement
picturaux, lumière, couleur, espace, situe
McEwen parmi les peintres modernes dont l'héritage artistique remonte aux grandes compositions de l'impressionnisme, et plus particulièrement à celles de Monet.

Fernand Leduc, 1916
245. *L'Alpiniste*, 1957

Huile sur toile, 201,5 × 111 cm

Acquis de l'artiste en 1962 (A-62.162-P).

Expositions
1959, Montréal, École des Beaux-Arts, *Art Abstrait*;
1959, Toronto, Art Gallery of Ontario, *Four Men Show*; 1962, Spolète, Palazzo Collicola, 5ᵉ Festival des Deux Mondes, *La peinture canadienne moderne, 25 années de peintures au Canada français*, nᵒ VI (5); 1971, Montréal, Musée d'art contemporain, *Rétrospective Fernand Leduc*, nᵒ 50, repr. coul.

Bibliographie
REPENTIGNY, « Exposition rutilante », 17 janvier 1959; DUQUETTE, 1980, p. 93, 99, 107.

Au lendemain de la signature du *Refus Global*, Fernand Leduc entreprit un cheminement qui allait le mener des paysages non-figuratifs de 1949 aux compositions abstraites géométriques de 1955. Éliminant peu à peu les accidents provoqués par la spontanéité gestuelle et les effets de matière propres à l'automatisme, il se soucie davantage de l'aspect construit du tableau où, comme il l'écrit dans le catalogue de l'*Art Abstrait* en 1959, « formes et couleurs s'édifient en qualités relationnelles dans un espace strictement pictural ». En 1956 a lieu sa première exposition « plasticienne » à la Galerie L'Actuelle de Montréal et il devient le président fondateur de l'Association des artistes non-figuratifs de Montréal.

L'organisation spatiale de *l'Alpiniste* en larges plans géométriques aux formes aigües et irrégulières, de couleurs pures et contrastées, nie l'effet de profondeur et ainsi souligne le caractère bidimensionnel du tableau. La disposition ordonnée des figures qui s'emboîtent les unes dans les autres dans un élan dynamique vertical est marquée par les obliques qui convergent vers le triangle noir placé au haut du tableau, et accentue l'aspect monumental et architectural de cette composition.

Paterson Ewen, 1925
246. *Crâne à plumes*, 1958

Huile sur toile, 91,1 × 89,4 cm

Signé et daté en bas à droite: *Ewen 58*

Historique
Deuxième prix, concours artistiques de la province de Québec, section peinture, 1958 (A-58.437-P).

Exposition
1958, Québec, Musée de la province de Québec, *Concours artistiques de la province de Québec*.

De 1948 à 1950, Paterson Ewen reçoit successivement l'enseignement de John Lyman à l'Université McGill puis d'Arthur Lismer et de Goodridge Roberts à l'École de dessin du Musée des Beaux-Arts de Montréal. Peu de temps après, il se lie d'amitié avec Borduas et les membres du groupe automatiste et participe à certaines de leurs expositions en y présentant des oeuvres figuratives encore marquées par la manière de ses maîtres. Cependant, il abandonne rapidement la figuration et on retrouve ses oeuvres abstraites aux côtés de celles des Leduc, Molinari, Gauvreau, McEwen et les autres dans *Espace 55*, présentée au Musée des Beaux-Arts de Montréal en 1955. En 1956 et 1958, il expose à la Parma Gallery de New-York et déjà l'on associe sa manière à l'impressionnisme abstrait tel que pratiqué à l'époque par certains peintres de l'école de New York.

Dans *Crâne à plumes*, Ewen transpose sur la toile une certaine idée de la nature d'où émane une impression d'évanescence et de légèreté. Ainsi, sur ce fond clair et lumineux, se profile dans l'axe central une forme imprécise de laquelle surgissent librement des tracés sinueux et aériens traités en délicates touches de couleurs pastel translucides. Il s'agit d'une conception atmosphérique de l'espace où ce n'est pas la matière qui traduit une réalité, mais la lumière qui révèle l'idée de l'objet sans toutefois le dépeindre clairement en plein volume.

Alfred Pellan, 1906

247. *Jardin vert*, 1958

Huile, polyfilla sur toile, 130,0 × 186,5 cm

Signé et daté en bas à droite: *Pellan 58*

Historique

Acquis de l'artiste en 1959 (A-59.516-P).

Expositions

1958, Montréal, Galerie Denyse Delrue, *Pellan*; 1960-61, Ottawa, Galerie nationale du Canada, *Alfred Pellan*, nº 45; 1967, Montréal, Pavillon du Canada, Terre des Hommes, *La peinture au Canada*, nº 16, repr.; 1972, Québec, Musée du Québec et Montréal, Musée des beaux-arts, *Pellan* nº 133; 1974, Montréal, Terre des Hommes, Pavillon du Québec, *Les arts du Québec*, nº 52; 1979, Winnipeg, The Winnipeg Art Gallery, *Frontiers of our Dreams: Quebec Painting in the 1940's and 1950's*.

Bibliographie

REPENTIGNY, « Les naïfs, les jeunes et Pellan », 19 avril 1958; ROBERT, 1963, ill. coul. 340 p.97; *Collection des Musées d'État du Québec*, 1967, ill. coul. 64; LEFEBVRE, 1973, p. 151, repr. coul. p. 106-107.

Jardin vert fait partie de la célèbre série des *Jardins*. Au nombre de six, chacun est identifié à une couleur primordiale du prisme. Pellan exposa cette série pour la première fois à la Galerie Denyse Delrue à Montréal, en 1958.

L'artiste renouvelle ici son langage pictural en simplifiant l'organisation de son tableau, le ramenant à un large plan d'une même couleur sur lequel il regroupe les éléments formels, les distribuant dans l'espace dans un ordre d'équilibre. Le champ, clairement identifié par la couleur dominante, référence directe au titre, ne crée plus d'ambiguïté quant à la relation sensible que l'auteur veut établir avec la nature. Évitant cependant toute allusion à un espace paysagiste, il concentre l'attention sur les forces virtuelles de la matière (pâte, couleur) qui, par ses interventions et l'intégration de matériaux texturés, vit, sillonne, gonfle et explose en une multitude d'éléments végétaux et ornementaux, tous empreints d'une fantaisie et d'une imagerie qui les caractérisent individuellement.

Cette exaltation de la matière colorée en tant que substance dynamique et structurale trouve son achèvement dans les oeuvres cosmiques des années soixante.

Charles Gagnon, 1934

248. *Automne no. 1*, 1960

*Voir reproduction en couleurs,
section centrale, p. (27)*

Huile sur toile, 142,2 × 177,8 cm

Signé en bas à droite: *Gagnon*

Historique
Galerie Yajima, Montréal; acquis en 1982 (82.57).

Expositions
1961, Montréal, Galerie Denyse Delrue, *Charles Gagnon oeuvres récentes*; 1978, Montréal, Musée des beaux-arts, *Charles Gagnon*, n° 12.

Bibliographie
CATELIN, « Notes de voyage », juillet-août 1961, p. 26-27, ill.

Au moment où Charles Gagnon vit à New York de 1955 à 1960, l'*expressionnisme abstrait* constitue déjà un mouvement pictural consacré par la critique. Confronté presque quotidiennement aux diverses manifestations de ce courant, Gagnon en retient une préoccupation pour les propriétés matérielles de la peinture ainsi qu'une affirmation de l'écriture gestuelle en tant qu'éléments « signifiants » dans la définition de la surface picturale. Cependant, il s'en distingue dans l'élaboration d'un espace cohérent où, à l'intérieur d'un cadrage choisi, il compose un image à partir d'éléments et de signes variés qui trouvent leur justification dans leur relation significative au sein d'un lieu non déterminé.

Dans *Automne n° 1*, la surface entière est occupée et organisée par un genre de catalogue pictural qui met en libre association une gamme de traitements possibles. Graphismes, cernes, taches et à-plats voisinent dans une logique qui tient à l'hypothèse. Le trait commun, fondement de cette sensation de cohérence qui fait de cette hypothèse à la fois une affirmation et un geste artistique non équivoque, réside sans aucun doute dans la sobriété et la délicatesse de la transparence du champ. Tout en restreignant sa palette, Gagnon a lié, plutôt latéralement qu'en profondeur, une somme de textures qui révèlent les divers modes du diaphane. À preuve la couche en lavis qui constitue la figure ovale; ensuite, son cerne, à la fois vigoureux et approximatif, disloqué; aussi la juxtaposition du glacis et du frottis, en haut à gauche, qui offre deux modes contrastants de transparence. Finalement, le rectangle blanc situé à gauche, obliquement, par-dessus l'arc bleu-clair est une figure renversée, constituée d'une brèche que le peintre a pratiquée dans son fond beige.

Marcelle Ferron, 1924
249. *Kanaka*, 1962

Huile sur toile, 201.5 × 171 cm

Signé et daté en bas à gauche: *Ferron 62*

Historique
Galerie de Montréal, Montréal; acquis en 1971 (A-71.74-P).

Expositions
1962, Spolète, Palazzo Collicola, 5ᵉ Festival des Deux Mondes, *La peinture canadienne moderne, 25 années de peinture au Canada français*, nᵒ VIII (6); 1970, Montréal, Musée d'art contemporain, *Marcelle Ferron de 1945 à 1970*, nᵒ 55, repr.

Installée à Paris, Marcelle Ferron garde un contact étroit avec la scène montréalaise en y exposant régulièrement ses oeuvres récentes, que ce soit chez Denyse Delrue ou chez Agnès Lefort. En 1957, elle se joint à l'Association des artistes non-figuratifs de Montréal. Elle participe à Paris à plusieurs expositions importantes dont quelques-unes aux côtés de Borduas, comme *Spontanéité et Réflexion* à la Galerie Arnaud en 1959 et *Antagonismes* présentée au Louvre en 1960, où, avec Riopelle, ils représentent le Canada à cet événement à caractère international. En 1961, elle obtient la médaille d'argent à la Biennale de Sao-Paulo.

Cette activité fébrile rend compte de l'évolution constante de la manière de Ferron qui, à partir de 1959, s'identifie davantage et s'inscrit dans le courant de l'abstraction lyrique où l'accent est porté sur les qualités sensibles et émotives de la matière.

Dans *Kanaka*, c'est la couleur qui prime; c'est à partir d'elle et par elle que l'oeuvre nous est révélée. Sur le fond blanc-jaunâtre surgit, sous le geste généreux de l'artiste, une explosion de matière colorée qui trouve son paroxisme dans l'épaisse tache orangée du centre. Les tracés en pleine pâte soulignent la structure formelle du tableau en marquant bien les axes de composition, dégageant ainsi les tensions virtuelles et psychologiques qu'il renferme.

Jacques Hurtubise, 1939

250. *Il y eut un blanc*, 1963

Acrylique sur toile, 179,1 × 126,8 cm

Signé et daté en bas à droite: *Hurtubise 63*

Historique
La Galerie du siècle, Montréal 1969; acquis en 1969 (A-69.208-P).

Après avoir terminé ses études à l'École des beaux-arts de Montréal en 1960, Jacques Hurtubise part pour un stage de huit mois à New York. Il voyait la nécessité de se définir par rapport à la peinture américaine car il n'était plus possible d'ignorer ce qui s'y était passé depuis Pollock. En effet, les peintres de l'expressionnisme abstrait avaient introduit, à travers la picturalité de leurs tableaux, la notion de la composition *all over* qui conduit l'oeuvre picturale vers l'affirmation de sa planéité.

Hurtubise a capté cette notion fondamentale et révolutionnaire de la bidimensionnalité de la peinture et s'est appliqué à la mettre en valeur dans sa production ultérieure. En effet, la série des *Radioactivités* de 1961, des *Peintures* de 1962 et celle des *Il y eut* de 1963, dont fait partie *Il y eut un blanc*, témoignent de cette prise de position, de ce souci constant de structurer la surface. Progressivement, l'artiste tend à raffermir ses masses colorées et à épurer la composition.

Les masses anguleuses noires et blanches, qui s'imbriquent les unes dans les autres dans *Il y eut un blanc*, sont réparties équitablement sur la surface du tableau de manière à annuler l'effet de perspective. Est-ce le blanc qui se détache sur un fond noir ou, inversement, le noir qui fait tache sur un fond blanc? Cette ambiguïté de la lecture vise la bidimensionnalité de la peinture et voue les masses à un perpétuel affrontement.

Précisons toutefois qu'Hurtubise ne réussit pas pleinement à affirmer la planéité de la peinture puisque ses tableaux conservent dans leur structure dynamique ce que le critique américain Clément Greenberg reprochait à Pollock, le *shallow depth*, c'est-à-dire une illusion de profondeur superficielle qui persiste sur une surface rythmée et vigoureuse.

Albert Dumouchel, 1916-1971

251. *Les deux trèfles*, 1964

Jacques Hurtubise, 1939

252. *Isabelle*, 1965

Acrylique sur masonite, 121,3 × 151,1 cm

Inscription au verso : *A. Dumouchel*

Historique
Premier prix, concours artistique du Québec, section peinture, 1964 (A-64.58-P).

Exposition
1964, Québec, Musée du Québec, *Concours artistiques du Québec 1964.*

Bibliographie
AYRE, « Four Painters and a Sculptor », 24 avril 1965.

Au début des années soixante, parallèlement à son oeuvre gravé, Albert Dumouchel s'adonne à une abstraction rigoureuse, réalisant des paysages abstraits exécutés en pleine matière, dans une écriture vigoureuse qui met davantage l'accent sur la composition que sur le contenu. Cependant dès 1964, un peu dégoûté de cet intellectualisme académique, et attiré par les premières manifestations du *Pop Art* américain, il renoue certains liens avec la figuration.

Ainsi, dans *Les deux trèfles*, il intègre à une architecture chromatique compartimentée, présence encore manifeste de ses compositions topographiques abstraites, des éléments réalistes, ou à tout le moins à connotations réalistes, qu'il dispose çà et là sur la surface de la toile à la manière d'un collage. Ce retour timide à la figuration jette déjà les bases de ce qu'il est convenu d'appeler sa période « pop », où il donnera libre cours à son sens de l'humour et à sa perception critique du quotidien.

Acrylique sur toile, 121,8 × 152,3 cm

Signé et daté en bas au centre : *Hurtubise, 65*

Historique
Premier prix, concours artistiques du Québec, section peinture, 1965 (A-65.134-P).

Expositions
1965, Québec, Musée du Québec, *Concours artistiques du Québec 1965* ; 1972, Québec, Musée du Québec, *Jacques Hurtubise.*

En 1964, Jacques Hurtubise abandonne l'abstraction gestuelle de l'expressionnisme abstrait pour se diriger vers une plus grande simplification de sa peinture et rejoindre l'art austère des plasticiens, Molinari et Tousignant, qui dominent la scène artistique montréalaise à cette époque.

L'année suivante, un point d'équilibre est atteint : Hurtubise unit l'instinct à l'intellect, le gestuel au plasticisme. On assiste à l'éclatement de la tache sur une surface unie et géométrique. Mais comme le précise le peintre, « le « splash » n'est pas une tache peinte au pinceau avec une grande rapidité d'exécution. Il n'y a ni giglure, ni coulée, ni éclaboussure. On s'en rend compte si on examine le tableau de très près. » C'est en utilisant du ruban gommé pour

délimiter sa forme-tache, et en appliquant sa couleur au moyen d'un rouleau à peindre, que Jacques Hurtubise parvient à éliminer tout effet de texture. Le côté émotionnel de la tache semble être réduit au minimum alors que son contrôle a augmenté pour donner l'impression d'une tache virtuelle.

La personnification de ses tableaux à partir de 1965 est significative et témoigne de l'originalité de l'artiste qui réussit la synthèse de deux éléments opposés : spontanéité et rationalité.

Isabelle, qui fait partie de cette série à noms de femmes et qui a mérité à son auteur le premier prix de peinture aux concours artistiques du Québec en 1965, est une oeuvre charnière car, pour la première fois, l'élément-tache transgresse l'axe vertical central. Oblong et rouge, il perce la ligne formée par la juxtaposition des deux bandes « hardedge », l'une bleue et l'autre noire. Cette violation du fond plasticien par l'élément libre peut être interprétée formellement comme étant la réponse plastique du peintre aux critiques qui le classaient sans contredit comme un plasticien. Cette transgression marque donc l'appartenance et la fidélité de l'artiste à la peinture gestuelle et spontanée malgré la forte influence du plasticisme.

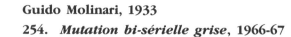

Jacques Hurtubise, 1939

253. *Doris*, 1966

Voir reproduction en couleurs, section centrale, p. (28)

Acrylique sur toile, 245,3 × 168,3 cm

Inscription au verso: *Hurtubise 1966*

Historique
Galerie du siècle, Montréal; Galerie Jolliet, Québec; don de M. Patrice Drouin, Québec, 1980 (80.113).

Exposition
1966, New York, East Hampton Gallery, *Jacques Hurtubise*, exposition itinérante, Eastern Canada Art Circuit.

Après avoir élaboré une tache au contour précis, Jacques Hurtubise arrive vers 1966 à une nouvelle structuration de sa composition en reproduisant systématiquement cette tache unique autour de grands axes à angles droits. La tache, qui conservait dans *Isabelle* son caractère d'élément-forme, perd graduellement son identité au profit de l'ensemble de la composition où s'affirme pleinement la notion de *alloverness* de la peinture américaine.

Doris, qui fait partie de la série des papiers découpés, donne l'impression que l'oeuvre pourrait se poursuivre au-delà des limites de son cadre. Le motif tachiste a été fortement schématisé et géométrisé avant d'être découpé aux ciseaux afin d'être reproduit tel quel sur toute la surface du tableau. On notera que le motif se confond avec le trait de manière à obstruer toute distinction entre la forme et le fond. Cette lecture interchangeable du positif et du négatif crée des pulsations rythmiques colorées dans un jeu optique intéressant.

Guido Molinari, 1933

254. *Mutation bi-sérielle grise*, 1966-67

Acrylique sur toile, 173 × 127 cm

Inscription au verso: *Molinari 66/67*

Historique
Prix aux concours artistiques du Québec, 1968 (A-68.16-P).

Expositions
1968, Venise, XXXIVᵉ Exposition biennale internationale d'art, *Ulysse Comtois, Guido Molinari*; 1970, Colombie-Britannique, Conseil des Arts de Coquitlam, *Festival du Printemps*; 1972, Saint John's, Memorial University of Newfoundland, *Quinzaine québécoise*.

Guido Molinari et Claude Tousignant figurent parmi les principaux représentants de la « deuxième vague plasticienne » qui émergea du sillon de la première au milieu des années cinquante. Elle s'en distingua très rapidement en poussant plus loin l'idée d'autonomie de la surface picturale, dégagée non seulement de toute figuration mais aussi de toute allusion à une structure d'espace figuratif, pratiquant une abstraction géométrique basée sur une nouvelle perception de l'espace pictural en tant que « plan dynamique où la couleur retrouve toutes ses possibilités énergétiques »[1].

Mais comment libérer la couleur pour qu'elle ne soit plus un attribut, une parmi plusieurs qualités de quelque chose qui n'est plus elle? Certes, vu sous un certain angle, ce problème peut s'avérer sans solution puisque la couleur se présente toujours à nous sur un support. Mais Guido Molinari est un savant théoricien et historien de l'art autant que peintre, et la critique a maintes fois insisté sur la nature dialectique de ses recherches picturales. Aussi a-t-il alimenté ses productions de considérations sur la perception qui l'ont amené, vers le milieu des années soixante, à adopter la bande verticale en série.

Ce procédé consiste à éliminer du tableau tout élément horizontal et ses effets sont multiples. D'abord, la bande verticale, surtout quand elle est répétée et devient une forme, se « conventionalise » pour être perçue dans son étendue moins comme un objet, fermé et coloré, et plus comme une quantité plus ou moins grande de couleur plus ou moins intense. Ensuite, l'élimination d'éléments horizontaux positifs ouvre le champ à l'activité souvent vive et généreuse des effets de contraste chromatique déterminés par la juxtaposition des champs.

C'est avant tout cette activité vibrante que rencontre le spectateur de la *Mutation bi-sérielle grise*, une activité chromatique de l'ensemble de la composition qui tend à éclipser la rigueur de la division de la toile.

---

1. Guido Molinari, « *L'espace tachiste ou Situation de l'automatisme* » dans *L'Autorité*, Montréal, 2 avril 1955, p. 3-4.

Jean-Paul Riopelle, 1923

255. *Sans titre*, 1967

*Voir reproduction en couleurs,
section centrale, p. (29)*

Litho-collage, 4,910 × 2,430 cm

Signé en bas à droite : *Riopelle*

Historique
Don de Jean-Paul Riopelle lors de l'exposition rétrospective présentée au Musée du Québec en 1967 (G-67.68-P).

Exposition
1967, Québec, Musée de Québec, *Riopelle 67*, repr. coul.

Bibliographie
ROBERT, 1970, p. 120, repr.; ROBERT, 1980, p. 231, repr.

Jean-Paul Riopelle a expérimenté la lithographie en 1966, au moment où il exécutait une série de planches pour le numéro 160 de *Derrière le miroir*, édité chez Maeght à Paris. Il avait jusqu'alors refusé d'envisager cette technique en raison des exigences rituelles impératives auxquelles l'artiste doit se conformer. Riopelle la confronte, l'abordant davantage dans le sens de sa peinture, et intervenant directement à chacun des passages sur la pierre de façon à les individualiser jusqu'à l'obtention de l'image unique.

En 1967, poussant à l'extrême cette idée de refaçonner sans cesse la matière, Riopelle réutilise les nombreux essais lithographiques rejetés, pour les redécouvrir en leur attribuant un sens nouveau dans la construction de ses litho-collages.

Dans le même esprit que dans sa peinture, il applique, superpose, juxtapose, insère des plages colorées de formes libres et variées dans un ordre analytique qui reconstruit, à partir d'éléments-images morcelés, une image-plan unique d'où émane une impression de vitalité et de grandeur comparable à la magie du vitrail.

Fernand Leduc, 1916

256. *Passage bleu*, 1968

*Voir reproduction en couleurs,
section centrale, p. (30)*

Acrylique sur toile, 130 × 162,4 cm

Inscription au verso : *Passage bleu 1968*

Historique
Galerie Jolliet, Québec, 1980 ; acquis en 1980 (80.56).

Expositions
1970, Montréal, Musée d'art contemporain, *Rétrospective Fernand Leduc*, n° 93 ; 1970-1971, Ottawa, Galerie nationale du Canada, *Fernand Leduc*, n° 3, repr.

Bibliographie
Catalogue du Centre culturel canadien, 1977, p. 3, repr; DUQUETTE, 1980, p. 116, 119, 122, repr. n° 24, repr. coul. n° XIII.

Fernand Leduc retourna en France en 1959, peu de temps après l'exposition *Art abstrait* tenue à l'École des beaux-arts de Montréal. Installé à Paris, il poursuit ses recherches sur la lumière inhérente aux éléments chromatiques et révélée dans leur confrontation. À partir de ses compositions au chromatisme binaire de 1964, il s'intéresse plus précisément à la relation forme/couleur en tant qu'élément dynamique qui définit l'organisation spatiale du tableau de même qu'à la relation couleur/couleur qui, elle, détermine la qualité de la lumière.

Leduc développe cette double problématique dans les séries subséquentes comme les *Passages* de 1968 et les *Erosions* de 1969. Ainsi, dans *Passage bleu*, deux plages aux contours souples, l'une verte, l'autre jaune, envahissent l'espace du tableau dans un mouvement ondulatoire, comprimant au centre le plan bleu en une verticale sinueuse, projetée à l'extérieur du cadre. Cette impression de mouvance des formes s'explique par le phénomène d'attraction des deux plans forts en raison de la complémentarité des couleurs jaune, bleu et vert. Cette dernière n'est cependant possible que dans la mesure où l'artiste obtient la même lumière pour les trois tons, grâce à la superposition de fines couches de matière jusqu'à l'obtention d'une parfaite harmonie.

Yves Gaucher, 1934

257. *R-M-III N/69*, 1969

*Voir reproduction en couleurs,
section centrale, p. (31)*

Acrylique sur toile, 305,2 × 203,0 cm

Inscription au verso : R-M-III N/69 *Yves Gaucher 69*

Historique
Galerie Don Steward, Montréal, 1981 ; acquis en 1981
(81.07).

Exposition
1979, Toronto, Art Gallery of Ontario, *Yves Gaucher.
Une perspective de quinze ans 1963-1978*, n° 41,
repr.

Reconnu internationalement au début des années soixante comme un virtuose de la gravure,
Yves Gaucher réalise en 1963 l'oeuvre qui allait
être le point déterminant dans le développement de sa praxis picturale, *Hommage à We-
bern*. Saisissant la logique et la rythmique musicale, il transpose d'abord sur la feuille de papier, puis sur la toile à partir de 1965, des traits
et des configurations géométriques, transformant ainsi son fond monochrome en un champ
d'ondes et de tensions énergétiques.

Poursuivant ce processus de réduction du langage formel à travers des séries successives
comme les *Danses carrées*, les *Silences*, les *Ra-
gas* et les *Transitions*, il en arrive à l'aboutissement de cette dialectique dans la série *Grey on
Grey*, composée de plus de quarante tableaux
gris exécutés de 1967 à 1969.

Ces oeuvres ne procèdent du minimalisme que
par apparence ; elles s'en éloignent par l'aspect
insaisissable et profond de cet espace ponctué
de moments d'énergie qui se situe quelque part
entre le spectateur et la réalité objective de la
toile. Gaucher rejoint ainsi la notion de non-
physicalité des oeuvres de Rothko, Newman et,
par extension, de Monet.

Dans *RM-111 N/69*, les seuls éléments qui se
distinguent de la neutralité du champ gris sont
les traits blancs de longueur variable, disposés,
malgré leur stricte horizontalité, avec un effet
de hasard. Le spectateur est donc amené à
tester des hypothèses de regroupement, dont
aucune ne semble pourtant pleinement satisfai-
sante. Mais le parcours de sa quête est celui-là
même qui transforme la surface neutre en un
foyer de tensions.

Claude Tousignant, 1932
258. *Équivalence*, 1969

 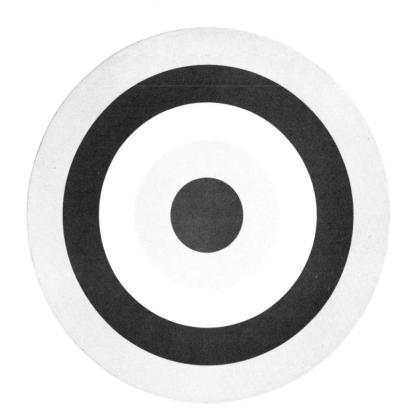

Polymère sur toile, 213,4 cm

Inscription au verso: *Tousignant 10/69*

Historique
Prix aux concours artistiques du Québec, 1970
(A-70.285-P(2)).

Bibliographie
« Art Québec 70 », *Perspectives*, 10 octobre 1970,
repr. coul. p. 29.

Claude Tousignant a contribué à la peinture
plasticienne montréalaise par une conception
toute personnelle de la force chromatique à
travers une disposition circulaire qui rehausse
sa densité.

En commençant au milieu des années cinquante à exploiter les propriétés des plans de couleur juxtaposés, pour ensuite, au cours des
années soixante les joindre pour ainsi dire bout

à bout, Tousignant a profondément altéré la
nature de son enjeu pictural. Ce qui était autrefois resté neutre, soit la configuration géométrique de la couleur en plans verticaux ou
en bandes horizontales, s'affirme d'une manière
toute particulière une fois informé en cercles
concentriques.

En arrachant son support à nos habitudes de
voir, il donne une qualité hautement palpable,
non pas au subjectile, qui s'évanouit étrange-
ment, mais aux arcs concentriques eux-mêmes.
On dirait que la paire de cibles qui constitue
Équivalence est d'autant plus faite d'objets chromatiques qu'on pourrait les détacher sans aucun égard à la matérialité réelle, quoique désormais moins convaincante de la toile.

Remarquons que cet effet d'autonomie de chaque couleur ne s'est pas atteint immédiatement
dans la peinture de Tousignant. Il y a eu

d'abord les compositions sur support unique
ou « Gong » comportant souvent de vingt-
quatre à deux cents bandes concentriques. Ces
toiles dégageaient souvent un effet de miroitement proche de la conception *Pop Art*, où il
n'était pas du tout question d'autonomie des
cercles. Mais en réduisant ici le nombre de
cercles à cinq par support et en dédoublant
ensuite le support lui-même, Tousignant a instauré un rythme plus délibéré entre des zones
chromatiques que l'oeil saisit tantôt successivement tantôt en groupes.

La séquence agrandissante des trois primaires,
rouge-jaune-bleu, se reproduit d'un support à
l'autre de l'oeuvre, mais dans chaque cas elle se
contextualise différemment: les zones où elle
se déploie ne sont pas d'étendue égale. Il en
résulte, à gauche, une intensité plus diffuse qu'à
droite où cette séquence est plus ponctuelle et
se condense au centre.

Guy Montpetit, 1938

259. *Love trip 2*, 1971

Acrylique sur toile, 267,4 × 640,7 cm

Inscription au verso: *Guy Montpetit / Love trip / Love trip 2 / triptyque*

Historique
Acquis de l'artiste en 1978 (78.432).

Expositions
1972, Montréal, Musée d'art contemporain, *Triptyques de Guy Montpetit*, repr. coul. en page couverture; 1975, Time Canada Ltd, *Peintres canadiens actuels*, repr. coul.

Guy Montpetit que l'on est toujours tenté, à tort, d'associer aux plasticiens, en raison du dynamisme chromatique qui se dégage de ses formes schématiques pures, a emprunté pourtant une voie tout à fait divergente, construisant des images articulées selon des principes énergétiques qui font référence à une réalité extérieure à la peinture.

Ainsi, avec une application en à-plat d'une palette fortement contrastée qui dérive des procédés pseudo-industriels du *Pop Art*, Montpetit se rapproche simultanément de valeurs surréalistes, mi-abstraction, mi-figuration d'un monde situé entre le comique et l'inquiet. Car si ce *Love Trip 2* s'articule à base de pièces drôlement « amovibles », il n'en reste pas moins que c'est aux corps mécanisés qu'il reloge le regard. C'est d'ailleurs ce que ressent depuis bon nombre d'années la critique de Montpetit qui se sert le plus souvent du terme *anthropomorphe* pour en désigner la spécificité.

Cependant, il ne faudrait surtout pas s'arrêter uniquement à cette apparente forme humaine, mais bien plutôt tenter de dégager la profondeur du message qui dénonce la mécanisation de nos rapports dans la société industrielle.

Marcel Barbeau, 1925

260. *Kitchenumbi*, 1972

Signé et daté en bas à droite: *Barbeau 72*

Acrylique sur toile, 300 × 400 cm

Historique
Acquis de l'artiste en 1973 (A-73.573-P).

Exposition
1975, Québec, Musée du Québec et Montréal, Musée d'art contemporain, *Marcel Barbeau, Peintures et Sculptures, Paris-Montréal, 1971-1975*, nº 15.

Bibliographie
MARIER, « Marcel Barbeau ou l'automatisme en sa maturité », printemps 1976, p. 68; ROBERT, « Barbeau est rentré », août 1975, p. 46.

Disciple de Paul-Émile Borduas aux premières heures de l'avènement de la pensée automatiste à Montréal au cours des années 1940, Barbeau demeure aujourd'hui l'un des principaux représentants de ce mouvement. Ses expériences en art optique ainsi que ses oeuvres « hardedge » des années 1960 n'ont fait que confirmer son orientation profonde vers une plus grande spontanéité et une liberté d'expression dans la création sans contrainte de la forme ni du fond.

Kitchenumbi constitue l'exemple parfait de ce retour, au début des années 1970, à un art où la pensée et le geste sont immédiatement reliés de façon à obtenir une oeuvre qui ne résulte d'aucune anticipation mais plutôt d'une impulsion émotive réelle. Ce tableau fut réalisé en 1972 sur la scène du théâtre de Caen (France), à l'intérieur du spectacle intitulé *Kitchenumbi* donné par la troupe de Gabriel Gascon. Sur une musique du compositeur Vincent Dionne, Barbeau a inscrit sur la toile des signes colorés qui se chevauchent, s'entrelacent et illuminent le fond blanc, devenant ainsi une écriture sensorielle qui se traduit sur le plan formel par la rapidité du tracé gestuel ainsi que par la densité ou la transparence des couleurs.

Louis Comtois, 1945

261. *Sans titre,* 1976

Richard Mill, 1949

262. *Sans titre #15,* 1976

Acrylique sur toile, 152,9 × 302,8 cm

Inscription au verso: *Louis Comtois New York 1976*

Historique
Galerie Curzi, Montréal; acquis en 1978 (78.435).

Exposition
1977, Montréal, Galerie Curzi, *Louis Comtois.*

Ses études terminées à l'École des beaux-arts de Montréal en 1968, Louis Comtois vit et travaille successivement en Europe et aux États-Unis. Déjà, dans les oeuvres exposées à Washington en 1972 et 1974, il aborde de façon rigoureuse la problématique de la perception des champs chromatiques inscrits en de larges plans géométriques. Cependant, c'est en 1975, au Musée d'art contemporain de Montréal, qu'il expose ses premiers tableaux composés de panneaux verticaux de couleurs variées aux tonalités voisines. Ce raffinement de la couleur utilisée comme élément générateur d'un espace à la fois plan et volume se précise dans les oeuvres monochromes de New York, dont les premières sont présentées à la Galerie Martha Jackson, au printemps 1976.

Cette oeuvre, *Sans titre 1976*, fait partie de cette série intitulée *New York.* Il s'agit d'un tableau monochrome, rose, composé de quatre panneaux juxtaposés dont certains sont subdivisés en plans distincts par un écart de tonalités à peine perceptible, rejoignant en ce sens les recherches de l'américain Ad Reinhardt.

L'articulation de la surface en panneaux verticaux vient briser l'impression de planéité due à l'aspect monochrome du plan global. À cette première lecture de l'oeuvre, basée sur l'ordre des éléments de tensions, s'ajoute un temps de contemplation nécessaire pour percevoir la subtilité non seulement lumineuse mais aussi sensuelle des jeux chromatiques. Car chez Comtois, la couleur n'est pas gratuite. Elle est le résultat de multiples applications de fines couches de couleur de différentes intensités passant du chaud au froid, créant ainsi un effet de profondeur du champ. On peut établir ici une parenté avec la technique déjà employée par Fernand Leduc dans la réalisation de ses microchromies des années soixante-dix.

Acrylique sur toile, 152,0 × 121,7 cm

Inscription au verso: *Mill 76*

Historique
Galerie Jolliet, Québec, 1977; acquis en 1977 (A-77.376-P).

Exposition
1978, Québec, Musée du Québec, *Mill 1973 à 1977.*

C'est en 1976 qu'apparaissent dans la peinture de Richard Mill les premières traces de ce qu'il conviendrait sans doute de nommer une «expression immédiate». Auparavant, l'artiste était surtout connu pour la qualité minimale systématique de sa production des années 1973-75.

Ici, avec le *Sans titre #15*, Mill introduit une toute première articulation interne fondée sur une économie qui consiste à exclure la richesse chromatique de ses palettes. Il obtient le premier terme d'un contraste, non pas en rejetant son pigment noir de la période précédente, mais en l'ouvrant à un jeu de valeurs. Il applique ensuite cette différenciation de valeurs à une mise en scène du geste qui dépose son pigment gris par-dessus un fond noir. Si le dépôt systématique, uniforme, en frottis obliques parallèles et en *drippings* participe encore à un programme globalisant, force est de reconnaître qu'il le fait à une différence qui valorise la touche comme indice de la facture.

Lucio de Heusch, 1946

263. *Peinture #5 (série Triangles)*, 1980

Marcel Jean, 1937

264. *No 487*, 1982

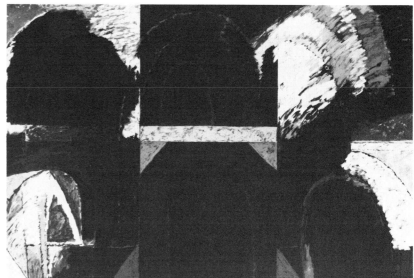

Acrylique sur toile, 183 × 244,3 cm

Inscription au verso: *Lucio de Heusch/1980/P. Number 5 (c)*

Historique
Acquis de l'artiste en 1980 (80.59).

Un des principaux représentants de la « jeune peinture » à Montréal, Lucio de Heusch confronte avec grande subtilité et en termes purement picturaux le discontinu et le continu. Dans un contexte où le gestuel représente le mode d'une continuité, la ligne droite est un élément d'un tout autre ordre, intrus d'autant plus insinuant que sa présence est dérivée. Son discontinu transparaît comme un fantôme à travers la gestualité répétitive de la surface, pour briser délicatement sa douce épaisseur.

De Heusch atteint par un réseau de valeurs finement ajustées l'effet d'une lumière subtilement interrompue par quelque chose d'encore plus cristallin et plus limpide qu'elle. Mais le

tout est intégralement sans trucage; tous les éléments sont là, disposés avec une économie rare.

La *Peinture #5* est particulièrement intéressante à cet égard. En fait, elle est le lieu d'un dédoublement: là où un triangle se dégage sur la partie supérieure d'un rectangle, ce même rectangle, ayant maintenant servi une fois de fond, se transmute à son tour en figure contre un fond qui s'étend jusqu'au cadre de l'oeuvre. Et comme pour souligner l'absence de valeurs du premier au troisième champ, de Heusch a superposé le bord supérieur de son triangle à celui de la figure du rectangle. Il en résulte, le long de cette ligne, la gamme de contrastes les plus forts du tableau; tous les autres sont inférieurs.

Enfin, que ce soit par espièglerie ou par un souci d'élégance, de Heusch rendant fragile la perfection de son dispositif, le raffine davantage encore par l'estompage graduel, à peine perceptible, du contraste rectangle/fond, à droite, en haut.

Acrylique sur toile, 340 × 510 cm

Historique
Acquis de l'artiste en 1982 (82.23).

Exposition
1982, Québec, Musée du Québec, *Marcel Jean 1977-1982*, repr. p. 32.

Cette toile monumentale dont le Musée du Québec a fait l'acquisition, à la suite de la grande exposition consacrée à Marcel Jean en 1982, est une sorte de chronique de l'aventure même de peindre.

Aux six panneaux qui composent un tableau unique correspond la suggestion de six variations sur une figure arquée en plein cintre. Mais le spectateur reconnaîtra aussitôt que l'identité d'un arc « originel » fait autant problème que n'en pose la correspondance de chaque manifestation d'une variation à un panneau. En effet, ces figures busquées, d'une architectonicité imprécise et problématique, débordent d'outre en outre les cases qui semblent leur avoir été allouées, ne laissant plus de place à un énoncé sans équivoque du thème. C'est que l'antériorité motrice de la figure en série est un effet de sens qui se laisse insérer le long du parcours du regard, dans une analogie à l'acte de peindre, qui, chez Marcel Jean, n'est jamais l'exécution d'un thème préconçu ou prédéterminé.

Voilà à la fois, l'aventure et la profonde sincérité de cet artiste de Québec, pour qui le conceptuel n'a droit de cité qu'en mouvement, dans la *praxis* qu'est pour lui la peinture.

Armand Filion, 1910
265. *Torse de femme nue*, 1940

Louis Archambault, 1915
266. *L'appel*, 1946

Louis Archambault, 1915
267. *Tête en forme de naja*, 1948

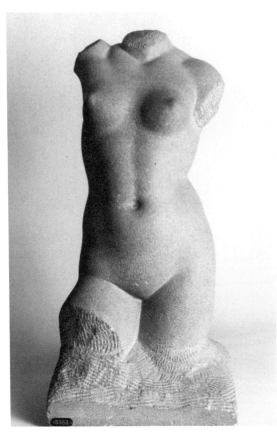

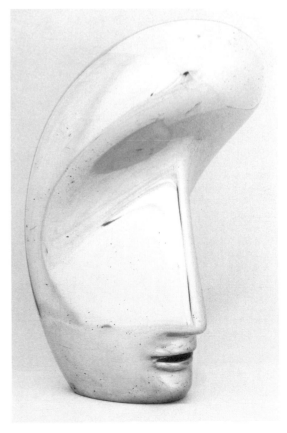

Pierre de l'Indiana, 62,5 cm

Signé et daté en arrière à gauche : *Filion 40*

Historique
Acquis de l'artiste en 1944 (A-44.61-S).

Exposition
1952, Québec, Musée de la province de Québec, *Exposition rétrospective de l'art au Canada français*, nº 412.

Bibliographie
CHICOINE, *Armand Filion sculpteur*, L'association des sculpteurs du Québec, repr. p. 54.

D'abord formé à l'école traditionnelle de la sculpture, selon les principes de la règle d'or, Armand Filion fait preuve d'un sens aigu de l'observation et d'une totale compréhension de la forme dans la réalisation de cette oeuvre qui constitue le chef d'oeuvre de sa première période, dite « naturaliste ». Maître de la taille directe, il façonne la pierre jusqu'à la transformer en une expression vivante de l'idéal de beauté féminine classique, jouant sur la qualité sensible du matériau révélée par les jeux possibles d'ombre et de lumière.

De plus, ce rappel des valeurs sculpturales classiques se base autant sur le jeu des volumes que par le sujet du nu lui-même. La suggestion dynamique qui s'en dégage est déterminée par la conception de sa forme en deux volumes relativement autonomes. Ainsi, le volume thoraxique s'élève du côté droit de la figure tandis que le volume pelvien trace un mouvement contraire qui le baisse à droite. Le déplacement axial qui en résulte, donne à la figure une pose en *contraposto* à partir de laquelle on imagine facilement l'engagement de la jambe gauche.

Terre cuite, 39,4 cm

Historique
Premier prix, concours artistiques de la province de Québec, section sculpture, 1948 (A-48.86-S).

Expositions
1947, Montréal, Dominion Gallery, *Louis Archambault and John Lyman*, nº 8 ; 1948, Québec, Musée de la province de Québec, *Concours artistiques de la province de Québec* ; 1952, Toronto, Art Gallery of Toronto, *Two Man Exhibition, Archambault and Pellan*, nº 3 ; 1958, Bruxelles, Pavillon canadien, Exposition universelle et internationale, *Exposition d'art canadien*, nº 2 ; 1959, Genève, Musée Rath, *Art contemporain du Canada*, nº 62 ; 1970, Montréal, Musée d'art contemporain et 1971, Paris, Musée Rodin, *Panorama de la sculpture au Québec 1945-1970*, nº 1 ; 1982, Ottawa, La Galerie nationale du Canada, *Les esthétiques modernes au Québec de 1916 à 1946*, nº 92, repr.

Malgré l'articulation de cette oeuvre en plusieurs éléments, son point le plus remarquable, ce par quoi le reste se trouve soumis à un rôle secondaire et préparatoire, est la béance démesurée qu'elle dessine. On reconnaît sans difficulté la forme de lèvres qui s'imprime à son pourtour et l'on assimile aussitôt leur ouverture à un cri désincarné. Avec *Tête en forme de naja*, cette oeuvre a valu à l'artiste, en 1948, le premier prix de sculpture aux concours artistiques de la province de Québec.

Bronze, 47,7 cm

Historique
Premier prix, concours artistiques de la province de Québec, section sculpture, 1948 (A-48.85-S).

Bibliographie
FAIRLEY, « What is wrong with Canadian art ? » automne 1948, repr. p. 27.

Expositions
1948, Québec, Musée de la province de Québec, *3ᵉ exposition du Concours artistique de la province de Québec* ; 1952, Québec, Musée de la province de Québec, *Exposition rétrospective de l'art au Canada français*, nº 409 ; 1952, Toronto, Art Gallery of Toronto ; 1958, Paris, Grands Magasins du Louvre, *Exposition de la province de Québec* ; 1959, Vancouver, Vancouver Art Gallery, *Les Arts au Canada français* ; 1961, Montréal, Institut des arts appliqués, *Exposition du 25ᵉ anniversaire*.

Signataire du manifeste *Prisme d'yeux*, Louis Archambault a jeté les premières assises du renouveau formel en sculpture au cours des années 1940. Ainsi, cette *Tête en forme de naja* au modernisme marqué a imposé aux goûts une conception non naturaliste de l'oeuvre sculpturale. Aucun élément anecdotique n'encombre la pureté de cette forme dépouillée et synthétisée. Archambault a donné au regard un traitement qui investit toute la figure, dont il préserve des éléments de référence, d'une grande intensité de sentiment : la ligne droite ponctue la masse bombée, le convexe rencontre soudainement le concave.

Armand Vaillancourt, 1932

268. *Arbre de la rue Durocher*, **1954-1955**

Robert Roussil, 1925

269. *Marianne*, **1960**

Bois d'orme, 576,2 cm

Historique
M. Bernard Janelle 1969-1976; Armand Vaillancourt, 1976; acquis de l'artiste en 1976 (A-76.268-S).

Bibliographie
Sinclair, « Sculptor Sitting 12 Feet Up Turns Elm Stump into Art », 19 juillet 1954; « Sculpture pour Montréal », *La Tribune*, 28 mai 1955, ill.; « Sidewalk spectacle », *The Gazette*, 29 juillet 1954; « Sculptural Explosions », *Time*, 22 décembre 1961, ill.; Thériault, « San Francisco adopte Vaillancourt et son jet d'eau », 19 août 1967, ill. p. 19; Robert, 1973, p. 229, repr.; « Armand Vaillancourt vend son arbre $26,000 », *Photo-Journal*, 22 au 28 août 1976, p. 7, ill.; Maître, « 20 ans après Armand Vaillancourt reçoit $26,000 pour son premier chef d'oeuvre », p. 1 repr.; Nixon, « Sculptor's tree finally comes to rest », 30 octobre 1976.

Après *La Famille* de Robert Roussil en 1949, l'*Arbre de la rue Durocher* constitue le second événement majeur qui sonna l'éveil de la conscience politique et esthétique de la nouvelle sculpture au Québec. Dans un geste public engagé, exécuté entre 1954 et 1956, Vaillancourt a insufflé une dimension plastique à cet élément naturel, condamné à la destruction, lui donnant une nouvelle signification, une seconde vie. Respectant la monumentalité et la forme organique de la structure, il creuse la matière pour en dégager la beauté formelle, tout en y inscrivant sa marque de créateur. De massif, réaliste et anonyme qu'il était, l'arbre devient structure unique de pleins et de vides, à la limite de l'abstraction et de la figuration, symbole de récupération de l'énergie vitale sans cesse renouvelée.

Cet arbre-sculpture demeura sur la rue Durocher à Montréal jusqu'en 1969, au moment où il fut vendu à M. Bernard Janelle qui, en 1970, le plaça à l'entrée du Pavillon des Brasseries à Terre des Hommes. Par la suite, M. Janelle le transporta près de la brasserie le Gobelet, rue Saint-Laurent, où il est resté jusqu'en 1976. À la suite d'un acte de vandalisme, Vaillancourt l'a racheté puis revendu la même année au Musée du Québec.

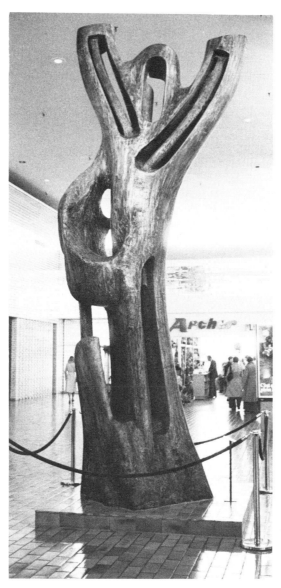

Bois de cyprès, 222,2 cm

Historique
Acquis de l'artiste en 1964 (A-64.3-S).

Expositions
1970, Montréal, Musée d'art contemporain et 1971, Paris, Musée Rodin, *Panorama de la sculpture au Québec 1945-70*, n° 73, repr.; 1974, Montréal, Pavillon du Québec, Terre des Hommes, *Les arts du Québec*, n° 43.

Bibliographie
Le Musée du Québec, 1978, repr. p. 110.

Avec Armand Vaillancourt, Robert Roussil a largement contribué au renouveau de la sculpture sur bois au cours des années cinquante. Exploitant les qualités expressives de la matière, il a cherché à en dégager un système organique où la robustesse n'avait d'égal que la monumentalité.

Sur le thème du couple, il a exécuté une série d'oeuvres d'abord figuratives, dont la première fut *la Famille*, en 1949, et qui devinrent de plus en plus abstraites, se résumant à une imbrication de formes souples, accentuant ainsi le caractère érotique de la composition.

Dans *Marianne*, Roussil met l'accent sur les multiples contrastes et oppositions en les soumettant néanmoins à l'harmonie d'un mouvement fluide et continu. Là où la figure mâle est la plus élancée et la plus longue, c'est la figure femelle, ramassée et massive, qui occupe le sommet de la composition et qui, de ce fait, la domine. L'inclinaison des deux têtes contribue à renforcer davantage l'axe d'une composition déjà fortement axiale, tout en lui prêtant la douceur d'un sentiment quelque peu rare dans l'art de 1960.

Françoise Sullivan, 1925

270. *Chute concentrique*, 1962

Armand Vaillancourt, 1932

271. *Bronze rouge*, 1963

Fer, 133,3 × 101 cm

Signé en bas à droite: *F. Sullivan*

Historique
Premier prix, concours artistiques du Québec, section sculpture, 1963 (A-63.132-S).

Expositions
1963, Québec, Musée du Québec, *Concours artistiques de la province de Québec*; 1981, Montréal, Musée d'art contemporain, *Françoise Sullivan Rétrospective*, n° 28, repr.

Bibliographie
Collections des Musées d'État du Québec, 1967, ill. 87.

Françoise Sullivan est venue à la sculpture par un cheminement à la fois diversifié et constant, à la recherche des valeurs fondamentales de l'existence humaine. D'abord reconnue comme peintre, au début des années quarante, elle participa à plusieurs expositions dont *Les Sagittaires*, à la *Dominion Gallery* en 1943. Elle avait rencontré Borduas en 1941 et elle se joignit au groupe qui se réunissait le « mardi soir » à l'atelier du maître. À partir de 1945, elle pratiqua de façon régulière la danse et la chorégraphie, qu'elle perfectionna à New York à l'atelier de Franziska Boas, dont l'enseignement était basé sur l'expression libre du mouvement naturel du corps. De retour à Montréal, elle créa successivement, en 1948, deux chorégraphies, *Dédale* et *Danse dans la neige*, illustrant les propos qu'elle tenait dans sa conférence intitulée « La Danse et l'espoir » dont le texte fut intégré au manifeste *Refus Global*: Sullivan insistait sur l'apport de l'inconscient en tant que source de l'énergie vitale qui détermine l'intensité de nos gestes et la qualité de nos attitudes.

Cette approche intuitive et sensible de la danse, Sullivan l'a projetée dans sa pratique sculpturale au cours des années soixante. Perfectionnant sa technique auprès d'Armand Vaillancourt et de Louis Archambault, elle identifia très rapidement sa manière par une simplification formelle, portant l'accent sur l'expression du rythme et du mouvement virtuel des formes. Dans *Chute concentrique*, l'énergie semble ainsi émerger de l'intérieur même de l'objet; elle gravite le long de l'axe frontal vertical pour se déployer dans toute sa force à son extrémité, et ensuite retomber sous formes d'éléments géométriques plans, en un cours que la gravité surdétermine. Certains volumes sont disloqués par rapport aux cernes brisés, ce qui rend d'autant plus convaincant l'effet de mouvement des corps.

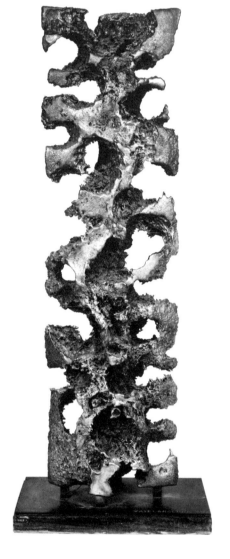

Bronze coulé, 132,8 cm

Signé et daté en bas à droite: *Vaillancourt 63*

Historique
Troisième prix, concours artistiques de la province de Québec, section sculpture, 1963 (A-63.134-S).

Expositions
1963, Québec, Musée du Québec, *Concours artistiques du Québec*; 1967, Ottawa, Galerie nationale du Canada, *Trois cents ans d'art canadien*, n° 332, repr.

Bibliographie
Collections des Musées d'État du Québec, 1967, ill. 96.

Travaillant ici au bronze, Vaillancourt épouse une démarche organique qui se situe à l'opposé de l'explosion virtuelle qui caractérisera, quelques années plus tard, la réalisation de son *Hommage au tiers-monde* (n° 279). En effet, même si l'artiste fait déjà preuve ici d'une maîtrise des textures rugueuses, il n'en reste pas moins que les vides qui caractérisent cette oeuvre sont contenus, comme des cellules, à l'intérieur de la masse originelle. Les pleins qui en résultent ne s'étendent jamais au-delà d'un axe prédéterminé et leurs extrémités dessinent la verticalité rigoureuse d'une paroi.

John Nesbitt, 1928

272. *Sans titre*, 1964

Bronze et pierre, 193 cm

Signé en bas à droite : *Nesbitt*

Historique
Premier prix, concours artistiques du Québec, section sculpture, 1964 (A-64.61-S).

Expositions
1964, Québec, Musée du Québec, *Concours artistiques du Québec 1964* ; 1966, Shawinigan, Hôtel de ville.

Bibliographie
LAMY, « Les concours artistiques de la Province », 30 janvier 1965, p. 23.

Cette oeuvre, qui mérita à John Nesbitt le premier prix de sculpture aux concours artistiques du Québec, est la manifestation d'une éclosion verticale, où s'ajoute à l'assemblage en bronze et pierre un jeu à la fois riche et complexe de la lumière. La pierre s'incruste comme pour se protéger dans la section supérieure de l'oeuvre, tandis que la diversité des textures des surfaces en bronze lui sert de mise en scène.

Charles Daudelin, 1920

273. *Espace du dedans*, 1964

Bronze, 28 × 15,2 × 33 cm

Signé et daté en bas sur le côté droit : *O   64*

Historique
Deuxième prix, concours artistiques du Québec, section sculpture 1964 (A-64.62-S).

Expositions
1964, Québec, Musée du Québec, *Concours artistiques du Québec 1964* ; 1966, Toronto, Art Gallery of Toronto, *Semaine française à Toronto* ; 1974, Montréal, Musée d'art contemporain, *Charles Daudelin*, n° 73.

Bibliographie
LAMY, « Les concours artistiques de la Province », 30 janvier 1965, p. 23.

En 1946, boursier du gouvernement français, Charles Daudelin travailla la peinture et la sculpture aux ateliers de Fernand Léger et de Henri Laurens. Formé à l'art du traitement des masses par l'articulation harmonieuse des volumes, il réalisa à la fin des années quarante des sculptures aux formes épurées et stylisées qui le situent au même plan que Louis Archambault comme promoteur d'un nouveau langage formel.

Après un arrêt d'environ dix ans, Daudelin reprit la pratique de la sculpture, s'intéressant tout particulièrement au problème du traitement de l'intériorité de l'objet *versus* celui de la masse extérieure apparente. Dans *Espace du dedans*, référence directe à cette problématique, c'est à travers des « fenêtres » pratiquées dans des facettes texturées mais relativement dénuées que le spectateur participe à l'événement théâtral des formes en relief. Le résultat est une oeuvre où le visuel domine, l'espace des formes saillantes étant à part et physiquement impénétrable. En articulant des points de vue cardinaux, Daudelin tient simultanément son spectateur en marge.

Ivanhoé Fortier, 1931

274. *Fouta-toro no 3*, vers 1965

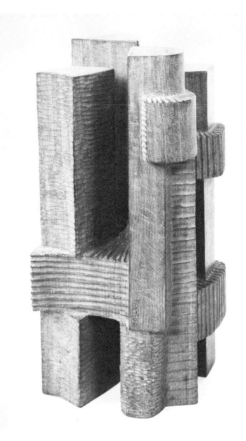

Acajou, 61,3 cm

Signé sur une tige verticale : *Fortier*

Historique
Acquis de l'artiste en 1971 (A-72.1-S).

La recherche d'Ivanhoé Fortier, au cours des années soixante, est axée sur l'exploitation maximale des possibilités de la matière en tant que révélatrice des idées et des images de l'inconscient que projette l'artiste à travers son processus de création. Confronté à la résistance du matériau, bois, fer, pierre, il le façonne et l'ordonne jusqu'à l'obtention de l'objet désiré et permis.

Dans *Fouta-toro n° 3*, Fortier a pratiqué des fentes profondes dans un bloc d'acajou, de manière à en faire saillir une composition architecturale à quatre volumes verticaux. Ils sont visuellement ramassés et rassemblés par des sections de tambours cannelés et c'est ce regroupement qui prolonge dans la vie de l'oeuvre une référence au bloc originel.

Pierre Heyvaert, 1934-1974
275. *Éclosion*, 1965

Yves Trudeau, 1930
276. *L'oeuf cosmique*, 1965

Orme teinté acajou et noir, 44,3 × 92 cm

Signé au bas au centre : *Heyvaert*

Historique
Acquis de l'artiste en 1966 (A-66.161-S).

Bibliographie
Atelier de Diffusion et de Documentation en art contemporain, *Pierre Heyvaert sculpteur*, repr. p. 23 ; ROBILLARD, « Pierre Heyvaert », été 1966, p. 75-76, repr.

D'origine belge, Pierre Heyvaert s'est installé au Québec en 1957 et il intégra très rapidement les rangs de la sculpture québécoise, organisant plusieurs expositions collectives et itinérantes. En 1964, il devint membre de l'Association des Sculpteurs du Québec dont il fut le président de 1967 à 1972. En 1965, il représenta le Canada à *Forma Viva*, symposium international de sculpture tenu à Kostanjevica en Yougoslavie.

Son approche de la sculpture sur bois s'identifie quelque peu à celle de Roussil et de Vaillancourt, et cherche à dégager la forme expressive inscrite dans la matière. Considérant son matériau dans sa globalité, il l'attaque à la scie mécanique, créant des entailles profondes selon un rythme régulier de façon à bien identifier les volumes aux arêtes vives et ainsi obtenir, par une articulation en zig-zag, une illusion de dématérialisation de l'objet sous l'effet du jeu vibrant des ombres et des lumières, des pleins et des vides. Par la présence impérieuse de la masse, *Éclosion* demeure toutefois l'expression d'un volume en expansion où le matériau garde l'essentiel de sa chaleur.

Bronze, 48,6 cm

Signé sur la base à droite : *Y. Trudeau*

Historique
Don de l'École des beaux-arts de Québec, 1970 (G-70.277-S).

Bibliographie
ROBERT, *Yves Trudeau sculpteur*, p. 38 ; SPITERIS, « Yves Trudeau face au fait plastique », été 1968, ill. 6.

Président fondateur de l'Association des Sculpteurs du Québec de 1961 à 1965, Yves Trudeau se définit en tant qu'artiste comme un témoin de son temps, de sa civilisation. En ce sens, il élabore au cours des années soixante un oeuvre sculptural en quête de la définition d'un espace cosmique, où à la logique de la continuité vient se greffer la poétique de l'imaginaire qui fait de l'objet-sculpture un symbole de l'activité humaine actuelle et en devenir.

Une qualité précieuse, voisine de l'atmosphère qui entoure la révélation d'un secret, émane de cette construction singulière qu'est *L'oeuf cosmique*. Deux formes ovoïdes sont soudées l'une dans l'autre, quoiqu'elles demeurent séparées par l'enveloppe d'air qui passe entre elles. La surface polie de la forme imbriquée illumine par réfraction la paroi intérieure de son contenant pour instaurer un jeu lumineux qui tend à se dérober au regard.

Ulysse Comtois, 1931
277. *Torse*, 1965

Ivanhoé Fortier, 1931
278. *Amitiés*, 1966

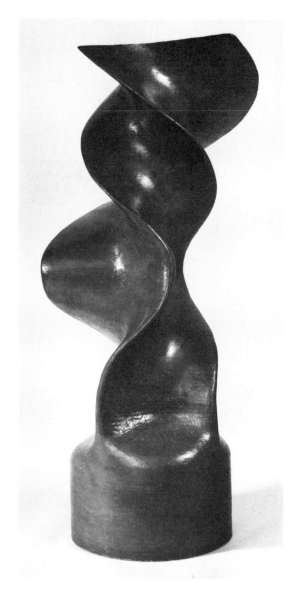

Bois laminé, 147, 5 × 50 cm

Signé et daté sous la base : *Ulysse Comtois / 1965*

Historique
Deuxième prix, concours artistiques du Québec, section sculpture, 1965 (A-65.141-S).

Expositions
1965, Québec, Musée du Québec, *Concours artistiques du Québec 1965* ; 1966, Paris, Galerie Edouard Smith ; 1983, Montréal, Musée d'art contemporain, *Ulysse Comtois 1951-1982*, n° 78, repr.

Issu du groupe des Automatistes, puis apparenté à l'esthétique sctructuraliste des Plasticiens, Ulysse Comtois a produit en 1965, à partir d'empilement d'éléments sur un axe, cette variation complexe sur une forme en spirale. Pour traduire la netteté de son concept, il a eu recours à un traitement lisse de la surface monochrome de son matériau, sans pour autant oblitérer toute trace de facture. De même, Comtois ne fait aucune concession à la joliesse dans sa manière d'imposer une limite supérieure. Une fois que le jeu spiral a atteint le sommet de son développement vertical, il le coupe sans aucun effet de gradation, emprisonnant ainsi son élan dynamique unique à l'intérieur de la forme.

Fer, 79 × 71 cm

Signé en bas à gauche : *Fortier*

Historique
Prix, concours artistiques du Québec, 1966 (A-66.97-S).

À la différence de ce *Fouta-toro n° 3* (n°274) que Fortier a faconné par un processus purement soustractif, *Amitiés* est une construction de pièces en fer qui gardent, dans la composition qu'elles articulent, le souvenir de leur autonomie. Chacune d'elles surmonte sa planéité originelle en participant à la diversité des orientations qui esquissent finalement un volume.

Armand Vaillancourt, 1932

279. *Hommage au Tiers-monde*, 1966

Raymond Mitchell, 1942

280. *Forkoffer*, 1968

Fonte, 122 × 213,3 × 152,4 cm

Historique
Acquis de l'artiste en 1975 (A-75.28-S).

Dans son éloquent et puissant *Hommage au tiers-monde*, Armand Vaillancourt s'est servi des qualités rugueuses de la fonte pour réaliser une masse expressive à la fois déchirée et violente. Malgré la suggestion de forces surhumaines qui semblent avoir agi sur l'oeuvre, celle-ci demeure une présence cohésive et entière. Sa victoire, dirait-on, est consécutive à sa résistance.

Acier peint, 73 × 57,2 × 34,4 cm

Historique
Prix, concours artistiques du Québec, 1968 (A-69.346-S).

Expositions
1968-1969, Québec, Musée du Québec, *Concours artistiques du Québec 1968*; 1970, Montréal, Musée d'art contemporain et 1971, Paris, Musée Rodin, *Panorama de la sculpture au Québec 1945-1970*, n° 55, repr.

Bibliographie
ROBERT, 1973, repr. p. 252

Terminant ses études à l'École des beaux-arts de Montréal en 1966, Raymond Mitchell est issu de cette génération d'artistes qui, à cette époque, se sont intéressés à la dynamique du mouvement, construisant des assemblages d'aspect mécanisé, et interprétant à leur façon la leçon de Calder.

Mitchell convoque ici le spectateur à un jeu à la fois ordonné et hétéroclite de disques et de panneaux qui ont pour seule fonction de se dresser au regard. Les panneaux suggèrent une boîte qui s'ouvre sur l'activité joyeuse et gratuite des disques tournants.

Pierre Heyvaert, 1934-1974

281. *Equatria 21*, 1970

*Voir reproduction en couleurs,
section centrale, p. (32)*

Yves Trudeau, 1930

282. *Mur ouvert et fermé no 20*, 1970

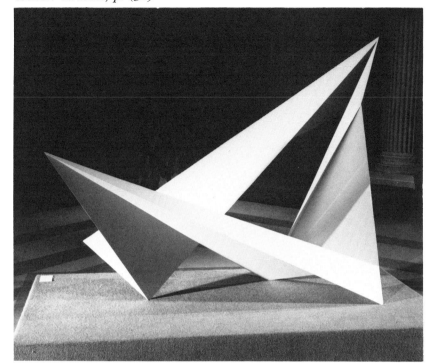

Acier peint, 158 × 80 × 224 cm

Historique
Mme Thérèse Vachon, Montréal 1980 ; acquis en 1980
(80.67).

Exposition
1970, Montréal, Musée d'art contemporain, *Pierre
Heyvaert*.

Après sa participation au Symposium international de Québec en 1966, Pierre Heyvaert fit sa
première pièce de métal pour le bassin du
Pavillon du Québec à Expo 67. Ce fut un point
tournant dans l'évolution de son art : la forme
n'était plus dégagée de la masse, mais bien
construite selon un concept original qui n'avait
plus à se soumettre, au départ, à la réalité
objective du matériau originel.

Poursuivant donc cette idée de la composition
par la structure même de l'objet, l'artiste abandonne l'exploitation des volumes pleins pour

s'intéresser davantage à l'articulation des plans
réels et fictifs par un jeu spatial subtil de pleins
et de vides, d'ombre et de lumière, à l'intérieur
d'une forme cohérente, triangulaire.

Ainsi les incisions qui, dans *Éclosion* (no 275),
n'avaient pas transpercé la masse et qui l'avaient
même de ce fait soulignée, sont devenues par la
suite, comme dans *Equatria 21*, l'essence de
l'oeuvre, au point où le volume se réduit à un
souvenir, à l'ombre d'une référence tout juste
suffisante pour circonscrire un vide et le rendre
positif.

Pierre Heyvaert a eu le temps, dans une vie
tragiquement écourtée, de faire évoluer son
projet à un stade où une économie de moyens
plastiques finement aiguisée l'a conduit enfin à
un rayonnement de plus en plus étendu de la
forme dans la lumière.

Acier soudé et peint, 178 × 231,2 cm

Signé et daté : *Y.T. 70*

Historique
Galerie de Montréal, Montréal, 1971 ; acquis en 1971
(A-71.75-S).

Exposition
1970, Québec, Musée du Québec, *Sculptures récentes
d'Yves Trudeau*.

En 1969, Yves Trudeau participa au Symposium
international de sculpture d'Ostrava, en Tchécoslovaquie, exécutant une grande oeuvre de
métal qui s'intitulait *Open and Close Wall for
Peace no 16*. Cette sculpture d'une symbolique
évidente à l'égard de son contexte historique et
social, constitua en quelque sorte le point de
départ d'une série où l'artiste allait pousser à
l'extrême sa recherche tangible de l'espace.

Dans *Mur ouvert ou fermé no 20* de 1970,
Trudeau reprend le concept de la forme repo-
sant sur trois points. Déjà utilisé dans les oeuvres du début des années soixante, ce concept
souligne l'aspect mobile de la masse déposée.
Quant au caractère apparemment minimaliste
de cette oeuvre, dû au dépouillement de son
langage plastique, il est rapidement annihilé par
l'engagement du spectateur : par le processus
de la perception, celui-ci participe à la dialectique du dehors et du dedans, de l'espace clos et
de l'espace ouvert, accordant ainsi à l'objet une
dimension positive de quantificateur de l'espace environnant.

Henry Saxe, 1937

283. *Another Standard*, 1980

Voir reproduction en couleurs,
section centrale, p. (33)

Michel Goulet, 1944

284. *Odd Ends*, 1980

Acier, 35 × 143 × 136 cm

Historique
Galerie Gilles Gheerbrant, Montréal 1980; acquis en
1980 (80.65).

Exposition
1980, Montréal, Galerie Gilles Gheerbrant, *Henry
Saxe sculptures et dessins récents.*

Un des principaux instigateurs de la redéfinition du langage formel et spatial de la sculpture
dans les années soixante-dix, et ce, au même
titre que les Roussil, Vaillancourt, Daudelin et
Archambault il y a vingt ou trente ans, Henry
Saxe s'avère être un « classiciste » dont les
compositions, comparables à des natures mortes, transcendent par leur cohérence nuancée
l'aspect modeste de leur matériau. Dans *Another Standard*, l'artiste a monté un ensemble si
délicatement équilibré entre la masse et la
brèche, entre le plan et le volume, entre la
section et l'incision, que l'existence autonome
des parties devient inconcevable. Dans sa lente
progression du sol avec lequel elle demeure en
rapport plastique intime, la composition d'Henry Saxe s'ouvre à une synthèse de la rigueur
géométrique et d'une finesse formelle émou-
vante.

Acier peint, 61 × 396 × 61 cm

Historique
Galerie Jolliet, Québec; acquis en 1980 (80.68).

Exposition
1980, Montréal, Musée d'art contemporain, *Michel
Goulet et Louise Robert*, n° 2 repr.

L'oeuvre de Michel Goulet s'inscrit dans le nouveau courant des années soixante-dix, qui redéfinit le langage sculptural en des termes qui
renvoient à l'autonomie et à l'intégrité du matériau. Ainsi, les bandes d'acier conservent, dans
la composition de cette oeuvre, la forme industrielle qui leur a été donnée à l'usine. L'artiste
les a introduites dans une structure en treillis
double, sorte de clôture fendue dans sa minceur et ouverte en brèche. Les entrebaillements
de la composition sont d'autant plus significatifs
qu'ils confèrent à l'ensemble une légèreté d'aspect qui nie, par une réduction de la masse de
l'objet, le poids de son matériau.

Claude Mongrain, 1948

285. *Construction aube*, 1980

Béton blanc et fil métallique,
60,9 × 213,4 × 274,3 cm

Historique
Acquis de l'artiste en 1982 (82.59).

Exposition
1980, Ottawa, Galerie nationale du Canada, *Pluralités/1980/Pluralités*, n° 35.

Les compositions de Claude Mongrain semblent typiquement dépasser la somme des décisions arbitraires d'un homme. Leurs éléments, cylindres, poutres et feuilles de béton blanc, se disposent comme des ruines selon une organisation spatiale à l'aspect provisoire et sensuel, dans une atmosphère hors du temps. De sa périphérie, le spectateur en fait le tour dans une promenade métaphorique scandée par les multiples brisures dans la continuité de la composition.

Dessins et estampes

La collection de dessins et d'estampes du Musée du Québec illustre la production de la plupart des artistes importants dans les modes, techniques et styles variés qui ont marqué l'histoire de l'art au Québec.

L'art du dessin est bien représenté dans la diversité des moyens d'expression, croquis, études, esquisses, dessins de présentation ou dessins autonomes, comme dans la variété des techniques: fusain, mine de plomb, sanguine, pierre noire et craies, pastels, aquarelle et encres, plumes et lavis. Les estampes tiennent une place importante avec leurs techniques en creux (pointe sèche, burin, eau-forte), les techniques en relief (bois, linoléum et pierre gravés) et les techniques en aplat, lithographies et sérigraphies.

À l'ouverture du Musée en 1933, le fonds initial comptait déjà trois cent quatre oeuvres sur papier: des pastels et fusains de Suzor-Côté, des eaux-fortes de Clarence Gagnon, des mines de plomb et des sanguines de Charles Huot, des aquarelles d'Horatio Walker, des plumes et des lavis d'Henri Julien et des lavis de Massicotte. La collection s'enrichit ensuite par des acquisitions et des dons dont certains très importants: entre autres, le fonds Napoléon-Bourassa, obtenu en 1941, comprend près de 400 oeuvres et le fonds Herbert-Raine, en 1950, contient 162 dessins à la mine de plomb.

La fin du XVIIIe siècle et le début du XIXe sont représentés par des oeuvres de Baillairgé, Beaucourt, Berczy, de Heer, Dulongpré, et de peintres militaires comme Hervey Smith, Richard Short, Cockburn. Le XIXe siècle, par des oeuvres de Duncan, Joseph Légaré, Plamondon, Hamel, Bourassa; puis la fin du XIXe siècle et début du XXe par celles de Brymner, Walker, Huot, Julien et Suzor-Côté, pour ne nommer que ces artistes dont les oeuvres forment le noyau de la collection.

Avec le retour de Pellan, en 1940, coïncide une cristallisation de tendances diverses: le fauvisme, le cubisme, l'automatisme, l'abstraction lyrique et géométrique. La collection s'augmente alors d'oeuvres de Lyman, Pellan, Fortin, De Tonnancour, Roberts, Dallaire, Borduas, Gauvreau, Dumouchel, Lacroix, Savoie, etc. L'art actuel manifeste un regain d'intérêt pour les oeuvres sur papier; l'apparition de nouvelles techniques, surtout pour l'estampe, et les recherches des jeunes artistes sur l'écriture et les effets graphiques concourent à un renouvellement considérable et suscitent un intérêt que le Musée s'applique à bien refléter dans ses collections.

Ces oeuvres projettent sur l'oeuvre des artistes un éclairage inédit et souvent surprenant. Leur caractère particulièrement intimiste nous fait pénétrer au coeur même de l'activité créatrice, révélant le cheminement de l'idée, la genèse technique et souvent même la personnalité de l'artiste aux prises avec les divers choix qui s'offrent à lui.

Guy Paradis
Conservateur, dessins et estampes

François Malepart de Beaucourt
(attr. à), 1740-1794

286. *Portrait de P. Panet*

François Baillairgé, 1759-1830

287. *Homme vu de dos,
tenant un fouet,* vers 1781

Louis-Chrétien de Heer, 1760-avant 1808

288. *Portrait du curé David-Augustin
Hubert,* vers 1785-1790

Pastel, 51 × 39,5 cm

Signé au dos, en haut à gauche: *P. Panel/par F.M.
de B.*

Historique
Coll. Bernard Desroches, Montréal; acquis en 1967
(A-68.7-d).

Exposition
1977, Québec, Musée du Québec, *L'Art du Québec
au lendemain de la Conquête (1760-1790)*, nᵒ 15,
repr.

Bibliographie
MAJOR-FRÉGEAU, 1979, p. 88-89, ill. 24.

Né à Laprairie en 1740, de Beaucourt commença ses études d'art avec son père Paul Beaucourt. Il les poursuivit en France, particulièrement à Bordeaux avec Joseph Camagne dont il
épousa la fille. Membre de l'Académie de peinture, sculpture et architecture civile et navale de
Bordeaux, il visita la Russie et voyagea en Europe avant de revenir au Canada après plusieurs
années d'absence. Au Québec, il exécuta plusieurs peintures pour diverses églises et peignit
également plusieurs portraits de commande
pour les familles en vue.

Dans ce portrait chatoyant où le dessin classique est rehaussé par la somptuosité du pastel,
le rendu de la fourrure, des tissus et des carnations donne au personnage une présence singulière et fascinante. La physionomie est bien
observée, l'anatomie du visage bien comprise,
la pose aisée et l'expression dégagée avec beaucoup de sensibilité.

Sanguine sur papier, 60,5 × 45,5 cm

Historique
Mᵐᵉ Victor Baillairgé, Trois-Rivières; acquis en 1975
(A-75.242-d).

Exposition
1975, Québec, Musée du Québec, *François Baillairgé
et son oeuvre (1759-1830)*, nᵒ 17, repr.

François Baillairgé est né à Québec en 1759.
D'abord élève de son père Jean Baillairgé, char-
pentier, sculpteur et architecte, il va se perfectionner à l'Académie Royale de Peinture et de
Sculpture de Paris en 1779.

De retour à Québec en 1781, il y ouvre un
atelier. Architecte, sculpteur et peintre, il introduit chez nous les principes du style Louis XVI;
il réalise également des miniatures et des portraits au pastel. Il a formé plusieurs élèves et
apprentis.

Cette étude a été faite d'après une planche
didactique alors que Baillairgé était élève à
l'Académie Royale de Peinture et de Sculpture
de Paris. Le personnage représenté fait partie
du *Martyre de Saint André* peint par Domenico
Ciampelli pour l'église du Gesù, à Rome. Ce
type d'exercices très poussés était de rigueur
dans les académies.

Pastel sur papier collé sur toile,
52,2 × 36,8 cm

Historique
Dʳ et Mᵐᵉ Yves Gadbois, Deauville; acquis en 1978
(A-78.374-d).

Exposition
1967, Sherbrooke, Galerie d'Art de l'Université de
Sherbrooke, *Arts du Pays*.

Louis-Chrétien de Heer serait né à Guebwiller
(Alsace). Il a fait la navette entre Montréal et
Québec où il s'annonçait comme peintre de
portraits à l'huile et au pastel, et comme paysagiste. Il donnait également des leçons. On lui
connaît quelques tableaux religieux réalisés
pour des églises de la région de Montréal. La
plupart des tableaux qu'il a peints sont des
portraits de militaires ou d'ecclésiastiques.

Portrait dépouillé et sans flatterie, cette oeuvre
dénote une observation soutenue grâce à laquelle ressortent les traits physiques et moraux
de cet ecclésiastique. Sur un fond de tenture
sommairement esquissée, le visage au modelé
schématique nous livre un regard insistant, bon
et tranquille, et un sourire retenu. Le torse aux
épaules tombantes révèle un homme solide
dans une pose aisée, tandis que l'habit noir,
sans lumière ni modelé, nous ramène au visage
qui retient toute l'attention.

François Baillairgé, 1759-1830

289. *Portrait d'homme*, 1792

Voir reproduction en couleurs, section centrale, p. (34)

Louis Dulongpré, 1754-1843

290. *Portrait de François Noiseux*, 1796

Voir reproduction en couleurs, section centrale, p. (35)

François Baillairgé, 1759-1830

291. *Le repentir de Saint Pierre*, vers 1798

Sanguine sur papier, 14,5 × 11,1 cm

Signé et daté en haut à gauche: *F.ʳ B. Quebec 1792*

Historique
Coll. Bernard Desroches, Montréal; acquis en 1967 (A-67.202-d).

Exposition
1975, Québec, Musée du Québec, *François Baillairgé et son oeuvre (1759-1830)*, n° 27, repr.

Cette petite sanguine chaleureuse est empreinte d'une méditation sereine. La technique large et sobre appliquée dans le rendu du décor ambiant se fait plus fine quand il s'agit de préciser les détails de la tête et de la main de l'homme. Le dessin classique et enlevé donne au visage beaucoup de finesse.

Pastel sur papier (collé sur toile), 36,5 × 28,8 cm

Inscription au verso: *François Noiseux, fils D'etienne Noiseux et De marie Jeanne Malet né à Sᵉ Foi Proche Quebec le 8 février 1729. Marié à charlesBourg le 14 janvier 1748. Peint par M. Louis Dulongpré Le 29 Juillet 1796*

Historique
Jean Nolin, Montréal; acquis en 1978 (A-78.84-d).

Dulongpré est né à Saint-Denis, près de Paris, où il y fit des études d'art. Il se rendit aux États-Unis en 1778, à l'occasion de la guerre d'Indépendance. À la fin de la guerre, il s'établit à Montréal où il poursuivit une carrière militaire (il fut capitaine au 3ᵉ bataillon de Montréal jusqu'en 1828) tout en exerçant le métier d'artiste. Il travailla avec François Baillairgé et peignit de nombreux portraits à l'huile ainsi que des pastels et des miniatures pour les familles bourgeoises.

Le portrait de François Noiseux est vif et coloré. La physionomie pétillante du personnage, l'oeil moqueur, le cheveu fin, le jabot et la veste sont rendus avec recherche et habileté. Ce pastel est l'oeuvre pleine de fraîcheur d'un observateur fin et d'un bon portraitiste.

Encre et aquarelle sur papier, 35 × 25,4 cm

Inscription en haut à gauche: *Mʳ Baillairgé del vers 1840* (probablement d'une autre main).

Historique
Mˡˡᵉ Noémie Baillairgé, Québec; acquis en 1959 (A-59.76-d).

Exposition
1975, Québec, Musée du Québec, *François Baillairgé et son oeuvre (1759-1830)*, n° 30, repr.

L'aquarelle a été mise aux carreaux et devait être un dessin préparatoire, peut-être pour un tableau qui se trouve à l'église de Saint-Pierre de Montmagny, que Baillairgé a peint en 1798. Le thème iconographique provient sans doute d'une gravure du temps.

William Von Moll Berczy, 1744-1813

292. *Portrait de Louis Ranvoyzé,*
       vers 1800

William Von Moll Berczy, 1744-1813

293. *Portrait d'homme,* vers 1800

William Von Moll Berczy, 1744-1813

294. *L'Honorable Dominique Debartcz,*
       vers 1805

Pastel sur papier, 22,5 × 17,8 cm

Historique
Madame Lyse Saint-Hilaire, Québec; acquis en 1982 (82.12).

Né en Saxe, Berczy émigra à New York et ensuite dans le canton de Markham, près de Toronto. Il avait beaucoup voyagé en Europe, et notamment en Italie de 1785 à 1790 où proba-blement il s'initia à l'art. Il se fait connaître comme portraitiste et vit entièrement de son art après 1805. Il peint des miniatures sur ivoire, travaille à l'huile et au pastel pour des portraits et des évocations historiques.

Fils du célèbre orfèvre québécois François Ran-voyzé, le jeune Louis, alors âgé de seize ou dix-sept ans, apparaît de profil et pose dans le costume des étudiants du Séminaire de Qué-bec, redingote bleue et ceinture fléchée. Le profil décidé, rendu sobrement en tons neutres de pastel, confère à ce médaillon tout l'intérêt du genre.

Pastel sur papier, 22,4 × 20 cm

Historique
Coll. Jean Soucy, Québec; acquis en 1979 (79.112).

Pastel sur papier, 20,7 × 18 cm

Historique
Coll. Jean Soucy, Québec; acquis en 1981 (81.15).

Ces pastels représentent bien le genre « petit portrait » de profil qui a connu une grande vogue à la fin du XVIIIᵉ siècle et au début du XIXᵉ. Ces portraits présentés comme un médail-lon ovale ont intéressé plusieurs artistes de cette époque et particulièrement Berczy, qui a professé comme miniaturiste et peintre itiné-rant. De façon systématique, les profils sont silhouettés par un faisceau de lumière qui dé-coupe l'arrière de la tête et le dos, alors que le visage ressort en clair sur l'arrière-plan foncé. La tête a été quadrillée en vue d'un agrandisse-ment ou d'une copie.

William Von Moll Berczy, 1744-1813

295. *Groupe d'enfants,* 1810

William Lynam Stretton, 1793-

296. *General Hospital near Quebec*
Vue de l'Hôpital-Général, près
de Québec, 1818

Mine de plomb sur papier, 23,7 × 36,2 cm

Signé et daté en bas à droite *W.A.B.V.M-/1810*

Historique
Coll. Bernard Desroches, Montréal (A-69.43-d).

Expositions
1977, Ottawa, Galerie nationale du Canada, *Berczy et Girodet*; 1979, Ottawa, Archives publiques du Canada, *Enfants d'autrefois*, n° 9.

Dans un espace divisé en deux parties égales par la hampe du drapeau que tient le garçon debout, la composition triangulaire présente le groupe de droite dans une mise en scène étudiée où l'enfant de gauche, comme un spectateur espiègle, est campé en face de ses frères et soeur et jette un regard sceptique sur l'ensemble. Le dessin classique et fin témoigne d'une excellente maîtrise anatomique et révèle une grande justesse du modelé. Les poses sont typiques de cet artiste et il est intéressant de les comparer à celles du tableau *La famille Woolsey* conservé à la Galerie nationale du Canada, à Ottawa.

Aquarelle sur papier, 30,7 × 48,1 cm

Historique
Mlle Noémie Baillairgé, Québec; acquis en 1959 (A-59.79-d).

William Lynam Stretton, peintre topographe en garnison à Québec en 1818, a laissé des vues aquarellées de Québec, dont ce beau dessin fin où les détails sont scrupuleusement rendus.

James Smillie, 1807-1885

297. *L'église de Sainte-Foy, près de Québec, 1825*

James Duncan, 1806-1881

298. *Côte-des-Neiges, vers 1830*

Mine de plomb sur papier, 24 × 39,2 cm

Signé en bas à droite : *J.S.* à la mine de plomb, et : *James Smillie* à l'encre au bord droit inférieur.

Historique
R.A. et Lillian Davies, Montréal ; acquis en 1956 (A-56.346-d).

Exposition
1959, Vancouver, Vancouver Art Gallery *Les Arts au Canada français*, n° 213.

Né en Écosse, à Édimbourg, James Smillie arrive à Québec, où sa famille se trouve déjà, en 1821. Il travaille ensuite à New York où il grave des plaques de billets de banque et réalise des reproductions gravées d'artistes renommés. Il a laissé quelques crayons de paysages québécois dont celui-ci de Sainte-Foy.

Cette petite église de la fin du XVIIe siècle a été incendiée en 1760, lors de la bataille de Sainte-Foy entre Lévy et Murray. On utilisa les murs restés debout pour la reconstruire en 1762. James Smillie démontre ici son talent à dépeindre les lieux et les bâtiments avec des détails précis. Une oeuvre assez semblable a été exécutée par James Pattison Cockburn en 1829.

Aquarelle sur papier, 17,5 × 25 cm

Signé au verso : *James Duncan* à l'encre.

Historique
R.A. et Lillian Davies, Montréal ; acquis en 1956 (A-56.343-d).

Expositions
1965, Ottawa, Galerie nationale du Canada, *Trésors de Québec*, n° 39 ; 1978, Québec, Musée du Québec, *L'art du paysage au Québec (1800-1940)*, n° 7, repr.

Né en Irlande à Coleraine en 1806, James Duncan vient à Montréal en 1830 et épouse une soréloise, Caroline Benedict Power, quatre ans plus tard. Au cours des troubles de 1837-38, il est premier lieutenant de l'infanterie légère de Montréal. Artiste professionnel, il enseigne également le dessin dans plusieurs écoles. On connaît de lui des huiles, des aquarelles et des dessins, ainsi qu'une série de six vues de Montréal qu'il a lui-même dessinées sur pierre lithographique. Plusieurs gravures d'après ses oeuvres ont été publiées.

Voici un petit paysage lumineux où la profondeur est obtenue par l'effet de perspective du chemin, renforcé par le repoussoir du premier plan d'ombre et de grands arbres. Cette aquarelle est bien lavée à la manière anglaise.

James Pattison Cockburn, 1779-1847

299. *Quebec Market*
        ***Place du marché à Québec*, 1830**

*Voir reproduction en couleurs,
section centrale, p. (36)*

James Pattison Cockburn, 1779-1847

300. *Quebec from the ice*
        ***Québec vu de la glace*, 1830**

Aquarelle sur papier, 27 × 37,5 cm

Inscription au verso: *Quebec Market/J. Cockburn.*

Historique
Legs de Mme Kate Aishton Mercur, Montréal en 1944
(L-44.110-d).

Expositions
1948, Québec, Musée de la Province, *Exposition du
Centenaire de l'Institut Canadien de Québec*; 1952,
Québec, Musée de la Province, *Exposition rétrospective de l'art au Canada français*, n° 18; 1958, Paris,
Grands Magasins du Louvre, *Les Arts au Canada
français*; 1959, Vancouver, Vancouver Art Gallery, *Les
arts au Canada français*, n° 111; 1965, Ottawa, Galerie Nationale du Canada et Québec, Musée du Québec, *Trésors de Québec*, n° 37; 1974, Québec, Musée
du Québec, *Le Diocèse de Québec 1674-1974*, n° 103,
repr. coul. en couv.

Bibliographie
Cameron et Trudel, 1976, p. 115, repr.

James Pattison Cockburn est né en Angleterre le
18 mars 1779. Il entreprit tout jeune une carrière militaire et s'inscrivit en 1793 à l'Académie
royale militaire de Woolwich où professait Paul
Sandby. Aquarelliste amateur, il dessina et peignit abondamment des scènes diverses et pittoresques des lieux où le conduisaient les hasards
du service militaire. De 1821-23, il est au Canada et à nouveau en 1826 jusqu'en août 1832.
Plusieurs de ses croquis et aquarelles ont été
gravés et figurent dans plusieurs publications.
Bien qu'inégales en qualité, certaines ayant été
rapidement esquissées, la plupart de ces scènes
sont d'un grand intérêt et témoignent d'un oeil
exercé et d'une main habile.

Malgré la médiocrité de la perspective et la
gaucherie des personnages à la limite de la
caricature, la scène est singulièrement animée
et d'une belle couleur.

Lavis brun sur papier, 15,2 × 23,9 cm

Inscription au verso: *Quebec from the ice-feb^y 23th-
1830-J.C.*

Historique
William P. Wolfe, Montréal; acquis en 1969
(A-69.86-d).

Bibliographie
Cameron et Trudel, 1976, p. 126, repr.

James Pattison Cockburn, 1779-1847

301. *Cape Diamond from Spencer Wood*
   Le Cap Diamant vu de
   Spencer Wood, 1830

James Pattison Cockburn, 1779-1847

302. *Gate of the Citadel, Quebec*
   La porte de la Citadelle de Québec,
   vers 1829

Lavis à la sépia sur papier, 15,4 × 22,6 cm

Inscription au verso: *Cape Diamond from Spencer Wood-sep' 20th 1830*

Historique
Miss V.G. Jackson, Vancouver; acquis en 1953 (A-53.61-d).

Exposition
1980, Québec, Musée du Québec, *L'architecture et la nature à Québec au dix-neuvième siècle: les villas.*

Bibliographie
CAMERON et TRUDEL, 1976, p. 35, repr.; Le Musée du Québec, 1978, p. 84-85, repr.; GAGNON-PRATTE, 1980, ill. 59.

Dans ce lavis à la sépia, Cockburn met en oeuvre sa facilité à rendre largement ce qu'il observe bien. Exécutée en couleurs claires bien modulées, la scène panoramique s'allonge en trouée de lumière, mise en valeur par le procédé d'écrans sombres au premier plan. La topographie, les éléments architecturaux et navals retiennent de toute évidence l'attention de l'artiste.

Aquarelle sur papier, 15,2 × 23,8 cm

Inscription au verso: *Gate of the Citadel-Quebec,* probablement d'une autre main.

Historique
Miss V.G. Jackson, Vancouver; acquis en 1953 (A-53.70-d).

Exposition
1978, Kingston, The Agnes Etherington Art Centre, *The last lion!... Rambles in Quebec with James Pattison Cockburn,* n° 16.

Bibliographie
CAMERON et TRUDEL, 1976, p. 94, repr.

Joseph Légaré (attr. à), 1795-1855

303. *Portrait d'homme, 1837*

George Russell Dartnell, 1798-1878

304. ***On the road to St Ann's between Montmorency (Quebec) & Chateau Richer La route de Sainte-Anne entre Montmorency et Château-Richer, 1838***

Mine de plomb, 19,1 × 14,5 cm

Signé et daté en bas à droite : *J.L. 1837*

Historique
Coll. Bernard Desroches, Montréal ; acquis en 1968 (A-68.157-d).

Exposition
1978, Ottawa, Galerie nationale du Canada, *Joseph Légaré 1795-1855. L'oeuvre*, nº 30, repr.

Artiste autodidacte qui s'est formé en copiant des tableaux religieux, Joseph Légaré a restauré également des tableaux de la collection Desjardins venus de France lors de la Révolution. Éclectique, il peint des portraits et surtout des scènes de la vie des Amérindiens dans une vision romantique. Ce peintre de l'événement a immortalisé des scènes catastrophiques tels l'incendie du quartier Saint-Roch et du quartier Saint-Jean et l'épidémie de choléra à Québec. Sa production religieuse est considérable et ses toiles ornent plusieurs églises au Québec.

Ce portrait pourrait être celui d'un personnage relié aux troubles de 1837. Joseph Légaré fut d'ailleurs arrêté comme patriote. La sévérité du dessin, l'anxiété et l'austérité du personnage dégagent une puissante impression de force de caractère et de décision arrêtée. L'artiste s'est attaché aux détails du costume et surtout à rendre le visage expressif par le modelé des plans, l'acuité du regard et l'amertume de la bouche.

Aquarelle, 23,4 × 35 cm

Inscription au verso : *On the road to Sᵗ Ann's between Montmorency (Quebec) & Chateau Richer.* Même inscription sur languette de papier accompagnant l'oeuvre, suivie de : *G.R.D. 1 Oct. 1838 — River Sᵗ Lawrence on the right*

Historique
Lee Pritzker, Oakville (Ont.) ; acquis en 1967 (A-67.232-d).

Exposition
1978, Québec, Musée du Québec, *L'art du paysage au Québec (1800-1940)*, nº 11, repr.

Ce militaire anglais de passage à Québec en 1843 a peint à l'aquarelle des paysages de la région et des scènes de la vie canadienne. Ses paysages sont très marqués par la manière anglaise, le romantisme des sujets et le pittoresque.

Jean-Joseph Girouard, 1795-1855

305. *Portrait de Robert-Shore-Milnes Bouchette*, vers 1838

William Henry Bartlett, 1809-1854

306. *Les Marches naturelles*, 1838

Mine de plomb de fusain sur papier, 24,5 × 18,7 cm

Historique
Provient de l'album de Lady Lafontaine, fille d'Amable Berthelot; acquis de William P. Wolfe, Montréal, en 1959 (A-59.350-d).

Né à Québec en 1795, Girouard est le cousin de François-Thomas Baillairgé avec qui il a étudié le dessin. On lui doit des miniatures aquarellées et des dessins de compagnons militaires de la guerre 1812 ainsi que de co-détenus lors de la rébellion de 1837. Il est mort à Saint-Benoît, comté de Deux-Montagnes, en 1855.

Joseph Girouard peignit son ami Bouchette, un autre artiste, à l'époque il purgeait une sentence de bannissement qui le conduisit aux Bermudes, à la suite de la rébellion de 1837. Ce petit portrait de profil est naïf et émouvant, malgré une certaine gaucherie anatomique, et témoigne d'une bonne habileté dans la technique du crayon.

Lavis sépia, 12,5 × 18,2 cm

Historique
Coll. Edwin S. Chapin Jr, New York; Florence Lewison Gallery, New York; acquis en 1977 (A-77.13-d).

Exposition
1978, Québec, Musée du Québec, *L'art du paysage au Québec (1800-1940)*, n° 9, repr.

Bibliographie
Le Musée du Québec, 1978, repr. p. 87.

Né près de Londres, à Kentish Town, Bartlett visita les États-Unis et le Canada en 1836-37, et à nouveau en 1838 et en 1841. Artiste itinérant, il fit de nombreux croquis et dessins de sites pittoresques qui furent gravés et tirés de nombreuses fois. Offrant une vision quelque peu idéalisée, ses oeuvres eurent une grande vogue auprès du public. Il est également l'auteur de livres de voyage qu'il illustra de ses oeuvres.

C'est d'après ce lavis aux valeurs nuancées qu'a été tirée la gravure sur acier qui illustre le livre de N. Parker Willis, *Canadian Scenery*. F.W. Topham en fut le graveur. L'oeuvre rend bien les eaux tumultueuses et les roches étagées de cette étonnante formation géologique.

Théophile Hamel, 1817-1870

307. *Portrait de deux hommes assis,*
vers 1843-1845

Théophile Hamel, 1817-1870

308. *H. Nisen, vers 1843-1845*

Théophile Hamel, 1817-1870

309. *Portrait présumé de*
Napoléon Aubin, vers 1843-1845

Mine de plomb sur papier, 14,3 × 14,7 cm

Signé au centre à droite : T.H.

Historique
Coll. Madeleine Hamel, Québec ; acquis en 1981
(81.298).

Bibliographie
Vézina, 1975, ill. 24 ; Vézina, 1976, n° 44.

Théophile Hamel est né à Sainte-Foy en 1817. Il
fut l'élève d'Antoine Plamondon. Entre 1843 et
1846 il séjourne en Italie où il travaille à l'Académie Saint-Luc pendant quelques mois et visite ensuite quelques villes. Il passe en France et
exécute au Louvre des copies, s'intéressant tout
particulièrement à Murillo. Il revient à Québec
en 1846, y demeure quelque temps puis se
rend à Montréal et à Toronto où il peint des
portraits, et voyage aux États-Unis. De retour à
Québec, il ouvre un studio et mène une carrière de portraitiste de personnages politiques et
religieux. Il a également peint quelques tableaux religieux et historiques.

Exécutés sans doute en Italie lors du séjour
qu'Hamel y fit de 1843 à 1846, ces trois dessins
intimistes d'un crayon vif sont de remarquables
portraits psychologiques, romantiques par le
thème et réalistes par le rendu.

307. *Portrait de deux hommes assis* est une
composition inusitée chez cet artiste. Les deux
personnages forment une pyramide inscrite
dans une feuille ovale. Les oppositions et les
contrastes se répondent au niveau des tonalités
des vêtements, du caractère des têtes et de
l'attitude des personnages.

Mine de plomb sur papier, 22,5 × 16,6 cm

Signé au centre à droite : *T.H.*

Historique
Coll. Madeleine Hamel, Québec ; acquis en 1981
(81.300).

Bibliographie
Vézina, 1975, ill. 27 ; Vézina, 1976, n° 49.

308. *H. Nisen* présente en buste un homme à
l'attitude détendue et familière. L'expression
spirituelle et vivante interroge l'observateur.
L'étude de la tête est poussée et révèle une
technique raffinée du crayon alors que l'ensemble du costume et la main sont largement mais
prestement indiqués.

Mine de plomb sur papier, 27,1 × 21,7 cm

Signé en bas à gauche : *T.H.*

Historique
Coll. Madeleine Hamel, Québec ; acquis en 1981
(81.301).

Bibliographie
Vézina, 1975, ill. 26 ; Vézina, 1976, n° 39.

309. *Portrait présumé de Napoléon Aubin* est
un dessin raffiné, aux valeurs subtiles, où l'auteur emprunte à Ingres sa manière puriste.
L'artiste a donné à l'ensemble une unité harmonieuse de traitement. Le modelé très fin du
visage, le regard serein et l'esquisse d'un sourire dégagent une impression de calme et de
bien-être. Les mains ont été schématiquement
modelées.

Charles-François Daubigny, 1817-1878
310. *Fillette*, 1845

Benjamin Beaufoy, -1879
311. *Vue de Québec*, vers 1839

Fusain, craie blanche sur papier,
56,5 × 44,6 cm

Signé et daté au centre à gauche : *D'aubigny/1845*

Historique
M. et Mme M.E. Mohanna, Sillery; acquis en 1978 (A-78.404-d).

Fraîcheur et simplicité, voilà ce qui ressort de ce charmant portrait de fillette campagnarde. Connu surtout pour ses paysages d'eau, Daubigny a toujours témoigné d'un souci de la nature et ses tableaux sont très « vrais », entièrement et scrupuleusement soumis au sujet. On trouve dans ce portrait le même scrupule dans l'observation et une limpidité du regard presque liquide. L'oeuvre s'inscrit dans le mouvement réaliste de l'École de Barbizon, retour un peu romantique aux sources du quotidien, du travail et de la vie des gens.

Lavis brun, 35,8 × 52 cm

Historique
Galerie Bernard Desroches, Montréal; acquis en 1978 (A-78.376-d).

Exposition
1978, Québec, Musée du Québec, *L'art du paysage au Québec (1800-1940)*, n° 14, repr.

Militaire anglais et artiste topographe, Beaufoy séjourna au Canada en 1814 et de 1838 à 1840. Il fit divers croquis dont cette vue de Québec.

L'artiste s'est plu à dépeindre dans ce dessin précis toute l'activité de la navigation et les types divers d'embarcations, depuis le canot jusqu'au bateau à vapeur. Les personnages campés au premier plan représentent divers groupes de la société, Amérindiens, promeneurs et gens qui font la traversée. Cette oeuvre a été lithographiée par T. Picken, imprimée à Londres par Day & Haghe et dédicacée à Lord Seaton.

Antoine Plamondon, 1804-1895

312. *Jeune femme*, 1852

Francis A. Fane

313. ***The St-Lawrence from Citadel of Quebec***
Le fleuve Saint-Laurent vu de la Citadelle
***de Québec*, 1853**

Crayon fusain sur papier, 36,5 × 27,8 cm

Signé et daté en bas à droite : *A.P./1852*

Historique
Galerie Le Kaléidoscope, Montréal ; acquis en 1971
(A-71.77-d).

Natif de l'Ancienne-Lorette, Antoine Plamondon
s'est initié à la peinture dans le sillage de
Joseph Légaré avec qui il a restauré des toiles
européennes apportées au pays par l'abbé Desjardins. Montrant certaines dispositions pour le
portrait, il part étudier à Paris avec Paulin Gué-
rin, élève de David, maître du néo-classicisme.
Toute sa carrière est presque exclusivement
consacrée à portraiturer la classe dirigeante :
politiciens, ecclésiastiques, moniales de familles
aisées, etc. Il réalise également des tableaux
religieux. Maître de dessin au Séminaire de
Québec, Plamondon est un critique sévère de
l'oeuvre des autres artistes.

Dans ce portrait d'une jeune mondaine, l'artiste
s'est attaché minutieusement aux détails de la
coiffure élaborée et de la robe d'apparat. La
minceur exagérée de la taille que fait ressortir
le bouillonnement des manches confère au
portrait en buste une impression de rêverie et
de langueur en accord avec le mouvement romantique de l'époque.

Aquarelle sur papier, 35,4 × 51,5 cm

Historique
Galerie Robert Manuge, Halifax ; acquis en 1977
(A-77.11-d).

Exposition
1978, Québec, Musée du Québec, *L'art du paysage
au Québec (1800-1940)*, nᵒ 15, repr.

L'école anglaise a mis en vogue l'art du paysage.
Ici, une scène panoramique est développée en
plusieurs plans : au premier, les militaires ba-
vardant donnent l'échelle de l'espace ; le deuxième laisse voir une partie de la basse-ville,
des trois-mâts et des voiliers ; le troisième,
Beauport et Pointe Lévy avec les Laurentides au
loin. Le peintre-militaire s'attache beaucoup aux
maisons et aux voiliers qui sont très détaillés
ainsi qu'à la pièce d'artillerie. En revanche, les
personnages sont dessinés un peu gauchement.
L'oeuvre se signale par un bel effet de perspective aérienne et l'harmonie des coloris.

Napoléon Bourassa, 1827-1864

314. *Apothéose de Christophe Colomb*, 1859-1864

Honoré Daumier, 1808-1879

315. *Les chevaux remorqueurs*, vers 1865

Pastel sur papier, 79,6 × 111,0 cm

Historique
Don de la succession Bourassa, Montréal, 1941
(G-43.55-d171)

Exposition
1976, Ottawa, Archives publiques du Canada, *Napoléon Bourassa 1827-1916*, n° 49.

Bibliographie
VÉZINA, 1976, p. 84-94.

Aquarelle, 10,9 × 17,1 cm

Historique
Jean Palardy, Montréal; acquis en 1955 (A-55.519-d).

Cette petite aquarelle dynamique et bien enlevée se remarque par son style dépouillé mais puissant, typique de la manière réaliste de Daumier. Peintre de moeurs, celui-ci s'est intéressé aux scènes populaires et à la caricature, toujours avec cette manière robuste et saisissante qui font de lui un des maîtres français du dessin.

Auguste Rodin, 1840-1917

316. *Femme se coiffant*

Napoléon Bourassa, 1827-1916

317. *Le naufrage de l'Auguste*, vers 1883

Mine de plomb et aquarelle sur papier
(collé sur carton), 32,1 × 24,3 cm

Signé en bas à droite: *A. Rodin*

Historique
R.A. et Lillian Davies, Montréal; acquis en 1957
(A-57.263-d).

Dans ce beau dessin à la ligne, nerveux et
sensible, suggérant le volume malgré le traitement en aplat de la couleur, tout est dans la
maîtrise du contour qui crée la magie du tridi-
mensionnel. Rodin est le maître de la ligne qui
module la forme et l'économie expressive des
moyens témoigne de la puissance de son génie.

Dessin au lavis rehaussé de craie blanche
sur papier mis au carreau, 33,2 × 42,8 cm

Historique
Don de la succession Bourassa, Montréal, 1941
(G-43.55-d106).

Bibliographie
DEROME, 1976, p. 3, fig. 3.

Bourassa a dessiné cette esquisse au lavis et l'a
mise au carreau en vue d'une grande composition de 2,96 × 2,30 mètres qu'il se proposait de
faire figurer dans le projet de décoration du
Palais législatif de Québec, en 1883. La grande
toile inachevée ne présente que le dessin
contour du sujet.

Le thème veut illustrer « une des dernières
pages de l'histoire de la France au Canada ».

Bourassa a tiré l'événement du *Journal de
voyage de Monsieur Saint- Luc de la Corne* qui
raconte avec maints détails les péripéties et les
malheurs des voyageurs du navire l'Auguste qui
sombra dans le Saint-Laurent en route pour la
France, en 1761.

L'esquisse préparatoire établit l'ordonnance générale de la composition, l'équilibre des groupes de personnages et la situation des éléments
de la scène, proue du navire, voiles, rochers.
Les valeurs d'ombre et de lumière sont obtenues par les noirs et les gris du lavis qui
creusent les fonds, détachent les volumes, précisent les accents lumineux. L'ensemble traduit
l'idée générale que l'artiste souhaitait transposer sur sa grande toile. La mise en scène est
théâtrale et dramatique.

Napoléon Bourassa, 1827-1916

318. *Mise au tombeau,* vers 1885

Georges Delfosse, 1869-1939

319. *Nu masculin,* vers 1890

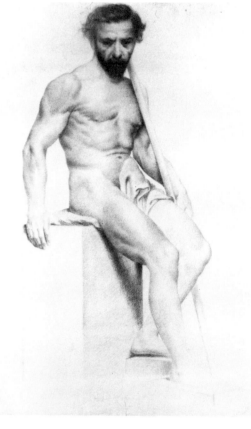

Dessin à la mine de plomb sur carton,
30,2 × 40 cm

Historique
Don de la succession Bourassa, Montréal, 1941
(G-43.55-d82a).

Au cours de sa carrière, Bourassa s'est constitué un répertoire de thèmes, de formes, de personnages qu'il traitait dans un tableau, dans une sculpture ou dans un dessin. *La mise au tombeau* est un thème qu'il a exploité à quelques reprises.

On sait qu'il a fait un tableau ayant pour sujet *La Déposition au Tombeau* en 1867; Anne Bourassa en signale l'existence. Dans le projet pour la décoration intérieure de la cathédrale de Saint-Hyacinthe (dessin n° 321), il se propose d'orner le tombeau du maître-autel de bas-reliefs dont celui du centre devait représenter une mise au tombeau. Le croquis du bas-relief qui apparaît sur le projet reprend les lignes du dessin qui aurait pu servir de modèle au sculpteur.

La composition est solidement équilibrée dans le triangle où elle s'inscrit. Le dessin est net, la ligne contour découpe les figures et les isole autour du corps du Christ comme si chacun des personnages était seul avec le Christ mort. L'habileté du dessin réside surtout dans le traitement des plis des vêtements et du suaire : les étoffes se drapent, s'enroulent, se plissent, se cassent. Ainsi se crée un savant mouvement un peu rigide où les ombres et les lumières donnent l'effet du marbre. Ce dessin sculptural traité en bas-relief révèle une des plus belles figures de son oeuvre : le corps du Christ. Des accidents en atelier ont maculé le dessin et une restauration malhabile nuit à la lecture de l'oeuvre.

Fusain sur papier, 64,6 × 43,5 cm

Signé en bas à droite *Georges Delfosse*

Historique
Jean Daigle, Montréal; acquis en 1976 (A-76.192-d).

Natif de Saint-Henri de Mascouche, Delfosse a pris des leçons de peinture avec l'abbé Chabert et avec Brymmer à Montréal avant de poursuivre ses études à Paris avec Léon Bonnat et Harlamoff. Portraitiste, peintre de sujets religieux et de scènes historiques pour lesquelles il montrait beaucoup d'intérêt, il exécuta sept oeuvres pour l'église Saint-Jacques, à Montréal.

Cette académie en pieds exécutée en atelier montre la justesse d'observation et l'habileté de l'artiste. Ces exercices étaient pratique courante dans les écoles d'art et se situaient habituellement après les exercices selon la bosse. On consacrait plusieurs heures à ces séances avec modèle vivant. L'étude serrée de l'anatomie indique les insertions musculaires et les volumes sont modelés en valeurs subtiles de gris. Si l'ensemble a quelque froideur, la tête par contre est pathétique, l'artiste s'étant attaché à exprimer avec beaucoup de sympathie la lassitude, l'ennui ou les soucis de l'homme.

Napoléon Bourassa, 1827-1916

320. *Projet pour compléter et décorer l'intérieur de la cathédrale de Saint-Hyacinthe : choeur et première travée de la nef, coupe longitudinale, vers 1891*

Napoléon Bourassa, 1827-1916

321. *Projet de décoration de la cathédrale de Saint-Hyacinthe : projet d'ensemble du choeur, coupe transversale, 1891*

Dessin au trait rehaussé de lavis sur papier collé sur toile, 82,1 × 111,7 cm

Signé en haut à droite : *N Bourassa* ; en bas au centre : *NB* ; daté *1891*.

Historique
Don de la succession Bourassa, Montréal, 1941 (G-43.55-d184).

Expositions
1976, Ottawa, Archives publiques du Canada, *Napoléon Bourassa 1827-1916*, n° 3 ; 1980, Ottawa, Galerie nationale du Canada, *Fonder une Galerie nationale, L'Académie royale des arts du Canada 1880-1913*.

Bibliographie
Vézina, 1976, repr. p. 124, 126, 137.

Dessin au trait rehaussé de lavis sur papier collé sur toile, 85,7 × 122,4 cm

Signé en haut à droite : *N Bourassa* daté *1891*

Historique
Don de la succession Bourassa, Montréal, 1941 (G-43.55-d185).

Exposition
1976, Ottawa, Archives publiques du Canada, *Napoléon Bourassa, 1827-1916*, n° 2.

Bibliographie
Vézina, 1976, repr. p. 125.

Napoléon Bourassa, 1827-1916

322. *Étude pour la décoration de la cathédrale de Saint-Hyacinthe:*
Saint Hyacinthe prend l'habit avec ses compagnons des mains
de Saint Dominique au Couvent de Sainte-Sabine, à Rome,
vers l'an 1218, **vers 1891**

Dessin à la mine de plomb sur papier,
48,3 × 58,6 cm

Signé en bas à droite: *NB*

Historique
Don de la succession Bourassa, Montréal, 1941
(G-43.55-d165).

Expositions
1969, l'Acadie, École Napoléon-Bourassa, *Exposition Napoléon Bourassa 1827-1916*; 1976, Ottawa, Archives publiques du Canada, *Napoléon Bourassa 1827-1916*, n° 22.

Bibliographie
Bourassa, 1968, repr. p. 75; Vézina, 1976, repr. p. 137.

Au moment où Bourassa reçut l'offre de décorer l'intérieur de la cathédrale de Saint-Hyacinthe, il avait déjà réalisé deux ensembles décoratifs: la chapelle de Nazareth, en 1870-1872, et la chapelle Notre-Dame-de-Lourdes en 1873-1884, toutes deux à Montréal. D'autres projets n'ont pu se réaliser: le parachèvement de la décoration de l'église Notre-Dame (1872), à Montréal, et la décoration extérieure et intérieure du Palais législatif de Québec en 1883. Cette commande survient dans les vingt années les plus actives de la vie de l'artiste: il a 52 ans, il est au sommet de sa carrière.

Adolphe Lévesque a dessiné les plans de la cathédrale. Commencée en 1878, la construction fut achevée vers 1888.

Le projet conçu par Bourassa est très élaboré. Selon un plan très méthodique, celui-ci consacre beaucoup de temps à la préparation de plusieurs études pour la décoration peinte, sur le thème de la vie de saint Hyacinthe.

Les vingt-neuf dessins connus furent réalisés entre 1885 et 1892. Ils illustrent les étapes préparatoires du projet décoratif et révèlent la préoccupation du peintre d'harmoniser les grandes compositions avec l'ensemble du décor et l'architecture.

Bourassa détermine de développer en dix-huit grands tableaux de quatre mètres par trois mètres trente, les faits marquants de la vie du saint. Dans la conception du plan d'ensemble de la décoration, la juxtaposition des tableaux vise à former une scène continue, une procession qui se développe tout autour du choeur et de la nef, entre les fenêtres hautes et les arcs de la nef. Ces dix-huit scènes constituent le coeur de son programme décoratif. En fait, il prépara des dessins pour neuf des compositions et les élabora suffisamment pour servir de guide et donner le ton aux neufs autres.

Comme il était d'usage pour un projet aussi important et fidèle à la grande tradition de la peinture religieuse murale en Europe, Bourassa mit au point les neuf compositions en multipliant les études de détail avec beaucoup de soin, précisant les physionomies et les attitudes, élaborant les costumes aux draperies sculpturales (dessins 323, 324, 325). Ces trois lavis atteignent la précision et la qualité d'un dessin très complet. La ligne est nette, le modelé bien rendu, le drapé savamment étudié. L'artiste est en pleine possession de ses moyens, sa technique est animée d'une vigueur que ses autres projets n'avaient pas connue. Dans tous ces dessins se retrouve son souci constant de conserver une grande unité à l'ensemble. Cette préoccupation le suit pendant toute l'élaboration de la décoration, et l'artiste réussit à conserver le même rythme aux grandes scènes en harmonisant toutes les compositions par des tons monochromes.

Véritable travail analytique consacré à chacune des figures étudiée isolément, ces dessins allaient servir à faire une mise en place générale de la composition. Soucieux d'authenticité, Bourassa situe les scènes de la vie de saint Hyacinthe dans leur cadre historique, faisant même photographier l'intérieur de la chapelle du couvent de Sainte-Sabine de Rome pour préciser l'architecture de ses dessins (dessins 321, 326). Sur un papier de format horizontal, il place les éléments de la composition par un dessin contour, comme dans l'exemple retenu ici (dessin 326) qui préfigure l'étude au lavis du *Moine dominicain en costume de pèlerin* (dessin 323), ou encore la *Vieille femme assise* (dessin 325), laquelle apparaîtra dans le projet d'ensemble (dessin 321). La même méthode est reprise pour la préparation des neuf compositions. L'idée générale étant en quelque sorte précisée dans cette mise en page, il met ces dessins au carreau pour les transposer à l'échelle sur la toile (dessin 326). De plus, il prépare un modello à l'aquarelle (dessin 322) où sont précisées les couleurs et les valeurs. Ce dessin très poussé servira également de référence pour les autres compositions puisque toutes les scènes doivent s'harmoniser.

En 1891, Bourassa juge le projet suffisamment avancé pour le présenter au vicaire-général de l'Évêché. Il trace alors deux plans d'ensemble du projet de décoration de l'intérieur de la cathédrale: une élévation latérale du choeur et de la nef (dessin 320), et une élévation du choeur (dessin 321). Très complet, le projet fait apparaître la décoration peinte et les boiseries ornementales de l'intérieur de la cathédrale, révélant le talent de l'artiste à tirer parti des espaces intérieurs et à intégrer à un édifice déjà existant un décor très articulé.

Napoléon Bourassa, 1827-1916

323. *Étude pour la décoration de la cathédrale de Saint-Hyacinthe: moine dominicain en costume de pèlerin*, vers 1891-1892

Dessin au lavis sur papier, 35,5 × 27,4 cm

Historique
Don de la succession Bourassa, Montréal 1941 (G-43.55-d52).

Exposition
1976, Ottawa, Archives publiques du Canada, *Napoléon Bourassa 1827-1916*, n° 28.

Bibliographie
Vézina, 1976, repr. p. 127.

Napoléon Bourassa, 1827-1916

324. *Étude pour la décoration de la cathédrale de Saint-Hyacinthe: moine assis*, vers 1891-1892

Dessin au lavis sur papier, 39 × 28 cm

Historique
Don de la succession Bourassa, Montréal, 1941 (G-43.55-d17).

Napoléon Bourassa, 1827-1916

325. *Étude pour la décoration de la cathédrale de Saint-Hyacinthe: vieille femme assise*, vers 1891-1892

Dessin au lavis sur papier, 38,4 × 28,3 cm

Signé en bas à gauche: *NB*

Historique
Don de la succession Bourassa, Montréal, 1941 (G-43.55-d11).

Expositions
1968, Québec, Musée du Québec, *Exposition Napoléon Bourassa 1827-1916*; 1969, l'Acadie, École Napoléon-Bourassa, *Exposition Napoléon Bourassa 1827-1916*; 1976, Ottawa, Archives publiques du Canada, *Napoléon Bourassa 1827-1916*, n° 29.

Bibliographie
Bourassa, 1968, repr. p. 72.

Napoléon Bourassa, 1827-1916

326. *Étude pour la décoration de la cathédrale de Saint-Hyacinthe: départ de Saint Hyacinthe du couvent de Sainte-Sabine, à Rome, pour la Pologne, vers 1891-1892*

Dessin à la mine de plomb mis au carreau sur papier collé sur toile, 48,4 × 58,6 cm

Signé en bas à droite: *NB*

Historique
Don de la succession Bourassa, Montréal, 1941
(G-43.55-d130).

Exposition
1976, Ottawa, Archives publiques du Canada, *Napoléon Bourassa 1827-1916*, n° 24.

Bibliographie
VÉZINA, 1976, pp. 125-128.

Horatio Walker, 1858-1938

327. *L'arc-en-ciel*, 1893

Ozias Leduc, 1864-1955

328. *Adolescent endormi*, vers 1894

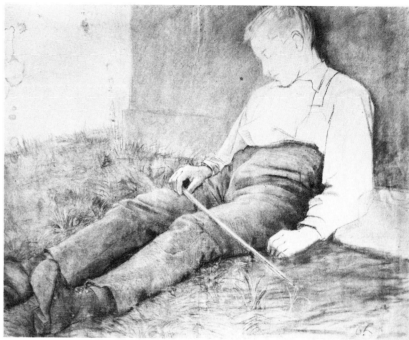

Aquarelle, 41,7 × 53,8 cm

Signé et daté en bas à droite: *Horatio Walker/Ste-Pétronille 1893*

Historique
Acquis avant 1934 (34.540-d).

Expositions
1929, Toronto, Art Gallery of Toronto, *Retrospective exhibition of the Work of Horatio Walker*, n° 18; 1935, Ottawa, Galerie nationale du Canada, *Exhibition of Canadian by a Group of Selected Artists*, n° 115; 1976, Montréal, Place Bonaventure, *Hier au Québec 1875-1915*; 1977, Kingston, Agnes Etherington Art Centre *Horatio Walker 1858-1938*, n° 8; 1978, Québec, Musée du Québec, *L'art du paysage au Québec (1800-1940)*, n° 30, repr. coul..

Horatio Walker est un Ontarien, né à Listowel en 1858. En 1873, il travaille à Toronto aux studios de photographie de Notman et Fraser avec R.F. Gagen et John A. Fraser. Il voyage aux États-Unis et ouvre un atelier à New York en 1878. Il séjourne également en France où il est marqué par l'esprit de l'école de Barbizon, et plus particulièrement de Millet. Il vit à New

York en hiver et prend atelier à Québec pour l'été, avant de s'établir à Sainte-Pétronille (Île d'Orléans) dans les dernières années. Les paysans de l'île, les animaux, les paysages et les activités de la ferme sont ses thèmes préférés. Bien que conscient des nouveaux mouvements de l'art — il apprécie entre autres la peinture de Cézanne qu'il juge intelligente —, il cultive un genre qui en fait ce peintre indépendant, d'ailleurs fort apprécié en son temps, avec ses sujets revalorisant le labeur de la terre, les heures et les saisons, ainsi que le bonheur mérité et mesuré des gens de la campagne. Il meurt à Sainte-Pétronille en 1938.

Voici une scène pastorale. Au premier plan, encore dans l'ombre des nuages de l'orage, quelques moutons dans un chemin battu se dirigent vers la maison de ferme. L'arrière-plan très ensoleillé laisse deviner un village lumineux sous l'arc-en-ciel qui semble désigner particulièrement une maison ancienne protégée par un grand arbre, signe antique d'alliance et de promesse.

Fusain sur papier, 47,1 × 61,7 cm

Signé en bas à droite: *O.L.*

Historique
Galerie l'Art français, Montréal; acquis en 1973 (A-73.16-d).

Exposition
1978, Montréal, Université Concordia, Galeries d'art Sir George Williams, *Dessins inédits d'Ozias Leduc*, n° 6, repr.

Ozias Leduc est né à Saint-Hilaire en 1864. Artiste autodidacte, il a travaillé comme apprenti décorateur d'églises avec Cappello et Adolphe Rho. Après un voyage en France avec Suzor-Coté, il rentre à Saint-Hilaire et travaille principalement à la décoration d'églises. « L'ermite de Saint-Hilaire » a aussi peint des natures mortes et des paysages empreints de contemplation sur l'existence et de méditation sur le temps.

La composition, en diagonales croisées et parallèles, est établie par les jambes du personnage et le mur auquel il est adossé, donnant au dessin un rythme qui renforce le thème. Ombre diffuse et lumière tamisée reflètent bien la personnalité de Leduc qui joua toute sa vie avec ces éléments pour créer un monde où l'humain se situe aux confins du clair et de l'obscur. La tête et la chemise indiquées à grands traits n'ont aucun modelé et répondent au rectangle blanc du mur de gauche.

William Brymner, 1855-1925

329. *Portrait d'Yvonne Simard*, 1895

Charles Huot, 1855-1930

330. *Les chutes et le vieux moulin à la Jeune-Lorette*, 1897

Aquarelle sur papier, 25,6 × 18 cm

Signé et daté en bas à droite: *W.B./95*

Historique
Mlle Yvonne Simard, Québec; acquis en 1954 (A-54.171-d).

D'origine écossaise, William Brymmer est né en 1855 et vint au Canada en 1857 avec ses parents. Il étudia d'abord l'architecture et se rendit à Paris pour se perfectionner. Il change alors d'orientation et s'inscrit à l'Académie Julian où il travaille avec Bouguereau, Fleury et Duran. De retour au Canada, il est engagé pour diriger les classes d'art du « Art Association of Montréal » et peint avec Morrice et Cullen. Peintre réaliste, il admirait Constable. Son oeuvre compte de nombreuses scènes d'intérieur et de personnages. Il meurt en Angleterre au cours d'un voyage.

Ce beau portrait sensible et raffiné, lavé de larges touches d'aquarelle aux tons doux, garde toute sa primauté au dessin linéaire par la pureté de l'ovale du visage et le modelé restreint. Notons la présence discrète d'une jeune fille songeuse, comme une figure égyptienne gardant son mystère.

Craie brune et pastel sur papier teinté, 42,2 × 53,5 cm

Signé et daté en bas à gauche: *Chs Huot/1897*

Historique
Acquis avant 1934 (34.209-d).

Exposition
1978, Québec, Musée du Québec *L'art du paysage au Québec (1800-1940)*, n° 27, repr.

Charles Huot est né à Québec en 1855. Après des études à Sainte-Anne-de-la-Pocatière et à l'École normale Laval de Québec, il obtient une bourse qui lui permet d'étudier à l'École des Beaux-Arts à Paris avec Cabanel. Il participe au Salon de Paris en 1877 et reçoit une mention d'honneur. En 1886, il remporte une médaille d'argent à l'exposition Blanc et Noir à Paris. Son

séjour en France dura quatorze ans. Revenu au Canada en 1886, il s'établit à Québec où il peint plusieurs tableaux religieux et historiques; les plus connus sont ceux de l'hôtel du Parlement. On lui connaît également plusieurs portraits.

L'artiste a choisi le point de vue où le tableau se compose de lui-même. L'interprétation est cependant très romantique par le mouvement et par l'opposition des éléments de lumière et d'ombre. La masse verticale du moulin à droite, vivement éclairée, est contrebalancée par les eaux déchirées sur les rocs et par le dessin d'un arbre tourmenté dont le tronc vient se noyer dans le plan d'ombre à gauche. L'observateur est invité à venir contempler le spectacle par l'échelle de gauche, alors qu'un tronc mort désigne le point d'intérêt. Le parcours de l'oeil se fait de droite à gauche.

Edmond Lemoine, 1877-1922

331. *Indigène*

Napoléon Bourassa, 1827-1916

332. *Apothéose de Christophe Colomb; étude pour les figures de Sir John Macdonald, Georges-Étienne Cartier, Baldwin, Lafontaine, Louis-Joseph Papineau, McKenzie, Franklin, Fulton, Morse, 1904-1906*

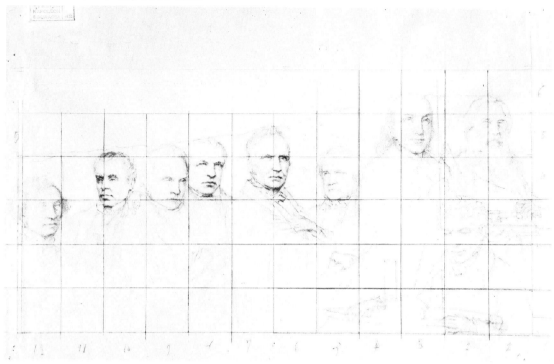

Fusain sur papier, 65,2 × 41,1 cm

Historique
Mlle Jeanne Charlebois, Québec; acquis en 1976 (A-76.552-d).

Edmond Lemoine est né à Québec en 1877. Il fut d'abord l'élève de Charles Huot mais, dès 1898, il poursuivit ses études d'art à l'Académie royale des Beaux-Arts d'Anvers. Portraitiste et peintre de genre, il fut professeur à l'École des Beaux-arts de Québec.

Ce dessin poussé, étude d'après modèle, est sans doute un exercice scolaire exécuté à Anvers. L'artiste recherche la justesse anatomique, l'exactitude des proportions et le rendu du modelé. Le type morphologique est respecté particulièrement pour la tête.

Dessin à la mine de plomb mis au carreau sur papier, 32,7 × 52 cm

Historique
Don de la succession Bourassa, Montréal, 1941 (G-43.55-d123).

Exposition
1980, Ottawa, Galerie nationale du Canada, *Fonder une Galerie Nationale, L'Académie Royale des Arts du Canada 1820-1913*, Ottawa.

Napoléon Bourassa, 1827-1916

333. *Apothéose de Christophe Colomb;
étude pour les figures du père
Jean Perez, Marchena et Isabelle
d'Espagne, 1904-1906*

Napoléon Bourassa, 1827-1916

334. *Apothéose de Christophe Colomb;
étude pour la figure d'Amerigo
Vespucci accompagné de
deux génies, 1904-1906*

Napoléon Bourrassa, 1827-1916

335. *Apothéose de Christophe Colomb;
étude pour les figures de Mgr
de Laval, de Las Casas et trois
autres personnages, 1904-1906*

Dessin à la mine de plomb mis au carreau
sur papier, 36 × 25,8 cm

Historique
Don de la succession Bourassa, Montréal, 1941
(G-43.55-d104).

Dessin à la mine de plomb et au fusain mis
au carreau sur papier collé sur toile,
32 × 21,9 cm

Historique
Don de la succession Bourassa, Montréal, 1941
(G-43.55-d50).

Fusain sur papier, 24,3 × 34,5 cm

Historique
Don de la succession Bourassa, Montréal, 1941
(G-43.55-d85).

Napoléon Bourassa, 1827-1916

336. *Apothéose de Christophe Colomb; étude de drapé pour la figure de Christophe Colomb*, 1904-1906

Napoléon Bourassa, 1827-1916

337. *Apothéose de Christophe Colomb; étude de tête pour la figure de Christophe Colomb*, 1904-1906

Horatio Walker, 1858-1938

338. *Étude de bras (scieur)*, vers 1905

Dessin au lavis sur papier calque, 22,6 × 18,6 cm

Historique
Don de la succession Bourassa, Montréal, 1941 (G-43.55-d73).

Dessin à la mine de plomb sur papier, 22,8 × 38,1 cm

Signé en haut à droite : *N Bourassa*

Historique
Don de la succession Bourassa, Montréal, 1941 (G-43.55-d87).

Fusain sur papier, 42,3 × 34,5 cm

Signé en bas à droite : *Horatio Walker*

Historique
Coll. Olive Pretty, Toronto ; Galerie Walter Klinkhoff, Montréal ; acquis en 1977 (A-77.468-d).

Expositions
1929, Toronto, Art Gallery of Toronto, *Horatio Walker*, n° 20 ; 1977, Kingston, Agnes Etherington Art Centre, *Horatio Walker, 1858-1938*, n° 20.

Cette étude pour les scieurs de bois de la collection « Power Corporation of Canada Ltd. », dont le Musée du Québec possède également une étude à l'huile, montre le torse et les bras, ainsi qu'une partie de l'arc de la scie. Le dessin détaillé du bras droit, au premier plan, par le gommage sur la feuille préalablement frottée de fusain, donne une impression très grande de vigueur. Horatio Walker a laissé de nombreux dessins préparatoires qui témoignent de sa discipline et de la rigueur qu'il voulait pour ses tableaux.

Henri Julien, 1852-1908

339. *Canot d'écorce qui vole, vers 1906*

Horatio Walker, 1858-1938

340. *Pétronille de Saint-François, vers 1920*

Lavis et gouache blanche sur papier (collé sur carton), 30,4 × 47,5 cm

Signé en bas à droite: *H. Julien*

Historique
Acquis avant 1934 (34.602-d).

Expositions
1936, Montréal, The Arts Club, *Exhibition on drawings, watercolors and oils of French Canadian life by Henri Julien*; 1938, Ottawa, Galerie nationale du Canada, *Henri Julien, 1851-1908*; 1976, Montréal, Place Bonaventure, *Hier au Québec, 1875-1915*; 1978, Québec, Musée du Québec, *La légende dans l'art québécois*.

Bibliographie
GLADU, 1970, repr. p. 17; Le Musée du Québec, 1978, repr. p. 91; GUILBAULT, 1980, ill. p. 89.

Né à Québec en 1852, Henri Julien entre comme apprenti-graveur chez Desbarats à Montréal en 1868. Il devient par la suite illustra-teur pour le *Canadian Illustrated News* et à *L'Opinion publique*. En 1874, il accompagne l'expédition de la Gendarmerie Royale du Cana-da dans les provinces de l'Ouest où il fait plusieurs croquis de la vie des Indiens des prairies, dessins qui deviennent célèbres par tout le Canada. Julien a aussi illustré des livres dont *La légende d'un peuple* de Louis Fréchette, en 1908. De 1888 jusqu'à sa mort en 1908, il est dessinateur en chef du *Montreal Star*.

Henri Julien a fait plusieurs versions de ce thème populaire dont une toile à l'huile qui figure dans la collection du Musée du Québec. Cette illustration de la chasse-galerie nous fait voir un canot d'écorce où huit hommes sont montés survolant Montréal et le mont Royal. Les types sont particulièrement bien étudiés psy-chologiquement et révèlent une gamme de sen-timents qui va de la goguenardise à la peur.

Aquarelle, 53,3 × 38,9 cm

Signé en bas à droite: *Horatio Walker*, en bas à gauche *Pétronille de Saint-François*

Historique
Acquis avant 1934 (34.580-d)

Expositions
1977, Kingston, Agnes Etherington Art Centre, *Horatio Walker, 1858-1938* n° 44; 1979, Ottawa, Archives publiques du Canada, *Enfants d'autrefois*, n° 16.

Ce portrait, qui n'en est pas un de commande, représente bien le type de sujet que l'artiste aime mettre en valeur. Marqué par l'école réa-liste française et surtout par Millet, le maître de Barbizon, Walker attribue à la paysannerie une noblesse prépondérante par l'intermédiaire de cette fillette appuyée contre le tronc d'un arbre: l'enfant robuste, au visage serein et coloré, occupe la partie centrale du tableau, divisé en zones d'ombre et de lumière par une diagona-le.

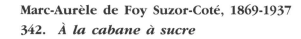

Marc-Aurèle de Foy Suzor-Coté, 1869-1937

341. *Le Père Cholette*, 1922

Marc-Aurèle de Foy Suzor-Coté, 1869-1937

342. *À la cabane à sucre*

Pastel sur papier beige, 42,1 × 30,9 cm

Signé et daté en bas à droite : *M.A. Suzor-Coté/1922*

Historique
Acquis de l'artiste avant 1934 (34.36-d).

Exposition
1929, Montréal, École des Beaux-arts, *Rétrospective des oeuvres de Suzor-Coté*, nº 67.

Bibliographie
JOUVANCOURT, 1967, ill. p. 60.

Né à Arthabaska le 6 avril 1869 de Théophile Côté et de Marie-Cécile Adéline Suzor, Suzor-Coté a d'abord étudié avec Chabert, à Montréal, avant de s'embarquer pour Paris en 1891 où il travaille aux Beaux-Arts avec Léon Bonnat. En 1898, il suit des cours à l'Académie Julian et à l'Académie Colarossi. Il revient au Canada et se fixe à Montréal en 1907. En 1916, il fait des dessins au fusain pour illustrer le *Maria Chapdelaine* de Louis Hémon. Peintre et sculpteur, il a réalisé de nombreux dessins et pastels avant de mourir en 1937 à Daytona Beach.

Sur un arrière plan de lumière diffuse et d'ombre, le personnage solidement campé impose sa présence patriarcale. C'est le portrait d'un homme las, qui en a vu bien d'autres, auréolé de cheveux et de barbe argentés, vêtu à la paysanne mais original. L'artiste s'est attaché à le dépeindre dans un somptueux pastel en brun, bleu et argent.

Pastel sur papier gris, 36,5 × 43,1 cm

Signé en bas à droite : *Suzor-Coté*

Historique
M. Gilbert, Québec ; acquis en 1958 (A-58.513-d).

Ce dessin d'atmosphère montre une belle scène intimiste où un homme et un enfant surveillent la sève en ébullition qui se transforme en sirop. Baignés dans l'ombre fumeuse et vaporeuse, les personnages sont filigranés de lumière rougeoyante, reflets du feu et d'un filet de lumière venant d'une fenêtre. Turner et les impressionnistes jouaient de tels effets. Dans une composition sobre, le foyer et les personnages établissent une structure losangique où les diagonales se répondent comme dans un miroir.

Marc-Aurèle de Foy Suzor-Coté,
1869-1937
343. *Étude de nu*, 1923

Marc-Aurèle de Foy Suzor-Coté,
1869-1937
344. *Le jeune bouvier*
*Voir reproduction en couleurs,
section centrale, p. (37)*

Ozias Leduc, 1864-1955
345. *Portrait de Léo-Pol Morin,
vers 1925*

Pastel sur papier beige, 37,7 × 31,4 cm

Signé et daté en bas à droite : *M.A. Suzor-Coté / 1923*

Historique
Acquis de l'artiste avant 1934 (34.30-d).

Expositions
1929, Montréal, École des Beaux-arts, *Rétrospective des oeuvres de Suzor-Coté* ; 1952, Québec, Musée de la Province, *Exposition rétrospective de l'art au Canada français*, n°. 21 ; 1958, Paris, Grands Magasins du Louvre, *Les arts au Canada français* ; 1959, Vancouver, Vancouver Art Gallery, *Les Arts au Canada français*, n° 220 ; 1964, Montréal, Centre d'art du Mont-Royal, *Un demi-siècle de peinture du Québec*, n° 32 ; 1965, Rivière-du-Loup, La Ghilde Féminine, *Un demi-siècle de peinture au Canada français*.

Ce pastel velouté rend bien les carnations où Suzor-Coté trahit son attrait pour l'impressionnisme dans le traitement du fond et du tissu. Le modelé doux n'amollit pas l'attitude de la jeune femme. Le dessin reste classique et rappelle une baigneuse du *Bain turc* d'Ingres.

Pastel sur papier, 47,8 × 31,1 cm

Signé en bas à gauche : *A. Suzor-Coté*

Historique
Acquis de l'artiste avant 1934 (34.38-d).

Exposition
1929, Montréal, École des Beaux-arts, *Rétrospective des oeuvres de Suzor-Coté*.

Ce pastel est un détail d'un grand tableau inachevé qui se trouvait à l'atelier d'Arthabaska. Largement esquissé, le sujet baigne dans une lumière chaude et brumeuse, et le personnage contraste fortement sur l'arrière-plan traité de façon impressionniste.

Fusain sur papier, 50,2 × 33,1 cm

Signé en haut à droite : *O. Leduc*

Historique
Robert P. Morin, Saint-Michel, Bellechasse ; acquis en 1982 (82.34).

Dans ce portrait d'intériorité où le regard est tourné au dedans comme noyé d'ombre et de lumière secrète, la tête s'incarne dans un modelé fait de petits traits croisés nerveusement et affirme une présence humaine interrogative. L'arrière-plan est traité à grands traits ondulants et souligne la place du personnage relié à un monde fluide et changeant.

Henri Hébert, 1884-1950

346. *Faune, vers 1925-1928*

Herbert Raine, 1875-1951

347. *Notre-Dame-de-Bonsecours*

Herbert Raine, 1875-1951

348. *The End of the Village, Beaupré, P.Q.*
Au bout du village de Beaupré

Aquarelle sur papier, 38,6 × 38,2 cm

Monogramme, en bas à gauche: Ⓗ estampillé à l'encre rouge

Historique
Michel Doyon, Québec; acquis en 1982 (82.32.2).

Cette étude académique est aquarellée en larges touches. Le personnage nu, auquel l'artiste a donné les traits d'un faune, se détache sur un fond gris violacé. C'est là un bel exemple de croquis vif et rapide où le souci du sculpteur pour les grands volumes est marqué.

Mine de plomb sur papier, 22,9 × 17,5 cm

Signé en bas à gauche: *Herbert Raine*

Historique
Don de l'artiste, 1950 (G-50.3-d 79).

Né en Angleterre à Sunderland, en 1875, Raine s'est intéressé très tôt au dessin et a suivi des cours en dessin et modelage à l'École d'art de Durham. Apprenti architecte avec Frank Caws, il voyage beaucoup, surtout en France, et fait de nombreux croquis des grandes cathédrales.

De retour en Angleterre, il est chargé par le bureau d'architecte de Sir Aston Webb, R.A., de faire les dessins du nouveau musée Victoria et Albert de Londres. Il visite ensuite l'Italie où il étudie l'architecture de la Renaissance dans les villes du nord.

Ses essais comme architecte en Angleterre s'avérant infructueux, il décide de venir au Canada et s'installe à Montréal où il peut exercer sa profession. Il prend des croquis des édifices de la ville, s'intéresse à l'architecture des vieilles maisons citadines et rurales. Lors de la guerre de 1914, son intérêt pour la gravure à la pointe sèche et à l'eau-forte l'amène à changer son style de dessin en vue des exigences de cet art. Il s'intéresse également à l'aquarelle. Il a publié *Le vieux Montréal*, comprenant dix-sept gravures. Ses mines de plomb sont particulièrement remarquables.

Mine de plomb sur papier, 21,1 × 30,1 cm

Signé en bas à droite: *Herbert Raine*

Historique
Don de l'artiste, 1950 (G-50.3d 28).

Alfred Pellan, 1906

349. *Tête de jeune fille*, vers 1938-1939

John Goodwin Lyman, 1886-1967

350. *Le liseur et les sirènes*, vers 1940

*Voir reproduction en couleurs,
section centrale, p. (38)*

Fusain, 63,1 × 47,8 cm

Signé en bas à droite : *Pellan*

Historique
Acquis de l'artiste en 1940 (A-40.104-d).

Exposition
1980, Ottawa, Galerie nationale du Canada *Les dessins d'Alfred Pellan*, n° 24, repr.

Bibliographie
DE GRAMDMONT, 1945, pl. 49 ; ROBERT, 1963, p. 83, repr. d.

Alfred Pellan est né en 1906 et a étudié à l'École des Beaux-arts de Québec en 1920-1925. En 1926, il est à Paris, boursier de la Province de Québec, et s'inscrit à l'École Supérieure des Beaux-Arts avec Lucien Simon. Peintre très actif, il s'intéresse aussi au décor de théâtre, dessine des costumes, illustre des oeuvres de poésie. Dessinateur puissant, il garde un intérêt marqué pour cette forme d'art.

Dessiné en pleine page, ce portrait en buste est singulièrement vibrant et lumineux. Alors que le vêtement est traité de façon linéaire, le visage est modelé et les rehauts sont obtenus par gommage. La chevelure luxuriante est rendue par le frottis du fusain et un gommage ponctuel pour obtenir des lumières blondes. L'artiste insiste sur le regard : le dessin précis des yeux, des lumières et des ombres en fait le point d'intérêt.

Encre de chine et aquarelle sur papier, 26,9 × 36,9 cm

Signé en bas à gauche : *Lyman*

Historique
Legs de Mme John Lyman en 1970 (G-70.555-d).

Expositions
1965, Montréal, Musée des Beaux-arts, *John Goodwin Lyman, Retrospective Exhibition* ; 1966, Québec, Musée du Québec, *Rétrospective de John Lyman* ; 1966, Ottawa, Galerie nationale du Canada, *Hommage à John Lyman à l'occasion de ses 80 ans*, n° 56.

Américain de naissance, John Lyman se destine d'abord à la littérature qu'il étudie à l'Université McGill. Lors d'un voyage en France, il s'inscrit à la classe de dessin de Marcel Béronneau. Après un court stage à Londres, il revient à Paris où on le retrouve à l'Académie Julian et ensuite à l'Académie Matisse dont l'oeuvre exerce sur lui une forte influence. En 1939, il fonde à Montréal la Société d'Art Contemporain. L'art de Lyman en est un de lumière ; celle-ci structure les êtres et les choses et les modèle dans la couleur.

Formes pleines, plages de couleurs vives, synthèse atmosphérique, lumière enveloppante et joie de vivre se retrouvent dans cette belle aquarelle qui est en quelque sorte un résumé de l'artiste. Une petite phrase dans un carnet de notes, une minute saisie pour toujours, le dessin direct et large ne retient que l'essentiel et érige la force de l'image sensuelle, baignée d'espace et de lumière, que menace pourtant l'ombre inquiétante d'un destroyer à l'horizon.

Marc-Aurèle Fortin, 1888-1970

351. *Sainte-Famille, Île d'Orléans*, 1941

Joseph Saint-Charles, 1868-1956

352. *Solitude*, 1942

Aquarelle et craie noire, 56,7 × 77,7 cm

Signé en bas à gauche: *M.A. Fortin*

Historique
Galerie L'Art français, Montréal; acquis en 1942 (A-42.17-d).

Expositions
1944, Québec, Musée de la Province, *Exposition de Marc-Aurèle Fortin, A.R.C.A. Adrien Hébert, R.C.A. Henri Hébert, R.C.A. Edwin Headley Holgate, R.C.A.*, n° 18; 1978-1979, Québec, Musée du Québec, *L'art du paysage au Québec 1800-1940*, n° 56, repr.

Bibliographie
Jouvancourt, 1980, repr. p. 124; Robert, 1982, repr. p. 84-85.

Marc-Aurèle Fortin est né à Sainte-Rose, au nord de Montréal et a fait des études d'art avec Ludger Larose et Edmond Dyonnet, exerçant en même temps divers métiers. Il étudie au *Art Institute* de Chicago et il travaille aussi à New York et Boston. Revenu à Montréal en 1914, il peint des oeuvres où se retouvent diverses influences. En 1937, il expose ses fameux ormes, géants majestueux.

Conscient de la force des éléments, du travail de la nature et de l'action de l'homme, Fortin comme Van Gogh exprime la croissance, les soulèvements et le mouvement imperceptible mais réel de son environnement. Avec une palette vive, presque crue, il dresse les arbres, ravine le sol et bouscule l'air dans une composition puissante. L'arrière-plan est dominé par le mont Sainte-Anne.

Fusain sur papier, 50,1 × 53,4 cm

Signé en bas à droite: *J. St-Charles*

Historique
Mlle Marie-Anna Saint-Charles, Montréal; acquis en 1977 (A-77.440-d).

Joseph Saint-Charles est né à Montréal en 1868. Après avoir fait des études d'art à Paris avec Gérome, Lefebvre et Constant, il revient à Montréal et enseigne à l'École des Beaux-arts. Portraitiste surtout, il a peint de nombreuses personnalités politiques et ecclésiastiques, des gens d'affaires, etc. Il est mort à Montréal en 1956.

Assise de profil et très droite dans un espace dépouillé, la femme regarde par une fenêtre; la lumière un peu grise comme en automne découpe la silhouette qui occupe la place centrale de la feuille. Le papier a été charbonné et les lumières distribuées sur le visage et la robe constituent les plus hautes valeurs. L'éclairage filtré de la fenêtre, à gauche, est équilibré par les gris clairs dans la partie droite.

Jean Paul Lemieux, 1904

353. *Le fruit noir*, 1943

Jacques de Tonnancour, 1917

354. *Femme assise*, 1944

David Milne, 1882-1953

355. *Railway crossing*, 1945
Traverse à niveau

Fusain sur papier, 101,2 × 75,5 cm

Signé et daté en bas à droite: *Jean Paul Lemieux, décembre 45*

Historique
Isaïe Nantais, Loretteville; acquis en 1975 (A-76.645-d).

Bibliographie
ROBERT, 1975, repr. p. 79; DE ROUSSAN, 1982, repr. p. 77.

Jean Paul Lemieux est né à Québec en 1904. Il s'inscrit à l'École des Beaux-arts de Montréal en 1926 et travaille avec Charles Maillard, Edwin Holgate et Maurice Félix. À Paris en 1929, il suit des cours à la Grande Chaumière et à l'Académie Colarossi et s'intéresse également à la publicité. Après plusieurs années à l'École des Beaux-arts de Montréal, à l'École du Meuble puis à l'École des Beaux-arts de Québec, il quitte l'enseignement pour se consacrer à la peinture.

Deux personnages féminins en gros plan occupent presque entièrement le format du papier; à l'arrière-plan un grand paysage lointain est suggéré. Le nu de droite, une femme d'âge mur à demi cachée sous un voile blanc, rappelle les figures de la nuit; elle présente à la jeune femme de gauche un fruit noir. Le dessin tout en courbes fluides est modelé pour le nu alors que les vêtements sont traités en aplats décorés de petits motifs. Ce dessin expressionniste rappelle les figures de Gauguin et leur mystère.

Fusain, 63.5 × 48,2 cm

Signé et daté en haut à droite: *De Tonnancour 1944*

Historique
Galerie Gérard Gorce, Montréal; acquis en 1978 (78.420).

Au début des années 1940, Jacques de Tonnancour, à la fois peintre, critique d'art et professeur à l'« Art association » de Montréal, figure parmi les artistes de sa génération qui ont le plus contribué à l'affirmation des nouveaux courants modernistes tels qu'annoncés par Pellan à son retour de Paris.

Dans cette étude intitulée *Femme assise*, de Tonnancour fait preuve d'un sens inné du dessin et réduit la forme à sa plus simple expression. Maître de la technique du fusain, il transforme la page en un espace dramatique dont la profondeur est suggérée par l'horizontale médiane et par la structure schématique de la chaise, et d'où surgit la figure. C'est là un dessin instinctif, à la manière de Matisse, caractérisé par un tracé rapide et sûr, constitué de courbes et d'arabesques qui contournent la forme dont le modelé est rendu par un jeu nerveux de lignes brisées.

Aquarelle sur papier, 36,8 × 49,8 cm

Historique
Coll. Douglas M. Duncan, Toronto; don en 1970 (G-70.149-d).

David Milne est né près de Paisley en Ontario. Il décide d'étudier en art à New York et s'inscrit en 1904 au *« Art Students League »* avec George Bridgman et Frank V. Dumond.

Fort intéressé par l'impressionnisme français, Milne exprime sa sensibilité personnelle par le jeu de la ligne qui crée le motif. Les espaces blancs jouent un rôle structurel dans ses aquarelles aussi bien que dans ses pointes sèches, deux techniques qu'il pratique abondamment. Il apprécie les contours fluides et vaporeux qui restituent de façon impressionniste les sites et les lieux qu'il a longtemps habités et interrogés. On sait qu'il vivait retiré près des lacs, en forêt, toujours en quête du frémissement des eaux, du feuillage et de la lumière qui mettait sa sensibilité à vif. L'économie des moyens et des tons qu'il pratiqua toujours donne à ses oeuvres une puissance d'évocation qui accroche vivement la mémoire et fait revivre au spectateur son expérience du moment fugitif.

Albert Dumouchel, 1916-1971
356. *Nu en gros plan*, vers 1946

Pierre Gauvreau, 1922
357. *Sans titre*, 1946

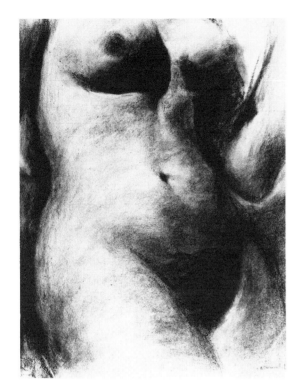

Fusain sur papier, 64 × 48,4 cm

Signé en bas à droite : *A. Dumouchel*

Historique
Gravure G., Montréal ; acquis en 1980 (80.78-d).

Bibliographie
ROBERT, 1970, repr. p. 72.

Albert Dumouchel est né à Bellerive près de Valleyfield en 1916. Il étudie à Montréal avec James Lowell pour la gravure, puis va se perfectionner à Paris avec Desjobert en lithographie et avec Leblanc pour l'eau-forte. Directeur de l'Institut des arts graphiques de Montréal, aujourd'hui disparu, durant plusieurs années, il participe à la Biennale de Venise où il est remarqué et se mérite plusieurs prix. Ses oeuvres graphiques, où la lumière diffuse s'infiltre dans les ombres profondes, sont chaleureuses et imprégnées de mystère.

Bien que connu pour ses oeuvres abstraites, Dumouchel a réalisé vers la fin de sa vie des oeuvres figuratives. Ce grand nu, au modelé fougueux, contient toutes les qualités subtiles de valeurs, de vie et de mystère qui caractérisent l'oeuvre subséquente de cet artiste original qui fut un chef de file dans le domaine de l'estampe au Québec.

Techniques mixtes, 17,6 × 25,4 cm

Signé et daté en haut à gauche : *Gauvreau 46*

Historique
Don de Mme Madeleine Arbour, Montréal, 1982 (82.70).

Expositions
1947, Montréal, Hall d'entrée du 75 ouest, rue Sherbrooke, *Exposition des Automatistes* ; 1981, Kingston, Agnes Etherington Art Centre, *Pierre Gauvreau : La première décennie 1944-1954*, n° 6, repr.

L'automatisme fut pour Pierre Gauvreau un moyen de se libérer de sa formation académique acquise à l'École des Beaux-arts de Montréal et de se défaire totalement de l'influence de Picasso et Matisse.

Malgré un air de famille indéniable avec la peinture de Borduas, l'oeuvre de Gauvreau doit être perçue comme une exploration esthétique et personnelle de l'inconscient de l'artiste. Cette petite gouache de 1946 propose, à travers des formes évocatrices mais indéchiffrables qui ont tendance à se confondre à leur milieu tout en lui échappant, une atmosphère de couleurs en mouvement. Le trait calligraphique de Gauvreau, qui consolide et annule simultanément les changements fluides de la couleur, fonctionne indépendamment au lieu de servir de ligne contour. Ses oeuvres sur papier témoignent d'une délicatesse et d'une fraîcheur d'exécution qui permettent d'identifier l'écriture particulière du peintre.

Arthur Lismer, 1885-1969

358. *William Hugh Coverdale*, 1947

Stylo sur papier gaufré, 15,8 × 16,6 cm

Signé et daté en bas à gauche: *A.L. au cours d'un dîner à Montréal, le 31 mai 1947)*

Historique

Don de William H. Coverdale, 1953 (G-53.25-d).

Arthur Lismer est né à Sheffield, en Angleterre, en 1885. Dès l'âge de 13 ans, il s'inscrit aux cours du soir de l'école d'art de cette ville. Le peintre Constable le fascine. En 1906, il va à Anvers et s'inscrit à l'Académie des Beaux-arts. Installé à Toronto à partir de 1911, il rencontre Thomson, Jackson et Varley. Membre du Groupe des Sept, il se plaît en dessin à caricaturer ses amis.

Ce portrait psychologique, beau croquis prime-sautier où l'humour se joint à l'observation, nous livre un personnage connu. Exécuté à l'occasion d'un dîner, sur une serviette de table, ce dessin solide et structuré garde une bienfaisante fraîcheur. Rectangle inscrit dans un rectangle, le personnage principal coince au bord du cadre deux autres convives à la taille réduite tandis que du coin gauche surgit une main céleste qui lui tend une couronne de laurier.

Jean Dallaire, 1916-1965

359. *Daphné ou Nu au croissant*, 1949

Voir reproduction en couleurs, section centrale, p. (39)

Gouache sur papier, 93,6 × 62,3 cm.

Signé et daté en bas à gauche: *Nu au croissant, Dallaire 49, Canada*

Historique

Acquis de l'artiste en 1949 (A-49.78-D).

Expositions

1950-1951, Washington, National Gallery of Art, et Ottawa, Galerie nationale du Canada, *Canadian Painting*, n° 25; 1952, Québec, Musée de la Province, *Exposition rétrospective de l'art au Canada français*, n° 366; 1957, Ottawa, Galerie nationale du Canada, *Contemporary Canadian Painters*, n° 11; 1967, Montréal, Musée d'art contemporain, *Panorama de la Peinture au Québec*, n° 22; 1968, Montréal, Musée d'art contemporain et Québec, Musée du Québec, *Rétrospective Jean Dallaire*, n° 28, repr. coul.; 1979, Montréal, Musée d'art contemporain, *Jean Dallaire*, n° 5, repr.

Bibliographie

BILODEAU, *Rétrospective Dallaire*, 4 mai 1968; BUCHANAN, *The Art of Jean Dallaire*, été 1955, pp. 143-148; DE ROUSSAN, *L'Humour de Jean Dallaire (1916-1965)*, 16 mars 1968, repr. coul.; JOUBERT, *Jean Dallaire, le vrai et le moins vrai*, 16 août 1980; MORISSET, *Dallaire 1916-1965*, hiver 1967, pp. 33-39; TOUPIN, *Né à Hull: Jean Dallaire*, 21 juin 1978, p. D-20; ROBERT, *Dallaire ou l'oeil panique*, 1980, repr. coul. p. 243; ROBILLARD, *Dallaire: les oiseaux et les bannières de la liberté en exil*, 30 mars 1968, p. 42.

À l'été 1949, Jean Dallaire, alors professeur à l'École des Beaux-arts de Québec, se rend à Aubusson où il étudie l'art de la tapisserie avec le peintre Jean Lurçat qui avait été l'initiateur du renouveau de la tapisserie en France. Cet apprentissage de la tapisserie aura une influence marquante sur le style pictural de l'artiste.

Daphné ou Nu au croissant se distingue d'abord par sa grande surface colorée dont le chatoiement est élaboré par petites touches selon la technique même de la tapisserie et du pointillisme. La silhouette transparente et diaphane du nu féminin, qui occupe tout le centre de la composition, n'altère en aucune manière les vibrations chromatiques et les zones colorées. L'esprit surréaliste et fantaisiste n'est pas exclu dans cette oeuvre où Daphné, la main à son giron, semble se transformer en buisson.

On notera que le croissant de lune, qui apparaît dans le coin supérieur droit, s'inscrit invraisemblablement sur les draperies de la fenêtre.

Henri Masson, 1907

360. *Enfants de choeur*, vers 1950

Paul-Émile Borduas, 1905-1960

361. *Bleu*, 1954

*Voir reproduction en couleurs,
section centrale, p. (40)*

Jean Lefébure, 1930

362. *Jour de vent*, 1958

Pastel sur papier, 66,3 × 51,4 cm

Signé en bas à gauche: *Henri Masson*

Historique
Acquis de l'artiste en 1978 (78.350-d).

Né à Namur en Belgique en 1907, Masson et sa mère s'établissent à Ottawa en 1924 où, à l'âge de 16 ans, le jeune Henri entre dans un atelier de gravure sur métal et y travaille pendant plusieurs années. Impressionné par la peinture du Groupe des Sept, il peint lui aussi des tableaux hauts en couleurs sur des sujets quotidiens: le travail des gens, l'activité des rues, les yeux des enfants. À l'âge de 38 ans, il consacre la majorité de son temps à la peinture et fait de nombreux tableaux sur la vie de quartier. Ses paysages dépeignent abondamment la région de la Gatineau.

Le sujet de ce pastel s'inscrit dans une suite d'études sur les activités religieuses: processions et fêtes. La couleur des habits de fête, soutanes et surplis, les ornements sacerdotaux sont le suport de ces oeuvres traitées avec humour d'où la tendresse n'est pas absente.

Gouache sur parchemin, 35,3 × 42,4 cm

Signé et daté en bas à droite *Borduas 54*

Historique
Galerie Camille Hébert, Montréal; acquis en 1964 (A-64.126-d).

Bibliographie
ROBERT, 1977, repr. coul., p. 199; ROBERT, « Premier bilan du Musée d'art contemporain », 1965-1966, repr. p. 21.

En 1953, Paul-Émile Borduas s'exile aux États-Unis et s'installe à New York où il prend contact avec l'expressionnisme abstrait qui marque un tournant important dans son évolution. La majorité des oeuvres de cette période ont été réalisées sur papier car le peintre sentait le besoin d'expérimenter rapidement.

Bleu est une gouache de 1954 qui témoigne de l'influence des peintres d'Action, Pollock, Kline et Motherwell, par l'éclatement de l'objet pour en arriver à la notion de la composition « all over ». L'oeuvre présente sur fond blanc une architecture nerveuse inspirée de la calligraphie japonaise mais sans réussir à se débarrasser complètement de la dichotomie fond-forme. Il faut dire qu'après une longue pratique de la peinture automatiste, il était difficile pour Borduas d'éliminer tout effet de perspective et de hiérarchie dans le traitement pictural d'une surface bidimensionnelle.

Sanguine, 12,7 × 17,4 cm

Signé et daté en bas à droite: *Lefébure 58*

Historique
Acquis de l'artiste en 1958 (A-58.293-d).

Jean Lefébure commença à peindre en 1949, au moment où il fit la connaissance des membres du groupe automatiste avec lesquels il exposa jusqu'en 1952. Il quitte alors Montréal pour un long séjour en Europe au cours duquel, tout en conservant une parenté stylistique avec l'automatisme, il s'en éloigne en intégrant à son oeuvre la notion d'espace structuré, imprégné de lyrisme et de sensibilité.

Dans ce dessin esquissé rapidement mais très expressif, l'artiste ordonne son écriture rythmée sous forme de taches et de hachures autour d'un axe central, dans un mouvement circulaire continu amorcé par l'élan de la courbe prononcée qui chemine du coin supérieur droit vers le centre, comme une sorte de référence au dynamisme de l'élément naturel.

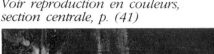

Albert Dumouchel, 1916-1971

363. *Fleurs à la fenêtre*, 1959

*Voir reproduction en couleurs,
section centrale, p. (41)*

Jean-Paul Jérôme, 1928

364. *Enroulement*, 1960

Richard Lacroix, 1939

365. *Key 2*, 1965-1975

Eau forte, 28,2 × 18,9 cm; 49 × 32,8 cm

Signé, daté et numéroté *Fleurs à la fenêtre 13/14,
Albert Dumouchel/59*

Historique
Galerie Curzi, Montréal; acquis en 1977 (A-77.455-e).

Ayant été l'instigateur du renouveau de la gravure québécoise grâce à la qualité de son engagement pédagogique et à l'importance de son
oeuvre gravée, Albert Dumouchel est considéré
aujourd'hui comme une des personnalités dominantes de l'histoire de l'art au Québec.

Fleurs à la fenêtre témoigne de la virtuosité
technique de l'artiste et de sa maîtrise de la
composition spatiale. Le thème de la fenêtre,
souvent repris dans son oeuvre comme une
invitation à l'interprétation, est habilement traité de manière à faire progresser le regard
depuis le premier plan, marqué par le volet
clos, vers l'ouverture sur le fond noir où se
dessine le vase de fleurs. Connaissant parfaitement les possibilités plastiques offertes par le
medium, Dumouchel l'exploite jusqu'à sa limite
extrême, lui accordant une part d'autonomie
dans la révélation de l'image qui émerge de la
plaque en valeurs de tonalités et de textures.

Pastel, 48,5 × 63,8 cm

Signé et daté en bas à droite *Jérôme 1960*

Historique
Acquis de l'artiste en 1960 (A-60.715-d).

Membre fondateur du groupe « Les Plasticiens »
et co-signataire de leur manifeste en 1955, Jean-
Paul Jérôme ne trouve pas à s'exprimer pleinement par cet art structuré où l'aspect formel
soigné venait en réaction à l'accidentel de l'automatisme. Dès 1956, il quitte Montréal pour
Paris où, sous l'influence de peintres comme
Soulages, Hartung et Barré, il effectue le passage d'une peinture dite « cérébrale » à une autre, davantage imprégnée de lyrisme et de sensibilité.

À son retour, il exécute une série de dessins au
pastel qu'il expose en 1960. Cette technique,
qu'il maîtrise habilement dans *Enroulement*,
répond parfaitement à l'expression libre et graphique de son monde intérieur par l'aspect
velouté de la matière qui accentue l'impression
d'espace ambiant. De plus, la nature évocatrice
des signes plastiques, lignes, traces, couleurs, et
leur relation d'interdépendance au sein d'un
espace lumineux aux tonalités chatoyantes, donnent à l'oeuvre une dimension poétique où les
valeurs symboliques se trouvent sans cesse re-
nouvelées selon la perception individuelle.

Eau-forte, 44,5 × 44 cm; 74,8 × 56,3 cm

Signé, daté, identifié et numéroté en bas: *Key 2,
8/22, Richard Lacroix 65-75*

Historique
La Guilde Graphique, Montréal; acquis en 1976
(A-76.287-e).

Même si c'est à Paris, en 1961-1962, que Lacroix
approfondit les connnaissances techniques de
la gravure déjà acquises à l'Institut des arts
graphiques avec Dumouchel, son art s'affirme
rapidement, s'apparentant à l'approche créatrice de l'école américaine. Expérimentant sans
cesse les limites du medium, il en vient à
produire une image expressive mais abstraite
qui témoigne de la relation énergétique étroite
qui existe entre le créateur et son outil.

De cette manière, l'image se transforme,
comme dans *Key 2*, en un véritable champ
d'énergie où la matière colorée d'intensité modulée joue à la fois le rôle d'objet et de sujet de
l'oeuvre. Il s'agit là d'une composition basée
sur un système de relations binaires où la tension résulte du rapport couleur- couleur, de la
symétrie des marges violacées et du double
réseau de trames colorées qui occupe l'espace
central de l'image.

Robert Savoie, 1939
366. *Yasuhiro*, 1977

Robert Wolfe, 1935
367. *Le champ bleu*, 1980

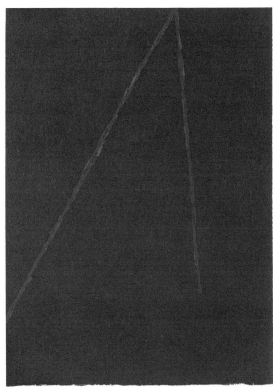

Eau-forte, 47,5 × 39,7 cm; 75,9 × 56,5 cm

Signé, daté et numéroté en bas : *E/E Yasuhiro, Savoie 77*

Historique
Acquis de l'artiste en 1977 (A-77.332-E).

Tout comme Richard Lacroix, Robert Savoie a d'abord profité de l'enseignement d'Albert Dumouchel à l'Institut des arts graphiques avant d'effectuer plusieurs stages et voyages d'études dans certains pays d'Europe, et plus particulièrement en France, avant de se rendre au Japon en 1968.

D'une première manière que l'on qualifierait d'expressionniste abstraite, caractérisée par un graphisme mordant et de couleurs vives, il passe ensuite à l'exploitation du mouvement dans une série d'oeuvres optiques et symétriques qui marquent sa production jusque vers le milieu des années 1970.

Dans cette eau-forte de 1977, Savoie revient cependant à une conception plus lyrique de l'image, mettant en valeur les qualités intrinsèques de la matière, soit la couleur, la transparence et la fluidité de l'encre ainsi que la texture, la lumière et l'espace de la feuille de papier. La sobriété de la composition et l'aspect évanescent des encrages confèrent à l'oeuvre une note orientale imprégnée de calme et de sérénité.

Sérigraphie, 65,6 × 50,1 cm

Signé, daté et numéroté en bas : *Le champ bleu 8/22, R. Wolfe 80*

Historique
Graff Diffusion Ltée, Montréal ; acquis en 1980 (80.97.4).

« À ma manière, je veux traduire la sensation de grands espaces de la nature où nous vivons. »

Cette phrase, prononcée par Robert Wolfe à Sherbrooke en 1966 et reprise par André Vidricaire dans le catalogue de l'exposition *Noir est l'espace blanc* de 1977, illustre bien la préoccupation qu'avait l'artiste, à l'époque, de saisir l'espace pour en dépeindre l'idée sur la toile ou sur la feuille de papier.

Quatorze ans plus tard, dans sa série des *Champs*, imprimée l'année qui suivit la parution de l'Album *Terre Tracée* en 1979, cette quête constante de l'impression spatiale persiste, non pas dans le sens d'une projection figurative de l'objet mais plutôt dans sa perception formelle.

Le champ bleu, c'est d'abord l'espace-plan coloré qui tend à excéder le cadre de l'image, le fond sur lequel le signe est tracé agissant ainsi comme support pour l'intervention de l'homme. C'est aussi l'espace-profondeur, créé par la superposition en transparence de couches de différentes tonalités de bleu, faisant scintiller en surface des touches claires dont la luminosité s'apparente à celle du trait incisif appliqué au fond.

Photographie

« Daguerrotype. — Nous avons eu occasion de visiter l'atelier du élève de Monsieur Daguerre qui est maintenant dans cette ville, et nous pouvons assurer que les effets qu'il obtient sont incomparablement supérieurs à ceux obtenus par les américains qui, l'année dernière, nous ont fait voir du Daguerrotype (*sic*) pour la première fois ; parce qu'à temps à Paris on n'avait pas encore hasardé le portrait, mais seulement la nature inanimée. Ce ne sont plus ces formes raides, ces traits durs et cassés, cette position tendue et forcée, cette nature coupée et tranchée comme avec le tranchant d'un outil, cette figure crispée comme une caricature que l'on observait dans les portraits de l'année dernière ; ces défauts ont fait place presqu'en totalité à des formes plus arrondies, à des contours plus modelés, à des traits plus déliés, et par conséquent, donnant l'expression vivante de la figure avec plus de vérité. La tête s'échappe sur un fond clair, comme la dispose le peintre habile, a plus de relief que les portraits de l'année dernière qui étaient comme des traits durs et inanimés tracés sur le marbre (...) Dames et Messieurs, si vous souhaitez vous faire peindre par la NATURE, vous le pouvez... (...) Mais, quand nous disons la NATURE, n'allez pas croire qu'elle agit toute seule, il faut que l'opérateur la modère ou l'excite suivant la circonstance ; car elle est quelquefois un agent trop faible, et d'autres fois, un agent trop puissant. Il faut donc que notre artiste observe sans cesse, qu'il mette, suivant l'effet produit par la lumière, un peu plus de cette substance un peu moins de celle-là. Nous croyons en avoir assez dit pour ne pas anticiper sur l'opinion des amateurs et du public. »

Ainsi s'exprime le Rédacteur du Journal *Le Canadien* de Québec, le 21 juin 1841, à propos d'un jeune artiste polonais, le deuxième daguerréotypiste à visiter la ville depuis la publication du procédé deux ans auparavant. L'analyse est brève, mais l'auteur utilise un vocabulaire et des concepts tout à fait appropriés pour parler des caractéristiques formelles et stylistiques des portraits : le modelé des formes et des contours, l'expression vivante de la figure, la vérité, le relief, qui tous dépendent du contrôle de la lumière par l'artiste. Si les critères esthétiques sont communs à toutes les techniques de représentation, la photographie déjà se démarque par le rôle que l'artiste-photographe doit assumer à l'égard de la lumière : la perfection de l'image tient à la qualité de l'observation de la lumière et à la finesse du contrôle de ses effets.

Lorsqu'en 1858, Samuel McLaughlin se met à publier son *Photographic Portfolio* une fois par mois, il indique que « ces vues sont destinées à former une collection de beautés intéressantes pour le public en général, illustrant la région dans laquelle nous vivons, et les us et coutumes de ses habitants ». Ses photographies virées aux sels d'or sont montées sur un luxueux carton Bristol et accompagnées d'un texte tiré sur presse à bras. Dans une des livraisons subséquentes montrant *The Valley of the River St.Charles*, le photographe exprime encore son souci de réaliser une image bien nuancée et conforme à ses critères techniques : « *Artistically considered, the print may be called HALF TINT, and is free from unpleasant contrasts of black and white. From the great extent of such a view, there will always be difficulty in clearly depicting minute objects, but we believe our Subscribers will consider it a success in these respects.* »

Les commentaires, la présentation extrêmement soignée des épreuves révèlent chez McLaughlin une préoccupation esthétique tout à fait comparable à celle de l'artiste, titre qu'on donnait d'ailleurs à l'adepte de la photographie même après l'apparition de ce mot vers le début des années 1850. L'étude de la composition, le choix du point de vue, la définition précise des formes, le rendu des valeurs tout en tenant compte de l'éclairage et des exigences de la caméra, de même que le travail en laboratoire, sont des opérations méticuleuses que la plupart des photographes de l'époque considèrent comme la pratique d'un art.

De toute évidence, la même conception guide Jules-Isaïe Benoît dit Livernois dans la réalisation des vingt-et-un clichés qui, sous forme d'épreuves originales à l'albumine, sont collées à la main dans chaque exemplaire du *Maple Leaves, Third series*, ouvrage de James MacPherson LeMoine qui décrit les grandes villas de la région de Québec. Décédé au moment de la parution de l'ouvrage en 1865, le photographe n'en obtient pas moins les éloges des amateurs qui apprécient les photographies un peu comme des dessins, des aquarelles ou des gravures où s'exprime le style d'un artiste. Il ne faut donc pas se surprendre de la place qu'on accorde à ces oeuvres, comme en témoigne le correspondant du *Journal de Québec* à l'Exposition universelle de Paris le 21 mai 1867 : « Le tableau de M. Kraighoff, si bien encadré par M. Scott (de Montréal) est exposé dans la section canadienne au milieu des photographies. Notre collection de photographies est immense et bien choisie. Presque tous nos meilleurs artistes photographes ont envoyé quelque chose ; Notman, Livernois, Ellison, Smeaton, etc. Je ne vois, à vrai dire, que la France et l'Autriche dont les collections photographiques soient supérieures à la nôtre. »

Ce jeu des comparaisons ne fait d'ailleurs que commencer, et prouve qu'il ne suffit pas de déclencher le mécanisme d'un appareil pour atteindre la réussite ou démontrer du talent. De fait, l'évolution de la photographie jusqu'à nos jours apparaît comme une poursuite constante de l'image d'une réalité qui n'est pas la réalité complète, mais souvent la vision que des artistes, même amateurs, ont voulu créer. L'oeuvre photographique n'est donc pas un document simpliste, mais une idée bidimensionnelle qui a sa place dans la galerie d'art, sur les cimaises d'un musée. Au-delà des procédés techniques qu'elle met en action, elle offre au spectateur ses effets, ses analogies, son authenticité, son interprétation.

La collection du Musée du Québec évoque les recherches passionnées de quelques photographes, leurs calculs d'infinie patience, leurs intentions poétiques. Ce lent survol, des premières époques en particulier, est parsemé de recherches émouvantes et de découvertes imprévues que même certaines imperfections des originaux n'empêchent pas de reconnaître.

L'intérêt et les efforts déployés par Gérard Morisset en faveur de l'art ne lui ont pas fait oublier la photographie, bien au contraire. Probablement parce qu'il était inspiré par une pratique personnelle du travail photographique, il a accumulé les informations sur les photographes, reproduit leurs clichés et fait les premières acquisitions. Il a d'ailleurs publié une des premières études portant sur les photographes québécois; cet article paru dans la *Revue Populaire* de septembre 1951 fut repris dans d'autres périodiques au cours des années suivantes : en plus d'y reproduire quelques oeuvres de Vallée, Livernois ou Notman, il résume l'histoire des débuts de cette activité artistique au Québec. Il faut encore souligner qu'en 1952, la grande *Exposition rétrospective de l'art au Canada français* comptait non seulement des agrandissements de photographies anciennes, mais également des oeuvres originales des pionniers: McLaughlin, Livernois, Notman, Ellisson, Pinsonnault. Ce fut là, probablement, un des moments importants de la redécouverte de l'histoire de la photographie québécoise.

Cependant, c'est sous le mandat de Jean Soucy, directeur de 1967 à 1973, que le Musée du Québec entreprit de faire connaître nos meilleurs photographes du dix-neuvième siècle. L'exposition *Québec vu par... Livernois, Vallée, Notman, Leggo, Henderson, Ellisson*, organisée par Jean Trudel, connut un grand succès en 1969, et son catalogue figure parmi les rares études que nous possédons sur le sujet. Quelques dons importants, par exemple cette série d'oeuvres réalisées par Samuel McLaughlin, ont contribué à enrichir la petite collection; ou des achats, comme l'Album du Capitaine Frederick Stevenson, officier britannique qui était aussi photographe amateur. Ce recueil apporte un témoignage de première importance sur les premières années de la photographie sur papier à Montréal: non seulement ce collectionneur prenait-il des vues au cours de ses voyages, mais il a aussi acquis des pièces qui font époque dans l'histoire de la photographie, comme ce portrait du *Prince de Galles et sa suite* par Brady, les vues de la bataille d'Antietam prises par Gardner, et surtout l'étude de nuages et de mer de Gustave Le Gray.

À ce fonds modeste mais d'autant plus intéressant qu'il concerne une période cruciale de la photographie, se sont ajoutés quelques beaux exemples de l'époque du gélatino-bromure; cependant, les oeuvres de cette époque qui témoignent d'une recherche artistique sont assez peu nombreuses chez nous, aussi la collection a-t-elle fait un passage rapide vers des productions plus contemporaines. Devant l'intérêt grandissant que suscite depuis quelques années la photographie comme moyen d'expression, la collection du Musée du Québec devrait continuer de s'accroître pour le bénéfice des créateurs et des amateurs d'art.

Michel Doyon
Historien de l'art

Charles Dion, vers 1833

368. *Portrait de Érasme Mailhot*, vers 1850

Daguerréotype, 4,8 × 4 cm

Historique
Gertrude et Lucie Lamothe, Montréal; acquis en 1954 (A-54.99-F).

Les premiers portraits en daguerréotype s'inspirent beaucoup du traitement que les miniaturistes accordaient à ce genre à la même époque. Leur recherche de moyens mécaniques pour rendre le dessin facile et précis a d'ailleurs présidé à l'introduction de la photographie, vers 1839. S'il diffère sur le plan technique, l'art des photographes retient les mêmes conceptions de la représentation en petit format.

Charles Dion, un daguerréotypiste établi sur la rue Notre-Dame à Montréal vers 1850, a probablement réalisé ce portrait d'Erasme Mailhot au tout début de sa carrière. Plusieurs caractéristiques invitent même à le dater du début des années cinquante: le costume, certes très élégant, mais à la mode du milieu du siècle; de même, la présentation du portrait dans un étui de cuivre doré et guilloché, semblable à ceux qu'on utilisait pour les miniatures et que les dames portaient en sautoir.

La disposition du personnage rappelle notamment les miniatures de Giuseppe Fascio (c. 1810-1851) qui, pendant une quinzaine d'années, a peint les élégants et les belles de Québec et de Montréal. Ainsi, la composition tient compte des proportions de la figure par rapport au format de l'image; de même, le point de vue est situé plus bas que les yeux du sujet et le visage est orienté vers le côté pour éviter une trop grande symétrie tout en suggérant le profil.

En conjuguant les conceptions esthétiques des peintres portraitistes à la rapidité et l'exactitude de l'action de la lumière sur la plaque d'argent, la photographie devint rapidement très populaire. Les miniaturistes perdirent alors leur clientèle et plusieurs se firent daguerréotypistes; Charles Dion était peut-être l'un d'eux.

Daguerréotype, 9,3 × 8 cm

Historique
Madame Rachel Cimon, Québec; acquis en 1982 (82.44).

La photographie fut tout de suite perçue comme un art démocratique. Ses attraits complexes attirèrent d'abord une énorme curiosité; puis, le perfectionnement du procédé facilitant une production accélérée, l'image photographique devint assez vite accessible. Devant une clientèle avide d'images qu'elle identifiait à la réalité, les nouveaux artistes se montrèrent disposés à toutes les demandes, que le sujet fût mort ou vivant, pauvre ou célèbre, animal ou objet. Pour le portrait, l'obligation de rester immobile pendant plusieurs secondes et d'affronter la lumière sans clignoter des yeux obligeait cependant le photographe et le client à une étroite collaboration. Une complicité plus grande encore s'imposait si l'on tenait à révéler le caractère, les habitudes ou la profession.

Le médecin John Pinguet est venu chez le daguerréotypiste avec son chien qu'il assoit sur une chaise. Il nous présente son meilleur ami, qui ne comprend pas pourquoi il faut rester immobile si longtemps. La pose du bon docteur se fait rassurante, à moins qu'elle ne serve tout simplement à cacher les entraves qui retiennent la bête, comme on le faisait d'ailleurs pour les jeunes enfants. Les deux complices ne peuvent s'empêcher de fixer l'objectif ou le jeu que fait le photographe pour les tenir en place.

Soit qu'ils se préoccupaient peu de réclame commerciale ou qu'au contraire ils considéraient ces clichés trop faciles et peu représentatifs de leur véritable talent, la plupart des daguerréotypistes négligeaient d'identifier leurs portraits. A cause du style de l'encadrement, on peut cependant dater ce daguerréotype du début des années 1850, mais on ne manquera pas de percevoir dans cette scène intime une attitude qui préside encore de nos jours face à la caméra.

Anonyme

369. *Portrait de John Pinguet, médecin,* vers 1850

Anonyme

370. *Portrait de femme*, vers 1855

Ambrotype, 8,5 × 7,2 cm

Historique
Don de madame Louis Crépeau, Québec, 1966 (G-66.72-F).

Ce portrait de femme a été réalisé par un artiste anonyme peu après que l'invention de l'ambrotype, d'abord appelé « daguerréotype sur verre », ait été brevetée en Amérique, vers 1854. Avec ce procédé, on obtient une plaque négative qui se transforme en image positive quand elle est placée sur un fond noir.

Pour obtenir ce négatif, le photographe devait accomplir des opérations minutieuses et exposer sa plaque encore tout humide dans la caméra ; il devait donc, dès le début, déterminer la pose et effectuer la mise au point de l'objectif. Pour garder son modèle immobile le plus longtemps possible, il pouvait lui permettre de s'appuyer sur un meuble ou lui offrir le support d'appareils bien dissimulés.

Ainsi se sont développés certains gestes d'appui qui sont devenus des éléments de composition et d'expression artistique. En portant les mains à ses cheveux, cette jeune fille prend une attitude coquette ou un peu pensive : en réalité, elle soutient sa tête et cache probablement un instrument qui la serre comme un étau. En plus de lui permettre d'étaler les volants de sa robe, cette pose déclenche un mouvement qui s'intègre bien au cadre ovale.

Ce portrait illustre encore un découpage original de la structure corporelle par la caméra ; le nouveau format permet de délaisser la coupe habituelle à partir de la taille ou du buste. Ces positions et cadrages font partie des innovations de la photographie que les peintres vont eux aussi mettre à profit.

Anonyme

371. *Portrait de Georges Harper*, vers 1855

Ambrotype, 6,5 × 5,2 cm

Historique

Don de l'abbé Arthur Bergeron, Wickham, 1964 (G-64.102-F).

Cet ambrotype représentant le citoyen Georges Harper, tailleur de Cap-Santé, témoigne de l'exactitude déconcertante que pouvait atteindre la photographie primitive. Une sorte d'identification avec la nature, et une interprétation de la vérité : la révélation d'une certaine réalité.

Le sujet est placé contre un fond pâle qui découpe ses contours, tandis qu'un éclairage suffisant crée une série d'accidents d'ombre et de lumière sur son visage et son costume. Cette combinaison assure un bon rendu du volume des formes et une richesse de texture, produisant l'effet d'une présence tangible du personnage.

Pour obtenir une image bien nette, le photographe a fait croiser les bras à son modèle, l'incitant à maintenir les yeux grands ouverts. Cette attitude stéréotypée introduit un certain statisme mais aussi une grande intensité. On retrouve là une sorte de mimétisme qui apparente les photographes primitifs aux peintres autodidactes du XIXᵉ siècle, comme Jean-Baptiste Roy-Audy (1778-c.1848). Devant les limites de leurs possibilités techniques, les deux groupes se préoccupaient surtout de ressemblance et d'une perception avantageuse du caractère ; ce faisant, ils voulaient montrer, plus qu'une réalité passagère, quelque chose pour les autres et pour la postérité. Il s'en dégage ainsi une conception réaliste de la vie et une certaine conscience de la mort.

Anonyme

372. *This is Tom Gillespie*
**   *Portrait de Tom Gillespie*,**
**   vers 1855**

Épreuve argentique sur papier salé, 11,5 × 9,2 cm

Historique

Album du Capitaine Frederick Stevenson ; acquis d'Edward Stone, Iselin (N.J.), en 1972 (A-72.166). Quelqu'un, probablement un ami, a écrit sous cette photographie « This is Tom Gillespie », inscription directe et sans ambages, parfaitement appropriée à ce portrait tout simple et naturel.

L'image est sans artifice : pas de décor, seulement un fond habilement nuancé qui trace des contours délicats à cette tête vigoureuse. Le reste de l'éclairage est peut-être trop vif pour le visage et insuffisant sur les habits, mais cette atmosphère sans compromis semble convenir à la personnalité individualiste du sujet. Son regard dramatique révèle autant de fragilité que de passion. Le manuel de photographie de Roret, réédité en 1856, recommandait d'ailleurs aux portraitistes de rechercher le caractère psychologique du sujet et de transmettre l'émotion : « Sous une exécution facile, l'expression doit percer tout d'abord. La pose doit être naturelle et aisée. Il ne faut pas que le modèle songe qu'il est devant un objectif. Ses bras doivent, quoique immobiles, avoir du mouvement, et leurs muscles être bien tendus chacun à leur place ; il faut qu'on sente, en un mot, la vraie palpitation de la vie. »

L'artiste anonyme, probablement un photographe amateur de Montréal, a fixé cette épreuve sur papier salé. Cette technique, qui a été peu utilisée chez nous, produit une image intégrée à la texture du papier et une définition plus vaporeuse dans des tons d'un brun crémeux. Le portrait de Tom Gillespie bénéficie de ce flou intimiste qui crée un meilleur rapport entre les formes, entre le personnage et le fond.

Gustave Le Gray, 1820-1882

373. *La Méditerranée à Sète*, vers 1857

Voir reproduction en couleurs,
section centrale, p. (42)

Épreuve à l'albumine d'après négatif
au collodion, 18,1 × 23,2 cm

Signé dans le négatif en bas à droite : *Gustave Le*
Gray

Historique
Album du Capitaine Frederick Stevenson ; acquis
d'Edward Stone, Iselin (N.J.), en 1972 (A-72.166).

Les marines de Gustave Le Gray, exposées à
Londres et à Paris en 1856 et 1857, ne doivent
pas tout leur succès à leurs compositions d'une
extrême simplicité. Elles causèrent un vif émoi
parce qu'elles semblaient résoudre un problème considéré depuis longtemps comme insur-
montable : reproduire la forme des nuages et
fixer le mouvement des flots. La difficulté venait
de l'action chimique de certaines couleurs,
comme le bleu, qui se décomposaient instanta-
nément sur la plaque sensible au collodion, un
procédé plutôt lent à enregistrer les autres
rayons lumineux.

Gustave Le Gray a cependant contourné la difficulté sans la résoudre complètement, en utilisant deux négatifs de même dimension qu'il a
exposés séparément devant la même scène : le
premier cliché étant effectué dans un laps de
temps très bref, il enregistrait le ciel seulement
car le temps d'exposition était insuffisant pour
le reste ; exposé un peu plus longtemps, le
deuxième négatif montrait la partie inférieure
avec plus de netteté tandis que le firmament
devenait uniformément clair. En tirant les deux
négatifs sur le papier albuminé, le photographe
obtenait une image qui semblait avoir pris de
vitesse les deux éléments rébarbatifs et inconci-
liables.

La Méditerranée à Sète apparaît ainsi comme
une vision totalement modelée par la lumière
dont les parcelles déterminent des vagues, dont
les dégradés vaporeux recomposent des nuages. Entre ces deux champs encore mouvants
mais précis, la ligne d'horizon porte le dos
d'une île qui a l'allure d'un mirage. Seule la
pointe rocheuse à droite semble immobile,
forme stable où vient se briser la vague.

Le moment semble avoir été bien choisi par le
photographe, puisque les nuages tirent bénéfice de l'effet de contre-jour ; la lumière est placée au-dessus du plafond de cumulus et les
ombres qui en proviennent soulignent le dessous des formes ouatées. Au loin, c'est plutôt
dans des demi-tons que ces formes apparaissent
et elles y prennent des reflets métalliques. Les
trouées entre les nuages produisent des zones
de lumière plus intense sur l'eau. De même, on
peut ressentir le miroitement du soleil sur la
surface qui se fragmente en points plus ou
moins concentrés.

Le succès des études de Le Gray tient à la
prédilection qu'accordait son époque aux effets
atmosphériques. La nature prend la pose avec
une certaine docilité et cela renforce ceux qui
veulent la personnaliser, chercher son identité
profonde comme le suggère le romantisme.
C'est en effet pour eux-mêmes que le photographe reproduit les nuages et les flots et non pas
simplement en guise de plans d'arrière scène.

Mathew Brady, 1823-1896

374. *Le Prince de Galles et sa suite*, 1860

Épreuve argentique sur papier salé, 13,8 × 18,5 cm

Historique
Album du Capitaine Frederick Stevenson; acquis d'Edward Stone, Iselin (N.J.), en 1972 (A-72.166).

Durant l'été de 1860, le Prince de Galles, âgé de 19 ans, entreprit la première visite royale en Amérique du Nord britannique et aux États-Unis. Le succès de cette tournée surprit beaucoup, dit-on, la Reine Victoria qui était d'habitude fort désappointée des piètres performances de son fils.

Tout au long du parcours qui comprenait Québec, les photographes tentèrent de réaliser des clichés du Prince et de sa suite. Parmi les rares réussites, on connaît quelques vues stéréographiques réalisées par William Notman de Montréal. Matthew Brady de New York fut plus chanceux puisque le futur Edward VII prit la peine de se rendre à ses studios. Lorsqu'il demanda à l'un des dignitaires ce qu'il avait fait pour méri-

ter cet honneur, il lui fut répondu : « N'êtes-vous pas Monsieur Brady qui remporta le premier prix, à Londres, il y a neuf ans? » Le visiteur faisait allusion à la Grande exposition universelle tenue au Crystal Palace en 1851, où Brady avait remporté un énorme succès avec ses portraits au daguerréotype. Depuis ce temps, ses *Photographic Galleries* étaient devenues le rendez-vous de la haute société américaine.

Brady a disposé le groupe en une double rangée semi-circulaire. Le Prince est debout au centre, face à la caméra, tenant dans ses mains son haut-de-forme et sa canne, tandis que ses voisins sont pour la plupart vus de trois-quart. Les premiers gentilshommes de la maison royale, que leur rang autorise à s'asseoir en présence du Prince, adoptent des poses naturelles qui adoucissent la symétrie de l'ensemble tout en dirigeant le regard vers le personnage central.

Cette scène, qui a quelque chose de simple, de solennel et d'austère à la fois, n'est pas du tout improvisée. Elle dissimule au contraire de savants calculs : aucun décor de socles, de colonnes et de draperies mais seulement un grand tapis aux motifs contrastants, ce qui surprend à une époque où l'ornementation est érigée en critère d'appréciation ; la caméra est basse, probablement pour corriger la petite taille du Prince ; l'éclairage très étudié donne un relief avantageux à ces visages qui se détachent du fond en clair-obscur. L'épreuve originale sur papier salé présente ces valeurs dans des tons de gris bleutés qui émergent de noirs intenses. Ces contrastes donnent finalement une certaine structure à ce qui aurait pu n'être qu'un ennuyeux portrait de groupe. On croit même percevoir un certain plaisir, par ailleurs contenu, que ces aristocrates éprouvent à se retrouver dans l'atmosphère détendue et démocratique du Nouveau-monde.

William Notman, 1826-1891

375. *Une rue de Trois-Rivières*, 1860

William Notman, 1826-1891

376. *Vue de Trois-Rivières*, 1860

William Notman, 1826-1891

377. *Église de Trois-Rivières*, 1860

Épreuve à l'albumine, 7,7 × 8 cm

Historique
Album du Capitaine Frederick Stevenson; acquis d'Edward Stone, Iselin (N.J.), en 1972 (A-72.166).

Épreuve à l'albumine, 7,5 × 7,9 cm

Historique
Album du Capitaine Frederick Stevenson; acquis d'Edward Stone, Iselin (N.J.), en 1972 (A-72.166).

Épreuve à l'albumine, 7,6 × 7,7 cm

Historique
Album du Capitaine Frederick Stevenson; acquis d'Edward Stone, Iselin (N.J.), en 1972 (A-72.166).

Lorsque William Notman ouvre son studio vers 1857, la plupart des autres photographes de Montréal sont des portraitistes. Il est donc l'un des premiers qui profitent des nouveaux perfectionnements de la photographie pour s'intéresser au paysage et aux scènes de genre dans la tradition des peintres topographes et des aquarellistes amateurs. Ainsi, il enregistre toutes les étapes de la construction du célèbre pont Victoria et il rassemble plusieurs centaines de vues des villes, villages et beautés naturelles de plusieurs régions du pays. En 1861, il est en mesure de produire, à la demande du gouverneur général Sir Edmund Head, un album de luxe contenant 600 stéréographies à l'intention du Prince de Galles en souvenir de sa visite au Canada l'année précédente. Examinées à l'aide d'un stéréoscope, ces ensembles d'images pa-

rallèles, obtenues simultanément avec deux objectifs légèrement distancés, provoquent une illusion saisissante de relief et de profondeur.

Les vues de Trois-Rivières ont été prises en 1860 au cours d'une excursion sur la rivière Saint-Maurice et faisaient probablement partie de cette collection. Tirés de paires stéréographiques, les exemplaires présentés ici démontrent de la part du photographe une recherche constante de la perspective et l'ambition de rendre l'atmosphère paisible d'une petite ville de province abritée sous d'immenses arbres. Justement, pour illustrer la taille impressionnante de l'un de ces grands ormes, l'objectif a été placé de telle façon que les maisons toutes proches puissent donner l'échelle; plus loin, Notman utilise l'ordonnance géométrique

d'une rue en plan incliné pour composer une scène pleine de mouvement. Devant la petite église paroissiale, il dresse un véritable portrait du monument qui en fait voir toutes les faces importantes et les élégantes proportions architecturales.

William Notman fait preuve de la même dextérité dans le maniement de son appareil, ce qui lui permet d'obtenir des images claires et précises même dans les détails. Le choix des temps de pose et de l'angle des rayons du soleil fait ressortir les aspérités des surfaces et facilite une meilleure perception des volumes. Ces qualités artistiques ont d'ailleurs fait l'admiration des amateurs de Londres et valu à Notman le titre de *Photographer to the Queen*.

Alexander Gardner, 1821-1882

378. *Group of the Irish Brigade where they fell at Antietam Soldats de l'Irish Brigade, bataille d'Antietam, 1862*

Au printemps de 1861, la Guerre civile éclata entre les États du Nord et du Sud des États-Unis. À cette époque, la prospérité des photographes tenait surtout à la popularité du format carte de visite et des vues stéréographiques. La circulation des images photographiques avait développé, en même temps qu'une nouvelle forme de communication visuelle, une sorte de marché insatiable qui exigeait toujours de nouveaux sujets. La guerre, avec son cortège d'événements tragiques en perspective, incita le new yorkais Brady à réunir une équipe de photographes dont Alexander Gardner faisait partie.

Quelques années auparavant, la couverture de la Guerre de Crimée, notamment par Roger Fenton, avait permis de réaliser des clichés qui décrivaient la vie dans les camps beaucoup plus que les opérations militaires elles-mêmes. Les prises de vue réalisées en septembre et octobre 1862 par Alexander Gardner et son assistant James F. Gibson, autour de la bataille d'Antietam, constituent le premier véritable reportage de guerre dans l'histoire de la photographie. En effet, la centaine d'images enregistrées à cette occasion a fourni une documentation exceptionnelle sur ce qu'on appela le jour le plus sanglant de l'histoire américaine.

Cette suite intitulée *The Dead of Antietam*, dont le Musée du Québec possède six épreuves originales, fut exposée et mise en vente aux studios de Brady dans les jours qui suivirent immédiatement la tragédie. Les photographies causèrent une grande émotion dans la population et aucune autre série photographique ne suscita autant d'intérêt pendant toute la guerre. Oliver Wendell Holmes, qui était lui-même allé sur les lieux à la recherche de son fils blessé, écrivit dans *The Atlantic Monthly* de juillet 1863, en parlant de ces photographies : « *The « ditch » is figured, still encumbered with the dead, and strewed, as we saw it and the neighboring fields, with fragments and tatters. The « colonel's gray horse » is given in another picture just as we saw him lying. Let him who wishes to know what the war is look at this series of illustrations.* »

Alexander Gardner parcourut les champs couverts de cadavres, où même les plantes avaient été fauchées par les balles. Il installe sa caméra au milieu des odeurs suffocantes, le long de cette clôture solide où des vagues de combattants n'ont pu s'abriter. Il s'arrête à côté d'un soldat qui vient d'enterrer son ami près du cadavre d'un ennemi, ou encore devant le cheval d'un colonel que la mort a figé dans une pose grotesque.

Sans souci de composition savante ou de mise en scène recherchée, il reste impassible et se contente d'enregistrer les faits qui, pour lui, sont plus importants que le style. Il promène une caméra anonyme dans un paysage d'horreur où les modèles sont dramatiquement immobiles. C'est avec la même indiscrétion qu'il s'approche d'un groupe de soldats en train de gonfler un ballon de reconnaissance, comme pour raconter les derniers développements de la technologie militaire...

Alexander Gardner, 1821-1882

379. *Killed at Antietam Soldats morts à Antietam, 1862*

Épreuve à l'albumine, 7,7 × 10,8 cm

Historique
Album du Capitaine Frederick Stevenson ; acquis d'Edward Stone, Iselin (N.J.), en 1972 (A-72.166).

Alexander Gardner, 1821-1882

380. *A Field Officer's horse-dead Le cheval mort d'un officier, 1862*

Épreuve à l'albumine, 8,3 × 11,2 cm

Historique
Album du Capitaine Frederick Stevenson ; acquis d'Edward Stone, Iselin (N.J.), en 1972 (A-72.166).

Alexander Gardner, 1821-1882

381. *Federal grave –*
Confederate unburied
Tombe nordiste et dépouille
d'un Confédéré, **1862**

Alexander Gardner, 1821-1882

382. *Filling the Reconnoiterery Balloon*
Gonflage du ballon
de reconnaissance, **1862**

Alexander Gardner, 1821-1882

383. *Killed at Antietam*
Soldats morts à Antietam, **1862**

Épreuve à l'albumine, 8,2 × 11,1 cm

Historique
Album du Capitaine Frederick Stevenson; acquis
d'Edward Stone, Iselin (N.J.), en 1972 (A-72.166).

Épreuve à l'albumine, 7,3 × 10,2 cm

Historique
Album du Capitaine Frederick Stevenson; acquis
d'Edward Stone, Iselin (N.J.), en 1972 (A-72.166).

Épreuve à l'albumine, 8 × 10,5 cm

Historique
Album du Capitaine Frederick Stevenson; acquis
d'Edward Stone, Iselin (N.J.), en 1972 (A-72.166).

Épreuve à l'albumine, 8,5 × 12,2 cm

Historique
Album du Capitaine Frederick Stevenson; acquis
d'Edward Stone, Iselin (N.J.), en 1972 (A-72.166).

Frederick J. Stevenson

**384. Hot Weather on River Detroit
        Jour de chaleur sur la rivière Détroit, 1866**

Frederick J. Stevenson

**385. Duck Hunters Camp on Belle Isle,
        Samble River, Breakfast cooking. July 66
        Petit déjeuner au camp des chasseurs de canards,
        à Belle Isle, rivière Samble. Juillet 66, 1866**

Épreuve à l'albumine, 10,7 × 16,6 cm

Inscription en haut de la page de l'album : « Phot. by F.J.S. in Mich. U.S. »

Historique
Album du Capitaine Frederick Stevenson ; acquis d'Edward Stone, Iselin (N.J.), en 1972 (A-72.166).

Frederick J. Stevenson est un personnage énigmatique ; en plus de sa carrière militaire, il semble avoir participé à des expéditions de relevés de terrain et probablement au tracé de plusieurs voies ferrées. Selon les inscriptions qui accompagnent ses photographies, il se trouvait dans la région de Détroit (Michigan) au cours de l'été 1866 sur des rivières près de la frontière canadienne.

Hot Weather on River Detroit illustre un problème aigu auquel se heurtent les photographes de cette époque : l'enregistrement des couleurs par la plaque sensible. Celles-ci ont en effet une réaction photogénique proportionnée à leur réflexion lumineuse. Le blanc, réunion de toutes les couleurs, est extrêmement actif alors que le noir et le vert sont presque nuls. Le personnage de cette scène affronte un soleil si éblouissant qu'il doit porter la main à ses yeux. Sous un tel éclairage, son vêtement est devenu uniformément brillant, ce qui a forcé l'artiste à crayonner quelques plis sur le négatif pour suggérer son volume. Quant au chien noir posté à droite du tronc d'arbre et regardant son maître, il se confond presque complètement avec les sombres feuillages à l'arrière plan.

Stevenson n'en a pas moins réussi une composition très raffinée qui démontre son habileté à produire un effet. Certains éléments particuliers dénotent la qualité de son observation : ainsi, l'ombre projetée par la jambe du modèle sur le tronc crée une sorte d'effet repoussoir ; de même, les branches et les racines se détachent d'un fond plus sombre et composent ainsi des dessins dramatiques qui suggèrent la sécheresse de la saison et la grande chaleur de cette journée.

Épreuve à l'albumine, 9 × 14,6 cm

Inscription en haut de la page de l'album : *Phot. by F.J.S. in Mich. U.S.*

Historique
Album du Capitaine Frederick Stevenson ; acquis d'Edward Stone, Iselin (N.J.), en 1972 (A-72.166).

Comme le cliché précédent, celui-ci est rectangulaire, cintré aux coins supérieurs et présente une organisation structurelle à peu près identique. Le photographe s'est placé sur le cours d'eau et a croqué un personnage debout sur la rive, près d'une embarcation. Située au niveau de la plate-forme de terrain, la caméra a enregistré de front des plans parallèles qui se superposent horizontalement : l'eau nuancée par la réflexion de l'atmosphère, la bande narrative du rivage et la forêt qui couvre presque tout le fond. Dans cette photographie, heureusement, l'orientation du personnage et les valeurs contrastantes des éléments anecdotiques établissent une certaine profondeur.

La préparation du déjeuner au *Duck Hunter's Camp on Belle-Isle, Samble River* se fait dans la fraîcheur de la matinée. La lumière vaporeuse du soleil encore bas s'éparpille sur les nombreux détails de la scène, s'arrêtant avec une certaine insistance sur les vêtements foncés du chasseur et sur les oiseaux qu'il a abattus, mais sans en dessiner les contours. L'arbre mort sur la grève et surtout le canot sont en revanche mieux définis et la transparence du rideau d'arbres ouvre une certaine perspective sur le paysage des environs.

Tous les éléments de ce tableau photographique ont été disposés avec minutie afin de décrire un moment agréable de la vie dans les bois ; le chasseur montre son arme et le gibier abondant, la confortable hutte de branchage, le feu de camp, le canot... et le chien de chasse encore perdu dans l'ombre. La description en est donnée à la manière subtile d'un lavis monochrome, avec cette touche délicate qui caractérise la peinture des topographes de l'époque.

Frederick J. Stevenson

386. *Old Drum, « packing »*
Old Drum, le porteur de bagage, 1866

Épreuve à l'albumine, 9,6 × 13,5 cm

Signé en haut de la page de l'album : *Views by Fred.J Stevenson in Michigan, U.S.*

Historique
Album du Capitaine Frederick Stevenson ; acquis d'Edward Stone, Iselin (N.J.), en 1972 (A-72.166).

Old Drum « *packing* » présente une sorte de scène de théâtre : un personnage central ployant sous la charge devant un haut mur d'arbres et de branches entremêlés. Le cadrage fait une large place à toutes ces formes tombantes comme pour mieux montrer l'effort du vieux porteur. Les proportions réduites de ce dernier par rapport au contexte accentuent plus encore l'aspect inextricable de cette jungle. La pose latérale du personnage appuyé sur son fusil semble suggérer que le photographe a profité d'une courte pause et que la marche va se poursuivre au milieu des obstacles.

Un éclairage vertical présente cet enchevêtrement à contre-jour et anime une multitude de facettes et de textures par des jeux d'ombre et de lumière que la caméra enregistre avec beaucoup de vérité. À travers cette image de la forêt sauvage et indomptée, le photographe-explorateur peut exprimer sa réaction devant la dure réalité qui attend celui qui s'aventure dans l'inconnu. Il continue de cette façon le travail lucide des peintres-aquarellistes qui montraient des hommes faisant des portages aux chutes d'eau et pagayant sur les lacs, comme pour témoigner de leur audace et de leur ténacité.

Frederick J. Stevenson

387. *Waybindanjin & Shawanhenesther,*
in camp on Samble River, octr. 66
Waybindanjin et de Shawanhenesther,
sur la rivière Samble, en octobre 1866,

Épreuve à l'albumine, 9,8 × 13,5 cm

Inscription en haut de la page de l'album : *Views by Fred.J Stevenson in Michigan, U.S.*

Historique
Album du Capitaine Frederick Stevenson ; acquis d'Edward Stone, Iselin (N.J.), en 1972 (A-72.166).

La vie des Indiens a beaucoup intéressé les artistes de l'époque victorienne qui voyaient en eux une race noble et fière menacée d'extinction. Certains peintres y ont trouvé un champ d'application propice à leur vision romantique et leurs oeuvres, sentimentales et idéalisées, traduisent une idée bien exotique des autochtones. Comme la plupart des aquarellistes amateurs qui exploraient l'arrière-pays, les photographes observaient au contraire d'une façon plus prosaïque et plus objective la réalité qui les intéressait.

Le titre de cette photographie indique que Stevenson connaissait des membres de ce groupe qu'il employait probablement comme guides. Il a donc pu effectuer sa prise de vue dans une ambiance paisible et sympathique. Les deux hommes et la femme sont timides et réservés, comme s'ils voulaient ignorer l'appareil photographique qui a d'ailleurs bien de la peine à fixer leurs traits forcés.

Stevenson a pu traiter son sujet sur un plan plus rapproché grâce à l'excellente perméabilité du paysage environnant dans lequel la lumière est parfaitement diffusée. Les formes très variées des arbres en obtiennent des gradations délicates qui finissent par réunir tous les plans tout en permettant encore de les distinguer. Les masses sombres des trois Indiens et de la tente ressortent ainsi avec un contraste qui leur donne toute leur importance ; mais elles sont comme réunies par le jeu géométrique des structures utilitaires du campement, sorte de demeure ouverte sur la nature et le temps.

Anonyme

388. *Piles de bois dans les anses de Sillery,*
Québec, vers 1863

Épreuves à l'albumine, 14,6 × 36,2 cm

Historique
Lee Pritzker, Oakville, Ontario; acquis en 1970 (A-70.21-F).

Le photographe s'est probablement placé sur les hauteurs de la Pointe à Pizeau comme le faisaient la plupart des artistes qui voulaient dépeindre l'importante activité des anses de Sillery depuis le début du siècle. D'énormes quantités de bois y étaient rassemblées en provenance des régions lointaines d'où elles étaient acheminées par des trains flottants qui descendaient le fleuve. On chargeait alors ce bois sur des bateaux qui le transportaient en Angleterre.

Tandis que le peintre peut promener son regard de tous côtés et dessiner une vue générale du panorama avec plus ou moins de fidélité, le photographe est limité par le champ visuel de sa caméra. Il lui faut donc effectuer plusieurs prises de vues en gardant la même mise au point et en faisant pivoter son appareil horizon-

talement d'autant de degrés nécessaires à un nouvel angle de vision. Ce procédé permet de réunir tous les éléments importants du paysage mieux qu'une seule image distante ne pourrait le faire.

Cette représentation des chantiers maritimes résulte d'une telle combinaison de deux photographies distinctes, comme l'indique le joint vertical au milieu de l'image. La composition de l'ensemble n'en reste pas moins équilibrée et d'une lecture facile: à partir de la gauche, la falaise décrit un arc de cercle qui aboutit au loin à la silhouette du Cap Diamant estompée dans la brume. Une enfilade de petites maisons blanches souligne le bas de l'escarpement. Les billes de bois s'empilent sur la grève ou flottent entre les quais qui s'avancent dans la nappe d'eau tranquille du fleuve.

Le temps couvert de cette journée de printemps ou d'automne a probablement favorisé une exposition plus courte avec un objectif grand ouvert et une mise au point sur l'infini, comme

en témoignent les cimes des arbres réduites en ombres floues à l'avant-plan. En choisissant la lumière diffuse d'un jour nuageux, le photographe a tenu compte des observations de Lady Eastlake, publiées dans la *Quarterly Review* de Londres, en avril 1857, et dont les grandes lignes avaient été reproduites dans *The Quebec Mercury* du 6 août de la même année:

« *As a general rule, too, however numerous the exceptions the cloudy day is better than the sunny one. Contrary, indeed, to all preconceived ideas, experience proves that the brighter the sky that shines above the camera, the more tardy the action within it.* »

Ce processus rapide a permis une définition plus graduée des tons et des formes et un meilleur effet de profondeur. Ces caractéristiques se retrouvent dans des montages réalisés à Québec, au cours de ces années-là, par les photographes Charles Smeaton et William Augustus Leggo. Malheureusement, ces oeuvres ne sont pas toujours signées.

Théodore Gastonguay, actif 1866-1880

389. *Après l'incendie de Saint-Roch et Saint-Sauveur, à Québec, vers 1866*

Épreuves à l'albumine, 19,1 × 45,6 cm

Signé en bas à droite: *Photographié par T. Gastonguay*

Historique
Lee Pritzker, Oakville, Ontario; acquis en 1970 (A-70.20-F).

Le 14 octobre 1866, un violent incendie ravagea une grande partie de la basse-ville de Québec et causa des pertes considérables: 2 500 maisons, 17 églises ou institutions détruites et 20 000 personnes se retrouvèrent sans abri. Survenant peu avant le début de l'hiver, cette catastrophe jeta la consternation dans la ville et eut un grand retentissement dans tout le pays. L'événement reçut une couverture photographique exceptionnelle: William Augustus Leggo réalisa plusieurs clichés des ruines encore fumantes, dont une grande vue panoramique en deux sections. Un photographe de la maison Livernois prit lui aussi des images des édifices détruits, tandis que Ellison & Co mit en vente

des cartes de visites reproduisant un croquis exécuté depuis la haute-ville durant la nuit de l'incendie.

C'est probablement ce montage panoramique « photographié par T. Gastonguay » qui a obtenu la plus grande diffusion; en effet, un bon nombre d'épreuves tirées des mêmes négatifs ont été collées sur des cartons portant en caractères imprimés un titre et la mention de l'auteur. Cette édition paraît même avoir été la plus importante réalisation de ce photographe avant qu'il ne se consacre au portrait en studio. Les annuaires de Québec ont laissé de lui des pistes bien embrouillées: on a souvent écrit Castonguay pour Gastonguay, Théophile pour Théodore, et ses différentes adresses ont figuré dans l'index des rues mais ont été oubliées dans la liste alphabétique, et vice versa. Cependant, une inscription de la firme « Livernois & Gastonguay, Photographic artists », parue en 1860-1861, semble indiquer qu'il apprit son métier dans le cadre de cette courte association avec Jules-Isaïe Benoît dit Livernois.

Pour cette photographie, Gastonguay a bien calculé son point de vue en s'installant en haut du Cap, dans les environs du monument aux Braves. Ce point de vue lui permet de montrer, au premier plan, les petites maisons qu'on a déjà réparées ou reconstruites et les tentes blanches dressées au milieu d'un paysage lunaire où ne subsistent que de hautes cheminées de briques. Plus loin, à gauche, l'église Saint-Sauveur ravagée, et ensuite les édifices épargnés: l'Hôpital-Général, l'Hôpital de la marine, l'Église Notre-Dame-de-Jacques-Cartier et enfin le Couvent et l'Église Saint-Roch. Les Laurentides et la Côte de Beaupré, dans le fond, n'ont malheureusement pas réussi à impressionner la plaque avec régularité. Cependant, la continuité entre les deux séquences est bonne; elle serait presque parfaite si un décalage ne s'était produit lors du collage. Le raccordement assez habile de deux perspectives légèrement différentes laisse supposer que l'opérateur a déménagé son appareil paralllèment au sujet entre les deux prises de vues.

Samuel McLaughlin, 1826-1914

390. *La vallée de la rivière Saint-Charles,*
vers 1865

Épreuve à l'albumine, 22,9 × 35,5 cm

Historique
Don de Hector Cimon, Québec, 1969 (G-69.183-F).

Au mois de novembre 1854, l'éditeur du *McLaughlin's Quebec Directory* annonce son intention de faire graver une collection de vues de la ville et des beautés naturelles des environs. Cependant, l'introduction de la photographie sur papier vers ce temps-là à Québec semble avoir bouleversé ce projet et converti Samuel McLaughlin à la pratique du nouvel art. C'est donc quelques années plus tard, entre 1858 et 1860, que parut le premier album de photographie publié au Canada et probablement en Amérique, *The Photographic Portfolio: a monthly review of Canadian scenes and scenery*. Cette série contient une douzaine de thèmes dont quelques-uns ont été repris dans des versions différentes, peut-être à cause de dommages survenus à certains négatifs en verre. D'un format moyen de 15 × 21 cm, ces épreuves virées aux sels d'or présentent généralement des qualités artistiques remarquables.

Curieusement, Samuel McLaughlin a repris la plupart de ces scènes quelques années plus tard, mais cette fois avec une chambre de grande dimension qui permettait d'exposer des plaques d'environ 27 × 38 cm, type d'appareil qu'il utilisait depuis son engagement en 1861 comme « photographist » aux Travaux publics du gouvernement du Canada-Uni. Dans la plupart des cas, il a retenu exactement le même point de vue, à peu près à la même période de l'année, les seuls changements se situant alors dans le sujet lui-même par suite des modifications qu'il avait pu subir entretemps. C'est le cas de cette vue refaite à partir de la tour Martello nº 3, sur les hauteurs du quartier Montcalm.

La vallée de la rivière Saint-Charles présente exactement la même perspective puisque la prise a été effectuée cette fois encore d'une petite fenêtre de la tour. Toutefois, on distingue moins bien les deux églises, à droite, à cause de deux constructions récentes: le toit foncé d'une maison cache le portique de Saint-Jean-Baptiste, tandis que l'école érigée directement en face empêche de voir distinctement celle de Saint-Roch, en bas. Pour le reste, c'est le même paysage de maisons alignées sur la rue Saint-

Jean, les toits entassés de la basse-ville, les bateaux plats sur la rivière et les petites fermes dans la campagne, au loin. Les Laurentides paraissent toujours effacées derrière une voile blafard.

L'orientation des ombres indique que la photographie a été prise en fin d'avant-midi. En choisissant cette heure, l'artiste réussit à mettre en valeur les détails architecturaux de la façade et des clochers de l'église, créant ainsi un premier intérêt. De même, il réalise une présentation graduée du sujet, c'est-à-dire une succession de plans dont les valeurs vont en s'adoucissant; le mouvement commence par la pente très foncée, qui descend jusqu'à la bande latérale et contrastée des maisons et du temple, à laquelle succède le dessin en demi-teintes de la vallée et enfin la zone transparente du ciel. L'intéressant périple que propose le photographe à l'oeil du spectateur se déroule tout à fait en dessous de la ligne d'horizon qui marque la fin de sa course. Cet effet ne serait certainement pas aussi saisissant sans les deux clochers qui introduisent un élan vertical dans la composition.

Samuel McLaughlin, 1826-1914
391. *Le port de Montréal*, **1866**

Épreuve à l'albumine, 35,9 × 54,0 cm

Historique
Don d'Hector Cimon, Québec, 1969 (G-69.191-F).

Par un bel après-midi de l'été 1866, McLaughlin a fixé pour toujours cette image pittoresque du port de Montréal en empruntant le point de vue des occupants du dernier étage d'une maison de la rue de la Commune. Des bateaux disparates dressent leur forêt de mâts entre les quais encombrés de charrettes et de barils. La rue sablonneuse longe les embarcadères et les pâtés de façades cannelées jusqu'au marché Bonsecours, dont la coupole apparaît au centre comme un phare assoupi. Quelques piétons sont accoudés à la balustrade du trottoir, tandis que les autres passants n'ont laissé qu'un spectre indiquant leur mouvement. Un attelage s'est arrêté quelques instants et sa silhouette floue n'apparaît qu'à demi.

Cette épreuve n'étant pas le résultat d'un agrandissement mais d'un tirage avec un négatif de verre aux mêmes dimensions, le photographe a

donc utilisé une chambre « mammouth » et le temps d'exposition a dû se prolonger pendant une bonne trentaine de secondes. L'obtention des formes en mouvement est donc soumise au fonctionnement anachronique de la caméra de cette époque : grande longueur focale, émulsion lente, lentilles achromatiques, etc... La photographie était en ce temps-là affaire de patience. Si l'on tient compte des opérations menées dans l'obscurité d'abord pour sensibiliser sa plaque au collodion et par la suite la développer dans des bains d'acides, on peut évaluer le travail sur place à plus d'une heure. En ajoutant encore l'impression du négatif au soleil sur un papier albuminé et le fixage de l'image en studio, on a une meilleure idée de la performance de McLaughlin.

Cette grande vue du port de Montréal et les nouvelles versions de certains thèmes du *Photographic Portfolio* ont probablement fait partie de la présentation du Canada à l'Exposition universelle de Paris en 1867 : « *...All excellent*

photographs » conclut, en décrivant les oeuvres de McLaughlin, la revue londonienne *The Photographic News* du 18 octobre, qui souligne quelques spécialités de l'artiste : « *... delicious wood scenery taken both in summer and in the spring when the ice melting under the rays of the sun, gives a peculiar and striking feature to the picture...* »

Le regard que Samuel McLaughlin pose sur Montréal a dû plaire à ses contemporains. Le goût de l'époque voulait que l'artiste transmette les caractéristiques essentielles du sujet tout en excitant l'imagination. L'éclectisme victorien n'apprécie guère la symétrie et s'intéresse plutôt à la variété des formes. Cette composition, où les lignes et les angles vont dans toutes les directions sans toutefois tomber dans la confusion, répond admirablement à ces critères esthétiques. De cette fenêtre bien choisie, l'artiste a effectivement réussi un amalgame harmonieux de la ville et de son port, symbole de force et de foi en l'avenir.

Jules-Ernest Livernois, 1858-1933

392. *Grue flottante dans le port de Québec*, 1877

Épreuve à l'albumine, 23,5 × 31,7 cm

Historique
Acquis en 1970 (70.5-F).

Jules-Ernest Livernois n'avait pas vingt ans lorsqu'il remplit cette commande de la Commission du port de Québec. La mort de son père Jules-Benoît, en 1865, et la fin de l'association de sa mère avec Louis Bienvenu vers 1874, l'ont forcé à endosser l'attirail du photographe. Grâce à son talent et à la réserve de négatifs que l'entreprise familiale continuait de reproduire, la clientèle ne cessait d'augmenter. D'ailleurs, le jeune caméraman était doué pour le reportage : conciles d'évêques, enterrements de première classe, baignades des vacanciers, ou cette étrange pêche d'ancres et de chaînes dans les bassins du havre de Québec...

La marée basse laisse voir un amas visqueux gisant au flanc de la barge. Entre les palans qui ont servi à exécuter ce travail sont rassemblés les ouvriers, qui semblent tous tenir à figurer dans la photographie autour de leurs patrons alignés au bastingage. L'édifice de la Douane, qui abrite probablement l'organisme chargé de l'entretien du port, apparaît en demi-teinte comme pour consacrer le caractère officiel de cette prise, pour laquelle on a installé un poteau indiquant « look out » aux embarcations qui pourraient s'approcher à marée haute.

Cette présentation en surimpression des trois composantes de l'image produit un effet théâtral. Par bonheur, une certaine distance de l'une à l'autre et leurs différentes tonalités permettent de les distinguer clairement et de sentir la perspective. Les effets d'ombres et de lumières créés par un soleil presque vertical ajoutent encore à l'aspect dramatique de l'enchevêtrement placé à l'avant de la scène.

Livernois semble avoir été choisi pour rendre cette barge-grue populaire ; d'autres versions du même sujet, exécutées le même jour, ont été montées sur des cartons imprimés donnant des renseignements complets sur l'opération. Cette publicité était probablement destinée à rassurer les amateurs qui maugréaient : le courant étant très fort devant Québec et le fond du fleuve très accidenté, des bateaux y perdaient leurs ancres depuis quelques siècles, ce qui augmentait encore les risques de s'y empêtrer. À quelques reprises, au cours des années suivantes, le photographe reçut la même commande ; en 1881, il décida d'inverser la scène et il s'installa à une fenêtre de la Douane. Le résultat est cependant beaucoup moins spectaculaire.

Louis-Prudent Vallée, 1837-1905

393. *Vue de Québec et de la station du chemin de fer Intercolonial, à Lévis, vers 1870*

Épreuve à l'albumine, 18,0 × 23,0 cm

Historique
Album acquis de Davies Book Co. Ltd, Montréal, en 1965 (65.125).

Vers 1867, Louis-Prudent Vallée revient à Québec après un séjour à New York où il semble avoir acquis une solide formation de photographe. Il en rapporte aussi des appareils perfectionnés qui produisent une image plus nette même aux heures très ensoleillées. Dans cette vue de Québec depuis les hauteurs de Saint-Romuald, on aperçoit les textures des surfaces très éclairées voisinant des ombres prononcées. Malgré son éloignement, la falaise du Cap Diamant comporte des détails précis. En plus des deux clochers des cathédrales catholique et anglicane, se distinguent nettement plusieurs édifices importants de la ville, comme le Château Haldimand, le Parlement du parc Montmo-

rency et l'aile de l'université Laval, le Marché Champlain et les quais de la basse-ville où sont amarrés de grands voiliers.

Il faut probablement attribuer l'intensité des valeurs à un virage aux sels d'or effectué par le photographe peu après le développement. En plus d'accentuer les contrastes et de rehausser l'éclat des teintes brunes, cette opération a d'ailleurs favorisé une meilleure conservation de la couche photogénique.

Ce point de vue avait été utilisé par le paysagiste Cornelius Krieghoff (1815-1872) à deux reprises déjà, en 1856 et 1863. La composition de la photographie de Vallée, réalisée vers 1870, est très proche de ces tableaux, à la différence de l'avant-plan où le peintre a disposé des arbres qui encadrent son sujet et un personnage qui en donne l'échelle. Le procédé photographique ne permet pas ces constructions ima-

ginaires mais il retient quand même l'importance de l'avant-plan dans la présentation de la scène, tel qu'on le voit ici : les installations de la gare de l'Intercolonial Railway ont en effet gagné du terrain sur le fleuve car les quais ont été nivelés pour de nouveaux hangars.

Très préoccupés par leurs clientèles, les deux artistes ont peut-être vu dans l'illustration du plus important point de débarquement des touristes à Québec, combinée à une vue de la ville, un bon moyen de susciter leur intérêt. Prudent Vallée offrait ses photographies en vente aux comptoirs des hôtels et de la plupart des monuments et des sites touristiques des environs y sont représentés. Les visiteurs pouvaient ainsi rapporter des souvenirs et les amateurs enrichir leurs albums. Cette vue a certainement connu une certaine popularité, puisque Prudent Vallée l'a reprise plusieurs fois dans des formats plus grands au cours des années postérieures.

Louis-Prudent Vallée, 1837-1905
394. *La porte Hope, Québec*, vers 1872

Épreuve à l'albumine, 22,3 × 17,7 cm

Signé et timbré à sec, en bas à gauche : *Vallée Québec*

Historique
Acquis avant 1934 (PH.11).

« *Quelques adorateurs passionnés du passé pleurent de voir démolir leur vieux Québec si plein de souvenirs, mais si ce travail de démolition se borne à faire disparaître quelques vieilleries militaires, ce ne sera pas un si grand mal...* »

Ces « vieilleries » dont parle Arthur Buies, dans *L'Opinion publique* du 14 septembre 1871, étaient chères aux photographes en tout cas, puisqu'ils se sont précipités au devant des démolisseurs pour fixer à jamais l'image de ces attraits typiques de la ville. Quelques mois auparavant, Louis-Prudent Vallée avait installé sa caméra devant la vieille maison du Chien d'or qu'on s'apprêtait à détruire ; dans les jours qui précédèrent l'article de Buies, il réalisa plusieurs clichés de la porte Prescott, dont un alors que le pic des ouvriers avait déjà commencé de l'abattre. Il continua sans ralentir, chaque fois que le temps le permettait, de photographier les édifices anciens sous tous les angles et de représenter les perspectives urbaines les plus intéressantes.

Dans un texte publié l'année suivante, James MacPherson LeMoine sonna encore l'alarme : « *Palace Gate, though a pet gate for strangers is doomed, we fear, as well as Hope Gate. It is to be hoped that St-John Gate will be spared.* »

C'est probablement vers ce temps-là que Prudent Vallée enregistra plusieurs vues de la porte Hope, dont celle qui est présentée ici. Heureusement ! Dès le mois d'avril suivant, ce secteur était complètement transformé ; la porte construite en 1786, que l'on aperçoit en haut de la côte de la Canoterie, et son corps de garde un peu plus récent ont été démolis. Les murs de fortification furent également abaissés sous prétexte de permettre une meilleure vue aux promeneurs de la rue des Remparts. Le reste de la scène est tel qu'on le voit encore aujourd'hui.

La plaque sensible a reçu à travers l'appareil une lumière très diffuse qui ne crée pas d'ombres mais révèle les tonalités de chaque pierre des murs anguleux et, avec un peu moins de succès, les cailloux dans la côte Dambourges. Quant au mur de parapet placé dans l'axe de la caméra, il est apparu plus reluisant. Sa forme devenue ainsi plus présente et le réseau de lignes convergentes dessiné par les éléments secondaires portent l'oeil vers le coeur du sujet. Au premier plan, l'escalier tournant impose encore un lien idéal entre les directions opposées des plans ascensionnels que le cadrage vertical a permis de représenter. Les dimensions réduites de la porte Hope et la complexité du terrain rendaient sa représentation difficile. Vallée a démontré une façon assez savante de le faire, en partant du principe logique que des fortifications devraient être regardées dans la situation de l'attaquant qui s'en approche. Pour elles, malheureusement, l'ennemi était cette fois à l'intérieur...

William James Topley, 1845-1930

395. *Loading Lumber at Booth's dock-Parliament*
Buildings in distance
Chargement du bois au quai Booth et les
édifices du Parlement au loin, vers 1880

Épreuve à l'albumine, 18,5 × 22,9 cm

Historique
Don d'Hector Cimon, Québec, 1969 (G-69.171-F).

Le photographe est placé au-dessus de l'eau, à une hauteur intermédiaire par rapport au mur des quais vus en perspective. En bas à droite, son cadrage découpe trois chalands juxtaposés qui forment une sorte de plate-forme flottante. Le rempart noir des piles de bois dessine en s'éloignant un angle aigu dont l'extrémité atteint presque un rivage parallèle au plan de

l'image. Au sommet de cette rive escarpée, on aperçoit les tours effilées de plusieurs édifices.

Cette description formelle s'attache à la disposition géométrique des éléments dans l'oeuvre de James Topley. Elle permet cependant de distinguer la part du photographe et sa maîtrise de la caméra, déterminées par la position, le cadre et le filtrage de la lumière. La vision de l'artiste transparaît encore dans l'organisation des éléments significatifs de sa composition.

Le chargement du bois sur la rivière Outaouais est une activité humaine, certes, mais la description qu'en fait le photographe la rattache à un ensemble plus grand, la situant dans un contexte social et politique: les quais chargés à ras bord établissent le lien entre ces hommes et les édifices parlementaires, entre le travail et l'institution nationale. À une époque où les ambitions patriotiques se fondent sur la marche du progrès, il ne faut pas trop s'étonner que des photographes comme Topley ajustent des combinaisons aussi symboliques.

Samuel McLaughlin, 1826-1914

396. *Parliament Buildings — Ottawa.*
View from the South West
Les édifices du Parlement, Ottawa.
Vue du sud-ouest, vers 1880

Épreuve à l'albumine, 40,3 × 50,7 cm

Historique
Don d'Hector Cimon, Québec, 1969 (G-69.189-F).

La caméra n'aborde pas son sujet de plein front puisque cette image doit apparaître comme une perception impromptue et instantanée de l'édifice et des lieux ; simple regard qui se prolonge devant le caractère sublime du monument. Le photographe cède sa place au spectateur.

Le grand format adopté par Samuel McLaughlin pour cette photographie assure déjà une bonne part de l'effet. La sensation d'espace qui s'en dégage convient à la majesté de l'édifice et à l'importance de la fonction qu'il reflète. La précision des détails crée à son tour l'intérêt et une impression de contact direct, d'oubli de la distance. Grâce à un éclairage doux et nuancé, les motifs abondants s'harmonisent à la polychromie des pierres. D'ailleurs, les contrastes résident plutôt dans la construction elle-même et dans la texture des matériaux. L'angle permet également de mieux distinguer les volumes tandis que la mise en page reste pleinement ordonnée à une idée d'ensemble. Dans cette

perspective, on est à même de saisir toutes les proportions du bâtiment néo-gothique, qui sera malheureusement incendié en 1916.

Si la lenteur du procédé pour obtenir un négatif de cette dimension implique encore un arrêt complet de l'action, McLaughlin tient cependant à ce que plusieurs figurants suggèrent une certaine animation et il n'hésite pas à les déployer le plus fortuitement possible ; en plus de l'atmosphère officielle qui entoure toujours une architecture parlementaire, c'est peut-être ce qui donne à cette photographie une certaine allure de « déjà vu ».

Samuel McLaughlin, 1826-1914

397. *Ottawa — Over the Roofs*
     Ottawa sur les toits, vers 1880

Épreuve à l'albumine, 41,7 × 51 cm

Historique
Don d'Hector Cimon, Québec, 1969 (G-69.192-F).

Samuel McLaughlin déménage de Québec à Ottawa dès la fin de la construction du corps principal du Parlement, en 1866. Lorsque l'édifice de l'Ouest est complété, dix ans plus tard, les travaux publics mettent à sa disposition des studios aménagés selon ses exigences, au dernier étage du bâtiment. Après sa retraite, en 1893, ces locaux seront utilisés par son fils, Daniel Alexander, jusqu'à l'incendie de 1897 qui emporta l'équipement et les collections accumulées par les deux photographes. Cette photographie a probablement été prise de ce point d'observation privilégié sur la fantaisie architecturale de l'époque néo-gothique.

Au milieu des toits hérissés, on distingue la tour de l'horloge qui surmonte l'entrée d'honneur de l'édifice central du Parlement et, à gauche, le cône garni de contreforts de la bibliothèque. Vues sous cet angle, les toitures des différents édifices sont réunies et il en ressort un foisonnement de clochetons de tous styles, de décorations faîtières transformées en fine dentelle par l'effet du soleil. En se découpant sur un fond vaporeux, ces formes délicates recréent le monde végétal dont elles sont inspirées.

La position choisie par Samuel McLaughlin ainsi que la minutie de son cadrage dénotent son sens de l'équilibre. En taillant dans la tourelle de droite, il établit un contrepoids à la profusion des flèches qui entourent la bibliothèque. L'attention est ainsi centrée sur le beffroi qui occupe la place d'honneur, son coin le plus rapproché apparaissant en plein dans l'axe de la caméra. Sa disposition parfaitement symétrique augmente l'effet ascensionnel tout autant qu'elle le consacre comme une présence envoûtante au milieu de toutes ces pointes que l'oeil n'a pas encore reconnues comme des cheminées.

Louis-Prudent Vallée, 1837-1905

398. *Le Cap Diamant, la terrasse Dufferin et la Citadelle*, vers 1885

Épreuve argentique à la gélatine, 41 × 31,9 cm

Historique
Album Vallée's Views of Quebec (non numéroté).

« The Quebec and Levis Electric Light Company proposes to give an exhibition of its light supplied by the power at Montmorency Falls, on Dufferin Terrace, commencing Tuesday evening the 29ᵗʰ inst. and on following evenings during the week. You are respectfully requested to be present on Tuesday evening when the Electric current will be turned on at 8 o'clock precisely. Should the weather be unfavorable... »

Ce carton fut expédié à tous les intéressés le 28 septembre 1885. Mais Prudent Vallée pourrait avoir devancé cette première puisque l'installation (à ne pas confondre avec les poteaux télégraphiques qui montent vers la Citadelle) ne semble pas encore terminée. De toute évidence, la nouvelle manifestation du progrès va exercer une forte influence sur le photographe qui est probablement informé des expériences que mène son collègue William Notman de Montréal avec la lumière artificielle. Tout cela semble lui inspirer une photographie de conception très moderne.

En installant son appareil sur le rebord d'une avancée de la terrasse, Prudent Vallée a composé une image dont toutes les lignes importantes et tous les plans semblent converger au centre, où justement se voisinent un élégant lampadaire au gaz et un spécimen que la récente invention s'apprête à planter partout. Subissant déjà cette impression d'être placé dans le vide à une hauteur vertigineuse, le spectateur perçoit maintenant l'espace comme une vis gigantesque tournant autour d'un pôle fuyant.

Cette création est tout à fait dans le style composite en vogue à cette époque : découpage géométrique et illusion tridimensionnelle, mosaïques de portraits et combinaisons de paysages sont obtenus par montage dans la plupart des studios. Prudent Vallée réussit cependant un tour de force moins artificiel, mais tout aussi spectaculaire : d'un seul coup d'oeil il rassemble plusieurs éléments dans une composition circulaire. Ce kaléidoscope réunit la rive de Lévis, le fleuve et deux voiliers, la rue Petit-Champlain, le cap Diamant, la terrasse Dufferin, la rue Des Carrières, la Citadelle... et des nuages ! En cette période d'évolution rapide de la technique photographique, Prudent Vallée se maintient à l'avant-garde et délaisse le collodion pour la plaque sèche, le papier à l'albumen pour l'épreuve à la gélatine et aux sels d'argent ; il dispose aussi d'un nouvel appareil portatif permettant un temps de pose réduit, qu'il a probablement utilisé ici sans trépied en s'appuyant seulement sur le dessus du garde-fou de la Terrasse Dufferin.

Louis-Prudent Vallée, 1837-1905

399. *Québec vu de Lévis*, vers 1893

Épreuve argentique à la gélatine, 25,7 × 31,3 cm

Historique
Album Vallée's Views of Quebec (non numéroté).

Comme les peintres et les graveurs, les photographes se sont intéressés à la silhouette de Québec aperçue du fleuve, rocher devenu forteresse, crête de clochers et d'édifices hautains qui surmonte une ligne de quais et de magasins entassés. Mais alors que les dessinateurs romantiques pouvaient traiter ce thème au coucher du soleil ou à partir du pont d'un bateau, les photographes étaient soumis à certaines contraintes qui finissaient par orienter leurs recherches en vue de l'effet à produire. À l'époque où Prudent Vallée composa cet hommage à la nouvelle façade que le Château Frontenac donne à la ville, cette recherche mettait en oeuvre une technique élaborée.

Plusieurs clichés réalisés par le photographe au cours de la même excursion ont été publiés dans les albums de William Notman. Ils montrent que l'interprétation du sujet incitait Vallée à une certaine organisation de l'espace, à une riche définition des détails et des valeurs tonales ainsi qu'à une recherche pour saisir et exprimer l'atmosphère du lieu.

La scène étant observée à une certaine distance, l'artiste la présente à l'aide d'un avant-plan assez élaboré où l'activité industrielle prend une valeur symbolique. En se continuant à chaque extrémité du rocher lui-même par un groupe de navires ou par les cheminées des manufactures, cette atmosphère de progrès encadre le profil des institutions prestigieuses de la ville. Les tons nuancés du motif central et la richesse de ses détails le font ressortir du reste de la

composition où les valeurs plus accentuées ne retiennent pas le regard. De même, la luminosité harmonieuse du plan d'eau, probablement obtenue par artifice, favorise une perception de la ville dans son contexte physique et social.

L'épreuve fournie par Prudent Vallée à l'album de Notman montre le sujet sous le même angle mais avec des nuages fixés au moyen d'un second négatif lors du tirage. La photographie conservée au Musée du Québec permet de déceler l'intention qu'avait l'artiste de recourir à un ciel rapporté; cette partie n'a pas été exposée dans la caméra par suite de l'emploi d'un cache et le négatif a laissé le firmament uniforme au moment de l'impressionner. Ce truquage est certainement responsable, pour une bonne part, de l'intensité qui se dégage de l'image.

Jules-Ernest Livernois, 1858-1933

400. *Retour du marché*, vers 1900

Épreuve argentique à la gélatine, 15,8 × 23,8 cm

Historique
Don de G. Desjardins, Victoriaville, 1969 (G-69.59-F).

Livernois disposait alors d'un appareil portatif qui lui permettait de croquer des scènes sur le vif même en hiver. Alors qu'à une autre époque cette opération aurait exigé un matériel lourd et beaucoup de temps, les nouveaux appareils sont d'usage facile et rapide par toutes températures. Les négatifs sur pellicule souple sont emmagasinés à l'intérieur et peuvent être développés en studio au moment choisi par le pho-

tographe. Les papiers sensibles sont fabriqués industriellement et l'on peut en tirer des agrandissements à partir de clichés réduits.

Cette évolution technique a transformé radicalement les images produites à partir du début du siècle. Si les tons sont généralement plus uniformes et le relief rendu avec moins de contraste, c'est que les photographes obtiennent une définition plus exacte des formes et des couleurs à travers la lentille. En fait, l'image semble toute ramenée sur un même plan. Ces améliorations s'accompagnent aussi d'une per-

ception plus rapprochée du sujet et d'une tendance à oublier le cadrage auquel on supplée par la mise en page en laboratoire.

Ces deux fermiers qui discutent au coin des rues Saint-Joachim et Des Glacis, à Québec, ne se surprennent plus que le photographe trouve son inspiration dans les événements de tous les jours. Il s'agit certainement de part et d'autre d'une nouvelle conception de la photographie qui rapproche cet art de la réalité et l'éloigne des autres formes de représentation en deux dimensions.

Jacques-Henri Lartigue, 1894

401. *Au Bois-de-Boulogne,*
    « Sentier de la Vertu », vers 1911

Jacques-Henri Lartigue, 1894

402. *Dans les Landes*, vers 1912

Tirage moderne d'après un négatif ancien,
34,9 × 25,1 cm

Signé en bas à droite : *J.H. Lartigue**

Historique
Galerie Neighrug, New York, 1974 (G-74.142-F).

À l'heure de la promenade au Bois-de-Boulogne, la vue d'un jeune homme de dix-sept ans qui vient leur barrer la route provoque chez ces belles une moue tout à fait de mise avec les dernières créations de la mode parisienne.

Jacques-Henri Lartigue s'amuse au jeu de la photographie depuis l'âge de cinq ans et raffole des effets qu'il obtient. Son plaisir est d'observer les bizarreries qui l'entourent et nous découvrons avec lui un monde qui allait de soi pour tous et dont la simple représentation exacte ne constituait pas un thème artistique valable pour la plupart des photographes. Pour eux aussi, la mode signifiait l'extravagance, mais dans la pose, dans un certain décor et pour un message parfaitement sentimental. La perception de Lartigue est beaucoup plus fraîche. Dans cette ambiance très dépouillée rendue encore plus discrète par le flou d'arrière-plan, l'apparition d'un si gracieux mouvement revêt un sens poétique, quelque chose comme un souvenir d'enfance.

Tirage moderne d'après un négatif ancien,
25,1 × 35,1 cm

Signé en bas à droite : *J.H. Lartigue**

Historique
Galerie Neighrug, New York, 1974 (A-74.141-F).

Décidément pas de chance ! Pour le fils Lartigue une crevaison sur la route des Landes, c'est une photographie de plus dans l'album de la famille : Zisson, Maman... et Papa qui détourne la tête en attendant le chauffeur et la roue. Quant au brave paysan accouru avec son gamin, il n'a d'yeux que pour l'automobile, puisqu'il n'en voit que rarement...

Les instantanés saisissent le mouvement avec une précision qui suggère elle-même l'action. Les attitudes s'ajustent parfaitement au décor et la signification narrative est projetée par toute l'image. L'effet est désormais à la portée de tous les amateurs, dont la réussite ne dépend plus que de leurs qualités d'observation.

Jacques-Henri Lartigue a su réunir ici les ingrédients nécessaires à la persuasion : il faut en effet saisir l'humour que portent les situations, c'est-à-dire avoir le sens du ridicule.

Eric Daudelin, 1948

403. *Non Parking*, 1976

Eric Daudelin, 1948

404. *Courtepointe rouge*, 1976

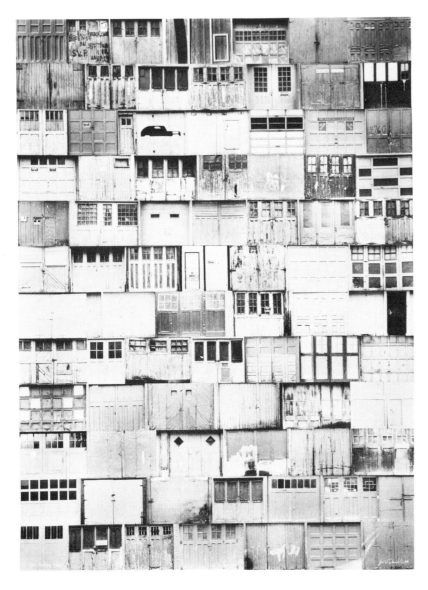

Épreuves aux sels d'argent, montage, 54,1 × 50,5 cm

Historique
Acquis de l'artiste en 1978 (78.478).

Les formes et les relations entre les sujets provoquent une comparaison avec la réalité. Cette référence invite le spectateur à percevoir la réalité suggérée par la transformation du montage imagerie/couleur.

Au-delà des aspects anecdotiques ou documentaires, cette combinaison contient certainement un commentaire graphique. Cette façon d'utiliser l'image photographique introduit une vision imaginaire tout autant qu'une expression subjective de la réalité.

Épreuves aux sels d'argent, montage, 64, × 50,7 cm

Historique
Acquis de l'artiste en 1978 (78.479).

Plusieurs photographies découpées et assemblées en bandes horizontales sur un même plan forment une image simultanée. Étant tous différents par leurs dessins géométriques, leurs couleurs et leurs éclairages, ces éléments restent identifiables comme les fragments d'une réalité. La lecture de l'assemblage peut se faire de plusieurs façons puisque ces motifs composent une variété de réseaux formels dont la combinaison en une seule entité visuelle fait tout l'intérêt. L'artiste semble en effet préférer une représentation composite qui réalise sa propre synthèse à l'image photographique qui établit une sélection du sujet.

Raymonde April, 1953

405. *Plus jamais je ne quitte mon île, mon rocher, mon territoire*, 1979

Raymonde April, 1953

406. *Quelle est cette distance qui nous sépare?*, 1979

Épreuve aux sels d'argent, 40,5 × 50,4 cm

Historique
Acquis de l'artiste en 1980 (80.64.1).

L'image est construite d'un plan très rapproché, ce qui augmente la présence du personnage. La vision est anecdotique et le mouvement paraît issu d'un éclairage subit, probablement un flash électronique. L'illumination des volumes importants produit une ombre déformante et ambiguë.

Le texte propose au spectateur une interprétation de l'image. Il est évocateur et fait partie de l'intimité de l'artiste que sa présence dans le champ de la caméra relie au texte et à son contenu narratif: l'artiste devient elle-même cette île, ce rocher, ce territoire... face à la caméra.

Épreuve aux sels d'argent, 40,5 × 50,5 cm

Historique
Acquis de l'artiste en 1980 (80.64.4).

Cette photographie a quelque chose du message dramatique. En plus du texte et du regard fixe du personnage, la source lumineuse placée en dehors du cadre à gauche crée des ombres violemment contrastantes, ou des creux illuminés.

Si la photographie saisit ici l'impression d'un moment, celui-ci devient une sorte de réflexion sur une suite de moments suggérés par le texte: mais cette question concerne-t-elle le spectateur, la photographie? Raymonde April est une artiste conceptuelle et sa réflexion s'attache au rapport entre elle-même et les êtres, elle-même et l'art. La question, finalement, concerne le médium photographique et le spectateur.

L'orfèvrerie ancienne

La collection d'orfèvrerie[1]

Parmi les facteurs qui contribuent à établir la réputation d'une institution muséale, la qualité de ses collections joue un rôle primordial. C'est sur cette évidence que le Musée du Québec a misé en rassemblant un fonds unique d'orfèvrerie québécoise qui réunit actuellement au-delà de 1 500 pièces. Presque tous les anciens orfèvres dont une partie de la production subsiste y sont représentés et l'on dénombre également plusieurs pièces européennes dont l'importation a marqué l'histoire de l'art québécois. Jusqu'ici, peu d'historiens se sont intéressés à cette collection qui mérite pourtant d'être mieux connue.

Sept années d'acquisitions (1952-1959)

La section d'orfèvrerie du Musée du Québec s'est développée assez tardivement. La première pièce, un ostensoir de Paul Morand, fut acquise en 1952, dix-neuf ans après l'inauguration de l'institution. Mais ce n'est vraiment qu'avec la nomination de Gérard Morisset comme conservateur, en avril 1953, que la collection a commencé de prendre son essor. Par sa formation et ses activités antérieures, Morisset était à cette époque l'une des rares personnes qui connaissaient réellement

---

1. Les textes se fondent essentiellement sur les dossiers des oeuvres et des paroisses mentionnées. Pour la collection Louis-Carrier, le dossier Louis Carrier, conservé à la bibliothèque du Musée du Québec, ainsi que l'article de Gilles Corbeil paru dans la revue *Arts et Pensées* en avril 1954 ont été mis à contribution.

l'orfèvrerie québécoise. Ses efforts opiniâtres pour la mise sur pied de l'*Inventaire des Oeuvres d'Art* l'amenèrent très tôt à prendre conscience de l'originalité de la production de nos orfèvres. Bien qu'il semble qu'au premier abord il ne se soit pas préoccupé de l'argenterie ancienne, il entreprit d'accumuler photographies et fiches documentaires s'y rapportant et c'est entre 1945 et 1955 qu'il écrivit la plupart de ses articles relatifs aux orfèvres et à leurs réalisations. Par la suite, au fur et à mesure que l'occasion s'en présentait, Morisset sut acquérir des oeuvres importantes. Diverses pièces religieuses et civiles furent ainsi réunies entre 1953 et 1959, constituant en quelque sorte le noyau de la collection.

La collection Louis-Carrier (1959)

Louis Carrier (1898-1962)

Le 17 décembre 1959, le Musée de la province de Québec acquit la collection Louis-Carrier par suite d'un décret ministériel. Cet ensemble de 741 pièces allait concourir à la reconnaissance du fonds d'orfèvrerie du Musée, en l'augmentant d'un coup du plus grand nombre de pièces jamais réunies par un particulier en Amérique du Nord. D'origine lévisienne, Louis Carrier (1898-1962) a oeuvré sa vie durant dans les domaines de l'édition et de la publicité. Il a toujours manifesté une prédilection pour les arts anciens du Québec et s'intéressa très tôt à l'orfèvrerie. Il devint conservateur du Château de Ramezay de 1954 à 1962. Déjà auparavant, ses fonctions l'avaient amené à voyager par tout le territoire québécois, et il en a profité pour examiner et acquérir diverses pièces entre les années 1920 et 1957. Son but principal était de rassembler des oeuvres de tous nos anciens orfèvres et, s'il n'a pu atteindre cet objectif ambitieux, il faut certainement lui savoir gré du travail important qu'il a accompli.

Tout en poursuivant sa collecte d'oeuvres, Carrier s'affairait à la recherche de documents s'y rapportant. Il faut se rappeler que, à cette époque, très peu de publications sur notre orfèvrerie avaient encore vu le jour, et les rares amateurs qui s'y intéressaient étaient obligés de mener eux-mêmes toutes les recherches nécessaires. Comme il habitait la région de Montréal — plus précisément Sainte-Anne-de-Bellevue —, c'est plutôt sur ce territoire que Carrier effectua ses dépouillements d'archives. Dans une certaine mesure, ces travaux complètent ainsi ceux de Morisset dont l'aire s'étendait surtout à la région de Québec. Il fit également des investigations du côté de Trois-Rivières, à Détroit et même à Saint-Louis, au Missouri.

Dès leur rencontre vers 1937, les deux hommes s'échangèrent données, documentation et photographies. La collaboration de Carrier fut précieuse pour l'élaboration de l'*Inventaire des Oeuvres d'Art*; Morisset put d'ailleurs photographier sa collection dans son intégralité entre 1943 et 1957. C'est sans doute la présence de Morisset à la direction du Musée qui motiva Carrier, alors atteint d'une maladie incurable, à se séparer de sa précieuse collection au profit de cette institution.

D'ailleurs, Carrier avait commencé dès la nomination de Morisset à se départir d'un certain nombre d'oeuvres relevant de l'orfèvrerie et d'autres arts. C'est ainsi notamment qu'il avait cédé l'autoportrait de Jean-Baptiste Roy-Audy à un prix avantageux, en 1953.

La collection Carrier était déjà reconnue dès le milieu des années quarante et aucun musée ne pouvait prétendre la concurrencer. En 1946, l'exposition *The Arts of French Canada 1613-1870* a fait une large place à la collection d'orfèvrerie de Carrier qui rédigea un texte d'introduction pour le catalogue. De nouveaux prêts furent consentis pour les grandes expositions de 1951, 1952 et 1959. De même, une partie de la collection fit l'objet d'une présentation à Windsor (Ontario) en 1953, accompagnée d'un petit catalogue.

L'ajout, en 1959, des 741 pièces de Louis Carrier à la collection constituée par Morisset fit alors « du Musée de la Province l'institution la plus riche en orfèvrerie, non seulement au Canada mais aussi en Amérique du Nord[2] ». Le rôle de Gérard Morisset dans cette transaction demeure prépondérant; c'est là un des actes majeurs touchant la préservation du patrimoine artistique québécois.

À titre indicatif, rappelons ici quelques oeuvres importantes qui font partie de cette célèbre collection : un reliquaire parisien anonyme de la fin du XVIIᵉ siècle, une aiguière de Laurent Amiot, une coupe de mariage d'Ignace-François Delezenne, une cuillère attribuée à Pierre Gauvreau, un plat de Jacques Pagé dit Quercy, une pyxide de Roland Paradis ou encore un gobelet de Samuel Payne. De telles oeuvres, en plus de promouvoir la collection du Musée, ont dicté en partie son orientation dans les années postérieures.

Les dernières années d'acquisitions (1960-1983)

Depuis 1961, les achats d'oeuvres s'effectuent par le biais d'un comité d'acquisitions; ainsi, le Musée bénéficie de l'expérience et de la compétence de plusieurs spécialistes. Au nombre des oeuvres qui sont entrées ces dernières années, on ne saurait ne pas mentionner l'argenterie de table de Georges-Barthélémy Faribault, cédée au Musée du Québec en 1981, comprenant un ensemble de 41 pièces façonnées en partie par Laurent Amiot et en partie par François Sasseville. Quant aux dons occasionnels, le plus important du point de vue quantitatif eut lieu en 1967 quand les Archives nationales remirent 79 pièces au Musée du Québec, provenant pour la plupart de fonds versés par des particuliers ou de successions. C'est dans ce contexte que fut obtenu, par exemple, le très beau service à thé de Salomon Marion.

---

2. Musée du Québec, dossier Louis Carrier. Lettre de Gérard Morisset à Raymond Douville, 31 juillet 1959.

Depuis une décennie, certaines fabriques paroissiales, inquiètes du sort que peut réserver l'avenir aux oeuvres d'art qu'elles possèdent et soucieuses d'assurer la survie de ces trésors, se départissent de leur orfèvrerie au profit de la collectivité. C'est ainsi que le somptueux trésor de la paroisse de Saint-Nicolas a enrichi la collection du Musée en 1973. Deux ans plus tard, la fabrique de l'Ancienne-Lorette, et en 1976 les fabriques de Saint-Vallier de Bellechasse et de Notre-Dame-de-Foy cédaient à leur tour plusieurs oeuvres au Musée. D'importantes pièces d'orfèvrerie, jadis menacées de disparaître dans les incendies et les vols, ou encore délaissées en raison des réformes liturgiques, sont ainsi protégées et assurées de parvenir aux générations futures.

Par ailleurs, non seulement des fabriques, mais aussi d'anciennes familles sont venues offrir leurs biens au Musée afin d'en assurer la préservation et de contribuer au développement de la collection nationale. Le meilleur exemple est peut-être l'acquisition, en 1976, d'un grand plat réalisé par Michel Delapierre; il est heureux qu'une oeuvre aussi précieuse pour l'histoire de l'art du Québec jouisse maintenant d'une plus grande protection à l'intérieur de nos frontières.

Un mécanisme original : le dépôt

Au fur et à mesure que la connaissance de notre orfèvrerie ancienne progressait, ces objets ont commencé à attirer l'attention d'individus qui les convoitaient pour toutes sortes de raisons. Certaines paroisses ont demandé l'aide du Musée pour se prémunir contre ces dangers. Comme elles désiraient conserver leurs richesses tout en les protégeant adéquatement, une formule novatrice fut mise au point: le dépôt. L'oeuvre demeure la propriété de la personne ou de l'institution qui la possède mais elle est en quelque sorte prise en charge par le Musée qui l'assure, la protège et s'applique à la mettre en valeur. Le dépôt favorise ainsi la recherche. Bien qu'il ne s'agisse pas d'une exclusivité, c'est en orfèvrerie surtout que la pratique des dépôts est la plus répandue.

Le premier dépôt est venu de la fabrique de Rivière-Ouelle; en 1967, une partie de son trésor fut placée sous la garde du Musée et la collection se complétait d'un second envoi trois ans plus tard. Cet ensemble caractéristique de la production d'orfèvrerie cultuelle avait subi quelques pertes, constatées lors de la comparaison de deux inventaires, qui rendirent le dépôt nécessaire. Les autorités empêchèrent ainsi une hémorragie qui aurait pu être désastreuse car ces pièces sont fort attrayantes sous de multiples aspects. En 1968, à la faveur d'une exposition, la fabrique de Neuville remit au Musée un reliquaire de Ranvoyzé et, en 1969, c'était au tour des paroisses de Deschambault et de Saint-Valentin de lui confier certaines de leurs possessions. Saint-Gilles de Lotbinière mit également en dépôt un ciboire de Paul Lambert en 1971 et, la même année, la paroisse de

Le trésor de la fabrique de Rivière-Ouelle, maintenant en dépôt au Musée du Québec.

Varennes apportait plusieurs pièces de grande valeur. L'intérêt pour le dépôt n'a fait que s'étendre au cours de ces années. En 1972, la fabrique de Saint-Joseph de Soulanges suivait l'exemple. Deux ans plus tard, les importants dépôts de l'Islet-sur-mer et de Verchères ont consacré définitivement la formule et fait présager de prêts postérieurs, tel l'ensemble du trésor de Boucherville qui fut confié au Musée en 1977 et, plus récemment, une pièce de Saint-Philippe de Laprairie. En résumé, plus d'une centaine d'oeuvres furent placées sous la protection du Musée, s'assurant du même coup une mise en valeur adéquate.

Grâce à cette collaboration, le Musée du Québec a pu ainsi se constituer une collection d'orfèvrerie de première importance au cours des trente dernières années. Sa grande diversité témoigne de l'imagination créatrice de générations d'artisans et d'artistes.

René Villeneuve
Historien de l'art

Anonyme, Paris, XVIIᵉ siècle
407. *Chandelier*, 1674-1675

Anonyme, Paris, XVIIᵉ siècle
408. *Reliquaire*, 1687-1691

Chandelier en argent, oeuvre de Paul Lambert (Galerie nationale du Canada, Ottawa; don de la collection Henry Birks d'orfèvrerie canadienne, 1979).

Argent, h.: 23 cm; poids: 265,1 gr.

Poinçons
Maison commune: F, couronné (1 fois)
Charge: A, couronné, cantonné de trois fleurs de lys (1 fois)

Historique
Fabrique de Saint-Nicolas, Lévis; Louis Carrier, Sainte-Anne-de-Bellevue; acquis en 1959 (A-60.263-0).

Expositions
1961, Beauport, Académie Sainte-Marie, *Exposition d'art religieux*; 1974, Ottawa, La Galerie nationale du Canada, *L'orfèvrerie en Nouvelle-France*, nᵒ 6, repr.

Bibliographie
TRUDEL, « À l'enseigne des orfèvres du Québec », août 1968, p. 10, repr.; TRUDEL, « La mission de l'argenterie française aux 17ᵉ et 18ᵉ siècles mieux comprise par l'étude de quelques pièces rares récemment recensées en Nouvelle-France », février 1974, p. 62, repr.

Ce chandelier parisien provient de l'église de Saint-Nicolas, près de Lévis. On trouve à Ottawa, dans la collection Birks, une oeuvre de Paul Lambert de même provenance. Ce second chandelier aurait vraisemblablement été commandé afin de former une paire. En dépit de profils semblables, les deux oeuvres sont nettement personnalisées, tant par le choix des éléments décoratifs que par le traitement de la ciselure. L'oeuvre française a en effet une allure académique en regard du travail plus naïf de Lambert.

Argent, h.: 28,8 cm; poids: 539,8 gr.

Poinçon
Poinçon des ouvrages non-chargés: deux poignards en sautoir (1 fois)

Historique
Fabrique de Saint-Pierre, île d'Orléans, 1703; Louis Carrier, Sainte-Anne-de-Bellevue; acquis en 1959 (A-60.261-0).

Exposition
1961, Beauport, Académie Sainte-Marie, *Exposition d'art religieux*.

Bibliographie
TRUDEL, 1974, p. 25-26, repr.; Parent, 1979, p. 69.

Ce reliquaire fut commandé à l'origine par la paroisse de Saint-Pierre, île d'Orléans, en 1703, afin de mettre en valeur une relique de saint Paul comme l'atteste le chiffre *SP* que l'on peut observer sur la face principale de la base. De même, les épées en sautoir que l'on trouve sur les faces latérales rappellent le martyre de l'apôtre qui fut décapité.

Verticalement, l'oeuvre se divise en trois parties: le pied, le noeud et le boîtier aux reliques. Exécutées séparément, ces différentes parties sont assemblées par des sections filetées.

Si cette oeuvre s'apparente à un ostensoir d'un point de vue formel, il faut préciser que c'est justement à partir de tels reliquaires que s'élabora la monstrance au XIVᵉ siècle.

Anonyme, Paris, XVIIᵉ siècle
409. *Calice*, 1698-1699

T.T., Paris, XVIIᵉ siècle
410. *Ostensoir*, 1699-1700

Anonyme, France, XVIIIᵉ siècle
411. *Calice*

Argent et or, h.: 22 cm; poids: 400,2 gr.

Poinçons
Maison commune: D, couronné (1 fois)
Un poinçon indéchiffrable

Historique
Fabrique Notre-Dame-de-Liesse, Rivière-Ouelle, Ka-mouraska; dépôt au Musée du Québec, 1970 (L-70.1-0).

D'une facture toute simple, ce calice témoigne à sa façon du type courant d'importations d'orfè-vrerie religieuse sous le régime français. La pièce est de dimensions modestes et le métal est peu épais. Le noeud, les viroles* et le pied présentent une ornementation classique réduite mais techniquement bien exécutée.

La relative fragilité de ces oeuvres est un facteur supplémentaire qui s'ajoute aux causes habi-tuelles de leur disparition. Au surplus, il semble que les fabriques, dès qu'elles en avaient l'op-portunité et les ressources, se pourvoyaient de vases plus somptueux.

La majeure partie des oeuvres de ce type a disparu; celles qui subsistent constituent des témoignages absolument capitaux pour l'histoi-re de notre orfèvrerie.

Argent, h.: 51,3 cm; poids: 1 007,0 gr.

Poinçons
Maître: une fleur de lys couronnée, deux grains, TT, symbole (4 fois)
Maison commune: F, couronné (1 fois)
Charge: A (1 fois)
Décharge: couronne (1 fois)

Historique
Fabrique de Saint-Nicolas, Lévis; acquis en 1973 (A-73.33-0).

Cet ostensoir français d'esprit Louis XIV se fait remarquer par la justesse de ses proportions et la surcharge de son ornementation. Il convient à juste titre de le considérer comme une des acquisitions majeures du Musée du Québec au cours de la dernière décennie. En effet, il est bien connu que les pièces d'orfèvrerie françai-ses ont, durant longtemps, influencé le goût de la clientèle et servi de modèles aux artistes; mais seul un petit nombre de ces oeuvres a survécu.

Les Landron, Lambert et Ranvoyzé, pour ne nommer qu'eux, ont repris les formes de tels ostensoirs, adaptant le traitement décoratif à leur habileté. Il y eut ainsi recherche d'origina-lité dans la continuité de la tradition française.

Argent et or, h.: 27,3 cm; poids: 531 gr.

Poinçon
Aucun

Inscriptions
EX COLLEG SOC JESU QUEB

Historique
Collège des Jésuites, Québec; Fabrique Notre-Dame-de-Foy, Sainte-Foy, 1800; acquis en 1975 (A-76.31-0(2)).

Exposition
1974, Ottawa, La Galerie nationale du Canada, *L'orfè-vrerie en Nouvelle-France*, nᵒ 10, repr.

Bibliographie
BARBEAU, 1957, p.: 68, 73-74, repr.

Ce calice provient de l'ancien Collège des Jésui-tes de Québec. Dans son testament rédigé en 1796, le père Jean-Joseph Casot (1728-1800) a légué cette oeuvre et quelques autres à la fabri-que Notre-Dame-de-Foy. Ce legs fut confirmé par le lieutenant-gouverneur le 14 avril 1800.

L'iconographie des six zones d'ornementation que comportent le pied et la fausse-coupe se rapporte à la Passion du Christ.

La partie située entre le noeud et la coupe a subi quelques modifications, possiblement au début du XXᵉ siècle, afin d'accroître la verticali-té de l'oeuvre conformément à l'esthétique alors en vogue.

Anonyme, France, XVIIIe siècle

412. *Plateau au concert de musique de chambre*

Voir reproduction en couleurs, section centrale, p. (43)

Le Concert. Gravure de L. Provost, réalisée d'après un dessin d'Augustin de Saint-Aubin (Musée du Québec).

Argent, l: 28,2 cm; L: 23,1 cm; poids: 317,4 gr.

Poinçons
P, un point, couronné (1 fois)
M, couronné (1 fois)
motif indéchiffrable (1 fois)

Historique
Méridée Gilbert, Québec; acquis en 1957 (A-57.198-0).

Exposition
1962, Bordeaux, Musée des beaux-arts de Bordeaux, *L'art au Canada*, n° 107, repr.

Bibliographie
TRUDEL, « À l'enseigne des orfèvres du Québec », août 1968, repr. p. 11.

Le marli de ce plateau est orné de godrons, ainsi que d'une large frise de rinceaux interrompue au centre par des armoiries couronnées. Le champ est couvert par *Le Concert*, exécuté d'après un dessin d'Augustin de Saint-Germain (1736-1807) gravé par son élève, Antoine-Jean Duclos (1742-1796). Cette composition fut reprise au XIXe siècle par le graveur L. Provost. Le Musée du Québec possède un tirage de cette seconde gravure.

(?) Pierre Gauvreau, vers 1676-1717

413. *Cuillère*

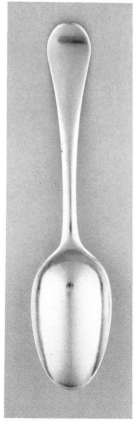

Argent, l: 19,2 cm; poids: 58,4 gr.

Poinçon
P, un point, G, dans un rectangle (1 fois)

Inscription
*S*R*G*T*

Historique
Louis Carrier, Sainte-Anne-de-Bellevue; acquis en 1959 (A-60.284-0)

Expositions
1946, Détroit, The Detroit Institute of Arts, *The Arts of French Canada 1613-1870*, n° 115; 1951, Détroit, The Detroit Institute of Arts, *The French in America 1520-1880*, n° 98; 1952, Québec, Musée de la province de Québec, *Exposition rétrospective de l'art au Canada français*, n° 236; 1953, Windsor, The Windsor Art Gallery, *A Selection from the Louis Carrier Collection of Canadian Silver*, n° 32; 1958, Paris, Grands Magasins du Louvre, *Exposition de la Province de Québec*; 1959, Vancouver, Vancouver Art Gallery, *Les arts au Canada français*, n° 285; 1974, Ottawa, La Galerie nationale du Canada, *L'orfèvrerie en Nouvelle-France*, n° 98, repr.

Bibliographie
MORISSET, « Un cordonnier-orfèvre: Michel Cotton », 26 février 1950, p. 18, repr.; DEROME, 1974, p. 83, repr. du poinçon.

Pierre Gauvreau ne fut jamais un orfèvre de métier. Né vers 1676, il était d'abord et avant tout un arquebusier et il eut même un apprenti, Claude Dupont dit Leblond. C'est en 1708 qu'il s'engagea à son tour comme apprenti auprès de l'orfèvre Michel Levasseur. Il put pratiquer jusqu'à son décès, survenu le 4 février 1717.

Cette cuillère est la seule et unique pièce qui lui soit attribuée. Le métal employé est remarquable par son épaisseur. Comme certaines cuillères françaises de la première moitié du XVIIe siècle, le cuilleron est muni d'un fer de lance. L'ustensile ne porte aucun autre ornement, hormis l'inscription *SRGT*, naïvement gravée au revers de la spatule. Selon Gérard Morisset, ce chiffre signifierait *Sieur René Godefroy de Tonnancour* (1669-1738), qui fut lieutenant général des Trois-Rivières.

Anonyme, France, XVIIIe siècle
414. *Encensoir*

G.G., France, XVIIIe siècle
415. *Ciboire*, 1717-1718

Samuel Payne, vers 1696- après 1732
416. *Gobelet*

Argent, h: 24,7 cm; poids: 854 gr.

Poinçons
Maison commune: X, couronné (1 fois)
Décharge: Deux L enlacés et couronnés (1 fois)

Inscription
Ex colleg. Soc. Jesus. Queb.

Historique
Collège des Jésuites, Québec; fabrique Notre-Dame-de-Foy, Sainte-Foy, 1800; acquis en 1976 (A-76.32-0).

Exposition
1974, Ottawa, La Galerie nationale du Canada, *L'orfèvrerie en Nouvelle-France*, n° 13, repr.

Bibliographie
BARBEAU, 1957, p. 68, 73, 85, repr. p. 74.

Cet encensoir provient du trésor de l'ancien Collège des Jésuites de Québec. Le dernier jésuite, le père Jean-Joseph Casot (1728-1800), légua par testament les effets qui demeuraient en sa possession à diverses paroisses de Québec et des environs. Aujourd'hui, on retrouve certaines de ces pièces à l'Hôtel-Dieu de Québec et à la mission de la Jeune-Lorette, notamment. La paroisse de Notre-Dame-de-Foy reçut entre autres choses cet encensoir et sa navette mais cette dernière est aujourd'hui disparue.

Argent et or, h.: 19,6 cm; poids: 353 gr.

Poinçons
Maître: fleur de lys couronnée, deux grains, une grappe de raisins, GG (3 fois)
Maison commune: A, couronné (2 fois)
Charge: poinçon indéchiffrable (2 fois)

Historique
Fabrique Notre-Dame-de-Liesse, Rivière-Ouelle, Kamouraska; dépôt au Musée du Québec, 1967 (L-67.18-0).

Dans l'état actuel des connaissances, il semble qu'on puisse considérer ce ciboire comme représentatif de la production parisienne importée en Nouvelle-France. Cette oeuvre de petite dimension témoigne, par l'exactitude de son traitement, de la dextérité de son exécutant. Son décor, disposé aux endroits stratégiques, en rehausse la forme.

En rapport avec ce vase, il faut signaler ici un ciboire (conservé à Odanak) de Jean-Baptiste Loir — daté de 1699-1700 — et une oeuvre parisienne de 1681-1682 qui se trouve à la Maison-mère des religieuses hospitalières de Saint-Joseph à Montréal: le rapprochement incite à parler de production en série, ou presque, tant formes et décors se ressemblent dans ces trois oeuvres.

Argent, h.: 4,8 cm; poids: 68 gr.

Poinçon
Une couronne, un emblème, SP (1 fois)

Inscriptions
GVY; N° 39

Historique
Louis Carrier, Sainte-Anne-de-Bellevue; acquis en 1959 (A-60.460-0).

Expositions
1946, Détroit, The Detroit Institute of Arts, *The Arts of French Canada 1613-1870*, n° 19, repr.; 1952, Québec, Musée de la province de Québec, *Exposition rétrospective de l'art au Canada français*, n° 279; 1953, Windsor, Art Gallery of Windsor, *A Selection from the Louis Carrier Collection of Canadian Silver*, n° 12; 1958, Paris, Grands Magasins du Louvre, *Exposition de la Province de Québec*; 1959, Vancouver, Vancouver Art Gallery, *Les arts au Canada français*, n° 329.

Bibliographie
DEROME, « Des poinçons de deux maîtres », printemps 1975, pp. 6-8 et repr. p. 11.

Originaire de Londres, Samuel Payne ne fit vraisemblablement qu'un court séjour en Nouvelle-France. Il se maria à Montréal en 1725 et on perd sa trace après 1732. On ne connaît de lui que sept oeuvres certaines.

Ce gobelet à fond plat porte le chiffre du marchand montréalais Pierre Guy, beau-frère de l'orfèvre.

Jean-Baptiste Deschevery dit Maisonbasse, vers 1695 — vers 1745

417. *Gobelet*

Jean-François Landron, 1686-avant 1762

418. *Tasse*

Jean-François Landron, 1686-avant 1762

419. *Ostensoir*

Argent, h.: 5,7 cm; poids: 78,3 gr.

Poinçon
Une fleur de lys, Mb, une étoile (1 fois)

Inscription
× LE × FAVCHER ×

Historique
Louis Carrier, Sainte-Anne-de-Bellevue; acquis en 1959 (A-60.410-0).

Exposition
1974, Montréal (Terre des Hommes), Pavillon du Québec, *Les Arts du Québec*, orfèvrerie nº 3.

Bibliographie
CAUCHON-JUNEAU, « Deschevery, dit Maisonbasse, Jean-Baptiste », 1974, p. 195.

Originaire de Bayonne, en France, Deschevery dit Maisonbasse est né vers 1695. Le plus ancien document retrouvé le concernant est son contrat de mariage, conclu le 24 janvier 1718. Résidant à Montréal, il quitta cette ville pour Québec vers 1725 où il mourut une vingtaine d'années plus tard. Comme pour beaucoup d'autres artistes de cette époque, les repères documentaires qui attestent son activité sont relativement peu nombreux et moins d'une dizaine de ses oeuvres sont connues.

Ce gobelet présente pour seul ornement une moulure tout autour du rebord. Le nom du propriétaire a été marqué au poinçon: LE FAVCHER.

Argent, h.: 7,5 cm; poids: 116,1 gr.

Poinçons
Une fleur de lys, trois grains, I, un point, F, L (3 fois)

Historique
Famille Larue, Neuville; Louis Carrier, Sainte-Anne-de-Bellevue; acquis en 1959 (A-60.386-0).

Expositions
1946, Détroit, The Detroit Institute of Arts, *The Arts of French Canada, 1613-1870*, nº 122, repr.; 1952, Québec, Musée de la province de Québec, *Exposition rétrospective de l'art au Canada français*, nº 258; 1953, Windsor, Art Gallery of Windsor, *A Selection from the Louis Carrier Collection of Canadian Silver*, nº 5; 1962, Bordeaux, Musée des beaux-arts de Bordeaux, *L'art au Canada*, nº 91; 1974, Ottawa, La Galerie nationale du Canada, *L'orfèvrerie en Nouvelle-France*, nº 131, repr.; 1975, Sherbrooke, Galerie d'art du Centre culturel de l'Université de Sherbrooke, *Orfèvrerie traditionnelle du Québec*, repr.

Bibliographie
MORISSET, « Notre orfèvrerie au XVIIIᵉ siècle », printemps-été 1968, p. 15, repr.

Ce qui nous semble aujourd'hui une tasse était en fait une timbale à laquelle on a ultérieurement soudé une anse découpée. Le galbe et le profil de cette partie se rapprochent des poignées de certains instruments de paix de François Ranvoyzé, notamment de celui de la fabrique de Charlesbourg, qui date de 1777. Ceci marque en quelque sorte une adaptation à de nouveaux goûts ou à de nouveaux besoins.

Argent, h.: 38,5 cm; poids: 457,1 gr.

Poinçons
Une fleur de lys, trois grains, I, un point, F, L (2 fois)

Historique
Rosaire Saint-Pierre, Beaumont; acquis en 1970 (A-70.15-0).

Expositions
1974, Ottawa, La Galerie nationale du Canada, *L'orfèvrerie en Nouvelle-France*, nº 130, repr.; 1974, Montréal (Terre des Hommes), Pavillon du Québec, *Les arts du Québec*, orfèvrerie nº 7; 1975, Sherbrooke, Galerie d'art du Centre culturel de l'Université de Sherbrooke, *Orfèvrerie traditionnelle du Québec*; 1979, Québec, Musée du Québec, *Héritage vivant de l'orfèvrerie*, repr.

Bibliographie
GIGUÈRE, « L'orfèvre François Ranvoyzé (1739-1819) », avril 1972, p. 42, repr.; Le Musée du Québec, 1978, repr. cent. p. 57; Fox, 1978, p. 102, repr.

À ce jour, moins d'une quinzaine d'oeuvres de Jean-François Landron ont été retrouvées. Cette monstrance est la seule de cet orfèvre qui soit connue et elle figure comme l'une des plus anciennes qui aient été fabriquées en Nouvelle-France.

L'orfèvre Landron vivait certainement loin des grands centres et n'a sans doute reçu qu'un minimum de formation dans son métier. Si l'on compare cet ostensoir aux oeuvres européennes qui circulaient alors dans la colonie et desquelles il découle, on constate aisément que Landron a procédé à une simplification radicale, comme l'atteste par exemple la disparition des têtes ailées que l'on trouve couramment sur ce genre de pièce. De même, les motifs végétaux ont presque tous été stylisés au point qu'ils ne sont plus guère que des motifs décoratifs.

**Jacques Pagé dit Quercy (ou Carcy),
1682-1742**
420. *Plat*

Roland Paradis, vers 1696-1754
421. *Pyxide*

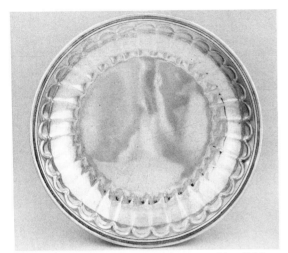

Argent, h.: 3,7 cm; diam.: 26,4 cm; poids: 615,8 gr.

Poinçons
Une fleur de lys, I, un point, P, un croissant (4 fois)

Inscriptions
GVY

Historique
Louis Carrier, Sainte-Anne-de-Bellevue; acquis en 1959 (A-60.454-0).

Expositions
1946, Détroit, The Detroit Institute of Arts, *The Arts of French Canada 1613-1870*, n° 117, repr.; 1951, Détroit, The Detroit Institute of Arts, *The French in America 1520-1880*, n° 99; 1952, Québec, Musée de la province de Québec, *Exposition rétrospective de l'art au Canada français*, n° 274, repr.; 1953, Windsor, Windsor Art Gallery, *A Selection from the Louis Carrier Collection of Canadian Silver*, n° 27, repr.; 1958, Paris, Grands Magasins du Louvre, *Exposition de la province de Québec*; 1959, Vancouver, Vancouver Art Gallery, *Les arts au Canada français*, n° 323; 1961, Beauport, Académie Sainte-Marie, *Exposition d'art religieux*; 1962, Bordeaux, Musée des beaux-arts de Bordeaux, *L'art au Canada*, n° 94; 1974, Ottawa, La Galerie nationale du Canada, *L'orfèvrerie en Nouvelle-France*, n° 140, repr.; 1975, Sherbrooke, Galerie d'art du Centre culturel de l'Université de Sherbrooke, *Orfèvrerie traditionnelle du Québec*.

Bibliographie
MORISSET, « Jacques Pagé dit Quercy (1682-1742) », novembre 1950, p. 598, repr.; CORBEIL, « Collections et collectionneurs canadiens: Louis Carrier », avril 1954, repr. p. 117; MORISSET, « Sculpture et arts décoratifs », printemps-été 1962, p. 42, repr.; MORISSET, « Notre orfèvrerie au XVIII° siècle », printemps-été 1968, p. 15; CAUCHON-JUNEAU, « Pagé dit Carcy, Jacques », 1974, p. 541.

Pagé naquit le 11 décembre 1682 à Québec. Après un court apprentissage auprès de Michel Levasseur, il se rendit en France en 1712, espérant pouvoir y exercer son métier d'orfèvre. Il dut y renoncer, à cause de l'opposition du corps des orfèvres de Paris, et revint à Québec où il travailla pour plusieurs églises de la région. Il s'y éteignit le 2 mai 1742.

Ce plat demeure une pièce exceptionnelle dans la production des orfèvres de la Nouvelle-France ou, tout au moins, de ce qui en subsiste. Utilisant un métal épais, Pagé a sans doute copié un plat français. Le Musée de l'église Notre-Dame de Montréal conserve d'ailleurs deux plats d'origine métropolitaine semblables à celui de Pagé.

L'inscription GVY *Guy* identifie le commanditaire de l'oeuvre, le négociant montréalais Pierre Guy (1701-1748).

Argent et or, h.: 8,2 cm; poids: 77,3 gr.

Poinçon
Une couronne ouverte, RP (1 fois)

Historique
Fabrique de Saint-Charles, Lachenaie, 1739; Louis Carrier, Sainte-Anne-de-Bellevue; acquis en 1959 (A-60.456-0).

Expositions
1946, Détroit, The Detroit Institute of Arts, *The Arts of French Canada 1613-1870*, n° 132; 1951, Détroit, The Detroit Institute of Arts, *The French in America, 1520-1880*, n° 188; 1952, Québec, Musée de la province de Québec, *Exposition rétrospective de l'art au Canada français, n° 278; 1953, Windsor, Windsor Art Gallery, A Selection from the Louis Carrier Collection of Canadian Silver*, n° 1; 1958, Paris, Grands Magasins du Louvre, *Exposition de la Province de Québec*; 1959, Vancouver, Vancouver Art Gallery, *Les arts au Canada français*, n° 328; 1961, Beauport, Académie Sainte-Marie, *Exposition d'art religieux*; 1962, Bordeaux, Musée des beaux-arts de Bordeaux, *L'art au Canada*, n° 95, repr.; 1974, Ottawa, La Galerie nationale du Canada, *L'orfèvrerie en Nouvelle-France*, n° 147, repr.; 1974, Montréal, (Terre des Hommes), Pavillon du Québec, *Les Arts du Québec*, orfèvrerie n° 9; 1975, Sherbrooke, Galerie d'art du Centre culturel de l'Université de Sherbrooke, *Orfèvrerie traditionnelle du Québec*; 1979, Québec, Musée du Québec, *Héritage vivant de l'orfèvrerie*, repr.

Bibliographie
MORISSET, « L'orfèvre Roland Paradis », 26 novembre 1950, p. 26, 31, repr.; CORBEIL, « Collections et collectionneurs canadiens: Louis Carrier », avril 1954, p. 117; MORISSET, « L'orfèvre Roland Paradis », septembre 1954, p. 441; MORISSET, « Notre orfèvrerie au XVIII° siècle », printemps-été 1968, p. 17; DEROME, 1974, p. 152; CAUCHON-JUNEAU, « Paradis, Roland », 1974, p. 542.

Né à Paris vers 1696, Roland Paradis était vraisemblablement au pays depuis quelque temps lorsqu'il se maria à Québec le 3 février 1728. Dès 1736, on le retrouve à Montréal où il travailla jusqu'à son décès, survenu le 28 avril 1754.

Cette pyxide est une oeuvre unique dans la production québécoise. Alors que les orfèvres ont habituellement fabriqué des custodes dont la forme et les dimensions rappellent un boîtier de montre, Paradis a exécuté ici un ciboire miniature dont le couvercle à charnière est bloqué par une tige retenue par une chaînette. Du point de vue fonctionnel, ce procédé est moins avantageux que le précédent car l'insertion dans le porte-Dieu devait être difficile. Devant cette oeuvre exceptionnelle, dépourvue de tout décor, il y a lieu de se demander si elle n'a pas été produite pour satisfaire les exigences précises d'un commanditaire décidé.

Michel Cotton, 1700-1773
422. *Gobelet*

Paul Lambert, 1791 ou 1703-1749
423. *Fourchette*

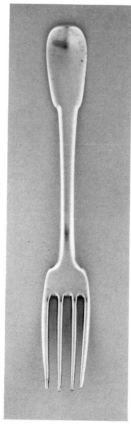

Paul Lambert, 1691 ou 1703-1749
424. *Tasse à goûter*

Argent, h.: 6,3 cm; poids: 59 gr.

Poinçon
Une fleur de lys, M, un point, C, une étoile, (1 fois)

Inscriptions
× P × DEMERS; A × G; Chenet; RG.

Historique
Louis Carrier, Sainte-Anne-de-Bellevue; acquis en 1959 (A-60.164-0).

Expositions
1946, Détroit, The Detroit Institute of Arts, *The Arts of French Canada 1613-1870*, n° 120; 1951, Détroit, The Detroit Institute of Arts, *The French in America 1520-1880*, n° 110; 1952, Québec, Musée de la province de Québec, *Exposition rétrospective de l'art au Canada français*, n° 216; 1953, Windsor, Windsor Art Gallery, *A Selection from the Louis Carrier Collection of Canadian Silver*, n° 21; 1958, Paris, Grands Magasins du Louvre, *Exposition de la Province de Québec*; 1959, Vancouver, Vancouver Art Gallery, *Les arts au Canada français*, n° 260.

Bibliographie
Morisset, « Un cordonnier-orfèvre: Michel Cotton », 26 février 1950, p. 26, repr. p. 18; Cauchon-Juneau, « Cotton, Michel », 1974, p. 155.

Michel Cotton est né à Québec en 1700 et mourut à Sainte-Famille, île d'Orléans, en 1773. Comme plusieurs autres artisans du XVIIIe siècle, il dut diversifier ses occupations afin de pouvoir subsister et c'est ainsi qu'il pratiqua tour à tour la cordonnerie et l'orfèvrerie. Travaillant jusque là à Québec, il s'installa à Montréal en 1730 pour en revenir vers 1737.

Ce petit gobelet en forme de tulipe nous donne par sa simplicité une bonne idée de la production civile à laquelle nos orfèvres se livrèrent au XVIIIe siècle. Elle n'est pas sans importance car les pièces de cette période qui nous sont parvenues sont en grande majorité des objets liturgiques.

Argent, l: 19 cm; poids: 64,6 gr.

Poinçon
Une fleur de lys, PL, une étoile (1 fois)

Inscription
P . PG

Historique
Louis Carrier, Sainte-Anne-de-Bellevue; acquis en 1959 (A-60.384-0).

Paul Lambert fut le plus grand orfèvre de Québec dans la première moitié du XVIIIe siècle. Né à Arras (Pas-de-Calais), sa présence dans la colonie est attestée pour la première fois en 1729. De tous les orfèvres du régime français, il est celui dont nous est parvenu le plus grand nombre d'oeuvres, soit tout près d'une centaine. Il ne faut pas s'en étonner: on sait qu'il avait réussi à conquérir une large part du marché de la région de Québec. L'inventaire de ses biens après décès constitue un document capital pour l'histoire de l'orfèvrerie québécoise.

Peu d'ustensiles fabriqués par Lambert et les autres orfèvres de cette période ont été conservés. Cette fourchette illustre ce qui dut être une part importante de la production, les couverts, et on remarquera l'épaisseur presque inusitée du métal: manipulés quotidiennement, les ustensiles devaient être robustes pour résister à l'usage.

Argent, h.: 3 cm; l: 12,1 cm; poids: 77,9 gr.

Poinçons
Une fleur de lys, PL, une étoile (3 fois)

Inscription
.R.G.

Historique
Louis Carrier, Sainte-Anne-de-Bellevue; acquis en 1959 (A-60.377-0).

Expositions
1946, Détroit, The Detroit Institute of Arts, *The Arts of French Canada 1613-1870*, n° 125, repr.; 1951, Détroit, The Detroit Institute of Arts, *The French in Canada 1520-1880*, n° 102; 1953, Windsor, Windsor Art Gallery, *A Selection from the Louis Carrier Collection of Canadian Silver*, n° 8; 1975, Sherbrooke, Galerie d'art du Centre culturel de l'Université de Sherbrooke, *Orfèvrerie traditionnelle du Québec*.

Bibliographie
Morisset, 1944, p. 58, repr. pl. XXI; Morisset, « La tasse à Quêter », mai 1947, p. 64, repr. p. 69; Morisset, « L'orfèvre Paul Lambert dit Saint-Paul », 1er janvier 1950, p. 14, repr.

Une coupe en argent très épais, unie et peu profonde, forme le corps de l'ouvrage. Près du rebord vient se greffer une poucette plate en forme de coquille. Elle est ornée, au col, de fines hachures ciselées à fleur de métal. Selon Louis Carrier, le chiffre *RG* serait celui de Raphaël Gagnon (1689-1766) de Château-Richer.

Paul Lambert, 1791 ou 1703-1749
425. *Ecuelle*

Paul Lambert, 1691 ou 1703-1749
426. *Ciboire*

Guillaume Loir, mᶜ 1716
427. *Ostensoir*, 1749-1750

Argent, h.: 4,1 cm; l: 30,5 cm; poids: 448 gr.

Poinçons
Une fleur de lys, PL, une étoile (5 fois)

Inscription
Armoiries non identifiées

Historique
Abbé Dauteuil, Sacré-Coeur, Rimouski; Louis Carrier, Sainte-Anne-de-Bellevue; acquis en 1959 (A-60.376-0).

Expositions
1946, Détroit, The Detroit Institute of Arts, *The Arts of French Canada 1613-1870*, nᵒ 124; 1951, Détroit, The Detroit Institute of Arts, *The French in America 1520-1880*, nᵒ 530; 1953, Windsor, Windsor Art Gallery, *A Selection from the Louis Carrier Collection of Canadian Silver*, nᵒ 29; 1965, Shawinigan, Centre d'art de Shawinigan, *Exposition de céramique, d'émaux, d'orfèvrerie et de tapisserie*; 1974, Montréal, (Terre des Hommes), Pavillon du Québec, *Les Arts du Québec*, orfèvrerie nᵒ 6; 1975, Sherbrooke, Galerie d'art du Centre culturel de l'Université de Sherbrooke, *Orfèvrerie traditionnelle du Québec*; 1982, La Rochelle, Hôtel Fleuriau, Le Musée du Nouveau Monde, *Une autre Amérique*, nᵒ 230, repr.

Bibliographie
MORISSET, 1944, repr. pl. XXIV; Le Musée du Québec, 1978, repr. cent. p. 59.

Cette écuelle à oreilles découpées comporte trois parties. Le corps de l'oeuvre est constitué d'une épaisse feuille d'argent travaillée par martelage et que l'on a relevée pour en faire un vase au fond arrondi. Les deux oreilles, dont le modèle sera répété par Lambert à quelques reprises, ont été découpées puis jointes au corps à l'aide de soudures. Sur d'autres spécimens, elles sont occasionnellement ornées. Des armoiries sont gravées au centre, ce qui ajoute au prestige de la pièce.

Argent et or, h.: 22,8 cm; poids: 344,3 gr.

Poinçons
Une fleur de lys, PL, une étoile (4 fois)

Inscription
Une croix, I, un point, S, un point (3 fois)

Historique
Monseigneur Joseph Signaÿ, Québec; Fabrique de Saint-Gilles, Saint-Gilles de Lotbinière, vers 1843; dépôt au Musée du Québec, 1971 (L-71.11-0).

Expositions
1959, Vancouver, Vancouver Art Gallery, *Les arts au Canada français*, nᵒ 295, repr.; 1962, Bordeaux, Musée des beaux-arts de Bordeaux, *L'art au Canada*, nᵒ 90; 1974, Ottawa, La Galerie nationale du Canada, *L'orfèvrerie en Nouvelle-France*, nᵒ 103, repr.

La triple inscription que porte ce vase sacré renvoie à monseigneur Joseph Signÿ, évêque de Québec de 1833 à 1850. En 1843, il prêta ce ciboire à la nouvelle fabrique de Saint-Gilles. Il était d'usage à l'époque que les paroisses plus anciennes et par conséquent mieux nanties soutiennent l'établissement des nouvelles par le biais de prêts ou de dons.

Ce ciboire diffère des oeuvres habituelles de Lambert par les proportions de sa coupe. Celle-ci est ordinairement large et peu élevée. Notons cependant qu'un ciboire conservé dans la collection Birks reprend le profil de celui de Saint-Gilles.

Cette oeuvre permet d'observer quelques éléments caractéristiques du style de Lambert, comme ces larges feuilles d'acanthe ouvertes sur fond piqué que l'on trouve sur la partie inférieure du noeud, de même que les feuilles d'eau stylisées disposées en frise autour du pied.

Argent, h.: 44,8 cm; poids: 710,4 gr.

Poinçons
Maître: Une fleur de lys couronnée, deux grains, GL, un croissant (5 fois)
Maison commune: I, couronné (2 fois)
Charge: A, couronné (1 fois)
Décharge: tête de saumon (2 fois)

Historique
Fabrique Notre-Dame-de-Liesse, Rivière-Ouelle, Kamouraska; dépôt au Musée du Québec, 1967 (L-67.19-0).

Exposition
1974, Ottawa, La Galerie nationale du Canada, *L'orfèvrerie en Nouvelle-France*, nᵒ 42, repr.

Guillaume Loir fait partie d'une petite dynastie familiale d'orfèvres parisiens qui ont acquis une renommée justifiée dans la spécialité qu'elle s'était donnée, l'orfèvrerie religieuse.

L'importation régulière d'oeuvres dans la colonie contribuait à maintenir le contact avec le milieu culturel français. Cet ostensoir d'esprit Louis XVI est remarquable par son élan vertical et sa finesse d'exécution. Sa présence ainsi que celle de quelques autres pièces de même esprit a favorisé le renouvellement formel de ce type d'objet liturgique. À compter du début du XIXᵉ siècle, par exemple, on adoptera progressivement la base rectangulaire, ornée d'un médaillon historié, ainsi que le noeud en forme d'urne.

Michel Delapierre, m^e 1702
428. *Plat*, 1749-1750

Nicolas-Clément Vallières, m^e 1732
429. *Plat*, 1754-1755

William Cafe, m^e 1757
430. *Bougeoir*

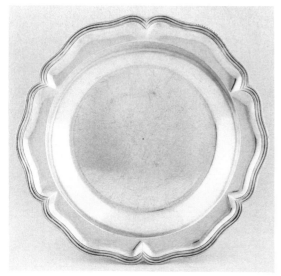

Argent, diam.: 38,3 cm; poids: 1 461 gr.

Poinçons
Maître: fleur de lys couronnée, deux grains, MDLP, une pierre cubique (1 fois)
Maison commune: I, couronné (1 fois)
Charge: A, consonné (1 fois)
Décharge: chien courant (1 fois)

Historique
Cyrille Tessier, Québec; Mme Marthe G. Tessier, Sillery; acquis en 1976 (A-76.260-0).

Bibliographie
Le Musée du Québec, 1978, repr. coul. p. 59.

L'étude de l'orfèvrerie civile française importée en Nouvelle-France est encore difficile. Beaucoup de pièces ont sans doute été ramenées en Europe par leurs propriétaires à la suite de la Conquête et plusieurs autres ont connu le sort de la refonte.

Ce plat creux à contour compte parmi les pièces les plus importantes d'orfèvrerie civile française qui ont été retrouvées au Canada au cours de la dernière décennie.

Argent, diam.: 28 cm; poids: 637,7 gr.

Poinçons
Maître: une fleur de lys couronnée, deux grains, NCV, une perle (1 fois)
Maison commune: O, couronné (1 fois)
Charge: A, couronné, avec palmes (1 fois)
Décharge: tête de chien (1 fois)

Inscription
+ F + LARIVIERE

Historique
Cyrille Tessier, Québec; Mme Marthe G. Tessier, Sillery; acquis en 1976 (A-76.259-0).

Très peu de pièces d'argenterie de table française en usage en Nouvelle-France sont connues. Ce plat à contour constitue un témoignage de l'aisance dont pouvaient jouir certaines personnalités de l'époque. En France, cette pièce serait plutôt cataloguée dans la production dite usuelle, mais son origine en faisait sans doute un élément de prestige dans la colonie. Tout comme les pièces religieuses, l'orfèvrerie civile importée fournissait des modèles aux artisans locaux.

Argent, h.: 8,5 cm; poids: 214,6 gr.

Poinçons
Maître: une étoile, WC (1 fois)
Ville: tête de léopard couronnée (1 fois)
Lettre-date: G (1 fois)
Garantie: lion passant gardant (1 fois)

Inscriptions
E . GVY (2 fois); 1754 (1 fois)

Historique
Louis Carrier, Sainte-Anne-de-Bellevue; acquis en 1959 (A-60.238-0).

Exposition
1975, Sherbrooke, Galerie d'art du Centre culturel de l'Université de Sherbrooke, *Orfèvrerie traditionnelle du Québec*.

Par sa simplicité et la discrétion de son ornementation, ce bougeoir est représentatif de la production usuelle anglaise du milieu du XVIIIe siècle.

Les inscriptions qu'il porte renvoient à Étienne Guy, ingénieur et lieutenant-colonel de la milice à Montréal. Il était le petit-fils de Pierre Guy, qui fit exécuter le *Plat* de Jacques Pagé (n° 420).

Faire marquer son argenterie constituait une garantie en cas de vol, puisqu'il fallait avoir recours à un orfèvre pour transformer les pièces.

Alexandre de Roussy, me 1758
431. *Mouttardier*, 1762-1763

(?) Louis-Alexandre Picard, vers 1728-1799
432. *Gobelet*

Ignace-François Delezenne, 1718-1790
433. *Coupe de mariage*

Argent, l.: 16,1 cm; h.: 4,4 cm; poids: 237, 4 gr.

Poinçon
Une couronne, DZ, dans un rectangle (1 fois)

Historique
Louis Carrier, Sainte-Anne-de-Bellevue; acquis en 1959 (A-60.206-0).

Expositions
1946, Détroit, The Detroit Institute of Arts, *The Arts of French Canada 1613-1870*, nᵒ 137, repr.; 1951, Détroit, The Detroit Institute of Arts, *The French in America 1520-1880*, nᵒ 111, repr.; 1952, Québec, Musée de la province de Québec, *Exposition rétrospective de l'art au Canada français*, nᵒ 221, repr.; 1953, Windsor, Windsor Art Gallery, *A Selection from the Louis Carrier Collection of Canadian Silver*, nᵒ 10; 1959, Vancouver, Vancouver Art Gallery, *Les arts au Canada français*, nᵒ 279, repr.; 1962, Bordeaux, Musée des beaux-arts de Bordeaux, *L'art au Canada*, nᵒ 84, repr.; 1974, Ottawa, La Galerie nationale du Canada, *L'orfèvrerie en Nouvelle-France*, nᵒ 74, repr.; 1975, Sherbrooke, Galerie d'art du Centre culturel de l'Université de Sherbrooke, *Orfèvrerie traditionnelle du Québec*; 1977, Québec, Musée du Québec, *L'art au Québec au lendemain de la Conquête*, nᵒ 47, repr.

Argent, h.: 10,4 cm; poids: 197 gr.

Poinçons
Maître: fleur de lys couronnée, deux grains, ADR, une rose (1 fois)
Maison commune: Y, couronné (1 fois)
Charge: A, couronné (1 fois)

Historique
Gertrude La Mothe, Montréal; acquis en 1954 (A-54.22-0).

Bibliographie
MORISSET, « Acquisitions récentes au Musée de la Province », avril 1954, p. 120, repr.; TRUDEL, « À l'enseigne des orfèvres du Québec », août 1968, p. 10, repr. no 1.

Ce moutardier verseuse à côtes torses sur piédouche à contour est tout à fait typique de la production usuelle française du milieu du XVIIIᵉ siècle. On rencontre plus couramment le moutardier formé d'un récipient de cristal dans une monture d'argent. Les moutardiers se présentaient souvent en paire et ils étaient assortis aux salières et à l'huilier.

Argent, h.: 5,7 cm; poids: 77,7 gr.

Poinçon
AP, dans un carré (1 fois)

Historique
P.-S. Lefebvre, Québec; acquis en 1953 (A-53.60-0).

Expositions
1958, Paris, Grands Magasins du Louvre, *Exposition de la Province de Québec*; 1959, Vancouver, Vancouver Art Gallery, *Les arts au Canada français*, nᵒ 330; 1974, Ottawa, La Galerie nationale du Canada, *L'orfèvrerie en Nouvelle-France*, nᵒ 155, repr.

Bibliographie
DEROME, 1974, p. 165, repr. du poinçon; DEROME, « Picard, Louis-Alexandre », 1980, p. 682.

Connu comme bijoutier, orfèvre et joaillier, Louis-Alexandre Picard est né à Paris vers 1728, s'est établi en Nouvelle-France en 1755 et est décédé à Montréal le 27 avril 1799.

Alors que sa biographie est relativement bien connue, il en va tout autrement de son oeuvre: ce gobelet est la seule pièce qui lui soit attribuée. En forme de tulipe, il ne comporte aucune ornementation, ce qui permet d'apprécier davantage son galbe et la beauté de son métal patiné.

Bibliographie
CORBEIL, « Collections et collectionneurs canadiens: Louis Carrier », avril 1954, repr. p. 117; MORISSET, « Notre orfèvrerie au XVIIIᵉ siècle », printemps-été 1968, p. 17; DEROME, « Delezenne, Ignace-François », 1980, p. 223. MORISSET, « L'influence française sur l'art du Canada », mai 1962, p. 32, repr.

Ignace-François Delezenne est né à Lille, en France, le 30 avril 1718 et décéda à la Baie-du-Febvre, près de Montréal, le 1ᵉʳ mai 1790. Formé vraisemblablement dans sa ville natale, il débarqua en Nouvelle-France vers 1740. Il oeuvra à Québec et à Montréal et ses activités de négociant lui permirent de créer une entreprise d'un genre nouveau dans la colonie: la fabrication à grande échelle de pièces d'orfèvrerie destinées à la traite.

Cette coupe de mariage, remarquable par l'épaisseur du matériau, est une pièce unique dans nos collections d'orfèvrerie québécoise. Elle proviendrait de la famille Tarieu de Lanaudière. La date d'arrivée de Delezenne en Nouvelle-France infirme la tradition selon laquelle cette coupe aurait été exécutée pour Madeleine de Verchères (1678-1746), qui épousa Pierre Thomas de Lanaudière (1677-1757) en 1706.

Ignace-François Delezenne, 1718-1790
434. *Calice*

Ignace-François Delezenne, 1718-1790
435. *Ciboire*, vers 1769

François Ranvoyzé, 1739-1819
436. *Burettes et plateau*, 1775

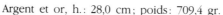

Argent et or, h.: 27,3 cm; poids: 661 gr.

Poinçon
Une couronne, DZ, dans un rectangle (1 fois)

Historique
Fabrique de Saint-Nicolas, Lévis; acquis en 1973 (A-73.32-0 (2)).

Expositions
1977, Québec, Musée du Québec, *L'art au Québec au lendemain de la Conquête*, n° 45, repr.; 1982, La Rochelle, Hôtel Fleuriau, Le Musée du Nouveau Monde, *Une autre Amérique*, n° 229, repr.

Ce calice est inspiré d'oeuvres françaises importées au pays. Le Séminaire de Québec en conserve un de Guillaume Loir, daté de 1730-1731, qui paraît assez proche de l'oeuvre qui a pu servir de modèle à Delezenne.

L'originalité de cette coupe tient surtout à l'interprétation que l'orfèvre a faite du godron. L'alternance du concave et du convexe a pour effet d'animer la surface d'une façon toute particulière.

Argent et or, h.: 28,0 cm; poids: 709,4 gr.

Poinçons
Une couronne, DZ, dans un rectangle (4 fois)

Historique
Fabrique de Saint-Nicolas, Lévis; acquis en 1973 (A-73.28-0).

Expositions
1952, Québec, Musée de la province de Québec, *Exposition rétrospective de l'art au Canada français*, n° 225; 1959, Vancouver, Vancouver Art Gallery, *Les arts au Canada français*, n° 276; 1977, Québec, Musée du Québec, *L'art au Québec au lendemain de la Conquête*, n° 44, repr.

Bibliographie
DEROME, « Delezenne, le maître de Ranvoyzé », été 1976, p. 56, repr.; Le Musée du Québec, 1978, repr. civil, p. 56.

Cette oeuvre est à juste titre considérée comme le chef d'oeuvre d'Ignace-François Delezenne. Bien que de proportions quelque peu lourdes, ce ciboire est orné de très beaux éléments décoratifs inspirés du règne végétal. La vigueur et la netteté de la ciselure révèlent un technicien habile. Si le décor du couvercle évoque ceux de multiples ciboires parisiens importés au temps de la Nouvelle-France, les motifs végétaux stylisés annoncent l'art d'un François Ranvoyzé.

Argent, burettes: h.: a) 15,7 cm, b) 15,7 cm; poids: a) 208,9 gr., b) 208,3 gr.
Plateau: l.: 27 cm; L.: 15,5 cm; poids: 214,5 gr.

Poinçons
Burettes: a) F, un point, R, dans une oriflamme (1 fois), b) F, un point, R, dans une oriflamme (1 fois)
Plateau: FR, dans un rectangle (2 fois)

Inscription
Burettes: a) A (intérieur du couvercle), A; V (sur la panse)
b) V (intérieur du couvercle), V; A (sur la panse)

Historique
Fabrique de Saint-Vallier, Bellechasse, 1775; acquis en 1976 (A-76.382-0 (3)).

Expositions
1952, Québec, Musée de la province de Québec, *Exposition rétrospective de l'art au Canada français*, n° 281; 1968, Québec, Musée du Québec, *François Ranvoyzé orfèvre 1739-1819*, n° 17, repr.; 1977, Québec, Musée du Québec, *L'art au Québec au lendemain de la Conquête*, n° 54, repr.

Peu de burettes de Ranvoyzé nous sont parvenues. La valeur artistique de celles qui sont présentées ici n'a pas d'équivalent au Québec. Les deux fioles piriformes sont ornées de godrons sur le piédouche ainsi que dans la partie inférieure de la panse. Une moulure marque le sommet du col.

Le caractère exceptionnel de ces aiguières miniatures leur vient principalement de la présence de têtes de gorgones sur les becs. L'artiste pourrait s'être inspiré de burettes françaises du début du XVIIIᵉ siècle alors disponibles et aujourd'hui disparues. Il se peut également qu'il ait procédé à partir de quelque aiguière européenne. Cette hypothèse paraît d'autant plus plausible que Ranvoyzé eut l'occasion d'en fabriquer au moins une, aujourd'hui propriété conjointe de la collection Birks et du Royal Ontario Museum.

François Ranvoyzé, 1739-1819

437. *Lampe de sanctuaire*

Joseph (Jonas) Schindler, avant 1763-1792

438. *Aiguière baptismale*

Joseph (Jonas) Schindler, avant 1763-1792

439. *Plateau*

Argent, h.: 36,2 cm; poids: 3 309 gr.

Poinçon
Aucun

Historique
Fabrique de l'Ancienne-Lorette, Québec; acquis en 1975 (A-75.383-0).

Exposition
1977, Québec, Musée du Québec, *L'art au Québec au lendemain de la Conquête*, n° 57, repr.

Bibliographie
MORISSET, 1941, p. 98; MORISSET, *Évolution d'une pièce d'argenterie*, 1943, p. 15; ALLARD, 1979, p. 326-327, repr.

Pour l'exécution de cette lampe aux proportions justes, l'orfèvre a utilisé la décoration pour mettre les formes en valeur. À chaque zone correspond donc un décor ou une absence de décor. Le tore est orné de deux larges frises où sont développés des motifs végétaux et floraux. Les dimensions de l'oeuvre ont permis un meilleur déploiement et un traitement plus égal que sur des pièces plus petites. Si une certaine fantaisie s'observe dans la disposition, elle ne va pas jusqu'à l'anarchie. Une importante moulure godronnée sépare les deux zones principales et marque pour l'oeil un temps de repos. La partie inférieure est superbement ornée de grappes de raisins au relief accentué, de fleurs et de feuillages.

La partie qui retient les chaînes répond à la lampe mais sa décoration diffère: elle porte des motifs de rocaille.

Par son décor et sa forme, cette lampe se rapproche de celle de l'église de Saint-Jean-Port-Joli, réalisée en 1780.

Argent, l.: 5,5 cm; poids: 97,9 gr.

Poinçons
IS, dans un carré (1 fois)

Historique
Louis Carrier, Sainte-Anne-de-Bellevue; acquis en 1959 (A-60.520-0).

Ce vase constitue une variante de l'aiguière baptismale. L'artiste s'est manifestement inspiré d'une théière dont on reconnaît les composantes miniaturisées afin de s'adapter à la fonction.

Argent, l.: 16,5 cm; L.: 12,5 cm; poids: 111,6 gr.

Poinçon
IS, dans un ovale (1 fois)

Historique
Fabrique Sainte-Anne, Varennes; dépôt au Musée du Québec, 1968 (L-71.8-0).

Bibliographie
MORISSET, *Les églises et le trésor de Varennes*, 1943, p. 36, repr. pl. XXVI; HORMAN, 1972, p. 224.

D'origine suisse, Schindler débarqua à Québec en 1763 en provenance de Londres. Il fut très actif dans le négoce jusqu'à son décès, survenu à Montréal le 21 novembre 1792. C'était un commerçant, engageant quelques apprentis pour confectionner des bijoux et des colifichets pour la traite bien plus qu'un orfèvre au sens où on l'entend généralement.

Le marli découpé de ce petit plateau est orné de fines gravures dont la présence accentue la forme du contour. L'ornement principal présente le monogramme des Sulpiciens, AM (pour *Ave Maria*), traité de façon décorative et que l'on retrouve au centre.

François Ranvoyzé, 1739-1819
440. *Aiguière baptismale*, 1783

François Ranvoyzé, 1739-1819
441. *Gobelet*

François Ranvoyzé, 1739-1819
442. *Pince à sucre*

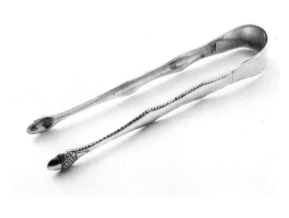

Argent, h.: 7,6 cm; poids: 112,9 gr.

Poinçons
F, un point, R, dans une oriflamme (2 fois)

Historique
Fabrique de Saint-Michel, Yamaska, 1783; Rosaire Saint-Pierre, Beaumont; acquis en 1969 (A-69.268-O).

Expositions
1975, Sherbrooke, Galerie d'art du Centre culturel de l'Université de Sherbrooke, *Orfèvrerie traditionnelle du Québec*; 1977, Québec, Musée du Québec, *L'art au Québec au lendemain de la Conquête*, n°. 67, repr.

Bibliographie
TRUDEL, « A new light on Ranvoyzé », janvier 1969, p. 1 et 11, repr.; TRUDEL, « Early Canadian Silver », mars-avril 1972, p. 21; GIGUÈRE, « L'orfèvre François Ranvoyzé (1739-1819) », avril 1972, p. 42, repr.; « Exposition d'orfèvrerie à l'université », 1er novembre 1975, p. 12, repr.

Cette aiguière témoigne excellemment de la fantaisie dont pouvait faire preuve son créateur. Aucun pendant ne lui est connu, ni chez François Ranvoyzé, ni dans l'oeuvre d'aucun autre orfèvre québécois.

Alors que les orfèvres se sont inspirés de récipients telles l'aiguière et la théière, Ranvoyzé demeure le seul qui ait pris modèle sur une bouilloire à col de cygne. Ce genre de vase était en vogue en France à cette époque. Étant donné la destination de son aiguière, l'artiste a troqué l'anse habituelle, située sur le dessus, pour une poignée fantaisiste placée à l'arrière. Elle fait en quelque sorte pendant au long bec ciselé. Une autre adaptation vient de la présence du piédouche. Agréablement mouluré, il contribue à atténuer une certaine sensation de lourdeur, que l'anse réglementaire annule sur la bouilloire. La présence de billettes sur le couvercle montre que l'artiste est demeuré près de son modèle en dépit des adaptations qu'il a dû faire.

Argent, h.: 4,7 cm; poids: 43,7 gr.

Poinçons
FR [cursif], dans un carré (3 fois)

Inscription
P * B

Historique
Louis Carrier, Sainte-Anne-de-Bellevue; acquis en 1959 (A-60.485-O).

Expositions
1953, Windsor, Windsor Art Gallery, *A Selection from the Louis Carrier Collection of Canadian Silver*, n°. 15; 1968, Québec, Musée du Québec, *François Ranvoyzé orfèvre 1739-1819*, n°. 64, repr.; 1975, Sherbrooke, Centre culturel de l'Université de Sherbrooke *Orfèvrerie traditionnelle du Québec*.

On a beaucoup parlé de la production religieuse de Ranvoyzé mais, comme bien d'autres orfèvres, il s'est aussi livré à la fabrication de pièces civiles et ce gobelet en témoigne.

L'oeuvre a été réalisée dans une seule feuille d'argent. Il est intéressant de remarquer que pour simuler une moulure, l'orfèvre a disposé quelques filets près du rebord. Selon la coutume, le chiffre du propriétaire a été gravé.

Argent, l.: 15,3 cm; poids: 48,7 gr.

Poinçons
F, un point, R, dans une oriflamme (2 fois)

Historique
Lyse Saint-Hilaire, Québec; acquis en 1981 (81.289).

Bibliographie
DUVAL, « Un de nos plus grands orfèvres François Ranvoyzé », 12 décembre 1979, p. F-1, repr.

Cette pièce fut acquise directement d'une descendante de l'artiste. Les deux branches découpées sont ornées de fines hachures sur leur pourtour. L'orfèvre, qui a tant de fois puisé dans la nature les composantes de son vocabulaire décoratif, a ici ciselé des glands stylisés aux deux extrémités.

Jean-Nicolas Amiot, 1750-1821
443. *Plateau*

Laurent Amiot, 1764-1839
444. *Aiguière*

Laurent Amiot, 1764-1839
445. *Lampe de sanctuaire*

Argent, l.: 23,2 cm; L.: 20 cm; poids: 355 gr.

Poinçon
IA, dans un rectangle (1 fois)

Inscription
STF

Historique
Fabrique de l'Ancienne-Lorette, Québec; acquis en 1975 (A-75.371-O).

Exposition
1977, Québec, Musée du Québec, *L'art au Québec au lendemain de la Conquête*, n°. 41, repr.

La délicatesse du marli contraste ici avec le caractère massif du fond. On notera la progression constante dans les ajours: plus on pénètre vers l'intérieur, plus les ouvertures se raréfient. Un mouvement de convergence est créé par l'orientation des triangles et des losanges.

Manifestement destiné à une utilisation occasionnelle vu sa fragilité relative, ce plateau pourrait avoir servi à recevoir les alliances lors des célébrations de mariage.

Argent, h.: 19,4 cm; poids: 291,5 gr.

Poinçon
L, un point, A, dans un rectangle (1 fois)

Historique
Cyrille Tessier, Québec; Louis Carrier, Sainte-Anne-de-Bellevue; acquis en 1959 (A-60.76-O).

Expositions
1946, Détroit, The Detroit Institute of Arts, *The Arts of French Canada 1613-1870*, n°. 162; 1953, Windsor, Art Gallery of Windsor, *A Selection from the Louis Carrier Collection of Canadian Silver*, n°. 11 ou 28; 1975, Sherbrooke, Galerie d'art du Centre culturel de l'Université de Sherbrooke, *Orfèvrerie traditionnelle du Québec*; Québec, Musée du Québec, *Héritage vivant de l'orfèvrerie*, repr.

Bibliographie
CORBEIL, « Collections et collectionneurs canadiens: Louis Carrier », avril 1954, repr. p. 116; LANGDON, 1966, pl. 51 et 53 (?); TRUDEL, « À l'enseigne des orfèvres du Québec », août 1968, p. 13, repr.; THIBAULT, « Gérard Morisset, conservateur du Musée de la Province de Québec 1953-1965 », 1981, repr. p. 56. MORISSET, « L'influence française sur l'art du Canada », mai 1962, p. 32 repr.

Cette aiguière témoigne de la prédilection de son créateur pour le style Louis XVI. Inspiré par les formes antiques, il s'efforce de conserver des lignes d'une grande pureté. Hormis la délicate chute de feuilles de laurier qui anime l'anse tournée, aucune ciselure ne vient distraire le regard. L'orfèvre a su aviver la surface en disposant de discrètes moulures au bec, au sommet de la panse ainsi qu'à la base. Le poli impeccable du métal permet d'apprécier toute la finesse du galbe.

Argent, h.: 26 cm; diam: 38,5 cm; poids: 3 401 gr.

Poinçons
IA, dans un rectangle (2 fois)

Inscription
A MARCEAU

Historique
Fabrique de Saint-Vallier, Bellechasse; acquis en 1976 (A-76.378-O).

Expositions
1952, Québec, Musée de la province de Québec, *Exposition rétrospective de l'art au Canada français*, no. 194, repr.; 1959, Vancouver, Vancouver Art Gallery, *Les arts au Canada français*, no. 233; 1977, Québec, Musée du Québec, *L'art au Québec au lendemain de la Conquête*, no. 41, repr.

Bibliographie
MORISSET, « L'orfèvrerie canadienne », mars 1947, p. 87.

Cette oeuvre est unique dans la production de l'orfèvre. Alors que dans ses autres lampes de sanctuaire il a eu tendance à se réfugier dans des formules répétitives, il a ici fait preuve d'un esprit d'invention.

La forme générale est empruntée aux lampes du début du XVIIIe siècle: elle est presque aussi haute que large. La frise constituée par une ligne de postes affrontés en fait l'ornement principal. Elle est interrompue en deux endroits par des cartouches muets, ornés de palmes et de rubans. Il s'agit là d'une façon subtile de grandir le prestige du donateur tout en contournant le fait qu'il n'était point anobli.

Michaël Arnoldi, 1763-1807
446. *Calice*

Charles Aldridge, m^e 1775 ou 1778
447. *Boîte à thé*, 1796

Robert et David Hennel, m^e 1795
448. *Cafetière*, 1796

Argent et or, h.: 28 cm; poids: 607,5 gr.

Poinçons
M, un point, A, dans un rectangle tronqué en haut à droite (2 fois)
MONTRÉAL, dans un rectangle (1 fois).

Historique
Fabrique Saint-Joseph-de-Soulanges, Les Cèdres; acquis en 1963 (A-63.170-O).

Michaël Arnoldi était le frère de deux autres orfèvres: Charles et John Peter. Bien qu'il soit né à Montréal, sa famille était d'origine allemande.

Cette oeuvre présente une interprétation très personnelle du calice à fausse-coupe godronnée. La base du pied porte des godrons mais l'orfèvre s'est permis des ajours, reprenant le motif ainsi engendré sur le noeud et sur le pourtour de la fausse-coupe, afin d'alléger l'ensemble.

Argent, h.: 15,5 cm; poids: 419,5 gr.

Poinçons
Maître: CA, dans un rectangle (1 fois)
Ville: tête de léopard couronnée (1 fois)
Lettre-date: A (1 fois)
Garantie: lion passant rampant (2 fois)
Paiement des droits: Tête de profil regardant vers la droite, dans un ovale (1 fois).

Historique
Cyrille Tessier, Québec; Mme Marthe G. Tessier, Sillery; acquis en 1978 (78.407).

Argent et bois, h.: 29,9 cm; poids: 788,2 gr.

Poinçons
Maître: RH, PH, dans un carré irrégulier (1 fois)
Ville: tête de léopard couronnée (1 fois)
Lettre-date: A (1 fois)
Garantie: lion passant gardant (2 fois)
Paiement des droits: tête de profil regardant vers la droite, dans un ovale (1 fois)

Historique
Cyrille Tessier, Québec; Mme Marthe G. Tessier, Sillery; acquis en 1978 (78.406).

John Schofield
449. *Urne à thé*, 1796

François Ranvoyzé, 1739-1819
450. *Ciboire*, 1798

Charles Duval
451. *Calice*, 1800 ou 1817

Argent et ivoire, h.: 51,6 cm; poids: 3 038 gr.

Poinçons
Maître: I, un point, S (2 fois)
Ville: tête de léopard couronnée (1 fois)
Lettre-date: A (1 fois)
Garantie: lion passant gardant (2 fois)
Paiement des droits: tête de profil regardant vers la droite, dans un ovale (2 fois)

Historique
Cyrille Tessier, Québec; Mme Marthe G. Tessier, Sillery; acquis en 1978 (78.405).

Bien qu'elles soient l'oeuvre de quatre orfèvres différents, ces trois pièces forment un seul et même ensemble. Il est possible qu'à l'origine une théière et son présentoir, un sucrier, un pot à crème, une pince à sucre ainsi qu'une cuillère pour puiser le thé dans la boîte aient complété l'ensemble.

De style Adam, ces oeuvres se caractérisent par leur dépouillement: le principal décor est la frise d'ornements végétaux. Le poli irréprochable du métal met en valeur la plasticité des formes.

Chaque pièce porte des armoiries et la devise NUNCT AUT NUMQUAM, qui veut dire « Maintenant ou jamais ». Ce sont celles de la famille Hampton, du comté de Buckingham en Angleterre.

Argent et or, h.: 26,5 cm; poids: 598,1 gr.

Poinçons
F, un point, R, dans une oriflamme (2 fois)

Historique
Fabrique Notre-Dame-de-Liesse, Rivière-Ouelle, Kamouraska, 1798; dépôt au Musée du Québec, 1968 (L-70.20-O).

Expositions
1968, Québec, Musée du Québec, *François Ranvoyzé orfèvre 1739-1819*, n° 37, repr.; 1977, Québec, Musée du Québec, *L'art au Québec au lendemain de la Conquête*, n° 65, repr.

Bibliographie
BARBEAU, « Anciens orfèvres de Québec », 1935, p. 120; HUDON, 1972, p. 217.

La forme même d'un vase de ce genre, fixée dans le temps par une tradition ancienne, laisse peu de latitude à l'orfèvre qui ne pouvait guère jouer que sur les proportions. Ici, Ranvoyzé semble avoir voulu donner l'impression d'un vase robuste.

Le décor permettait en revanche plus de liberté, surtout si le commanditaire n'avait pas exprimé de vues précises. C'est ici le cas. L'orfèvre a mis en valeur certaines surfaces en les couvrant de motifs typiques de son art: feuilles, fleurs et boutons de fleurs. Comme le soulignait Gérard Morisset, on doit reconnaître que « de la dyssymétrie, il a fait un principe rigoureux ».

Argent et or, h.: 26 cm; poids: 664,3 gr.

Poinçon
C, un point, D, dans un rectangle échancré (1 fois)

Historique
Fabrique Saint-François-Xavier, Verchères; dépôt au Musée du Québec, 1969 (L-69.1-O).

Peut-être sous l'influence de quelque pièce d'argenterie domestique, Duval a utilisé ici des godrons torses et fait alterner le concave et le convexe sur la fausse-coupe, ce qui confère beaucoup de dynamisme à une oeuvre aux lignes simples. Contrairement à la mode de l'époque, l'extérieur de la coupe n'a pas été doré.

François Delagrave, 1771-1843

452. *Seringue*

François Delagrave

453. *Gobelet de la famille St-Ours*

Laurent Amiot, 1764-1839

454. *Calice*

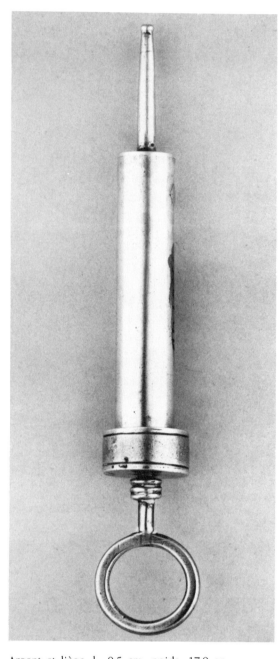

Argent et liège, l.: 9,5 cm; poids: 17,9 gr.

Poinçon
FD, dans un rectangle (1 fois)

Historique
Louis Carrier, Sainte-Anne-de-Bellevue; acquis en 1959 (A-60.180-O).

Exposition
1975, Sherbrooke, Galerie d'art du Centre culturel de l'Université de Sherbrooke, *Orfèvrerie traditionnelle du Québec.*

Alors qu'aujourd'hui les instruments utilisés par la médecine et les professions connexes sont fabriqués dans des aciers spéciaux, leur réalisation relevait jadis de l'orfèvre. En Europe, certains en firent même une spécialité.

Cette seringue dont l'usage précis reste à découvrir constitue le seul et unique document sur ce type de production connu à ce jour.

Argent, h.: 8,4 cm; poids: 139,4 gr.

Poinçons
FD, dans un rectangle (3 fois)

Inscription
Chiffre de Saint-Ours dans un cartouche à six pointes.

Historique
Louis Carrier, Sainte-Anne-de-Bellevue; acquis en 1959 (A-60.185-O).

Ce gobelet témoigne de l'influence qu'a exercée l'esthétique anglaise sur l'art du Québec au XIXᵉ siècle.

Voici un cône tronqué, soudé à la verticale, et dont le fond plat est également soudé. Il en résulte une oeuvre plus austère que le gobelet d'inspiration française fabriqué dans une seule feuille d'argent que l'orfèvre relevait pour en faire un vase au fond arrondi.

Le décor discret rappelle lui aussi la manière anglaise: sur le métal bien poli, l'orfèvre a gravé une étoile à six pointes renfermant le chiffre de la famille: *SO.*

Argent et or, h.: 28,5 cm; poids: 824 gr.

Poinçon
L, un point, A, dans un rectangle (1 fois)

Historique
Fabrique Notre-Dame-de-Liesse, Rivière-Ouelle, Kamouraska; dépôt au Musée du Québec, 1967 (L-67.23-O(2)).

Bibliographie
TRUDEL, « Un maître orfèvre du Québec François Ranvoyzé (1739-1819) », été 1968, p. 64.

Par son style, ce vase témoigne de l'attachement à la tradition française implantée au pays et de l'impact des oeuvres importées. En effet, le musée de l'église Notre-Dame à Montréal conserve un calice français très proche de celui-ci du point de vue formel, oeuvre de Guillaume Loir datée de 1749-1750. Il ne s'agit probablement pas du seul modèle que les curés et orfèvres aient connu: simplement, les autres ne nous sont pas parvenus. Ce prototype français a été repris quelques dizaines de fois, de façon intégrale ou presque, surtout par Ranvoyzé et Amiot, sans doute pour répondre aux goûts précis de la clientèle. Le calice de Rivière-Ouelle fait partie de ce groupe d'oeuvres.

Laurent Amiot, 1764-1839

455. *Burettes (2)*

François Ranvoyzé, 1739-1819

456. *Croix de procession*

Argent, h.: a) 11,4 cm; b) 11,4 cm
Poids: a) 118,2 gr; b) 115,2 gr.

Poinçons
L, un point, A, dans un rectangle (1 fois sous chacune)

Inscriptions
a) A [aqua]; b) V [vinum]

Historique
Fabrique Notre-Dame-de-Liesse, Rivière-Ouelle, Kamouraska; dépôt au Musée du Québec, 1967 (L-67.17-O(2)).

Bibliographie
HUDON, 1972, p. 217.

À cause des fréquentes manipulations qu'elles subissaient, les burettes s'abîmaient souvent et devaient être réparées. Il arrivait même qu'on doive les refondre intégralement.

En examinant de près l'oeuvre d'Amiot, il apparaît que celui-ci utilisait seulement deux modèles de burettes, ce qui facilitait les interventions ultérieures. Celles de la Rivière-Ouelle illustrent un de ces types tandis que le second, piriforme et occasionnellement muni d'une anse, est de plus grandes dimensions. Pour la même raison, le décor se limite à l'ourlet du bec et à la moulure du pied. Les chiffres « A » et « V » identifient le contenu des vases.

Les deux types élaborés par Amiot ont été maintenus par ses successeurs.

Argent et or, h.: 62,5 cm; poids: 1 271 gr.

Poinçon
F, un point, R, un point, dans une oriflamme (1 fois)

Historique
Fabrique de l'Ancienne-Lorette, Québec; acquis en 1975 (A-75.375-O).

Expositions
1968, Québec, Musée du Québec, *François Ranvoyzé orfèvre 1739-1819*, nº 47, repr.; 1977, Québec, Musée du Québec, *L'art au Québec au lendemain de la Conquête*, nº 66, repr.; 1982, La Rochelle, Hôtel Fleuriau, Le Musée du Nouveau Monde, *Une autre Amérique*, nº 225, repr.

Cette oeuvre illustre un des deux modèles de croix processionnelle diffusés par Ranvoyzé.

Tous deux dérivent de modèles français des XVIIᵉ et XVIIIᵉ siècles. Cette croix se distingue par son noeud de plan ovale, orné de feuillages et par ses fleurs de lys bien fermées aux extrémités des traverses. L'autre type possède un noeud cubique orné de feuillages aux arêtes verticales et des têtes ailées sont substituées aux fleurs de lys.

Au revers se trouve une Vierge à l'Enfant nimbée de langues de fer. Ce modèle a été repris dans la réalisation de quelques instruments de paix, notamment celui de Saint-Antoine de Tilly, en 1808. La forme du nimbe semble inspirée de rayons d'ostensoir. Il est possible que le vermeil n'ait été ajouté qu'au début du XXᵉ siècle.

Laurent Amiot, 1764-1839

457. *Aiguière baptismale*

Argent, l.: 13,3 cm; poids: 63,4 gr.

Poinçon

L, un point, A, dans un ovale (1 fois)

Historique

Fabrique Notre-Dame-de-Liesse, Rivière-Ouelle, Kamouraska; dépôt au Musée du Québec, 1968 (L-70.4-O).

L'aiguière baptismale est sans doute le vase d'église qui a fait l'objet des réinterprétations formelles les plus diverses. On s'est très souvent inspiré de vases profanes: aiguière, pot à crème, arrosoir, théière ou même bouilloire.

Ce vase très simple est dépourvu d'ornement si l'on excepte l'ourlet qui le borde. Il témoigne de l'influence anglaise qui a marqué l'orfèvrerie après la Conquête. La forme générale procède du « pap-boat », sorte d'aiguière ouverte à bec verseur qui était utilisée pour nourrir les personnes alitées.

François Ranvoyzé, 1739-1819

458. *Calice*, 1810

Voir reproduction en couleurs, section centrale, p. (44)

Or, h.: 24,7 cm; poids: 637,7 gr.

Poinçons

F, un point, R, dans un carré (4 fois)

Inscriptions

1810; LISLET; LIBERTY, cinq étoiles, 1800, huit étoiles.

Historique

Abbé Jacques Panet, L'Islet, 1810; legs à la fabrique de L'Islet, 1834; dépôt au Musée du québec, 1974 (L-74.27-O(2)).

Expositions

1952, Québec, Musée de la province de Québec, *Exposition rétrospective de l'art au Canada français*, n°. 284, repr.; 1959, Vancouver, Vancouver Art Gallery, *Les Arts au Canada français*, n°. 339, repr.; 1959, Québec, Café du Parlement, *Art religieux*; 1962, Bordeaux, Musée des beaux-arts de Bordeaux, *L'art au Canada*, n°. 99, repr.; 1968, Québec, Musée du Québec, *François Ranvoyzé orfèvre 1739-1819*, n°. 29, repr.; 1977, Québec, Musée du Québec, *L'art au Québec au lendemain de la Conquête*, n°. 69, repr.

Bibliographie

BARBEAU, « Anciens orfèvres de Québec », 1935, p. 115-116; BARBEAU, « Rivalité d'anciens orfèvres », 3 avril 1937, p. 39; BARBEAU, 1937, p. 62; BARBEAU, « Nos anciens orfèvres », juin 1934, p. 915-917, 920; BARBEAU, « Nos anciens orfèvres », décembre 1939, p. 666-667; TRAQUAIR, 1940, p. 23-24, repr. pl. IX (b); MORISSET, 1941, p. 98-99; MORISSET, « L'oeuvre capricieuse de François Ranvoyzé », 18 mars 1942, p. 42; MORISSET, 1942, p. 10, 17; BARBEAU, « Le curé Panet et son orfèvre », 18 août 1946, p. 7; BARBEAU, « Orfèvres de Québec », 25 août 1946, p. 7; MORISSET, « Un quart d'heure chez Ranvoyzé », mai 1947, p. 4, repr.; BARBEAU, « Le curé Panet et son orfèvre », avril 1949, p. 38; MORISSET, « Les vases d'or de l'église de l'Islet », 12 mars 1950, p. 18, 42, repr.; MORISSET, « Voici les vacances... que faire? », juin 1951, p. 394, repr.; MORISSET, « Trésors d'Art de la Province », février 1954, p. 37, repr.; MORISSET, « Les vases d'or de l'église de l'Islet », avril 1955, p. 227, 229, repr.; MARGANT, « Visage du Canada », mars 1958, p. 109, repr.; MORISSET, « Notre orfèvrerie au XVIIIe siècle », printemps-été 1968, repr. coul. hors-texte; TRUDEL, « Un maître orfèvre du Québec François Ranvoyzé (1739-1819) », été 1968, p. 65, repr.; BÉLANGER, 1968, p. 40, repr.; BÉLANGER, 1979, p. 60, repr.

Les trois vases d'or de l'église de L'Islet sont les pièces d'orfèvrerie québécoises les plus connues et sur lesquelles on a le plus écrit. En effet, ces oeuvres ont incontestablement marqué un temps fort dans la production artistique du Québec.

Leur unicité tient d'abord à la matière employée: l'or. Ce sont les trois seuls vases d'or de notre orfèvrerie ancienne. Rappelons ici que l'ensemble fut commandé par l'abbé Jacques Panet et réalisé au début du XIXe siècle: le calice et le ciboire en 1810 et l'ostensoir en 1812. Propriété personnelle du curé, ces oeuvres furent léguées à la fabrique de L'Islet en 1834.

Les formes et le décor permettent de mettre en évidence l'importance du commanditaire et son influence sur la production. Les trois oeuvres dérivent de modèles européens. Le calice et le ciboire conservent les agréables proportions des vases français et leur décor comporte sur les pieds une frise de feuilles stylisées que l'on trouve souvent sur les oeuvres importées. La même observation s'applique aux petites têtes ailées des noeuds et des fausses-coupes, disposées en alternance avec des motifs végétaux.

Cet attachement aux modèles français paraît bien résulter d'une volonté expresse du curé. La fabrique de L'Islet-sur-mer possédait un calice français portant le poinçon de la maison commune de Paris de 1701-1702 et un autre fabriqué par Ranvoyzé en 1810, soit la même année que le calice d'or. Les deux oeuvres de Ranvoyzé s'inspirent manifestement du calice parisien. Dans son journal, le curé indique même d'une certaine façon son attachement au vieux calice en observant que « L'ancien a dû coûter beaucoup plus que le nouveau, qui n'a pas tant de façon[1] ». Le pied et le noeud du calice d'or, tout comme ceux du calice d'argent, demeurent en quelque sorte des réinterprétations de ceux de la pièce française. Le calice d'or est le seul des trois à posséder une fausse-coupe qui, du reste, est dans le même esprit que les autres parties de l'oeuvre. Précisons toutefois que les coupes des deux autres calices ont été refondues.

Le cas de l'ostensoir est tout aussi intéressant. Du point de vue formel, il reprend l'esprit des oeuvres françaises de la fin du XVIIe siècle. Posé sur une base ovale, le balustre est composé d'un noeud en panse d'encensoir et de deux viroles. Un renflement orné de feuilles d'eau stylisées précède la feuille d'acanthe qui supporte la lunule rehaussée de rayons droits et lancéolés.

Exécutée deux ans après le calice et le ciboire, cette oeuvre s'éloigne des deux autres pièces sur le plan de la composition. Dans ces dernières se décèle une élévation linéaire calculée, la

---

1. Cité par Marius Barbeau dans « Nos anciens orfèvres », *Technique*, vol. XIV (déc. 1932), p. 666.

François Ranvoyzé, 1739-1819
459. *Ciboire*, 1810

François Ranvoyzé, 1739-1819
460. *Ostensoir*, 1812

zone dépouillée des pieds engendrant un mouvement ascensionnel et la forme précise des noeuds appellant celle de la coupe. L'oeil est ainsi attiré vers la partie supérieure. Dans le cas de l'ostensoir, on note que, d'une manière paradoxale, la décoration se situe sur la base et non autour de la lunule. De plus, les éléments superposés forment une véritable succession d'horizontales qui ont peu de liens les unes par rapport aux autres. La base, le noeud, les viroles et la lunule n'ont pas été conçus dans une perspective d'ensemble. Rien ne contribue à orienter le regard vers la partie supérieure ; la succession de ses formes diffère de celle du calice et du ciboire.

Bien que les formes générales et l'esprit de l'ornementation nous semblent avoir été précisés par le commanditaire, la personnalité et les goûts de l'orfèvre sont également perceptibles, notamment dans le choix de certains éléments décoratifs ainsi que dans le traitement. Sur le pied de l'ostensoir, par exemple, on retrouve entre les quatre têtes ailées divers motifs végétaux usuels que Ranvoyzé, selon son habitude, a disposés de manière hâtive et désordonnée. Les grappes de raisins qui décorent la fausse-coupe du ciboire sont présentées d'une façon purement fantaisiste et leur présence à cet endroit, si elle est admissible à la rigueur, surprend quelque peu : des tiges de blé auraient ici mieux correspondu à la symbolique.

La présence d'une frise de feuilles de laurier au bas de chacune des fausses-coupes rappelle l'influence de Laurent Amiot sur son concurrent. Le traitement témoigne cependant de la fantaisie dont savait faire preuve l'orfèvre, car il leur fait rendre des effets purement décoratifs. Tout à fait caractéristique de Ranvoyzé, la ciselure est inégale et mouvante. Le métal a beau être beaucoup plus épais qu'à l'accoutumée, l'orfèvre ne le travaille toujours qu'en surface.

Or, h.: 24,5 cm; poids: 684,6 gr.

Poinçons
F, un point, R, dans un carré (3 fois)

Inscriptions
1810 [sous le pied]; .F. RANUOYZE. 1810 [intérieur de la fausse-coupe]

Historique
Abbé Jacques Panet, L'Islet, 1810; legs à la fabrique de L'Islet, 1834; dépôt au Musée du Québec, 1974 (L-74.26-O).

Expositions
1968, Québec, Musée du Québec, *François Ranvoyzé orfèvre 1739-1819*, n° 40, repr.; 1977, Québec, Musée du Québec, *L'art au Québec au lendemain de la Conquête*, n° 68, repr.

Bibliographie
BARBEAU, « Anciens orfèvres de Québec », 1935, p. 115-116; BARBEAU, « Rivalité d'anciens orfèvres », 3 avril 1937, p. 39; BARBEAU, 1937, p. 62; BARBEAU, « Nos anciens orfèvres », juin 1934, p. 915-917; BARBEAU, « Nos anciens orfèvres », décembre 1939, p. 666-667; TRAQUAIR, 1940, p. 23-24; MORISSET, 1941, p. 98-99; MORISSET, 1942, p. 17; MORISSET, 1942, p. 17; BARBEAU, « Le curé Panet et son orfèvre », 18 août 1946, p. 7; BARBEAU, « Orfèvres de Québec », 25 août 1946, p. 7; BARBEAU, « Le curé Panet et son orfèvre », avril 1949, p. 38; MORISSET, « Les vases d'or de l'église de l'Islet », 12 mars 1950, p. 18, 42, repr.; MORISSET, « Les vases d'or de l'église de l'Islet », avril 1955, p. 227, 231, repr.; BÉLANGER, 1968, p. 41, repr.; BÉLANGER, 1979, p. 62, repr.; DEROME, « Gérard Morisset et l'orfèvrerie », 1981, repr. p. 219.

Or, h.: 39 cm; poids: 819 gr.

Poinçons
F, un point, R, dans une oriflamme (7 fois), F, un point, R, dans un carré (2 fois).

Inscriptions
RANVOYZ 1812 (sous le pied); . 1812 (sous la virole inférieure).

Historique
Abbé Jacques Panet, L'Islet, 1812; legs à la fabrique de L'Islet, 1834; dépôt au Musée du Québec, 1974 (L-74.19-O).

Expositions
1952, Québec, Musée de la province de Québec, *Exposition rétrospective de l'art au Canada français*, n° 295; 1968, Québec, Musée du Québec, *François Ranvoyzé orfèvre 1739-1819*, n° 88, repr.; 1975, Sherbrooke, Galerie d'art du Centre culturel de l'Université de Sherbrooke, *Orfèvrerie traditionnelle du Québec*; 1977, Québec, Musée du Québec, *L'art au Québec au lendemain de la Conquête*, n° 70, repr.

Bibliographie
BARBEAU, « Anciens orfèvres de Québec », 1935, p. 115-116; BARBEAU, « Anciens orfèvres de Québec », 1 juin 1935, p. 73, repr.; BARBEAU, « Rivalité d'anciens orfèvres », 3 avril 1937, p. 39; BARBEAU, 1937, p. 62, repr.; BARBEAU, « Nos anciens orfèvres », juin 1939, p. 915-917; BARBEAU, « Nos anciens orfèvres », décembre 1939, p. 667; TRAQUAIR, 1940, p. 23-24; MORISSET, 1941, p. 98-99; BARBEAU, « Old Canadian Silver », mars 1941, p. 156, repr.; MORISSET, « L'oeuvre capricieuse de François Ranvoyzé », 18 mars 1942, p. 42; BARBEAU, « Le curé Panet et son orfèvre », 18 août 1946, p. 7, repr.; BARBEAU, « Orfèvres de Québec », 25 août 1946, p. 7; BARBEAU, « Le curé Panet et son orfèvre », avril 1949, p. 38; MORISSET, « Les vases d'or de l'église de l'Islet », p. 18, 42, repr.; MORISSET, « Les vases d'or de l'église de l'Islet », avril 1955, p. 227, 231, repr.; BÉLANGER, 1968, p. 39, repr.; BÉLANGER, 1979, p. 63, repr.

Laurent Amiot, 1764-1839
461. *Chandeliers* (2)

Pierre Huguet dit Latour, 1749-1817
462. *Bénitier*

Argent, h.: a) 30,5 cm; b) 28,4 cm; poids:
a) 372,1 gr; b) 368,4 gr.

Poinçons
L, un point, A, dans un ovale (1 fois sous chaque)

Historique
Rosaire Saint-Pierre, Beaumont; acquis en 1967
(A-67.192-O et A-67.193-O).

Exposition
1975, Sherbrooke, Galerie d'art du Centre culturel de
l'Université de Sherbrooke, *Orfèvrerie traditionnelle
du Québec*.

Bibliographie
Le Musée du Québec, 1978, repr. coul. p. 58.

Semblables à tous les autres chandeliers
d'Amiot, ces pièces se distinguent par leur dépouillement. L'accent est mis tout entier sur la
forme dont aucun décor ciselé ne vient atténuer la force des lignes simples. Seules quelques moulures animent ces oeuvres aux proportions étudiées. L'orfèvre a maintes fois réuti-
lisé les formes exactes de la partie inférieure
dans l'élaboration de ses ciboires.

Argent, h.: 18,8 cm; poids: 642,2 gr.

Poinçons
P, un point, H, dans un rectangle (3 fois);
[M]ONTR[EAL], dans un rectangle (1 fois)

Historique
Fabrique de Sainte-Geneviève de Pierrefonds;
Samuel Breitman, Montréal; acquis en 1955
(A-55.68-O).

Expositions
1959, Vancouver, Vancouver Art Gallery, *Les arts au
Canada français*, nº. 289; 1959, Québec, Café du
Parlement, *Art religieux*; Beauport, Académie Sainte-
Marie, *Exposition d'art religieux*; 1962, Bordeaux,
Musée des Beaux-arts de Bordeaux, *L'art au Canada*,
nº. 87; 1979, Québec, Musée du Québec, *Héritage
vivant de l'orfèvrerie*, repr.

Bibliographie
TRUDEL, « À l'enseigne des orfèvres du Québec »,
août 1968, p. 13, repr. p. 12; GIGUÈRE, « L'orfèvre
François Ranvoyzé (1739-1819) », avril 1972, repr.
p. 14.

Très actif dans la production destinée à la traite,
Pierre Huguet dit Latour a également réussi une
percée dans le domaine de l'orfèvrerie religieuse.

Ce récipient à l'aspect élancé rappelle l'influence de Laurent Amiot sur ses confrères qui se
décèle, par exemple, dans les festons de feuilles
de laurier qui ornent la panse. Huguet a cependant su donner une interprétation personnelle
du thème: au contraire d'Amiot qui a toujours
présenté ce motif bien en saillie, notre orfèvre
le rend ici en aplat, de façon linéaire.

Laurent Amiot, 1764-1839

463. *Bénitier*, 1812

Étienne Plantade, 1777-1828

464. *Bénitier*

Argent, h.: 21,6 cm; poids: 815 gr.

Poinçons
L, un point, A, dans un ovale (3 fois)

Historique
Fabrique Notre-Dame-de-Liesse, Rivière-Ouelle, Kamouraska; dépôt au Musée du Québec, 1968 (L-70.5-O(2)).

Bibliographie
HUDON, 1972, p. 217.

Ce bénitier de taille moyenne permet d'apprécier un élément typique du vocabulaire décoratif de Laurent Amiot: le feston de feuilles de laurier qui orne ici la partie supérieure de la panse. L'orfèvre utilisera ce motif à de multiples reprises durant sa carrière, surtout sur ses bénitiers et ses encensoirs. Sous son influence, certains orfèvres, tel Ranvoyzé, ont intégré le feston de feuilles de laurier à leur répertoire ornemental.

Argent, h.: 19 cm; poids: 782,3 gr.

Poinçons
EP, dans un rectangle (2 fois)
MONTREAL, dans un rectangle (3 fois)

Historique
Fabrique de Sainte-Famille, Boucherville; dépôt au Musée du Québec, 1975 (L-75.10-O(2)).

Bibliographie
MORISSET, *Évolution d'une pièce d'argenterie*, 1943, p. 23; *Sainte-Famille de Boucherville*, 1977, p. 23, repr.

En regard des bénitiers classiques, ceux de Laurent Amiot par exemple, celui-ci fait figure d'imitation populaire. Tout ici est exagéré: le piédouche a trop d'importance en regard de l'ensemble; en raison de l'allongement excessif de la partie inférieure et du caractère trop étiré du tore, la panse présente une allure grossière; de même, l'absence de détail et de finesse au niveau de la décoration confère à l'oeuvre un aspect robuste. En revanche, le traitement des deux têtes ailées qui servent d'attaches à l'anse, s'il dénote le manque d'habileté de l'orfèvre, ajoute un trait de naïveté qui n'est pas dépourvu d'un certain charme.

Laurent Amiot, 1764-1839

465. *Croix de procession*, 1822

Laurent Amiot, 1764-1839

466. *Encensoir*, 1823

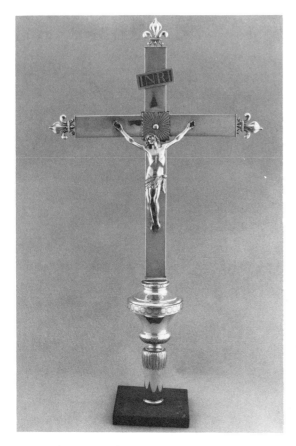

Encensoir de Jean-Charles Cahier, réalisé à Paris entre 1819 et 1824 (église Saint-Étienne, Beaumont).

Argent, h.: 72 cm; l.: 40 cm; poids: 2 133 gr.

Poinçon
Aucun

Historique
Fabrique Notre-Dame-de-Liesse, Rivière-Ouelle, Kamouraska; dépôt au Musée du Québec, 1968 (L-70.6-O).

Bibliographie
HUDON, 1972, p. 217.

Cette grande croix processionnelle impressionne par sa sobriété. Tout est organisé de façon à mettre en valeur le corpus. La décoration se réduit à trois fleurs de lys aux extrémités des traverses et à de discrètes ciselures qui atténuent l'austérité de la base. Le corpus saillant est posé sur une surface polie et sa disposition même a été étudiée: à l'emplacement des pieds correspond l'endroit où se situerait la quatrième fleur de lys. Les deux bras grêles aux mains trapues nous guident vers un corps dont le mouvement contraste avec la rigidité du gibet.

Contrairement à ce que l'on trouve chez Ranvoyzé, le phylactère ne porte aucune décoration; sa nudité et sa position oblique le font pour ainsi dire participer à la gravité de la représentation.

Argent, h.: 26,7 cm; poids: 1 177 gr.

Poinçons
L, un point, A, dans un ovale (3 fois)

Historique
Fabrique Notre-Dame-de-Liesse, Rivière-Ouelle, Kamouraska; dépôt au Musée du Québec, 1967 (L-67.22-O).

Bibliographie
HUDON, 1972, p. 217.

Laurent Amiot quitta Québec vraisemblablement à l'été 1782 pour Paris et revint au printemps 1787. Durant son séjour dans les ateliers parisiens, il fut influencé par le style Louis XVI dont à son retour il devint le propagateur.

La cassolette de cet encensoir, ornée de larges godrons plats, reprend la forme d'une urne classique. Le premier étage de la cheminée est pourvu de gloires ajourées. Les consoles utilisées pour réunir cassolette et cheminée s'ajustent bien à l'ensemble et concourent à produire un élan vertical. La pureté relative des lignes et l'harmonieuse cohésion du tout s'accordent bien avec l'esthétique du style Louis XVI.

Outre les oeuvres d'Amiot, quelques importations françaises ont contribué à répandre ce type d'encensoir au Québec, tel celui conservé à l'église de Beaumont.

Laurent Amiot, 1764-1839
467. *Navette*, 1823

Anonyme, Montréal, XIXᵉ siècle
468. *Couette*

William Bateman, mᵉ 1822
469. *Brassard*, 1819

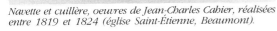

Navette et cuillère, oeuvres de Jean-Charles Cahier, réalisées entre 1819 et 1824 (église Saint-Étienne, Beaumont).

Argent, h.: 10,2 cm; poids: 294,9 gr.

Poinçons
L, un point, A, dans un ovale (2 fois)

Historique
Fabrique Notre-Dame-de-Liesse, Rivière-Ouelle, Kamouraska; dépôt au Musée du Québec, 1967 (L-67.21-O).

Bibliographie
HUDON, 1972, p. 217.

La navette est la compagne indispensable de l'encensoir. Son nom latin *navicula* évoque sa forme: celle d'une embarcation. Elle contient l'encens destiné à être brûlé. On y puise la résine aromatique à l'aide d'une cuillère qui est généralement reliée au récipient par une chaînette.

Le motif dominant est ici le godron plat; l'orfèvre en a disposé tout autour de la panse. Le couvercle en deux parties, dont la plus petite est fixe, est orné de motifs puisés dans le répertoire néo-classique. Des navettes semblables furent également importées.

Argent, diam: 10,3 cm; poids: 14,9 gr.

Inscription
[*Mo*]ntre[*al*]

Historique
Louis Carrier, Sainte-Anne-de-Bellevue; acquis en 1959 (A-60.242-O).

Exposition
1958, Paris, Grands Magasins du Louvre, *Exposition de la Province de Québec*.

Fabriquées de façon beaucoup plus rudimentaire que l'orfèvrerie religieuse ou domestique, les pièces destinées à la traite n'étaient le plus souvent pas même poinçonnées, comme c'est ici le cas. On peut cependant observer les traces de l'inscription *MONTREAL*, qui indique le lieu de fabrication.

On notera la forme concave particulière à cette broche. L'orfèvre a pu s'inspirer des ornements en coquillages qu'affectionnaient les Indiens pour l'exécuter.

Argent, l: 9,1 cm; poids: 55,5 gr.

Poinçons
Maître: W, un point, B (1 fois)
Lettre-date: d (1 fois)
Garantie: lion passant rampant (1 fois)
Paiement des droits: tête de profil regardant vers la droite, dans un ovale (1 fois)

Inscription
Cr. Tessier (cursif)

Historique
Cyrille Tessier, Québec; Louis Carrier, Sainte-Anne-de-Bellevue; acquis en 1959 (A-60.234-O).

Comme en témoigne ce brassard d'origine anglaise, il y eut une importation d'orfèvrerie de traite parallèlement à la fabrication locale. Cette pièce de facture plus soignée que les objets courants est moulurée et porte des armoiries. Les Britanniques remettaient quelquefois de tels brassards, ainsi que des médailles, à des Amérindiens qui les avaient soutenus dans des opérations militaires.

Robert Cruickshank, avant 1767-1809

470. *Croix de lorraine*

Pierre Huguet dit Latour, 1749-1817

471. *Couette*

Joseph Tison, 1787-1869 ou Jonathan Tyler, avant 1817-1828 ?

472. *Couette*

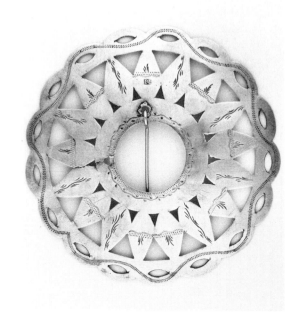

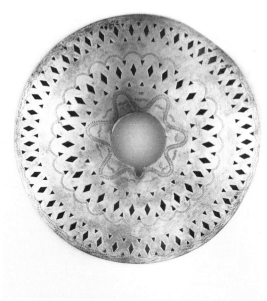

Argent, h: 14,4 cm; l: 6,9 cm; poids: 24,4 gr.

Poinçon
R, un point, C, (cursif) (1 fois)

Historique
Louis Carrier, Sainte-Anne-de-Bellevue; acquis en 1959 (A-60.167-O).

Expositions
1946, Détroit, The Detroit Institute of Arts, *The Arts of French Canada 1613-1870*, n° 157; 1952, Québec, Musée de la Province de Québec, *Exposition rétrospective de l'art au Canada français*, n° 219;

Bibliographie
MORISSET, « Bibelots et futilités », 15 janvier 1950, p. 14, repr.

La croix est l'une des plus anciennes formes utilisées dans l'orfèvrerie de traite. Introduite sur le continent par les missionnaires, elle fut rapidement considérée comme un objet profane à la mode chez les Amérindiens pour qui elle fut fabriquée en quantités considérables dans le cadre du commerce des fourrures.

Robert Cruickshank et son atelier confectionnèrent beaucoup de croix de Lorraine. Celle-ci porte quelques gravures sommairement exécutées.

Argent, diam: 19,8 cm; poids: 20,2 gr.

Poinçon
P, un point, H, dans un rectangle (1 fois)

Historique
Louis Carrier, Sainte-Anne-de-Bellevue; acquis en 1959 (A-60.353-O).

Inscriptions
indéchiffrables.

Expositions
1951, Détroit, The Detroit Institute of Arts, *The French in America 1520-1880*, n° 138, repr.; 1959, Vancouver, Vancouver Art Gallery, *Les Arts au Canada français*, n° 291.

Bibliographie
JUNEAU, août 1968, repr. p. 6.

L'apogée de la fabrication d'orfèvrerie de traite se situe en gros entre 1760 et 1820. Si au début on a surtout importé la bimbeloterie d'argent, dès les années 1760 les commerçants en commandèrent aux orfèvres locaux.

Québécois de naissance, Pierre Huguet dit Latour alla s'établir à Montréal en 1769 et y ouvrit un important atelier d'orfèvrerie où travaillaient plusieurs apprentis. En plus de la production destinée à la traite, il s'occupa également d'approvisionner les bourgeois et les curés de la région. Son fils Pierre prit la relève à son décès, en 1817.

Argent, diam: 14,2 cm; poids: 13,8 gr.

Poinçon
J T, dans un rectangle (1 fois)

Inscriptions
Marie Picard; Claire Picard; Bastien; Frosaise? Seb (?) 1883.

Historique
Louis Carrier, Sainte-Anne-de-Bellevue; acquis en 1959 (A-60.550-O).

Expositions
1946, Détroit, The Detroit Institute of Arts, *The Arts of French Canada 1613-1870*; 1952, Québec, Musée de la province de Québec, *Exposition rétrospective de l'art au Canada français* n° 314a, repr.; 1953, Windsor, Windsor Art Gallery, *A Selection from the Louis Carrier Collection of Canadian Silver*, n° 56; 1958, Paris, Grands Magasins du Louvre, *Exposition de la Province de Québec*; 1959, Vancouver, Vancouver Art Gallery, *Les Arts au Canada français*, n° 369.

Bibliographie
MORISSET, « Bibelots et futilités », 15 janvier 1950, p. 14, repr.

Ce genre de couette se portaient généralement sur la poitrine. Souvent, les Amérindiens en disposaient un grand nombre sur leurs vêtements, la quantité étant considérée en rapport avec le rang et la richesse.

Comme il fallait fabriquer d'importantes quantités de tels colifichets, le rendement prévalait sur la créativité et les variantes se limitent à quelques détails.

Joseph Tison, 1787-1869 ou Jonhathan Tyler, 1817-1828 ?

473. *Couronne*

Argent, diam: 20 cm (irrégulier); poids: 85,3 gr.

Poinçons
J T, dans un rectangle (2 fois)

Inscription
Cr. Tessier (cursif)

Historique
Nicolas Vincent, Jeune-Lorette; Cyrille Tessier, Québec; Louis Carrier, Sainte-Anne-de-Bellevue; acquis en 1959 (A-60.549-O).

Expositions
1946, Détroit, The Detroit Institute of Arts, *The Arts in French Canada 1613-1870*, n° 182, repr.; 1951, Détroit, The Detroit Institute of Arts, *The French in América 1520-1880*, n° 137, repr.; 1952, Québec, Musée de la province de Québec, *Exposition rétrospective de l'art au Canada français*, n° 314; 1953, Windsor, Windsor Art Gallery, *A Selection from the Louis Carrier Collection of Canadian Silver*, n° 16; 1958, Paris, Grands Magasins du Louvre, *Exposition de la Province de Québec*; 1959, Vancouver, Vancouver Art Gallery, *Les Arts du Canada français*, n° 368, repr.; 1962, Bordeaux, Musée des Beaux-arts de Bordeaux, *L'art au Canada*, n° 104; 1975, Sherbrooke, Galerie d'art du Centre culturel de l'Université de Sherbrooke, *Orfèvrerie traditionnelle du Québec*.

Bibliographie
MORISSET, « Bibelots et futilités », 15 janvier 1950, p. 15, repr.

Cette couronne fut à l'origine commandée pour le chef Nicolas Vincent, huron de la Jeune-Lorette et père du peintre Zacharie Vincent. Il visita Londres en 1824-1825 et fut présenté au roi George IV.

Comme toutes celles qui nous sont parvenues, cette couronne a été tirée d'une large bande découpée, repercée puis ornée de filets gravés. Le chef a pu la porter directement sur sa tête ou la placer autour d'un haut-de-forme.

L'état des connaissances ne permet pas encore de déterminer auquel des deux orfèvres mentionnés il faut attribuer cette oeuvre car ils ont pratiqué leur métier sensiblement à la même époque et dans les mêmes genres. Comme ils ont les mêmes initiales, le même poinçon a été attribué tantôt à l'un, tantôt à l'autre.

Salomon Marion, 1782-1830

474. *Calice*

Voir reproduction en couleurs, section centrale, p. (45)

Argent et or, h: 30,3 cm; poids: 610,8 gr.

Poinçons
tête regardant vers la droite, dans un ovale (2 fois)
S, un point, M, dans un rectangle (2 fois)
lion passant vers la droite, dans un ovale (2 fois)

Inscription
JUBILE 1933-1934 XIX CENTENAIRE DE LA RÉDEMPTION N. LÉVESQUE CURÉ SAINT HILAIRE.

Historique
Jacques Ouellet, Sillery; acquis en 1970 (A-70.14-O).

Fidèle à la tradition chrétienne par sa forme générale, ce calice donne une belle démonstration de la fantaisie et de l'imagination dont savait faire preuve le montréalais Salomon Marion dans l'ornementation de ses oeuvres.

La forme elle-même a subi quelques modifications. Pour des raisons évidemment pratiques, la coupe et le noeud conservent des gabarits connus mais il en va différemment pour le pied où, à la place du creux habituel, on trouve à la base un renflement, prétexte à une frise de ciselures.

Du point de vue décoratif, l'oeuvre est diamétralement opposée à ce que pouvait faire à la même époque un Laurent Amiot. Il n'y a pas ici cette unité d'ensemble si facilement perceptible dans les oeuvres du Québécois. Chaque zone porte un décor qui est peu lié à celui des autres, sinon par de discrets rappels.

La fausse-coupe et le noeud sont remarquables. Les éléments décoratifs qui les ornent sont dynamiques et énergiques autant par leur forme que par leur traitement, en sorte que les figures parsemées dans ces zones sont comme emportées par le mouvement général.

Salomon Marion, 1782-1830

475. *Service à thé*

Argent, théière: h: 17,3 cm; l: 34 cm; poids: 802 gr.
sucrier: h:12 cm; l: 21,3 cm; poids: 293,4 gr.
pot à crème: h: 10,8 cm; l: 16,8 cm; poids: 197,9 gr.

Poinçons
théière: lion passant vers la droite, dans un ovale (2 fois)
tête regardant vers la droite, dans un ovale (2 fois)
MONTREAL, dans un rectangle (1 fois)
sucrier: lion passant vers la droite, dans un ovale (2 fois)
tête regardant vers la droite, dans un ovale (2 fois)
[M]ONTREAL, dans un rectangle (1 fois)
pot à crème: lion passant vers la droite, dans un ovale (2 fois)
tête regardant vers la droite, dans un ovale (2 fois)
[M]ONTREAL, dans un rectangle (1 fois)

Inscriptions
chiffre *CW* (sur la panse de chacun des vases)

Historique
Archives du Québec; don au Musée du Québec, 1967 (G-67.174-O; G-67.174-O; G-67.176-O).

Ce qui subsiste de la production de Salomon Marion donne à penser qu'il était un artiste qui répondait aux commandes du clergé aussi bien que des familles. Il fabriqua également de l'orfèvrerie de traite durant son séjour à l'atelier de Pierre Huguet.

Ce service à thé de style *Regency* constitue une des très belles réalisations de l'orfèvrerie québécoise de cette époque. Il démontre l'importance pour les orfèvres d'être en mesure de produire des pièces au goût du jour pour satisfaire la clientèle, surtout peut-être la clientèle civile. Car à la possession d'argenterie était rattaché un prestige certain. Ce style était à la mode à la fin de la carrière de Marion.

Paul Morand, 1784-1854
476. *Verge de bedeau*, 1829

Le bedeau de Saint-Roch-des-Aulnaies portant la verge (collection privée).

Bois et argent, l: 101 cm; poids: 358,2 gr.

Poinçons
P, un point, M, dans un rectangle (3 fois)

Historique
Fabrique Sainte-Anne de Varennes, Varennes 1829; dépôt au Musée du Québec, 1975 (L-75.19-O).

Bibliographie
Musée du Québec, *L'art au Québec au lendemain de la Conquête*, 1977, couverture.

Signe d'autorité, la verge était jadis portée par le bedeau costumé, dans l'exercice de certaines tâches. Il ne semble pas qu'il y ait eu de règles précises et les usages ont pu varier quelque peu d'une paroisse à l'autre. En général cependant, le bedeau portait la verge alors qu'il se tenait à la tête de certaines processions, pour conduire le prédicateur au pied de la chaire, accueillir et reconduire le corps à l'arrière de l'église lors des funérailles des classes supérieures ainsi que pour escorter au banc d'oeuvre le nouveau marguillier. Cet usage provient de la mère-patrie, comme le rappelle la fleur de lys que l'on trouve au sommet, et son apparition en Nouvelle-France remonte au XVIIᵉ siècle.

Les livres de comptes de Notre-Dame de Québec font état, dès 1680, d'un paiement effectué à l'orfèvre Jean Soulard « pour avoir raccomodé ... la verge du bedeau ».[1] Cependant, les spécimens conservés remontent généralement au début du XIXᵉ siècle.

L'usage de la verge semble s'être graduellement perdu au XXᵉ siècle. Dans les paroisses fondées à la fin du XIXᵉ siècle, on peut se demander même s'il fut jamais introduit. Ailleurs, la coutume s'est parfois perpétuée jusqu'à l'aube des années soixante.

Si la verge même était toujours en bois, l'exécution de la fleur de lys et des ferrures relevait de l'art de l'orfèvre.

---

1. Archives de la paroisse Notre-Dame de Québec, *Comptes 1664-1748*, f. 62, 1980.

Laurent Amiot, 1764-1839
477. *Cuillères* (10)

Argent, l: 21,6 cm; poids: 71,4 gr [2]

Poinçons
L, un point, A, dans un ovale (2 fois sous chacune)

Inscription
G B F (sur chacune)

Historique
Marie Hamel-Desjardins, Montréal; acquis en 1980 (80.21.10).

Ces cuillères font partie d'un ensemble de 41 pièces. Les ustensiles aux arêtes délicatement chanfreinées portent sur la spatule le chiffre de Georges-Barthélemy Faribault.

Né à Québec en 1789, ce dernier fut nommé responsable des archives parlementaires en 1815. Il occupa les fonctions d'assistant greffier de la Chambre d'assemblée de 1835 à 1855 et publia en 1837 la première bibliographie canadienne. Après l'incendie du parlement en 1849, le gouvernement lui confia la tâche de reconstituer les collections de la bibliothèque parlementaire, qui fut de nouveau détruite dans un sinistre en 1854. Faribault mourut en 1866.

---

2. Dimension et poids d'une seule des cuillères.

(?) Louis Robitaille, 1765-après 1821
478. *Brochettes* (2)

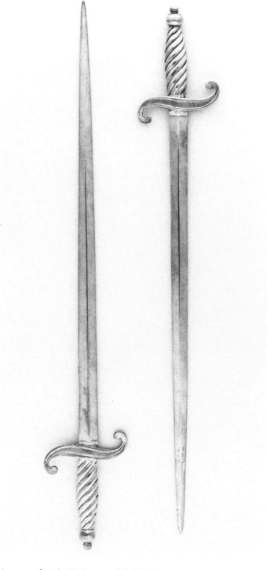

Argent, l: a) 22,9 cm; b) 23,8 cm; poids: a) 40,3 gr; b) 41,9 gr.

Poinçons
LR, dans un ovale (1 fois sur chacune)

Historique
Louis Carrier, Sainte-Anne-de-Bellevue; acquis en 1959 (A-60.493-0(2)).

Expositions
1952, Québec, Musée de la province de Québec, *Exposition rétrospective de l'art au Canada français*, nᵒ 299; 1953, Windsor, Windsor Art Gallery, *A Selection from the Louis Carrier Collection of Canadian Silver*, nᵒ 70; 1975, Sherbrooke, Galerie d'art du Centre culturel de l'Université de Sherbrooke, *Orfèvrerie traditionnelle du Québec*.

Orfèvre encore mal connu, Louis Robitaille est né à Loretteville, près de Québec, en 1765. Il exerça son art à Québec avant de se transporter à Détroit, qui était alors un important centre de fabrication d'orfèvrerie de traite.

Ces brochettes en forme d'épée sont deux des rares pièces attribuées à cet orfèvre. Leur originalité leur vient de leur forme car, en général, les orfèvres québécois fabriquaient de simples tiges gravées en guise de brochettes.

Laurent Amiot, 1764-1839
479. *Calice*

Paul Morand, 1784-1854
480. *Ostensoir*

Paul Morand, 1784-1854
481. *Tasse*

Argent et or, h.: 31,4 cm; poids: 1 012 gr.

Poinçon
L, un point, A dans un ovale (1 fois)

Historique
Fabrique de Saint-Martin, Chomedey, Laval; acquis en 1970 (A-70.67-0(2)).

Bibliographie
MORISSET, « Saint-Martin (île Jésus) après le sinistre 19 du mai », novembre 1942, pp. 604-605; Le Musée du Québec, 1978, repr. coul. p. 57.

Influencé par des oeuvres européennes histo-riées qui entrèrent au pays dans la première moitié du XIXᵉ siècle, Laurent Amiot a produit à la fin de sa carrière quelques oeuvres compor-tant des médaillons, dont ce très beau calice d'inspiration Empire. Dans l'état actuel de la recherche, il ne semble pas qu'il ait fait usage de médaillons historiés pour décorer ses vases. Il lui revient cependant d'avoir ouvert la voie à l'art d'un François Sasseville.

Les quatre médaillons ovales de la fausse-coupe ajourée renferment chacun un motif dont la symbolique est intimement liée à la Passion et à l'Eucharistie.

Argent et or, h.: 50 cm; poids: 1047 gr.

Poinçons
P, un point, M, dans un rectangle (1 fois)
tête de profil regardant vers la droite, dans un ovale (1 fois)
lion passant vers la gauche, dans un rectangle (1 fois)
tête de léopard (?) (1 fois)

Historique
Samuel Breitman, Montréal; acquis en 1952 (A-52.22-0).

Exposition
1952, Québec, Musée de la province de Québec, *Exposition rétrospective de l'art au Canada français*, nᵒ 271; 1959, Vancouver, Vancouver Art Gallery, *Les arts au Canada français*, nᵒ 320; 1969, Guelph, Université Guelph, *L'art religieux au Canada*, orfè-vrerie nᵒ 5; 1975, Sherbrooke, Galerie d'art du Centre culturel de l'Université de Sherbrooke, *Orfèvrerie traditionnelle du Québec*.

Si l'on excepte deux petits calices, acquis res-pectivement en 1943 et 1948 parce qu'ils furent primés aux concours artistiques de la Province, cet ostensoir de Paul Morand peut être considé-ré comme la première acquisition d'orfèvrerie faite par le Musée du Québec. Il fut acheté de l'antiquaire montréalais Samuel Breitman en 1952.

L'oeuvre est tributaire du style Louis XVI. La base en est rectangulaire et le noeud adopte la forme d'une urne. En regard des oeuvres de la période précédente, les rayons s'allongent et la feuille d'acanthe qui supportait jadis la lunule fait ici place à un faisceau de tiges de blé. Sur la face principale de la base figure l'Agneau mysti-que symbolisant Jésus-Christ, la victime sans tache.

Argent et or, h.: 11,6 cm; poids: 229,5 gr.

Poinçons
PM, dans un rectangle (2 fois)

Historique
Louis Carrier, Sainte-Anne-de-Bellevue; acquis en 1959 (A-60.426-0).

Expositions
1946, Détroit, The Detroit Institute of Arts, *The Arts of French Canada 1613-1870*, nᵒ 176, repr.; 1951, Dé-troit, The Detroit Institute of Arts, *The French in America 1520-1880*, nᵒ 129; 1952, Québec, Musée de la province de Québec, *Exposition rétrospective de l'art au Canada français*, nᵒ 271; 1953, Windsor, Windsor Art Gallery, *A Selection from the Louis Car-rier Collection of Canadian Silver*, nᵒ 36; 1975, Sher-brooke, Galerie d'art du Centre culturel de l'Univer-sité de Sherbrooke, *Orfèvrerie traditionnelle au Québec*.

Bibliographie
MORISSET, « L'orfèvrerie canadienne », mars 1947, p. 88, repr.; MORISSET, « L'orfèvre Paul Morand, 1784-1854 », juin 1954, p. 32, repr.

Paul Morand fit son apprentissage auprès de Pierre Huquet dit Latour, de 1802 à 1805. Après la mort de Salomon Marion, en 1830, il devint un des principaux fournisseurs des paroisses des environs de Montréal.

Cette tasse à l'intérieur vermeillé surprend quelque peu par sa forme inhabituelle. Le ren-flement qui marque la transition entre le corps du vase et son support est décoré de feuilles d'acanthe ciselées dans la masse; leur grande précision révèle un technicien chevronné. La forme du piédouche évoque l'influence possi-ble d'oeuvres importées de fabrication indus-trielle.

François Sasseville, 1787-1864

482. *Calice*, 1841

François Sasseville, 1797-1864

483. *Instrument de paix*

Croix pectorale des religieuses du Bon-Pasteur de Québec, exécutée vraisemblablement à la fin du XIXᵉ siècle (collection privée).

Calice historié, exécuté dans un atelier parisien entre 1819 et 1838 (église Saint-Charles-Borromée, Charlesbourg).

Argent et or, h.: 31,5 cm; poids: 971 gr.

Poinçons
F, un point, S, dans un ovale (2 fois)

Historique
Fabrique de Saint-Nicolas, Lévis, 1841, acquis en 1973 (A-73.31-0).

Exposition
1979, Québec, Musée du Québec, *Héritage vivant de l'orfèvrerie*, repr.

Bibliographie
Morisset, *« L'orfèvre François Sasseville »*, juin 1950, p. 35.

Ce calice rappelle l'influence qu'a exercée sur le Québec l'importation d'orfèvrerie religieuse française durant la première moitié du XIXᵉ

siècle. En effet, durant ces décennies le pays fut approvisionné de calices et de ciboires fabriqués pour la plupart à l'aide de procédés mécaniques dans des ateliers parisiens. Le clergé et les fabriques manifestèrent rapidement leur engouement pour ces pièces munies de médaillons ornés et de scènes historiées.

Afin de conserver leur clientèle, les orfèvres locaux durent donc s'adapter. Laurent Amiot a fabriqué quelques calices s'inspirant de ce type à la fin de sa carrière. Sasseville imitera de plus près encore les modèles européens, comme en témoigne ce calice daté de 1841. Quatre ans plus tard, il fabriquera son premier vase orné, tout comme les pièces françaises, de médaillons historiés.

Argent, h.: 9,8 cm; poids: 72,9 gr.

Poinçons
F, un point, S, dans un ovale (2 fois)

Historique
Rosaire Saint-Pierre, Beaumont; acquis en 1969 (A-69.39-0).

Cet objet de culte est fait d'une épaisse feuille d'argent découpée sur laquelle un corpus coulé a été soudé. À l'arrière, une poignée arquée en facilite la manipulation.

Sasseville a ici repris un modèle diffusé une fois de plus par son maître à qui il a emprunté la forme même du champ, cintré dans sa partie supérieure, ainsi que le décor finement gravé de la bordure. Le Christ misérable d'Amiot fait ici place à une réalisation vigoureuse, plus convaincante, dont le modèle précis n'a pas été retracé. Il s'en trouve cependant une variante sur des croix de religieuses du Bon-Pasteur de Québec, communauté fondée en 1849. L'orfèvre pourrait avoir possédé un certain nombre de modèles, et les avoir utilisé à des fins différentes suivant la demande.

François Sasseville, 1797-1864

484. *Broche*

Pierre Lespérance, 1819-1882

485. *Encensoir*

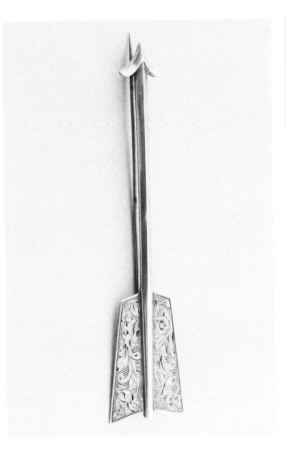

L'orfèvre Pierre Lespérance (1819-1882). Photographie retouchée à l'aquarelle de J.E. Livernois (Musée du Québec).

Argent, l: 15 cm; poids: 29,9 gr.

Poinçon
F, un point, S, dans un ovale (1 fois)

Historique
Madame Laval Chartrain, Sainte-Foy; acquis en 1969 (A-69.124-0).

Cette flèche à l'empenne délicatement gravée de motifs végétaux sur fond guilloché* révèle un aspect insoupçonné de la production de Sasseville. Héritier d'une large part de la clientèle d'Amiot, son oeuvre est presque exclusivement constituée d'articles religieux. Ce bijou est une des trop rares pièces de ce genre qui aient subsisté.

Argent, h.: 26,4 cm; poids: 948 gr.

Poinçons
PL, dans un ovale (2 fois)
Tête regardant vers la droite, dans un ovale (1 fois)

Pierre Lespérance fit son apprentissage dans l'atelier de Laurent Amiot à compter de 1836. Son oncle, François Sasseville, lui légua la boutique et les outils à son décès, en 1864.

La forme classique de cet encensoir où chacune des parties est bien intégrée à l'ensemble est héritée d'Amiot, alors que l'influence de Sasseville se fait sentir dans l'utilisation des raies de coeur pour décorer la bordure de la cassolette* et le pied. Le galbe un peu raide de la partie inférieure et le traitement un peu sec de la ciselure dénotent la manière de Lespérance.

Pierre Lespérance, 1819-1882
486. *Timbale*

Ambroise Lafrance, 1847-1905
487. *Aiguière baptismale*

Argent et or, h.: 11,8 cm; poids: 251,2 gr.

Poinçons
PL, dans un ovale (2 fois)
QUEBEC, dans un rectangle (1 fois)

Inscription
RAF

Historique
Louis Carrier, Sainte-Anne-de-Bellevue; acquis en 1959 (A-60.393-0).

Cette timbale à l'intérieur vermeillé porte sur la coupe le chiffre *RAF* dans une couronne de feuilles d'érable au bas de laquelle on reconnaît un castor. Ceci laisse croire que l'oeuvre aurait été exécutée vers la fin de la carrière de l'orfèvre, alors que s'élabora une iconographie nationaliste québécoise qui a inspiré ces éléments.

La gravure pourrait bien ne pas être de la main de Lespérance. Des documents prouvent que, en certains cas, il eut recours au graveur français Torcapel pour des ouvrages de ce genre.

Argent, h.: 6,2 cm; poids: 113,3 gr.

Poinçons
Tête regardant vers la droite, dans un ovale (1 fois)
QUEBEC, dans un rectangle (1 fois)
L, un point, A, dans un ovale (1 fois)

Historique
Rosaire Saint-Pierre, Beaumont; acquis en 1969 (A-69.37-0).

Laurent Amiot, François Sasseville, Pierre Lespérance et Ambroise Lafrance forment une véritable dynastie d'orfèvres québécois. Les outils et la boutique d'Amiot passèrent successivement de l'un à l'autre. D'une façon générale, modèles, gabarits et vocabulaire décoratif se transmirent également, assurant la pérennité des formes et même d'un style.

Cette petite aiguière baptismale dont la forme s'apparente à celle d'un arrosoir illustre bien ce phénomène de transmission des formes. Dès 1804, Amiot en avait fabriqué une semblable pour l'église de Cap-Santé. Sasseville et Lespérance reprirent aussi ce modèle.

Tapisserie, émail et céramique

Souvent considérés comme les parents pauvres de la peinture et de la sculpture, la tapisserie, l'émail et la céramique, qu'une tradition tenace et quelque peu péjorative persiste à appeler « arts appliqués » ou « arts décoratifs », méritent aujourd'hui une nouvelle évaluation. La présence de ces arts dans les collections du Musée témoigne de leur reconnaissance en tant qu'arts autonomes.

Au Québec, la valorisation de ces disciplines artistiques doit beaucoup à Jean-Marie Gauvreau, fondateur de l'École du meuble de Montréal en 1934, qui stimula le milieu en établissant des ponts solides entre l'Art et les arts dits appliqués. Amorcé vers la fin des années trente à Montréal, où sont organisées les premières expositions, le mouvement se décentralise au cours de la décennie suivante. En 1958, l'École du meuble devient l'Institut des arts appliqués du Québec et poursuit son travail de formation et d'éducation en arts appliqués et industriels.

Le premier département de céramique est instauré à l'École des Beaux-arts de Montréal en 1935 à l'initiative de Pierre-Aimé Normandeau. À partir de 1945, l'atelier de céramique, toujours sous la direction de son fondateur, relève de l'École du meuble et ses premiers élèves deviennent à leur tour professeurs. Parmi ceux-ci, on reconnaît principalement : Louis Archambault, professeur de 1945 à 1957, pour qui la céramique est un médium lui permettant d'exprimer sa sculpture ; Jean-Jacques Spénard, professeur pendant plusieurs années à l'École des Beaux-arts de Québec ; Jean Cartier, chargé de cours à l'École du meuble puis à l'Institut des arts appliqués ; Gaétan Beaudin, professeur et animateur de 1946 à 1972 ; et enfin Maurice Savoie.

Les premières tapisseries québécoises, au début des années quarante, furent l'oeuvre de peintres qui faisaient exécuter leurs cartons par des artisans : Pellan, par exemple, commande en 1941 à l'École des Beaux-arts de Québec un tapis crocheté intitulé *Le Jongleur*. Grâce à Jean Bastien, qui séjourne en France en 1949 pour étudier la tapisserie de haute lisse, l'École des Beaux-arts de Québec fait construire sous sa direction le premier métier de haute lisse selon les plans du métier français. Son élève Jeanne d'Arc Corriveau prend la relève et lui succède à l'atelier, qu'elle dirige de 1954 à 1970.

La céramique, pour sa part, s'inscrit au Québec dans une longue tradition. L'émaillerie, par contre, ne prend son essor que vers 1950, au moment où Thérèse Brassard commence à exposer ses oeuvres.

Les concours artistiques de la Province de Québec, établis par le Secrétariat de la province en 1944, ont apporté un soutien efficace aux artistes et contribué puissamment à promouvoir ces domaines d'expression nouveaux ou renouvelés. Ces concours, qui s'adressaient à l'origine uniquement aux artistes de la peinture, ouvrent dès 1947 une section spécifique des « arts décoratifs » et la première oeuvre à entrer à ce titre dans la collection du musée du Québec est la tapisserie d'Alfred Pellan *Le Jongleur*, qui vaut à son auteur le premier prix, section des Arts décoratifs, en 1947. C'est précisément par le biais des concours artistiques que se poseront les premiers jalons des collections de tapisserie, d'émail et de céramique du Musée. En effet, cette institution a adopté comme politique d'acquérir chacune des oeuvres primées. Ainsi, les tapisseries de Fernand Leduc (1er prix, 1957), de Jeanne d'Arc Corriveau (1er prix, 1960) et de Fernand

Daudelin (1ᵉʳ prix, 1965); les émaux de Françoise Desrochers-Drolet (1ᵉʳ prix, 1954) et Thérèse Brassard (2ᵉ prix, 1957), de même que les céramiques de Louis Archambault (1ᵉʳ prix, 1950) et Maurice Savoie (2ᵉ prix, 1962) font maintenant partie de la collection.

Parallèlement aux concours artistiques de la Province, la Centrale d'artisanat du Québec a été un autre canal important par lequel la collection du Musée s'est constituée. En effet, au moment de sa fermeture en 1967, celle-ci a légué au Musée plusieurs belles pièces de céramique d'artistes réputés tels Jordi Bonet, Jean Cartier, Gaétan Beaudin et Denyse Beauchemin.

Il faut signaler enfin le souci constant qu'a manifesté le Musée de maintenir et de développer ses collections dans le cadre de ses politiques d'acquisition. Les tapisseries de Mariette Rousseau-Vermette, Jean Dallaire, Michèle Bernatchez et Marcel Marois, ainsi que les céramiques de Paul Lajoie, de Georget Cournoyer et des Doucet-Saïto ont été acquises directement de leurs auteurs et complètent cette présentation.

En observant l'ordre chronologique de création des oeuvres présentées, le lecteur sera en mesure de suivre l'évolution de cette production artistique; depuis son aspect plutôt fonctionnel et décoratif des années cinquante jusqu'aux sculptures *pop* de Georget Cournoyer et la tapisserie monumentale de Marcel Marois.

Suzanne Lemire
Historienne de l'art

Alfred Pellan, 1906

488. *Le Jongleur*, 1941

Tapisserie crochetée (laine sur canevas),
189,5 × 151 cm

Signé et daté en bas à droite: *Pellan 41*
Oeuvre crochetée à l'École des Beaux-arts de Qué-
bec par Thérèse Laflamme, selon le carton d'Alfred
Pellan.

Historique
Premier prix, concours artistiques de la Province de
Québec, section Arts décoratifs, 1947 (A-59.209-C)

Expositions
1955, Paris, Musée d'art moderne, *Pellan*, nº 181;
1959, Vancouver, Vancouver Art Gallery, *Les arts au
Canada français*; 1982, Ottawa, Galerie Nationale du
Canada, *Les esthétiques modernes au Québec de 1916
à 1946*, nº 108, repr.

Bibliographie
GAGNON, « Intermittence », sept. 1943, pl. 4; ROBERT,
1963, repr. coul. p. 44; LAMY, 1967, p. 34; GREENBERG,
« Surrealist traits in the heads of Alfred Pellan »,
automne 1976, p. 67, fig. 21; BERNATCHEZ et HARVEY-
PERRIER, 1977, repr. coul. p. 8.

Obligé de rentrer au pays à cause de la guerre
qui éclate en France, Pellan s'installe à Montréal
en 1940. Durant son séjour de quatorze ans à
Paris, il avait eu l'occasion de se familiariser
avec les mouvements d'avant-garde, surréalisme
et cubisme, et de côtoyer les peintres Picasso,
Miro, Léger et Ernst. Dès son arrivée, le milieu
artistique québécois lui réserve un accueil cha-
leureux et organise une importante exposition
de ses oeuvres. C'est à ce moment que l'École
des Beaux-arts de Québec lui demande de col-
laborer à la réalisation d'une grande tapisserie,
Le Jongleur, qui sera le point de départ d'une
longue liste de commandes où le décor de
théâtre occupera une très large place. Rappelons que dès 1935, Pellan avait remporté à Paris
le premier prix d'un concours international
d'art mural et avait dessiné des motifs pour le
grand couturier de l'époque, Schiaparelli.

Bien que le temps ait affecté la vivacité des
couleurs du *Jongleur*, l'oeuvre n'en conserve
pas moins toute sa verve, sa gaieté et son
dynamisme. Certains s'étonneront des déforma-
tions que Pellan fait subir à son jongleur. La
triple expression de la bouche, à la fois joyeuse,
triste et muette, de même que les trois paires
d'yeux qui regardent tout aussi bien en haut
qu'en bas et droit devant, donnent du mouvement et du rythme à la composition. On a
l'impression que le jongleur est en train de
faire une démonstration de son savoir-faire et
que jamais ses yeux ne quittent les balles qui
tournent autour de lui. La répétition formelle
du motif de la balle dans son costume augmente l'effet optique de cinématographie. Seule la
grosse main au premier plan, en position de
réceptivité, assure l'habileté du jongleur.

Fernand Leduc, 1916

489. *Rencontre totémique à Chilkat*, 1956

Jeanne d'Arc Corriveau, 1931

490. *Veilleuses* ou *Les Lampes*, 1960

Signataire du *Refus Global*, Fernand Leduc se dégage vers 1955 de l'influence de Borduas et de la peinture automatiste pour s'orienter vers des structures plus ordonnées qui le rapprochent des plasticiens. Sa démarche picturale passe ainsi de l'abstraction gestuelle et spontanée à l'abstraction géométrique.

Rencontre totémique à Chilkat, qui a mérité à Leduc le premier prix de la Province en 1957, rend compte de ce tournant important. L'oeuvre présente une composition résolument structurée où les différentes formes en arc de cercle, triangle et parrallélogramme s'imbriquent les unes dans les autres comme dans une construction architecturale. D'ailleurs, c'est dans le but d'intégrer l'art à l'architecture que Leduc fait appel à Mariette Rousseau-Vermette pour l'exécution de son carton en une grande murale.

Dans ce morcellement géométrique et équilibré de la surface, la tension est produite par les ruptures brutales des zones de couleur. Cette dernière est posée en aplat sans aucune modulation ou nuance. À l'exemple de Mondrian, Leduc se limite aux couleurs pures et primaires (jaune, rouge, bleu) avec des accents contrastés de brun, noir, blanc.

L'oeuvre est révolutionnaire par sa juxtaposition de plans colorés de même intensité qui fait éclater le cadre au profit d'une composition débordante et irradiante.

Tapisserie de haute lisse, 104 × 152 cm

Signé et daté en bas à droite: *Corriveau 60*

Historique
Premier prix, concours artistiques de la Province de Québec, section Arts décoratifs, 1960 (A-60.848-C)

Expositions
1960, Québec, Musée du Québec, *Concours artistiques de la Province*; 1965, Québec, Musée du Québec, *Tapisseries de Jeanne d'Arc Corriveau*; 1965, Shawinigan, Centre d'art de Shawinigan, *Les Arts décoratifs au Canada français*; 1966, Windsor, Willistead Art Gallery of Windsor, *Québec tapisseries*, n° 7.

Bibliographie
NANTAIS, « Jeanne-d'Arc Corriveau », juillet-août 1961, p. 259-261, repr.

Élève de Jean Bastien qui fut le premier à étudier en France la technique de la célèbre École des Gobelins, Corriveau lui succède et dirige de 1954 à 1970 le seul atelier de tapisserie de haute lisse à l'École des Beaux-arts de Québec. Elle forme et assure la relève de la tapisserie tissée sur métier. Parmi ses élèves, on compte Monique Mercier, Luce Boutin, Michèle Bernatchez, Marcel Marois et Edmonde Poirier. Avec elle, la tapisserie de haute lisse quitte le domaine de la décoration et de l'artisanat pour accéder à l'oeuvre d'art authentique et à part entière.

Dans *Veilleuses* ou *Les Lampes*, l'oeil repère immédiatement au centre de la composition les trois faisceaux jaunes et lumineux qui éclairent une forêt de bandes filiformes aux tons chauds mais sobres. Le jeu subtil des plans et des lignes qui s'interpénètrent pour former de nouvelles figures semble être construit selon le principe même du tissage. Avec une oeuvre comme *Veilleuses*, la tapisserie n'est plus la copie d'un tableau mais le lieu d'exploitation d'un nouveau langage artistique.

Tapisserie tissée (laine), 212,4 × 137,2 cm

Signé et daté en bas à droite: *F. Leduc 56*; en bas à gauche: *MRV*
Oeuvre crochetée par Mariette Rousseau-Vermette.

Historique
Premier prix, concours artistiques de la Province de Québec, section Arts décoratifs, 1957 (A-57.300-C).

Expositions
1957, Québec, Musée du Québec, *Concours artistiques de la Province*; 1959, Ottawa, Galerie Nationale du Canada, *Canadiana Artists Series III*; 1971, Montréal, Musée d'art contemporain, *Rétrospective Fernand Leduc*, n° 46; 1972, Québec, Musée du Québec, *Rétrospective de Mariette Rousseau-Vermette*.

Bibliographie
BERNATCHEZ et HARVEY-PERRIER, 1977, p. 8, repr. coul.; DUQUETTE, 1980, p. 93; LACROIX, « Mariette Rousseau-Vermette », 9 août 1972, p. 10; DE REPENTIGNY, « L'exposition de Fernand Leduc », 20 octobre 1956; DE REPENTIGNY, « Concours artistiques, les arts décoratifs à l'ordre du jour », 16 décembre 1957; VALOIS, « La prouesse d'un peintre canadien », 17 août 1973, p. 13.

Mariette Rousseau-Vermette, 1926

491. *Hiver canadien*, 1926

Tapisserie de basse lisse (laine),
540,7 × 213,3 cm

Signé et daté en bas à droite : *MRV 61*

Historique
Acquis de l'artiste en 1963 (A-63.70-C)

Expositions
1961, Montréal, Musée des Beaux-arts, *Mariette Rousseau-Vermette* ; 1962, Lausanne, *Première biennale internationale de tapisserie* ; 1972, Québec, Musée du Québec, *Rétrospective de Mariette Rousseau-Vermette* ; 1974, Montréal, Terre des Hommes, Pavillon du Québec, *Les Arts du Québec*, tapisserie, n° 8.

Bibliographie
TOUPIN, « Les parcours de la lumière », 19 août 1972, D-13.

Mariette Rousseau-Vermette est considérée comme le symbole et la principale représentante de l'essor de la nouvelle tapisserie québécoise. Elle a acquis une solide formation en dessin et en tapisserie à l'École des Beaux-arts de Québec.

Après avoir travaillé d'abord comme exécutante pour les peintres Mousseau et Leduc (voir *Rencontre totémique à Chilkat*, n° 489), l'artiste conçoit et réalise ses propres dessins.

Dès le départ, Rousseau-Vermette imprime un caractère local à ses oeuvres en sélectionnant ses laines à l'île d'Orléans et en commandant ses teintures à une usine spécialisée de Saint-Hyacinthe. Aussi son oeuvre apparaît-elle comme un grand témoignage d'amour envers la nature, s'attachant plus particulièrement à représenter les reflets colorés et nuancés de nos saisons. *Hiver Canadien* en est un bel exemple. D'abord, l'oeuvre peut surprendre par la verticalité de son grand format rectangulaire. Pour contrebalancer cet effet, l'artiste aménage par l'horizontalité de son tissage des zones colorées et distinctes qui mettent en évidence la ligne d'horizon. Ici, la lecture se fait par sauts d'une bande à l'autre car l'oeuvre de 1961 ne connaît pas les grands fondus ni les fusions chromatiques des productions qui lui succéderont. La présence de larges bandes foncées aux deux extrémités de la composition peut faire songer aux longues périodes d'obscurité qui caractérisent nos hivers tandis que les fines modulations claires et bleutées du centre nous rappellent les doux et courts moments des journées ensoleillées où la neige brille.

Par la richesse de leurs coloris et la chaleur du matériau, les grandes tapisseries de Mariette Rousseau-Vermette semblent parfaitement convenir à animer et égayer l'architecture contemporaine.

Fernand Daudelin, 1933

492. *Bête sous la neige*, 1965

Tapis crocheté (laine), 159 × 145 cm

Signé en bas à droite : *FD*

Historique
Premier prix, concours artistiques du Québec, section Arts appliqués, 1965 (A-65.171-C).

Expositions
1965, Musée du Québec, *Concours artistiques du Québec* ; 1974, Montréal, Terre des Hommes, Pavillon du Québec, *Les Arts du Québec*, tapisserie n° 4.

Bibliographie
RODRIGUE, « Arts appliqués au Musée », 22 octobre 1965, p. 5 ; « Fernand Daudelin, Lauréat des concours artistiques, section des arts appliqués », *La Presse*, 18 octobre 1965, p. 15 ; « L'art de la tapisserie au Québec », *Le Devoir*, 7 février 1966.

Cette tapisserie au dessin original et abstrait a valu à son auteur le premier prix de la section des arts appliqués aux concours artistiques du Québec en 1965. Il est intéressant de noter qu'au milieu des années soixante, au Québec, on distinguait les arts dits appliqués (tapisserie, poterie, émail, meuble, bijou et orfèvrerie) des autres arts plastiques (peinture, sculpture). Toutefois, un critique d'art de l'époque, Normand Rodrigue, s'insurge contre cette classification de la tapisserie car, selon lui, l'oeuvre de Daudelin « prend valeur de tableau ».

Après avoir été l'exécutant des maquettes de Micheline Beauchemin, Daudelin réalise ses propres dessins à partir de 1963. L'artiste utilise la technique traditionnelle du crocheté et « peint » avec de la laine et de grosses aiguilles sur un canevas à large trame.

Bête sous la neige présente une surface en relief parfaitement équilibrée où se rencontrent trois masses aux couleurs chaudes au centre d'un univers blanc. On ne peut qu'admirer ces délicates nuances des blanc-gris en périphérie, de même que toute la gamme colorée des rouge, orange et jaune qui se mêlent et s'entremêlent comme une effusion de sang.

Par ses préoccupations formelles évidentes, l'art de Daudelin s'apparente incontestablement à la peinture et n'a guère à voir avec un type de productions où domine toujours l'idée de fonction et d'utilité.

Jean Dallaire, 1916-1965

493. *Julie*, 1968

Tapisserie de haute lisse (laine), 302 × 140 cm

Signé en bas à droite: *Dallaire*
Oeuvre exécutée par soeur Jeanne Niquet à l'Atelier de Tapisserie de haute lisse de Nicolet, sous la direction de Monique Mercier.

Historique
Acquis de l'atelier de Monique Mercier en 1968 (A-68.220-C).

Exposition
1970, Trois-Rivières, Université du Québec, Pavillon Monseigneur Saint-Arnaud, *Peinture et tapisserie de Monique Mercier*.

Bibliographie
BILODEAU, « Rétrospective Dallaire », 4 mai 1968, p. 45; PELLETIER, « Enfin, Monique Mercier nous paie une visite », 19 octobre 1980, p. 67; DE ROUSSAN, « Vitraux de caisse », 16 août 1969, p. 14-16.

C'est à l'occasion de la grande rétrospective consacrée à Jean Dallaire, en 1968, que le Musée du Québec a commandé une tapisserie de haute lisse à Monique Mercier, d'après une oeuvre de la collection. La transposition du tableau *Julie* en tapisserie est fort heureuse car elle donne une nouvelle dimension à l'oeuvre; le tableau tissé se déploie sous nos yeux comme un grand vitrail de laine.

Au moment où il peint *Julie* Dallaire vient de signer un contrat d'exclusivité avec deux collectionneurs montréalais, ce qui lui permet de se consacrer entièrement à sa peinture. L'abstraction, à laquelle ce peintre solitaire est venu tardivement et rarement, semble avoir été pour lui l'occasion d'exprimer, comme il le dit, « quelque chose de plus libre et de cérébral ». *Julie* apparaît à la fois comme un hymne à la couleur et à un graphisme délicat qui n'est pas sans rappeler Tobey. Appliquée par petites touches, la couleur illumine toute l'oeuvre et fait songer au pointillisme des post-impressionnistes qui recherchaient précisément les effets chatoyants et lumineux.

Bref, on a un sentiment de pureté et d'élévation devant cette oeuvre.

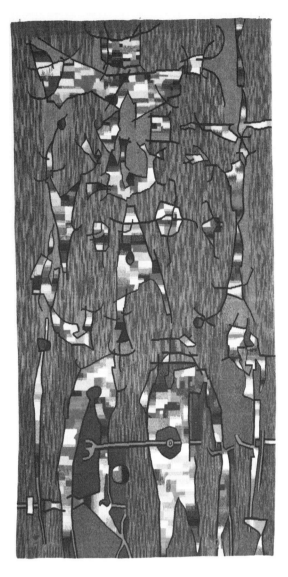

Alfred Pellan, 1906

494. *Jardin d'Olivia*, 1970

*Voir reproduction en couleurs,
section centrale, p. (46)*

Michèle Bernatchez, 1939

495. *Tekakwitha*, 1973

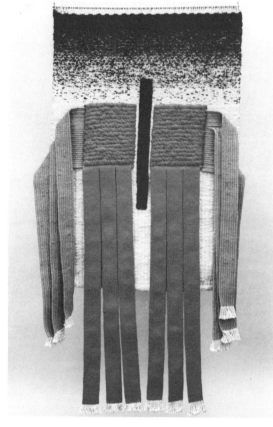

Tapisserie de haute lisse (laine), 213,5 × 427 cm

Signée en bas à droite: *Pellan*
Oeuvre exécutée par Thérèse Boisvert sous la direction de Monique Mercier d'après un carton d'Alfred Pellan à l'Atelier de tapisserie de haute lisse, Nicolet.

Historique
Acquis de l'Atelier de tapisserie de haute lisse, Nicolet, 1970 (A-69.391-C).

Bibliographie
BERNATCHEZ, 1977, repr. couleur, p. 10.

À partir des années soixante, Pellan, maître de ses moyens, réalise plusieurs murales dont celles de l'aérogare de Winnipeg et de la Bibliothèque nationale du Canada, ainsi que le vitrail de la Place des Arts de Montréal et la mosaïque architecturale des frères Miron.

À la demande du Musée du Québec, le carton *Jardin d'Olivia* peint par Pellan en 1968 est reproduit et développé en tapisserie à l'Atelier de tapisserie de haute lisse de Monique Mercier. Rappelons toutefois que cette oeuvre avait d'abord été conçue pour servir de décor de théâtre pour *La nuit des Rois* de Shakespeare, présentée par les Compagnons de Saint-Laurent sur la scène du Gesù à Montréal en 1946, puis reprise par le Théâtre du Nouveau Monde au théâtre Port-Royal de la Place des Arts en décembre 1968 et janvier 1969.

On sait que Pellan s'est refusé à l'abstraction par attachement au monde environnant. L'oeuvre théâtrale met donc en scène un jardin merveilleux où s'épanouissent des fleurs, des feuilles, des fruits et des arbres aux couleurs chatoyantes et aux lignes dansantes. Ici, la géométrie devient lyrique; à travers cette floraison printanière, la rigueur de la composition sert de support à la beauté sensible. Trois larges bandes distinctes et horizontales composent ce jardin imaginaire: la première, monochrome et grise, occupe toute la partie inférieure et représente l'univers sous-terrain des minéraux et des racines; la partie centrale, joyeuse et verte, symbolise le jardin avec sa floraison multicolore; la troisième, se situant dans la partie supérieure de la composition, permet une ouverture aérienne sur le monde extérieur.

Dans le difficile équilibre des éléments diamétralement opposés, dessin et couleur, passion et rigueur, solidité de l'ensemble et souci du détail, *Jardin d'Olivia* témoigne de la force et de la qualité d'expression de Pellan.

Tapisserie de haute lisse (laine), 203,1 × 91,4 cm

Signé en bas à droite: *M. Bernatchez*

Historique
Acquis de l'artiste en 1974 (A-74.115-C).

Originaire de la région de la Matapédia, Michèle Bernatchez a fréquenté l'École des Beaux-arts à Montréal et à Québec avant d'obtenir sa licence en sciences de l'éducation à l'Université Laval où elle enseigne la tapisserie depuis 1970. Après un stage d'étude en Tchécoslovaquie où elle s'est familiarisée avec l'art brut et les fibres naturelles, elle travaille à l'atelier de Pierre Daquin à Paris. En 1973, une de ses tapisseries est sélectionnée par le gouvernement du Québec pour être offerte au Musée d'art moderne de Liège, en Belgique, dans le cadre de la réunion de la francophonie. Mentionnons que cette artiste a réalisé plusieurs grandes murales dont une tapisserie à la Commission scolaire régionale Jean-Talon de Charlesbourg, le rideau de scène du Centre récréatif de Fermont et une tapisserie pour le Centre local des services communautaires de Plessisville.

Par le choix de son coloris et l'utilisation de fibres naturelles, telles la corde et la laine, *Tekakwitha* est un hommage à notre célèbre indienne. L'oeuvre se distingue par ses longues bandes torsadées et pendantes, gagne en relief et propose de nouvelles dimensions à la tapisserie. Cependant, ces douze bandes qui tombent librement à l'extérieur du cadre formel s'ordonnent selon un plan bien déterminé; effectivement, six bandes s'étalent de part et d'autre de l'axe central noir dont trois sont en corde et trois en laine de couleur rouge orangée. La symétrie est donc déterminante dans cette oeuvre aux allures plutôt libres et naturelles.

Marcel Marois, 1949

496. *Parcours d'une zone de silence*, **1979**

Tapisserie de haute lisse (laines canadiennes, lin), 122 cm × 366 cm

Signé en bas à droite : *M. Marois*

Historique
Acquis de l'artiste en 1981 (81-22).

Expositions
1979, Paris, Centre culturel canadien, *Métiers d'art* ; 1981, Lodz (Pologne), Central Museum of Textiles, *Textile triennale Fiber Artists and Designers*.

Élève de Jeanne d'Arc Corriveau à l'École des Beaux-arts de Québec, Marcel Marois, spécialisé en tapisserie de haute lisse, enseigne la peinture et la tapisserie à l'Université du Québec à Chicoutimi depuis 1972. Pour lui, la tapisserie a un rôle essentiellement public qui lui permet de communiquer ses réflexions personnelles sur les problèmes écologiques contemporains et, plus particulièrement, sur les espèces en voie d'extinction dans le grand nord canadien.

Parcours d'une zone de silence illustre ainsi, dans une figuration presque photographique, une scène de la vie nordique où la présence d'hommes et de chiens surprend dans cet univers tout blanc de glace et de neige. La composition de ce tryptique de laine est fortement géométrique et se trouve délimitée par deux grands axes centraux qui forment un immense triangle dont la pointe arrive à la jonction des deuxième et troisième panneaux. Le bleu royal, seule note de couleur dans cet univers monochrome, accentue le dynamisme des diagonales. Comme toujours chez Marois, le motif figuratif est sous-tendu par une recherche formelle abstraite très poussée qui donne de la vitalité à ses paysages statiques et glacés.

À noter les subtiles modulations de gris et de blanc que laisse miroiter la glace, de même que le beau dégradé gris, dans la partie inférieure, qui part du plus foncé à gauche pour devenir presque blanc au centre avant de redevenir enfin très sombre dans le dernier panneau. Cette lecture linéaire nous invite, comme le titre le suggère, à un véritable « parcours » visuel.

Françoise Desrochers-Drolet, 1921

497. *Plateau à dominante grenat*, 1954

Françoise Desrochers-Drolet, 1921

498. *Plateau*, 1954

Thérèse Brassard, 1926

499. *Nature morte à la bouteille de gros rouge*, 1956

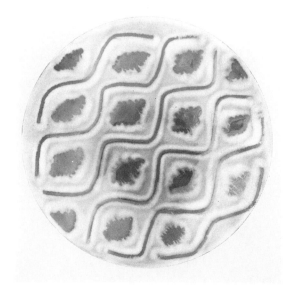

Émail sur cuivre, 20,3 cm

Signé au verso: *F. Desrochers-Drolet Québec*

Historique
Premier prix, concours artistiques de la Province de Québec, section Arts décoratifs, 1954 (A-54.265-T).

Expositions
1954, Québec, Musée du Québec, *Concours artistiques de la Province de Québec*; 1959, Vancouver, Vancouver Art Gallery, *Les arts au Canada français*, n° 413; 1965, Shawinigan, Centre d'art de Shawinigan, *Les arts décoratifs au Canada français*.

Après quatre années de dessin et de composition décorative à l'École des Beaux-arts de Québec, Françoise Desrochers y retourne pour étudier la céramique sous la direction de Jacques Spénard. En 1948, l'artiste voyage en Europe et a l'occasion de visiter l'extraordinaire exposition d'émaillerie de Limoges; c'est la révélation. Fascinée par la splendeur des émaux, elle décide d'en approfondir la technique et d'exploiter au maximum son matériau.

Plateau à dominante grenat illustre les préoccupations formelles de cette artiste. La surface présente un motif décoratif foncé et opaque qui se détache sur un fond nacré et brillant. Les demi-tons de grenat augmentent l'intensité des jeux de transparence et donnent un aspect de fluidité à l'oeuvre.

Émail sur cuivre, 20,3 cm

Signé au verso: *F. Desrochers-Drolet Québec*

Historique
Premier prix, concours artistiques de la Province de Québec, section Arts décoratifs, 1954 (A-54.267-T).

Expositions
1954, Québec, Musée du Québec, *Concours artistiques de la Province*; 1959, Vancouver, Vancouver Art Gallery, *Les arts au Canada français*, n°. 410.

Vers le début des années cinquante, Françoise Desrochers-Drolet participe à plusieurs expositions à Québec, Montréal, Toronto et New York. Aux concours organisés par la *Canadian Handicraft Guild*, tenus à Montréal, elle obtient deux prix d'excellence en 1949 et 1951 et le premier prix, section métal, en 1953. L'année suivante elle remporte, ex-aequo avec Jean Cartier, le premier prix aux concours artistiques de la Province de Québec, section des Arts décoratifs.

L'oeuvre présentée ici faisait partie de l'exposition de 1954 tout comme *Plateau à dominante grenat*. Elle se caractérise par un beau contraste entre l'opacité des masses noires s'imbriquant les unes aux autres selon un plan bien déterminé et la hardiesse des dessins finement tracés, traités d'une manière naïve et fantaisiste.

Émail sur cuivre, 31 cm

Signé en bas au centre: *Thérèse Brassard*

Historique
Acquis de l'artiste en 1957 (A-57.26-T).

Expositions
1958, Paris, Grands Magasins du Louvre, *Exposition de la Province de Québec*; 1959, Vancouver, Vancouver Art Gallery, *Les arts au Canada français*, n° 392, repr.

Thérèse Brassard fait figure de pionnière dans le domaine de l'émaillerie au Québec. Contrairement à la céramique qui s'inscrit dans une longue tradition, cet art est un procédé relativement nouveau dont les premières manifestations au Québec remontent à la fin des années cinquante, soit au moment où Thérèse Brassard a commencé d'exposer ses oeuvres.

Nature morte à la bouteille de gros rouge témoigne de la solide formation de peintre que l'artiste a reçue à l'École des Beaux-arts de Québec. On reconnaît immédiatement les éléments propres à la nature morte tels les citrons entamés, le filet de poisson, les gros raisins, la bouteille de vin et sa coupe bien remplie. Tout concourt ici à éveiller les sens du spectateur pour mieux lui faire sentir son message: « souviens-toi, homme, que tu es mortel » (*memento mori*). La transposition de ce genre pictural à l'émail est ici particulièrement réussie car la brillance de la glaçure augmente l'effet de contraste entre la représentation et son message.

Cette oeuvre fournit l'occasion de signaler au passage l'influence de la peinture française (Matisse, Braque, Picasso) dans la formation de nos artistes au milieu des années cinquante.

Thérèse Brassard, 1926

500. *Tête Maya*, 1956

Thérèse Brassard, 1926

501. *Plateau mordoré*, 1955

Suzanne Blouin, 1938

502. *Les Cavaliers ou Les Chevaliers*, 1958

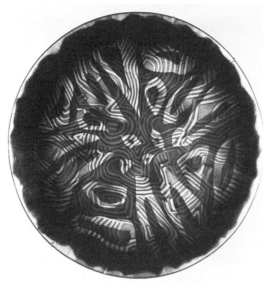

Émail sur cuivre, 25,5 cm

Signé en bas au centre: *Thérèse Brassard*

Historique
Deuxième prix, concours artistiques de la Province de Québec, section Arts décoratifs, 1957 (A-57.27-T).

Expositions
1958, Paris, Grands Magasins du Louvre, *Exposition de la Province de Québec*; 1959, Vancouver, Vancouver Art Gallery, *Les arts au Canada français*, n°. 394.

Au printemps de l'année 1956, Thérèse Brassard a séjourné au Mexique dans le but de visiter les centres archéologiques. Elle a pu admirer la beauté des pyramides aztèques et des temples mayas.

L'oeuvre présentée ici, comme l'indique son titre, en est directement imprégnée. En choisissant de représenter le profil de cette femme maya, l'artiste a mis l'accent sur son oeil noir et perçant tout en faisant ressortir l'angulation du nez et du menton. On remarquera la finesse des dessins géométriques et dédaléens qui lui couvrent tout le visage et la main. Les points rouges de la fleur posée au centre du plateau ajoutent une note joyeuse et colorée. Enfin, l'oiseau qui se dresse à droite fait contrepoids à la figure féminine et contribue à équilibrer l'ensemble de la composition.

Émail sur cuivre, 36 cm

Signé au verso: *Thérèse Brassard*

Historique
Acquis de l'artiste en 1955 (A-55.579-T).

Expositions
1958, Paris, Grands Magasins du Louvre, *Exposition de la Province de Québec*; 1965, Shawinigan, Centre d'art de Shawinigan, *Les arts décoratifs au Canada français*.

Thérèse Brassard a su s'imposer comme un de nos meilleurs émailleurs grâce à sa délicate sensibilité et sa grande maîtrise du médium.

Gagnante de la médaille d'argent de la ville de Paris lors d'une exposition internationale en 1959, elle participa également à de nombreuses expositions importantes. Trois fois lauréate aux concours artistiques de la Province de Québec, Thérèse Brassard reçut en 1958 une bourse d'étude du Conseil des Arts du Canada qui lui permit de séjourner un an en Europe et d'observer les principaux centres d'émail, comme ceux de Limoges et de Bruxelles.

Plateau Mordoré révèle les préoccupations picturales poursuivies par l'artiste qui tient à son titre de peintre-émailleur. Il faut se laisser charmer par le chatoiement des teintes irisées et par le jeu des transparences et des opaques.

Émail sur cuivre, 36 cm

Signé au verso: *S. Blouin*

Historique
Acquis de l'artiste en 1958 (A-58.535-T).

Exposition
1959, Vancouver, Vancouver Art Gallery, *Les arts au Canada français*, n° 390, repr.

Diplômée de l'École des Beaux-arts de Québec en 1958, Suzanne Blouin considère l'émaillerie comme un moyen d'expression aussi complet que la peinture; d'où sa préférence pour les grandes surfaces murales (Université Laval).

Les dessins figuratifs de Blouin nous placent souvent dans un lieu imaginaire où il n'est plus question de profondeur ni même de perspective. Par exemple dans *Les Cavaliers*, les formes humaines et animales sont sommairement découpées et superposées pour créer un espace à deux dimensions comme dans un collage. Ces cavaliers aux corps stylisés et sans visage ont perdu toute individualité. La prédominance du rose dans le coloris allège la représentation et confère à l'oeuvre une douce impression de mystère.

Micheline et Yves de Passillé-Sylvestre, 1936-1932

503. *Perspective*, 1960
Voir reproduction en couleurs, section centrale, p. (47)

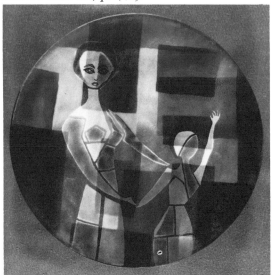

Émail sur cuivre, 36 cm

Signé au verso: *Micheline de Passillé-Sylvestre*

Historique
Don de la Centrale d'artisanat du Québec en 1960 (A-60.16-T).

Micheline de Passillé et son mari Yves Sylvestre pratiquent l'émaillerie depuis près de vingt-cinq ans. Chacune de leurs oeuvres est le résultat d'une étroite collaboration: lui, travaillant le métal et assurant le côté technique du métier alors qu'elle se charge du dessin et de l'émaillage. Autodidactes, ils sont animés non seulement par la passion de leur art, mais aussi par un sens peu égalé de rigueur et d'observation. L'attribution de plusieurs prix et mentions depuis 1960, tels les deuxième et troisième prix aux concours artistiques de la Province de Québec en 1960 et 1962, de même que le premier prix d'émail au « Canada Crafts » de 1967, confirme la qualité et l'originalité de leur production.

Le dessin décoratif de *Perspective* introduit une lecture à deux niveaux: le premier, figuratif, permet d'identifier au premier plan une mère avec sa fille alors que le deuxième, totalement abstrait, présente une imbrication très colorée et fort intéressante de formes rectangulaires. À travers ce jeu fascinant de transparences et de superpositions, l'oeil attentif pourra refaire, étape par étape, le travail même de l'artiste et remonter ainsi jusqu'au couple de personnages qui ont été les derniers à être inscrits sur la surface.

Comme l'indique son titre, l'oeuvre joue essentiellement sur la notion de la perspective selon laquelle une forme se détache de son fond pour ainsi produire un effet de profondeur sur une surface bidimensionnelle.

Louis Archambault, 1915

504. *Urne*, 1949

Terre cuite, 60 × 30,5 cm

Signé au verso: *A 49*

Historique
Premier prix, concours artistiques de la Province de Québec, section Arts décoratifs, 1950 (AD59).

Exposition
1950, Québec, Musée de la Province, *Concours artistiques de la Province de Québec*.

Louis Archambault est reconnu aujourd'hui pour ses monumentales sculptures urbaines; mais il est d'abord venu à la sculpture par la voie modeste de la céramique à laquelle il s'était initié à l'École des Beaux-arts de Montréal vers la fin des années trente.

L'oeuvre présentée ici a mérité à son auteur le premier prix, section des Arts appliqués, aux concours artistiques de la Province de Québec et témoigne de cette période d'expérimentation de la matière. En effet, la pièce s'impose par son format ovoïde massif et lourd. Le motif décoratif dessiné au pinceau symbolise un oiseau-sorcier directement issu des croyances primitives des peuples d'Afrique: on sait qu'Archambault a fortement été influencé par « l'art nègre » dont se réclamaient les tenants de l'art moderne en Europe au début du XXᵉ siècle.

Louis Archambault, 1915

505. *Masque*, vers 1950

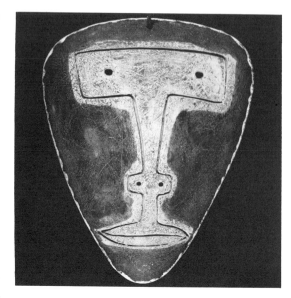

Céramique, terre-cuite, 34 × 27 cm

Signé et daté au verso: *A 50*

Historique
Premier prix, concours artistiques de la Province de Québec, section Arts décoratifs, 1950 (A-50.98-T).

Expositions
1950, Québec, Musée de la Province, *Concours artistiques de la Province de Québec*; 1952, Québec, Musée de la Province, *Rétrospective de l'art au Canada français*, n° 422; 1957, Ottawa, Galerie nationale du Canada, *First National Fine Crafts Exhibition*, n° 46; 1959, Vancouver, Vancouver Art Gallery, *Les Arts au Canada français*, n° 372.

Bibliographie
FORSTER, « Young French Painters in Montreal », 1941-1942, p. 65, repr.

Dans le cadre des concours artistiques de la Province de Québec en 1950, Louis Archambault avait présenté quatre pièces de céramique dans la section des Arts décoratifs. Ces oeuvres manifestent l'intérêt marqué du sculpteur pour l'art dit primitif.

Par sa référence immédiate à l'« art nègre » et le dépouillement de sa forme, *Masque* témoigne de cet engouement de l'avant-garde artistique européenne. On se souvient que Picasso en avait donné le coup d'envoi en peignant en 1907 son fameux tableau *Les Demoiselles d'Avignon*. Il est intéressant de constater que près de quarante ans plus tard, notre critique n'est guère ouverte à cette note de modernité. Adrien Robitaille, du *Devoir*, écrivait en 1949: « L'art nègre n'a rien donné à notre civilisation qui puisse l'enrichir et ne lui offre aucune possibilité de renouvellement. Ces arts primitifs ne suivent pas la Nature; au contraire, ils se restreignent à des figures géométriques maintes fois dédoublées. Cette imitation voulue des Noirs est donc une grande faiblesse pour les céramiques de M. Archambault. »

Louis Archambault, 1915
506. *Vase-creux*, 1949

Marcel Choquette, 1913
507. *Plateau aux poissons*, 1950

Jean-Claude Coiteux, 1916
508. *Plateau brun et jaune*, 1953

Céramique, 47 × 21 cm

Signé au verso: *A 49*

Historique
Don de Time International of Canada Ltd, Toronto, 1968 (G-68.217-T).

Les premières sculptures d'Archambault, de petit et moyen format, étaient pour la plupart en céramique. Le format fuselé et allongé de ce vase lui confère un aspect particulier proche de l'art primitif. Cette parenté stylistique est accentuée par le motif décoratif qui orne les flancs du vase et qui n'est pas sans rappeler formellement les boucliers de combat des tribus africaines.

Céramique, 42,5 cm

Signé au verso: *Marcel Choquette*

Historique
Don de l'Office national de l'Artisanat et de la Petite Industrie en 1953, (G-53.154-T).

Expositions
1958, Paris, Grands Magasins du Louvre, *Exposition de la Province de Québec*; 1959, Vancouver, Vancouver Art Gallery, *Les Arts au Canada français*, n° 403, repr.

C'est au cours des années cinquante que la céramique a acquis ses lettres de noblesse au Québec. Le point de départ avait été donné par Pierre-Aimé Normandeau en 1935 avec la mise sur pied du premier atelier de céramique à l'École des Beaux-arts de Montréal. Les premiers élèves initiés et formés à cet art de la terre, de même que certains artistes autodidactes comme Marcel Choquette, ont assuré la relève et réussi à s'imposer sur la scène nationale.

De grand format, *Plateau aux Poissons* met en scène sept poissons s'étalant sur cinq vagues ondulantes selon un rythme ponctuel et régulier. La grande symétrie et la coloration bleuetée confèrent à l'oeuvre une impression bienfaisante de tranquillité et de calme.

Céramique, grès, 32 cm

Signé au verso: *Coiteux*

Historique
Acquis de l'artiste en 1957 (A-57.48-T).

Expositions
1957, Québec, Palais Montcalm, *Exposition de poteries de Jean-Claude Coiteux*; 1959, Vancouver, Vancouver Art Gallery, *Les Arts au Canada-français*, n° 404.

Jean-Claude Coiteux a fréquenté l'École des Beaux-arts de Montréal et a obtenu son diplôme avec une spécialisation en céramique en 1941. Il a fait partie de la « Maîtrise d'art » de Montréal où il a travaillé en compagnie du sculpteur et céramiste Louis Parent. Riche de cette expérience, Coiteux décide d'ouvrir son propre atelier qu'il établit sur les hauteurs du Cap Saint-François, en face de Chicoutimi. De cet endroit enchanteur sont sorties, depuis 1952, des pièces de céramique dites « utilitaires » mais remarquables: services à dîner, vases et plats à fruits.

En 1957, Coiteux, qui n'a pas l'habitude des expositions, présente sur l'insistance de ses amis de Québec un ensemble d'oeuvres au Foyer du Palais Montcalm. C'est à cette occasion que plusieurs de ses pièces vont être acquises par le Musée dont *Plateau brun et jaune*. Cette oeuvre à glaçure irisée témoigne du souci de l'équilibre et du sens des proportions qui caractérisent cet artiste dont la poterie, faite de glaise très pure, donne l'impression de solidité.

Gaétan Beaudin, 1924
509. *Bol bleu*, vers 1955

Jordi Bonet, 1932-1979) et
Jean Cartier, 1924
510. *Plateau « Nue »*, 1956

Jean Cartier, 1924
511. *Vase avec couvercle*, 1956

Céramique, 32,5 × 16 cm

Signé au verso: *G. B. North Hatley*

Historique
Don de la Centrale d'artisanat du Québec, 1967 (G-67.488-T).

Considéré aujourd'hui comme un chef de file en poterie canadienne, Gaétan Beaudin compte parmi les premiers élèves issus de l'École des Beaux-arts de Montréal en 1945, avec une formation en céramique. Animateur, Beaudin a organisé et dirigé pendant huit ans l'École de céramique de Rimouski avant d'ouvrir son propre atelier à North Hatley où il invitait nos professionnels à venir profiter de l'enseignement de grands maîtres réputés comme Shimaoka, du Japon. Fortement influencé par un stage d'un an dans ce pays où la poterie fait partie de la vie quotidienne (cérémonie du thé), Beaudin se définit comme le partisan d'une poterie « qui aurait l'humilité de sa fonction ».

Aussi *Bol bleu* se distingue-t-il par sa grande sobriété. L'accent est mis sur le contour régulier de l'objet où l'on sent délibérément le travail du tour. Aucun artifice, aucune fantaisie décorative ne vient altérer la pureté de cette forme robuste. Sa glaçure bleue lui assure stabilité et profondeur. Ajoutons que l'artiste utilise la terre rouge du sous-sol québécois dans la fabrication de sa pâte.

Céramique, 35,5 cm

Signé au verso: *Cartier*

Historique
Don de la Centrale d'artisanat du Québec, 1967 (G-67.476.T).

Exposition
1974, Québec, Musée du Québec, *Jordi Bonet*, n° 13.

Invité par un ami québécois, Jordi Bonet quitte Barcelone en 1954 pour venir s'établir au Québec. Il gagne sa vie en donnant des cours de dessins et de peinture. En 1956, installé à Montréal, il s'initie à la céramique à l'atelier de Jean Cartier, rue Sainte-Famille, à quelques pas de chez lui. Suivant son propre témoignage, les premiers dessins sur céramique qu'il a réalisés à cette époque ont été pour lui une révélation. On sait qu'ayant perdu l'usage d'un bras dès l'enfance, Jordi Bonet est tenu de travailler avec un potier pour tourner la terre cuite.

Plateau « Nue« a donc été dessiné par Jordi Bonet mais modelé par Jean Cartier. La silhouette féminine qui émerge en périphérie témoigne de la grande maîtrise du dessin de l'artiste. Épousant harmonieusement la forme circulaire de l'oeuvre, la contorsion acrobatique et fluide de cette nymphe met en évidence les courbes et contrecourbes de son corps.

L'oeil est ainsi invité à suivre et à retracer le dessin sensuel de Bonet à travers l'épaisse ligne noire qui forme le mollet, la hanche, le sein et l'épaule. L'inclinaison de la tête vers le pied pointé, de même que la direction des mains, enferment la composition et établissent un mouvement circulaire, perpétuel.

Céramique, 41 × 13 cm

Signé au verso: *Cartier 56*

Historique
Don de la Centrale d'artisanat du Québec, 1967 (G-67.461-T).

Jean Cartier a été initié à la céramique par Adrien Villandré, potier à Saint-Jean. Il ira se perfectionner à l'École du meuble de Montréal, puis à Paris et en Suède. Lauréat des concours artistiques de la Province de Québec en 1953, Cartier se définit avant tout comme un potier. En ce sens, il ne cherche pas à faire de la terre cuite un support pour une représentation — ce qui serait rivaliser avec la peinture — ni d'en faire un objet qui n'intéresserait que par sa forme, ce qui serait faire de la sculpture. C'est pourquoi sa céramique a beaucoup de ressemblance avec celle des vieilles cultures d'Europe qui concevaient la poterie comme un moyen pratique d'expression.

Vase avec couvercle répond à la fois à un critère fonctionnel et esthétique, son format allongé et régulier lui conférant un aspect utilitaire tout en présentant une belle forme ovoïde. Le coloris très foncé qui accentue l'aspect hermétique et fermé de l'oeuvre laisse entrevoir um motif décoratif qui se décode lentement comme une écriture hiéroglyphique. Jamais chez Cartier le motif ne dévore la forme. Ainsi l'oeuvre, avec son volume juste, son coloris sombre, son dessin délicat et répétitif, atteste parfaitement des qualités de métier de Jean Cartier.

Denyse Beauchemin, 1927
512. *Pot*, vers 1960

Maurice Savoie, 1930
513. *Bouteille jaune*, 1962

Paul Lajoie, 1932
514. *Plats à fruits*, 1964

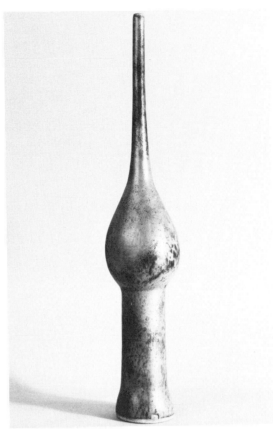

Céramique, 20 × 14 cm

Signé au verso: *Denyse Beauchemin*

Historique
Don de la Centrale d'artisanat du Québec, 1967 (G-67.438-T).

Denyse Beauchemin a d'abord étudié à l'École des Beaux-arts de Montréal, puis à l'École du meuble.

Ses poteries lui ont valu plusieurs distinctions dont le premier prix, section des Arts décoratifs, aux concours artistiques de la Province de Québec en 1957; le premier prix en faïence à la Biennale de la céramique canadienne tenue à Toronto en 1957 et 1959, et le prix du meilleur design contemporain à l'exposition universelle de Bruxelles en 1958.

Au départ, Denyse Beauchemin se distingue par ces fameux « rouilles » qu'elle obtient en traitant ses glaçures au plomb et au chrome. Les tonalités particulières de vert et de rouille sont absolument admirables dans l'oeuvre présentée ici. La texture sobre et terreuse semble imprégner la matière, et la forme, quoique traditionnelle et académique, révèle un esprit harmonieux et équilibré. L'artiste recherche constamment la pureté de la ligne contour qui délimite l'oeuvre et incite l'oeil à retracer cette courbe parfaite afin d'y découvrir une impression de durée et de plénitude.

Grès, 82,5 cm

Signé en bas: *M.-S.*

Historique
Deuxième prix, concours artistiques de la Province de Québec, sections Arts décoratifs, 1962 (A-62.153-T).

Exposition
1962, Québec, Musée du Québec, *Concours artistiques de la Province.*

Maurice Savoie a fait ses études avec le sculpteur-céramiste Louis Archambault à l'École du meuble et à l'École des Beaux-arts de Montréal. Boursier de la Province de Québec en 1956, il va se perfectionner en Italie à l'Institut international de la céramique de Rome. L'année suivante, il obtient une bourse de la France qui lui permet de séjourner et travailler à l'atelier de Francine Del Pierre à Paris.

Bouteille jaune a obtenu en 1962 le deuxième prix aux concours artistiques de la Province de Québec. Cette pièce surprend d'abord par sa forme originale très allongée qui donne à penser que l'auteur épouse davantage les préoccupations spatiales du sculpteur que l'esprit fonctionnel de l'artisan. Très filiforme, la bouteille atteint plus de 82 centimètres, mais l'épaisseur du grès ne dépasse pas 4 millimètres. L'oeuvre est entièrement façonnée à la main, sans tour, selon la technique des colombins. L'artiste y démontre une grande maîtrise de son matériau, le grès, et une dextérité exemplaire. La coloration jaune résulte de l'oxyde d'uranium. Ajoutons que Savoie a réalisé une série de bouteilles à l'image de *Bouteille jaune* qu'il a présentées dans différentes expositions dont *Céramiques canadiennes* au Musée des Beaux-arts de Montréal, où il se mérita un prix en 1965.

Céramique, grès, 15 × 43 cm

Historique
Acquis de l'artiste en 1964 (A-64.86-T).

Exposition
1964, Québec, Musée du Québec, *Concours artistiques de la Province.*

Co-fondateur de l'atelier de l'Argile vivante à Saint-Marc sur le Richelieu, Paul Lajoie a étudié à l'École des Beaux-arts de Montréal et à l'Institut des Arts appliqués. Boursier du gouvernement du Québec, il se rend en Europe en 1960 où il étudie la poterie à l'atelier de Bernard Leach en Angleterre. Il a également fait un stage à Paris ainsi qu'à Vallauris, lieu célèbre depuis le passage de Picasso. Il a exposé à la galerie Primavera de Londres et au Musée de Faenza en Italie.

De bonne taille, *Plat à fruits* a une forme très sobre. Un orientalisme profond se fait sentir dans la grande surface blanche de l'oeuvre où le jet libre d'une encre de Chine lancée en pleine course imprime sa marque indélébile. Le contraste manifeste entre l'étendue blanche du plat et le graphisme brun et noirâtre confère puissance et vigueur au dessin calligraphique.

Georget Cournoyer, 1931
515. *Boîte à lunch*, 1969

Georget Cournoyer, 1931
516. *Ensemble de trois bourses imitation suède*, vers 1972

Louise Doucet et Satoshi Saito, 1938, 1935
517. *Vase groupe 5* , 1975-1976
Voir reproduction en couleurs, section centrale, p. (48)

Céramique, grès, 24 × 24 × 11 cm

Historique
Acquis de l'artiste en 1977 (A-77.375-T).

Bibliographie
ROBERT, 1973, p. 359, repr.

Le *Pop art*, mouvement réaliste qui s'est développé aux États-Unis au début des années soixante et qui plaçait l'objet le plus quotidien et ordinaire au centre des préoccupations, a exercé son influence non seulement au niveau de la peinture et de la sculpture mais aussi sur la céramique. Il a fortement contribué à libérer définitivement cet art du cadre étroit et suranné d'art utilitaire où il était jusqu'alors enfermé.

Conçue dans cette veine, la *Boîte à lunch* de Cournoyer s'inscrit dans le courant de la sculpture *pop* bien plus qu'elle ne relève des arts « décoratifs » auxquels seul la rattache son matériau, en l'occurrence le grès.

L'oeuvre s'identifie aisément au premier coup d'oeil mais intrigue par son côté évidemment inhabituel. Cette boîte à lunch a le même format et la même apparence que celle de l'ouvrier ; elle porte même des marques d'une usure toute semblable à celle de son homologue utile. Cependant, au lieu d'être en cuir et fonctionnelle, elle est en grès et destinée à être exposée dans un musée. Pour obtenir l'effet du cuir, l'artiste compose elle-même son grès sans recourir à la fibre de verre afin de rendre sa pâte plus lisse et presque sans aspérité.

L'objet émeut par son aspect vieillot, antérieur à l'âge du plastique, et par la texture usée du cuir, signe du temps qui passe.

Céramique, grès, 1) 29 × 27 × 18 cm, 2) 20 × 28 × 18 cm, 3) 28 × 30 × 18 cm

Historique
Acquis de l'artiste en 1977 (A-77.369-S).

Exposition
1972-73, Faenza (Italie), *Compétition internationale de céramique d'art*, (médaille d'or).

Georget Cournoyer a étudié à l'École des Beaux-arts de Montréal, à l'Institut des arts appliqués (diplôme en céramique) et à l'Université du Québec (baccalauréat en arts plastiques). Mais ce sont davantage ses voyages au Mexique et au Japon qui ont marqué son oeuvre.

À l'image des Indiens du Mexique de l'époque précolombienne, l'artiste n'utilise pas le tour. Chaque pièce est exécutée au moyen d'une très grande galette repliée d'un seul mouvement suivant la forme voulue.

Par ailleurs, les sacs de Cournoyer ne sont pas émaillés mais enduits intégralement, dessous compris, d'un revêtement dont elle a mis au point la formule en fréquentant les studios de poterie de Bizen, au Japon.

À cause de ces particularités bien personnelles, la céramique de Cournoyer a une réputation bien établie sur la scène internationale et elle figure dans la plupart des biennales et expositions d'envergure. Soulignons à cet égard qu'*Ensemble de trois bourses imitation suède* s'est mérité la médaille d'or à la compétition internationale de céramique de Faenza, en Italie, en 1972-73.

Céramique, grès émaillé, vase 1 : 31,2 × 21,3 cm ; vase 2 : 43,4 × 39,4 cm ; vase 3 : 46,7 × 31,4 cm ; vase 4 : 44,3 × 32,2 cm ; vase 5 : 40 × 25,5 cm

Signé et daté au verso : *D.S. 76*. Le vase n° 2 est signé et daté au verso : *D.S. 75*

Historique
Acquis des artistes en 1976 (A-76.606-V).

Les artistes Doucet-Saïto ont travaillé au Japon avec les plus grands maîtres potiers vivants tels Hamada, Shimaoka et Tsuji. Leur oeuvre, résultat d'une étroite collaboration entre mari et femme, propose une réflexion sur l'art et la vie, dans un rapport de « give and take » issu de la grande tradition japonaise. Louise Doucet-Saïto définit bien cette conception liée du rythme quotidien avec la création : « Lorsque vous travaillez dur à mettre à jour une forme précise, vous vous concentrez sur certains mouvements qui vous révèlent tout à coup comment telle ou telle forme a pu naître. Si vous allez trop vite, si vous n'acceptez pas de passer par les étapes normales, vous forcez la forme et elle ne peut plus exprimer le flux naturel de la vie ». Dans leur besoin d'inventer de nouvelles formes, les artistes partent donc de leur rythme personnel.

Les cinq urnes qui constituent *Groupe 5* témoignent d'un moment privilégié de création. Prise séparément, chaque urne est unique et se suffit à elle-même par ses couleurs et ses caractéristiques propres. Signalons toutefois qu'à travers cette autonomie des éléments persiste une homogénéité formelle indéniable, signe de maturité et d'authenticité des artistes Doucet-Saïto.

Index des auteurs

Les chiffres renvoient aux oeuvres.

Index des oeuvres

Les chiffres renvoient aux oeuvres.

Expositions

1886. *Ontario Society of Artists*, Toronto.

1894. *15th Annual Spring Exhibition*, Art Association of Montreal, Montréal.

1895. *Kermesse en faveur de l'hôpital Notre-Dame*, Montréal.

1899. *Exposition des oeuvres d'Eugène Boudin*, École Nationale des Beaux-Arts, Paris.

1899. *Société nationale des Beaux-Arts*, Paris.

1900. *Sixty Ninth Annual Exhibition*, Pennsylvania Academy of the Arts, Philadelphie.

1901. *20th Annual Spring Exhibition*, Art Association of Montreal, Montréal.

1901. *22nd Annual Exhibition of the Royal Academy of Arts*, Ontario Society of Artists Gallery, Toronto.

1901. *Pan-American Exposition*, Buffalo.

1902. *Royal Academy*, Londres.

1903. *21st Spring Exhibition*, Art Association of Montreal, Montréal.

1903. *24th Exhibition of the Royal Canadian Academy of Arts*, National Gallery of Canada, Ottawa.

1904. *25th Exhibition of the Royal Canadian Academy of Arts*, Art Association of Montreal, Montréal.

1904. *Louisana Purchase Exhibition*, Saint-Louis.

1905. *12th Annual Exhibition*, Cincinnati Art Museum, Cincinnati.

1907. *28th Exhibition of the Royal Canadian Academy of Arts*, Art Association of Montreal, Montréal.

1907. *Le Salon de la Société des Artistes Français*, Grand Palais des Champs-Élysées, Paris.

1908. *24th Spring Exhibition*, Art Association of Montreal, Montréal.

1909. *25th Spring Exhibition*, Art Association of Montreal, Montréal.

1909. *30th Exhibition of the Royal Canadian Academy of Arts*, Archives Building, Ottawa.

1909. *Canadian Art Club*, Toronto.

1910. *32nd Exhibition of the Royal Canadian Academy of Arts*, Art Association of Montreal, Montréal.

1911. *33nd Exhibition of the Royal Canadian Academy of Arts*, Art Museum, Toronto.

1912. *29th Spring Exhibition*, Art Association of Montreal, Montréal.

1912. *34th Exhibition of the Royal Canadian Academy of Arts*, Victoria Memorial Museum, Ottawa.

1912. *5th Annual*, Canadian Art Club, Toronto.

1912. *Canadian National Exhibition*, Toronto.

1912. *Inaugural Exhibition*, Toledo Museum, Toledo.

1912. *Salon d'automne*, Paris.

1913. *35th Exhibition of the Royal Canadian Academy of Arts*, Art Association of Montreal, Montréal.

1913. *Inaugural Loan Exhibition of The Arts Club*, The Arts Club, Montréal.

1913. *International Society*, Londres.

1914. *36th Exhibition of the Royal Canadian Academy of Arts*, Art Museum, Toronto.

1914. *Anglo-American Exposition*, Londres.

1914. *Spring Exhibition*, Art Association of Montreal, Montréal.

1915. *37th Exhibition of the Royal Canadian Academy of Arts*, Art Association of Montreal, Montréal.

1915. *8th Annual*, Canadian Art Club, Toronto.

1915. *Arts Club*, Montréal.

1915. *Canadian National Exhibition*, Toronto.

1915. *Exhibition of Paintings by Maurice Cullen R.C.A.*, The Arts Club, Montréal.

1916. *Société des artistes*, Québec.

1916. *Spring Exhibition*, Art Association of Montreal, Montréal.

1916. *(Oeuvres d'Ozias Leduc)*, Bibliothèque Saint-Sulpice, Montréal.

1918. *35th Spring Exhibition*, Art Association of Montreal, Montréal.

1918. *39th Exhibition of the Royal Canadian Academy of Arts; the late L.P. Hébert*, Art Museum of Toronto, Toronto.

1920. *37th Spring Exhibition*, Art Association of Montreal, Montréal.

1920. *Exposition de Peintures et de Dessins*, Académie commerciale, Québec.

1924. *British Empire Exhibition*, Londres.

1924. *Première exposition des artistes français du Groupe de l'Érable*, Hôtel du Parlement, Québec.

1925. *47th Exhibition of the Royal Canadian Academy of Arts*, Art Association of Montreal, Montréal.

1925. *Canadian National Exhibition*, Toronto.

1925. *William Brymner*, Watson Art Galleries, Montréal.

1926. *48th Exhibition of the Royal Canadian Academy of Arts*, Art Gallery of Toronto, Toronto.

1926. *Memorial Exhibition of paintings by the late William Brymner, R.C.A.C.M.G.*, Art Association of Montreal, Montréal.

1927. *44th Spring Exhibition*, Art Association of Montreal, Montréal.

1927. *49ᵗʰ Exhibition of the Royal Canadian Academy of Arts*, Art Association of Montreal, Montréal.

1927. *Exposition d'art Canadien*, Musée du Jeu de Paume, Paris.

1928. *50ᵗʰ Exhibition of the Royal Canadian Academy of Arts*, Art Gallery of Toronto, Toronto.

1929. *46ᵗʰ Spring Exhibition*, Art Association of Montreal, Montréal.

1929. *51ˢᵗ Exhibition of the Royal Canadian Academy of Arts*, Art Association of Montreal, Montréal.

1929. *Rétrospective des oeuvres de Suzor-Coté*, École des Beaux-Arts de Montréal, Montréal.

1929. *Retrospective Exhibition of the Works of Horatio Walker*, Art Gallery of Toronto, Toronto.

1930. *29ᵗʰ Annual Exhibition*, Carnegie Institute, Pittsburgh.

1930. *Annual Exhibition of Canadian Art*, Galerie nationale du Canada, Ottawa.

1930. *National Academy of Design*, Ferargil Galleries, New York.

1930. *Rétrospective des oeuvres de Maurice Cullen*, École des Beaux-Arts de Montréal, Montréal.

1931. *48ᵗʰ Spring Exhibition*, Art Association of Montreal, Montréal.

1931. *52ᵗʰ Exhibition of the Royal Canadian Academy of Arts*, Art Association of Montreal, Montréal.

1931. *Exhibition of Paintings by John Lyman*, W. Scott & Sons Gallery, Montréal.

1931. *Exposition Adrien Hébert. Le port de Montréal*, Galerie A. Bareiro, Paris.

1932. *53ᵗʰ Exhibition of the Royal Canadian Academy of Arts*, Art Gallery of Toronto, Toronto.

1932. *Arts Club*, Montréal.

1933. *54ᵗʰ Exhibition of the Royal Canadian Academy of Arts*, Art Association of Montreal, Montréal.

1933. *Annual Exhibition of Canadian Art*, Galerie nationale du Canada, Ottawa.

1934. *12ᵗʰ Cullen Annual Exhibition*, Watson Art Galleries, Montréal.

1935. *Exhibition of Canadian by a Group of Selected Artists*, Galerie nationale du Canada, Ottawa.

1936. *Exhibition of Contemporary Canadian Painting*, Galerie nationale du Canada, Ottawa.

1936. *Exhibition on drawings, watercolors and oils of French Canadian life by Henri Julien*, The Art Club, Montréal.

1936. *Exposition Théophile Hamel*, Musée de la Province, Québec.

1936. *Retrospective Exhibition of the Works of the late Maurice Cullen*, The Arts Club, Montréal.

1937. *Art Exhibition*, National Produced in Canada Exhibition, Édifice Sun Life, Montréal.

1937. *Arts Club Exhibition*, Montréal.

1937. *James Wilson Morrice, R.C.A. 1865-1924. Memorial Exhibition*, Art Association of Montreal, Montréal, Art Gallery of Toronto, Toronto.

1937. *Senior Painters in Canada*, Art Gallery of Toronto, Toronto.

1938. *A Century of Canadian Art*, The Tate Gallery, Londres.

1938. *Coronation Exhibition*, Londres.

1938. *Eastern Group of Painters Exhibition*, W. Scott & Sons Gallery, Montréal.

1938. *Henri Julien 1851-1908. Exposition commémorative*, Galerie nationale du Canada, Ottawa.

1938. *Sylvia Daoust, Simone Hudon*, École des Beaux-Arts, Québec.

1938. *The Elsie Perrin Memorial Art Museum*, London (Ontario).

1939. *56ᵗʰ Spring Exhibition*, Art association of Montreal, Montréal.

1939. *André Biéler, Henri Masson, Louis Muhlstock, Philip Surrey*, Art Gallery of Toronto, Toronto.

1939. *Canadian Group of Painters*, World's Fair, Canadian Art, New York.

1939. *Canadian National Exhibition*, Toronto.

1939. *Exhibition of Works by John G. Lyman*, McGill University Faculty Club, Montréal.

1939. *Summer Exhibition by Contemporary Montreal Artists*, Art Association of Montreal, Montréal.

1940. *61ˢᵗ Exhibition of the Royal Canadian Academy of Arts*, Art Gallery of Toronto, Toronto.

1940. *Alfred Pellan*, Art Association of Montreal, Montréal.

1940. *Alfred Pellan*, Musée de la province de Québec, Québec.

1941. *Les peintures de Louise Gadbois*, Galerie municipale, Québec.

1941. *Peinture moderne*, Henry Morgan & Company, Montréal.

1941. *Première exposition des Indépendants*, Galerie municipale, Québec.

1941. *Première exposition des Indépendants*, Magasin Morgan, Montréal.

1941. *The A. Suzor-Coté Collection*, Walter M. Kean's Salesroom, Montréal.

1942. *Clarence Gagnon 1881-1942. Memorial Exhibition*, Galerie nationale du Canada, Ottawa.

1942. *Exposition annuelle de la Contemporary Art Society*, Art Association of Montreal, Montréal.

1942. *Exposition rétrospective de Clarence A. Gagnon, R.C.A. 1881-1942*, Musée du Québec, Québec.

1943. *8ᵉ Salon des Artistes présenté à l'occasion du 20ᵉ anniversaire de fondation de l'École des Beaux-Arts de Montréal*, École des Beaux-Arts de Montréal, Montréal.

1943. *Borduas*, Dominion Gallery, Montréal.

1943. *Goodridge Roberts*, Dominion Gallery, Montréal.

1944. *Exposition de Marc-Aurèle Fortin, A.R.C.A. Adrien Hébert, R.C.A. Henri Hébert, R.C.A. Edwin Headley Holgate, R.C.A.*, Musée de la Province de Québec, Québec.

1944. *Exposition d'art canadien*, Collège André-Grasset, Montréal.

1944. *John Lyman 1913-1943*, Dominion Galleries, Montréal.

1945. *Concours artistiques de la Province de Québec*, Musée de la Province, Québec.

1945. *Exposition de Edmond Dyonnet, R.C.A., Ozias Leduc, A.R.C.A., Joseph Saint-Charles, A.R.C.A. Elzéar Soucy*, Musée de la Province de Québec, Québec.

1945. *Exposition de gouaches, dessins et peintures à l'huile de Philip Surrey*, L'Art Français, Montréal.

1945. *John Lyman/Goodridge Roberts*, Les philosophes de Sainte-Croix, Montréal.

1945. *Le développement de la peinture au Canada. The Development of Painting in Canada*, The Art Gallery of Toronto, Toronto.

1946. *Exposition nationale d'art moderne*, Unesco, Musée national d'art moderne, Paris.

1946. *Painting in Canada. A Selective Historical Survey*, Albany Institute of History and Art, Albany.

1946. *Quebec Loan Exhibition*, Willistead Art Gallery, Windsor.

1946. *The Arts of French Canada 1613-1870*, The Detroit Institute of Arts, Detroit.

1946. *Un Siècle d'Art Canadien*, Centre de récréation d'Arvida, Arvida.

1947. *Exposition des Automatistes*, Hall d'entrée du 75 ouest, rue Sherbrooke, Montréal.

1947. *Fémina*, Musée de la Province de Québec, Québec.

1947-1948. *French Canadian Art 1850-1947*, Willistead Art Gallery, Windsor.

1947. *Louis Archambault and John Lyman*, Dominion Gallery, Montréal.

1947. *The Colonial Americas*, Columbus Gallery of Fine Arts, Columbus (Ohio).

1948. *Concours artistiques de la Province de Québec*, Musée de la Province de Québec, Québec.

1948. *Current Trends in Montreal Painting*, Fédération des Artistes canadiens, section du Québec.

1948. *Dix peintures de Borduas*, Atelier des décorateurs Guy et Jacques Viau, Montréal.

1948. *Exposition du Centenaire de l'Institut Canadien de Québec*, Musée de la Province, Québec.

1949. *Forty years of Canadian Painting; from Tom Thompson and the Group of Seven to the present day*, Museum of the Arts, Boston.

1949. *Quatre peintres du Québec*, Musée de la Province de Québec, Québec.

1949. *Un Siècle d'Art Canadien. Exposition d'oeuvres d'Art du Musée de la Province de Québec*, Hôtel de Ville, Rimouski.

1950. *Canadian Painting*, National Gallery of Art, Washington.

1950. *Exposition conjointe Léon Bellefleur - Fritz Brandtner*, Musée des beaux-arts, Montréal.

1950. *Exposition de textiles Canadart organisée par la Maison Morgan*, Galerie Antoine, Montréal.

1951. *Borduas and De Tonnancour Paintings and Drawings*, Art Gallery of Toronto, Toronto.

1951. *Concours artistiques de la Province de Québec*, Musée de la Province de Québec, Québec.

1951. *The French in America 1520-1880*, The Detroit Institute of Arts, Detroit.

1951. *Un siècle et demi d'Art Canadien/A Century and a Half of Canadian Art*, Gymnase du Centre Sportif, Baie-Comeau.

1952. *Exposition rétrospective de l'art au Canada français. The Arts in French Canada*, Musée de la Province, Québec.

1952. *Two men Exhibition, Archambault and Pellan*, Art Gallery of Toronto, Toronto.

1952. *XXVI Biennale di Venezia*, (Canada), Venise.

1953. *74ᵗʰ Exhibition of the Royal Canadian Academy of Arts. Memorial Section*, Art Gallery of Toronto, Toronto.

1953. *A Selection From the Louis Carrier Collection of Canadian Silver*, Windsor Art Gallery, Windsor.

1953. *Exhibition of Canadian Painting to Celebrate the Coronation of Her Majesty Queen Elisabeth II*, Galerie nationale du Canada, Ottawa.

1953-1954. *Inaugural Exhibition*, Art Gallery of Hamilton, Hamilton.

1955. *Ozias Leduc 1864-1955*, Galerie nationale du Canada, Ottawa.

1955. *Pellan*, Musée national d'art moderne, Paris.

1956. *Exposition itinérante dans plusieurs villes de l'Ontario*, organisée par The Windsor Art Association.

1956. *Jean McEwen*, Galerie L'Actuelle, Montréal.

1956. *Maurice Cullen 1866-1934*, Art Gallery of Hamilton, Hamilton.

1956. *Panorama de la peinture à Montréal*, Montréal.

1956. *Pellan*, Hôtel de Ville, Montréal.

1956. *Portraits Mirror of Man*, The Winnipeg Art Gallery, Winnipeg.

1957. *Contemporary Canadian Painters*, Galerie nationale du Canada, Ottawa.

1957. *Exposition des poteries de Jean-Claude Coiteux*, Palais Montcalm, Québec.

1957. *First National Fine Crafts Exhibition*, Galerie nationale du Canada, Ottawa.

1958. *Art contemporain au Canada*, Palais des beaux-arts, Exposition universelle et internationale, Bruxelles.

1958. *Concours artistiques de la Province de Québec*, Musée de la Province de Québec, Québec.

1958. *Exposition de la Province de Québec (Visages du Canada-Vallée du Saint-Laurent)*, Grands Magasins du Louvre, Paris.

1958. *Exposition d'art canadien*, Pavillon canadien, Exposition universelle et internationale, Bruxelles.

1958. *Pellan*, Galerie Denyse Delrue, Montréal.

1959. *Art abstrait*, École des beaux-arts, Montréal.

1959. *Art contemporain du Canada*, Musée Rath, Genève.

1959. *Art religieux*, Parlement, Québec.

1959. *Canadiana Artists Series III*, Galerie nationale du Canada, Ottawa.

1959. *Four men show*, Art Gallery of Ontario, Toronto.

1959. *Les Arts au Canada français. The Arts in French Canada*, Vancouver Art Gallery, Vancouver.

1959. *Portraits canadiens du 18ᵉ et 19ᵉ siècles. Canadian Portraits of the 18ᵗʰ and 19ᵗʰ Centuries*, Galerie nationale du Canada, Ottawa et Musée du Québec, Québec.

1960. *Arte Canadiense*, Museo Nacional de Arte Moderno, Instituto Nacional de Bellas Artes, Mexico.

1960. *Onze artistes à Montréal 1860-1960*, Musée des Beaux-Arts, Montréal.

1960-1961. *Alfred Pellan*, Galerie nationale du Canada, Ottawa.

1961. *Charles Gagnon, oeuvres récentes*, Galerie Denyse Delrue, Montréal.

1961. *Cornelius Krieghoff, ca. 1815-1872*, Beaverbrook Art Gallery, Fredericton.

1961. *Exposition du 25ᵉ anniversaire de l'Institut des arts appliqués*, Montréal.

1961. *Exposition d'art religieux*, Académie Sainte-Marie, Beauport.

1961. *Mariette Rousseau-Vermette*, Musée des Beaux-Arts, Montréal.

1962. *La peinture moderne, 25 années de peinture au Canada-français*, 5ᵉ Festival des Deux Mondes, Palazzo Collicola, Spolète.

1962. *L'Art au Canada*, Musée des Beaux-Arts, Bordeaux.

1962. *Paul-Émile Borduas 1905-1960*, Musée des Beaux-Arts, Montréal.

1962. *Première biennale de tapisserie*, Concours artistiques du Québec, Lausanne.

1962. *(Exposition organisée à l'occasion d'un banquet présidé par le premier ministre du Québec Jean Lesage)*, Hôtel Biltmar, New York.

1963. *Concours artistiques du Québec*, Musée du Québec, Québec.

1963. *John Lyman*, Musée des Beaux-Arts de Montréal, Montréal.

1963. *Montréal, Harbour City 1535-1867*, Musée des Beaux-Arts, Montréal.

1964. *1914-1964, Un demi-siècle de peinture*, Centre d'art, Shawinigan.

1964. *Canadian painting 1939-1963*, The Tate Gallery, Londres.

1964. *Concours artistiques du Québec 1964*, Musée du Québec, Québec.

1964. *Fortin*, Galerie nationale du Canada, Ottawa.

1964. *Surrealism in Canadian Painting*, London Art Museum, London.

1964. *Un demi-siècle de peinture au Québec (1875-1925)*, Centre d'art du Mont-Royal, Montréal.

1964. *Montréal, Harbour City 1860-1964*, Musée des Beaux-Arts de Montréal, Montréal.

1965. *Artistes de Montréal*, Musée d'art contemporain, Montréal.

1965. *Commonwealth Art Treasures*, Burlington House, Londres.

1965. *Concours artistiques du Québec 1965*, Musée du Québec, Québec.

1965. *Exposition de céramique, d'émaux, d'orfèvrerie et de tapisserie*, Centre d'art, Shawinigan.

1965. *John Goodwin Lyman, Retrospective Exhibition*, Musée des Beaux-Arts, Montréal.

1965. *J. W. Morrice 1865-1924*, Musée des Beaux-Arts de Montréal, Montréal.

1965. *Les arts décoratifs au Canada français*, Centre d'art de Shawinigan, Shawinigan.

1965. *Tapisseries de Jeanne d'Arc Corriveau*, Musée du Québec, Québec.

1965. *Trésors de Québec. Treasures from Quebec*, La Galerie nationale du Canada, Ottawa et Musée du Québec, Québec.

1965. *Un demi-siècle de peinture au Canada français*, La Ghilde Féminine, Rivière-du-Loup.

1966. *Cinq collectionneurs de Québec*, Musée du Québec, Québec.

1966. *Concours artistiques du Québec 1966*, Musée du Québec, Québec.

1966. *Hommage à John Lyman à l'occasion de ses 80 ans*, Galerie nationale du Canada, Ottawa.

1966. *Images for a Canadian Heritage*, The Vancouver Art Gallery, Vancouver.

1966. *Jacques de Tonnancour*, Musée d'art contemporain, Montréal.

1966. *Jacques Hurtubise*, Eart Hampton Gallery, New York.

1966. *John Nesbitt, Sans titre, 1964*, Hôtel de Ville, Shawinigan.

1966. *Joseph A. Saint-Charles*, Centre d'art du Mont-Royal, Montréal.

1966. *Peinture vivante du Québec, Vingt-cinq ans de libération de l'oeil et du geste*, Musée du Québec, Québec.

1966. *Philip Surrey*, Musée du Québec, Québec.

1966. *Quebec Tapisseries*, Willistead Art Gallery, Windsor.

1966-1967. *Rétrospective de John Lyman*, Musée du Québec, Québec.

1966. *Semaine du Québec*, Dalhousie University, Halifax.

1966. *Semaine française*, Art Gallery of Toronto, Toronto.

1966. *Ulysse Comtois*, Galerie Edouard Smith, Paris.

1967. *Arts du pays*, Galerie d'Art de l'Université de Sherbrooke, Sherbrooke.

1967. *La peinture au Canada*, Pavillon du Canada, Terre des Hommes, Montréal.

1967. *La peinture canadienne 1850-1950*, Galerie nationale du Canada, Ottawa.

1967. *Ozias Leduc*, Maison des Arts La Sauvegarde, Montréal.

1967. *Panorama de la peinture du Québec*, Musée d'art contemporain, Montréal.

1967. *Peinture traditionnelle du Québec*, Musée du Québec, Québec.

1967. *Rétrospective Jean Paul Lemieux*, Musée des beaux-arts, Montréal.

1967. *Riopelle 67*, Musée du Québec, Québec.

1967. *Robert Wakeham Pilot, M.B.E.R.C.A., Retrospective Exhibition*, Kitchener-Waterloo Art Gallery, Kitchener.

1967. *Sculpture traditionnelle du Québec*, Musée du Québec, Québec.

1967. *Trois cents ans d'art canadien. Three Hundred years of Canadian Art*, Galerie nationale du Canada, Ottawa.

1968. *Exposition Napoléon Bourassa 1827-1916*, Musée du Québec, Québec.

1968. *François Ranvoyzé orfèvre/1739-1819*, Musée du Québec, Québec.

1968. *James Wilson Morrice 1865-1924*, Musée des Beaux-Arts de Bordeaux, Bordeaux.

1968. *James Wilson Morrice 1865-1924*, Holburne of Menstries Museum, Bath Festival.

1968. *Léon Bellefleur*, Galerie nationale du Canada, Ottawa.

1968. *Rétrospective Jean Dallaire*, Musée du Québec, Québec et Musée d'art comtemporain, Montréal.

1968. *Ulysse Comtois/Guido Molinari*, XXXIVᵉ Exposition biannale internationale d'art, Venise.

1968-1969. *Concours artistiques de Québec 1968*, Musée du Québec, Québec.

1969. *Exposition Napoléon Bourassa 1827-1916*, École Napoléon-Bourassa, l'Acadie.

1969. *L'Art religieux du Québec. Religions Art of Quebec*, Université Guelph, Guelph.

1969. *Profil du la sculpture québécoise, XVIIᵉ-XIXᵉ siècle*, Musée du Québec, Québec.

1969-1970. *Goodridge Roberts. Une exposition rétrospective*, Galerie nationale du Canada, Ottawa.

1970. *Concours artistiques du Québec 1970*, Musée du Québec, Québec.

1970. *Deux peintres du Québec. Two Painters of Quebec. Antoine Plamondon/1802-1895. Théophile Hamel/1817-1870*, Galerie nationale du Canada, Ottawa.

1970. *Festival du printemps*, Conseil des arts de Coquitlam, Colombie-Britannique.

1970. *Marcelle Ferron de 1945 à 1970*, Musée d'art contemporain, Montréal.

1970. *Panorama de la sculpture au Québec 1945-1970*, Musée d'art contemporain, Montréal et Musée Rodin, Paris.

1970. *Peinture et tapisserie de Monique Mercier*, Pavillon Monseigneur Saint-Arnaud, Université du Québec, Trois-Rivières.

1970. *Pierre Heyvaert*, Musée d'art contemporain, Montréal.

1970. *Sculptures récentes d'Yves Trudeau*, Musée du Québec, Québec.

1970-1971. *Fernand Leduc*, Galerie nationale du Canada, Ottawa.

1971. *Adrien Hébert, trente ans de son art 1923-1953*, Galerie nationale du Canada, Ottawa.

1971. *Borduas et les automatistes*, Galeries du Grand Palais, Paris et Musée d'art contemporain, Montréal.

1971. *Cornelius Krieghoff 1815-1872*, Musée du Québec, Québec.

1971. *Joseph Saint-Charles*, Université d'Ottawa, Ottawa.

1971. *Philip Surrey. Le peintre dans la ville*, Musée d'art contemporain, Montréal et Centre culturel canadien, Paris.

1971. *Rétrospective Fernand Leduc*, Musée d'art contemporain, Montréal.

1971. *Terre des Hommes*, Montréal.

1972. *Jacques Hurtubise*, Musée du Québec, Québec.

1972. *Pellan*, Musée du Québec, Québec et Musée des beaux-arts, Montréal.

1972. *Pleins feux sur Alfred Laliberté*, Musée du Québec, Québec.

1972. *Quinzaine québécoise*, Memorial University of Newfoundland, St-John's.

1972. *Rétrospective de Mariette Rousseau-Vermette*, Musée du Québec, Québec.

1972. *Triptyques de Guy Montpetit*, Musée d'art contemporain, Montréal.

1972-1973. *Compétition internationale de la céramique d'art*, Faenza (Italie).

1973. *Canadian Landscape Painting 1670-1930*, Elvehjem Art Centre, University of Wisconsin, Madison.

1973. *Impressionnism in Canada*, Art Gallery of Ontario, Toronto.

1973. *McEwen 1953-73*, Musée d'art contemporain, Montréal.

1973. *Peintres du Québec. Collection Maurice et Andrée Corbeil. Painters of Quebec. Maurice et Andrée Corbeil Collection*, Galerie nationale du Canada, Ottawa.

1973. *Rétrospective Marcelle Ferron*, Musée du Québec, Québec.

1974. *Charles Daudelin*, Musée d'art contemporain, Montréal.

1974. *Chez Arthur et Caillou la pierre*, exposition organisée par le Musée des beaux-arts de Montréal, Terre des Hommes, Montréal.

1974. *Jordi Bonet*, Musée du Québec, Québec.

1974. *Le diocèse de Québec 1674-1974*, Musée du Québec, Québec.

1974. *Les Arts du Québec*, Pavillon du Québec, Terre des Hommes, Montréal.

1974. *L'orfèvrerie en Nouvelle-France*, La Galerie nationale du Canada, Ottawa.

1974. *Sylvia Daoust*, Musée du Québec, Québec.

1975. *François Baillairgé et son oeuvre (1759-1830)*, Musée du Québec, Québec.

1975. *Images of women in sacred art*, The Art Gallery, Mount Saint Vincent University, Halifax.

1975. *Les portraitistes du Québec au XIXᵉ siècle*, Place des Arts, Montréal.

1975. *Marcel Barbeau, Peintures et Sculptures, Paris-Montréal, 1971-1975*, Musée du Québec, Québec et Musée d'art contemporain, Montréal.

1975. *Orfèvrerie traditionnelle du Québec*, Galerie d'art du Centre culturel de l'université de Sherbrooke, Sherbrooke.

1975. *Peintres canadiens actuels*, Time Canada Ltd.

1975. *Peinture canadienne des années trente*, Galerie nationale du Canada, Ottawa.

1975. *Portraits anciens du Québec*, Centre culturel, Galerie d'art, Université de Sherbrooke, Sherbrooke.

1975. *Veneer*, Art Gallery, Mount Saint Vincent University, Halifax.

1976. *Aspects of the Art of French Canada 1700-1850*, The Gallery, Stratford.

1976. *Cornelius Krieghoff*, Place des Arts, Montréal.

1976. *Hier au Québec 1875-1915*, Place Bonaventure, Montréal.

1976. *Légendes: Alfred Laliberté*, Art Gallery of Greater Victoria, Victoria.

1976. *Napoléon Bourassa 1827-1916, Soixantième anniversaire*, Archives publiques du Canada, Ottawa.

1976. *The Collective Unconscious American and Canadian Art: 1940-1950*, The Edmonton Art Gallery, Edmonton.

1976. *Through Canadian Eyes. Trends and Influences in Canadian Art 1815-1965*, Glenbow-Alberta Institute, Calgary.

1976. *(Exposition Joseph Saint-Charles)*, Galerie Clarence Gagnon, Montréal.

1977. *Berczy et Girodet*, Galerie nationale du Canada, Ottawa.

1977. *Horatio Walker 1858-1938*, Agnes Etherington Art Centre, Kingston.

1977. *Louis Comtois*, Galerie Curzi, Montréal.

1977. *Louis-Eugène Boudin. Precursor of Impressionism*, Santa Barbara Museum of Art, Santa Barbara.

1977. *L'Art du Québec au lendemain de la Conquête (1760-1790)*, Musée du Québec, Québec.

1978. *Alfred Laliberté 1878-1953*, Galerie L'Art Français, Montréal.

1978. *Alfred Laliberté*, Galerie UQAM, Montréal.

1978. *Charles Gagnon*, Musée des beaux-arts, Montréal.

1978. *Dessins inédits d'Ozias Leduc*, les Galeries d'art Sir George Williams, Université Concordia, Montréal.

1978. *Joseph Légaré 1795-1855. L'oeuvre*, Galerie nationale du Canada, Ottawa.

1978. *La peinture moderne au Canada/Modern Painting in Canada*, The Edmonton Art Gallery, Edmonton.

1978. *Les bronzes d'Alfred Laliberté*, Musée du Québec, Québec.

1978. *L'Art du paysage au Québec (1800-1940)/Landscape Painting in Québec (1800-1940)*, Musée du Québec, Québec.

1978. *L'image de l'homme dans la peinture canadienne: 1878-1978*, The University of Western Ontario, London.

1978. *Marc-Aurèle Fortin*, Musée du Québec, Québec.

1978. *Mill 1973 à 1977*, Musée du Québec, Québec.

1978. *The last lion!... Rambles in Quebec with Patterson Cockburn*, The Agnes Etherington Art Centre, Kingston.

1978. *Trentenaire de Refus Global*, Musée d'art contemporain, Montréal.

1979. *Enfants d'autrefois*, Archives publiques du Canada, Ottawa.

1979. *Frontiers of our Dreams: Quebec Painting in the 1940's and 1950's*, The Winnipeg Art Gallery, Winnipeg.

1979. *Héritage vivant de l'orfèvrerie*, Musée du Québec, Québec.

1979. *Jean Dallaire*, Musée d'art contemporain, Montréal.

1979. *La légende dans l'art Québécois*, Musée du Québec, Québec.

1979. *Le portrait dans la peinture, Louise Gadbois*, Musée d'art contemporain, Montréal.

1979. *Métiers d'art*, Centre culturel canadien, Paris.

1979. *William Brymner 1855-1925. A Retrospective*, Agnes Etherington Art Centre, Kingston.

1979. *Yves Gaucher. Une perspective de quinze ans 1963-1978*, Art Gallery of Ontario, Toronto.

1979. *À la découverte des collections: Paysages de rivières par Suzor-Coté*, Galerie nationale du Canada, Ottawa.

1980. *Analyse Scientifique des Oeuvres d'Art*, Musée du Québec, Québec.

1980. *Cap-Santé, Comté de Portneuf*, Musée des Beaux-Arts, Montréal.

1980. *Fonder une Galerie nationale, L'Académie Royale des arts du Canada 1880-1913. To Found a National Gallery: the Royal Canadian Academy of Arts 1880-1913*, Galerie nationale du Canada, Ottawa.

1980. *Henry Saxe, sculptures et dessins récents*, Galerie Gilles Gheerbrant, Montréal.

1980. *Les dessins d'Alfred Pellan*, Galerie nationale du Canada, Ottawa.

1980. *L'architecture et la nature à Québec au dix-neuvième siècle: les villas*, Musée du Québec, Québec.

1980. *L'Art des Cantons de l'est/1800-1950*, Galerie d'art du Centre culturel, Université de Sherbrooke, Sherbrooke.

1980. *Michel Goulet et Louise Robert*, Musée d'art contemporain, Montréal.

1980. *Pluralités/1980/Pluralities*, Galerie nationale du Canada, Ottawa.

1981. *Françoise Sullivan Rétrospective*, Musée d'art contemporain, Montréal.

1981. *Images de Charlevoix 1784-1950*, Musée des beaux-arts de Montréal, Montréal.

1981. *Jean-Paul Riopelle Peinture 1946-1977*, Musée du Québec, Québec.

1981. *Jean-Paul Riopelle Peinture 1946-1977*, Musée national d'art moderne, Paris.

1981. *Pierre Gauvreau: The first Decade*, Agnes Etherington Art Centre, Kingston.

1981. *Textile triennale Fiber Artists and Designers*, Lodz (Pologne).

1982. *Alberta Rhythm: the later work of A. Y. Jackson*, Art Gallery of Ontario, Toronto.

1982. *Jean McEwen, tableaux de 1952-1959*, Galerie Jolliet, Montréal.

1982. *Jean-Paul Riopelle Pintura 1946/1977*, Musée des beaux-arts, Caracas.

1982. *Jean-Paul Riopelle, Pintura 1946-1977*, Musée d'art moderne, Mexico.

1982. *Les esthétiques modernes au Québec de 1916 à 1946*, Galerie nationale du Canada, Ottawa.

1982. *Marcel Jean 1977-1982*, Musée du Québec, Québec.

1982. *Maurice Cullen 1866-1934*, Agnes Etherington Art Centre, Kingston.

1982. *Peinture canadienne du XXᵉ siècle*, Musée national d'art moderne, Tokyo.

1982. *Une autre Amérique*, Le Musée du Nouveau Monde, Hôtel Fleuriau, La Rochelle.

1982. *À la découverte de Joseph St-Charles 1868-1956*, Galerie UQAM, Montréal.

1982-1983. *A Distant Harmony. Comparaisons in the Painting of Canada and the United States of America*, The Winnipeg Art Gallery, Winnipeg and Art Gallery of Hamilton, Hamilton.

1982-1983. *OKanada*, Ausstellungen und Veranstaltungen der Akademie der Künste, Berlin.

1983. *Paul-Émile Borduas et la peinture abstraite*, Palais des beaux-arts, Bruxelles.

1983. *Portraits Miniatures by the Connecticut-born artist, Anson Dickinson*, The Connecticut Historical Society, Hartford (Conn.).

1983. *Ulysse Comtois 1951-1982*, Musée d'art contemporain, Montréal.

1983-1984. *Exposition rétrospective de l'oeuvre de Turner*, Grands Palais, Paris.

Bibliographie

« A Canadian Painter Honored in Paris », dans *Saturday Night*, 16 avril 1955.

ADHÉMAR, Hélène, « Nouvelles acquisitions, Musée du Louvre », dans *Revue des Arts*, X:1, 1960, p. 45-46.

ALLAIRE, Sylvain, « Les canadiens au salon officiel de Paris entre 1870 et 1910: sections peinture et dessin », dans *Annales d'histoire de l'art canadien*, vol. 4, n° 2, 1977-1978, p. 141-154.

ALLARD, Lionel, *L'Ancienne-Lorette*, Leméac, Montréal, 1977.

ANON, « The Lady of the Lake » dans *The Art Journal*, Londres, XV, 1876, p. 168, ill.

ANON, *The masterpieces of Teniers the Younger*, Glasgow, 1906.

« Armand Vaillancourt vend son arbre 26 000 $ », dans *Photo-Journal*, semaine du 22 au 28 août 1976.

« Art Québec 70 », dans *Perspectives*, Montréal, 10 octobre 1970.

ASSELIN, Hedwidge, comp. *Inédits de John Lyman*, Bibliothèque nationale du Québec, Montréal, 1980.

AYRE, Robert, « All the lonely people », dans *The Montreal Star*, Montréal, 23 septembre 1970.

AYRE, Robert, « Four Painters and a Sculptor », dans *The Montreal Star*, Montréal, 25 avril 1965.

AYRE, Robert, « Real painters are latins » from the papers of John Lyman », dans *The Montreal Star*, 9 mai 1970, p. 10.

AYRE, Robert, « The City and the Dream of Philip Surrey », dans *Canadian Art*, T. XXI, n° 5, septembre-octobre 1965, p. 284-287.

BAKKER-HEFTIN, Victorine, *J.B. Jongkind*, Amsterdam, 1962.

BAKKER-HEFTIN, Victorine, *L'univers de Jongkind*, Paris, 1976.

BARBEAU, Marius, « Anciens maîtres sculpteurs », dans *La Presse*, Montréal, 17 avril 1937, p. 41.

BARBEAU, Marius, « Anciens orfèvres de Québec », dans *Mémoires de la Société Royale du Canada*, 3ᵉ série, section I, t. XXIX, 1935, p. 113-115.

BARBEAU, Marius, « Au couteau ou à l'aiguille », dans *La Revue moderne*, mai 1941, p. 18 et 34.

BARBEAU, Marius, « Côté, sculpteur », dans *Le Canada français*, vol. 30, n° 2, octobre 1942, p. 94-103.

BARBEAU, Marius, « Deux cents ans d'orfèvrerie chez nous », dans *Mémoires de la Société Royale du Canada*, 3ᵉ série, section I, t. XXXIII, 1939, p. 183-191.

BARBEAU, Marius, « Échos de la Renaissance française », dans *La Presse*, 20 février 1937.

BARBEAU, Marius, « Indian Trade Silver », dans *Mémoires de la Société Royale du Canada*, 3ᵉ série, section II, t. XXXIV, 1940, p. 27-41.

BARBEAU, Marius, « Jean-Baptiste Côté sculpteur », dans *La Revue moderne*, novembre 1941, p. 18 et 31.

BARBEAU, Marius, « Le curé Panet et son orfèvre », dans *20ᵉ siècle*, vol. 7, n° 8, avril 1949, p. 37-39.

BARBEAU, Marius, « Le curé Panet et son orfèvre », dans *L'Événement-Journal*, 18 août 1946.

BARBEAU, Marius, « Le dernier de nos artisans, Louis Jobin », dans *Mémoires de la Société Royale du Canada*, section I, n° 27, mai 1933, p. 33-48.

BARBEAU, Marius, « Les Le Vasseur, maîtres menuisiers, sculpteurs et statuaires (Québec, circa 1648-1818), dans *Les Archives de Folklore III*, publications de l'Université Laval, Fides, Montréal, 1948, p. 35-50.

BARBEAU, Marius, « Louis Jobin, statuaire (1845-1928) », dans *Mémoires de la Société Royale du Canada*, section I, n° 37, 1943, p. 17-23.

BARBEAU, Marius, « Nos anciens orfèvres », dans *Le Canada Français*, vol. XXVI, n° IV, juin 1934, p.914-922.

BARBEAU, Marius, « Nos anciens orfèvres », dans *Technique*, t. XIV, décembre 1939, p. 666-668.

BARBEAU, Marius, « Old Canadian Silver », dans *Canadian Geographical Journal*, t. XXII, n° 1, mars 1941, p. 150-162.

BARBEAU, Marius, « Orfèvres de Québec », dans *L'Événement-Journal*, 25 août 1946, p. 7.

BARBEAU, Marius, « Rivalité d'anciens orfèvres », dans *La Presse*, 3 avril 1947, p. 39.

BARBEAU, Marius, « Two centuries of wood carving in French Canada », dans *Mémoires de la Société Royale du Canada*, 3ᵉ série, section II, n° 27, mai 1933,

BARBEAU, Marius, *Au coeur de Québec*, Les Éditions du Zodiaque, Montréal, 1934.

BARBEAU, Marius, *Côté, The Wood Carver (1834-1907)*, Toronto, 1943.

BARBEAU, Marius, *Henri Julien*, The Ryerson Press, Toronto, 1941.

BARBEAU, Marius, *J'ai Vu Québec*, La librairie Garneau Ltée, Québec, 1957.

BARBEAU, Marius, *Louis Jobin statuaire*, Librairie Beauchemin Limitée, Montréal, 1968.

BARBEAU, Marius, *Maîtres artisans de chez nous*, Zodiaque, Montréal, 1942.

BARBEAU, Marius, *Québec où survit l'ancienne France*, Librairie Garneau Limitée, Québec, 1937.

BARBEAU, Marius, *Trésors des anciens Jésuites*, « Série antropologique », n° 43, Musées Nationaux, Ottawa, 1957.

BATES, Catherine, « Quiet Giant », dans *The Montreal Star*, Montréal, 13 octobre 1973.

BAUDELAIRE, Charles, « Salon de 1859 », dans *Curiosités esthétiques*, Lausanne, 1956, p. 367-368.

BEAUDET, Père Henri, *Chez un peintre : M. Charles Huot*, Québec, 1900.

BÉDARD, Rodrigue, *Napoléon Bourassa et l'enseignement des arts au XIXᵉ siècle*. Mémoire présenté à la Faculté des études supérieures en vue de l'obtention du grade de Maître es arts (M.A.), Département d'Histoire de l'Art, Faculté des Arts et des Sciences, Université de Montréal, Montréal, 1979.

BÉLANGER, Léon, *L'Église de l'Islet 1768-1968*, Conseil de la Fabrique de l'Islet, 1968.

BÉLANGER, Léon, *L'Église de l'Islet 1768-1979*, publié à compte d'auteur, La Pocatière, 1979.

BELLERIVE, Georges, *Artistes-peintres canadiens français. Les Anciens*, 2ᵉ édition, Librairie Beauchemin Limitée, Montréal, 1927.

BERGERON, René, *« L'art et sa spiritualité »*, Éditions du Pélican, Québec, 1961.

BERNATCHEZ, Michèle et HARVEY-PERRIER, Ginette, *La tapisserie*, coll. Formart, Série Initiation aux métiers d'art, la documentation québécoise, Ministère des Communications, Éditeur officiel du Québec, 1977.

BERTRAND, Reynald, « Adrien Hébert, peintre urbain », dans *la Presse*, 14 novembre 1936, p. 46.

BIGUÉ, Michel, « L'exposition rétrospective de Joseph St-Charles A.R.C.A. remporte un grand succès! », dans *Secrets des artistes*, 7 novembre 1976, p. 21.

BIGUÉ, Michel, « L'un des peintres méconnus de la peinture québécoise », dans *Secrets des artistes*, 31 octobre 1976, p. 20-21.

BILODEAU, Jean-Noël, « Rétrospective Dallaire », dans *Le Soleil*, Québec, samedi, 4 mai 1968, p. 45.

BOCQUET, Léon, *David Teniers*, Paris, 1924.

BOGARDI, Georges, « Holgate : An appreciation », dans *The Montreal Star*, 4 juin 1977, p. D-5.

BOISSAY, Pauline, « Deux oeuvres religieuses certaines de Roy-Audy », dans *Vie des Arts*, n° 42 printemps 1966, p. 26-30.

BORCOMAN, James, « Purism versus Pictorialism : the 135 years War », dans *Arts Canada*, vol. XXXI, n°ˢ 192/193, 194/195, décembre 1974, p. 69-82.

BOUCHARD, Claude A., *Henri Masson : la vision d'un peintre*, Lecha, Ottawa, 1979.

BOURASSA, Adine, *Lettres d'un artiste canadien : N. Bourassa*, Desclée de Brower et Cie, Bruges-Paris, 1929.

BOURASSA, Anne, *Un artiste canadien-français, Napoléon Bourassa 1827-1916*, Montréal, 1968.

BOURASSA, Napoléon, « Causerie artistique », dans *La Revue canadienne*, vol. 4, n° 10, octobre 1867, p. 789-798; n° 12, p. 932-946.

BOURASSA, Napoléon, « Du développement du goût dans les arts au Canada », dans *La Revue canadienne*, vol. 5, n° 1, janvier 1868, p. 67-68; vol. 5, n° 3, mars 1868, p. 207-215.

BOURASSA, Napoléon, « Quelques réflexions critiques à propos de « L'Art Association of Montreal », dans *La Revue Canadienne*, vol. 1, n° 3, mars 1864, p. 170-182.

BRIDGES, Marjorie Lismer, *Arthur Lismer's Pen and Pencil A border of beauty*, Red Rock, Toronto, 1977.

BRODEUR, Maurice, « Un maître de la statuaire », dans *La Revue populaire* », juillet 1935, p. 7 et 52.

BRODEUR, Maurice, « Une figure nationale Louis-Philippe Hébert, statuaire », dans *Le Terroir*, vol. 14, n° 11, avril 1933, p. 10-12.

BRUNET-WEIMANN, Monique « Gadbois, la femme et l'oeuvre » texte d'introduction au catalogue de l'exposition *Louise Gadbois Rétrospective 1932-1982*, Galerie UQUAM, Université du Québec, Montréal, 1983.

BUCHANAM, Donald W., *The Growth of Canadian Painting*, William Collin & Sons, London, Toronto, 1950.

BUCHANAN, Donald W. « The Art of Jean Dallaire », dans *Canadian Art*, vol. XII, n° 4, été 1955, p. 143-148.

BUCHANAN, Donald W. et coll., *Canadian painters; from Paul Kane to the Group of Seven*, The Phaidon Press/Oxford University Press, Londres et New York, 1945.

BUCHANAN, Donald W., « Le Musée de la Province de Québec », dans *Canadian Art*, vol. 6, n° 2, décembre 1948, p. 69-73.

BUCHANAN, Donald W., *James Wilson Morrice; a biography*, The Ryerson Press, Toronto, 1936.

BUTLIN, Martin et TOLL, Evelyn, *The Paintings of J.M.W. Turner*, New Haven et London, 1977.

BÜRGER, W., « Richard Parkes Bonington », dans *Histoire des peintres de toutes les écoles*, t.2, *École anglaise*, Paris, 1863, p. 1-16.

CAHEN, Gustave, *Eugène Boudin, sa vie et son oeuvre*, Paris, 1900.

CAMERON, Christina et TRUDEL, Jean, *Québec au temps de James Patterson Cockburn*, éditions Garneau, Québec, 1976.

CAMPBELL, Archibald, *The « Royal William », the pioneer of Ocean Steam Navigation*, a paper read before the Literary and Historical Society of Quebec (31.03.1891), « Morning Chronicle » Office, Quebec, 42 p.

CASGRAIN, Abbé René-Ed., *Histoire de la paroisse de l'Ange-Gardien*, Québec, 1903.

CASTONGUAY, Denis, *Les Aulnaies 1656-1981*, Corporation des Fêtes du 325ᵉ Anniversaire de la Concession de la Seigneurie des Aulnaies, 1981.

Catalogue partiel des bronzes d'Alfred Laliberté, Musée de la Province de Québec, Québec, 1935.

CATELIN, Jean, « Notes de voyage », dans *Cimaises*, n° 54, juillet-août 1961.

CAUCHON, Michel et JUNEAU, André, « Cotton, Michel », dans *Dictionnaire biographique du Canada*, vol. III, Les Presses de l'université Laval, Québec, 1974, p. 154-155.

CAUCHON, Michel et JUNEAU, André, « Deschevery dit Maisonbasse, Jean-Baptiste », dans *Dictionnaire biographique du Canada*, vol. III, Les Presses de l'université Laval, Québec, 1974, p. 194-195.

CAUCHON, Michel et JUNEAU, André, « Landron, Jean-François », dans *Dictionnaire biographique du Canada*, vol. III, Les Presses de l'université Laval, Québec, 1974, p. 375.

CAUCHON, Michel et JUNEAU, André, « Pagé dit Carcy, Jacques », dans *Dictionnaire biographique du Canada*, vol. III, Les Presses de l'université Laval, Québec, 1974, p. 540-541.

CAUCHON, Michel et JUNEAU, André, « Paradis, Roland », dans *Dictionnaire biographique du Canada*, vol. III, Les Presses de l'université Laval, Québec, 1974, p. 542.

CAUCHON, Michel, « L'incendie du quartier Saint-Roch (28 mai 1945) vu par Joseph Légaré », dans *Bulletin du Musée du Québec*, n° 10, octobre 1968, p. 1-4.

CAUCHON, Michel, *Jean-Baptiste Roy-Audy 1778-c. 1848*, Ministère des Affaires culturelles, collection « Civilisation du Québec », n° 8, Québec, 1971.

CHAUVIN, Jean, *Ateliers. Études sur vingt-deux peintres et sculpteurs canadiens*, Louis Carrier et cie, Montréal, 1928.

CHICOINE, René, « Peinture, nuages et Valéry », dans *Le Devoir*, Montréal, 22 novembre 1956.

CHICOINE, René, *Armand Filion Sculpteur*, L'Association des sculpteurs du Québec.

CIOLKOWSKA, Muriel, « A Canadian painter : James Wilson Morrice », dans *The Studio*, vol. 59, n° 245, 15 août 1913, p. 176-183.

« City gallery pays record price for painting », dans *The Gazette*, 18 mai 1978, p. 1.

CLARÉTIE, Jules, « Charles Jacque », dans *Peintres & Sculpteurs Contemporains*, Paris, 1884.

CLOUTIER, Albert, « Sylvia Daoust, Sculptor », dans *Canadian Art*, vol. 8, n° 4, été 1951, p. 154-157.

« Coast to Coast in Art », dans *Canadian Art*, vol. V, n° 3, winter 1948, p. 139-143.

COLGATE, William, *Canadian Art; its origin & development*, The Ryerson Press, Toronto, 1943.

COLLARD, Élisabeth, « Edson, Allan Aaron », dans *Dictionnaire biographique du Canada*, vol. XI, 1982, p. 325-326.

Collections des musées d'État du Québec, Ministère des Affaires culturelles, Québec, 1967.

CORBEIL, Gilles, « Collections et collectionneurs canadiens : Louis Carrier », dans *Arts et Pensée*, n° 16, avril 1954, p. 115-118.

CORBEIL, Gilles, « John Lyman », dans *Arts et Pensée*, vol. 3, n° 15, janvier-février 1954.

CORBEIL, Gilles, « Rencontres avec Ozias Leduc », dans *Le Devoir*, 14 janvier 1956.

CORBEIL, Wilfrid, *Trésors des Fabriques du Diocèse de Joliette*, Le Musée d'art, Joliette, 1978.

COUSINEAU, Marie-Josée, *Catalogue raisonné des oeuvres de Joseph Saint-Charles (1868-1956)*, Édition préliminaire. Centre de recherche en civilisation canadienne-française, Ottawa, 1982.

« Dans l'atelier d'un sculpteur », *La Patrie*, 2 avril 1944.

DE CHENNEVIÈRES, Henry, « Michel-Ange Challe, dessinateur du Cabinet du Roi (documents tirés d'un journal inédit) », dans *Gazette des Beaux-Arts*, ser. 2ᵉ, XXV-XXVI, 1882, p. 505-523.

DE LATREILLE, Édouard, *Nouveau manuel simplifié de photographie sur plaque, verre et papier, albumine et collodion, suivi d'un petit traité sur les instruments d'optique appliqués à la photographie, nouvelle édition*, Librairie encyclopédique de Roret, Paris, 1856.

DEFLASSIEUX, Françoise, *L'argus de l'argenterie*, Ballund, 1976.

DEROME, Robert et NORMAND, Sylvio, « Lespérance (Rocheleau dit Lespérance), Pierre », dans *Dictionnaire biographique du Canada*, vol. XI, Les Presses de l'université Laval, Québec, 1982, p. 567-569.

DEORME, Robert, « Delezenne, Ignace-François », dans *Dictionnaire biographique du Canada*, vol. IV, Les Presses de l'université Laval, Québec, 1980, p. 220-224.

DEROME, Robert, « Des poinçons de deux maîtres », dans *M24*, vol. 6, n° 4, printemps 1975, p. 5- 13.

DEROME, Robert, « Gérard Morisset et l'orfèvrerie », dans *À la découverte du patrimoine avec Gérard Morisset*, Musée du Québec, Québec, 1981, p. 207-220.

DEROME, Robert, « Joseph Légaré 1795-1855 », dans *Canadian Antique Collector*, vol. 13, n° 5, september/october 1978, p. 28-31.

DEROME, Robert, « Picard, Louis-Alexandre », dans *Dictionnaire biographique du Canada*, vol. IV, Les Presses de l'université Laval, Québec, 1980, p. 681-682.

DEROME, Robert, « Schindler, Joseph (Jonas) », dans *Dictionnaire biographique du Canada*, vol. IV, Les Presses de l'université Laval, Québec, 1980, p. 761-762.

DEROME, Robert, *Charles Huot et la peinture d'histoire au Palais législatif de Québec (1883-1930)*, Bulletin, n° 27, Galerie nationale du Canada, Ottawa, 1976.

DEROME, Robert, *Les orfèvres de Nouvelle-France*, Galerie nationale du Canada, Ottawa, 1974.

DES GAGNIERS, Jean, *Morrice*, Éditions du Pélican, Ottawa, 1971.

DESILETS, Alphonse, *Les cents ans de l'Institut Canadien de Québec*, Québec, 1949.

DESROSIERS, Emmanuel, « Monsieur Alfred Laliberté, R.C.A. », dans *Mon magazine*, mars 1931, p. 7-8.

DORAIS, Lucie, « Deux moments dans la vie et l'oeuvre de James Wilson Morrice », Bulletin, n°30, Galerie nationale du Canada, 1977, p. 19-34.

DORAIS, Lucie, *James Wilson Morrice, Peintre canadien (1865-1924). Les années de formation*. Université de Montréal, département d'histoire de l'art, Montréal, 1980.

DREHER, Faith Paulette, « The Artist as Seigneur: Chateaux and Their Proprietors in the Work of David Teniers II », dans *Art Bulletin*, LX, december 1978, p. 682-703.

DUGUAY, Rodolphe, *Carnets intimes*, présenté par Hervé Biron, Boréal Express, Montréal, 1978.

DUMAS, Paul, « Exposition rétrospective d'Adrien Hébert », dans *L'information médicale et paramédicale*, 21 septembre 1971, p. 18.

DUMAS, Paul, « La peinture d'Henri Julien », dans *Vie des Arts*, n° 13, décembre 1938, p. 19-23.

DUMAS, Paul, « L'histoire de la peinture », dans *Canadian Antique Collector*, vol. 9, n° 3, May/June 1974, p. 39-43.

DUMAS, Paul, « Redécouverte d'Henri Beau (1863-1949), à la Galerie Bernard Desroches », dans *L'information médicale et paramédicale*, 18 mars 1975, p. 40-41.

DUMAS, Paul, *Lyman*, L'arbre, Montréal, 1944.

DUQUETTE, Jean-Pierre, *Fernand Leduc*, Cahiers du Québec, Collections Art d'aujourd'hui, Hurtubise HMH, Montréal, 1980.

DUVAL, Monique, « Un de nos plus grands orfèvres, François Ranvoyzé », dans *Le Soleil*, 12 décembre 1979, p. F 1.

DUVAL, Paul, *High Realism in Canada*, Clarke, Irwin and Co., Toronto, 1974.

DYONNET, Edmond, *Mémoires d'un artiste canadien*, Éditions de l'Université d'Ottawa, Ottawa, 1968.

« Exposition d'orfèvrerie de l'Université » dans, *La Tribune*, 1er novembre 1975, p. 12.

« Exposition rétrospective », dans *Le Soleil*, 12 janvier 1946.

FABRE-SURVEYER, E., « Une famille d'orfèvres », dans *Bulletin des Recherches Historiques*, vol. XLVI, n° 10, octobre 1940, p. 310-315.

FAIRLEY, Barker, « What is wrong with canadian art? » dans *Canadian Art*, vol. VI, n°1, automne 1948.

FALARDEAU, Émile, *Marc-Aurèle alias Suzor-Coté, peintre et sculpteur, 1869-1937*, Laval, La galerie des Anciens, 1969.

« Fernand Daudelin, Lauréat des Concours artistiques, section des arts appliqués », dans *La Presse*, Montréal, 8 octobre 1965, p. 15.

Fernand Leduc, microchromie gris, puissance[6], Centre culturel canadien, Paris, 1977.

FIELDING, Mantle, *Dictionary of American Painters, Sculptors and Engravers*, Green Farms, Connecticut, 1974.

FIELD, Frederick, *Artists in Wood*, Clarkson N. Potter, Inc. Publisher, New York, 1970.

FINBERG, H.F., « With Mr. Turner in 1797 », dans *Burlington Magazine*, XCIX, février 1957, p. 48-51.

FORSTER, Michael, « Young French Painters in Montreal » dans *Canadian Art*, vol. IX, n° 2, 1951-1952, p. 60-67.

FOX, Ross Allan, « French Canadian Liturgical Silver » dans *Bulletin of Detroit Institute of Arts*, n° 52, 1973, p. 97-105.

FOX, Ross Allan, *Quebec and Related Silver at The Detroit Institute of Arts*, Wayne State University Press, Detroit, 1970.

FRASSAINTO, William A., *Antietam*, Schribners, New York, 1978.

FRENIÈRE, André, « Panet, Jean-Claude » dans *Dictionnaire biographique du Canada*, vol. IV, Les Presses de l'université Laval, Québec, 1980, p. 651-653.

GAGNON, Claire P. « Le grand peintre et poète Ozias Leduc », dans *La Patrie*, 5 janvier 1957, p. 22.

GAGNON, Claire-P., « Le peintre Jean Paul Lemieux », dans *La Patrie*, 7 avril 1957.

GAGNON, François-Marc et CLOUTIER, Nicole, *Premiers peintres de la Nouvelle-France*, t. 1, Ministère des Affaires culturelles, collection « Civilisation du Québec » n° 16, Québec, 1976.

GAGNON, François-Marc, « Joseph Légaré et les Indiens », dans *Annales d'histoire de l'art canadien*, vol. V, n° 1, 1980, p. 39-46.

GAGNON, François-Marc, *Paul-Émile Borduas (1905-1960)*, Fides, Montréal, 1978.

GAGNON, Jean-Louis, « La couleur et le mouvement dans l'art de Mme Gadbois », dans *L'Événement-Journal*, Québec, novembre 1941.

GAGNON, Maurice, « Intermittance », dans *Gants du ciel*, vol. 1, septembre 1943.

GAGNON, Maurice, *Pellan*, L'arbre, Montréal, 1943.

GAGNON, Maurice, *Sur un état actuel de la peinture canadienne*, Société des éditions Pascal, Montréal, 1945.

GAGNON-PRATTE, France, *L'architecture et la nature à Québec au dix-neuvième siècle: les villas*, Musée du Québec, Québec, 1980.

GALE, George, *Quebec Twixt Old... and... New*, The Telegraph Printing Co., Québec, 1915.

GALY-CARLES, Henry, « Borduas et les automatistes au Grand Palais. Montréal 42-55, Une importance historique irréfutable », dans *Les lettres françaises*, Paris, 6 octobre 1971.

GAUTHIER, Raymonde, *Les tabernacles anciens du Québec du XVIIe, XVIIIe et XIXe siècles*, Ministère des Affaires culturelles, collection « Civilisation du Québec », n° 13, Québec, 1974.

GAUVREAU, Jean-Marie, *Clarence Gagnon à la baie St-Paul*, Ottawa, 1944, tiré-à-part des Mémoires de la Société Royale du Canada, t. 38, p. 113-119.

GENDREAU, Andrée, « La maison traditionnelle de Charlevoix dans la peinture », dans *Architectures: la culture dans l'espace*, Leméac/Institut québécois de recherche sur la culture, Montréal, 1983, (questions de culture 4).

GIGUÈRE, C.E., « L'orfèvre François Ranvoyzé (1739-1819) » dans *Vidéo-Presse*, vol. 1, n° 7, avril 1972, p. 40-42.

GINGRAS, Marcel, *Henri Masson*, Préface de Naïm Kattan, Marcel Broquet, La Prairie, 1981.

GIRARD, Henri, « Adrien Hébert », dans *La Revue moderne*, déc. 1933, p. 5.

GIRARD, Henri, « Adrien Hébert », dans *Le Canada*, 10 novembre 1936, p. 2.

GIROUX, Sylvia, « Le choléra à Québec », Bulletin, n° 20, Galerie nationale du Canada, Ottawa, 1972, p. 3-12.

GLADU, Paul, « Des oeuvres de Suzor-Coté que nous devrions ramener au pays », dans *Le petit Journal*, 3 juin 1956.

GLADU, Paul, *Henri Julien*, Lider, Montréal, 1970.

GLEN-GROARKE, Marie-Andrée, *Les portes du sanctuaire de l'église de la Visitation du Sault-au-Récollet*, mémoire de maîtrise présenté à The University of British Columbia, 1979.

GOBEIL TRUDEAU, Madeleine, *Bâtir une église au Québec. Saint-Augustin-de-Desmaurres: de la chapelle primitive à l'église actuelle*, Éditions Libre Expression, Montréal, 1981.

GODSELL, Patricia, *Enjoying Canadian Painting*, General Publishing Co. Limited, Don Mills, Ontario, 1976.

GOUR, Romain, *Suzor-Coté, artiste multiforme*, Éditions Fobanes, Montréal, 1950.

GRANDMONT, Éloi de, *Cinquante dessins d'Alfred Pellan*, Aux éditions Lucien Parizeau, Montréal, 1945.

GRAVES, Algernon, *The Royal Academy of Arts. A Complete Dictionary of Contributors and their work from its foundation in 1796 to 1904*, Henry Graves and Co. Ltd. and George Belle and sons, London, 1905.

GREENBERG, Reesa, « Surrealist Traits in the heads of Alfred Pellan », dans *Annales d'histoire de l'art canadien*, vol. III, n° 1-2, automne 1976.

GREENBERG, Reesa, *Les dessins d'Alfred Pellan*, Galerie nationale du Canada, Ottawa, 1980.

GREENHILL, Ralph et BIRRELL, Andrew, *Canadian Photography: 1839-1920*, The Coach House Press, Toronto 1979.

GREENHILL, Ralph, « Photography and Photographers », dans *The Book of Canadian Antiques*, edited by Donald Blake Webster, McGraw-Hill Book Company, Toronto, 1974, p. 327-336.

GREENING, W.E., « Silversmiths of French Canada », dans *The Connoisseur*, t. 162, n° 653, juillet 1966, p. 213-217.

GREENING, W.E., « Two Centuries of Canadian Wood Carving and Sculpture », dans *Apollo*, vol. LXXXVI, n° 69, november 1967, p. 388-391.

GROCE, George C. et WALLACE, David H., *The New York Historical Society's Dictionary of Artists in America 1564-1860*, New Haven, Connecticut, 1957.

GUILBAULT, Nicole, *Henri Julien et la tradition orale*, Boréal Express, Montréal, 1980.

G.D.W., « Notre peintre canadien Pellan », dans *Le journal des économies*, 1 août 1940.

HAMEL, Marcel, « En souvenir de Théophile Hamel », dans *Québec Histoire*, vol. 1, n° 1, février-mars 1971, p. 47, 48 et 50.

HAMEL, Marcel, « Rôle de la Capricieuse dans la peinture de Plamondon », dans *Québec Histoire*, vol. 1, n° 2, avril-mai-juin 1971, p. 14-15.

HAMEL, Oscar, *Notes sur la vie d'Eugène Hamel, artiste-peintre*, 17 septembre 1932 (communication à Gérard Morisset), 20 p.

HARPER, John Russell, « Painting in Canada 1604-1867 », dans *Antiques*, july 1967, p. 66-71.

HARPER, John Russell, « Three Centuries of Canadian Painting », dans *Canadian Art*, vol. XIX, n° 6, november/december 1962, p. 405-452.

HARPER, John Russell, *Krieghoff*, University of Toronto Press, Toronto, 1979.

HARPER, John Russell, *La Peinture au Canada, des origines à nos jours*, Les Presses de l'université Laval, Québec, 1966.

HARPER, J. Russell. *Early painters and engravers in Canada*, University of Toronto Press, Toronto, 1970.

HARPER, J. Russell et Triggs, Stanley, *Portrait of a Period: A Collection of Notman Photographs 1856 to 1915*, McGill University Press, Montréal, 1967.

HAYWARD, Victoria, *Romantic Canada*, The Macmillan Company of Canada, Toronto, 1922.

HÉBERT, Adrien, « Un point de vue », dans *L'Action Universitaire*, avril 1935, p. 10-11.

HÉBERT, Adrien, « Existe-t-il une peinture d'interprétation spécifiquement canadienne-française », dans *Culture*, vol. 3, 1942, p. 297-303.

HÉBERT, Anne, Texte du catalogue de l'exposition *Jean Paul Lemieux*, Musée du Québec, Québec 1974.

HÉBERT, Bruno, *Philippe Hébert, sculpteur*, Fides, Montréal, 1973.

HÉBERT, Henri, « Donnons-nous à l'art dans notre province la place à laquelle il a droit? » dans *Culture*, vol.3, 1942, p. 145-148.

« Hébert, Henri, sculpteur, décédé à Montréal à 66 ans », dans *L'Action Catholique*, 12 mai 1950.

HÉBERT, Henri, « L'art au Canada français », dans *La revue moderne*, vol. 21, no. 7, novembre 1939.

HÉBERT, Louis-Philippe, « Les arts au Canada », dans *Le monde illustré*, vol. 19, 1902-1903, p. 725.

HÉNAIRE, Jean, « Lemieux: témoin vivant », dans *Le Carabin*, 26 octobre 1967.

« Henri Hébert's Work on View at Arts Club », dans *The Montreal Star*, 17 février 1932.

HILL, Charles C., « To Found a National Gallery; the Royal Canadian Academy of Arts 1880-1913 », Journal, Galerie nationale du Canada, no. 36, 6 mars 1980, 8 p.

Historic Montreal; past and present, Henry Morgan & co., Montréal, n.d.

Hommage à Ozias Leduc, dans *Arts et Pensée*, n°18, juillet-août 1954.

HORMAN, Doris, *Varennes 1672-1972*, Atelier des Sourds, Montréal, 1972.

HOUSE, John, « *Stanislas Lépine, sa vie, son oeuvre, by John Couper* », dans *Burlington Magazine* XI (02.09.1970), p. 635-636.

HUBBARD, R. H., « Artists in common: canadian-american contacts », dans *RACAR*, vol. 3, no 2, 1976, p. 35-54.

HUBBARD, R. H., *L'évolution de l'art au Canada*, Galerie nationale de Canada, Ottawa, 1964.

HUBBARD, R.H., « Primitives with Character: A Quebec School of the Early Nineteenth Century », dans *The Art Quartely*, vol. XX, n° 1, spring 1957, p. 17-29.

HUBBARD, R.H., *An Anthology of Canadian Art*, Oxford University Press, Toronto, 1960.

HUDON, Paul-Henri, *Rivière-Ouelle 1672-1972*, Atelier des Sourds, Montréal, 1972.

HUGOLIN, R.P., « Un Peintre de Renom à Québec en 1670: Le diacre Luc François, Récollet », dans *Mémoires de la Société Royale du Canada*, 3e série, t. XXV, 1932, p. 65-82.

IGARTURA, José, « Guy, Pierre », dans *Dictionnaire biographique du Canada*, vol. III, Les Presses de l'université Laval, Québec, 1974, p. 291-292.

« Important tableau de Pellan exposé ici pour la première fois », dans *La Presse*, Montréal, 30 juin 1956.

JACKSON, Alexander Young, *Painter's country: the autobiography of A.Y. Jackson*, Clarke Irwin, Toronto, 1976.

JACKSON, Charles-James, *English goldsmiths and their marks*, Dover publications, New York, 1964.

JOHNSON, Jane (comp.), *Works exhibited at the Royal Society of British Artists 1824-1893 and The New English Art Club 1888-1917*, Antique Collector's Club, s.l., 1975.

JOHNSON, J. et GREUZNER, A., *The Dictionary of British Artists, 1880-1940*, Antique Collector's Club, s.l., 1976.

JOHNSON, Lee, « Bonington at Nottingham », dans *Burlington Magazine*, CVII (06.1965), p. 318-321.

JONES, E. Alfred, « Old church silver in Canada », dans *Mémoires de la Société Royale du Canada*, 3e série, section II, t. XII, 1918, p 135-150.

JOUBERT, Suzanne, « Jean Dallaire, le vrai et le moins vrai », dans *Le Droit*, Ottawa, 16 août 1980.

JOUVANCOURT, Hugues de, « Aurèle de Foy Suzor-Coté », dans *Vie des Arts*, no. 37, hiver 1964-1965, p. 16-25.

JOUVANCOURT, Hugues de, *Clarence Gagnon*, La Frégate, Montréal, 1970.

JOUVANCOURT, Hugues de, *Henri Masson*, La Frégate, Montréal, 1973.

JOUVANCOURT, Hugues de, *Marc-Aurèle Fortin*, Lider, Montréal, 1968; La Frégate, Montréal, 1980.

JOUVANCOURT, Hugues de, *Suzor-Coté*, Stanké, Montréal, 1978; Montréal, La Frégate, 1967.

JOUVANCOURT, Hugues de, *Cornelius Krieghoff*, Stanké, Montréal, 1979.

JOYAL, Paul, « John Lyman à la Dominion Gallery », dans *La Presse*, 18 mars 1944, p. 61.

JUNEAU, André, « Orfèvrerie indienne », Bulletin du Musée du Québec, n° 9, août 1968, p. 1-5.

KAREL, David; LABELLE, Marie-Dominique et THIVIERGE, Sylvie, « Vincent, Zacharie (Telari-o-lin) », dans *Dictionnaire biographique du Canada*, vol. XI, 1982, p. 1002-1003.

« La peinture. John Lyman », dans *Le Canada*, 18 mars 1944, p. 5.

La province de Québec, collection Images de mon pays, Éditions Leméac, Montréal, 1957.

LA TOUR, Thérèse, *La fabrication artisanale des tissus, appareils et techniques*, Musée du Québec, Québec, 1974.

LABELLE, Marie-Dominique et THIVIERGE, Sylvie, « Un peintre huron du XIXe siècle: Zacharie Vincent », dans *Recherches amérindiennes au Québec*, vol. XI, n° 4, 1981, p. 325-333.

LABERGE, Albert, « Alfred Laliberté », dans *La Patrie*, 22 février 1953, p. 36-37.

LABERGE, Albert, *Peintres et écrivains d'hier et aujourd'hui*, Montréal, 1938.

« L'académisme de Joseph Saint-Charles », dans *La Presse*, 1er octobre 1966.

LACROIX, Georgette, « Mariette Rousseau-Vermette », dans *L'Action-Québec*, 9 août 1972, p. 10.

LACROIX, Laurier, « Les Artistes Canadiens Copistes au Louvre (1838-1908) », dans *Annales d'histoire de l'art canadien*, vol. 2, no. 1, été 1975, p. 54-70.

LAJOIE, Noël, « Entretien avec John Lyman », dans *Le Devoir*, 31 décembre 1955.

LALIBERTÉ, Alfred, *Mes souvenirs*, présenté par Odette Legendre, Boréal Express, Montréal, 1978.

LAMY, Laurent et Suzanne, *La Renaissance des Métiers d'art au Canada français*, Ministère des affaires culturelles, Québec, 1967.

LAMY, Laurent, « Les concours artistiques de la province », dans *La Presse*, Montréal 21 novembre 1964.

LANEL, Luc, *L'orfèvrerie*, « Que sais-je », n° 31, PUF, Paris, 1949.

LANGDON, John E., « Early Silversmiths and Canadian Currency », dans *The Canadian Banker*, t. XLV, n° 2 janvier 1938, p. 165-169.

LANGDON, John E., « Lambert, dit Saint-Paul, Paul », dans *Dictionnaire biographique du Canada*, vol. III, Les Presses de l'université Laval, Québec, 1974, p. 373-374.

LANGDON, John E., « Levasseur, Michel », dans *Dictionnaire biographique du Canada*, vol. II, Les Presses de l'université Laval, Québec, 1969, p. 448.

LANGDON, John E., « The French and English Influence, Early Canadian Silver », dans *Canadian Antiques Collector*, vol. 9, n° 1, janvier — février 1974, p. 52-56.

LANGDON, John E., *American Silversmiths in British North America 1776-1800*, publié à compte d'auteur, Toronto, 1970.

LANGDON, John E., *Canadian Silversmiths 1700-1900*, Stinehour, Toronto, 1966.

LANGDON, John E., *Canadian Silversmiths & Their Marks, 1667-1867*, publié à compte d'auteur, Lunenburg (Vermont), 1960.

LANGDON, John E., *Guide to marks on Early Canadian Silver: Eighteenth and Nineteenth Centuries*, Ryerson, Toronto, 1968.

« L'art de la tapisserie au Québec », dans *Le Devoir*, Montréal, 7 février 1966.

LAURIN, François, « Joseph Saint-Charles, 1868-1956 », dans *RACAR*, vol. 2, no. 2, p. 55-64.

LAURIN, François, *Joseph Saint-Charles 1868-1936*, s.l., n.d.

LAVALLÉE, Gérard, « *La sculpture traditionnelle* », dans *Canadian Antique Collector*, vol. 9, n° 3 May/June 1974, p. 31-33.

LAVALLÉE, Gérard, *Anciens ornemanistes et imagiers du Canada français*, Ministère des Affaires culturelles, collection « Art, Vie et Sciences au Canada français », n° 9, Québec, 1968.

LE MOINE, J.M., *Monographies et esquisses*, Théophile Levasseur éd., Québec, s.d.

LE MOINE, Roger, *Napoléon Bourassa, l'homme et l'artiste*, Ottawa, Éditions de l'Université d'Ottawa, cahiers du centre de recherche en civilisation canadienne-française, 1974.

Le Musée du Québec. Oeuvres choisies. Renseignements généraux sur les collections. Musée du Québec, Québec , 1978.

« Le sculpteur H. Hébert décédé », dans *Le Soleil*, 12 mai 1950.

LEBLOND, Jean-Claude, « Jean Dallaire, un cas », dans *Le Devoir*, Montréal, 17 décembre 1977.

LEBLOND, Jean-Claude, « La vente Phillips. Une soirée décevante », dans *Le Devoir*, 24 mai 1978.

LECOUTEY, André, « Le père M-Alain Couturier O.P. », dans *Arts et Pensée*, III:16, mars-avril 1954.

LECOUTEY, André, « Les prix du concours artistique provincial de peinture, 1951 » dans *Arts et Pensée*, no 8, mars-avril 1952, p. 56-57.

LEDUC, Ozias, « L'histoire de S.-Hilaire, on l'entend, on le voit », dans *Arts et Pensée*, n° 18, juillet-août 1954.

LEFEBVRE, Germain, *Pellan*, Les Éditions de l'Homme, Montréal 1973.

Légendes, coutumes, métiers de la Nouvelle-France. Bronzes d'Alfred Laliberté, Préface de Charles Maillard, Beauchemin, Montréal, 1934.

LEMIEUX, Jean-Paul, « Un aperçu de l'exposition Hudon-Daoust », dans *Le Soleil*, 24 novembre 1938.

LEMOINE, J.M., *Quebec Past and Present. A history of Quebec 1608-1876*, Augustin Côté & Co., Québec, 1876.

LEMOINE, Pascale, *Boudin, Roi des ciels*, Lausanne, 1891.

LEPRIEUR, Paul, « Charles Jacque », dans *Gazette des Beaux-Arts*, 1894, p. 468-474.

LORD, Barry, *The History of Painting in Canada Toward a people's art*, NC Press, Toronto, 1974.

LYLE, John, « The Work of Henri Hébert R.C.A. », dans *The Journal of the Royal Architectural Institute of Canada*, no. 12, 6 juin 1935.

LYMAN, John, *Morrice*, L'arbre, Montréal, 1945.

L'atelier de diffusion et de documentation en art contemporain, *Pierre Heyvaert sculpteur*, l'Association des sculpteurs du Québec.

MAC LEISH, John A.B., *September gale; a study of Arthur Lismer of the Group of Seven*, Dent, Toronto,1973.

MAC TAVISH, Newton, *The Fine Arts in Canada*, The MacMillan Company of Canada, Toronto, 1925.

MACDONALD, Colin S. *A Dictionary of Canadian Artists*, Ottawa, Canadian Paper-backs, dates diverses.

MAGNAN, Hormidas, « Peintres et sculpteurs du Terroir », dans *Le Terroir*, n° 8, décembre 1922, p. 342-354.

MAGNAN, Hormidas, *Charles Huot, artiste-peintre: sa vie, sa carrière, ses oeuvres, sa mort*, Québec, 1932.

MAJOR-FRÉGEAU, Madeleine, « Malepart de Beaucourt, François », dans *Dictionnaire biographique du Canada*, vol. IV, Les Presses de l'université Laval, Québec, 1980, p. 548-549.

MAJOR-FRÉGEAU, Madeleine, *La vie et l'oeuvre de François Malepart de Beaucourt (1740-1794)*, Ministère des Affaires culturelles, collection « Civilisation du Québec » n° 24, Québec, 1979.

MALLET, Daniel Trowbridge, *Mallett's index of artists, internation-biographical including painters, sculptors, illustrators, engravers and etchers of the past and the present*, Kingsmead Reprints, Bath, 1976.

MARGANT, Paule, « Visages du Canada », dans *La France Horlogère*, n° 149, mars 1958, p. 109-111.

MARIER, Carole, « Marcel Barbeau ou l'automatisme en sa maturité », dans *Vie des Arts*, n° 82, printemps 1976.

MARTIN, Roland, *Saint-Roch-des-Aulnaies*, Cahiers d'histoire n° 10, La Société Historique de la Côte-du-Sud, La Pocatière, 1975.

MASSICOTTE, E.Z. et ROY, Régis, *Armorial du Canada français*, Beauchemin, Montréal, 1915.

MASSICOTTE, E.Z., « Deux orfèvres d'autrefois », dans *Bulletin des Recherches Historiques*, vol. XLVI, n° 12, décembre 1940, p. 353-356.

MASSICOTTE, E.Z., « Orfèvres et bijoutiers du régime français », dans *Bulletin des Recherches Historiques*, vol. XXXVI, n° 1, janvier 1930 p. 30-32.

MAURAULT, Olivier, *L'art au Canada*, Librairie d'Action Canadienne-française, Montréal, 1929.

MAÎTRE, Manuel, « 20 ans après Armand Vaillancourt reçoit 26 000 $ pour son premier chef d'oeuvre », dans *La Patrie*, Montréal, semaine du 22 au 28 août 1976.

McMANN, Evelyn de R., *Royal Canadian Academy of Arts/Académie Royale des arts du Canada. Exhibitions and members 1880-1979*, University of Toronto Press, Toronto, 1981.

MEASURES, Michael, *François Malepart de Beaucourt (1740-1794), Canadian Artist; a 20 minute appreciation moven around the 8 related photo-slides available from the library of the National Gallery of Canada*, Ottawa, 1980 (texte dactylographié).

MELLEN, Peter, *Le groupe des sept*, Adaptation de Jacques de Roussan, Editions Marcel Broquet, La Prairie, 1980.

MELLEN, Peter, *Les grandes étapes de l'Art au Canada, de la préhistoire à l'art moderne*, Éditions Marcel Broquet, LaPrairie, 1978.

MELLEN, Peter, *The Group of Seven*, MCCLELLAND and Stewart Limited, Toronto, 1970.

MICHA, R., « La dynastie des Breughel », dans *Art International*, XXIV, 1980, p. 82-83.

MICHIELS, Alfred, « Génie de David Teniers », dans *Gazette des Beaux-Arts*, II, 1869, p. 220-229.

MOOGK, Peter N., « Payne, Samuel », dans *Dictionnaire biographique du Canada*, vol II, Les Presses de l'université Laval, Québec, 1969, p. 536-537.

MORISSET, Jean-Paul, « Sculpture ancienne de Québec », dans *Canadian Art*, vol. XVI, n° 4 november 1959, p. 256-265, 278 et 279.

MORISSET, Denys, « Alfred salut », dans *Le Soleil*, Québec, 9 septembre 1972.

MORISSET, Denys, « Dallaire 1916-1965 », dans *Vie des Arts*, n° 45, hiver 1967, p. 33-39.

MORISSET, Gérard « Nos orfèvres canadiens. Pierre Lespérance (1819-1882) », dans *Technique*, vol. 22, n° 4, avril 1947, p. 201-209.

MORISSET, Gérard « Sculpture et arts décoratifs », dans *Vie des Arts*, n° 26, printemps 1962, p. 38-42.

MORISSET, Gérard, « Acquisitions récentes au Musée de la Province », dans *Arts et Pensées*, vol. 3, n° 16, avril 1954, p. 119-121.

MORISSET, Gérard, « Antoine Plamondon (1804-1895) », dans *Vie des Arts*, n° 3, mai-juin 1956, p. 6-13.

MORISSET, Gérard, « Bibelots et futilités », dans *La Patrie*, Montréal, 15 janvier 1950, p. 14-15.

MORISSET, Gérard, « François Baillairgé (1759-1830) », dans *Technique*, vol. 23, n° 1, janvier 1948, p. 27-32.

MORISSET, Gérard, « François Baillairgé, 1759-1830. Le sculpteur (suite) », dans *Technique*, vol. 24, n° 3 mars 1949, p. 187-191.

MORISSET, Gérard, « François, Claude, dit frère Luc », dans *Dictionnaire biographique du Canada*, vol. I, Les Presses de l'université Laval, Québec, 1966, p. 321-323.

MORISSET, Gérard, « Jacques Pagé dit Quercy », dans *Technique*, t. XXV, n° 9, novembre 1950, p.589-600.

MORISSET, Gérard, « La collection Desjardins à la Baie-du-Febvre », dans *Le Canada Français*, XXII, janvier 1935, p. 427-440.

MORISSET, Gérard, « La collection Desjardins et les peintures de l'école canadienne à Saint-Roch de Québec », dans *Le Canada Français*, XXII, octobre 1934, p. 115-126.

MORISSET, Gérard, « La Tasse à Quêter », dans *Mémoires de la Société Royale du Canada*, 3ᵉ série, section I, t. XLI, mai 1947, p. 63-68.

MORISSET, Gérard, « Le dix-neuvième siècle et nous », dans *La Patrie. Journal du Dimanche*, 15 octobre 1950, p. 26-27 et 51.

MORISSET, Gérard, « Le sculpteur Jacques Leblond dit Latour », dans *La Patrie. Journal du Dimanche*, 9 juillet 1950, p. 18 et 46.

MORISSET, Gérard, « Le sculpteur Louis-Thomas Berlinguet », dans *La Patrie. Journal du Dimanche*, 11 décembre 1949, p. 26 et 50.

MORISSET, Gérard, « Le sculpteur Philippe Hébert », dans *La Patrie*, 11 juin 1950.

MORISSET, Gérard, « Les arts au Canada sous le régime français », dans *Canadian Historical Association Report*, Canadian Historical Association, Ottawa, 1948, p. 23-27.

MORISSET, Gérard, « Les pionniers de la photographie canadienne », dans *La Revue populaire*, Montréal, septembre 1951.

MORISSET, Gérard, « Les promesses picturales de Antoine Plamondon », dans *l'Événement*, 15, 16 et 17 janvier 1935, p. 4.

MORISSET, Gérard, « Les vases d'or de l'église de L'Islet », dans *La Patrie*, Montréal, 12 mars 1950, p. 18 et 42.

MORISSET, Gérard, « Les vases d'or de l'église de L'Islet », dans *Technique*, vol. 30, n° 4, avril 1955, p. 227-231.

MORISSET, Gérard, « L'art français au Canada », dans *Médecine de France*, n° 85, 1957, p. 17-32.

MORISSET, Gérard, « L'école des Arts et Métiers de Saint-Joachim », dans *La Patrie. Journal du Dimanche*, 1er octobre 1950, p. 26-27 et 37.

MORISSET, Gérard, « L'influence française sur l'art au Canada », dans *La revue française de l'élite européenne*, n° 140, mai 1962, p. 29-38.

MORISSET, Gérard, « L'Instrument de paix », dans *Mémoires de la Société Royale du Canada*, 3e série, section I, t. XXXIX, 1945, p. 143-152.

MORISSET, Gérard, « L'oeuvre capricieuse de François Ranvoyzé », dans *L'Action catholique*, 18 mars 1942, p. 42.

MORISSET, Gérard, « L'orfèvre François Sasseville », dans *La Patrie*, Montréal, 4 juin 1950, p. 26 et 35.

MORISSET, Gérard, « L'orfèvre François Sasseville », dans *Mémoires de la Société Royale du Canada*, 3e série, section I, tome XLIX, juin 1955, p. 51-54.

MORISSET, Gérard, « L'orfèvre Louis-Alexandre Picard », dans *La Patrie*, Montréal, 30 avril 1950, p. 37 et 38.

MORISSET, Gérard, « L'orfèvre Michel Levasseur », dans *Revue de l'Université d'Ottawa*, vol. 17, n° 3, juillet-septembre 1947, p. 339-349.

MORISSET, Gérard, « L'orfèvre Paul Lambert dit St-Paul », dans *La Patrie*, Montréal, 1 janvier 1950, p. 14 et 18.

MORISSET, Gérard, « L'orfèvre Paul Morand 1784-1854 », dans *Mémoires de la Société Royale du Canada*, 3e série, section I, tome XLVIII, juin 1954, p. 26-39.

MORISSET, Gérard, « L'orfèvre Roland Paradis », dans *La Patrie*, Montréal, 26 novembre 1950, p. 26 et 31.

MORISSET, Gérard, « L'orfèvre Roland Paradis », dans *Technique*, t. 24, n° 7, septembre 1954, p. 437-442.

MORISSET, Gérard, « L'orfèvrerie canadienne », dans *Technique*, vol. 22, n° 3, mars 1947 p. 83-88.

MORISSET, Gérard, « L'orfèvrerie française au Canada », dans *La Patrie*, Montréal, 22 octobre 1950, p. 26-27 et 55.

MORISSET, Gérard, « Notes d'art. L'Exposition Théophile Hamel », dans *Le Soleil*, 28 mars 1936, p. 9.

MORISSET, Gérard, « Notre orfèvrerie au 18e siècle », dans *Forces*, n° 5, printemps-été 1968, p. 14-17.

MORISSET, Gérard, « Pierre-Noël Levasseur (1690-1770) », dans *La Patrie. Journal du Dimanche*, 9 novembre 1952, p. 36-37.

MORISSET, Gérard, « Sculpture et Arts décoratifs », dans *Vie des Arts*, n° 26, printemps 1962, p. 38-42.

MORISSET, Gérard, « Thomas Baillairgé. III Le sculpteur », dans *Technique*, vol. 26, n° 4, avril 1951, p. 245-251.

MORISSET, Gérard, « Trésors d'Art de la province », dans *La Revue française de l'élite européenne*, n° 43, février 1953, p. 35-40.

MORISSET, Gérard, « Un chef d'oeuvre de François Sasseville », dans *Technique*, vol. 17, n° 8, octobre 1942, p. 526-539.

MORISSET, Gérard, « Un cordonnier-orfèvre: Michel Cotton », dans *La Patrie*, Montréal, 26 février 1950, p. 18 et 26.

MORISSET, Gérard, « Un perruquier orfèvre », dans *La Patrie*, Montréal, 2 juillet 1950, p. 28-30.

MORISSET, Gérard, « Un primitif: Jean-Baptiste Roy-Audy. Son oeuvre », dans *Technique*, octobre 1953, p. 539-546.

MORISSET, Gérard, « Un quart d'heure chez Ranvoyzé », dans *La Petite Revue*, vol. 16, n° 5, mai 1947, p. 3-5 et 34.

MORISSET, Gérard, « Un très grand artiste: Philippe Liébert », dans *La Revue moderne*, vol. 23, n° 10 février 1942, p. 16, 17, 23 et 28.

MORISSET, Gérard, « Une dynastie d'artisans: Les Baillairgé », dans *La Patrie. Journal du Dimanche*, 13 août 1950, p. 18 et 46.

MORISSET, Gérard, « Une dynastie d'artisans: Les Levasseur », dans *La Patrie. Journal du Dimanche*, 8 janvier 1950, p. 14-15 et 39.

MORISSET, Gérard, « Voici les vacances... que faire? », dans *Techique*, vol. 24, n° 6, juin 1951, p. 389-396.

MORISSET, Gérard, « ... Un grand portraitiste. Antoine Plamondon », dans *Concorde*, vol. XI, n°s 5-6, mai-juin 1960, p. 14-15.

MORISSET, Gérard, « François Baillairgé, 1759-1830. Le sculpteur (suite) » dans *Technique*, vol. 24, n° 4, avril 1949, p. 233-238.

MORISSET, Gérard, « Saint-Martin (île Jésus) après le sinistre du 19 Du Mai » dans *Technique*, vol. 17, n° 9, novembre 1942, p. 597-605.

MORISSET, Gérard, *Coup d'oeil sur les arts en Nouvelle-France*, Les Presses de Charrier et Dugal, Limitée, Québec, 1941.

MORISSET, Gérard, *Évolution d'une pièce d'argenterie*, « Collection Champlain », Québec, 1943.

MORISSET, Gérard, *François Ranvoyzé*, « Collection Champlain », Québec, 1942.

MORISSET, Gérard, *La peinture traditionnelle au Canada français*, Le Cercle du livre de France, Montréal, 1960.

MORISSET, Gérard, *La vie et l'oeuvre du frère Luc*, Médium, Québec, 1944.

MORISSET, Gérard, *Le Cap-Santé, ses églises et son trésor*, « Collection Champlain », Médium, Québec, 1944.

MORISSET, Gérard, *Les églises et le trésor de Lotbinière*, « Collection Champlain », Québec, 1953.

MORISSET, Gérard, *Les églises et le trésor de Varennes*, « Collection Champlain », Médium, Québec, 1943.

MORISSET, Gérard, *L'architecture en Nouvelle-France*, Québec, 1949.

MORISSET, Gérard, *Paul Lambert dit Saint-Paul*, « Collection Champlain », Médium, Québec et Montréal, 1945.

MORISSET, Gérard, *Peintres et tableaux*, Les éditions du Chevalet, Québec, t. 1 (1936), t. 2 (1937).

MORISSET, Gérard, *Philippe Liébert*, Québec, 1943.

MORRIS, Jerrold, *The Nude in Canadian Painting*, New Press, Toronto, 1972.

NAEF, Weston J., *Regards sur la photographie en France au XIXe siècle*, Berger-Levrault, Paris, 1980.

NANTAIS, Lyse, « Jeanne d'Arc Corriveau » dans *Canadian Art 74*, vol. XVIII, n° 4, juillet-août 1961, p. 259-261.

« New Acquisitions by Canadian Galleries », dans *Canadian Art*, vol. IX, n° 2, 1951, p. 74-80.

NIXON, Virginia, « Sculptor's tree finally comes to rest », dans *The Gazette*, Montréal, 30 octobre 1976.

NOCQ, Henry, *Le poinçon de Paris*, H. Henry, Paris, 1926-1931, 5 volumes.

NOON, Patrick J., « Bonington and Boys: some unpublished documents at Yale », dans *Burlington Magazine*, CXXIII (05.1981), p. 294-300.

NOPPEN, Luc, *Les églises du Québec (1600-1850)*, Éditeur officiel du Québec/Fides, 1977.

NOPPEN, Luc, PAULETTE, Claude et TREMBLAY, Michel, *Québec. Trois siècles d'architecture*, Éditions Libre Expression, Montréal, 1979.

Nos orfèvres nous sont contés. La collection Henry Birks d'argenterie canadienne, catalogue d'exposition, La Maison Del Vecchio, Montréal, 1970.

« Nouvelle aile », dans *Le Soleil*, Québec, 21 mars 1964.

OSTIGUY, Jean-René, « Les cadavres exquis des disciples de Pellan », dans *Vie des Arts*, été 1967.

OSTIGUY, Jean-René, « Ozias Leduc peintre indépendant », dans *Vie des Arts*, n° 29, hiver 1962-1963.

OSTIGUY, Jean-René, « Sous un jour nouveau; Hébert », dans *Vie des Arts*, n° 64, Automne 1971, p. 36-37.

OSTIGUY, Jean-René, « The Paris Influence on Quebec Painters », dans *Canadian Collector*, vol. 13, n° 1, janvier-février 1978 p. 50-54.

OSTIGUY, Jean-René, « Un retour sur l'oeuvre d'Adrien Hébert », dans *The Journal of Canadian Art History*, vol. 1, n° 1, printemps 1974, p. 19-22.

OSTIGUY, Jean-René, « Un tableau de jeunesse de Clarence Gagnon », dans *M. (Revue trimestrielle du Musée des Beaux-Arts de Montréal)*, vol. 6, n° 1, été 1974, p. 12-17.

OSTIGUY, Jean-René, *Adrien Hébert: trente ans de son oeuvre 1923-1953*, Galerie nationale du Canada, Ottawa, 1971.

OSTIGUY, Jean-René, *Charles Huot*, Galerie nationale du Canada, Ottawa, 1979.

OSTIGUY, Jean-René, *Marc-Aurèle de Foy Suzor-Coté. Paysage d'hiver*, Galerie nationale du Canada, Ottawa, 1978.

OSTIGUY, Jean-René, *Un siècle de peinture canadienne 1870-1970*, Les Presses de l'université Laval, Québec, 1971.

PARENT, Marie-Jeanne Lortie et Jean-Pierre, *Deux Coqs de Saint-Pierre m'ont raconté... 1679-1979. Paroisse de Saint-Pierre, île d'Orléans*, Corporation des fêtes du Tricentenaire, Saint-Pierre, 1979.

PEARCE, John, « Roman Catholic church plate in the Maryland area 1634-1800 », Part 2, dans *The Connoisseur*, vol. 174, n° 699, mai 1970, p. 62-69.

PELLETIER, Denise, « Enfin, Monique Mercier nous paie une visite », dans *Progrès-Dimanche*, Chicoutimi, 19 octobre 1980, p. 67.

PEPPER, Kathleen Daly, *James Wilson Morrice*, with a preface by A.Y. Jackson. Clarke Irwin, Toronto, 1966.

PEYRE, Roger, *David Teniers, biographie critique*, Paris, 1911.

« Pictures painted to stay », dans *The Literary Digest*, 11 août 1923.

PORTER, John R. et DÉSY, Léopold, *L'Annonciation dans la sculpture au Québec suivi d'une étude sur les statuaires et les modeleurs Carli et Petrucci*, Les Presses de l'université Laval, Québec, 1979.

PORTER, John R., *Antoine Plamondon. Soeur Saint-Alphonse*, Chefs-d'oeuvre de la Galerie nationale du Canada, n° 4, Galerie nationale du Canada, Ottawa, 1975.

PORTER, John R., *Joseph Légaré, peintre engagé*, Journal n° 29, Galerie nationale du Canada, Ottawa, 21 septembre 1978.

PORTER, John R., et TRUDEL, Jean, *Le Calvaire d'Oka*, Galerie nationale du Canada, Ottawa, 1974.

POULIOT, Lorenzo, *Cahier généalogique Pouliot*, n° 4, Québec, 1979.

PRICE, F. Newlin, « Horatio Walker, the Elemental », dans *International Studio*, vol. 77, août 1923.

PRICE, F. Newlin, *Horatio Walker*, L. Carrier, Montréal, 1928.

PURDIE, James, « Painting brings record « 98 000 at Canadian auction », dans *The Globe and Mail*, 17 mai 1978, p. 1.

Québec vu par... Livernois, Vallée, Notman, Leggo, Henderson, Ellisson, Musée du Québec, Québec, janvier-février 1969.

RÉAU, Louis, *Iconographie de l'art chrétien. II. Iconographie de la Bible ; III. Iconographie des Saints*, Paris, 1957, 1959.

« Recent Acquisitions by Canadian Museums and Galleries », dans *Canadian Art*, vol. XIII, n° 3, spring 1956, p. 292-295.

REID, Dennis, *A Concise History of Canadian Painting*, Oxford University Press, Toronto, 1973.

REID, Dennis, *Edwin Holgate*, Galerie nationale du Canada, Ottawa, 1976.

REID, Dennis, *Our Own Country Canada. Notre patrie le Canada. Mémoires sur les aspirations nationales des principaux paysagistes de Montréal et de Toronto 1860-1890*, Journal n° 31, Galerie nationale du Canada, Ottawa, novembre 1978.

REID, Dennis, *« Notre patrie le Canada ». Mémoires sur les aspirations nationales des principaux paysagistes de Montréal et de Toronto 1860-1890*, Galerie nationale du Canada, Ottawa, 1979.

REPENTIGNY, Rodolphe de, « Concours artistiques, Les arts décoratifs à l'ordre du jour », dans *La Presse*, Montréal, 16 décembre 1957.

REPENTIGNY, Rodolphe de, « Exposition rutilante », dans *La Presse*, Montréal, 17 janvier 1959.

REPENTIGNY, Rodolphe de, « L'exposition de Fernand Leduc », dans *La Presse*, Montréal, samedi 20 oct. 1956.

REPENTIGNY, Rodolphe de, « Les naïfs, les jeunes et Pellan », dans *La Presse*, Montréal, 19 avril 1958.

ROBERT, Guy, « Premier bilan du Musée d'art contemporain de Montréal », dans *Vie des Arts*, n° 41, hiver 1965-66 p. 17-23.

ROBERT, Guy, « Barbeau est rentré », dans *Le Maclean*, Montréal, août 1975.

ROBERT, Guy, *Albert Dumouchel ou la poétique de la main*, collection studio, Les Presses de l'université du Québec, Montréal, 1970.

ROBERT, Guy, *Borduas ou le dilemne culturel québécois*, Stanké, Montréal, 1977.

ROBERT, Guy, *Borduas*, Les Presses de l'université du Québec, Montréal, 1972.

ROBERT, Guy, *Dallaire ou l'oeil panique*, France-Amérique, Montréal, 1980.

ROBERT, Guy, *Dallaire*, Éditions France-Amérique, Montréal, 1970.

ROBERT, Guy, *Fortin ; l'oeuvre et l'homme*, Éditions France-Amérique, Montréal, 1982.

ROBERT, Guy, *Jean-Paul Lemieux, la poétique de la souvenance*, Éditions Garneau, Québec, 1968.

ROBERT, Guy, *La peinture au Québec depuis son origine*, Iconia, Sainte-Adèle, 1978.

ROBERT, Guy, *Lemieux*, Stanké, Montréal, 1975.

ROBERT, Guy, *L'art au Québec depuis 1940*, Les éditions La Presse, Montréal, 1973.

ROBERT, Guy, *Marc-Aurèle Fortin, l'homme à l'oeuvre*, Stanké, Montréal, 1976.

ROBERT, Guy, *Pellan, sa vie et son oeuvre*, Éditions du Centre de Psychologie et de Pédagogie, Montréal, 1963.

ROBERT, Guy, *Riopelle*, Éditions France-Amérique, Montréal, 1980.

ROBERT, Guy, *Riopelle*, Les Éditions de l'Homme, Montréal, 1970.

ROBERT, Guy, *Yves Trudeau sculpteur*, L'association des sculpteurs du Québec.

ROBERT, Jacques, *Jacques Cartier vu par le sculpteur François-Xavier Berlinguet*, Musée du Québec, Québec, 1981 (texte dactylographié).

ROBILLARD, Yves, « Dallaire : les oiseaux et les bannières de la liberté en exil », dans *La Presse*, Montréal, 30 mars 1968, p. 42.

ROBILLARD, Yves, « Pierre Heyvaert », dans *Vie des arts*, n° 43, Montréal, été 1966.

ROBILLARD, Yves, « Un homme devant le mouvement des choses », dans *La Presse*, Montréal, 16 septembre 1967.

ROBSON, Albert H., *Clarence A. Gagnon*, The Ryerson Press, Toronto, 1938.

RODRIGUE, Normand, « Arts appliqués au Musée », dans *La Scouine*, Québec, 22 octobre 1965, p. 5.

ROGER-MARX, Claude, « *Eugène Boudin* par G. Aubry », dans *L'Oeil*, n° 168 (12-1968), p. 45-46.

ROUSSAN, Jacques de, « à la recherche de Suzor-Coté », dans *Perspectives*, n° 3, 20 janvier 1968.

ROUSSAN, Jacques de, « Clarence Gagnon, le peintre de l'hiver québécois », dans *Perspectives*, 14 mars 1970.

ROUSSAN, Jacques de, « Le monde silencieux de Jean-Paul Lemieux », dans *Perspectives*, Montréal, 10 janvier, 1970.

ROUSSAN, Jacques de, « Le peintre des reflets de la ville », dans *Vie des Arts*, n° 31, Montréal, été 1963.

ROUSSAN, Jacques de, « L'humour de Jean Dallaire (1916-1965) », dans *Perspectives*, Montréal, 16 mars 1968.

ROUSSAN, Jacques de, *Le nu dans l'art au Québec*, Éditions Marcel Broquet, La Prairie, 1982.

ROUSSAN, Jacques de, *M.A. Fortin*, Éditions Marcel Broquet, La Prairie, 1982.

ROUSSAN, Jacques de, *Philip Surrey*, Lidec inc. Montréal, 1968.

ROUSSAN, Jacques de, « Vitraux de laine », dans *Perspectives*, Montréal, samedi 16 août 1969, p. 14-16.

ROY, Pierre-Georges, *Les vieilles églises de la province de Québec 1647-1800*, Commission des Monuments Historiques de la Province de Québec, Ls-A Proulx, Imprimeur de Roi, Québec, 1925.

ROY, Pierre-Georges, *L'Île d'Orléans*, Commission des Monuments historiques de la Province de Québec, Québec, 1928.

SABBATH, Lawrence, « John Lyman with Lawrence Sabbath », dans *Canadian Art*, vol. 17, n° 6, novembre 1960.

Sainte-Famille de Boucherville, Société d'histoire des île percées, 1977.

Saint-Luc-de-la-Corne, M., *Journal du voyage de M. Saint-Luc-de-la-Corne, écr., dans le navire de l'Auguste en l'an 1761*, Presses mécaniques de A. Côté et Cie, Québec, 1863.

SAINT-MARTIN, Fernande, « L'anarchie resplendissante ou l'affirmation d'un rêve de matérialité. L'apport de Borduas à l'art abstrait du XXᵉ siècle », texte du catalogue de l'exposition *Paul-Émile Borduas et l'art abstrait*, Palais des Beaux-arts, Bruxelles, 1983.

SAINT-MARTIN, Fernande, « L'infra-grille de Jean McEwen », dans *Art international*, vol. XXV/7-8, septembre-octobre 1982.

SAMUELS, Peggy et Harold, *The Illustrated Biographical Encyclopedia of Artists of the American West*, Doubleday & Co., New York, 1976.

SCHARF, Aaron, *Art and Photography*, Pelican Books, New York, 1974.

SCHMIT, Robert, *Eugène Boudin 1824-1898*, Paris, 1973.

SCHWARTZ, Herbert J., « Les orfèvres de la Nouvelle-France », dans *Vie des Arts*, n° 24, hiver-automne 1961, p. 39-45.

SCOTT, Sir Walter, *The Lady of the Lake in Six Cantos. Miscellaneous Poems*, Robert Cadell, Edinburgh, 1837 (édition annotée par l'auteur).

« Sculptural Explosions », dans *Time*, Arts & letters, 22 décembre 1961.

« Sculpture pour Montréal », dans *La Tribune*, Sherbrooke, 28 mai 1955.

SHAW, Neufville, « John Lyman », dans *Northern Review*, vol. 1, n° 2, 1945-1946.

« Sidewalk spectacle », dans *The Gazette*, Montréal, 6 juillet 1956.

SIN CLAIR, Clayton, « Sculptor Bitting 12 Feet up Turns *Elm* Stump into Art » dans *The Gazette*, Montréal, 29 juillet 1954.

SIOUI, Anne-Marie, « Zacharie Vincent : un oeuvre engagée ? Essai d'interprétation », dans *Recherches Amérindiennes au Québec*, vol. XI, n° 4, 1981, p. 335-337.

SIP, Jaromir, VACKOVA, Jarmila et AL., *Chefs-d'oeuvre de Prague 1450-1750 : Trois siècles de Peinture Flamande et Hollandaise*, Groeningemuseum, Bruges, 1974.

SMITH, J. Harry, « Dyonnet and Canadian Art », dans *Saturday night*, 18 septembre 1948.

SOUCY, Jean, « Le Musée du Québec », dans *Vie des Arts*, n° 63, été 1971, p. 28-33.

SOUCY, Jean, « L'Art Traditionnel au Musée du Québec », dans *Canadian Antique Collector*, November 1969, p. 39-41.

SPITERIS, Tony P., « Yves Trudeau face au fait plastique », dans *Vie des Arts*, n° 51, Montréal, été 1968.

STUCKER, Eugène, « Henri Hébert, un autre grand sculpteur canadien », dans *La Patrie*, 19 mars 1944.

STUCKER, Eugène, « Adrien Hébert », Artiste peintre », dans *La Patrie*, 23 janvier 1944, p. 50 et 64.

SULLIVAN, Edward J., « Napoléon Bourassa », dans *Canadien Collector*, vol. 14, n° 1, January/February 1979, p. 32-37.

SURREY, Philip, « 200 oeuvres de John Lyman », dans *Perspectives*, n° 47, 19 novembre 1966.

SURREY, Philip, « The Paintings of John Lyman », dans *Weekend Magazine*, n° 47, 19 novembre 1966.

SURREY, Philip, « The Trinket attractive », dans *The Montreal Herald*, 31 décembre 1916.

SUTTON, Denys, « Bonington, a radical lyricist », dans *Apollo*, n.s. LXXVI, (03.1962), p. 58-62.

THÉRIAULT, Jacques, « San Francisco adopte Vaillancourt et son jet d'eau », dans *Le Devoir*, Montréal, 19 août 1967.

THIBAULT, Claude, « Gérard Morisset, conservateur du Musée de la Province de Québec (1953-1965), dans *À la découverte du patrimoine avec Gérard Morisset*, Musée du Québec, Québec, 1981, p. 45-56.

THIBAULT, Claude, « La place de l'art religieux au Musée du Québec », dans *Musées*, septembre 1981, p. 21-23.

THOMAS, Ann, *Le réel et l'imaginaire: Peinture et photographie canadiennes (1860-1900)*, Musée McCord, Montréal, 1979.

THOMPSON, A.S., « Canadian Silversmiths », dans *Canadian Collector 2*, n° 2, février 1967, p. 12-13.

TODD, Patricia Ann, « Duncan, James D. », dans *Dictionnaire biographique du Canada*, vol. XI, Les Presses de l'université Laval, Québec, 1982, p. 313-314.

TODD, Patricia Ann, *James D. Duncan (1806-1881). Catalogue of Works and Introduction to his Art*, mémoire de maîtrise présenté à la faculté des beaux-arts, Université Concordia, Montréal, 1978.

TOLMATCH, Élaine, *L'esthétique du paysage chez Arthur Lismer*, Université de Montréal, Section d'histoire de l'art, Montréal, 1978.

TONNANCOUR, Jacques de, *Roberts*, L'arbre, Montréal, 1944.

TOUPIN, Gilles, « Né à Hull: Jean Dallaire » dans *La Presse*, Montréal, 21 juin 1978, p. D 20.

TOUPIN, Gilles, « 98 000 $ pour un Morrice », dans *La Presse*, 18 mai 1978, p. C-7.

TOUPIN, Gilles, « Les Parcours de la lumière », dans *La Presse*, Montréal, 19 août 1972, D-13.

TRAQUAIR, Ramsay, « Montreal and the Indian silver trade », dans *The Canadian Historical Review*, vol. XIX, n° 1, mars 1938, p. 1-8.

TRAQUAIR, Ramsay, *The old silver of Quebec*, Macmillan, Toronto, 1940.

TRAQUAIR, Ramsay, *The Old Architecture of Quebec*, The Macmillan Company of Canada Limited, Toronto, 1947.

TREMBLAY, Claire, *L'oeuvre profane de Joseph Légaré*, mémoire de maîtrise présenté au département d'histoire de l'art, Faculté des Études Supérieures, Université de Montréal, août 1972.

TRUDEL, Jean, « A new light on Ranvoyzé », dans *Canadian Collector*, vol. 4, n° 1, janvier 1969, p. 11.

TRUDEL, Jean, « Early canadian silver », dans *Canadian Antique Collector*, vol. 7, n° 2, mars-avril 1972, p. 20-21.

TRUDEL, Jean, « Étude sur une statue en argent de Salomon Marion », Bulletin, n° 21, Galerie nationale du Canada, Ottawa, 1973, p. 3-19.

TRUDEL, Jean, « La mission de l'argenterie française aux 17e et 18e siècles mieux comprises par l'étude de quelques pièces rares récemment recensées en Nouvelle-France », dans *Connaissance des arts*, n° 264, février 1974, p. 58-63.

TRUDEL, Jean, « L'orfèvrerie en Nouvelle France » dans *Vie des Arts*, vol. XVIII, n° 73 (hiver 1973-1974), p. 45-49.

TRUDEL, Jean, « Quebec Sculpture and Carving », dans *Book of Canadian Antiques*, McGraw-Hill Ryerson Limited, Toronto, 1964, p. 36-52.

TRUDEL, Jean, « Sasseville, François », dans *Dictionnaire biographique du Canada*, vol. IX, Les Presses de l'université Laval, Québec, 1977, p. 774-775.

TRUDEL, Jean, « Statuaire traditionnelle du Québec. Six Enfants Jésus au globe », dans *Vie des Arts*, n° 49, hiver 1967-1968, p. 29-31, 62 et 63.

TRUDEL, Jean, « Un aspect de la sculpture ancienne du Québec. Le mimétisme », dans *Vie des Arts*, n° 55, été 1969, p. 30-33.

TRUDEL, Jean, « Un maître orfèvre du Québec François Ranvoyzé (1739-1819) » dans *Vie des Arts*, n° 51, été 1968, p. 63-65.

TRUDEL, Jean, « À l'enseigne des orfèvres du Québec », dans *Culture vivante*, n° 10, août 1968, p. 9-13.

TRUDEL, Jean, « À propos de la statue de Wolfe », dans *Vie des Arts*, n° 59, été 1970, p. 34-37.

TRUDEL, Jean, *L'orfèvrerie en Nouvelle-France*, Galerie nationale du Canada, Ottawa, 1974.

TRUDEL, Jean, *Un chef-d'oeuvre de l'art ancien du Québec. La chapelle des Ursulines*, Les Presses de l'université Laval, Québec, 1972.

VAILLANCOURT, Émile, *Une maîtrise d'Art en Canada (1800-1823)*, G. Ducharme, Libraire-Éditeur, Montréal, 1920.

VALOIS, Donat, « Fernand Leduc, La Prouesse d'un peintre canadien », dans *Le Droit*, Ottawa, 17 août 1973, p. 13.

VARLEY, Charles, *La Société d'Art contemporain*, The Edmonton Art Gallery, Edmonton, 1980.

VAUXCELLES, L., « André Devambez », dans *Art et Décoration*, XXI, 1907, p. 31-40.

VÉZINA, Raymond, « Attitude esthétique de Cornelius Krieghoff au sein de la tradition picturale canadienne-française », dans *Racar*, vol. 1, n° 1, 1974, p. 47-59.

VÉZINA, Raymond, « Hamel, Théophile » dans *Dictionnaire biographique du Canada*, vol. IX, Les Presses de l'université Laval, Québec, 1977, p. 395-400.

VÉZINA, Raymond, « Nos grands-pères au musée du Québec », dans *Deuxième mouvement*, vol. 1, n° 1, 1973-1974, p. 43-50.

VÉZINA, Raymond, « Théophile Hamel. Peintre national (1817-1870), t. 1, Éditions Elysée, Montréal, 1975.

VÉZINA, Raymond, « Théophile Hamel, premier peintre du Saguenay », dans *Saguenayensia*, janvier-février 1975, p. 2-16.

VÉZINA, Raymond, *Catalogue des oeuvres de Théophile Hamel*, t. II, Éditions Elysée, Montréal, 1976.

VÉZINA, Raymond, *Cornelius Krieghoff, peintre de moeurs (1815-1872)*, Éditions du Pélican, Québec, 1972.

VÉZINA, Raymond, *Napoléon Bourassa (1827-1916). Introduction à l'étude de son art*, Éditions Élysée, Montréal, 1976.

VIAU, Guy, « John Lyman », dans *Vie des Arts*, n° 33, hiver 1963-1964.

VIAU, Guy, « La revue de l'art sacré », dans *L'Esprit des livres*, vol. 3, n° 2.

VIAU, Guy, « Peinture », dans *Le Quartier Latin*, 24 mars 1944.

VIAU, Guy, *La peinture moderne au Canada français*, Ministère des Affaires culturelles, Québec, 1964.

VOLLMER, Hans, *Künstlerlexikon der XX. Jahrhunderts. Nachträge*, 1961.

VOYER, Louise, *Églises disparues*, Éditions Libre Expression, Montréal, 1981.

WATSON, William, « Nocturnes favored by Cullen », dans *Montreal Gazette*, 8 juin 1940.

WATSON, William, « The art of Maurice Cullen, R.C.A. », dans *Canadian Review of Music and Art*, janvier 1943.

WATSON, William, *Maurice Cullen, R.C.A.; a record of struggle and achievement*, The Ryerson press, Toronto, 1931.

WILTON, Andrew, *J.M.W. Turner. Vie et oeuvre. Catalogue des peintures et aquarelles*, Fribourg, 1979.

WINTER, W.A., « Coast to coast in Art », dans *Canadian Art*, vol. 2, n° 4, avril-mai 1945.

WALLACE, W.S. (ed.), *The Macmillan Dictionary of Canadian Biography*, Toronto, 1978, p. 215-216.

« 98 000 $ pour un Morrice », dans *La Tribune*, 3 juin 1978, p. 17.